유청소년 스포츠교육론

Robin S. Vealey, Melissa A. Chase 공저
최의창 · 이옥선 · 김원정 · 윤기준 · 정현수 공역

Best Practice for Youth Sport

학지사

Best Practice for Youth Sport
by Robin S. Vealey and Melissa A. Chase

역자 서문

한국인의 생활에 스포츠의 자리가 넓어지고 높아지고 있습니다. 개개인의 일상에서 스포츠가 차지하는 부분들이 점차 커지고 있습니다. 건강 전문가들은 매일 매일 삼시세끼를 먹는 것처럼, 최소 30분 이상 일정 시간을 운동(스포츠 등 모든 신체활동 포함)에 할애하라고 합니다. 언론과 미디어에서는 국가 대항 스포츠 대회 방영과 기사 송출을 첫 순위로 배당합니다. 가히 스포츠 황금시대가 아닐 수 없습니다.

그리하여 스포츠 가르치기와 배우기도 일상의 한 부분이 되었습니다. 수영, 태권도, 스노보드부터 시작하여, 축구와 농구로 옮겨 가서는 골프와 테니스로 발전하는 경향이 일반적입니다. 물론, 요가와 필라테스, 발레나 한국무용 등도 모두 포함해서 말입니다. 포괄적 의미에서의 스포츠(엑서사이즈, 댄스 등의 신체활동 포함)를 배우고 가르치는 일은, 현대 한국인의 일상생활 속에서 밥 먹고 차 마시기와 같은 그런 필수적 사안이 되어 버렸습니다.

스포츠 가르치고 배우기, 즉 스포츠교육이 매우 중요한 활동과 현상이 된 이유는 바로 이것입니다. 동네에 약국과 치과, 커피숍과 빵집이 있는 것처럼 스포츠를 가르치고 배우는 교육장들이 널려 있는 사유이기도 합니다. 태권도장, 피트니스 센터, 골프 연습장, 스크린 골프장, 탁구장, 당구장, 요가원, 발레학원 등 스포츠를 가르치고 배우는 일은 남녀와 노소에 관계없이 국민 누구나, 전 연령층에 걸쳐 가리지 않는 활동이 되었습니다.

그런데 우리나라에서의 스포츠교육은 주로 성인에 초점이 맞추어져 있습니다. 실제로 스포츠 지도자들의 준비교육은 대부분 성인에게 축구나 요가, 테니스 등을 지도하는 내용으로 이루어집니다. 현재 우리나라 사정상 유치원생부터 10대 유소년, 청소년(유청소년)들의 스포츠교육은 학교체육의 울타리 내에서 제한적으로 이루어집니다. 선진 외국들과는 달리, 상급학교 입시 준비로 인하여 방과 후나 주말의 자유로운 생활스포츠 참여가 매우 낮은 수준입니다.

물론 한국에서 유청소년 스포츠교육에 대한 관심이 전혀 없는 것은 아닙니다. 1988년 서울올림픽 이후 일반 사설 단체나 기관에서 아이들을 대상으로 유료 서비스를 제공한 역사도 상당합니다. 2000년대 들어서는 초·중·고등학교에서도 정규 수업 이외에 일반학생들을 위한 스포츠클럽이나 방과 후 스포츠에 대한 지원 프로그램을 운영하고 있습니다. 그런데 이런 활동들과 프로그램들은 덜 조직적이고 덜 지속적이며, 무엇보다도 덜 전문적입니다. 현장에서의 경험에 의지한, 흥미 위주의 비체계적 운영이 일반적입니다.

이것은 유청소년 스포츠라는 사회적 현상과 활동이 보다 전문적인 사회적 제도와 정책의 주목을 받지 못해 왔기 때문입니다. 최근 우리 모두가 실감하듯, 우리나라의 많은 영역이 선진국 수준으로 도약하였고, 국제 스포츠, 특히 엘리트 스포츠는 세계 최고 수준에 도달하였습니다. 하지만 학교체육과 생활체육의 대부분을 차지하는 유청소년 스포츠는 여전히 개발도상국 수준을 벗어나지 못하고 있다는 것이 중론입니다. 다행히, 최근 추진하고 있는 국가 스포츠 진흥계획인 〈스포츠2030〉에서는 이 측면이 주목되기 시작하였습니다.

스포츠교육학자를 자처하는 저희 옮긴이들은 이 점을 안타까워하고 있었습니다. 예비 체육 전문인력을 교육하는 대학교의 선생들로서 무엇인가 유청소년 스포츠교육의 발전을 위한 실질적 기여를 해야 한다는 책임감을 지니고 있었습니다. 특히 유청소년 스포츠교육 관련 전문적 지식의 부족함과 필요성을 절실히 느끼던 차에 미국에서 이 책이 발간되었고, 한동안 그 내용을 살펴보고 공부하는 기회를 갖게 되었습니다.

저희 옮긴이들은 이 책이 현재 유청소년 스포츠교육을 위하여 가장 기본적이고도 중요한 다방면의 기초지식을 16개의 세부 주제하에 망라해 놓은 유용한 교재라는 데 의견을 일치했습니다. 다섯 명의 옮긴이들은 현재 사범대학, 교육대학, 체육대학에서 예비 체육교사와 스포츠지도 인력을 양성하고 있습니다. 유청소년 스포츠교육을 위하여 학생들에게 반드시 필요한 핵심 내용들을 꼼꼼하고도 촘촘하게 잘 다루었다고 확신합니다.

물론 주요 내용들이 미국 중심이라는 제한점은 있지만, 유청소년 스포츠의 역사와 철학(제1부), 유청소년의 스포츠 참가에 관여하는 성장과 발달상의 지식(제2부), 기술훈련과 안전을 위한 과학적 지식(제3부), 그리고 전인적 성장을 위한 윤리적 이슈와 코치와 부모의 역할(제4부) 등의 핵심 주제들을 최신 연구를 바탕으로, 그리고 구체적인 사례들과 함께 상세히 다루고 있습니다.

옮긴이 각각이 담당한 개별 영역은 최의창이 제1, 2, 3장, 이옥선은 제14, 15, 16장, 김원정이 제4, 5, 6장, 윤기준은 제7, 8, 9, 13장, 정현수가 제10, 11, 12장입니다. 최대한 본인의 기존 연구 영역과 전문적 관심에 가깝도록 내용을 나누었습니다. 나름대로 최선을 다한다고는 하였으나, 넉넉지 못한 기간과 부족한 실력으로 기대에 미치지 못할까 염려됩니다. 독자들의 질정으로 차후 개선하겠습니다.

2024년 9월

최의창, 이옥선, 김원정, 윤기준, 정현수 드림

들어가기

유청소년 스포츠는 시작과 끝, 처음과 마지막 모두가 아이들을 위한 것이다. 이 간단한 문장에 유청소년 스포츠의 초점이 무엇이어야 하는가에 대한 우리 저자의 믿음이 잘 반영되어 있다. 그 초점은 바로 아이들인 것이다! 너무 당연한 말이다. 하지만 이 기본적 가정은 9~10세 아동축구팀을 코치해서 챔피언으로 만들려고 하는 어른의 욕구, 또는 대학 스포츠 장학금, 올림픽 메달리스트, 프로선수 계약 등을 따내는 자식을 키우려는 부모의 욕망 때문에 잊혀 버린다.

물론 미국 전역이나 세계 각국에서 유청소년 스포츠를 제대로 잘 운영하고 모든 것을 아이들 중심으로 이끌어 나가는 많은 사례가 존재한다. 주변을 둘러보면 아이들이 즐거움을 만끽하고 팀원들과 우정을 쌓고, 어른이 되어서도 요긴한 신체적, 정신적 기술들을 배우는 곳들을 쉽게 찾아낼 수 있다. 우리는 유청소년 스포츠에 참여하고 있는 두 자녀의 부모인데, 코치도 해 보았고, 응원도 해 보았으며, 관람도 하였고, 카풀도 해 보았고, 또 경기 후 간식도 사다 주어 보았다. 이 과정에서 우리는 우리와 다른 집 아이들이 유청소년 스포츠를 통해서 정말로 즐거움, 우정 나누기, 기술 발달시키기 등을 체험하는 것을 두 눈으로 목도했다. 유청소년 스포츠 세계에서 찾을 수 있는 많은 긍정적 사례 몇 가지를 들어 보자.

- 8학년 쌍둥이 클레어와 클로에 그루엔케는 서던 일리노이주 클래스L 중학부 800미터 육상경기에서 꼴찌를 차지했다. 클레어가 오른쪽 허벅지 근육이 파열된 클로에를 안고 후반 370미터를 달렸기 때문이다.
- 한 심판이 어떤 여학생이 '히잡(회교도 여성이 머리에서 가슴까지를 덮는 스카프)'을 착용했다는 이유로 축구시합 출전을 금지하자, 동료 팀원들이 다음 경기에 모두 히잡을 입고 나왔다. 이들의 게임 참가가 허용되었다.
- 고등학교 미식축구 코치인 조 엘만은 전 프로선수였는데, 청소년 남자선수들에게 본인이 개발한 '인사이드아웃 코칭(InSideOut Coaching)'을 적용하여 고정관념에 박힌 '남자다움'의 통념을 넘어서 공감력, 정서적 유대감과 여성에 대한 존중감을 개발하였다.

유청소년 스포츠는 제대로 펼쳐질 수 있으며, 또 실제로도 그리 운영되고 있다. 하지만 부정적 측면도 역시 존재하며, 통상적으로 '모든 것은 아이들을 위한 것이다.'라는 기본 주문을 '모든 것은 나와 내 아이들이 잘되도록 하기 위한 것이다.'라고 비틀어 행동하는 어른들이 만들어 낸다. 이 부정적 측면은 유청소년 스포츠를 다룬 많은 서적에서 논의가 되어 왔다. '기쁨과 슬픔' '청소년 스포츠의 어두운 면' '어른들이 우리 아이들의 즐거움과 성취감을 망치는 것에서 보호하기'와 같은 주제로 말이다. 이 서적들은 "도대체 이 경기의 주인은 누구란 말인가?"를 되묻는다. 인터넷에 살짝 검색만 해 보아도 스포츠에 참여하는 유청소년들에게 부정적 영향을 끼치는 어른들의 놀랄 만한 사례들을 쉽게 찾을 수 있다. 몇 가지를 살펴보자.

- 미시간주의 한 유청소년 하키 코치는 연습 훈련 시 팀원들에게 맨주먹 싸움을 해 보도록 지시했다고 보고되었다.
- 네브래스카주 링컨시 경찰은 한 축구시합에서 제대로 경기를 못 펼쳤다는 이유로 80번 고속도로 위에 자기 딸을 내버려둔 한 여성에게 벌금을 부과하였다.
- 캘리포니아주의 한 고등학교 미식축구 코치가 자기 팀이 첫 번째 터치다운을 하고 리그 챔피언이 되도록 사이드라인 마커를 옮기는 것이 CCTV에 촬영되었다.
- 펜실베이니아주의 한 유청소년 야구 코치는 자기 팀의 승리 확률을 높이기 위해서 자폐증을 보이는 선수의 게임 참가를 막고자 자기 선수 한 명에게 25달러를 주며 위협적인 공을 던지라고 사주해서 감옥에 갔다.

물론 이러한 부정적 사례들은 제정신이 아닌 극소수 어른들의 극한 사례이기는 하다. 이들은 지나치게 전문화되고 특수화되어 가는 유청소년 스포츠 문화로 인해서 길을 잘못 든 이들이다. 아이들에게 가장 좋은 결정이 무엇인가에 대하여 어른들이 올바른 판단을 제대로 내리지 못하게 되는 이유는 바로 이같은 문화 때문이다. 모든 것이 우리 아이들을 위한 것이며, 아이들의 발달상에 필요한 것들을 위한 것이 되어야 한다는 원칙을 망각하게 만드는 그런 문화다.

지나치게 특수화되고 전문화된 유청소년 스포츠 문화를 기반으로 생겨난 다음 활동들을 한번 보자. 이런 활동들에 대하여 독자는 어떻게 생각하는가?

- 캘러웨이 골프회사는 6세 및 그 이하 유아들을 위한 주니어 골프 월드 챔피언십을 후원하고 있다. 이것은 좋은 생각일까? 독자의 자녀가 6세라는 어린 나이에 월드 챔피언십에서 경쟁하도록 내버려 두어도 괜찮은가?
- 대부분의 유명한 대학 농구팀은 미국 내 최고 수준의 10세 선수들을 이미 파악하고 있다. 아주 인기 있는 스포츠 캠프와 전미아마추어경기연맹(Amateur Athletic Union)의 코치들은 중학교에 진학도 하기 전에 이미 어린 선수들을 살펴본다. 이런 경향이 만연한다고 해서, 지금 지역 수준의 스포츠 클럽 경기에 참여하는 독자의 어린 딸이 전국 수준 대회에서 경기하고, 그래서 유명한 스포츠 캠프의 주목을 받아야 한다고 생각하는가?
- 고등학교 운동부의 경우, 대학 장학금과 프로팀에서의 선수생활을 위해서 한 가지 종목에 일찍 전문화시키는 경향은 현재 여러 종목에 참여해 보는 것으로 빠르게 바뀌고 있다. 유청소년 선수들은 한 종목에 전문화하여 한 가지 운동만을 훈련해야 할까? 만약 그렇다면 이런 전문화가 시작되는 연령은 어느 때가 적합할까? 선수들이 한 가지 종목에만 올인하는 것을 강제하는 권한을 코치들이 가져야만 할까?
- 어떤 유청소년 선수들은 매우 전문화된 스포츠 학교에서 훈련받기 위하여 집을 떠나 있기도 한다. 그리고 올림픽에서의 영광스러운 꿈을 위하여 통상적으로 어린 시절을 희생한다. 유청소년 선수가 어린 나이에 재능을 보인다면, 가족을 떠나 최고 수준의 훈련을 받도록 하는 것이 이 선수에게 정말로 최선의 선택일까? 이 아이가 집을 떠나 자기 꿈과 재능을 꽃피우기 위하여 전 가족이 금전과 시간을 모두 희생하여야 할까?

이것들이 현재 유청소년 스포츠의 지평에서 떠오르는 질문들이다. 이 책의 목적은 이 지평을 건널 때에 필요한 이해를 독자에게 제공하는 것이다. 구체적 목표는 실제적 요령은 물론, 유청소년 스포츠에 관련된 적합한 스포츠 과학적 지식과 이 지식들을 어떻게 활용할 것인지에 대한 방안을 제시하는 것이다. 이 책의 제목이 『유청소년 스포츠교육론』인 이유다. 독자가 유청소년 스포츠 문화 안에서 아이들을 위하여 부모, 코치, 감독 또는 심판의 역할을 수행할 적에 유용한 지식을 제공하려는 우리의 목표를 강조하기 위함이다. 이 책에서 얻은 지식으로 무장하여 유청소년 스포츠팀에서 우리 아이들의 독특한 발달단계적 필요사항들을 제대로 충족시켜 주도록 운영하고 질을 높일 수 있는 적극적 사회변화의 리더가 되기를 희망한다.

다음 그림에 보이듯 이 책의 핵심 주제는 '유청소년 스포츠 프로그램은 전부 아이들을 위한 것이다.'라는 것이다. 그를 위하여 이 프로그램들은 '발달단계적으로 적절한 실천활동(Developmentally Appropriate Practice: DAP)'에 기초한 것이어야 한다.

이 책의 주요 주제들

이것을 'DAP 원칙'이라고 하며 이 책 전체에 걸쳐 강조되어 있다. 유청소년 스포츠가 우리 아이들과 사회의 필요를 충족시켜 주기를 희망한다면, 참으로 시작부터 끝까지 아이들을 위한 것이 되려면, 그것은 반드시 DAP라는 견고한 토대 위에 기반을 두고 있어야 한다(Copple, 2010).

'발달단계적으로(developmentally)'라는 말은 발달의 과정을 의미하며, 사람이 좀 더 성숙한 또는 나아지는 상태로 자란다는 말이다. 아동발달연구는 유청소년 시기에는 나이가 들고 성숙해짐에 따라 보편적이고 예측이 가능한 일련의 성장과 변화 단계들을 거침을 알려 준다. 중요한 신체적 · 인지적 · 정신적 변화들이 유년기와 청소년기 동안 발생한다. 이 중요한 발달단계상의 시기가 바로 유청소년 스포츠 참여의 시기다. 따라서 유청소년 스포츠에 관여하고 있는 성인은 전 기간에 걸쳐 벌어지는 해당 유청소년들의 체계적 변화들을 잘 이해하고 있어야만 한다. 생일이 똑같은 아이들인데 5년의 나이차가 나는 것처럼 신체적 발육상태가 다르다는 것을 믿을 수 있는가? 유청소년 선수들이 거치는 조기성숙과 만기성숙에 대해서 잘 알고, 아이들 각각의 독특한 성숙과정상의 특징들에 기초해서 가르치고, 코치하고, 상담할 수 있어야만 한다.

'적절한(appropriate)'이라는 말은 잘 맞는다거나 딱 어울리는 것을 의미한다. 유청소년 스포츠를 운영하는 어른은 스포츠나 신체활동을 해당 아이에게 잘 맞추도록 애써야 한다. 적절하지 않은 어른 중심의 신체활동에 아이를 맞추어서는 안 된다. 티볼이 야구나 소프트볼의 사전활동으로서 적합하지 않다는 것을 믿을 수 있는가? 당연히 야외의자에 앉아서 스낵을 먹으며 부모의 응원을 받으면서 아주 재밌게 할 수 있다. 하지만 5, 6세 아이들 중에서 수비 위치나 주루 전략을 인지적으로 이해할 수 있는 아이들은 거의 없다. 티볼을 함으로써 던지기나 잡기 기술을 배우기도 어렵다. 이 책에서는 계속해서 현재 널리 만연하는 방법들을 벗어나서 생각하도록 권유할 것이며, 유청소년 스포츠가 아이들에게 아주 딱 잘 맞도록 DAP 원리를 적용할 것이다.

'실천활동(pratice)'은 실제로 우리가 하는 활동을 의미한다. 이 세 가지를 모두 합친 것, 즉 발달단계적으로 적절한 실천활동이란 '각자의 연령과 성숙수준에 맞추어 유청소년들의 신체적 · 심리적 · 사회적 필요를 충족시켜 주는 결정, 행동, 정책을 수행하는 것'을 말한다.

앞의 그림에 보이듯, 유청소년 스포츠 선수를 둘러싼 다수의 사회화 요인이 오늘날 유청소년 스포츠 실천활동에 영향을 주고 있다. 부모는 아동의 발달에 영향을 미치는 가장 중요한 어른이며, 아이들의 신체활동과 스포츠에 대한 관심과 반응은 부모에 의해서 영유아 때부터 형성된다. 유청소년 스포츠 코치들은 연습활동을 짜내고, 기술을 가르치고, 상을 나누어 주고, 피드백을 주며, 적절한 행동을 본보이면서 아이들에게 영향을 미친다. 유청소년 스포츠 관리자들은 유청소년 스포츠 조직과 운영을 통제하고, 여자와 남자가 함께 운동할 것인지, 또는 각 연령집단에 어떤 종목과 스포츠를 제공할 것인지 등을 결정함으로써 영향을 미친다. 유청소년 스포츠 심판들은 공정하고 활기찬 시합진행을 담보하기 위한 최고의 방법을 항시 생각하고 있어야 하며, 어린 선수들이 각자의 성숙수준에 맞추어서 경기를 할 수 있도록 해야 한다. 미디어(텔레비전, 인터넷, 신문, 잡지)는 의사소통을 위한 공공적 수단이며, 따라서 문화적 행사에 대한 사람들의 인식에 영향을 미친다. 타이거 우즈가 2살짜리 골프신동으로 마이크 더글러스 쇼에 등장한 것으로, 또는 르브론 제임스가 고등학교 2학년생으로『스포츠 일러스트레이티드』지의 표지를 장식함으로써 유청소년 스포츠에 대한 대중의 인식이 어떻게 바뀌었는지 생각해 보라. 마지막으로, 아이들의 동료그룹을 형성하는 친구, 팀 동료, 그리고 형제자매도 유청소년 스포츠 문화에서, 특히 사춘기 단계에 진입하면 매우 중요한 영향력을 끼친다.

앞의 그림에 나타나 있듯 유청소년이 DAP 기반 위에서 조심스럽게 균형을 유지하고 있음을 확인해 보라. 우리는 아이들이 각자 지닌 신체적 · 심리적 · 사회적 기술들을 개발하는 데 도움이 되도록 성공적으로 유청소년 스포츠 프로그램을 운영하려면, 결정권을 가진 어른들이 DAP 원칙을 아이들의 경험을 발달단계에 맞춰 '균형 있게' 잘 적용하는 것이 핵심임을 확신한다. 독자가 이 책을 읽어 나가는 동안, 매 장이 DAP 토대가 놓여 있는 기반으로서 역할을 해내고 있음을 확인하게 될 것이다. 즉, DAP를 실행해 옮기는 데에 각 장에서 제공된 지식들을 잘 활용함으로써 독자는 유청소년 스포츠의 균형을 잡아내고, 또한 아이들의 발달을 유도하는 데에 필요한 특별한 필요들을 충족시킬 수 있게 된다.

이 책은 총 4부로 나뉘어 있다. 제1부에서는 유청소년 스포츠의 기초를 다루었는데, 대상이 누구이며, 어떤 구조로 되어 있는지, 어떻게 진화되었고, 그 철학과 목적이 무엇이며 무엇이 되어야 하는가를 논의한다. 제2부에서는 아이들이 언제, 어떻게 배우고 경쟁할 준비가 되는지를 알 수 있는 '준비성(readiness)'이라는 발달적 핵심개념에 초점을 맞춘다. 준비성이라는 개념은 유청소년 스포츠 문화를 적절한 변형과 기술 지도를 통하여 만들어 나가는 것에 초점을 맞추며, 이를 통해 신체적으로 활달해지고 경쟁하고 싶어 하는 아이들의 동기유발을 일깨우고 촉진한다.

제3부에서는 '유청소년의 운동참가는 얼마나 되어야 넉넉한/과도한 것인가?'라는 질문을 던지며, 각기 다른 발달단계상에 있는 아이들에게 얼마만큼의 신체적, 정신적 강도가 적당한지를 평가해 보려고 한다. 예를 들면, 지나친 '과도함(과몰입, 과전문화, 과스트레스, 과사용)'의 부정적 결과들을 부상, 탈진, 과훈련과 같은 부정적인 유청소년 스포츠의 결과들과 연관해 검토한다. 제4부에서는 유청소년 스포츠의 사회적 고려사항들, 즉 코치, 부모

그리고 성별과 인종에 대한 통념들의 영향에 초점을 맞춘다.

먼저, 우리는 유청소년 스포츠에 대한 독자의 주의를 환기시키기 위하여 '유청소년 스포츠 IQ 테스트(Youth Sport IQ Test)'를 개발해 보았다. 한번 읽고 답을 적어 보고, 유청소년 스포츠 연구에 중요한 이슈들이 어떤 것인지 맛을 느껴 보기 바란다.

점수가 어땠는가? 어떤 문제들은 분명한 답이 있었지만, 다른 문제들은 정답이 상황에 따라 달라질 수 있다는 점에서 좀 더 복잡함을 발견하였을 것이다. 그랬다면 유청소년 스포츠 문화를 이해하는 올바른 길로 들어섰음에 안심하시기를 바란다. 오늘날 우리 유청소년 스포츠가 당면한 복잡한 이슈들에 대하여 독자 자신의 대답과 해결책을 찾아냄에 있어, 이 책에서 필요한 지식을 얻었으면 하는 것이 우리의 바람이다.

자, 지금부터 쭉 읽어 나가기를. 테스트의 자세한 정답은 마지막 질문 아래에 적혀 있다. 이 책을 읽어 나가면서 얻게 되는 지식을 통해서 독자의 유청소년 스포츠 IQ가 엄청나게 높아지기를 희망한다. 독자는 사려 깊고 창의적인 방식으로 이 지식을 음미해서 우리 사회를 더 나아지게 만드는 긍정적 결과를 생산해 내도록 유청소년 스포츠 문화를 창출하고 유지하게 만들어 주기를 바란다. 그냥 현장에서의 지도를 위한 지식으로 사용하는 데 그치지 않기를 바라며, 더 나아가 가장 최고의 실천 방식 또는 DAP를 실천하는 데에 활용하기를 바란다. 그리하여 유청소년 스포츠가 참으로 시작부터 끝까지 모두 아이들을 위한 것이 되도록!

유청소년 스포츠 IQ 테스트

1~5번은 참, 거짓으로 답하고, 6~10번은 하나를 택하시오.

1. 경쟁적 스포츠 참가는 아이의 성장을 저해할 수 있다.
2. 유청소년 스포츠 참가는 아이들의 인성을 함양시킨다.
3. 아주 어린 나이에 참가하려면 스포츠 기량이 높아야만 한다.
4. 여자아이들은 남자아이들보다 스포츠에 동기유발이 덜 되고, 더 경쟁적이므로 남자아이들과 따로 운동을 시켜야 한다.
5. 유청소년 스포츠에서 발생하는 대부분의 부상은 접촉 스포츠(예: 미식축구)에서의 충돌로 인한 것이다.
6. 다음 중 어떤 분야가 아이들에게 가장 큰 스트레스를 주는 것으로 알려졌는가?
   가. 경쟁적 스포츠
   나. 음악 솔로 공연
   다. 학교 시험
7. 오늘날 유청소년 스포츠의 가장 큰 문제점은?
   가. 시설 부족
   나. 아동의 동기 부족
   다. 어른의 지나친 관여
8. 기초운동기능을 배우는 데 최적의 나이는?
   가. 2~8세
   나. 8~10세
   다. 10~12세
9. 경기운영을 하는 스포츠에 유청소년이 참가하려 할 때, 최고의 코치 유형은?
   가. 기술적으로 매우 능숙한 사람
   나. 스포츠에 관해 박학다식한 사람
   다. 따뜻하고 지지를 잘해 주는 사람
   라. 선수와 동일 성별의 사람(즉, 여자는 여자, 남자는 남자가 코치)
10. 유청소년 스포츠 아동에게 동기유발이 제대로 잘 되도록 하는 요인이 아닌 것은?
   가. 친구와 함께하기
   나. 승리
   다. 기술 배우기
   라. 즐거움

정답: 1(거짓), 2(거짓), 3(거짓), 4(거짓), 5(거짓), 6(나), 7(다), 8(가), 9(다), 10(나)

학습 초점

주요 용어

- **발달단계적으로 적절한 실천활동(DAP)** 각자의 연령과 성숙수준에 맞추어 유청소년들의 신체적 · 심리적 · 사회적 필요를 충족시켜 주는 결정, 행동, 정책을 수행하는 것.

핵심 요약

1. '모두가 아이들을 위한 것이다'는 어른들이 유청소년 스포츠에서 중심이 되어야 하는 것이 무엇인지 반드시 명심해야만 하는 기본 전제다.
2. 유청소년 스포츠를 위해서 가장 좋은 실천활동은 발달단계적으로 적절한 실천활동이다.
3. 아이들이 각자 지닌 신체적 · 심리적 · 사회적 기술들을 개발하는 데 도움이 되도록 성공적으로 유청소년 스포츠 프로그램을 운영하는 것은 결정권을 가진 이들(부모, 코치, 운영자, 심판, 미디어)이 DAP 원칙을 잘 적용하는 것에 좌우된다.

탐구 질문

1. '발달단계적으로 적절한 실천활동'이라는 표현이 무엇을 의미하는지 개념 정의와 구체적 사례를 들어 설명하라.
2. 왜 어떤 어른들은 좋은 의도를 지녔음에도 불구하고 유청소년 스포츠는 전적으로 아이들을 위한 것이라는 기본 전제를 지키지 못하는지 설명하라. 중요한 결정권을 지닌 어른들이 이 기본 전제를 기억하지 못했을 때 발생할 수 있는 부정적 결과들을 몇 가지 들어 보라.

성찰용 학습활동

1. 독자의 유청소년 스포츠 체험 속에서 발달단계적으로 적절한 실천활동의 사례를 들어 보고, 또 본인이 체험한 발달단계적으로 부적절한 실천활동의 사례도 제시해 보라. 이런 실천활동들이 독자에게 가져다준 장점 또는 단점(또는 둘 모두)에 대해서 말해 보라. 즉, 이런 체험들이 독자의 스포츠 발달이나 개인적 발달에 어떻게 영향을 미쳤는가?
2. 유청소년이나 스포츠에 대해서 어떤 질문이라도 해답을 찾을 수 있도록 무제한의 재원이나 과학적 자원을 가지고 있다고 가정해 보자. 독자가 가장 먼저 알고 싶은 연구질문은 무엇인가?

차례

제3장

유청소년 스포츠의 철학과 목적 • 65

제2부

유청소년 스포츠 참여를 위한 성숙과 준비성

제4장

신체 성장과 성숙 • 91

제5장

학습 기술과 경쟁을 위한 준비 • 109

제3부

유청소년 스포츠 참여의 강도

제12장

유청소년 스포츠에서의 부상 · 271

제4부

유청소년 스포츠와 사회적 요인

제13장

유청소년 스포츠와 문화적 역량 · 297

제16장

유청소년 스포츠를 통한 도덕성과 라이프 스킬 개발 • 361

Part 01

유청소년 스포츠의 기초

『유청소년 스포츠교육론』 제1부에 온 걸 환영한다. 제1부에서는 유청소년 스포츠의 '큰 그림'을 보게 될 것이다. 유청소년 스포츠의 기본지식을 다룬 세 개의 장에서 배우게 될 대략적인 내용들은 다음과 같다.

- 유청소년 스포츠는 어떻게 조직되어 있으며, 누가 참가하며 참가하지 않는지, 그리고 왜 참가하는지.
- 각기 다른 나라들에서의 유청소년 스포츠는 어떤 모습인지.
- 유청소년들이 그냥 동네 빈터에서 어른들이 조직한 스포츠로 옮겨가게 된 이유는 무엇인지.
- 유청소년 스포츠 참여 모델로서 피라미드 모형보다는 야자수 가지 공동체 모형이 왜 더 나은지.
- 특정 유형의 유청소년들에게 어떤 유형의 프로그램이 가장 적합한가를 어떻게 판정하는지.
- 독자가 운영하는 유청소년 프로그램에 필요한 건전한 철학과 명료한 목표들을 어떻게 수립하는지.

제1부는 신병훈련소 같은 곳이다. 독자는 유청소년 스포츠의 기본을 배워서 이 책의 나머지 부분들을 잘 이해할 수 있도록 스스로 준비하게 된다. 그러니 지름길은 잊기를! 충분한 시간을 가지고 제1부의 세 장을 잘 읽고 유청소년 스포츠 기본 훈련을 제대로 마무리하기를 바란다. 발달단계적으로 적절한 실천활동(DAP)에 대한 지식을 잘 활용할 수 있도록 대비하기 바란다.

Chapter
01

유청소년 스포츠 이해

제1장 개요

이 장에서 배울 내용은 다음과 같다.

- 다양한 유형의 유청소년 스포츠
- 여러 나라의 유청소년 스포츠 현황
- 유청소년의 스포츠 참여 저해 요인들
- 유청소년 스포츠 진흥을 전담하는 국내 및 국제 기관들

1. 개요

유청소년 스포츠란 무엇인가? 유청소년 스포츠에는 어떤 이들이 참여하고 어떤 활동들이 인정되는가? '스포츠(sport)'는 특정 규칙들에 따라 움직이고, 경쟁성을 띠며, 신체적 수행이 관여되는 게임류의 활동이다(Blanchard, 1995). 통상적으로 스포츠는 정규 스케줄에 따른 훈련과 연습 과정을 거치며, 시즌이나 프리시즌과 같은 일정한 기간에 걸쳐 경기 형태로 운영된다. 유사한 용어로, 에너지를 소비함으로써 근골격계가 만들어 내는 모든 육체적 움직임을 뜻하는 '신체활동(physical activity)'이 있다(Caspersen, Powell, & Christenson, 1985). 스포츠는 신체활동의 한 가지 형태다. 다른 것들로는 요가나 카약 같은 체력활동(fitness activities), 화단 손질이나 하이킹 같은 여가활동(leisure activities), 자전거 타기나 걷기 같은 이동활동(transportation activities), 낙엽이나 눈 치우기 같은 노동활동(work activities) 등이 있다. 이 책에서는 스포츠에 초점을 맞추고 있기는 해도, 건강과 웰빙에 상당히 중요한 관계로 때때로 유청소년과의 연관 속에서 신체활동을 언급할 것이다. '유청소년(youth)'은 아동과 청소년, 통상적으로 상당한 신체적 · 정신적 발달을 겪는 중인 만 18세 및 그 이하를 지칭한다.

'유청소년'과 '스포츠'라는 두 단어를 하나로 뭉쳐 놓으면 각각의 개념이 의미하는 것보다 상황이 훨씬 더 복잡해진다. 첫째, 이런 급격한 신체적 · 정서적 발달을 겪는 시기에 또래친구들과 경쟁하는 사회적 비교에 놓이는 것은 아이들에게 매우 힘들다. 둘째, 성인들이 코치 또는 강사인데, 이들이 대부분 유청소년 스포츠 활동의 관리감독자로 지정된다. 셋째, 유청소년들은 스포츠 참여와 관련된 의사결정이나 재정지원을 쥐고 있는 부모나 보호자들과 한 지붕에서 살고 있다. 넷째, 스포츠는 세계는 물론 미국 내에서도 가장 인기 있고 널리 알려진 사회제도 중 하나다. 스포츠는 미국 내 10대 산업 중 하나이며, 2012년에 약 560조 원 가치의 사업을 생산해 내고 있다(Plunkett Research Ltd., 2013). 미국 내 스포츠산업 전체에서 유청소년 스포츠 분야는 최소 약 7조 원을 차지하는 것으로 추산되고 있다(Wagner, Jones, & Riepenhoff, 2010).

코치, 감독 그리고 부모는 대회 우승, 지역사회 특권 획득, 수입 확보, 스포츠장학금 확보, 올림픽 대회나 프로팀 선발의 명예와 보수 추구 등과 같은 유혹으로 인해서 발달단계적으로 적절한 실천활동(DAP)의 중요성을 쉽게 간과한다. 유청소년에 스포츠를 더하게 되면 하나의 중요한 하위문화, 성인 스포츠와는 완전 다른 하위문화를 의미한다는 사실을 반드시 명심해야 한다. 독자는 계속 읽어 나가면서 유청소년과 스포츠가 상호 양립할 수 있도록 하는 방안을 생각해 보고, 유청소년에 스포츠를 더하는 것이 아이들에게 참으로 큰 도움이 되는 체험으로 작동하도록 노력해 주기 바란다.

2. 유청소년 스포츠의 종류

'유청소년 스포츠'라는 용어는 어른이 관리하는 5세에서 18세까지를 대상으로 하는 스포츠 기술 습득 연습 강좌들과 경쟁형 시합 프로그램들 전체에 적용된다. 하지만 유청소년 스포츠가 실제로 운영 조직되는 방식은 매우 다양하다. 예를 들어, 이 프로그램들은 각각 초점, 목표, 및 가입 기준이 각기 다르다. 기능 수준에 상관없이 즐거움과 참여에 초점을 맞추면서 누구에게나 열려있는 프로그램들이 있다. 또 어떤 프로그램들은 최고의 재능과 대회 우승을 강조하면서 기능 수준에 기초해 참여자를 선발한다. 어떤 프로그램들은 개인 수준별 기능발달, 각자에 맞는 시간 투자, 그리고 동네 안에서의 시합

운영 등을 강조한다. 반면에, 또다른 프로그램은 훈련 시간을 좀 더 많이 요구하고 지역을 많이 벗어나 시합을 하는 것을 요구한다. 유청소년 스포츠 프로그램의 여러 다른 유형들이 띠는 특징에는 이 밖에도 시합 시즌의 길이, 시즌 후 훈련과 모임 등에 참가, 코치와 심판의 자격 요건들, 그리고 필요한 비용의 크기 등이 있다.

프로그램들에서 보이는 이러한 다양성은 부모에게 혼란을 가져다주기 때문에, 유청소년 스포츠 관리자와 코치들은 (자기들) 프로그램의 독특한 특색을 명확히 홍보하고 설명하도록 권장된다. 이렇게 해야만, 부모와 아이들이 자신의 관심, 동기, 현재 기능 수준, 가족 지원 상태를 충족시키기 위한 최고의 선택을 내릴 수 있게 된다(제3장에서 유청소년 선수와 부모 본인들의 요구와 관심에 최대한 맞는 프로그램을 선택하도록 돕는 요령 몇 가지를 소개한다).

다음에 나열한 목록에 보이듯, 유청소년 스포츠는 일반적으로 학교 기반 스포츠와 학교 외 스포츠로 크게 나뉜다.

- 학교 기반
  - 학교 간 경기
  - 학교 내 게임과 스포츠 대회
  - 체육수업
  - 스포츠 캠프
- 학교 외
  - 동네 클럽팀 또는 리그(Optimist youth hockey, Kiwanis baseball)
  - 미국 유청소년 스포츠 기관 팀 또는 리그(American Youth Soccer Association, Soccer Association for Youth)
  - 국내 유청소년 발달 기관 프로그램(Boys and Girls Clubs, YMCA, Catholic Youth Organization)
  - 지역사회의 레크리에이션 부서
  - 미국올림픽위원회 소속 체육단체: 전국단위, 시도단위, 시군구단위(미국 레슬링협회)
  - 클럽 스포츠
  - 스포츠 아카데미(IMG Academy)
  - 스포츠 캠프

이러한 기본 분류를 시작으로 하여, 유청소년 스포츠는 매우 다양한 프로그램들로 더 세분화되어 나뉠 수 있다. 이 절에서는 이 분류들을 중심으로 설명하도록 한다. 대부분의 사례는 미국의 것을 들도록 하겠다. 이 장의 후반부에서 이 분류를 사용하여 다른 나라들의 유청소년 스포츠 현황들에 대해 소개하도록 한다. 저자로서 우리는 우리의 관점이 서양적 편견을 지니고 있음을 충분히 인지하고 있다. 우리가 가장 잘 알고 있는 문화이기 때문이다. 하지만 전 지구적 유청소년 스포츠의 다양한 모습들을 이해하고, 다른 문화에서는 지식이 실천에 어떻게 적용되고 있는지를 살펴보는 것이 얼마나 중요한 일인지도 잘 알고 있다.

1) 학교 기반 유청소년 스포츠

학교 기반 유청소년 스포츠는 학교 간 스포츠, 학교 내 스포츠, 체육수업, 그리고 스포츠 캠프가 포함된다. '학교 간 스포츠(interscholastic sport)'는 다른 학교 대표 운동선수와 팀을 상대로 경기하며, 통상적으로 운동부 일원이 되기 위해서는 선발 절차를 거친다. (시합이동, 유니폼, 코치, 심판 등) 소요되는 경비로 인해서 학교 간 유청소년 스포츠는 학교별로 한 종목당 1개나 2개 팀만이 있다. 미국 중학교 및 고등학교 학교 간 스포츠는 '전미고등학교연맹(National Federation of State High School Association: NFHS)'과 각 주별로 학교 간 스포츠를 관장하는 협회들(예: 오하이오주 고등학교 육상협회)에 의해서 운영된다. NFHS와 주별 협회는 선수자격, 경기규정, 코치자격 조건 등에 관한 표준을 수립한다.

'학교 내 스포츠(intramural sport)'는 라틴어 'intra'와 'muros'가 합쳐진 단어다. '담 안쪽'이라는 뜻이다. 따라서 학교 내 유청소년 스포츠에는 같은 학교 내 학생들의 게임과 스포츠 경기가 진행된다. 학교 내 스포츠는 학교 간 스포츠에 빠져들기 전에 어린 아이들에게 제공되는 경우가 많다. 또한 비교적 어린 상태의 중고등학교 청소년들에게 학교 간 대회의 대안으로서 제공되고도 있다. 학교 간 스포츠와 학교 내 스포츠는 모두가 학교 정규수업 이외의 스포츠다.

'체육수업(physical education)'은 대부분의 학교에서 정규 교과 수업의 하나로 제공되고 있다. 학생의 연령에 근거하여 주/국가의 가이드라인으로 필수나 선택으로 규정되어 있다. 학교체육 수업은 신체적 기술을 가르치거나 개인적 체력을 기르는 것에 초점이 맞추어져 있다. 경쟁적 활동이 학교체육의 일부라고 보일 수 있으나, 기량 향상이 시합하기보다 강조된다. 우리는 체육수업을 유청소년 스포츠의 한 영역으로 포함시킨다. 여기가 바로 아이들이 조직화된 스포츠를 처음 해 보는 곳이기 때문이다. 그리고 대부분의 학령기 청소년들에게 허용되는 곳이기도 하다.

'학교 기반 스포츠 캠프'는 통상적으로 여름에 개최되며, 해당 학교의 스포츠 코칭 스텝과 다른 코치들이 관리하고 있다. 학교 스포츠 캠프는 대부분 한 가지 스포츠에 집중하며, 고등학교나 대학교 교정에 캠프를 세우는 것에 초점을 맞추고 있다. 학교 스포츠 캠프는 일반적으로 참가비를 부가하며, 특정 스포츠의 기능을 향상시키기를 원하는 사람들은 예약 후에 사용하여 운동 기량과 기술을 향상시킬 수 있다.

만약 이런 모든 프로그램이 능력 좋고 활기 넘치는 성인 리더들로 구성된 것은 물론 최대한의 재정 지원을 받는다면, 유청소년들의 흥미와 필요를 충족시키는 혁신적 아이디어들이 넘친다면, 그리고 학교 기반 프로그램들이 모든 학령기 학생이 어떤 종류이든 유청소년 스포츠에 참여하도록 북돋아 주는 일에 함께 동참한다면, 얼마나 훌륭할 것인지 한번 상상해 보라. 하지만 불행히도 현실은 대부분 그렇지 못하다. 이런 프로그램들에 대한 재정지원은 계속 줄어들고, 체육수업과 학교 내 스포츠는 학교 운동부팀에 소속되는 것보다는 상대적으로 '멋지지 못한' 것이라는 사회적 인식이 가득하다. 유청소년 스포츠의 전통적인 피라미드 구조 모형이 갖는 두드러진 문제점이다. 학교 간 경기를 치르는 운동부로 뽑힌 최고로 우수한 선수 그룹이 아니기 때문에, 12세 이상 아이들의 중도탈락 수가 증가하고 있다.

2) 학교 외 유청소년 스포츠

앞에 소개하였듯, 학교 외 유청소년 스포츠 프로그램들은 아주 다양하다. 학교 기반 스포츠보다 훨씬 더 많은 아이들이 참여한다. 여기서는 여덟 가지 유형에 대하여 프로그램을 조정하는 담당자가 누구인지와 구조화가 어찌 되어 있는지를 중심으로 개략적으로 소개한다.

(1) 지역 수준 클럽팀이거나 리그

시군구의 클럽팀과 리그는 '키와니스(Kiwanis)'나 '옵티미스트(Optimist)'와 같은 커뮤니티 클럽이 운영과 후원을 담당한다. 이 클럽들은 때로 특정 연령층의 한 팀을 후원하거나, 다수의 팀들이 모인 유청소년 리그 전체를 운영하기도 한다(야구, 아이스하키 등). 이 클럽들은 자원봉사 회원들이 있고, 유청소년 스포츠 같은 지역사회의 주요 분야를 후원하기 위한 기금모음을 주도하기도 한다.

(2) 국가 수준 유청소년 스포츠기관 팀 또는 리그

미국 내 유청소년 스포츠 프로그램 중 아주 유명한 형태로 전국 규모 유청소년 스포츠 단체에 소속된 팀과 리그가 있다. 유청소년축구협회(Soccer Association for Youth: SAY), 전미유청소년축구협회(American Youth Soccer Organization: AYSO), 리틀리그베이스볼및소프트볼(Little League Baseball and Softball), 포니베이스볼및소프트볼(Pony Baseball and Softball), 팝 워너 축구(Pop Warmer Football), 미국아마추어농구연맹(Amercan Athletics Union Basketball), 그리고 비디농구(Biddy Basketball) 등이 있다. 미국 내에는 이 단체들이 아주 역사가 깊고 힘이 강력하다. 이들은 많은 지역사회 유청소년 스포츠 프로그램들 가운데 하나다.

(3) 국가 수준 유청소년기관 프로그램

국가 규모로 운영되는 유청소년 개발 기관들은 아이들의 웰빙을 유지하고 향상시키기 위하여 개설되었다. 이들은 포괄적 임무의 하나로, 스포츠 프로그램과 여러 가지 신체활동 레크리에이션 프로그램들을 제공하고 있다. 전미보이앤걸클럽(Boys and Girls Clubs of America), YMCA(Young Men's Christian Association), YWCA(Young Women's Christian Association), 그리고 가톨릭청소년조직(Catholic Youth Organization: CYO) 등이 있다.

(4) 지역 수준 레크리에이션 부서 프로그램

대부분의 동네 지역사회에는 유청소년 스포츠를 포함하는 커뮤니티 레크리에이션 프로그램들이 제공되고 있다. 예를 들어, 우리가 사는 도시의 공원 및 레크리에이션 부서는 유청소년 농구, 미식축구, 유청소년 테니스 강습과 대회, 그리고 여름 수영팀 프로그램을 마련해주고 있다. 또한 국가 수준 스포츠 단체에 소속된 다음의 프로그램들도 역시 제공해 주고 있다. SAY 축구, NFL and Pepsi Punt, Pass and Kick 대회, First Tee 골프 프로그램, Hershey Track & Field 프로그램 등이 있다. 지역수준 레크리에이션 센터들은 역시 농구 코트, 테니스 코트, 수영장 등의 시설들도 제공해 주고 있다. 이것들은 경제적으로 어려운 유청소년들이 신체활동에 적극적으로 참여하는 데에 결정적인 역할을 하고 있다.

(5) 올림픽 NGO급 국가 수준, 시도 수준, 시군구 수준 프로그램

올림픽 스포츠를 담당하는 국가기관(National Governing Bodies: NGBs)은 특정 올림픽 스포츠가 제대로 운영되도록 조정하며, 국가, 시 · 도 및 거주 지역 수준의 유청소년 스포츠 프로그램들을 지원하고 있다. 아주 좋은 한 가지 사례가 미국 레슬링협회로부터 후원받은 프로그램이다. 미국 레슬링협회(USA Wrestling)는 세계선수권대회와 올림픽대회를 포함한 국제대회에서 미국을 대표하는 선수를 선발하고 훈련하는 권한을 지니고 있다. 전미레슬링협회의 또 다른 목적은 레슬링 저변의 확대인데, 연령별 토너먼트의 개최와 주 협회 설립을 통한 회원 클럽의 운영 등이 포함되어 있다. 미국 레슬링협회는 또한 연령별 시도 및 전국 대회, 레슬링 캠프, 클리닉, 그리고 코치교육 프로그램을 운영한다.

(6) 클럽 스포츠

1990년대에 폭발적으로 증가한 사설형, 학교 외 유청소년 스포츠, 미국 유청소년 스포츠 문화를 변화시킨 것은 '클럽 스포츠'다. 미국 클럽 스포츠는 선발식이다. 아이들은 입회를 위해서 시험을 치러야 하며, 팀 멤버가 되는 것은 그중 최고 실력을 갖춘 친구들이다. 이 팀들은 (회원이 되기 위해서 선발되어야 하기 때문에) 선발팀 또는 (그냥 레크리에이션 수준의 팀이나 단체들의 후원을 받는 유청소년 스포츠팀들이 소재하는 주변 지역을 벗어나서 먼 지역까지 가서 시합을 하기 때문에) 여행 팀이라고 불린다.

클럽 스포츠는 통상적으로 코치들이 보수를 받기 때문에 회비를 지불한다. 단체의 후원을 받거나 시군구, 읍면동 레크리에이션 프로그램에서 일하는 자원봉사 코치 모형과는 다르다. 코치, 감독, 또는 매니저가 팀의 명칭을 등록하고, 스포츠기관을 통해서 보험에 가입하며, 연령 분류에 따라 선수들을 선발해서 팀을 구성한다. 대체로 팀 구성원에 대한 지리적 제한은 없다. 하지만 어떤 클럽은 주 내에서 선발하는 규정이 있기도 하다. 단체 스포츠(축구, 소프트볼, 야구, 농구, 배구)가 클럽 스포츠에서는 가장 많은 선수군을 지니고 있다. 테니스, 골프, 체조, 수영 등 개인 스포츠를 담당하는 클럽 스포츠도 미국 내에서 역사적으로 존재해 왔다.

미국 내 유청소년 스포츠 클럽에 대한 찬성과 반대의 목소리가 여럿 있다. 찬성의 입장은 좀 더 강력한 경쟁 수준과 더욱 고난도의 기술 발전과 훈련을 원하는 어린 운동선수들에게 이러한 기회를 제공하는 것이 당연하다는 입장이다. 많은 어린 선수들이 고등학교 팀에서 운동하기를 원하며, 대학에서까지 자신의 운동을 계속하기를 희망한다. 어떤 클럽 스포츠에서는 연봉이 8만 달러(약 1억 천만 원)나 하는 풀타임 코치를 고용하기도 한다. 이런 곳의 선수들은 전문지식이 좀 더 많고 고도의 훈련을 받은 코치로부터 배울 수 있어서 더 나은 환경에서 운동하게 된다. 말할 것도 없이, 선수들은 전문적으로 훈련받은 코치들로부터 지도받는 소수의 클럽 스포츠 프로그램에서 자신의 스포츠 기량을 세련화할 최고의 기회를 갖게 된다.

부모와 선수는 클럽 스포츠에 참가하는 비용을 잘 판단해야 한다. 통상적으로 회비가 수백만 원을 훨씬 넘는다. 시 · 군 · 구, 읍 · 면 · 동 문화체육센터의 유청소년 스포츠 프로그램에서 요구하는 회비(약 10만 원 이하)와는 상대가 되지 않는다. 중부 오하이오주 가족을 대상으로 한 조사에 따르면 약 1/3의 가구가 유청소년 스포츠에 연간 200만 원 이상을 사용하고 있다고 보고되었다(Wagner et al., 2010). 어떤 스포츠 클럽에서는 연간 1350만 원 이상을 지불해야 한다. 이 외 다른 지출은 시간, 여행 그리고 에너지다. 부모들이 거리상 먼 훈련 장소에 아이들을 오랜 시간 동안 태워다 주는 일이 다반사이며, 사는 곳을 떠나 주말마다 다른 지역의 시합 장소에서 지내는 일도 흔하다. 또 다른 문제는 클럽 스포츠에서는 모든 선수가 모든 시합에 참여해야만 한다는 조직상의 규정이 없다는 점이다. 그래서 각 선수들이 모두 동일한 시합 출전 시간을 얻지 못하거나, 아예 시합 출전 자체를 못하게 되는 경우도 생긴다. 전반적으로, 클럽 스포츠는 다른 유형의 유청소년 스포츠보다 통제 관리가 제대로 되지 못하고 있는 실정이다. 따라서 부모님들은 자녀를 보낼 클럽 스포츠 프로그램에 대하여 적극적이고 부지런히 정확한 정보를 얻어야만 한다.

미국 이외의 다른 나라에서는 역사적으로 클럽 스포츠(다른 곳에서는 통상적으로 스포츠 클럽이라고 부름)가 유청소년 스포츠 참여를 위한 주된 통로가 되었다. 지금도 유럽, 일본, 북아프리카, 중동, 그리고 라틴 아메리카 등지에서는 클럽 스포츠가 유청소년 스포츠의 주류를 이루고 있다. 여기만큼은 못하지만 호주나 뉴질랜드에서도 인기가 높다. 세계 다른 나라의 '스포츠 클럽(sport clubs)'에서는 한 종목만 하거나, 여러 종목을 다루기도 한다. 어떤 경우이든 지역 시합과 전국 대회에 참여하고, 때로는 국제스포츠연맹이 조직되어 있는 곳에서는 국제 수준 대회도 참여한다.

미국의 클럽 시스템과는 달리, 국제 스포츠 클럽 시스템은 참여를 기반으로 한다. 이 스포츠 클럽들은 대체로 자원봉사자들에 의해서 구성되며, 회원제에 기반하며, 전체 지역사회를 대상으로 하고, 통상적으로 유청소년들은 18세가 될 때까지 연령별 그룹의 팀에 소속되어 등위를 바꿔 가며 점차로 상승해 가는 방식으로 운영된다. 성인이 되더라도 계속해서 클럽에서 참여할 수 있다. 대부분의 경우 클럽에는 정해진 상위 팀들이 있다. 그렇기는 해도 전반적으로 다른 나라들의 클럽 스포츠는 연령 그룹, 기능 수준, 지역 관여 등에 근거하고 있다. 미국 이외 국가의 스포츠 클럽은 도시나 지방 모두에 지역사

쉬어가기

허더스필드 타운 테리어스: 유럽 스포츠 클럽 사례

영국 맨체스터에서 나고 자란 올리 템플턴(Oli Templeton)은 12세가 되자 축구를 하려고 허더스필드 타운축구클럽(Terriers라는 애칭으로 불림)에 가입하였다. 고등학교까지 계속해서 이 클럽에서 연습을 하면서 템플턴은 주말마다 북잉글랜드 소속 다른 유청소년팀들과 경기를 해 왔다. 템플턴은 여기에 더하여 학교대표팀에서도 주전 선수로 경기를 했는데, 영국에서는 절대로 고등학교 스포츠를 제대로 할 수 없다고 확신하게 되었다. 그는 매 일요일 클럽 대항 시합에서 경기를 하였고, 때로는 방과 후에도 하였다. 반면에 고등학교 팀은 한 달에 약 1회 시합을 하는 데 그쳤다.

템플턴은 유청소년일 때에는 허더스필드팀에서 경기를 하는 대가로 아무런 보수를 받지 않았다. 대신에, 팀을 대표해서 경기를 계속하는 것에 대한 보답으로 무료로 연습과 강습을 받았다. 고등학교를 졸업하자마자 클럽에서는 대학 진학 대신에 자신의 클럽과 2년 계약을 할 것을 제안하였다. 하지만 이것은 프로팀 입단 계약이 아니었고, 기초생활과 식사 정도만 커버되는 최소한의 급여만 받는 일이었다. 템플턴은 당시까지 여전히 허더스필드팀의 선수이기는 했지만, 최고 레벨 프로팀에 속해서 시합을 한 적은 없었다. 하지만 그는 이렇게 설명한다. "그 2년짜리 계약이 우리가 원하는 것이죠. 하지만 10명 중에서 겨우 1~2명만 최종적으로 프로계약을 하게 돼요. 그런데도 만약 그럴 수만 있으면 얻게 되는 것이 너무도 크기 때문에 사람들은 그것에 매달리게 되죠." (예를 들면, 데이비드 베컴은 14세 생일날 맨체스터 유나이티드팀과 계약을 마쳤고, 17세에 맨유의 프로팀에서 데뷔를 했다. 이후 베컴은 국제적인 축구 영웅이 되었다.) 2년 후 프로팀에 올라가지 못하는 선수들은 대학에 진학하거나 다른 분야에서 직업을 갖기도 한다.

템플턴은 미국 시펜스버그대학교에서 대학공부를 마치기로 정하였다. 미국 시스템에서는 대학 공부와 축구운동을 동시에 할 수 있었기 때문이다. 그는 영국과 미국 시스템 간의 차이점에 대해서 이렇게 이야기한다. "영국에서는 운동 쪽으로 갈 것인지 또는 학교 쪽으로 갈 것인지 양자택일의 결정을 내려야만 합니다. 이 둘은 분리되어 있습니다. 둘 모두를 택할 수가 없어요. 하지만 미국에서는 두 세계 모두에서 최고의 것을 추구할 수 있습니다. 학생의 삶은 물론, 선수의 삶도 함께 누릴 수 있는 거죠." 유럽에서는 대학 스포츠 장학금이 하늘의 별 따기만큼 드물다. 미국에서 유청소년 선수들이 대학 입학담당자의 주목을 끌려고 하는 반면, 유럽 선수들은 프로 스포츠팀의 관심을 얻으려고 한다. 물론, 미국에서도 마찬가지로, 대학에서의 공부와 운동 간의 본질적 긴장은 존재한다. 따라서 양쪽 시스템은 각자의 장단점이 있다고 할 수 있다(Loh, 2011).

회의 정체성을 개발하고 유지하는 데에 매우 중요한 역할을 담당한다. 예를 들어, 호주에서는 럭비 리그와 오스트레일리안 룰스 풋볼 팀들이 지역사회로부터 재정적 지원을 받고 있으며, 시·도 및 시·군·구 지역들에게 강력한 정체성을 형성해 준다.

(7) 스포츠 아카데미

'스포츠 아카데미(sport academy)'는 학교 공부와 함께 스포츠 훈련을 제공하는 사설 또는 공공의 기숙학교다. 그런데 이들은 학력 수준이 높은 우수한 운동선수를 길러낸다고 약속하는 전통적 의미의 사립기숙학교가 아니다(이런 이유로 우리는 스포츠 아카데미를 학교 외 유청소년 스포츠 범주에 넣었다). 스포츠 아카데미에서는 '스포츠 훈련(sport training)'을 강조한다. 유청소년 학생들이 이런 아카데미에 입소하는 이유다. 대부분의 아카데미는 일반 교과교육을 함께 제공하며, 이에 따라 훈련 시간을 더 확보할 수 있다는 실용적 효과를 갖게 된다. 훈련 일정 속에 수업 일정을 보다 더 용이하게 짜 넣을 수가 있게 된다.

미국에서 가장 유명한 사설 스포츠 아카데미는 IMG 아카데미('참고하기' 참조)다. 뉴욕주 레이크 플래시드에 소재한 국립스포츠아카데미(National Sports Academy: NSA)도 유명하다. NSA는 11개 동계스포츠 종목(알파인 스키, 바이애슬론, 남녀 아이스하키, 피겨 스케이팅, 프리스타일 스키, 루지, 노르딕 컴바인드, 노르딕 스키, 스키 점프, 스노보드)의 고강도 훈련 프로그램을 제공한다. 미국 올림픽훈련센터(United States Olympic Training Centers)도 각 종목별 단체에서 선발된 유청소년 선수들을 위한 입주 선수 프로그램을 운영한다. 이 선수들은 한 곳에서 숙식을 하면서 훈련을 받으며, IMG나 NSA와는 달리, 입주 훈련을 받는 기간 중에 주변의 학교에서 교육을 받는다. 이와 유사한 국립 스포츠 아카데미는 호주의 호주체육연구소(Australian Institute of Sport)(여러 분원을 가지고 있다)와 국가의 지원을 받는 200개 이상의 아카데미를 운영하는 중국이 있다.

참고하기

IMG 아카데미

플로리다주 브라덴튼시에 위치하며, '스포츠 유토피아'로 극한 칭찬을 받고 있는 IMG 아카데미는 유청소년, 고등학생, 대학생 및 프로선수들을 위한 사설 스포츠 훈련기관이다. 8종목(테니스, 골프, 축구, 야구, 농구, 미식축구, 라크로스, 트랙앤필드/크로스컨트리)에서의 훈련 프로그램과 참여자들의 운동적 발달과 인간적 발달의 총체적 발달을 추구하는 프로그램을 제공하고 있다. 또한 IMG는 주로부터 인가받은 유치원~고등학교(pre-K~12) 과정의 교육프로그램도 운영한다. 대학 진학을 위한 사전교육 학점 인정도 받았다. 거의 500에이커에 이르는 IMG의 시설은 테니스코트 52면(하드, 클레이, 인도어, 아웃도어), 축구장 13개, 정식야구장 3개, 훈련야구장 4곳, 투수연습마운드 15개, 여러 종류의 샷을 연습할 수 있는 장소와 레인지를 구비한 18홀 골프코스, 라크로스 경기장 2개, 축구 경기장 2개, 농구장 4개, 최신의 터프재료를 사용한 4개 레인짜리 트랙, 1만 제곱미터의 웨이트 훈련장을 갖추고 있다. 2013년에는 새로운 기숙시설과 다목적 스타디움을 준공하였다. 게토레이 스포츠과학연구소(Gatorade Sports Science Institute) 실험실 세 곳 중 한 곳이 IMG캠퍼스 내에 소재해 있다. 모든 아카데미 운동선수에게 휴먼 퍼포먼스에서의 최고 역량 및 영양을 제공하고 있다.

최소 11세 이상만 되면 IMG 기숙시설에 입소가 가능하다. 즉, 통상적으로 10개월에 이르는 아카데미의 학년 기간 동안 그곳에서 숙식을 하면서 훈련한다는 것이다. 입학 과정은 매우 경쟁률이 높지만, 합격통지를 받기 위해서는 경기수행능력이 유일한 자격 기준이 아니다. 물론 재정이 입학의 가장 중요한 요인이기는 하다. 2014~2015학년도 아카데미 등록금 사례는 고등학교 테니스 약 1억 원, 고등학교 팀스포츠 약 9천6백만 원이다. 여기에는 사립학교등록금, 스포츠 등록금, 기숙사 및 식사비가 포함되어 있다. 약 3천5백만 원을 추가하면 보다 더 좋은 숙박시설과 음식제공이 가능하다. 약 37만 원의 등록보험이 추천되며, 등록금을 할부로 내는 이들에게는 필수항목이다. 개인레슨과 언론훈련 같은 추가 서비스를 더하게 되면, 전체 금액은 매년 약 1천4백만 원에 가깝게 된다(Ferrey, 2008). 미국 내 대부분의 가정에서는 자녀의 스포츠 훈련 명목으로 1년에 약 9천8백만~1억 4천만 원의 비용을 감당할 수 없다.

IMG는 매우 성공적인 마케팅을 펼친다. 2009~2012년의 기간에 326명의 졸업생들(60%)이 NCAA Division I 대학에 진학하였다(대학팀에 선발되는 학생 선수의 전국평균 진학율은 6% 이하다). 동일한 시기 동안, IMG는 대학 1년차에 총 장학금을 평균 약 16억 8천만 원이나 받았다(대학 장학금을 받는 학생 선수 전국 평균 비율은 2% 이하). IMG아카데

[그림 1-1] 선수 및 개인 성장발달의 IMG 아카데미 모델

미가 유청소년 선수들에게 매우 우수한 훈련을 받도록 해 주며, 공부와 운동 모두 성공을 성취하도록 해 주어 대학 진학을 도와주고 있는 것은 분명하다. 하지만 부모들은 IMG가 유청소년 선수들 '빅스'(프로스포츠)에 자동으로 진출시키는 티켓이라 생각해서는 안 된다. IMG에 소속된 한 야구 코치는 이렇게 말한다. "프로선수로 만드는 것은 내가 성공이라고 판단하는 기준이 아니다(그는 자기가 IMG에서 지도한 선수들 가운데, 그들이 여기서 쏟은 시간과 노력에 비추어볼 때, 프로야구에 드래프트된 선수들은 매우 드문 경우라고 인정한다). 아주 가끔 뛰어난 유전인자를 가진 아이, 예를 들어 정말로 빠르거나 덩치가 큰 아이, 확연히 강한 아이를 만나게 된다. 하지만 이런 아이들은 극도의 예외일 뿐이다. 우리는 여기서 우리에게 주어진 조건 속에서 그것을 가지고 노력할 뿐이다"(Sockolove, 2008, p. 200).

전반적으로 IMG아카데미는 정말로 놀라운 스포츠 훈련 기업이며, 기량적, 학업적, 생활적 기술들을 개발하고자 하는 총체적 접근은 자신의 꿈을 성취하는 데에 전심전력(과 경제적 투자)을 다하는 유청소년들을 위한 바람직한 체험들을 제공하고 있다. 하지만 IMG나 다른 스포츠 아카데미에 다닌다고 해서 엘리트 스포츠에 자리를 차지하거나 대학 장학금을 받는 것을 보장받지는 못한다.

(8) 스포츠 캠프

미국에서 학교 외 스포츠 캠프는 어마어마한 사업이 되었다. 부모와 선수들은 시즌 후 또는 여름 방학 중 스포츠 기량을 향상할 수 있는 기회로 여겨 스포츠 캠프에 적극적으로 참여하고 있다. 이들을 위한 전통적 여름 스포츠 캠프는 동네에서 대상 제한을 두지 않으며 다양한 종류의 많은 스포츠 및 레크리에이션 활동들을 체험하는 곳이었다. 이런 유형의 캠프는 물론 아직까지도 시 · 군 · 구, 읍 · 면 · 동 레크리에이션 부서, 대학의 레크리에이션 서비스, 사설 회사, 그리고 YMCA 보이앤걸클럽 같은 유청소년 단체 등에서 제공하고 있다. 이 프로그램들의 목적은 즐거움을 만끽하고, 신체적으로 활달하며, 사회성 발달을 체험하고, 기초적 스포츠 기능에 자신감과 기량을 갖는 것이다.

스포츠 중심 학교 외 캠프는 매우 왕성하게 진행되고 있으며, 더욱 전문화되고 세분화되어 가고 있다. 아이들이 집에서 등하교하는 읍 · 면 · 동 캠프 수준에서부터 여러 날이나 일주일까지 머무는 기숙 캠프 수준까지 다양하다. US스포츠캠프(미국), 엘리트스포츠캠프(영국), 축구캠프인터네셔널(유럽), 호주스포츠캠프(호주) 이 캠프들은 모두 각 나라 전역에 걸쳐 여러 장소에서 다양한 캠프를 펼치고 있다.

3. 유청소년 스포츠 참여의 패턴

이제 유청소년 스포츠가 어떻게 조직되고 유청소년 선수들에게 어떤 프로그램과 선택지들이 제공되고 있는지에 대한 기본 이해를 갖추었다. 그렇다면 이 프로그램들은 구체적으로 어떻게 운영이 되고 있는 것일까? 세계 각국에서는 어떤 유형의 프로그램에 참여하고 있으며, 어떤 활동들이 가장 인기가 있을까? 이 절에서는 다양한 형태의 유청소년 스포츠에 참여하는 패턴을 중심으로 미국 유청소년 스포츠의 현황, 그리고 세계 각국에 대한 전반적 이해를 갖도록 한다(중국과 유럽 몇 개국은 예외로 하는데, 이 절에서 소개하는 국가들은 영어 사용권이기 때문이다. 영어 사용권 국가에 집중함으로써 이 책에서 필요한 유청소년 스포츠 관련 정보를 수합하기가 용이했다. 당연히 우리는 여기에 포함되지 않은 다른 나라들의 사례들도 상당함을 잘 알고 있음을 밝혀 둔다).

1) 미국의 유청소년 스포츠

미국에서는 4,000만 명 이상의 유청소년들이 조직화된 스포츠에 참여하고 있다. 전 연령대에 걸쳐서 남자가 여자보다 훨씬 더 많이 참가한다. 만 5~18세의 유청소년 가운데, 남자는 66%, 여자는 52%가 참여하고 있다 (Athletic Footwear Association, 2012). 미국 아동 중 1/3이 3개 이상의 운동팀에서 경기하고 있으며, 여자보다는 남자아이들이 훨씬 더 활발하게 여러 스포츠에 참여하고 있다. 미국 유청소년 스포츠 프로그램은 학교와 학교 외에서 제공되고 있다.

(1) 학교 기반 유청소년 스포츠

어린아이들은 시 · 군 · 구, 읍 · 면 · 동의 레크리에이션 부서와 지역사회 프로그램에 좀 더 많이 참여하고 있으며, 통상적으로 학교 내 시합과 학교 간 경기는 초등학교에서 제공되지 않기 때문이다. 하지만, 6~8학년(만 12~14세)에서는 학교 기반 스포츠 참여가 확연히 증가하고 있다. 미국 고등학교의 10대 인기 경기스포츠 종목은 다음과 같다.[1] 고등학교에서는 농구와 육상이 가장 인기 있는 종목이며, 배구와 소프트볼(여학생), 야구와 미식축

1) 학교에서 제공되는 스포츠 종목에 근거한 최고 인기 종목 순위다. 이 순위가 실제 참여 인원수를 정확히 반영한 것은 아니다. 학교 스포츠는 인원

구(남학생)가 뒤를 따르고 있다(National Federation of State High School Association, 2014). 미국 고등학생의 스포츠 참여는 1989년 이후로 매년 증가하고 있다.

- 미국 내 고등학교 10대 인기 종목

[여학생]

① 농구
② 육상
③ 배구
④ 소프트볼
⑤ 크로스컨트리(달리기)
⑥ 축구
⑦ 테니스
⑧ 골프
⑨ 수영, 다이빙
⑩ 응원단

[남학생]

① 농구
② 육상
③ 야구
④ 미식축구
⑤ 크로스컨트리(달리기)
⑥ 골프
⑦ 축구
⑧ 레슬링
⑨ 테니스
⑩ 수영, 다이빙

역사적으로 체육교과는 미국 아동들을 위한 아주 중요한 신체활동 자원이었다. 하지만 최근 몇십 년간 많은 학교가 체육수업을 필수영역에서 제외하거나 지원을 축소하고 있는 추세를 보였다. 미국 내 5개 학교 중 1개 학교에서 체육수업을 전혀 제공하고 있지 않으며, 매일 체육은 거의 없는 수준이다(초등과 중학교에서는 4%)(Sabo & Veliz, 2008). 체육수업 실제 참가와 기회 제공은 초등학교에서 고등학교로 올라갈수록 감소한다.

(2) 학교 외 유청소년 스포츠

학교 외 유청소년 스포츠 프로그램들을 제공하는 단체와 기관들로 인해서 미국 내 수요가 급증하였다. 2012년 현재 60%의 아동들이 학교 외 스포츠 프로그램에 참가하고 있었다(학교 내와 학교 외 프로그램에 동시에 참여하는 아이들도 있었음)(Athletic Footwear Association, 2012). 〈표 1-1〉에 성별과 연령에 따라 미국 유청소년 스포츠 참가 종목 순위가 나열되어 있다.[2] 눈에 띄는 참여 경향으로는 여학생들 사이에 중학교(만 12~14세)로의 진학

표 1-1 가장 인기 있는 미국 내 유청소년 스포츠

여학생	
7~11세	12~17세
1. 축구	1. 배구
2. 농구	2. 농구
3. 체조	3. 축구
4. 소프트볼	4. 소프트볼
남학생	
7~11세	12~17세
1. 농구	1. 농구
2. 야구	2. 미식축구
3. 축구	3. 야구
4. 미식축구	4. 축구

NSGA (2012)에서 발췌.

수와 인기순위가 정비례하지 않기 때문이다(예를 들면, 미식축구와 육상 종목의 참여자가 농구와 배구 인원수보다 훨씬 더 많다).

2) 이 조사는 상기 나열된 스포츠에 1년 이상 참가한 만 7~17세 유청소년을 대상으로 하였다. 참여순위는 학교 내, 학교 외에서 진행되는 어른 관리

과 함께 배구의 증가와 축구의 감소, 그리고 남학생들 사이에 중학교 진학과 함께 농구와 미식축구에의 참여 증가가 보인다. 데이터는 또한 초등학교에서 중학교(만 12~14세)로 진학함에 따라서 여학생들의 전반적 참여 감소를 보여 준다.

(3) 미국 유청소년 스포츠의 새로운 경향

미국 유청소년 스포츠의 발전 경향 중에서 중요한 몇 가지를 살펴보도록 하자.

첫째, 경제적 어려움의 가중으로, 학교 기반 스포츠의 한 가지 경향으로 '유료활동(pay to play)'의 강제성이 증가하였다. 역사적으로 볼 때, 학교 스포츠는 학교의 교과외 활동으로 모두 무료로 제공되었다. 많은 미국 학교가 학생들에게 참여 비용을 거두지 않고는 운동부 팀과 시합 참가를 지원할 수 없게 되었다. 시중에서는 '유료활동'이라고 불리는 현상이다. 최근 조사에 따르면, 학교 스포츠에 아이들을 참여시키고 있는 학부모들 중 70%가 약 14만 원 이상을 지불하고 있다고 한다(Sports and Fitness Industry Association, 2013).

둘째, 전통적 미국 스포츠인 농구, 야구, 소프트볼, 미식축구 종목들은 여전히 많은 인원이 참여하고 있음과 동시에, 아동들 사이에는 그동안 여러 비전통적 스포츠 종목들이 인기를 얻었다. 스케이트보드, 인라인스케이트, 스노보드, 바이시클 모토크로스(BMX)와 같은 익스트림 스포츠도 그중 하나다. 익스트림 스포츠는 학교에서 거의 허용되지 않지만, ESPN 방송국이 후원한 X Games같은 쿨한 마케팅 전략으로 아이들에게 매우 매력적으로 다가가고 있다(Rinehart, 2008). 또 다른 대안적 스포츠 종목은 라크로스, 럭비, 얼티밋 프리스비(Woods, 2011) 등이 있다.

셋째, 지난 20년간 성인들의 관리를 받지 않는 아이들의 자유 스포츠놀이나 게임 같은 활동의 급격한 감소다. 한 조사에서는 만 6~12세 아동들은 주당 평균 30분 정도 옥외에서 놀이를 하며, 옥외에서 얼마라도 자유로운 놀이를 하는 아이들은 1/5 이하인 것으로 밝혀졌다(Hofferth & Sandberg, 2001). 연구자들은 이 같은 현상을 지나치게 많은 일정 소화의 결과로 설명했다. 즉, 부모들이 자녀들로 하여금 조직화된 스포츠, 음악 레슨, 리더십 증진 프로그램들과 같이 어른들이 주도하는 여러 프로그램들에 등록하게 만들었기 때문이라는 것이다. 물론 또 다른 원인으로는 TV 스트리밍 서비스, 컴퓨터, 인터넷, 비디오 게임 등 전자기기 엔터테인먼트가 넘쳐나는 것이다. 만 8~18세의 미국 아동들은 매일 평균 7시간의 스크린 활동을 하고 있다(Rideout, Radok, & Roberts, 2010).

(4) 미국 유청소년 스포츠의 조정기관 부재

다른 나라들에서와는 달리, 미국 유청소년 스포츠는 정부에서 감독하거나 조정을 하지 않는다. 앞에서 소개되었듯이, 미국 유청소년 스포츠 조직은 매우 다양하며, 국가 수준의 조정 과정을 전혀 거치지 못하고, 다양한 유형의 조직과 기관들이 만연한 실정이다. 미국올림픽위원회(United States Olympic Committee)와 올림픽 스포츠 종목의 단체, 연맹들은 일종의 중앙집권적 역할을 하고 있기는 하지만, 유청소년 스포츠 분야는 거의 다루지 않고 대부분 엘리트 스포츠 영역을 전담하고 있다. 이처럼 스포츠 관련 정부 부서나 유청소년 스포츠 중앙 감독기관의 부재는 국가 유청소년 스포츠 정책 개발, 체계적 DAP 참여 가이드라인과 발전 전략, 유청소년 코치에

중심의 활동과 아동 주도 중심의 활동에 대한 경향도 반영되어 있다. 수영, 자전거 타기, 보울링, 워킹과 하이킹 등 이 표에 없는 여러 종목에도 많은 유청소년이 참여하고 있었다. 우리는 수영과 자전거 타기같이 아이들이 통상적으로 여가나 놀이 활동으로 하는 종목들보다는, 좀 더 조직화된 경쟁스포츠를 대표하는 활동들을 선별하였다.

대한 국가 코칭 교육 및 자격 부여 제도, 민간 중심의 유청소년 스포츠 발전을 위한 재정 지원과 자원 확보 등과 같은 노력을 저해하고 있다.

2) 캐나다 유청소년 스포츠

미국의 상황과 유사한 캐나다의 유청소년 스포츠는 학교 기반 프로그램과 지역사회 기반 프로그램의 두 가지로 실천되고 있다. 캐나다에서 가장 인기 있는 고등학교 스포츠는 농구, 축구, 배구, 육상, 그리고 크로스컨트리다(Camire, 2014). 축구는 가장 많은 학생들이 참여하는 종목이며, 캐나다에서 가장 빠르게 성장하고 있다. 캐나다 유청소년의 44%가 축구에 참여하고 있으며(Carnier-Ombrelle, 2013), 이 중 여학생은 42%, 남학생은 58%를 차지한다(Soccer Still, 2008).

흥미로운 점은, 유청소년의 아이스하키 종목 참여가 2010년 이후로 감소하고 있으며, 만 5~19세 캐나다 남자아이들의 10%만이 조직화된 하키를 하고 있다(Mirtle, 2012). 이 사실이 중요한 이유는 아이스하키가 인기도면에서 캐나다의 국가 스포츠로 간주될 정도라는 점에 있다. 하지만 학부모들은 소모 비용과 충돌 걱정으로 인해 아이들의 참여율이 급감하고 있다고 말한다. 스포츠 참가는 10대 초반에 최고조에 이르지만, 만 10~13세들, 특히 남자아이들은 학교 밖 활동을 더 선호하는 경향을 보인다. 캐나다 스포츠의 두드러진 특징 중 하나는 발육발달적으로 적절한 캐나다 코치 자격 시스템(National Coaching Certification Program: NCCP)이 캐나다코치협회(Coaching Association of Canada)에서 개발되어 1974년부터 채택되어 오고 있다는 점이다(제14장에서 좀 더 상세히 설명).

3) 유럽 유청소년 스포츠

유럽 청소년 스포츠는 전통적으로 전체 지역사회를 포괄하는 스포츠 클럽에 초점이 맞추어져 왔다. 통상적으로 이런 방식은 '생활체육(grassroots sport)' 접근으로 불려 왔는데, 스포츠가 (선별적인 대상들에 제한된 것이 아니라) 동네의 모든 주민에게 열려 있으며 지역을 중심으로 조직되고 관리된다는 의미다. 유럽에서 가장 인기 있는 종목은, 유청소년이나 성인 모두에게 축구다. 유청소년 스포츠는 유럽에서는 매주 커다란 사회적 적합성을 보여 주는데, 스포츠 클럽 제도가 언제나 커뮤니티와 문화적 정체성을 강조하며, 자기가 사는 지역사회와 문화에 대한 소속감을 강화해 주기 때문이다.

(1) 영국 유청소년 스포츠

영국의 유청소년 스포츠 시스템은 체육수업, 학교 내 스포츠, 학교 대항 스포츠를 제공한다는 점에서 미국과 유사하다. 매주 만 12세 이하의 1/2, 그리고 만 12~18세의 1/3의 아이들이 학교 기반의 정규수업 외(학교 내 경기 또는 학교 간 대회) 스포츠 활동에 참여하고 있다. 남자아이들이 여자아이들보다 더 참여한다(Green, 2010). 학교 기반 스포츠와 스포츠 클럽에의 참여는 만 10~16세 기간 중 감소하며, 여학생의 스포츠 참여는 만 14세경 모든 종목에 걸쳐 급격히 하락한다. 여학생들에게는 무용, 체조, 요가 등과 같은 피트니스 운동이 좀 더 제공되며, 남학생들에게는 크리켓, 농구, 럭비 종목들이 좀 더 많이 제공된다(Vasagar, 2010).

모든 종목을 고려해 볼 때, 영국 내 아동의 39%가 경쟁적 스포츠에 정기적으로 참가하고 있다. 영국에서는 축구는 현재까지 가장 인기 있는 유청소년 스포츠이며, 아주 많은 축구 클럽들이 존재한다. 유럽 본토에서 볼 수 있는 것과는 달리, 대부분의 영국 내 스포츠클럽들은 한 가지 종목에 집중하고 있다. 축구, 크리켓, 무용,

럭비, 수영, 육상, 테니스 등이 가장 일반적 유형의 스포츠 클럽들이다(Quick, Simon, & Thornton, 2011). 〈스포츠 잉글랜드(Sport England)〉는 유청소년 스포츠를 진흥시키기 위하여 최근 수백만 달러를 상회하는 복권기금을 투자하는 '유청소년 스포츠진흥(Youth Sport Strategy)' 정책을 실행하였다. 집행전략에는 새로운 학교-스포츠 클럽 링크 6,000개 확대, 시설 업그레이드, 새로운 '스쿨게임(School Games: SG)' 프로그램 신설 등이 있다. 특히 SG는 30개 종목에서 1년 내내 학교 내 및 학교 간 경기대회를 개최하고 지역 및 전국대회에서 최종 결승을 펼친다.

(2) 기타 유럽 국가 유청소년 스포츠

스포츠와 신체활동은 유럽연합의 거의 전 국가에서 모두 매우 인기가 높다. 예를 들어, 아일랜드 유청소년은 약 70%가 매주 어떤 형태의 신체활동에든 참여하고 있다(Woods, Moyna, Quinlan, Tannehill & Walsh, 2010). 또한 스웨덴, 핀란드, 아이슬란드에서는 유청소년 스포츠 참여가 지난 몇십 년 동안 증가하였다. 조사에 따르면, 스포츠와 신체활동이 벨기에, 에스토니아, 독일, 헝가리 및 체코슬로바키아에서는 가장 인기 있는 여가활동이라고 한다. 유럽에서의 유청소년 스포츠 활동의 한 가지 경향으로 사이클 타기, 수영, 달리기 등 라이프 스타일 스포츠 및 활동의 참여율이 증가한다는 것을 들 수 있다. 전통적으로 지배적이던 단체 경쟁 스포츠를 뛰어넘을 정도로 다양한 종류의 스포츠 활동들을 제공하는 경향이 강해졌다(Green, 2010).

독일의 경우에는 스포츠 클럽이 너무도 유명해서 '클럽 국가'라고 불리게 되었으며, 대부분의 독일인은 최소한 국가적 네트워크를 구성하고 있는 스포츠 클럽 한 곳에 참여하고 있는 것으로 알려져 있다. 이 클럽들은 대부분 지자체에서 재정 지원을 해 주며, 소정의 비용만으로 대중들이 시설을 사용할 수 있도록 운용하고 있다. 또한 다양한 종목으로 모든 연령층의 사람이 스포츠 경쟁 체험을 할 수 있도록 제공하고 있다. 독일은 또한 유청소년 축구 프로그램으로 국제적 관심을 받아 왔다. 축구는 독일의 국민 스포츠로 인정받고 있다(제10장에서 좀 더 상세히 설명).

러시아의 유청소년 스포츠는 소련의 몰락 이후 강력한 중앙정부 통제와 지원 프로그램 체제에서 변경되었다. 하지만 푸틴 대통령은 2013년 크렘린궁에서 한 연설에서 유청소년 스포츠와 아동의 체육수업에 보다 더 많은 재정 지원과 인프라 구축을 약속하였다(Opening Remarks, 2013). 그는 스포츠는 국가정책의 우선권을 가질 권리를 돌려받아야 하며 대중 스포츠, 특히 유청소년 스포츠를 진흥하기 위해서는 중요한 국가적 변화가 필요하다고 주장하였다. 러시아는 여러 프로선수들을 배출해 낸 테니스와 아이스하키 종목에서의 유청소년 훈련에 대한 주목으로 국제적 관심을 받았다. 러시아의 유청소년 아이스하키는 클럽 중심인데, 이 클럽들은 프로하키팀이 소유하고 운영하고 있으며, 러시아 하키 연맹(Russian Hockey Federation)이 관리 감독하고 있다. 하키 코치들은 보수를 받는 전문인들이며 고도의 교육과 스포츠 훈련을 필수적으로 받아야만 한다.

4) 호주 유청소년 스포츠

뉴스에서 호주는 자주 '뛰어난 스포츠 나라'로 소개되고 있으며, 따라서 호주인은 유청소년 스포츠에의 참가를 매우 가치 높게 생각하고 있다. 만 5~14세 아동의 약 63%가 최소 1개의 학교 외 스포츠에 참여하고 있다(Australia Bureau of Statistics, 2011). 다른 나라들과 마찬가지로, 남자아이들(70%)의 스포츠 참여율이 여자아이들(56%)보다 높다. 아이들에게 인기 있는 스포츠는 수영, 축구, 오스트레일리안 룰스 풋볼, 넷볼, 럭비, 크리켓, 그리고 농구다. 수영 강국인 호주는 대다수의 국민

들이 해변에 살고 있기 때문에, 수영이 가장 인기 있는 유청소년 스포츠다. 서프 라이프세이빙(Surf lifesaving)과 서핑도 역시 엄청난 인기를 누리고 있다. 놀랍게도 시드니에만 47개의 올림픽 규모 50미터 수영장이 있다(Light, 2011). 호주에서는 (농구와 유사하며 7인제로 골대에 백보드가 없는) 넷볼이 여자아이들에게 가장 인기 있는 종목이다. 1963년 이후 개최된 12번의 세계 챔피언십 가운데 9회를 호주 여성팀이 우승했을 정도다.

스포츠클럽은 역시 역사적으로 호주 문화의 한 부분이 되었으며, 유청소년의 성장 과정 중에 하는 체험 중의 하나가 되었다. 하지만 유청소년 스포츠는 호주 학교 내에서도 학교 간 경기, 학교 내 경기 그리고 체육수업을 통해서도 함께 제공되었다. 스포츠에 강한 흥미를 지닌 유청소년 선수들은 매주 학교 등교일 중에 학교에서 경기를 한다. 게다가 주말에는 같은 종목이나 다른 종목으로 학교 밖에서도 경기에 참여한다. 호주는 유청소년 선수들의 재능 발견과 개발 프로그램이 매우 체계적인 것으로 잘 알려져 있다(제10장에서 보다 상세히 설명). 호주 스포츠연구소는 국가 엘리트스포츠 프로그램을 관리하며, 전국의 여러 주에서 분원 아카데미를 운영하고 있다.

5) 뉴질랜드 유청소년 스포츠

호주와 함께 영연방의 지배하에 있던 뉴질랜드의 인기 있는 스포츠는 럭비, 크리켓, 넷볼(여자), 축구, 육상, 그리고 수영이다(Sport New Zealand, 2012b). 11인제 럭비가 뉴질랜드의 국기다. 국가대표팀은 올 블랙스(All Blacks)라고 불리며 뉴질랜드의 정체성을 국제적으로 잘 알리고 있다. 크리켓은 여름에 가장 인기 있는 스포츠며, 넷볼은 호주에서처럼 여자아이와 성인 여성들에게 가장 인기 있는 스포츠다. 이 스포츠들은 호주와 영국 모델처럼 클럽과 학교 양쪽에서 모두 운영되고 있다. 2011년 현재 남자 60%와 여자 50%가 스포츠 클럽에 가입되어 있으며, 남자와 여자 각각 50%가 학교 스포츠

럭비는 호주와 뉴질랜드에서 인기 종목이다.

팀에 소속되어 있다. 스포츠 클럽과 학교 스포츠팀에 최고로 많이 가입된 연령층은 만 11~14세였다. 다른 나라들과 마찬가지로, 스포츠 참여율은 10대에 급격히 감소하며, 특히 여학생들에게서 더욱 그렇다. 키위스포츠(KiwiSport)는 학령기 아동들의 스포츠 참여를 진작시키기 위해 뉴질랜드 정부가 지원하는 정책사업이다. 이 프로그램은 DAP의 좋은 사례로서, 만 0~5세, 만 5~12세, 만 13~18세의 세 영역으로 나뉘어 발달단계적으로 체계화된 프로그램이다.

6) 중국 유청소년 스포츠

마지막 국가는 여러 문화적 요인들로 인해서 매우 독특하며 주목할 만하다. 중국은 13억이라는 세계에서 가장 많은 인구를 가지고 있으며, 개발도상국 중에서 최고 규모의 경제를 지니고 있다. 중국은 공산주의 국가로서, 중앙정부가 유청소년 스포츠와 관련된 모든 정책을 통제하고 있다. 마지막으로 중국은 2008년 베이징올림픽에서 금메달 수 1위, 2012 런던올림픽에서 전체 메달 수 미국에 이은 2위를 차지한 것으로 알 수 있듯, 스포츠에서의 월드 파워로 급부상하고 있다.

1988~2008년 사이에 중국은 올림픽에서 전체 메달 획득을 400%나 증가시켰으며, 금메달 획득은 1,000%로 10배를 증가시켰다. 이같은 성과는 중국정부가 후원한 유청소년 스포츠 발전 시스템에 기인하는 것이다. 이런 연유로 중국의 유청소년 스포츠 시스템은 많은 연구의 대상이 되었으며 전 세계적 관심의 초점이 되었다.

중국 전통문화는 체력을 매우 중요시하며, 아이들은 국가 체력 기준에 비추어 평가를 받는다. 대다수의 중국 아이들은, 스포츠 재능이 있건 없건 간에, 초등학교와 중등학교에서 체육수업과 학교 내 스포츠에 참가한다. 체육수업은 초등학교부터 대학 2학년 때까지 모든 학생에게 필수로 부과된다. 다른 나라와 마찬가지로 비평가들은 엘리트 선수 개발이 일반 유청소년의 생활체육 기회를 축소시켰다고 주장한다(Liang, Housner, Walls & Yan, 2013).

다른 문제로서 중국의 학력 중심 풍토를 들 수 있다. 교실 내 수업 시간이 월등히 길어 유청소년 스포츠 또는 체력 증진을 저해한다. 체력이 중요하게는 간주되고 있으나, 중국 학부모들은 대부분 자녀들이 전문 엘리트 선수라는 직업을 갖는 것을 원치 않는다. "뇌가 비어 있는 사람이나 '몸기술'로 돈을 번다."라고 말한다(Bennett, 2011, p. 2). 이들은 스포츠를 하나의 위험요인으로 간주하며(교육이 함께하지 않으면 정말로 그렇게 된다), 어린 선수들은 스포츠를 계속하거나 또는 대학에서 공부를 하는 것 사이에서 양자택일의 결정을 내려야만 한다.

전반적으로 볼 때, 중국이 그런 엄청난 인구 전체에 양질의 학교 체육 수업과 유청소년 스포츠 프로그램을 제공하는 것은 어마어마한 과제임이 사실이다. 중국이 지난 세 번의 하계올림픽대회에서 보여 준 성공은 엘리트 선수 훈련에 얼마나 많은 집중을 하였는지를 증명해 보였다. 하지만 이 성공은 모든 중국 유청소년을 위한 체육수업과 유청소년 스포츠 기회의 부활로 이어지지 않았다(Liang et al., 2013).

중국 유청소년 엘리트스포츠 영재 훈련의 특기할 만한 점은 무엇인가? 영재 훈련은 전국에 걸쳐 소재한 '스포츠 학원(spare-time sport schools)'에서 시작된다. 이 학교들에서는 재능과 가능성으로 선발된 어린 선수들을 위한 최고의 전문화된 코칭이 제공된다. 중국 전역에 지역 후원과 국가 후원을 받는 스포츠 학교들(앞서 소개한 서양의 스포츠 아카데미와 유사)이 이 스포츠 학원들로부터 최고의 선수들을 선발하며, 선발된 학생들은 이 학교들에서 함께 생활하며 훈련한다(학교 교육은 같은 장소에서 제공하기도 하고 독립된 학교에서 받고 돌아오기도 한다). 이 학교의 학생들은 최고 수준의 코치들로부터 최고의 훈련지도와 시설을 제공받으며, 통상적으로 매일 평균 6~8시간 훈련한다. 많은 선수들이 가난한 가정으로부터 선발되며, 각자의 운동 잠재력에 가장 적합한 스포츠 학교로 보내진다. 예를 들어, 탁구는 중국의 자존심 종목이며, 루능 탁구학교에는 80개의 탁구대를 펼쳐 놓은 체육관이 있다. 성(省)의 지원을 받는 스포츠 학교(아카데미)는 많은 종목을 가르친다. 전통적으로 강한 배드민턴, 다이빙, 체조 등이 대표적이다. 2011년 미국프로농구협회(NBA)는 중국농구협회(Chinese Basketball Association)의 만 12~17세 엘리트 선수들을 위한 훈련센터인 콩구안(Gongguan) 농구학교를 오픈했다. 농구는 중국에서 점점 인기가 높아지고 있는 종목이다.

중국은 유청소년 스포츠의 재능 개발을 위한 자원을 엄청나게 쏟아붇고 있다. 많은 메달이 걸린 올림픽 종목(예: 펜싱은 금메달 10개, 카약은 금메달 15개)에 유청소년 아이들을 투입하는 '금메달 전략(gold medal strategy)'을 펼치고 있다. 또한 흥미로운 것으로, 어린 여자아이들과 성인 여성을 위한 프로그램들에도 강력한 재정 지원을 하고 있다. 하지만 중국의 엘리트 스포츠 시스템에 대한 비판의 목소리도 높다. 이 어린아이들과 십대 청소년 선수들이 보통의 가족생활과 사회생활을 하지 못한 채 훈련하며, 국제적 성공을 거두지 못하는 선수들은 제대로된 교육을 받지 못한 관계로 스포츠 이외의 다른 분야 직업을 찾지 못하는 어려움을 겪는다(Hong, 2008; Hong & Zhouxiang, 2013).

4. 유청소년 스포츠 참여의 장벽들

유청소년 스포츠는 전 지구적으로 아이들의 신체적 · 심리적 · 사회적 발달을 증진시키는 데에 공헌하는 중요한 활동으로 폭넓게 받아들여지고 있다. 하지만 모든 아이가 유청소년 스포츠에 참여할 수 있는가? 아이들이 유청소년 스포츠에 참여하는 데에 어떤 영향들이 영향을 미치는가? 어떤 요인들이 참여를 막는가? '유청소년 스포츠의 장벽들(youth sport barriers)'은 아이들이 스포츠에 완전히 참여하는 기회를 박탈하는 상황 또는 조건들을 말한다. 이 절에서는 유청소년 스포츠 참여기회에 영향을 미치는 장벽들의 일곱 가지 범주에 대하여 알아본다.

① 성별과 커뮤니티의 유형
② 인종과 민족
③ 가족 요인
④ 장애
⑤ 성숙 상태와 중요 시기 기술 발달
⑥ 성인 리더와 문화적 고정관념
⑦ 심리적, 성격적 요인

개인적 이야기

나의 유청소년 스포츠 이야기

유청소년 스포츠에 대한 독자 자신의 개인적 체험을 한번 생각해 보자. 어떤 종류(학교, 학교 외, 지역사회, 선발팀, 스포츠 클럽)의 스포츠에 참여했는가? 어떤 특정 종목에 관여했는가? 개인적 참여 패턴의 이유가 무엇인지 고려해 보라. 왜 이 종목인가? 유청소년기에 스포츠 참여에 영향을 미친 장애물들이 무엇인지 생각해 보라. 즉, 특정 종류의 스포츠 유형, 수준 또는 연습활동에 참여하는 것에 부정적으로 작용한 요인들은 무엇인가? 직계가족과 지역사회의 장벽들에 대해서 고려해 보는 것은 물론, 맞닥트린 보다 큰 사회문화적 장애물도 생각해 보라.

쉬어가기

사우디아라비아여, 여자아이들이 스포츠를 하도록 놓아두라!

2013년 5월, 사우디신문사는 사립 여학교에 다니는 여학생들은 '품위 있는 복장'을 착용하고 여자 지도자의 감독이 있는 경우에 한하여 스포츠에 참여할 수 있다고 보도하였다(Reuters, 2013). 2013년 초반 사우디 정부는 역사상 처음으로 여학생 스포츠 클럽을 허용하기 시작한다고 공시했다. 이 나라에서 유청소년 스포츠에 참여할 수 있는 여자아이들의 권리를 확보한 두 개의 작은 발걸음이다.

2012 올림픽대회에서 두 명의 여성만이 사우디아라비아 대표로 참가하기는 하였지만(역사상 처음으로 허용된 것), 이 나라에서 여자아이와 성인 여성이 스포츠에 참여하는 것은 자유롭지 않다. 공립학교에서 여학생들은 체육수업을 포함한 스포츠와 신체활동이 금지되어 있다. 여자아이와 성인 여성은 또한 피트니스 센터와 스포츠 클럽 출입이 금지되어 왔다(153개의 청소년부 후원 스포츠 클럽 중에서 여자팀은 하나도 없다). 또한 사우디아라비아의 올림픽위원회는 여성 선수를 위해서 그 어떤 스포츠 프로그램도 없는 상황이다. 스포츠 참여에서 이같은 철저한 불평등은 여자아이와 성인 여성에 대한 사우디 정부의 체계적 차별의 일부분이다. 이들은 여행, 사업 운영, 운전, 특정 의료치료, 남성 보호자의 허락 없이 결혼하기 등을 하지 못하도록 되어 있다. 국제인권감시기구(Human Rights Watch)의 한 대변인은 "사우디 여성이 올림픽 스포트라이트를 함께 나누게 되었을 때 전 세계가 기뻐했다. 하지만, 사우디아라비아의 수백만 여자아이와 성인 여성들은 사이드라인에 그저 옴짝달싹하지 못하고 서 있을 뿐이다. 세계 스포츠커뮤니티가 사우디아라비아로 하여금 성인 여성과 여자아이들에게, 단번에 그리고 영원히 스포츠를 허용하도록 압박하는 적기다."(Human Rights Watch, 2012)라고 주장했다.

1) 성별과 커뮤니티 유형

남자아이들은 전 연령대에서 여자아이들보다 스포츠에 더 많이 참여하며, 좀 더 많은 종류의 스포츠를 하는 경향이 있다. 하지만 이 젠더 차이는 커뮤니티에 따라 달라진다. 미국 중산층 거주 지역에서는 남녀 아이들의 참여율이 거의 비슷하다. 하지만 지방이나 도심 거주 지역에서는 여자아이들이 스포츠에 덜 참여한다(Sabo & Veliz, 2008).

여자아이들(만 7.4세)은 자라면서 남자아이들(만 6.8세)보다 좀 더 늦게 스포츠에 참여하며, 더 빨리 그만두는 숫자도 아주 많다. 또한 도심 거주(84%)와 지방 거주(68%) 여자아이들은 11학년과 12학년에서 체육수업을 전혀 받지 못하고 있다. 이에 비하여 중산층 거주지역의 여자아이들은 48%만이 체육활동에 참여하지 않고 있다. 경제적 자원이 더 많은 학교들은 남학생과 여학생 모두에게 좀 더 많은 스포츠 참여 기회를 제공하며, 고소득 수준은 3~8학년까지 남녀학생들의 높은 스포츠 참여와 관련성이 높다(Sabo & Veliz, 2008). 그렇지만 전반적으로 말해 학교의 경제적 상태와는 상관없이 남자아이들이 여자아이들보다 좀 더 많은 스포츠 참여 기회를 갖는다(Women's Sports Foundation, 2011).

2) 인종과 민족

미국의 유청소년 스포츠는 인종적으로나 민족적으로나 다양하다. 그리고 불평등이 존재한다. 백인 여자아이들에 비하여 유색인종 여자아이들의 참여율이 더 낮고, 남자아이들보다 운동선수가 되지 않을 확률이 훨씬 더 크다. 재밌게도, 아시아인들에게서 남학생(35%)과 여학생(9%)의 스포츠 참여율의 큰 격차가 나타난다. 남녀 학생 공히 유색인종 아이들이 백인아이들보다 훨씬 더 늦은 나이에 스포츠를 시작한다. 특히 중산층 거주지역에서 그런 경향이 크다(Sabo & Veliz, 2008). 도심생활이 스포츠 참여의 한 가지 장벽으로 부각되는 것은 아마도 스포츠 자원, 선택지, 그리고 기회(예: 공원, 스포츠 시설, 읍 · 면 · 동 프로그램) 등이 희소하기 때문일 가능성이 높다.

3) 가족 요인들

가족의 사회경제적 지위(SES)는 분명히 아이들의 스포츠 참여에 영향을 미친다. SES는 통상 부모의 교육 수준, 보모 직업의 수준, 그리고 가정 수입을 합친 것으로 매겨진다. 미국, 호주, 캐나다의 하위 SES 계층 유청소년은 학교 내와 학교 밖 유청소년 스포츠에 모두 덜 자주 참여한다(Bengoechea, Sabiston, Ahmed & Farnoush, 2010; Dyck, 2012, Sabo & Veliz, 2008). 경제적으로 잘 사는 가정의 아이들은 그렇지 못한 가정의 아이들보다 좀 더 어린 나이에 스포츠를 시작하며, 운동선수로서 더욱 열심히 운동을 한다. 부모 중 한 명이라도 대학원을 졸업하였거나 전문직 학위를 지닌 가정의 아이들(60%)은 부모들이 모두 고등학교(42%) 또는 그 이하(22%)의 학력을 가진 가정의 아이들보다 스포츠에 더 참여하는 경향을 보인다. 장비나 등록비를 위한 이동 경제적 자원의 부족이라는 장벽과 함께, 연습과 시합참가를 위한 이동 시간의 부족이라는 장벽도 많은 가정에서는 극복하기 어려운 요인들이다.

또 다른 가족 요인은 부모의 관여 또는 관여 부족이다. 스포츠에 아주 적극적으로 관여하는 부모를 가진 아이들의 82%가 유청소년 스포츠에 참여하였다. 중간 정도의 참여도를 보인 부모의 자녀는 69%, 그리고 어떤 식으로도 참여하지 않은 부모의 자녀는 24%만 참여를 보였다(Clark, 2008).

태어난 곳이 한 개인의 엘리트 스포츠 참여 경향에 영향을 미친다는 증거도 있다. 이는 '출생지 효과(birthplace effect)'라고 불리는데, 엘리트 운동선수 중 작은 동네나 중간 정도 규모의 도시에서 태어난 이들이 많다는 것, 그리고 대도시(50만 명 이상)에서 출생한 운동선수들이 적은 현상을 말한다. 출생지 효과는 미식축구, 아이스하키, 골프, 야구, 농구, 크리켓, 럭비, 그리고 수영 종목에서 나타난다(MacDonald, Chung, Cote & Abernathy, 2009; MacDonald, King, Cote & Abernathy, 2009). 2004~2010년 동안의 캐나다 유청소년 하키 참여율을 파악해 본 한 연구에서 대도시(50만 명 이상) 출신 선수들이 중도에 운동을 그만두는 경향이 높았으며, 작은 도시 출신 선수들이 운동을 지속하는 경향이 더 높았다(Imatiaz, Hancock, Vierimaa & Cote, 2014). 출생지 효과의 이유는 아직까지는 추측만 할 수 있을 뿐이지만, 연습 기회가 더 많고, 시합 공간이 더 넉넉하고, 지지적 관계가 더 크고, 야외나 지역시설을 사용하는 데에 있어서 좀 더 안전함을 느끼는 것과 연관성이 있을 수 있다.

4) 장애

'장애(disability)'는 특정 과제를 수행하는 한 사람의 능력을 제한하는 생물의학적 상태를 의미한다. 유청소년 스포츠 참여자들을 힘들게 하는 장애의 보기로는 자폐, 시각결손, 청각결손, 휠체어가 필요한 경우 같은 정형외과적 결손, 그리고 언어적 결손 등이 있다. 중요한 결정을 내리는 위치에 있는 어른들은 장애아동이 스포츠에 참여할 수 있는 권리를 지키고 이들의 필요를 제대로 충족시키기 위해 노력하는 것이 중요하다. 남녀 모두 장애가 없는 아이들보다 장애를 가진 아이들의 신체활동 참여 횟수가 초등학교에서부터 고등학교에 입학하기까지 급격히 줄어든다(Sabo & Veliz, 2008).

거의 모든 장애 유청소년의 경우, 대부분의 스포츠 참여 기회는 장애 스포츠 참여자만을 위해서 만들어진 특별 프로그램과 단체들을 통해서 제공된다. 예를 들어, '미국 장애인 스포츠 협회(Disabled Sport USA)'는 지역 기반 비영리 네트워크인데 장애 유청소년들에게 40개 이상 종목의 스포츠를 제공하고 있다. 이 기관의 모토는 '난 뭐든지 할 수 있다!'이며, 전국에 걸쳐 장애를 지니고 있는, 프로그램에 참여하는 데 재정적 어려움을 겪고 있는 유청소년들에게 장학금을 지원하고 있다. 이와 비슷하게, '영국장애인스포츠연합(English Federation of Disability Sport: EFDS)'은 전국적 조직으로 장애를 지닌 사람들을 위한 기회 증진과 스포츠 프로그램 제공을 목적으로 하고 있다. 장애를 지닌 운동선수를 위한 유청소년 프로그램의 또 다른 예로서 Special Olympics, Wheelchair Sports USA, Just for Kicks(축구), Little League Challenger Division 등이 있다.

5) 성숙 상태와 기술 발달

참가자들의 최고 성숙 기간이 유청소년 스포츠 기간에 포함되기 때문에, 성숙 관련해서 선수 발달면에 여러 가지 장애물이 생겨날 수 있다. 이 이슈들은 제4장과 제5장에서 좀 더 자세히 다룰 것이다. 여기에서는 독자가 성숙이라는 것이 유청소년 스포츠에서 성공하기 위한 결정적 요인임을 인지하는 것이 중요하다. 성숙 상태와 결정적 발달 시기 동안에 기능을 습득하는 것은 스포츠 종목 선택과 고등학교에서의 스포츠 참여 결정에 필요한 기량 수준을 확보하는 아동의 능력에 지대한 영향을 미친다. 성숙과 기술 발달의 장벽들로 인해서 아이들이 친구들에 비하여 기술 발달이 부족할 때 낙심하여 유청소년 스포츠를 중도에 그만두게 되는 경우가 상당하다.

6) 어른 리더와 문화적 고정관념

코치와 유청소년 관리자들은 DAP를 적용하여 아이들이 기술을 높이면서 스포츠를 즐길 수 있도록 만드는 매우 결정적 요인이다. 아이들이 지속적 참가를 그만두게 되는 것, 또는 기술 발전, 개인적 향상, 스포츠 시스템에서의 단계 상승에 장벽 역할을 하는 것은 발달단계적으로 적절하지 않은 실천 활동들인 경우가 많다. 또 관련된 장애물 한 가지는 어른 리더들이 지닌 고질적인 문화적 고정관념이다. 신체 크기, 적절한 성역할, 인종적 장점과 단점 등에 관한 편견 등이 그것이다. 이 이슈들은 제13장과 제15장에서 좀 더 자세히 다룬다.

7) 심리적 · 성격적 요인

심리적 · 성격적 요인들이 비록 유청소년 선수들의 내면에 숨어 있으나, 지속적 참여, 즐거움, 성공 등을 막는 장벽들로 파악하는 것이 중요하다고 생각한다. 제6장과 제11장에서 다루겠지만, 실패공포성향, 낮은 자존감, 낮은 효능감, 그리고 탈진 같은 성격적 특성들은 유청소년 스포츠 중도 탈락과 동기유발 감소와 밀접한 관련을 맺고 있다. 유청소년 스포츠에서 일하는 어른 결정권자로서 우리가 할 일은 이 특성들은 아이들이 충분히 즐겁고 성공적인 스포츠 체험을 하는 데에 방해를 놓는 내적 장벽들임을 정확히 이해하는 것이다. 실제로 우리의 일은 다양한 장벽들을 이해하고, 모든 아이가 스포츠에 참여하고 성공을 맛볼 수 있도록 우리가 할 수 있는 일을 하는 것이다.

5. 유청소년 스포츠 진흥을 위한 기관들

관리자, 코치, 학부모, 심판 및 선수들에게 교육적 자원과 자격증 프로그램을 제공하면서 유청소년 스포츠를 지원하는 전국 규모의 관련 조직, 기업, 그리고 센터들이 여럿 있다. 유명한 몇몇 기관들을 다음에 소개한다. 각 기관에 대한 보다 자세한 설명은 이 장의 말미에 있는 '자료 가이드'에 주어져 있다.

- 긍정적 코칭 연합(Positive Coaching Alliance, positivecoach.org)
- 미국 유청소년 스포츠 연합(National Alliance for Youth Sports, nays.org)
- 국제 유청소년 스포츠 연합(International Alliance for Youth Sport, iays.org)
- 휴먼 키네틱스사 코치 교육(Human Kinetics Coach Education, www.HumanKineticsCoachEducationCenter.com)
- 유청소년 스포츠 연구소(Institute for the Study of Youth Sports, youthsport.msu.edu)
- 유청소년 스포츠 재단(Youth Sport Trust, youthsporttrust.org)
- 유럽 비영리 스포츠 단체 내 유청소년 단체(Youth Organization of the European Non-Governmental Sports Organisation, youth-sport.net)

6. 요약

휴우! 정말로 광범위한 유청소년 스포츠 이해였다. 이 정도 범위의 지식으로 독자로 하여금 유청소년 스포츠가 어떻게 조직되고 미국과 다른 나라들에서는 어떤 상태인지를 이해하는 데에 조금 도움을 주어, 이제 이 책의 나머지 부분들에 대한 채비가 되었으면 좋겠다. 전 세계 곳곳에서 유청소년 스포츠를 위한 참신하고 혁신적인 DAP 노력들이 전개되고 있다. 앞으로 이 책 전체를 통해서 이것들을 제대로 파악하고 소개하도록 최선을 다하겠다.

이 장에서 언급된 이슈 가운데 두 가지를 조금 더 논의할 필요가 있는데, 그것들은 책 전체를 통해서 계속 다루어질 것이다.

첫째, 많은 나라들에서 공통적으로 발견되는 동일한 경향인데, 10대 기간 동안 스포츠 참여율이 줄어드는 것이다. 특히 여학생들이 그렇다. 왜 이런 현상이 발생하는지에 대한 다양한 이유를 고민해야 할 필요가 있으며, 유청소년들이 성인이 되어서도 계속 신체활동을 지속할 수 있도록 돕는 방법과 제안을 마련해야만 한다.

둘째, 전 세계에 걸쳐 관찰되는 이슈인데, 생활체육 유청소년 스포츠와 전문 체육 엘리트 스포츠 영재 개발 간의 긴장이다. 이 긴장은 피할 수 없다. 하지만 DAP를 창의적이고 혁신적인 방법으로 적용함으로써 두 마리 토끼를 잡을 수 있다고 확신한다. 우리 저자들은 유청소년 스포츠는 '처음부터 끝까지 모두 아이들을 위한 것'이 될 수 있다고 믿는다. 제2의 르브론 제임스를 위한 것이기도 하며, 또는 고등학교 학교대표 시합에 선발될 재능까지는 아니나 시군구 체육센터에서 적극적으로 운동을 하는 아이를 위한 것이기도 하다. 자, 그러니 계속해서 읽어 나가 보자. 독자의 실천을 위한 지식의 추구는 다음 장들에서 계속된다.

학습 초점

주요 용어

- **출생지 효과** 작은 마을이나 중소 도시에서 태어난 엘리트 선수들이 매우 많은 현상, 또는 대도시에서 태어난 엘리트 선수들이 매우 적은 현상.
- **클럽 스포츠**(미국) 유청소년 운동선수들이 개개인의 기능 수준 평가를 근거로 선발되는 사설, 학교

외 운동팀이나 프로그램으로서, 레크리에이션 수준의 팀과는 다르게 높은 수준의 훈련과 시합을 필요로함(여행팀 또는 선발팀이라고 불리기도 함).

- **장애** 한 개인이 특정 과제를 수행할 수 있는 능력을 제한하는 생물의학적 상태.
- **생활체육 스포츠** 지역을 중심으로 조직되고 실행되며 그 지역사회의 모든 사람에게 열려 있는 스포츠 프로그램(특정 자격 요건을 갖춘 대상에 국한된 것이 아니라).
- **신체활동** 근골격계에 의해 만들어지며 에너지 소비를 발생시키는 모든 신체적 움직임.
- **스포츠** 특정 규칙에 의해 운영되고, 경쟁적이며, 신체적 수행이 요구되는 게임 형태의 활동.
- **스포츠 아카데미** 유청소년 운동선수들이 거주하면서 스포츠 트레이닝을 하는 사설 또는 정부 지원 훈련센터로서, 어떤 곳에서는 학교 교육을 직접 제공하기도 함.
- **스포츠 클럽**(미국 외) 회원제 스포츠 프로그램으로, 보통 지역사회와 연계되어 있으며, 여러 단계의 연령층으로 나뉜 유청소년 스포츠 프로그램을 제공함.
- **유청소년** 아주 중요한 신체적 · 정신적 발달 과정에 있는, 영아와 성인의 중간대에 있는 사람들.
- **유청소년 스포츠** 만 5~18세까지의 아이들에게 어른의 감독하에 진행되는 스포츠 기량 증진 훈련과 실제 시합을 제공하는 프로그램.
- **유청소년 스포츠 장벽** 아이들이 완전하게 스포츠에 참여할 수 있는 기회를 방해하는 상황이나 조건들.

핵심 요약

1. 유청소년 스포츠는 ① 급격한 발달이 이루어지는 시기에 친구들과의 사회적 비교가 이루어지고, ② 부모와 어른 지도자들의 관여하에 진행되며, ③ 스포츠는 전문화된 수천억 원짜리 사업이라는 사실을 기반으로 하는 독특한 하나의 하위문화다.
2. 학교 기반 유청소년 스포츠는 학교 대항 스포츠, 학교 내 스포츠, 체육수업, 그리고 스포츠 캠프로 이루어진다.
3. 학교 외 유청소년 스포츠는 지역 클럽팀과 리그, 전국 단위 체육단체 소속 팀과 리그, 전국 단위 유청소년 교육조직 프로그램, 시 · 군 · 구, 읍 · 면 · 동 레크리에이션 부서 프로그램, 올림픽 국가체육단체의 시 · 군 · 구, 읍 · 면 · 동 수준 프로그램, 클럽 스포츠, 스포츠 아카데미, 그리고 스포츠 캠프가 있다.
4. 미국의 유청소년 스포츠는 학교 기반 프로그램과 학교 외 프로그램을 모두 제공한다. 이와 함께 유료활동, 클럽 스포츠 프로그램의 폭발적 성장, 익스트림 스포츠의 인기 증가가 확연히 두드러진다. 반면에 지난 20년 동안 자유 놀이나 즉흥 스포츠 게임 같은 활동은 현격히 감소하였다.
5. 미국 내 유청소년 스포츠 조직은 다양하다. 여러 유형의 조직들이 있으며, 다른 나라에서와 같은 정부차원의 조정이나 하나의 중앙 통제 조직이 없다.
6. 캐나다의 가장 인기 있는 유청소년 스포츠는 아이스하키가 아니라 축구다.
7. 유럽, 라틴아메리카, 호주, 뉴질랜드의 유청소년 스포츠는 미국보다 훨씬 더 스포츠 클럽 기반이다.
8. 중국은 유청소년 스포츠에서의 영재 개발에 정부가 엄청난 투자를 하고 있다. 중국 전역에 퍼져 있는 스포츠 아카데미에서 특정 종목에 최적합한 최고의 선수를 선발하고 훈련한다.
9. 스포츠 참가와 성공의 장애물에는 성별, 거주지역의 유형, 인종과 민족, 가족 요인, 장애, 성숙 상태와 기술 발달, 어른 지도자와 문화적 고정관념, 그리고 심리적 · 성격적 요인들이 있다.

10. 다양한 국가 조직, 기업 단체, 센터들이 관리자, 코치, 부모, 심판, 선수들을 위한 교육적 자원과 자격 부여 프로그램을 제공하고 있다.

탐구 질문

1. 무엇이 유청소년 스포츠를 이처럼 독특한 하위문화로 만드는가? 이 하위문화적 독특성으로 인해 발생하는 문제점들의 사례들을 들어 보아라.
2. 클럽 스포츠는 무엇인가? 미국 내 유청소년 클럽 스포츠의 장점과 단점을 파악하고, 미국과 이 밖의 다른 나라들의 클럽 스포츠 모형의 차이점을 찾아 보라.
3. 미국, 캐나다, 중국, 호주, 뉴질랜드, 영국에서 가장 인기 있는 유청소년 스포츠들을 파악해 보라.
4. 미국 유청소년 스포츠의 특성에 관해서, 구조적 측면들, 참여 패턴들, 부상하는 새로운 경향과 문제점들을 포함시켜서 토의해 보라.
5. 유청소년 스포츠 영재 개발에 대한 중국의 집중투자와 이것이 모두를 위한 스포츠라는 목적과 어떻게 갈등을 일으키는지 설명해 보라.
6. 이 장에서 기술한 7가지 유청소년 스포츠의 장벽들을 파악하고, 각각의 사례나 특징을 기술해 보라.

성찰용 학습활동

1. 외국 한 나라를 선택하고, 그곳의 유청소년 스포츠와 관련된 흥미로운 사례, 행사, 활동 또는 조직에 관해서 인터넷 조사를 해 보라.
2. 어떤 한 국가에 가장 이상적인 유청소년 스포츠 체계를 한번 창안해 보라. 무제한의 재정적 자원을 가지고 있다고 가정하고, 누가 프로그램을 계획하고 관리감독하며, 시 · 도, 시 · 군 · 구, 읍 · 면 · 동 수준에서 이것이 어떻게 운영되는지 등을 설명해 보라.

보조자료

- **Human Kinetics Coach Education**(www.HumanKineticsCoachEducationCenter.com) 유청소년 스포츠 코치를 위한 코치교육-자격증 프로그램으로 시작하였으며, 코치, 심판, 스포츠 관리자, 부모, 선수들을 위한 교육적 지원 제공까지 확장하였다. 아주 다양한 온라인 자료들와 서적들을 이용할 수 있으며, 종목별 코칭 코스, 스포츠 응급조치 코스, 유청소년 스포츠 관리자 코스와 같은 자격증 코스도 제공되고 있다. 이 프로그램은 스포츠, 건강, 운동 관련 출판 분야의 선도주자인 휴먼 키네틱스사의 유료 프로그램 중 하나다.
- **Institute for the Study of Youth Sports: ISYS** (youthsports.msu.edu) ISYS는 미시간주립대학교의 사회적 봉사를 목적으로 하는 교육서비스 센터 중 하나다. 유청소년 스포츠관련 리더십, 연구, 사회봉사 프로그램을 제공한다. 대학소재 기관의 특성상, DAP가 제대로 적용되어 모든 유청소년에게 긍정적 효과가 일어나도록 유청소년 스포츠에 대한 과학적 지식 제공에 있어서 ISYS는 매우 중요한 역할을 담당한다.
- **International Alliance for Youth Sports: IAYS** (iays.com) IAYS는 미국 유청소년 스포츠 연합이 세계 전역에 유청소년 스포츠에 대한 교육적 서비스를 제공할 목적으로 만든 비영리 기관이다. IAYS의 대표 프로그램인 'Game On! Youth Sports'은 전 세계 커뮤니티 유청소년 프로그램 관리자들을 위한 교육훈련 및 가이드 프로그램이다.
- **National Alliance for Youth Sport: NAYS**(nays.org) NAYS는 유청소년 스포츠에 관련된 모든 이에게 다양한 프로그램과 서비스를 제공하는 전국 규모의 비영리 기관이다. NAYS는 자원봉사 유청소년 코치, 자원봉사 유청소년 프로그램 관리자,

유급 유청소년 스포츠 행정가(academy for youth sports administration), 유청소년 스포츠 심판, 그리고 부모를 위한 교육자격증 프로그램을 제공하고 있다. NAYS는 미국 전역에 걸쳐 약 3,000여 개의 시·군·구·읍·면·동 유청소년 프로그램들과 긴밀한 파트너십을 형성하고 있으며, 유청소년 스포츠 국가표준은 물론 다양한 유청소년 스포츠 이슈에 대한 입장문을 공표하고 있다.

- **National Council of Youth Sports: NCYS**(ncys.org) NCYS는 1979년 미국스포츠용품제작자협회에서 미국 내 유청소년 스포츠를 위한 후원 및 교육그룹으로 활동할 목적으로 설립하였다. NCYS는 유청소년 스포츠 경향에 관한 보고서를 출판하며, 유청소년 스포츠를 홍보하고 증진하기 위한 후원과 파트너십을 맺는다.
- **National Federation of State High School Associations: NFHS**(nfhs.org) NFHS는 미국 내 체육단체들이 따라야 하는 규정과 관련한 가이드라인들을 수립한다. 또한 종목별로 훈련 시 적용할 수 있도록 코치들을 위한 연습 기법과 테크닉들을 지니고 있다. 심판, 음악감독, 토론팀을 위한 자원들도 보유하고 있다.
- **National Intramural-Recreational Sports Association: NIRSA**(nirsa.org) NIRSA는 전국 규모의 대학 레크리에이션 담당 부서들의 협의체다. NIRSA는 1950년 설립되었으며 전 세계에서 가장 규모가 큰 대학 레크리에이션 조직 중 하나다. NIRSA 웹사이트에는 학교 내 스포츠 경기 규정과 학생 심판들을 위한 훈련 자료 등의 다양한 자료들이 탑재되어 있다.
- **Positive Coaching Alliance: PCA**(positivecoach.org) PCA는 유청소년 운동선수들에게 '긍정적, 인성함양 스포츠 체험'을 제공하려는 사명을 지니고 설립된 비영리 기관이다. PCA는 미국 전역에 걸쳐 분원이 있으며, 코치, 부모, 심판, 행정가, 선수를 대상으로 많은 영역에 걸친 교육 자료들(서적, 온라인 코스, 뉴스레터, 워크숍 등)을 제공하고 있다.
- **Special Olympics**(specialolympics.org) 스페셜 올림픽은 1960년대에 시작되었으며 유니스 케네디 슈라이버에 의해서 전파되었다. 유니스 슈라이버는 지적 장애를 지닌 사람들이 스포츠와 다른 활동들에 참여할 수 있는 기회제공을 희망하였다. 2012년 스페셜 올림픽에는 전 세계에서 지적 장애를 지닌 400만 명 이상의 사람들이 참여하였다. 스페셜 올림픽 경기는 북미에서 진행되지만, 현재 월드 스페셜 올림픽은 170개 이상의 국가에서 선수들이 참가하고 있다.
- **Youth Organisation of the European Non-Governmental Sports Organisation: ENGSO Youth**(youth-sport.net) ENGSO Youth는 ENGSO의 비영리 유청소년 조직이다. 이 단체는 유럽 전역을 커버하는 국가 단위 조직들의 연합체다. ENGSO Youth는 40개국에서의 유청소년 스포츠를 대표하며, 사회적 포용성(다문화), 도핑, 페어플레이 등과 같은 현재의 유청소년 스포츠 관련 이슈들에 대해서 활발한 업무를 진행하고 있다. 스포츠 성폭력 예방, 스포츠 내 차별금지, 능력 제한 없는 개방적 참여 등과 같은 임무들을 수행하고 있다.
- **Youth Sport Trust: YST**(youthsporttrust.org) YST는 영국의 학교 체육과 스포츠 진흥을 위하여 설립된 민간 자선기관이다. Sporting Start(초등), Sporting Chance(다문화), Sporting Best(중등)의 세 분야에서 다양한 프로그램들을 제공하고 있다. Sport England와 함께 다른 여러 스포츠 조직과 파트너십을 맺고 있다.

Chapter 02

유청소년 스포츠의 발전

제2장 개요

이 장에서 배울 내용은 다음과 같다.

- 미국 유청소년 스포츠의 발생 과정
- TITLE IX이 유청소년 스포츠의 지형에 미친 영향
- 미국 내 학교 외 스포츠가 발달한 이유
- 클럽 스포츠의 유행이 미국 유청소년 스포츠의 한 가지 결정적인 문화적 변동을 야기한 이유

1. 개요

독자가 직접 목격했을 수도 있는 상황 하나를 이야기해 보자. 9~10세 축구 선수들 한 그룹이 코치가 연습에 나오길 기다리고 있다. 이 아이들은 모두 팀 회원에게 주어지는 축구공 하나씩을 가지고 있다. 그런데 드리블이나 슛 연습, 또는 몸 풀기 게임을 하는 대신에, 코치를 기다리며 서 있거나 앉아 있다. 코치가 도착하자 이렇게 묻는다. "몸을 풀거나 플레이를 하지 않고 있니?" 아이들은 "뭘 해야 할지 몰랐어요. 그래서 코치님을 기다렸어요."라고 대답한다.

이 시나리오는 지난 수십 년간 벌어진 유청소년 스포츠의 역사적 패러다임 변화를 잘 보여 준다. 삼삼오오 모여서 아이들끼리 하는 게임이나 모래사장 놀이가 사라지고, 어른들이 관리 감독하는 스포츠가 대세가 된 지금의 판도를 보여준다. 현 시대는 아이들이 어른의 지시 없이는 무엇을 어찌해야 할지 모르게 된 것 같다. 이 장에서 곧 알게 되겠지만, 아이들이 이같이 생각하도록 우리 어른이 조건화한 것일지도 모른다. 1800년대 고등학교 미식축구팀은 학생들이 스스로 연습을 짜고, 대회를 운영하며, 교통편을 마련했었다는 사실을 믿을 수 있겠는가? 이때의 선수들은 학교 관리자가 자신의 교과 외 스포츠 활동을 좌지우지하는 것에 대해서 거부하고 저항했다(Gems, Borish, & Pfister, 2008).

이 장에서 우리는 독자가 유청소년 스포츠의 발전 과정에서 가장 중요한 역사적 사건들을 이해하도록 돕고자 한다. 이유가 무엇이냐고? 오늘날 유행하는 유청소년 스포츠의 활동에는 분명한 역사적인 이유가 있기 때문이다. 우리는 독자가 지금의 유청소년 스포츠 문화를 낳은 유청소년 스포츠의 진화, 발달 과정, 또는 발전적 변화를 이해하기를 원한다. 우리는 미국의 유청소년 스포츠의 발전에 초점을 맞출 것이다(다른 나라 독자들에게 양해를 구한다). 시간적 연대를 따라 진술하는 것보다는 유청소년 스포츠의 진화에 관련된 주요 질문들을 중심으로 내용을 조직하는 것이 좀 더 흥미 있을 것이라고 판단하였다. '왜 유청소년 스포츠가 현재의 유청소년 스포츠가 되었는지' 알도록 돕는 질문들을 선정하였다. 그러니 잘 따라오기를. 역사가 지루한 것만은 아니다!

2. 학교에 스포츠는 언제 소개되었으며 그 이유는 무엇인가

사립학교의 체육은 1700년대 중반 상류계층 프로테스탄트 미국 백인 남자아이들의 체력을 증진시키려는 노력으로 시작되었다. 하지만, 1810년 『어린이 레크리에이션』이라는 제목의 어린이 계발서적에서 신체운동과 놀이를 격려하였으며, 동시에 빈곤층 아동들의 놀이할 권리를 옹호하는 주장을 하였다("아이들은 적어도 사방치기 놀이(hopscotch)는 해야 한다!")(Gems, Borish & Pfister, 2008에서 인용). 1800년대에는, 남자아이들의 체력과 도덕교육을 위하여(특히, 동부와 중서부의 대도시 지역을 중심으로 청소년 비행으로부터 벗어나도록) 미국 내 대부분의 학교에서 체육과 스포츠를 채택하였다(1800년대 이 시기 농구와 배구가 발명되었다. 농구는 미식축구와 야구 시즌의 중간인 겨울 동안 남자아이들의 겨울활동으로서 창안되었다).

흥미로운 사실은, 남자아이들은 이미 학교 당국자의 공식적 후원 없이 자기들이 주축이 되어 야구와 미식축구 학교 간 경기를 시작했다는 것이다. 1898년 즈음에는 시카고 고등학교 교사들이 학생 스포츠 경기를 관리감독(시합 규칙을 확정하고, 선수 자격 기준을 정하고, 금전 상금을 금지하는 등)하기 위한 이사회를 결성하였다. 학생들은 자율권 상실과 어른의 간섭에 대해서 저항하였

쉬어가기

모래밭과 놀이터

〈모래밭(The Sandlots)〉은 1993년 개봉된 미국 스포츠 코미디 영화다. 1962년 여름 동안 어린 야구 선수들에 관한 향수 담긴 성장 스토리다. 이 시기는 '모래터' 또는 동네에서 아이들이 자율적으로 펼친 게임이나 활동들에 참여하는 경향이 최고조에 달할 때다. 이 흐름은 대략 1970년대까지 이어졌다. 독자는 이 용어가 도대체 어디서 유래했는지 궁금했던 적이 있었을까?

1885년 매사추세츠주 한 건강관계자가 보스턴시 노스 엔드 지역의 한 전도관 앞마당에 모래무더기를 펼쳐 놓았다. 이 모래무더기는 아이들에게 놀이터를 제공하는 것이 목적이었기에 모래 정원이라고 불렸다(Riess, 1991). 그런데 이것이 너무 유명해져서는 보스턴 내에 여러 곳이 더 생겨났으며, 이후 '놀이터(playground)'라는 단어가 모래 정원이라는 용어를 대체해 버렸다. 하지만 '모래밭'이라는 표현은 1990년대를 거치면서 (비형식적, 아동주도의) 즉흥적 게임을 위한 모든 공터를 지칭하기 위해서 사용하게 되었다. 그래서 이 인기 있던 유청소년용 영화의 제목이 〈모래밭〉이 되었던 것이다.

1800년대 말과 1900년대 초반 사회개혁가들은 복잡하고 붐비게 된 미국 도시들에서 레크리에이션과 놀이를 위한 공공의 공간을 개념화하기 위해서는 진취적인 생각이 필요했다. 모래 정원은 그네, 피라미드, 미끄럼틀 같은 기구와 스포츠와 게임을 위한 공터를 갖춘 놀이터(플레이그라운드)에게 자리를 내주어야만 했다. 놀이터가 넘쳐나자(1917년 미국 3,940개소), 시에서는 공원과 놀이 공간 내에 레크리에이션 프로그램들을 제공하기 시작했다. 시카고는 첫 번째로 연중 놀이가 가능한 야외시설, 체력 단련을 할 수 있는 체육관, 심지어는 수영장까지도 짓는 선도적인 조처를 취했다. 시에서는 전문 훈련을 받은 공원 감독관을 고용하였으며, 이들은 오늘날 커뮤니티 파크의 유청소년 스포츠 프로그램으로 발전한 초기 프로그램들을 구성하고 관리하였다. 1906년 신체활동을 증진하고 열린 놀이터와 공원 공간을 유청소년 레크리에이션의 한 방식으로 개발하기 위하여 미국 놀이터협회(The Playground Association of America)가 설립되었다.

이 모든 것이 한 무더기의 모래와 아이들의 타고난 놀이 본능으로부터 시작된 것이다. 오늘날 놀이터는 다양한 디자인을 갖춘 수천억 원의 사업 분야가 되었다. 국립 놀이터 안전 프로그램(National Program for Playground Safety)에서 현대적 놀이터의 모든 사항에 대한 최신 정보를 제공하고 있다.

다(몇몇 학생은 어른의 감독을 받지 않는 자신들만의 리그를 결성하려고 하였으며 이로 인해 퇴학을 당하기도 하였다). 하지만 이 시도들은 무산되고 결국 어른이 통제하는 고등학교 스포츠가 시작되었다. 20세기가 시작될 무렵에는 고등학교 팀들이 지역 및 전국 시합을 위하여 미국 전역을 여행하게 되었다(Gems et al., 2008).

1903년 뉴욕시에 남학생들을 위한 대규모 학교 간 스포츠 프로그램인 '공립학교 운동경기 리그(Public School Athletics League: PSAL)'가 수립되었다. 이때도 주된 목적은 지나치게 인구가 불어난 도시생활을 위한 인성 함양과 비행 예방이었다. 이 프로그램은 모든 연령층(초등부터 고등까지)을 포함하였으며, 첫째, 체력 경쟁을 위한 운동배지 테스트, 둘째, 육상 종목의 학급 간 경기(요즘의 대내경기와 유사), 셋째, 여러 종목에서 구와 시 챔피언 쟁탈전의 3가지 대회를 제공하였다(Wiggins, 2013). PSAL에서 여학생 부문은 1905년 놀이 활동과 대내경기만을 허용하며 시작되었다. 학교 간 경기는 허락되지 않았다. 수많은 도시에서 뉴욕시의 PSAL 프로그램을 빌려가기 시작했고, 어른들은 점점 더 유청소년 스포츠를 통제하기 시작했다. 1920년 미국 내 학교 간 스포츠 전반을 관장하기 위하여 전미 고등학교 연맹(National Federation of State High School Association: NFHS)가 결성되었다.

학교 기반 유청소년 스포츠를 위한 또 다른 기념비적 사건은 1956년 아이젠하워 대통령에 의해서 유청소년 체력 대통령위원회(President's Council on Youth Fitness: PCYF)가 생긴 것이다. 이 조직은 학교에서 아직까지도 유지되고 있다. 지금은 명칭이 체력 · 스포츠 · 영양 대통령위원회(President's Council on Fitness, Sports and Nutrition)으로 변경되었다. 독자 중에는 학교 체육시간에 필수로 유청소년 체력 검사(Youth Physical Fitness Test)를 받았던 것을 기억하는 분도 계실 것이다. 우리 저자들은 기억한다! 학교 기반 유청소년 스포츠는 미국 내에서 일찌감치 상류계층 아이들을 위한 체력 훈련 프로그램을 제공하기 시작하였으며, 모든 유청소년이 받아야 하는 체력 테스트로 발전하게 되었다.

3. 학교 외 스포츠는 어떻게 지금 같은 인기를 얻게 되었나

1800년대 후반에는 남자아이를 위한 학교 기반 유청소년 스포츠와 함께, 학교 외 프로그램과 시설들도 소개되고 건설되었다. 다른 이들과 운동기량을 견주거나 대결해 보는 것과 함께, 도덕적 발달, 건강과 활력의 증진, 생산적 여가와 사회적 활동, 그리고 운동기술의 발달 등이 그 이유였다.

1) 강건한 기독교주의

도덕성 개발과 관련해서는, '강건한 기독교주의(Muscular Christianity)'로 알려진 교회적 운동이 있었다. 기독교적 가치와 활동들과 함께 스포츠와 신체활동을 진흥한 것이다(Berryman, 1996). 이 운동에 있어서 가장 중요한 단체는 YMCA(Young Men's Christian Association)다. 1851년부터 어린 남자아이들을 위한 스포츠 프로그램과 시설을 제공해 주기 시작했다. 1800년대 말 즈음이 되자, 많은 YMCA에서 남자아이들을 위한 신체 훈련과 스포츠 프로그램을 제공하게 되었다. YMCA운동의 중요한 리더로 루터 굴릭(Luther Gulick)이 있는데, 매사추세츠 YMCA 훈련학교의 전임 체육교육 담당자였고, 또한 미국의 놀이터운동과 뉴욕시의 PSAL을 개발하는 데에도 큰 도움을 주었다. 굴릭이 발달단계적으로 적절한 유청소년 스포츠 프로그램을 계획적으로 잘 구조화할 수 있었던 데는 그가 전문성을 지닌 전문적 교육자이자 동시에 스포츠 리더였었던 사실이 매우 중요했다. 1930년 시카고에서 시작된 유청소년 스포츠리그인 '가톨릭 청소년 조직(Catholic Youth Organization)'은 바로 이 강건한 기독교주의 사상이 여전히 지속되고 있는 현대적 본보기다.

이러한 YMCA의 초기 프로그램들을 시작으로, 1920년대와 1930년대는 도시, 지역, 전국 단위의 학교 외 유청소년 스포츠 프로그램들이 확산되었다. 1930년에 시작된 '팝 워너(Pop Warner) 미식축구'와 1939년에 시작된 '리틀 리그(Little League) 야구'가 그 예이다. 스포츠는 스포츠영웅들의 마케팅과 성품 함양의 미덕에 대한 믿음으로 인해서 엄청난 인기를 얻게 되었다. 1939년「라이프 매거진, 유청소년 미식축구 게임에 가다」라는 제목의 〈라이프 매거진〉 기사는 유청소년 스포츠가 지닌 가치들을 인성, 용기, 민족주의로 크게 칭송하였다.

2) 전문 교육자의 비평과 학교 외 프로그램의 성장

체육과 레크리에이션 영역의 전문 교육자들(AAHPERD와 같은 여러 전국적 규모의 대표 단체들을 포함)은 1920~1950년대 사이에 이루어진 유청소년 스포츠에서의 변화들에 대해서 극도로 비판적인 입장을 취하게 되었다(Berryman, 1996; Wiggins, 2013). 이들은 경쟁과 승리, 상업화 그리고 부적절한 코칭을 강조한다는 이유로 이 새로운 프로그램들이 아이들에게 유해하다고 느꼈다. 이 교육자 그룹들은 성명서를 유포하였고 결의문을 공표하였으며, 이로 인해서 대부분의 12세 이하 학교 기반의 경쟁성이 강한 유청소년 스포츠 프로그램이 사라졌다. 또한 교육자들로 하여금 이 새로이 부흥하려던 유청소년 스포츠 현상을 지원하고 이끌려는 마음을 거둬들이고 거부하도록 만들었다.

자, 어떤 일이 일어났을까? 학교 외 프로그램들이 융성하여 발달하게 되었고, 스포츠와 체육교육 전문가가 아닌 사람들에 의해서 이끌려 나가게 되었다. 또한, 코치, 심판, 감독 등으로 유청소년 스포츠 행사의 중심에 서게 된 이들은 누구였을까? 그렇다. 부모들이었다! 학교 외 유청소년 스포츠의 융성은 이전에는 전문가들이 도맡았던 운영 및 관리감독의 역할을 부모들이 떠맡아야 한다는 사실을 의미했다. 그리고 이 경향은 오늘날까지도 이어져 오고 있다.

지나 보니 조금 어리석다고 생각되지 않는가? 학교 외 스포츠 프로그램의 중흥이 필연적으로 미국 내 스포츠 인기의 발흥과 미국 사회의 기업적 본성에 기초하고 있다는 사실이 말이다. 이들처럼 유청소년 스포츠 프로그램에는 발달단계적으로 적절한 실천활동이 반드시 필요하다는 사실을 이해하지 못하거나 포용하지 못하는 부족한 어른들이 있어 왔으며, 앞으로도 계속 나타날 것이다. 우리는 이것에 대한 해결 방안이 유청소년 스포츠를 없애 버리는 것이라고는 믿지 않는다. 오히려 아이들은 유청소년 스포츠를 통해서 발달단계적으로 적절한 체험을 할 수 있도록 젖 먹던 힘까지 쏟아내면서 인식을 높이도록 교육하고, 시도 및 전국적 정책들을 개발해야만 한다. 그리고 제3장에서 언급하듯, 경쟁이란 것은 자신의 운동기량을 다른 이들과 사회적으로 비교하는 하나의 과정으로서 스포츠의 본질적 부분이다. 중요한 것은 우리가 아이들을 위하여 스포츠 경쟁을 어떻게 소개하고 운영할 것인가, 그리고 경쟁적 체험을 통해서 아이들이 중요한 인생의 교훈들을 배울 수 있도록 어떻게 도울 것인가다.

대학 교육자와 스포츠 리더들이 1970년대에 들어와 유청소년 스포츠 관련 연구를 수행하고, 대규모 조사를 하고, 전국적 학회를 지원하고, 서적을 집필하는 활동을 재개하였다. 1970년대와 1980년대는 유청소년 스포츠 연구소(Institute for the Study of Youth Sports), 유청소년 국가위원회(National Council of Youth Sports) 등과 같은 유청소년 스포츠를 지지하고 후원하는 전국 단위 기관들이 여럿 설립된 시기다.

이렇듯 사설 회사와 단체들이 운영하는 학교 밖 유청소년 스포츠는 1930년대를 기점으로 융성하기 시작하였다. 학교는 12세 이상 유청소년을 위한 프로그램은 여전히 제공하였다. 하지만 (그 당시에) 사춘기 이전의 남자아이들을 위한 스포츠 경기는 교육 관련 부서 이외의 단체들의 책임하에 놓이게 되었다. 이러한 상황은 오늘날까지 지속되어 대다수의 유청소년 프로그램들이 학교와 전문 교육자의 전문성과 책임 권한 밖에 있는 단체들에 의해서 제공되고 있다.

3) 클럽 스포츠의 등장

역사적으로 미국에서는 수영, 테니스, 골프, 체조 같은 개인 스포츠는 유청소년들에게 클럽 스포츠로 제공되었다. 미국 유청소년 단체 스포츠는 1990년대까지는 클럽 스포츠가 일반적이지 않았다. 제1장에서 언급하였듯, 미국 내 단체 스포츠 분야에서 클럽 스포츠(선택/여행스포츠) 모델은 유청소년 선수들이 초대받거나 어른들이 선발하거나 테스트를 거치는 방식으로 운영되던 사설 학교 외 프로그램들이 주를 이루었다. 단체 클럽 스포츠는 1990년대에 와서야 학교팀의 비시즌 기간 동안에도 자기가 하는 종목에 계속해서 시합을 할 수 있다는 이유로, 기량을 향상할 수 있기를 원하고 그에 따른 과외로 비용을 지불할 수 있는 사람들을 대상으로 인기가 높아졌다. 하지만 2000년대에 들어와 유청소년 스포츠 분야의 클럽 스포츠는 거대 산업화가 되어 버렸다. 엘리트 클럽팀들은 1년 내내에 걸친 훈련과 시합 일정을 제공하기 시작하였고, 미국 전역에서 열리는 토너먼트에 원정 참가를 제공하기 시작하였으며, 대학교 스카우트 담당자들을 위하여 큰 대회에서 선수들을 홍보하기 시작하였다.

클럽 스포츠 참가와 연관되어 2000년경부터 생겨나기 시작한 경향 한 가지는, 미국 학교 스포츠 장면에서 '다종목 운동선수'가 감소한 것이다. 많은 선수들이 일찍 전문화를 시작하여 한 종목에만 전념하게 되었다(고등학교 시즌 중에는 학교에서 경기하고, 나머지 기간 중에는 클럽 레벨에서 운동한다). 한 종목에 전문화하도록 어린 선수들을 밀어붙이는 어른들의 강요와 압박은 전반적으로 유청소년 스포츠가 (경쟁적이기는 하지만) 놀이지향성이 강한 즐거운 교과 외 활동에서 대학팀, 올림픽팀, 심지어는 프로스포츠 경력을 목표로 정밀하게 계획된 훈련 과정으로 진화해 버린 것에 기인한다.

엘리트 스포츠 클럽의 이같은 급속한 성장에 당면해서, 미국 내에서 학교 기반 스포츠의 지위는 지금 흔들리고 있다. 권역별 농구 토너먼트나 금요일 고교 미식축구와 같은 전통적 행사의 퇴보를 상상하는 것이 참으로 견디기 어렵다. 이러한 행사들은 수십 년 동안 미국 전역에 걸쳐 지역사회의 정체성과 사회적 교류를 위한 핵심적 역할을 수행해 왔다. 하지만 공립학교의 스포츠는 재정적 어려움에 직면해 있고, 클럽 스포츠라는 대안이 있는데 학교 내에서 스포츠를 제공하는 것은 중복 소비라고 주장하며 이의를 제기하는 사람들이 있다. 또한, 현재 고교 단체 스포츠 팀들이 미국 내 유청소년 스포츠 참여자들에게 중요하게 여겨지고 있으나, 고등학교 학교팀에 참여하는 대신에 외부의 클럽 스포츠팀에 등록하는 선수들이 증가하고 있다. 대학이나 엘리트 스포츠 선수로서의 진로를 결정한 선수들, 그리고 클럽 스포츠팀이 자기의 그러한 진로 결정에 최적의 기회를 제공해 줄 수 있다고 판단한 선수들이 선택하는 길이다. 미국 내에서 클럽 스포츠가 학교 스포츠를 대체해 버릴 수 있는지는 오로지 시간만이 알려 줄 것이다.

4. Title IX은 유청소년 스포츠를 어떻게 바꾸었나

1972년 민권법(Civil Rights Act)의 교육수정법안(Education Amendments)인 Title IX이 미국 내에서 법률로 제정되었다. 이 연방 법률은 연방 지원을 받는 모든 학교와 대학교에서는 남자와 여자에게 동일한 기회를 제공할 것을 규정하였다. Title IX에는 다음과 같이 기술되어 있다.

> 미국 내에 거주하는 어떤 사람도, 성별에 근거하여, 연방 재정지원을 받는 모든 교육 프로그램이나 활동에서 혜택을 받지 못하거나 차별 대상이 되지 않는다(미국 노동부, 1972)

Title IX은 왜 필요했으며, 이것은 유청소년 스포츠를 어떻게 변화시켰을까? 역사를 조금만 훑어 보면 그 대답을 쉽게 찾을 수 있으며, Title IX은 지금까지 유청소년 스포츠에 영향을 미친 가장 중요한 법안임을 확인할 수 있다. 미국 초창기에는 어린 여자아이들도 남자아이들과 같은 종류의 신체적 놀이나 레크리에이션에 즐겁게 참가할 수 있었다. 하지만, 여자아이들은 나이가 올라가면서 놀이 활동할 것이 줄어드는 반면, 남자아이들은 격렬한 스포츠와 게임 활동들을 계속해서 할 수 있었다. 너무 이른 시기에 발생하는 이런 분리현상으로 인해서,

스포츠에서의 성별 정체성이 남자아이들에게 유리하게 생성되었다. 그런데 이것이 평생 지속된다니 얼마나 억울한 상황인가?

앞에서도 언급하였듯이, 1903년에 뉴욕시에서 시작된 PSAL은 남자아이들에게는 체력 단련, 학교 내 시합, 학교 간 유청소년 스포츠에 참가할 수 있는 많은 기회를 제공해 주었다. 반면에, 1905년 PSAL 여성분과가 설립되었을 때에는, 여학생에게 학교 간 스포츠는 허락되지 않고, 포크댄스와 협동 게임 같은 활동으로 제한을 두었다.

다른 사례는 농구와 관련이 있다. 농구가 1891년 발명되었을 적에, 매사추세츠주 스미스 컬리지의 여성 강사가 다른 규정을 따른 '여학생 버전'의 농구를 만들었다. 심하게 운동하지 않도록 코트가 세 부분으로 나뉘어 있고, 여학생들은 각 구역을 넘어가지 못하도록 하였다. 신체적 접촉도 허용되지 않았으며, 한 팀은 6명으로 되었다. 이 형태의 여자 농구는 엄청난 인기를 누렸다. 아이오와주는 여자 농구의 온상으로 불렸다. 이런 형태의 농구는 1895년까지 행해졌다. 최초의 주별 여자 농구 대회는 1920년에 개최되었으며, TV 중계는 1951년에서야 시작되었다. 여자 토너먼트의 인기는 남자 선수들의 그것보다 높았다(Gems et al., 2008). NCAA우승을 8회나 차지한 여성 농구코치 팻 서미트(2013)는 자서전에서 테네시주 정부로부터 6인제 농구가 아니라 5인제 경기를 허용받기 위해서 벌인 전투를 이야기해 준다. 서미트는 6인제 게임은 페이스가 너무 늦고 기술 발달에 있어서 한계가 있다고 설명했다. 그러나 주공무원들은 여자아이들은 5인제 풀코트 경기를 할 수 있는 신체능력이나 기술 수준이 못된다고 말했다. 이 같은 팻 서미트의 노력에 힘입어, 테네시주 고등학교들은 마침내 1979~1980년 시즌동안 고등학교 선수들의 열망을 채워 주었다. 다음으로는 오클라호마와 아이오와주가 이 뒤를 따랐다.

스포츠에서 여자아이들의 신체적 능력과 관심에 대한 고정관념적이고 부정확한 사고방식은 역사적으로 대다수의 여학생들 유청소년 스포츠 기회에 접근하는 것을 막아 왔다. 1970년대 초반 여성권리운동은 1972년 Title IX 법안의 통과에 영향을 미쳤다. 이 법안은 여자아이들의 스포츠 참여에 엄청난 영향을 미쳤다. 고등학교 여학생의 스포츠 참여가 1971~1972년 29만 4,015명에서 2011~2012년 321만 7,533명으로 992% 상승하였다. 이 기간 동안 남자아이들의 참여율도 1971~1972년 366만 6,916명에서 2011~2012년 484만 4,987명으로

참고하기

Title IX 관련 질문과 대답

사람들은 일반적으로 (연방 지원을 받는 기관에서 제공하는) 모든 (유청소년 스포츠를 포함한) 교육적 활동에서 성별에 근거한 차별을 금지한다는 Title IX에 대해 잘 알고 있다. 하지만 Title IX과 관련된 다양한 문제 사안들이 생겨났으며 잘못된 지식도 만연하고 있다. 그래서 이곳에 Title IX은 어떻게 적용되어야 하는가에 대한 이해를 돕도록 기본적 질문과 대답을 제공해 본다.

1. Title IX은 무엇을 필수화하고 있나?

Title IX은 '비례적인' 참여 기회를 강제하고 있다. 독자의 스포츠 프로그램에 참가하는 여자 선수들의 비율(팀의 비율이 아니고 선수의 비율)은 여학생 전체의 비율과 합치되어야 한다(남자 선수와 남학생의 비율과 비교할 때).

2. 비율상의 숫자가 맞지 않을 때, 해야만 하는 일은 없는가?

운영자는 여자 참여자를 늘리기 위해, 또는 모든 여자아

이의 관심과 능력을 제대로 반영하기 위해(이 학교에서 다른 스포츠를 하고 싶어 하는 여학생이 더는 없다.) 계속해서 노력하는 방안으로 스포츠 종목을 점차적으로 늘린다는 것을 보여 주어야만 한다. NFHS는 스포츠 참여에 대한 학생들의 흥미에 관한 데이터베이스를 지속적으로 갖추기 위해서 매 2년마다 스포츠흥미도 조사를 할 것을 권장하고 있다.

3. 참여자 수 이외에 다른 필수사항들은 무엇이 있는가?

- 남녀 학생 각각을 위한 용품, 유니폼, 보조물, 연습시설, 상의 종류 및 축하행사
- 체력 단련실과 훈련장의 사용권한
- 최다 사용 시간에의 연습과 시합을 위한 동일한 사용 권한
- 동일한 크기와 품질의 락커룸과 시합시설
- 동일한 실력 수준의 코치와 동일한 실력 수준의 상대팀과 경기할 기회
- 동일한 지원(비서, 홍보 및 마케팅, 치어리더, 응원밴드, 응원단)

4. 만약 어떤 종목에서 금전적 이득이 창출된다면, 그 학교는 Title IX으로부터 면제되는 것인가?

그렇지 않다. 고등학교 스포츠의 교육적 추구에는 금전적 이득의 창출이 포함되지 않는다. 그리고 역설적이지만 이 주장은 (대다수의 사람들이 재정적 이득 창출의 사례로 간주하는) 1부와 2부 대학 스포츠 미식축구 프로그램의 대다수가 적자를 보고 있다는 사실에 비추어보면, 대학 수준에서는 맞지 않는다.

5. 만약 여자아이들이 남자팀에서 시합을 해 보고 싶어 한다면, 반대로 남자아이들도 여자팀에서 경기를 할 권리가 있는 것 아닌가?

Title IX 법안은 '소수성별'(기회가 최소화된 성별)에 속한 회원은 누구든지, 만약 그 선수의 성별로 되어 있는 팀이 제공되어 있지 않다면, 다수성별의 팀에서 시합할 수 있는 기회를 가져야만 한다고 적시되어 있다. 남자아이들이 여자아이들보다 더 많은 기회를 가지고 있기 때문에(다수성별의 회원이다), 여자팀에서 경기하는 남자아이는 소수성별의 회원이 참여할 기회를 빼앗아 버리는 경우가 된다. 따라서 반대 상황이 벌어지더라도, 남자아이들은 여자팀에 속해서 시합을 하는 것이 허용되지 않는다.

6. Title IX으로 인해 남자아이들의 스포츠 기회가 상실되지 않았는가?

전체적으로 말해서, 남자아이와 성인 남성의 스포츠 참여는 Title IX이 통과된 이후 증가하였다. 학교에서는 여러 요인들을 기초로 해서 남자와 여자를 위한 특정 스포츠를 후원하고, 폐지하고, 감소시키는 결정을 내린다. 정부는 남자나 여자를 위하여 특정 학교운동부를 추가, 유지 또는 폐지하라는 명령을 내릴 수 없다.

7. 여자아이들은 남자아이들보다 스포츠 참여에 좀 더 흥미가 없지 않나?

Title IX 통과 이후 여자아이와 성인 여성의 스포츠 참여가 극적으로 증가한 사실은, 여자들이 너무도 오랜 기간 동안 스포츠에 참여할 기회를 박탈당한 이유는 바로 (관심의 부재가 아니라) 기회의 부재였음을 말해 준다. 여자는 스포츠 하는 것에 날 때부터 관심을 덜 가지고 태어난다는 고정관념은 계속해서 법원으로부터 기각되고 있다. 여성의 기회를 성별에 기반해서 제한하는 고정관념을 이용하는 것은 불법이다 (Women's Sports Foundation, 2013).

22% 상승하기는 하였다(www.nfsh.org).

하지만 그동안 Title IX(및 성 평등 전반)은 법적 소송 제기 등 상상할 수 있는 모든 형태로 반대에 부딪혔다. 리틀리그 야구는 여자 참여자들의 포함을 악명 높게 저항해 왔는데, 지역의 리틀리그 팀들과 운동할 기회를 박탈당한 여자 참여자들로부터 수차례의 법률 소송을 당했다. 1973년 민권부(Civil Rights Division)의 조사 도중에, 리틀리그 측 증인은 여자아이들은 뼈 구조가 약하고 반응시

개인적 이야기

Title IX에 대한 저자의 의견

Title IX은 독자에게 어떤 영향을 미쳤을까? 만약 독자가 여자이고 잘 모르겠다면, 여자 운동선수로서 가진 기회들을 왜 가지게 되었는지 한번 되돌아보기를 추천한다. Title IX에서 강제화하는 것들에 대해서 읽기 전까지, 그동안 누려 왔지만 당연시했던 Title IX에 의해서 만들어진 기회들은 무엇일까? 만약 독자가 남자이고 잘 모르겠다면, 가족 중 여자 식구(엄마, 누나, 동생, 이모, 고모)에게 물어 이들의 스포츠 체험이 독자가 알고 있는 것보다 독자에게 얼마나 더 영향을 미쳤는지를 깨닫기 바란다. 또한 독자의 딸들이 앞으로 가지게 될, 그러나 Title IX 법안이 없었다면 가지지 못할 그러한 기회들에 대해서도 생각해 보기를 권한다.

간이 늦은 이유로 경쟁적인 유청소년 스포츠에 적합하지 않다고까지 주장하였다. 이에 대해서 민권부 측에서는 청소년기 여자아이들의 뼈의 힘이 남자아이들의 그것보다 훨씬 더 세다는 증거를 제출하면서 반론을 제기하였다(Wiggins, 2013). 미국 의회는 1974년 여자아이들이 제한 없이 참가할 수 있도록 리틀리그 규정을 수정하도록 명령하였다. 하지만 여전히 지금까지도 이렇게 명문화된 문서들로 법과 규정이 존재함에도 불구하고 여자아이들이 스포츠참가에 덜 관심 있고 운동기능이 떨어진다는 고정 관념은 사라지지 않고 있다. 이 이슈는 제13장에서 좀 더 자세히 논하게 될 것이다.

5. 리틀리그 야구는 어떻게 지금 같은 인기를 얻게 되었나

아마도 리틀리그 야구는 미국에서 역사적으로 가장 유명한 유청소년 스포츠일 것이다. 이것은 리틀리그 야구가 융성했던 제2차 세계대전 이후 향수 어린 시기 때문일지 모른다. 이 시기 동안 미국의 국가 스포츠로서

쉬어가기

캐논 스트리트 올스타팀

20세기 후반까지도 극심했던 여자아이들에 대한 제도화된 차별과 함께, 흑인 아이들도 또한 유청소년 스포츠에서 기회의 박탈에 직면해 있었다. 흑인 남자아이들은 북부 미국에서는 조직화된 유청소년 스포츠에 제한된 수준으로, 남부 미국에서는 인종차별적으로 엄격한 수준으로 참여에 한계가 있었다.

1955년, 사우스 캐롤라이나는 흑인 남자아이들을 위한 최초의 리틀리그를 허용했다. 찰스톤시 캐논 스트리트 YMCA에 의해서 4팀이 구성되었다. 시즌이 마무리 될 때 즈음에 4개 팀 중에서 선수들을 뽑아 올스타팀을 구성하여 시의 리틀리그로 가서 다른 팀들과 경기를 하려고 계획되어 있었다. 하지만 모든 백인 팀이 토너먼트를 거부하였다. 그래서 유일하게 참가한 팀으로 캐논 스트리트 팀이 주 토너먼트에 진출하였다. 하지만 여기서도 61개 백인 팀들이 캐논 스트리트 팀을 출전시킨 것에 항의하기 위해서 사우스 캐롤라이나주 리틀리그 토너먼트에서 탈퇴하였다. 주 토너먼트대회가 취소되었으며, 캐논 스트리트팀이 자동적으로 주 우승팀이 되었다. 1955년 8월 2일자 〈찰스톤 뉴스 앤 쿠리어〉지의 논설에 '불안과 혐오'라는 제목의 글이 실렸다.

사우스 캐롤라이나 리틀리그의 사례는 …… 남부에서 인종적 관계가 왜 점점 더 어렵게 되어 가는지를 잘 보여주는 본보기라고 할 수 있다. …… 온통 백인 일색의 주 리그에 유색 아이들이 오기를 원하지 않음을 잘 알고 있던 몇몇 흑인 어른들이, 그럼에도 불구하고 그대로 흑인 아이들을 리그에 참여시켜 버렸다. 그 결과, 주 리그 전체가 무너져 내렸고, 흑인 팀은 난망한 상황에 놓이게 되었다. …… 이 유색인종 팀은 이제 61개 다른 팀들의 기권으로 인해서 자동적으로 주 리틀리그 챔피언십을 거머쥐었다. …… 남부의 인종 동요 불안자들의 옆구리를 찔러 행동개시 하게끔 만든 북부의 사회개량주의자들은 이러한 결과에 대한 대답을 내어놓아야 할 것이다(Sapakoff, 1995).

캐논 스트리트 팀은 이후 몰수패로 주 토너먼트에서 우승했다는 이유로 남부지역 리틀리그 챔피언십 대회 출전을 금지당했고, 전미리틀리그협회 본부에서는 이 결정을 마지못해 수용하였다. 이 결정에 대한 보완조처로서 협회 본부는 윌리엄스포트에서 열린 리틀리그 월드시리즈에 캐논 스트리트 올스타팀을 관중으로 초청하였다. 윌리엄스포트에서 아나운서에 의해 팀이 소개될 때, 관중들은 "이 팀이 경기를 할 수 있게 하라, 경기를 할 수 있게 하라!"고 소리침으로써 응원을 보냈다. 이들은 시합을 할 수는 없었지만, 그동안 성취한 것과 그곳에 오기 전까지 맞닥트려야 했던 불운에 대하여 사람들로부터 제대로 이해를 받을 수 있었던 것이다.

캐논 스트리트 올스타팀 사건에 대한 반향으로, 백인 어른들은 그 즉시 리틀 보이 야구(Little Boys Baseball) 리그를 창설했고, 이 리그는 1958년 딕시 유스 베이스볼(Dixie Youth Baseball)로 명칭을 바꾸었다. 이 리그는 남부 주들에 거주하는 백인 아이들로만 구성되었다. 참여를 위한 공식 가이드라인은 아래와 같았다.

본 조직운영진들은 이 리그는 인종적으로 분리되는 것을 기본으로 하는 것이 모든 이를 위한 최고의 결정이라고 판단한다. 서로 섞여진 팀과 인종 간의 경쟁은 후회스러운 상황을 만들어 낼 것이며, 현재 존재하는 하모니와 평온함을 파괴하게 될 것이다(Sapakoff, 1995).

딕시 유스 베이스볼은 (메이저 리그 야구에서 재키 로빈슨이 피부색의 장애물을 극복한 지 20년이 지난 후인) 1967년 유색인종 분리 참여 조항을 제거함으로써 이 헌장을 수정하였다. 딕시 유스 베이스볼은 오늘날에도 남부 주 전역에 걸쳐 수십만 명이 참가하며 여전히 운영되고 있다. 이 리그 출신 중 여러 흑인 선수가 메이저 리그로 진출하였다. 이들은 이 길을 먼저 닦은 캐논 스트리트 올스타팀에게 감사하여야 할 것이다.

야구가 지녔던 명백한 지위 때문이기도 할 것이다. 리틀리그 야구는 1939년 펜실베이니아주 윌리엄스포트에 거주하던 칼 스톨츠가 창설하였다. 그의 목적은 아이들에게 야구를 제대로 배울 수 있는 넉넉한 기회를 제공하자는 것, 그리고 그 과정에서 페어플레이와 팀워크같은 중요한 가치들을 함께 배우도록 하자는 것이었다. 모든 아이에게 경기 참여 기회가 주어지도록 한 팀당 참가선수 수를 12명으로 제한하였다.

하지만 다른 유청소년 스포츠들과 마찬가지로, 리틀리그 야구도 더 커지고, 더 많은 사람들에게 알려지고, 더 전문화가 이루어지게 되었다. 스톨츠는 1956년 경기가 전문화되는 것에 반대하면서 리틀리그와의 관계를 끊었다. 그는 이렇게 말했다. "너무 기분이 역겹습니다. 이 리그를 만들 적에 저는 전국대회와 월드시리즈 없이, 오직 지역 수준에서만 이루어지는 유청소년 야구를 그리고 있었습니다"(Hyman, 2009, p. 12).

1960년경에는 미국 50개주 전역은 물론, 전 세계 많은 곳에 리틀리그 야구가 행해지게 되었다. 1962년 리틀리그 월드시리즈 결승전을 ABC 방송국에서 중계하자 더욱 인기를 얻게 되었다. 2012년에는 ABC, ESPN, ESPN2 세 방송국이 리틀리그 월드시리즈 경기를 32게임 모두 방송하였다. 이 중 멋진 장면들은 ESPN의 〈스포츠 센터〉 프로그램에서 하이라이트로 보여 주고 있다. 유청소년 스포츠가 독자적인 프로그램 방영 계약을 맺는다는 것은 그것이 엄청난 인기를 받고 있음을 증명하는 것이다. 리틀리그협회에 따르면, 오늘날 전 세계 100개가 넘는 나라들에서 3,000만 명 이상이 리틀리그 야구 경기에 참여하고 있다. 리틀리그협회에는 야구와 소프트볼에서 여자 디비전과 5~18세 디비전이 포함되어 있다.

6. 왜 생활체육 스포츠 프로그램에는 국가 지원이 없는가

이제 미국 유청소년 스포츠에 지대한 영향을 미친 연방정책 Title IX에 대해서 어느 정도 알았다. 또 다른 유청소년 스포츠에 대한 미국 연방정책은 1978년 통과된 '아마추어 스포츠 법안(Amateur Sports Act)'이었다. 이 법안은 스포츠와 연관된 모든 권한과 책임을 미국올림픽위원회(United States Olympic Committee: USOC)에 위임하는 내용이다. 이 법안에서 좀 더 중요한 내용은 일반 아이들을 대상으로 하는 생활체육(및 엘리트) 유청소년 스포츠의 발전을 USOC에 맡긴 것이었다. 하지만 USOC의 예산 배분 경향을 보면, 생활체육 스포츠 발전보다는 엘리트 선수들의 개발에 좀 더 집중하고 있다(Sparero, Chalip & Green, 2008). 미국 정부가 ASP법안을 통과시키고 난 후, 미국 정부로서는 USOC와 종목별 전국연맹들에 생활체육 유청소년 스포츠 육성을 강제하는 것을 지향하지 않았다.

당연히 정부는 생활체육 유청소년 스포츠를 지원하기 위하여 USOC에게 특별 자금을 제공하지 않는다. USOC는 넉넉하지 못한 재정적 자원으로 인해서 올림픽에서의 성공(메달)에 바로 직접 연결되는 엘리트 선수를 위한 프로그램에 집중할 수밖에 없는 현실도 이해할 수 있다. 미국 레슬링협회와 같은 스포츠 단체처럼 지역의 유청소년 생활체육 프로그램을 지원하는 곳도 물론 없지 않다. 하지만 이런 곳은 극소수다. 대다수의 USOC와 스포츠 단체는 엘리트 스포츠 프로그램에 초점을 맞추고 있다. USOC는 1998년 지역사회 올림픽개발프로그램(Community Olympic Development Program: CODP)을 만들어서 전국 범위로 시군구 지역 수준에서 유청소년들이 최고의 스포츠 프로그램 서비스를 받을 수 있도록 파트너 사업을 시작하였다. 하지만 CODP는 여전히 스포츠 재능을 지닌 유청소년들을 발굴하는 데에 초점을 맞추고 있고, 이들의 잠재력을 최대한 발현시키는 것에 자원을 투자하고 있는 실정이다. 물론 이것은 그것 자체로서 매우 가치 있는 일이며, 이를 통해 어린 운동선수들이 자신의 잠재력을 최대한 끌어올릴 수 있는 기회를 찾도록 힘이 되어 준다. 하지만 이 프로그램은 아직 미국 전역의 일반 유청소년들의 생활체육의 문제는 해결해 주지 못하고 있다. 선천적 재능을 가지고 있거나 아니면 부유한 부모를 가진 아이들에게만 도움이 되고 있는 중이다. 정부의 무관심과 USOC의 전문체육 집중으로 야기된 생활체육 유청소년 스포츠에 대한 무관심은 스포츠 참여에 사회계층적 장애물을 만들어 내었다.

1978년 공표된 ASA 이후, AAU는 생활체육 수준에서 모든 연령층의 모든 참여자를 위한 스포츠 프로그램을 제공하는 노력을 경주하겠다고 선언했다. 이 단체는 30개 종목을 제공하고 있는데, 이것들이 유청소년 전문스포츠 재능 개발이 아니고(특히 농구 종목), 진정으로 생활체육 유청소년 참여를 대표하고 있는지는 의문이다. 물론 이것은 많은 유청소년 스포츠 프로그램들에서 보이는 긴장 상황이며, 이 책 전반에서 다루고 있는 주제이기도 하다.

쉬어가기

금맥효과: 박세리와 한국 여자골프

아주 작은 지형적 위치로부터 엄청난 수의 엘리트 스포츠선수가 생겨날 때에 '금맥효과(gold mine effect)'라고 불리는 현상이 발생한다(Ankerson, 2012). 금맥효과에는 다수의 이유가 있다(제10장에서 보다 자세히 소개). 그중 유력한 한 가지는 그 이전까지는 불가능이라고 여겨졌던 성취를 얻어 낸 어떤 한 역사적 인물의 영향력과 관련이 있다. 박세리가 그런 한 사람이다. 박세리는 여자 프로골프계의 한국 '금맥'을 연 장본인으로서 인정받고 있다.

1998년 신인으로 처음 LPGA에 왔을 때 박세리는 유일한 한국 선수였다. 2015년 현재, 한국 여자 골퍼들은 톱 500위 안에 148명(톱 100위 안에는 38명)이 들어 있다(Rolex World Golf Rankings, 2015). 한국 여자 골프선수의 금맥은 어떻게 만들어지게 되었나? 1998년 신인시절 박세리는 US 여자 오픈 챔피언십과 LPGA 챔피언십(모두 메이저 대회)에서 우승했고, 그해의 LPGA 신인왕상을 수상하였다. 박세리는 이후 계속해서 성공을 이어갔으며, 5개의 메이저 대회를 포함한 25개 대회에서의 우승이라는 대기록을 성취했다. 그리고 LPGA 명예의 전당에도 올랐다. 박세리가 이룬 업적은 한국 전체를 골프에 사로잡히게 만들었고, 박세리라는 한 명의 선수로 인해서 수천 명의 여자아이들이 골프를 시작하고 올인하게끔 만들었다.

1980년대 후반 한국에는 15~18세 사이의 청소년 선수들이 200명이 채 안 되었다. 하지만 현재 핸디캡이 0이거나 그 이하인 3,000명 이상의 선수들이 활동하고 있다. 한국이 상대적으로 추운 날씨의 나라인 것, 그린피가 세계에서 가장 비싼 나라인 것, 그리고 5,000만 인구에 18홀 골프장이 200개도 안 되는 나라인 것을 고려해 보라(미국 플로리다주에만 골프장이 1,300개가 넘는다)(Ankerson, 2012). 이런 상황임에도, 박세리는 한국 여자 선수들에게 자기도 같은 방식으로 스포츠 성공을 획득할 수 있다는 확신을 불러일으킨 것이다.

현제 세계 4위, 2012 US 여자 오픈 챔피언십 우승자인 최나연은 1998년 당시 9세였는데, 박세리가 US 여자 오픈 챔피언십에서 우승한 때를 기억하고 있다. "한국 사람들 전체가 놀랐었죠. 텔레비전으로 보았고, 그때의 느낌이 아직도 기억나요. 한국이 우승하지 못할 것이라고 한국 사람들은 생각하고 있었어요. 하지만 박세리가 우승했죠. 이후 한국인들은 모두 이전보다는 큰 꿈을 가지게 된 것 같아요"(Elliott, 2012). 세계 6위, 2011 US 여자 오픈 챔피언십 우승자였던 유소연도 이렇게 말한다. "1998년 이전에는 한국에서 골프가 인기 있는 스포츠가 아니었어요. 하지만 박세리가 우승한 이후부터는 굉장한 인기 스포츠가 되었어요. 그리고 그 때문에 저도 여기에 있게 된 것이고요"(Manoyan, 2012). 박세리 본인은 이렇게 이야기한다. "사람들이 저를 존중해 줘요. 저를 '전설'이라고 불러요. 그렇게 불러 주셔서 감사해요. 한국에서는 저를 개척자라고 말씀하세요"(Elliott, 2012). 그리고 또는 금맥을 찾은 사람이라고 불러도 될 것이다!

7. 부모의 변화는 어떻게 유청소년 스포츠의 발전에 영향을 미쳤는가

부모와 가족에 관해서는 제16장에서 다루겠지만, 유청소년 스포츠의 발전과 관련해서 부모의 지원 스타일의 역사적 변화에 대해서 한 번 언급하는 것이 도움이 된다. 1980년대 이전에는 부모 지원에 있어서 '보호받는' 아동기를 만들어 낸다는 이상이 일반적 경향이었다. 그래서 아이들은 압박을 받지 않고 또래들과 모여서 단순한 놀이나 신체활동을 하면서 개인적 자율성을 스스로 개발하도록 자유로웠다(Farrey, 2008). 이때는 부모들이 자녀가 정확히 동네 어디에 있는지 알지 못한 채, 하루 종일 자전거를 타거나, 모래밭, 숲, 친구 집 앞마당 등에서 노는 것이 드물지 않았다. 1960년대, 1970년대에는 이런 유년기를 보내면서 자랐다.

1980년대가 되자, '좋은 부모'가 된다는 것이 어떤 것인지에 대한 심각한 변화가 생겨났다(Coakley, 2009; Marano, 2008). '보통의' 아동을 키우는 목적으로서 '보호받는' 아동기의 이상은 '특별한' 아동을 만들어 내는 목적으로서 '준비된' 아동기의 이상으로 바뀌게 된다(Farrey, 2008). 좋은 부모가 된다는 것은 자기 자녀가 일주 7일, 하루 24시간 내내 어디 있는지를 알고 있으며, 자녀가 반드시 배워야 할 일련의 활동들(예: 음악, 스포츠, 미술 등)을 제대로 계획하고 시간적으로 잘 관리하는 것이 되었다. 물론 부모는 어른의 성폭력과 납치에 대한 자극적인 미디어의 뉴스들이 무엇인지 등 언제나 자녀의 안전에도 관심을 기울인다. 마찬가지로 유청소년 스포츠와 같은 조직화된 활동들도 아이들을 위해서는 긍정적인 효과를 지닌 것으로 보이며, 부모는 이웃의 아이들과 잘 계획되지 않은 여가활동을 할 때 생길 수도 있는 위험과 사고에 대한 걱정을 하지 않고 이런 프로그램들에서 느긋하게 지낼 수 있게 된다.

이러한 스타일의 '온실 육아(hothouse parenting)'(Marano, 2008)가 1980년대 미국에서 널리 퍼지게 되며 오늘날까지도 유청소년 스포츠에 막대한 영향을 미치고 있다. 참여자 수가 증가하도록 만든 것은 물론, 유청소년 스포츠를 더욱 어린 나이에 시작하고, (통상적으로 부모의 욕심에 따라) 엘리트 스포츠에 진출하기 위해서 특정 종목에 너무 일찍 전문화시키는 경향을 불러일으켰다. 그리고 가장 중요한 것으로, 이 경향은 아이가 스포츠를 즐기는 체험을 갖는 데에 있어서 심리적 변화를 갖게 만들었다. 한때는 정말로 진정한 게임이었던 것이, 그리고 재미와 즐거움을 위한 여가활동이었던 것이, 지역사회에서의 사회적 지위와 대학 입학을 위한 스펙 쌓기에 도움이 되도록 의무적으로 하는 높은 수준의 사회적 성취사항으로 바뀌어 버린 것이다. 우리가 보기에 자녀양육의 전문화가 유청소년 스포츠의 전문화와 지난 세대의 자유놀이나 아동주도의 놀이 축소를 야기한 것이다.

연구에 따르면, 자유놀이는 유청소년의 인지적 · 신체적 · 사회적 · 정서적 건강에 필수적이다. 놀이는 창의력과 건강한 뇌발달을 증진한다. 놀이를 하지 않으면, 자극과 정서를 통제하는 신경통로가 정상적으로 발달하지 못한다(Ginsburg, 2007). 동물실험 연구 결과, 놀이를 못하게 하면 정서적 발달이 심하게 손상된다(Herman, Paukner & Suomi, 2011). 짜 놓은 것이 아닌 자유로운 놀이는 집단 속에서 함께 일하는 법, 나누는 법, 협상하는 법, 갈등 푸는 법, 그리고 자기효능감 기술을 배우도록 해 준다. 놀이가 아이들에 의해서 주도되면, 아이들은 의사결정을 하게 되고 자신들의 흥미와 열정을 발견하게 된다. 대부분의 우리는 아동기에 체험한 놀이의 순수한 즐거움을 그리워한다.

자, 그렇다면 해답은 무엇일까? 조직화된 유청소년 스포츠는 포기하고, 아이들이 스스로 자신들의 스포츠와 게임을 짜도록 내버려두는 것인가? 우리는 아니라고 생각한다. 우리 베이비부머 세대들이 즐겼던 낭만화된 유청소년기와 자유놀이를 그리워하고 아쉬워하는 것은 아무것도 가져다주지 않는다. 이제 세상은 완전히 다른 곳이다. 조직화된 유청소년 스포츠라는 램프 속 요정은 밖으로 나와 떠난 지 오래고, 모래사장은 합성잔디를 대체하지 못할 것이다. 하지만 우리는 아이들이 아이가 될 수 있는 시간을 갖고 자유놀이를 할 수 있어야 하며, 동시에 잘 선별된 조직화된 유청소년 스포츠 활동을 함께 할 수 있도록 하는 균형을 유지할 것을 강조한다. 이와 함께 그런 조직화된 스포츠 프로그램 내에서 발달단계적으로 적절한 체험활동을 잘 만들어 제공하도록 주의를 기울일 수 있다. 이 프로그램들에는 아동 발달에 중요한 자유놀이의 다양한 측면들(자기 선택과 의사결정, 친구와의 협상과 갈등 해결, 사회적 교류 시간, 그리고 순수한 즐거움)이 반드시 포함되어야 한다.

8. 요약

자 이제, 왜 유청소년 스포츠가 오늘날의 이 모습으로 되었는지를 독자가 조금 더 잘 알게 되었기를 기대한다. 유청소년 스포츠가 역사적으로 어떻게 진화되어 왔는지, 서로 다른 역사적 시기의 문화적 · 사회적 요인들에 의해서 어떻게 그 모양이 잡혀 왔는지를 고려할 수 있게 되면 이해하기가 훨씬 더 쉬워진다. 시간 순서로 발전이 어떻게 이루어져 왔는지 한 눈에 보기를 원하는 독자를 위하여, 〈표 2-1〉에 미국 유청소년 스포츠에서 중요한 순간들을 요약해 놓았다.

지금 즈음 독자는 이 장의 시작 부분에 소개된 그 사례를 이해할 것이다. 왜 아이들은 스스로 운동을 하지 않고 코치가 오기를 기다리게 되었을까? 우리가 아이들을 이렇게 사회화시켰기 때문이다. 아이들의 활동을 조직화하고 지시 감독하면서, 그리고 자유놀이와 아이들 스스로 조직하는 게임 속에 들어 있는 즉흥성과 창의성을 재단하면서 말이다. 우리는 독자에게, 조직화된 유청소년 스포츠 시스템 내에서 발달단계적으로 적절한 실천활동들을 통해서, 아이들에게 필요한 재미, 창의성, 그리고 자율성을 어떻게 충족시킬 것인지를 이 책 전반

표 2-1 미국 유청소년 스포츠 관련 주요 연도별 시간표

연도	내용
1851	Young Men's Christian Association(YMCA) 창설
1903	Public School Athletic League(PSAL) 뉴욕에서 창설
1905	여성을 위한 PSAL 프로그램 개설
1920	National Federation of State High School Associations(NFHS) 창설
1930	Pop Warner 미식축구 창립
1939	리틀리그 야구 창립
1950	Biddy Basketball 창립
1952	Pony Baseball 창립
1956	President's Council on Youth Fitness 창립
1958	Dixie Youth Baseball 창립
1962	Little League World Series 최초 TV 방영
1964	American Youth Soccer Organization 창립
1967	Soccer Association for Youth(SAY) 창립
1972	교육수정법 Title IX 통과
1978	Amateur Sports Act 통과
1978	Youth Sport Institute 미시간대학교에 설립
1979	Entertainment and Sports Programming Network(ESPN) 개국
1979	『Bill of Rights for Young Athletes』 출간
1981	National Alliance for Youth Sports 창립
1997	The First Tee Golf 프로그램 개설
1998	Positive Coaching Alliance 창립
2000	학교 스포츠와 대안 스포츠에 더하여 클럽 스포츠의 인기 폭발

을 통해서 지속적으로 제공해 줄 있기를 희망한다. 우리는 그럴 수 있을 것이라 생각한다.

우리는 역사로부터 배우는 것이 매우 중요하다고 믿는다. 사태가 어떻게 좀 더 나아질 수 있었을까를 되돌아보면서 발견할 수 있는 이점이 있다. 되돌아보건대, 소수자와 여자아이들을 유청소년 스포츠로부터 배제하고 차별한 것은 매우 창피스러운 일이었다. 하지만 그 시대의 전반적 사회적 태도를 반영한 경향이었다. 우리는 이 사례를 반드시 오늘날의 유청소년 스포츠 실천활동을 고려할 때, 더욱 신중한 태도를 갖도록 하는 동기유발 사례로 활용해야 한다. 그냥 단순히 "그때는 그냥 그렇게 하는 것이었어!" 하면서 무비판적이거나 당연한 것으로 받아들여서는 안된다. 그냥 현재 하고 있는 상태를 그대로 받아들이는 대신에, "이것이 정말로 제대로 하는 것인가?"라는 질문을 던질 수 있는 혜안을 가질 수 있어야 하며, 우리 프로그램들이 모든 아이를 위하여 제대로 된 발달단계적으로 적절한 실천활동을 제공하는지 확실히 해야 한다.

저자 추신

이 장을 다 쓴 후에 우리는 12살짜리 아들로부터, 자기가 속한 농구 클럽팀에서 코치를 기다리는 동안 (농구 모자를 깃발로 사용하는) '깃발뺏기'라고 하는, 자기들이 주도한 즉흥적 게임을 했다는 즐거운 소식을 듣게 되었다. 우리는 이 상황이 우리가 시작 부분에 소개한 상황과 얼마나 다른지를 알고는 크게 웃었다. 몇 주 후 우리는 코치가 도착해서 연습이 시작되기 전에 다시금 아이들이 즉흥적 피구게임을 하는 것을 실제로 목격하게 되었다. 정말 잘했다. 우리 생각이 잘못되었음을 고칠 때가 된 듯하다.

학습 초점

주요 용어

- **강건한 기독교주의** 스포츠와 신체활동 분야에서 기독교적 가치와 활동을 진흥하려는 목적으로 1800년대 시작된 운동.
- **모래밭** 비형식적이고 유청소년들의 주도로 실행되는 즉흥적 게임 또는 스포츠 활동을 위한 개방된 공간이나 놀이터.

핵심 요약

1. 미국 학교에 스포츠가 소개된 이유는 체력을 증진하고, 인성을 개발하며, 청소년 비행을 근절시키기 위해서다.
2. 뉴욕시에서 1903년에 시작된 '공립학교 운동경기 리그(PSAL)'는 남자 아이들을 대상으로 초등학교부터 고등학교에 걸쳐 학교 내 스포츠와 학교 간 스포츠를 제공하였다.
3. 여학생을 위한 '공립학교 운동경기 리그' 부분은 1905년에 만들어졌으며, 학교 내 스포츠만 제공하고 학교 간 스포츠는 제공되지 않았다.
4. 유명한 '모래밭(sandlot)'이라는 용어는 1800년대 후반 모래 정원(sand gardens)을 이용한 것에서 유래되었다. 이 모래밭은 이후 '놀이터(playgrounds)'로 발전하게 된다.
5. 강건한 기독교주의는 이후 미국 전역에 걸쳐 YMCA의 발전에 이바지하게 된다.
6. 체육교육 전문가들은 경쟁수위가 높아지고 전문화 정도가 심해짐에 따라 유청소년 프로그램을 좋지 않게 생각하였으며, 이것은 1930년대 학교 기반 유청소년 스포츠 프로그램의 축소에 커다란 영

향을 미쳤다.

7. 1920년대에서 1970년대에 걸쳐, 팝 워너 미식축구(1930년)나 리틀리그 야구(1939년) 등과 같은 유청소년 프로그램들이 수많은 시도 및 시군구 단위로 만들어졌다.
8. 1990년대와 2000년대 초반 들어와서는 학교 외 사설 스포츠 클럽이 폭발적으로 증가하였고, 이들은 한 해 전체에 걸친 대회 운영이나 단일 종목에 대한 과도한 전문성이라는 측면으로 유청소년 스포츠의 전문화를 심화시켰다.
9. Title IX은 유청소년 역사상 가장 영향력이 강한 법령이었으며, 미국 사회에 여자아이들을 위한 유청소년 프로그램에 평등한 참여를 보장하도록 강제하게 되었다.
10. 리틀리그는 제2차 세계대전 이후의 시기 동안 큰 발전을 이루었으며, 이때 야구는 미국의 국가 스포츠로 간주될 때였고, 리틀리그 월드시리즈는 ESPN에서 매년 8월 중계를 도맡아서 해 주었다. 이런 사실로 미루어, 아마도 미국 역사상 가장 유명한 유청소년 스포츠라고 할 수 있다.
11. 1978년 제정된 아마추어스포츠법안(ASA)은 미국 내 스포츠 진흥의 모든 책임을 미국올림픽위원회에 위임하였으며, 위원회는 모든 어린이를 위한 생활체육 스포츠 기회 대신에 엘리트 선수 발달을 우선시하였다.
12. 1980년대 들어와 선수 부모들의 활동은 아이들의 시간을 외적 성취를 드높이는 활동들(유청소년 스포츠에서 조차도)에 전적으로 초점을 맞추었다.
13. 자유놀이는 창의력, 건강한 뇌 발달, 갈등 해소나 자신감 등 사회적 기술, 그리고 정서 건강을 높인다.

탐구 질문

1. 뉴욕시의 공립학교 운동경기 리그의 설립에 대해서 이야기해 보라. 만든 목적과 제공한 활동의 종류들에 관해서 언급하라.
2. 학교 외 스포츠가 어떻게 그렇게 인기가 좋아졌는가, 그리고 체육교육 전문가들의 쇠퇴는 이 운동에 어떠한 영향을 미쳤는가?
3. '모래밭'은 어디에서 유래되었는가, 그리고 이것이 미국 내 놀이터의 융성과 어떤 관련을 맺고 있는가?
4. 아이들에게 자유놀이가 왜 중요한가, 그리고 오늘날 조직화된 유청소년 스포츠와의 관련에서 자유놀이의 위치는 무엇인가?
5. 클럽 스포츠 현상은 유청소년 스포츠에게 언제, 그리고 어떻게 영향을 미쳤는가?
6. Title IX은 유청소년 스포츠에 무엇을 강제했으며, 그것의 효과는 무엇이었는가?
7. 왜 생활체육 유청소년 스포츠 프로그램은 국가 수준의 조직력과 지원이 없는가?
8. 부모의 선수 지원 철학과 활동의 변화는 유청소년 스포츠의 진화에 어떻게 영향을 미쳤는가?

성찰용 학습활동

1. 미국 내 클럽 스포츠 현상에 대한 독자 개인의 의견을 작성하라. 만약 본인의 생각이 그렇다면, 클럽 스포츠와 학교 스포츠가 어떻게 공존할 수 있는지에 대하여 몇 가지 제안을 해 보라.
2. 박세리 이외에, 어떤 한 종목에서 유청소년들의 관심을 불러일으킨 또 다른 선수를 생각해 낼 수 있는가? 박세리와 같은 수준의 금맥효과일 필요는 없다. 어떤 형태로든 유청소년 스포츠에 영향을 준 특정 역사적 상황에서 매우 중요한 영향을 미친 정도는 되어야 한다.
3. 독자가 관심 있어 하는 역사적 사건이나 이슈 한

가지를 선정하여, 이해를 좀 더 넓힐 수 있도록 조사를 해 보라. Titl IX 적용에 있어서 소송과 방해물, 리틀리그의 역사 중 하나, 전미소프박스더비, 뉴욕시의 PSAL, 미국 내 유청소년 스포츠에서의 인종 분리와 통합, 고등학교 미식축구(또는 다른 종목)의 한 역사, 아이오와주의 여자 농구 토너먼트의 역사, 또는 1978년의 ASA 등이 그 예가 될 수 있겠다. 아니면 이 장에서 다루지 않은 주제를 선택해서 유청소년 스포츠의 진화에 대한 독자의 이해력을 더 높이도록 하라.

보조자료

- **SHAPE America**(shapeamerica.org) 스포츠와 신체활동 관련 분야들에서의 전문적 실천을 선진화할 것을 목적으로 만들어진 조직이다. 미국 내에서 가장 오래된 체육 전문기관중 하나다.
- **Women's Sports Foundation**(www.womenssportsfoundation.org/home/advocate/the-ix-and-issues) 여성스포츠재단.

Chapter 03

유청소년 스포츠의 철학과 목적

제3장 개요

이 장에서 배울 내용은 다음과 같다.

- 발달단계적으로 적절한 POPP 과정의 구성 방법
- 유청소년 스포츠 철학과 목적을 둘러싼 주요 갈등 요인들
- 자녀를 위한 유청소년 스포츠 프로그램을 선정하는 방법
- 스포츠 참여를 위한 피라미드 모형의 대안

1. 개요

우리 딸아이의 8학년(중학교 2학년 또는 3학년) 배구팀이 경쟁 학교인 제퍼슨중학교를 상대로 지역대회 토너먼트 결승 경기를 펼치고 있었다. 딸아이의 코치인 루첼은 한 시즌 동안 하던 방식대로 교체선수 로테이션 순서에 따라 선수를 운용하고 있었다. 중요 경기에서 모든 선수가 다 참가할 기회를 주기 위해서였다. 실력이 뛰어난 주전선수들이 경기시작 때에 출전하고 많은 시간을 할애받기는 했지만, 그래도 모든 선수가 출전하기는 했다. 하지만 제퍼슨중학교 코치는 최고 주전선수들만을 시합에 참가시키고는 (전략적으로 교체한 몇 번만 제외하고는) 교체(후보)선수들을 토너먼트 전 경기 내내 벤치에 그저 앉혀 놓았다. 제퍼슨중학교가 결승에서 이기고 토너먼트에서 우승을 차지했다. 교체선수 운용을 서로 다른 방식으로 한 것이 승패에 결정적 역할을 했음을 관중은 물론 선수들에게도 명백했다.

만약, 독자 여러분이 이러한 상황의 코치라면 어떻게 할 것인가? 8학년 팀으로 주전선수들을 경기 초반 출전시키고 좀 더 오래 시합을 하게 하지만, 결승전에서도 모든 팀원을 다 참가시킨다는 루첼의 철학을 따를 것인가? 아니면 8학년이기는 하지만 챔피언 결정전이므로 이런 경기에서 승리하는 것이 모든 선수의 참여보다 더 중요한 목적이라는 제퍼슨중학교 코치의 철학을 따를 것인가? 독자의 대답은 독자의 철학을 드러내며, 이 철학은 유청소년 스포츠에서의 의사결정을 좌우한다.

2. POPP 시퀀스: 철학에서 실행까지

우리가 말하고자 하는 바는 한 코치는 옳고 다른 코치는 틀리다는 것이 아니다. 이들이 내린 결정은 자기 팀을 위한 철학과 목적에 근거한 것이다. 우리는 이것을 'POPP 시퀀스(POPP sequence)', 또는 유청소년 스포츠에서 행해지는 행동이 우리 철학, 목적, 원칙 속에 들어 있는 가치와 신념을 반영하는 방식이라고 부른다. [그림 3-1]에서 보듯, POPP 시퀀스는 철학(philosophy)에서 시작해서, 목표(objectives), 원칙(principles), 실천(practices)으로 옮겨 간다(Martens, 2001에서 차용). '철학'은 사람들이 가지고 있는 기본 가치와 신념을 이야기한다. 이 가치와 신념이 POPP 시퀀스의 전 과정을 이끌어 나간다. 그리고 사람들은 자신의 목표(목적)를 분명하게 그리거나, 또는 최종적으로 얻고 싶어 하는 것을 결정한다. 다음으로, 자신이 따르고자 하는 원칙을 결정한다. 이 원칙은 중요 결정들을 어떻게 내릴 것인가를 규정하는 가이드라인이다. 마지막으로, 이 시퀀스는 실천으로 마무리되는데, 실천은 우리가 하는 것이 무엇이며, 그것을 어떻게 실행할 것인가를 말한다. 처음에 가졌던 철학, 그리고 그 철학에서 나오는 목표와 원칙의 결과로서 우리는 의사결정을 하고 행동을 실천한다.

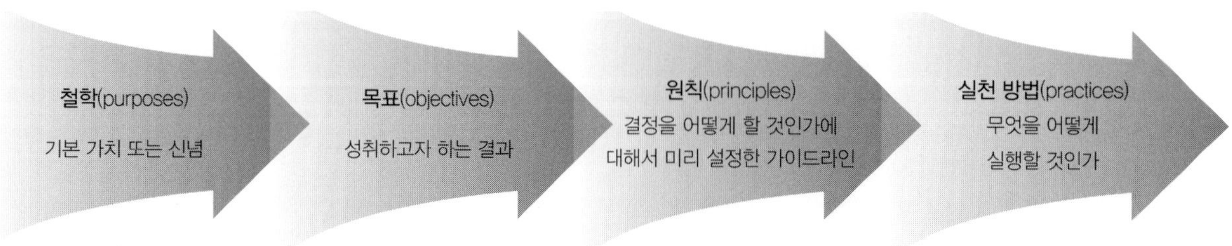

[그림 3-1] POPP 시퀀스

앞의 사례에 등장한 코치들은 각자의 개인적 POPP 시퀀스에 근거해서 서로 다른 실천(결승전에서 후보교체를 할 것인지 말 것인지)을 하게 되었다. 경기 종료 후 루첼은 결승전이었기 때문에 모든 선수를 다 출전하게 한다는 자기 철학을 바꾸고 싶은 마음이 순간적으로 생겼었다고 말했다. 하지만 깊은 생각을 하고 자신의 철학, 목적, 원칙에 대해서 다시 심사숙고한 후에, 그녀는 중학교팀 코치로서 중요하게 생각하는 행동을 그대로 밀고 나가기로 결정한 것이다. 경기에서 모든 선수를 다 참여시킨다는 사전 가이드라인이 결승전 승리를 위하여 주전선수들만 출전시킨다는 원칙보다 우선한 것이다. 정말로 힘든 결정이었음이 분명하다! 하지만 독자가 만약 스스로 확신하고 본인이 옳다고 느끼는 행동을 실천하도록 하는 분명한 POPP 시퀀스를 지니고만 있다면 그것은 그리 어렵지 않다.

이 책 집필을 위한 사전 기획을 위하여 유청소년 스포츠 관리자들과 대화를 나누었을 때, 이들은 관리자로서 자신의 첫 번째 스텝은 프로그램의 전반적 목적을 결정하는 것이라고 말했다. 다음 단계들은 소명서를 작정하고, 자신이 하는 모든 것을 이끄는 프로그램 목표들을

쉬어가기

그린 데스팀, 파이팅!

부모님들께 보낸 이메일에 담긴 6~7세 여자아이 축구팀 코치가 추구하는 철학과 목적을 한번 생각해 보자. 몇몇 부모는 그의 접근에 대해 우호적이었으나, 여러 부모들이 리그 감독관에게 항의한 후에 그는 사퇴하였다.

"제7팀의 이름은 '녹색 죽음(Green Death)'입니다. 모든 선수와 부모님들께서는 한 배에 승선하셨다는 점을 확인하셨을 것이라 믿습니다. 우리는 팀이라기보다는, 영원히 함께할 가족(어떤 이에게는 집단)입니다. 우리는 항상 정정당당히 경기할 것이지만, 격렬한 축구를 추구할 것입니다. …… 저는 모든 연습과 경기에서 110%를 기대할 것입니다. 제 선수들의 건강과 관련된 문제나 반대의견이 있지 않은 한, 제게 어떤 말씀도 하실 필요가 없습니다.

저는 승리는 즐거운 것이며, 패배는 패배자들을 위한 것이라고 믿습니다. …… 모든 경기에서 이길 수는 없으나(이런, 약간 구토증세가 일어나네요), 파울볼도 모두 잡아 내고, 모든 경기를 월드컵 최종 결승전으로 생각하기를 기대합니다. 매 토요일마다, 아이들을 잘 돌보고 심판들을 존중해야 하는가에 대한 30분짜리 논문 같은, 법적 책임에 관련된 내용을 듣느라고 시간을 소비하고 있습니다만, 저는 이에 대해 아주 토가 나올 정도입니다. 아이들은 달리기도 하고, 넘어지기도 하고 …… 또 상처로 피가 좀 나기도 할 것입니다. 너무 소란을 피울 필요 없습니다. 아이들에게는 좋은 일입니다(물론 피를 흘리는 것은 상대팀이기를 바랍니다만). 그리고 심판들이 비난을 감수해 낼 수 없다면, 이들은 호루라기를 반납해야만 합니다. …… 심판들에게 제가 건네는 야유와 빈정거림은 사실 그들을 인간적으로 좀 더 성장하도록 만들어 줍니다. …… 2등 상은 결코 자랑할 만한 것이 아닙니다. 또 다른 연습에 잘 참여하도록 하는 당근으로 쓰일 목적으로서만 유용할 뿐입니다. 우리 아가씨들은 생선, 덜 익힌 고기, 그리고 다량의 야채로 식사 다이어트를 할 것을 바랍니다. 정크 푸드는 안됩니다. 단백질 쉐이크는 섭취해도 됩니다. 혈액 도핑과 성장호르몬으로는 눈치를 좀 받을 수 있지만, 혈액검사 결과에 대한 불이익은 없습니다.

제 견해는 이러하며, 저희 리그에서 추구하는 견해와 그렇게 일치하지는 않습니다(물론, 괜찮습니다). …… 저는 여자아이들이 상대를 뭉개주고, 경기장 안에서나 밖에서나, 그리고 자신의 전 인생에 걸쳐서 상대와 맞대면하기를 바랍니다. 자, 저를 따를 사람은 누구신가요? 자, 나가자, 그린 데스!"("Scituate 'Green Death'", 2009)

구체화하는 것이다. 예산 세우기, 제공 프로그램 유형같이 이후 따라오는 모든 사업적 의사결정은 그 프로그램을 위하여 선택한 목적, 미션, 그리고 목표에 근거한다. 프로그램들은 목적과 미션(즉, 커뮤니티 레크리에이션 프로그램 vs 스포츠클럽 프로그램)은 서로 달랐지만, 그들은 각자의 활동들을 가이드하기 위해 만든 POPP 시퀀스를 따랐다.

유청소년 스포츠는 건전한 철학, 일련의 목표들, 준비된 가이드라인이 발달단계적으로 적절한 실천활동을 실행토록 하는 데에 핵심적인 분야다. 철학과 목표가 행동과 문화를 이끌어야만 한다. 그 반대가 아니다. POPP 시퀀스를 뒤집는 것(즉 PPOP!)은 잘못된 이유에 근거해서 실행을 도모하는 것이다. 적합한 철학, 목표, 원칙에 대해서 눈이 멀거나 생각하지 못해서 잘못된 이유들(승리제일주의, 아이들의 욕구보다 어른들의 욕구를 더 앞에 놓기)에 근거해서 일을 시작할 때가 바로 이런 때다. 우리는 경기 상황에서는 이런 것들을 쉽게 잊어버리거나 무시해 버린다.

이런 사례를 한번 생각해 보자. 4~6학년 학생들의 티볼 게임 중이다. 1루수가 아파서 기술이 떨어지는 다른 선수가 그 자리를 채웠다. 대체 선수가 기술이 그다지 뛰어나지 않았기 때문에, 코치는 투수에게 수비한 후에 공을 1루로 보내라고 지시했다. 대체된 1루수의 기술을 신뢰하지 않았고 실수의 가능성을 피하고자 했기 때문이다(Landers & Fine, 1998). 이 코치는 참여하기와 기술 개발보다는 경기 승리라는 목표를 더 분명하게 강조했다.

이 장의 뒷부분에서, 우리는 성공적인 유청소년 스포츠 프로그램에서 활용된 POPP 시퀀스의 사례들을 좀 더 보여 줄 것이다. 그래서 독자로 하여금 현재 처한 상황 속에서 자신의 프로그램을 시작하도록 만들 것이다. 그렇게 할 수 있도록 독자를 돕기 위하여, 다음 몇 개의 소절에서는 유청소년의 철학, 목적 그리고 원칙들에 관하여 다른 유청소년 스포츠 문헌의 내용을 소개하고자 한다.

3. 유청소년 스포츠의 목적은 무엇이 되어야 하는가

우리 사회는 유청소년 스포츠 프로그램으로부터 무엇을 기대하고 있나? 왜 우리는 이런 프로그램을 제공하고 있는가? 유청소년 스포츠의 목적은 무엇이어야 하는가? 전반적으로 말해서, 유청소년 스포츠의 목적은 스포츠 기능, 심리적 기술과 생활 기술, 그리고 신체적 건강의 발달이다(Cote, Strachan & Fraser-Thomas, 2008). 대부분의 사람은 이것들이 유청소년 스포츠 프로그램을 정당화하는 데 중요한 결과라는 데에 동의한다.

1) 스포츠 기능 개발

기초 및 상급 스포츠 기능을 향상시키는 것은 전 생애에 걸쳐서 스포츠를 즐기고, 당사자의 신체적 건강을 향상시키는 기반을 닦는 일이다. 아이들은 스포츠와 신체활동을 능숙하게 실행하는 능력을 갖추면, 어렸을 때 활달한 생활을 하고 어른이 되어서도 활발한 생활을 유지한다. 교사, 코치, 관리자는 이 목적을 달성하려면 기능 향상을 위한 발달단계적으로 올바른 진전 과정을 제대로 이해하고 있어야 한다. 제2부에서 기초 운동기능 발달, 준비성과 이전 필수 기능, 기능 향상을 돕기 위한 스포츠 변형, 효과적 아동 기능지도 전략 등과 같은 관련 정보와 가이드라인을 소개한다. 그 운동을 직접 해 보았다고 자동으로 잘 가르치는 교사나 코치로서 자격을 갖추게 되는 것이 아니다. 아동의 스포츠 기능을 향상시키기 위해서는 특정 연령 그룹에 알맞은 발달단계적으로 적절한 실천활동은 물론, 운동 기능 발달의 위계성(제5장)을 제대로 파악하고 있어야만 한다.

2) 심리적 기술 향상

자존감, 정서 관리, 자신감, 협동심, 리더십, 대인관계 기술 등과 같은 심리적(심리사회적) 발달의 기회를 제공하는 것은 유청소년 스포츠 참가에서 얻을 수 있는 중요한 목적이었으며, 앞으로도 그렇게 남아 있을 것이다. 긍정적 유청소년 발달(Positive Youth Development: PYD) 프로그램들이 널리 유행하고 있으며, 많은 프로그램에서 스포츠와 신체활동을 활용하여 유청소년들에게 중요한 심리적 특성들을 향상시키려고 한다(Camire, 2014; Weiss, Stuntz, Bhalla, Bolter, & Price, 2013). 긍정적 유청소년 발달 프로그램은 결손 부분이나 문제 행동을 감소시키기보다는 개인적 기술과 사회적 기술(자산들, assets)을 개발하는 것을 목적으로 한다. 스포츠 분야의 유청소년 개발 프로그램을 통해서 얻을 수 있는 심리(사회)적 결과들은 다음과 같다.

- 교과 성적
- 인지적 기능
- 갈등 해결
- 협동심
- 의사결정력
- 정서적 조절
- 공감력
- 목표 설정 및 성취
- 희망감
- 대인관계능력
- 리더십
- 생활 만족감
- 긍정적 친구관계
- 자신감
- 자존감
- 시간 관리능력

중요한 PYD 결과들을 기억하는 한 가지 전략은 5C를 생각하는 것이다. 5C는 Competence(기량), Character(인성), Connection(관계), Confidence(자신감), 그리고 Caring/Compassion(배려/인애)다. 이 5가지 C를 모두 다 얻게 되면 사회에서 생산적인 시민으로 청소년이 성장하는 데에 큰 도움이 되는 여섯 번째 C(Contribution, 기여)를 갖게 된다.

PYD 프로그램은 특히 위험 상태에 놓인 청소년들이나 저소득층 아이들에게 줄 수 있는 사회적 기술과 생활 기술을 발달시켜 줄 가능성이 높다. 이런 아이들은 제한된 물질적 자료와 사회적 자원들만을 쓸 수밖에 없고, 학교에서의 학습 성취가 낮고, 건강 문제가 심각한 상황에 놓여 있다. 스포츠 및 신체적 기능 개발과 함께 심리사회적 기능 개발을 더하려는 여러 PYD 프로그램이 이미 성공적인 것으로 판명되었다(Hellison, 2011; Holt, Sehn, Spence, Newton, & Ball, 2012; Yllrich-French & McDonough, 2013).

하지만 이런 훌륭한 심리적 결과들의 성취는 오로지 성인 관계자들이 유청소년 스포츠 프로그램들에 대해서 이런 결과들을 마음속에 깊이 의도하면서 주의 깊게 디자인하고 관리함으로써만 가능하다. 제16장에서 좀 더 언급하겠지만, 스포츠는 자동으로 인성이나 긍정적 사회적 기능을 향상시키지 못한다. 스포츠는 아이들이 통상적으로 즐기는 매력적인 활동으로서, 사회적 성장과 PYD를 위하는 훌륭한 학습 환경이 될 가능성을 가지고 있다. 하지만 이런 일이 생겨나는 것은 오로지 책임을 맡은 성인들로서, 이러한 목적을 성취하려고 스포츠를 의도적으로 챙겨야만 가능하다. 마법적으로 생겨나거나 우연적으로 발생하는 것이 아니다. 사실 스포츠 참여와 관련해서는 다양한 부정적 심리사회적 결과(공격성, 낮은 도덕적 판단력, 탈진, 속임수, 폭력)들도 넘친다. 만약 유청소년 스포츠가 PYD 기능을 성취시킨다면, 관리자, 코치 그리고 교사는 매일매일 이 목적을 열정적으로 추구해야만 한다. 신체적 기술을 연습하거나, 경기 전략과 전술을 가르치거나 하는 방식과 동일한 방식으로 실천해야 한다. 이를 위한 구체적 사례들이 제16장에 소개되어 있다. 다 큰 성인으로서 독자는 말뿐인 주장을 넘어서, 자신의 개인적 POPP 시퀀스 속에 PYD를 포함시킬 것을 권장한다.

3) 신체적 건강 증진

우리 문화 속에 비활동과 비만이 놀랄 정도로 급증하고 있기 때문에, 유청소년 스포츠 참여를 통한 아동의 신체적 건강 증진은 매우 중요한 목적 중 하나다. 체중 조절 이외에, 스포츠와 신체활동은 심폐지구력, 근력, 근지구력, 유연성 그리고 뼈 건강을 증진한다. 유청소년 스포츠에 오랫동안 참여하면 성인이 되어서 매우 높은 수준의 신체활동을 유지할 수 있게 된다(Telama, Yang, Hirvensalo, & Raitakari, 2006). 그러면, 노년기에 발생할 수 있는 심장질환, 비만, 당뇨병, 심장마비, 우울증 및 암 등의 문제들을 사전에 예방할 수 있게 된다. 앞에서 언급했듯이, 유청소년 스포츠 지도자들은 유청소년 프로그램을 디자인하고 실행할 때에 반드시 이 목적을 명심하고 있어야만 한다. 오랫동안 아이들이 별로 움직이지 않거나, 아이의 활동 수준에 저해가 되는 전술을 강조하는 등과 같은 미흡한 훈련 계획은 발달단계적으로 부적절한 실천활동이며, 이는 아이들의 신체적 건강을 증진하는 중요한 목적의 성취를 방해하는 행위이다(이 세 가지 목적 이외의 다른 목적들도 있다. Martens & Seefeldt, 1979 참조).

4. 유청소년 스포츠 철학과 목적의 갈등

앞 절에서 이야기한 유청소년 스포츠의 세 가지 목적에 대해서는 이견을 제시할 사람이 거의 없을 것이다. 아이들에게 '세부 스포츠 기술을 가르치고, 심리사회적 기술의 향상을 도모하고, 신체적 건강을 증진시키는 것'이야말로 우리 사회에 대한 지대한 공헌이 아니고 무엇인가? 그런데 왜 이러쿵저러쿵 말들이 많을까? 이런 것들이 중요한 목적이라는 데에 동의한다면, 도대체 아이들에 대한 압박이나 어른들의 나쁜 행동은 왜, 어디로부터 연유하는 것인가? 이것에 대한 대답은 유청소년 스포츠 철학과 목적에 대해서 의견이 일치하지 않고 서로 다른 견해를 내어놓는 4가지의 대립되는 지점들에서 찾을 수 있다.

① 엘리트 스포츠를 위한 재능 개발 vs 모든 참여자를 위한 신체적 · 심리적 · 사회적 발달이라는 '상호적대적 목적들'
② 유청소년 스포츠에서 경쟁의 성격과 위치
③ 유청소년 스포츠에서 재미와 즐김의 위치
④ 한 종목에 일차원적으로 초집중하는 것 vs 어린 운동선수들을 위하여 여러 차원에 초점을 맞추는 것

1) 상호 적대적 목적들

앞서 살펴본 유청소년 스포츠의 세 가지 목적이 대부분의 사람들에게 인정을 받고는 있지만, 이 목적들의 초점이 누가 되어야 하는가에 대해서는 의견의 불일치와 대립적 태도가 생겨난다. 유청소년 스포츠는 최고의 재능을 지닌 어린 선수들을 찾아내는 데 초점을 맞춰야 하는가? 그래서 고등학교와 대학, 그리고 국가대표까지도 진출하는 최상의 엘리트 수준으로 성장해야 하는가? 아니면 유청소년 스포츠는 모든 참가자를 대상으로 신체적 · 심리적 · 사회적 발달을 추구하는 것이어야 하는가? 이 두 가지가 서로 대척하는 유청소년 스포츠의 목적들이다.

참고하기

자녀에게 알맞은 유청소년 스포츠 프로그램 선정하기

부모가 자녀를 위해서 가장 도움이 되는 유청소년 스포츠 프로그램을 살펴보고 선택할 때에 활용할 수 있는 조언들 몇 가지를 제시해 본다.

1. 유아들(4~8세)은 다양한 종목과 활동을 맛보아야 한다. 청소년 단계로 진입하게 되면서 활동 종류들을 줄여 나가고 집중할 몇 가지를 선별한다.
2. 프로그램의 철학과 목적이 공개되어 있다고 하더라도, 프로그램의 주요 초점을 명확하게 알기 위한 질문을 물어야 한다. 이 프로그램의 목적은 무엇이며, 선수들이 기대하는 것들이 무엇인가? 참여 규정이나 가이드라인은 무엇인가? 모든 회원이 참여하는가, 아니면 실력 기반으로 출전이 결정되는가? 선수 유지 자격이 제한되는가, 아니면 선수들이 모두 계속해서 팀에 남아 있을 수 있는가?
3. 기능 향상에 특별한 주의를 기울여야 한다. 관리자나 코치에게 프로그램에서 기능향상을 얼마나 중요하게 생각하는지를 물어보고, 증진의 목표가 되는 특정 기술들이 무엇인지, 그것을 어떤 방식으로 발달시킬 것인지 물어본다. 관리자와 코치에게 기능 향상과 선수 발달에 견주어 프로그램에서 승리와 경쟁을 얼마나 강조하는지 문의해 본다. 프로그램이 승리, 선수 발달 그리고 즐거움 등 목표들 간에 어떻게 균형을 유지할 것인지 물어본다.
4. 팀의 선수 수를 살펴보고 자녀가 시합을 뛸 수 있는 시간 배당이 얼마인지 고려해 본다. 우리 지역의 레크리에이션 수준의 유청소년 리그에서는 팀당 7명의 선수만 연습할 수 있도록 하고 있다. 각 선수들마다 운동기능 향상을 위한 최적의 시간을 확보해 주기 위해서다. 이 방법은 큰 효과가 있다. 코치 1인과 9~10세의 10~12명 아이들로 결성된 여가선용 중심의 농구팀은 인원수가 너무 많다. 한 팀에 이렇게 많은 선수가 있으면 최적의 참여 시간을 갖지 못하게 되며, 팀원 각자의 맞춤형 기능 향상이 불가능해진다.
5. 코치들에게 주의를 기울여야 한다. 코치들과 대화를 나누어라. 부모의 지지를 표현하고, 지나친 관여와 부적절한 행동 없이 적절한 질문을 던져라. "아이들의 진전이 어떤 정도인가요?" 또는 "저희 아들의 기능을 향상시키기 위해서 제가 집에서 도울 일이 뭐가 있을까요?" 등은 적절한 질문이다. "우리 아들이 시합에 좀 더 나가지 못합니까?" 또는 "제 생각에는 다른 방식의 출전순서 배열이 좀 더 올바른 것 같은데요." 등은 적절치 못한 질문이다. 부모들 중에는 여가선용 수준의 지역사회 유청소년 스포츠 코치를 직접 하고 있는 분들이 있다. 이런 경우에는 아이들에 대한 따뜻한 태도, 지원적 자세, 포용적 이해가 기능적 지식이나 전술적 지식보다 훨씬 더 중요하다(Cote, Baker, & Abernathy, 2003). 어떤 클럽이나 프로그램을 선택할 때에는 경력, 훈련, 성격 등 코치의 자격 조건들을 찾아서 살펴본다.
6. 초반 몇 회의 훈련 시간에 참석해 보고, 시즌 전반에 걸쳐 틈틈이 연습을 지켜본다.
7. 아이들과 프로그램에 관해서 대화해 본다. "오늘 훈련에서 뭘 했니?" 또는 "오늘 잘한 것, 또는 연습에서 새로 배운 것은 무엇이니?" 등과 같은 개방형 질문을 해보라. "수영 팀에 있는 것이 좋으니?"와 "요즘 수영팀은 어떻게 되어 가고 있니?" 등은 좋은 질문이다.
8. 자녀의 신체적 · 인지적 · 심리적 성숙도를 고려한다. 나이가 같더라도 아이들은 스포츠 체험과 관련해 성숙도와 준비도에서 서로 매우 다른 상태에 있다. 특별히 클럽에 가입하거나 수준을 선택할 때에 자녀의 성숙도와 동기유발 수준을 잘 살펴보아야 한다. 이때는 '모두가 같이 플레이하고 즐겁게 지낸다.'라는 초보단계 여

가선용 수준 리그에서의 사고방식과 크게 구분되는 발달단계상의 도약 지점이다. 우리 딸은 8세에 축구연습을 위해서 2개의 (준 엘리트) '리그' 팀을 맛보기로 선택했는데, 크게 커져 버린 헌신도, 높은 수행에 대한 기대, 더욱 강해진 코칭 강도 등에 준비가 덜 된 상태였다. 그래서 계속하는 것을 포기하였다. 이후 우리 딸은 10세가 되어 한 팀을 선택하였고, 몇 년간 그 팀에서 축구를 하면서 아주 긍정적인 경험들을 많이 맛보았다. "우리 아이가 이 클럽이나 이 종목에 준비가 되어 있을까?"라고 진중하게 물어야 한다. 만약 그렇지 않다면, 아이는 지역사회의 레크리에이션 수준에 계속 있거나, 아이가 클럽이나 준 엘리트 리그팀에 준비가 될 때까지 기다려야 한다.

9. 특정 활동을 위해 필요한 자녀의 사전 필수 기능을 평가해 본다. 예를 들어, 아이스하키에는 스케이팅이 사전 필수다. 수영팀에는 수영 초급 프로그램이 사전 필수다.
10. 유청소년 스포츠 프로그램에 입회하기 위해 필요한 필수 장비를 파악하고 세심히 준비한다. 타지역 이동을 하는지, 클럽팀인지 준 엘리트팀인지 등이 고려되어야 한다. 연습 참여를 위한 거리가 얼마나 먼가? 연습 시간은 얼마이고, 연습 횟수는 얼마인가? 가족 내 다른 할 일들(형제자매, 학교, 가족여행, 식사시간 등)을 모두 하면서도, 팀 참가를 위한 의무사항들을 모두 잘 해낼 수 있는가? 참가비를 포함하여 소모되는 비용은 얼마인가? 또한 장비, 여행, 식사, 유니폼 등 개별적으로 추가되는 비공식적 비용은 얼마인가?
11. 현재 자신이 고려하고 있는 팀이나 프로그램에 가입된 선수의 부모, 또는 예전에 가입했던 부모에게 문의해 본다. 우리의 경험으로는, 특정 유청소년 스포츠 프로그램에 대한 아주 정확하고 훌륭한 정보원이다.
12. 자녀와 프로그램이 서로 잘 맞지 않다면, 코치나 프로그램 감독자에게 예의 있고 존중하는 방식으로 설명한다. "중도에 포기해서는 안 되니, 참고 계속해야 합니다."라는 정신자세를 강조하는 설명을 받아들이지 말라. 그 결과는 대부분 후회뿐이다. 부정적 경험은 스포츠에 대한 자녀의 즐거움을 좀먹게 될 뿐이다.

이성적으로 생각할 때는, 이 두 가지 목적(엘리트 스포츠를 위한 재능 개발과 모든 청소년을 위한 기능 향상)은 모두 유청소년 스포츠에서 다루어야 한다. 유청소년 스포츠는 당연히 재능 있는 어린 선수들을 발굴하고 이들이 최고 수준에서 시합할 수 있도록 상급 수준의 스포츠 훈련을 받을 수 있는 시스템을 제공해 주어야 한다. 또한 유청소년 스포츠는 신체적, 심리사회적 기술을 향상시키고 스포츠를 즐길 수 있도록 다수가 참여할 수 있는 기회도 아이들에게 제공해 주어야만 한다. 많은 아이가 참여하도록 하는 이 후자의 목적은 아이들이 신체활동에 평생 동안 참여하도록 하는 의지와 습관을 만들어내는 데에, 그래서 건강해지는 데에, '즐거움을 느끼도록' 도움을 준다. 미국 내 5~18세 나이의 약 4,000만 유청소년들 가운데, 약 3%가 대학에 진학한다. 이런 이유로 엘리트 선수로서의 재능을 개발하는 것이 매우 가치 있는 목표이기는 해도, 대학에 진학하지 않는 약 97%의 일반 아이들에게 신체활동에 다양하게 참여할 수 있는 기회를 제공하는 목적도 마찬가지로 중요하다.

최상의 시나리오는 제1장에서 소개한 다양한 유형의 유청소년 스포츠를 제공하는 것이다. 그래서 서로 다른 필요, 흥미, 그리고 재능을 지닌 아이들 각각이 자기에게 가장 잘 맞는 것을 고를 수 있도록 하는 것이다. 하지만, 이 최상의 상황은 유청소년 스포츠 관리자, 코치, 그리고 부모들이 지닌 발달단계적으로 적절한 실천활동(예: 언제, 그리고 어떻게 재능을 파악하고 개발하는가)에 대한 이해 수준에 달려 있다. 이를 위해서는 각종 관련기관들도 어린 선수들과 부모들이 제대로 된 충분한 정보를 가질 수 있도록, 자신들이 추구하는 목적들에 대해서 신중하게 고민하고, 또 명시화하는 것이 필요하다.

2) 경쟁과 유청소년 스포츠

유청소년 스포츠의 두 번째 이슈거리는 올바른 경쟁이다. 경쟁은 통상적으로 즐거운 것으로 생각되며, 집중하게 하고 노력을 끌어들이는 자극제 역할을 한다. 집 주차장에서 가족끼리 간이 농구 슈팅경기 게임을 하는 것에서부터 고등학교 학교 대항 운동경기, 나아가 지역 결승전을 하는 것까지, 아이들은 경쟁을 통해 결의를 불태우는 것을 쉽사리 목도할 수 있다. 하지만 경쟁에는 부정적 결과가 수반될 수 있으며, 이것은 유청소년 스포츠에 특별히 문제를 일으키기도 한다.

(1) 사회적 평가 과정으로서의 경쟁

본질적으로 말해 경쟁은 사회적 평가 과정이다(Martens, 1975). 경쟁은 우리가 어떤 활동을 수행하였을 때, 그리고 타인에 의해서 사회적이고 공개적으로 평가를 받을 때, 우리 모두가 거치는 과정 또는 체험이다. 경쟁이 때로 우리의 손바닥에 땀을 고이게 하거나 속이 울렁거리도록 만드는 이유가 바로 이것이다. 다른 이들이 나의 수행을 평가하고 있다는 것을 인지하고 있기 때문에 우리는 긴장을 하는 것이다(어떤 이들은 흥분된다고 하겠지만).

경쟁은 스포츠의 큰 부분이며 재미를 주지만, 유청소년 스포츠에서는 발달에 적절한 방식으로 도입되어야 한다.

자, 이제 한 어린이가 생애 첫 번째 유청소년 스포츠 대회에서 어떻게 느낄 것인지 한번 생각해 보라. 이 친구는 많은 경험과 완성된 정체성을 충분히 가지고 있는 성인이 아니다. 이 아이는 이 티볼팀에 친구들과 즐겁고 뛰어놀고 기술을 배워 보려고 들어온 것이다. 지금 배우고 있는 중이며, 아직은 던지기, 받기, 때리기 기술이 덜

개인적 이야기

자신의 첫 번째 시합

유청소년 스포츠 당시 독자의 첫 번째 시합을 한번 떠올려 보라. 사회적 평가 정도가 강화된 것을 인지하고 있었는가? 그것에 대해서 어떻게 반응을 하였는가? 경쟁에 대한 초기 체험이 본인의 성격과 스포츠 경쟁에 대한 생각과 반응 방식에 어떠한 영향을 미쳤다고 생각하는가?

발달되어 있다. 이 아이는 지금 코치가 오늘 경기가 얼마나 중요한지 말하는 것을 듣고 있다. 응원석에는 엄청난 수의 부모들과 다른 어른들이 앉아 있는 것이 보인다. 엄마와 아빠가 자기를 응원하는 소리를 듣는다. 정신이 혼미해져서 엄마 아빠를 실망시키고 싶지 않다. 혼자서 즐겁고 조용히 배우던 티볼이 갑자기 공개적이고 평가적인 상황이 되면서 긴장감과 압박감 등 부정적 정서들이 생겨난다. 스포츠심리학자인 리처드 긴즈버그(Richard Ginsburg)는 "유청소년 스포츠는 어른들에게 오락거리가 되어서는 안 된다. 이 무대는 어린아이들에게는 너무도 큰 무대다. 이런 나이대의 아이는 자기의 운동 수행 결과와 한 사람으로서의 자기 자신을 분리해서 생각하지 못한다."(Hyman, 2009, p. 23)라고 강조한다.

아이들의 첫 번째 공식적 경쟁체험, 또는 자신의 운동 수행에 대하여 사회적으로 평가받는 과정은 유청소년 스포츠인 경우가 많다. 유청소년 스포츠와 관련하여 한 가지 중요한 철학적 이슈는 (예: 점수를 기록하고, 다른 팀과 시합하고, 올스타를 선발하고, 지역 또는 전국 대회를 개최하고 등) 경쟁에 공식적으로 노출되어야 하는 나이가 언제인가다. AAU는 초등 2학년 남자아이들을 위한 전국농구대회, 캘로웨이 골프회사는 6세 및 이하를 위한 주니어월드골프대회를 후원하고 있다. 이럴 필요가 있을까, 정말로 어떤 이득이 있을까?

아이들의 조기 경쟁 체험은 자신의 능력에 대한 자기 인식과 스포츠를 지속하려는 동기유발에 영향을 미친다. 우리는 "경쟁은 아이들에게 좋다."라는 번지르르한 말을 걷어치우고, 발달단계적으로 적절한 방식으로 경쟁을 언제 어떻게 소개해야 하는지 신중하게 논의해야 한다. 아이들이 경쟁에 언제 준비가 되는가에 대하여 자세한 추천 내용은 제5장에서 제시된다.

(2) 경쟁과 기능 개발 또는 숙달

앞에서 명시한, '아이들의 신체적 · 기술적 스포츠 기능을 개발한다.'라는 (아마도 가장 중요한) 유청소년 스포츠의 목적을 기억해 보라. 많은 성인 지도자가 이 목적을 받아들이기는 하지만, 경쟁이 어떻게 유청소년 스포츠의 기술 증진과 숙달을 저해하는지에 대해서는 잘 모르고 있다. 사실, 목적과 관련한 두 번째 이슈들이 이 안에 포함되어 있다. 즉, 어른들이 경쟁과 시합에서 이기고자 하는 열의가 너무 뜨거워서 중요한 목적을 완전히 잃어버리게 되는 것이다. 고등학교 이전에는 유청소년 스포츠에서 우승의 목적이 기능 향상과 숙달의 목적보다 우선시되어서는 안 된다.

경쟁이 기능 향상에 미칠 수 있는 다양한 부정적 위해를 한번 생각해 보라. 앞에서 언급한, 날아오는 공을 잡는데 능숙하지 않은 1루수를 위해서 1루로 공을 굴렸던 티볼 투수가 그 한 예다. 다른 예로는 팀의 우승 기회에 흠집이 생기도록 하지 않기 위해서 덩치가 좀 작거나 기

쉬어가기

14번째 그랜드슬램 이후

피트 샘프라스는 아주 화려한 프로테니스 경력 중에 14번의 그랜드슬램 경기대회 우승을 이루었다. 그래서 테니스 역사상 가장 위대한 선수 중의 하나로 인정받고 있다. 샘프라스는 자신의 자서전(2008)에서 14세 때에 자신의 선수생활에 중요한 순간을 겪었다고 말했다. 그의 코치가 양손 백핸드를 한손 백핸드로 바꾸는 것이 좋다는 확신을 주었다는 것이다. 코치는 이렇게 바꾸는 것이 장기적으로 잔디코트와 하드코트에서 샘프라스에게 큰 이득을 가져다줄 것임을 확신했던 것이다. 하지만 계속해서 나이

많은 선배 선수를 이기고 있던 14세 주니어 테니스 신동에게 이 결정은 위험한 선택이었다.

샘프라스는 이렇게 바꾼 후에 2년을 고생했으며, 폼을 바꾸기 전에는 자기를 이기지도 못했던 상대 선수들에게 계속해서 경기에서 지게 되었다고 고백했다. 사람들은 그의 재능을 의심하기 시작했으며 폼을 바꾼 것에 대해서 의문을 제기하기 시작했다. 하지만 샘프라스는 주니어 테니스 수준에서 우승하는 단기적 목표를 추구하는 대신에, 자신의 기술을 장기간에 걸쳐 연마할 것을 결심했다. 샘프라스는 "중요한 것은 올바른 방식으로 플레이하는 것, 저의 전 커리어 기간 동안 저를 확실히 떠받쳐 줄 경기 방식을 개발하는 것입니다."(p. 24)라고 말했다. 승리보다는 기술 연마를 더 중요시하는 것에 대한 정말로 가치 있는 교훈이다. 코앞의 순간적 영광을 넘어서는 중요한 기능을 연마하는 능력이 그를 위대한 챔피언의 자리에 올려 준 것이다.

능이 떨어지는 선수들을 그다지 중요하지 않은 포지션으로 배치하는 사례도 있다. 팀을 진루시키기 위해서 한 키 작은 선수에게, 배트를 휘둘러서 안타를 치라고 하지 않고, 그냥 공을 기다리면서 사사구로 걸어 나가도록 지시하기도 한다. 유청소년 농구에서 흔하게 볼 수 있는 관행으로, 기량이 가장 뛰어난 선수를 포인트 가드로 고정하고 그 선수를 위해 클리어 아웃이나 픽 플레이를 펼쳐서 팀을 위한 점수를 손쉽게 얻는다(공격에 팀원들을 투입하는 것과는 반대되는 전략).

유청소년 스포츠 관리자들은 스포츠 프로그램 구성에서 어떻게 기능 향상을 가장 중요한 목적으로 잘 구조화할 것인지를 고민해야 한다. 우리가 가입한 SAY 기초 레벨 프로그램(5~6세)은 1주에 2회 활동을 한다. 두 활동 모두 흥미 위주 게임과 재미있는 연습을 통해서 기능 향상을 도모하고 있다. 중간에 하는 경쟁 같은 것은 없다. 그 대신 골키퍼 없이 3대 3, 또는 4대 4 시합을 즐긴다. 티볼은 미국에서 만든 게임이고, 고정해 놓은 티에서 공을 배트로 치는 것은 참 좋은 사전 준비활동이다. 하지만 몇 주간의 연습을 거친 후 선수들은 던지기, 받기, 수비 그리고 타격을 배우는 것보다 훨씬 더 많은 실제 시합을 하게 된다. 연구에 따르면 티볼에서 참여자들은 경쟁적 상황보다는 협동적 상황에서 더 많은 것을 배운다(Johnson & Johnson, 2003). 일단 기초 기술을 배우고 나면, 경쟁은 각자의 기능과 스스로를 평가할 수 있는 기회를 제공해 준다.

(3) 선경쟁과 악경쟁

사람들 중에는 현재 유청소년 스포츠에서 지나치게 경쟁성이 높아졌다고 주장하며, 유청소년 스포츠는 원래가 협동적 성격의 게임이자 학습이 되어야 한다고 강조하는 이들이 있다. 방금 저자가 경쟁과 승리보다 기능 향상을 강조하기는 했지만, 유청소년 스포츠에서 경쟁을 잘라내 버려야 함을 주장하는 것은 전혀 아니다. 경쟁은 그것이 발달단계적으로 적절한 방식으로 소개되고 실행된다면 즐거울 수 있으며, 재미있을 수 있으며, 또한 동기유발적 효과를 지닐 수 있다. 스포츠의 본질은 각각의 경쟁 수준에서 서로를 상대로 경쟁하며 얻은 유용한 피드백을 활용하여 자기 자신을 검증해 내는 데에 있다.

그렇다면 도대체 경쟁이 공격성, 분노, 울화, 속임수를 키운다는 주장은 어떻게 할 것인가? 이 주장은 사실이다. 경쟁 관련 연구는 이러한 부정적 결과들이 경쟁의 본질적 속성으로 인한 것임을 보여 준다. 상대방이 자신의 목적을 성취하지 못하도록 저지하는 것이 주된 목적인 경쟁의 속성으로부터 생겨난다(Deutsch, 2000; Shields & Bredemeier, 2009). 목적 달성을 저지당하는 것은 정말로 화를 돋우는 일이며, 경쟁 상대와 적대적 관계로 진행되도록 만드는 경우가 많다. 상황이 이렇다면 경쟁에 대한 긍정적 입장을, 특히 어린아이들에 대해서 어떻게 주장할 것인가? 아까 말했듯이 코치, 선수, 학부모들이 이렇게 반복적으로 부정적 행동을 되풀이하도록 만들어 내는 것을 목격한 상태에서 말이다.

우리는 유청소년 스포츠를 하나의 발달단계적 '실험실'로 활용할 것을 주장한다. 이 실험실에서는 아이들이 사회적 평가와 정서적 규제를 점차적으로 체험할 수 있도록, 경쟁에 단계적으로 입문된다. 어린 선수들은 이와 함께 경쟁의 진정한 의미도 교육받아야만 한다. 경쟁한다는 말은 '함께 애 쓴다'(라틴어 어원 competere)는 뜻이다. 실즈와 브레드마이어(Shields & Bredemeier, 2009)는 이것을 참된 경쟁이라고 부른다. 양측이 상대가 최선을 다한 노력으로 펼치는 어려움 속에서 자신의 최고 역량을 발휘하는 것이다. 이들은 진짜 경쟁(선경쟁)과는 반대되는 의미의 '악경쟁(decompetition)'이라는 용어를 만들었다. 악경쟁은 경쟁 상황에서 서로 함께 최선을 다하는 데에 필요한 협동과 상호 존중을 수용하지 못한 상태를 말한다. 코치가 심판에게 야유하거나, 선수들이 상대 선수에게 욕설을 하거나 깔보거나 할 때, 또는 이기려고 속임수를 쓰거나 할 때가 유청소년 스포츠에서 경쟁이 악경쟁으로 돌변하는 경우다.

지금까지 한 말이 우습게 들리는 독자는, 프로 농구선수였던 빌 러셀의 자서전을 한번 읽어 보라고 권하고 싶다(Russell & Branch, 1979). 빌 러셀은 대학선수권 2회 우승, 올림픽대회 1회 우승, 그리고 NBA 챔피언십 11회 우승을 거머쥔 위대한 선수다. 이 책에서 러셀은 그가 경험한 최고의 즐거움은 두 팀이 각각 최고의 기량을 펼쳐내며 경쟁하고 있을 때, 즉 러셀의 마음속에서 지금까지와는 전혀 다른 차원으로 수월성을 드높이는 게임을 해내고 있을 때 얻었다고 말한다. 어떤 경기 날에 시합이 이 수준으로 올라가고 있을 때, 러셀은 계속해서 이런 수준을 유지해 내라고 상대팀을 응원하기도 했었다고 고백한다. 다른 사례로는, 미국 전역에 잘 알려진 유청소년 스포츠단체인 '긍정적 코칭 연합(Positive Coaching Alliance)'의 철학 중 하나인, '게임을 영광되게 하라.'라는 원칙이다. 이 PCA 철학에 따르면, '게임을 영광되게 하라.'라는 말은 선경쟁의 ROOTS에 도달하라는 것을 뜻한다. ROOTS은 'Rules, Opponents, Officials, Teammates, and one's Self'의 축어다(규정, 상대, 심판, 팀원, 자기에 대한 존중을 의미한다).

(4) 요약

경쟁의 상황에서 의지를 견고히 하고 감정을 잘 통제하는 것은 어려운 일이다. 이를 위해서는 어린 선수들, 부모들, 그리고 코치들로 하여금 경쟁의 참된 본질과 ROOTS 원칙을 사용하여 상대편을 존중해야 하는 경쟁자가 되도록 만드는 어려운 일을 해내야만 한다. 이것은 또한 기능 증진이라는 목적을 버리지 않은 채로, 즐거움과 기술 평가를 위하여 경쟁을 제공하겠다는 목적을 추구하면서 동시에 발달단계적으로 적절한 철학을 필요로 한다. 유청소년 코치들은 경쟁적이지 않은 학습 상황 속에서 기초 기술을 가르쳐야만 한다. 아이들은 본격적으로 지역사회 시합에 밀어 넣어지기 전, 긴장감이 감도는 사회적 평가로부터 좀 자유로운 학습 상황이라야 어느 정도의 기량과 자신감을 얻을 수 있게 된다. 사전 준비 게임과 소규모 경쟁을 연습해 보는 것은 어린 선수들로 하여금 게임 상황에서 기술을 어떻게 구사할 것인지를 배우도록 해 주며, 나중에 다른 팀들과의 시합을 준비시켜 준다.

3) 재미의 자리는 어디인가

세 번째 논란은 유청소년 스포츠의 철학과 목적에 재미와 즐거움의 자리는 어디인가에 관한 것이다. PCA 대표이자 유청소년 스포츠 전문가인 짐 톰슨(Thompson, 2003)은 유청소년 스포츠에서 'FUN'을 뜻하는 'F' 단어를 중요시해야 한다고 주장한다. 지난 30년간에 걸친 여러

개인적 이야기

즐거움의 가치

재미, 즐김, 사랑과 관련하여 어린 시절 운동선수로서 느낀 차이점들을 이야기해 보라. 재미가 창의적으로 활용되고, 또 좋은 결과를 얻어 낸 실제 사례를 생각해 볼 수 있는가? 또는 이와 반대로 재미가 스포츠 체험으로부터 멀어지도록 만든 실제 사례도 생각해 볼 수 있는가?

연구들에서 반복적으로 '재미를 느끼는 것'이 5~17세 유청소년들이 스포츠에 참여하는 가장 중요한 이유인 것으로 밝혀졌다. 하지만 어떤 이들은 얄팍한 재미추구는 기술 증진과 팀 전략 훈련에 요구되는 집중력과 노력을 분산시킨다고 주장한다. 재미와 즐김의 차이를 구분한다면, 양쪽 모두 옳다.

재미는 가벼운 마음으로 하는 즐거운 체험으로서, 유청소년 스포츠에 분명히 필요하다. 하지만 때로는 이것이 지나칠 정도로 강조되기도 하며(Shields & Bredemier, 2009), 이럴 때 아이들은 항상 아무 생각 없이 즐겨야 한다는 잘못된 생각을 갖게 된다. 놀이동산에서 완전히 즐겁고 녹초가 된 하루를 보내고 자고 난 다음 날 아침에 일어나서, "오늘은 어떤 재밌는 놀이를 하나요?"라고 물었던 우리 아들이 생각난다. 마치 중독된 것과 같다. 아니, 실제로 그럴 수도 있다.

끊임없는 재미는 불가능하고 건강하지도 않으며, 유청소년 스포츠를 위한 좋은 목적도 아니다. 스포츠를 즐기고 사랑하는 것이 좋은 목적이라고 주장하는 유청소년 스포츠 전문가들의 의견에 동의한다. 유청소년 스포츠 코치들은, 기능 학습과 향상을 위해 필수적인 노력과 집중력을 위한 연습활동에 덧붙여, 즐거운 반복 기술연습을 포함시켜야 한다. 전직 대학 농구선수들로서 우리는 농구를 사랑했고, 자신과 팀이 목표를 향해 노력하는 것을 즐겼다. 하지만 하루 2회 스타디움 계단 오르내리기같이 매순간 항상 재미있었던 것은 아니다. 어린 선수들은 좀 더 성숙해 감에 따라 의미 있는 목적을 성취하기 위해서 커다란 노력을 강하게 기울일 때 즐거움을 체험하게 될 것이다(Shields & Bredemier, 2009). 그러므로 유청소년에서의 'F' 단어를 명심하되, 자기 종목에 대한 즐거움과 사랑을 키워 나가면서 그리해야 한다.

4) 다차원성의 중요성

마지막 논란은 한 종목에 전문화하는 것이 여러 활동으로 다양화하고 샘플링하는 것보다 더 나은가에 관한 것이다. 제2장에서 언급했듯이, 유청소년 스포츠는 모래밭 놀이와 여러 가지 스포츠 활동 참가로부터 현재와 같이 아이들이 한 종목을 선택해서 특화하는 전문화된 모형으로 진화하였다. 이 이슈는 제10장에서 자세히 논의하겠지만, 여기서 다양화를 지지하는 측과 전문화를 지지하는 측의 주된 철학적 차이점들에 대해서 강조하겠다.

독자가 제10장에서 좀 더 알게 될 것이지만, 전문화는 원래 나쁜 것이 아니며, 어떤 종목들, 특정 아이들 그리고 특정 연령대에서는 반드시 필요한 접근이다. 하지만, 유년기는 단일 요리가 아니라 뷔페가 되어야 한다. 연구들에 따르면, 스포츠 참여와 관련된 긍정적 발달 효과는 어렸을 때 다양한 활동들을 맛본 아이들에게서 더욱 강하게 나타난다(Zarrett, Fay, Li, Carrano, Phelps, & Lerner, 2009). 아이들은 반드시 여러 다양한 종류의 활동들을 시식해 보아야 한다(sampling). 그러고 난 후에, 성숙해 가면서 잘 하는 것과 관심 있는 것을 좁혀 가면서 집중해야만 한다. '계란을 모두 한 바구니에 담지 말라.'라는 격언은 현명한 조언이다. 다차원성은 아이들을 보호하며, 각자의 정체성 형성에 많은 조각을 제공해 주며, 인생에서 맞닥트리게 될 좌절과 실망으로부터 되살아날 수 있도록 도와준다.

5) 철학적 논란거리들 요약

대부분의 사람들이 유청소년 스포츠의 발달단계적으로 적절한 목표들을 받아들이지만, 스포츠계에서는 때로 관계자와 부모에게 이 목적들을 잊어버리게 유혹하기도 한다. 통상적으로 이 유혹은 ① 영재 개발 vs 일반 아이들 기능 향상, ② 유청소년 스포츠에서 경쟁의 위치, ③ 유청소년 스포츠에서 재미의 위치, 그리고 ④ 유청소년 스포츠에서의 다차원성 vs 조기 전문화의 4가지 논란거리를 두고 생겨난다. 이 논란거리들은 독자가 펼치려고 하는 발달단계적으로 적절한 POPP 시퀀스와 교육적 의도들을 무너트리기만을 기다리는 잠재적 덫이므로 명심하고 있어야 한다.

이 논란거리들을 정리할 수 있는 한 가지 아이디어는, 회원으로 가입하려고 할 때 부모와 아이들이 쉽게 파악할 수 있도록 프로그램 철학과 목적에 의해서 분류되는 유청소년 스포츠 프로그램을 개발하는 것이다. 위르스마(Wiersma, 2005)는 이런 시스템을 처음으로 제안하였으며, 이것을 미국영화협회에서 사용하는 영화평점 방식과 비교하였다. 우리는 유청소년 스포츠 프로그램의 특성을 분명하게 드러내 줄 수 있는 유용한 기능을 발휘할 매우 훌륭한 아이디어라고 생각하였다. 우리는 목적과 특징에 따라서 위르스마(Wiersma, 2005)의 4개 영역을 5개 수준으로 늘렸다(〈표 3-1〉 참조). 유청소년 스포

표 3-1 철학과 목적에 따른 유청소년 스포츠 프로그램의 범주

수준	철학, 마인드셋	목적	특징
1.	'이것은 재밌고, 난 할 수 있다.'	흥미와 열정을 진작한다.	경기 불가(연습 중의 흥미놀이만)
		운동들을 샘플링한다.	선수 기대에 맞춰 창의적 변형
		기초 기술들을 개발한다.	가입 제한 없음, 학내나 인근 장소 제한
		다른 아이들을 만난다.	최소한의 시간과 경비, 점수나 등수 매기기 불가
2.	'좀 더 활달해지고 싶고, 스포츠를 하고 싶다.'	기초 기술을 향상한다.	가입 제한 없음, 지역사회 내 인근 장소
		기초 전략을 배운다.	낮은 경쟁 수준, 리그나 등위 구분 불가
		경쟁한다는 것을 이해한다.	토너먼트나 올스타 경기 불가, 창의적 변용
		다른 아이들을 만난다.	최소한의 시간과 경비, 전 팀원 평등
		좋은 팀원이 된다.	
3.	'좀 더 잘하고 싶고, 경기하는 법을 배우고 싶다.'	기술을 연습, 향상한다.	가입 제한 없음, 모두 경기 참여 기회
		신체적 훈련을 중시한다.	동네 인근, 또는 가까운 이웃 지역
		목표 설정하고 모니터링한다.	리그 운영과 등위 구분
		정서적 안정을 추구한다.	토너먼트 운영과 우승자 가리기
		리더십과 책무감을 강조한다.	일정량의 시간과 경비

4.	'나는 운동선수다.'	상급 기술을 개발한다.	선발, 수락 또는 초빙으로 가입
		엘리트 수준의 경기 체험을 갖는다.	시도 내 시합 이동, 시간 투자, 비용 증가
		심리 기술을 개발한다.	전문적 코치, 놀이 시간 허용
		신체적 훈련을 필수화한다.	높은 운동 수행력 기대
5.	'내가 어디까지 잘할 수 있는지 확인하고 싶다.'	최상급, 세밀화된 기술적 훈련을 받는다.	재능이나 역량에 따른 선발이나 가입 수락
		엘리트 수준의 경기 수행을 한다.	훈련, 시합에의 전적인 투자
		고강도 신체 훈련을 받는다.	시간과 경비에 대한 막대한 투자
		정신적 강건성을 개발한다.	타 운동의 제한(희생)
		고급 전술 전략을 습득한다.	최고 수준의 코치, 최고 수준만 시합

츠 리더와 단체들에서 유청소년 스포츠 프로그램의 강조점과 목적을 제대로 파악할 수 있도록 이러한 분류 방식을 지지해 줄 것을 희망한다.

5. 발달단계적으로 부적절한 철학과 목적의 결과

지금까지 유청소년 스포츠의 주된 목적들, 그리고 철학과 목적의 차원에서 논란이 되고 있는 이슈들을 살펴보았다. 발달단계적으로 적절하지 않은 철학과 목적들을 채택하게 되면 어떤 일이 발생할까? 아이들은 그만두고, 탈진하고, 심각한 부상에 고생하고, 불법 약물을 복용하고, 섭식장애가 생겨나고, 기만과 폭력 행위를 하게 된다. 이런 부정적인 결과들은 널리 알려져 있는 것들이다. 여기에서는 두 가지를 집중적으로 다룬다. 이 결과들은 유청소년 스포츠에서 매우 일상화되어 나타난다. 아이들의 교육을 최우선으로 두는 어른 행정가들조차도 도대체 문화가 어떻게 이런 부정적 결과들로 우리를 밀어 넣는가를 알지 못하는 경우가 많다.

1) 성숙기에 도달하기 전에 '누가 뛰어난지' 파악하기

이 장 앞부분에서 우리는 경쟁과 승리를 모두의 기능 향상보다 우위에 놓는 문제를 다루었다. 우리는 본인이 지도하는 '모든' 선수의 기능 향상 목적을 적극적으로 추구하는 코치와 감독들을 전적으로 지지하며, '모든 선수'에 방점을 둔다. 유청소년 스포츠에서 공통된 잘못 한 가지는 신체적으로 보다 성숙한 선수, 또는 운동기능이 더 뛰어난 선수에 더 많은 관심을 두는 것이다. 엘리트 경기 수준에 가면, 코치들은 가장 재능이 뛰어난 선수들을 찾아내며, 이러한 선수들은 팀의 우승에 도움이 되기 때문에 가장 많은 주목을 받는다. 유청소년 스포츠의 목적은 엘리트 경기와는 다른데 우리는 이 점을 자주 잊는다. 아이들은 축소된 어른이 아니다. 아이들은 지속적으로 자라고, 성숙하며, 발전한다. 우리의 목적은 너무 빨리 '영재' 아이들을 찾아내서 이들에게 코치로부터 관심을 더 받고 더 나은 배움의 기회를 갖도록 하는 것이 아니라, 모든 아이의 재능을 개발하는 것이어야 한다(제10장에서 더 다룬다).

모든 아이의 재능을 개발하는 것에 대한 이러한 강조는 전 대통령이었던 케네디의 주장, 즉 "모든 아이가 동

스포츠의 피라미드 모델은 젊은 선수들을 구조적으로 배제하여 참여를 중단하고 관중으로 만들도록 영향력을 행사한다.

등한 재능을 가지고 있지는 않습니다. …… 하지만 모든 아이는 각자의 재능을 개발할 동등한 권리를 가져야만 합니다."에 근거하고 있다. 이것은 정말로 유청소년 스포츠를 위한 훌륭한 목적이다. 모든 유청소년 스포츠 참가자는 재능이 부족하고 팀 승리에 공헌하지 못할 정도로 약하다고 하더라도 각자의 기능을 향상시킬 수 있는 기회를 제공받아야 한다. 유청소년 스포츠가 성인의 스포츠와 그 외양이 똑같은 것처럼 보여도, 그 철학과 목적은 다르다. 이 모든 것이 누구를 위한 것인지에 대한 올바른 시각을 잃지 말자. 우리 아이들을 위한 것이지 않은가! 1회 전에 지명을 받는 아이들이 아니라, 모든 아이들 말이다.

2) 피라미드 모델에 근거한 관람객 풍토의 창출

현재의 유청소년 스포츠 문화에 만연해 있는 두 번째 부정적 결과는 피라미드 모형에 의해 만들어진 관중 풍토다. [그림 3-3]에 나타나있듯이, 피라미드 모형은 제일 밑에 학교 체육, 대내 경기, 레크리에이션 스포츠, 그리고 지역사회의 유청소년 스포츠로 시작한다. 하지만 운동선수들이 운동 기량이 높아짐에 따라 그 허들을 넘어야만 한다는 생각에 기초한 '올라가거나 떨어지거나(up or out)'의 사고방식이나 선수가 중도에 그만둠에 따라 참가자 수는 감소한다. 이 피라미드 모형은 미국 스포츠에서 더욱 분명히 드러나며, 영국에서도 목격되고 있는 중이다(Bailey, Collins, Ford, MacNamara, Thoms, & Pearce, 2010)

피라미드 모형은 유청소년 스포츠 시스템의 아래에서 위로 올라감에 따라서 참여자를 탈락시킨다. 피라미드 위로 상승하려면 능력이 최고로 중요한 요소이기는 하지만, 다른 요인들 즉 사회경제적 지위, 기회, 코치, 학부모도 어린 선수들의 위쪽 상승 또는 아래로의 추락에 영향을 미치게 된다(Bailey, Collins, Ford, MacNamara, Thoms, & Pearce, 2010). 앞 장에서 자세히 설명했듯, 이러한 모형은 모든 아이의 재능 개발이라는 목적을 전복시킨다. 특히 늦게 성숙하는 아이들이나, 다른 아이들보다 늦게 진입하는 아이들에게 더욱 그렇다.

피라미드 모형은 또한 아이들로 하여금 참여 풍토(participation ethos)를 관람 풍토(spectator ethos)로 옮겨지도록 영향을 준다(Murphy, 1999). 어렸을 적에는 많은 수의 아이가 참여한다. 하지만 9세 또는 10세경에 이르게 되면, '최고의' 선수들을 뽑고, 더 나은 코치와 더 많은 훈련, 그리고 더 강한 경쟁을 해야 한다는 압박이 시작된다. 이 피라미드에서 떨어져 나온 아이들은 관람객이 되어서는 운동 기능이 뛰어난 선수들의 경기를 지켜보기만 하게 된다. 우리 사회는 지금, 한편으로는 프로스포츠 경기에 수십조 원의 돈을 쏟아붓고 있지만, 다른 한편으로는 시 · 군 · 구 지역사회 문화체육센터가 재정부족으로 폐관되고 있다. 이런 현실이 관람 풍토를 조장

[그림 3-3] 피라미드 스포츠 참여 모형

한다.

우리의 의도를 오해하지 않길 바란다. 우리는 피라미드 모형을 통한 스포츠 발전이 불가피하다는 점, 때로는 꼭 필요하다는 점을 이해하고 있다. 기술이 뛰어나고 동기와 열정이 높은 운동선수들은 피라미드 위쪽으로 옮겨가는 노력에 대해서 칭송을 받아 마땅하다. 우리는 모든 학생이 클럽, 대학, 엘리트 스포츠에서 선수로 뛰어야 한다고 주장할 만큼 순진하지 않다. 우리는 또한 많은 아이가 피라미드 제일 하부에서는 스포츠를 맛보고는, 스포츠를 계속하는 대신에 다른 활동(음악, 미술, 토론팀, 공부클럽, 친교클럽 등)을 택한다는 점도 잘 알고 있다. 그리고 마지막으로, 우리는 누구나 최고 기량을 가진 선수들이 놀라운 경기를 펼쳐 내는 것을 관람하고 시청하지 않는가, 또 각자의 홈팀을 응원하지 않는가?

문제는 피라미드에서 떨어져 나간 대부분의 아이가 스포츠 참가와 신체활동을 완전히 단절해 버리는 것이다. 사실 피라미드 모형은 우리의 좌식생활 스타일과 이로 얻은 건강 문제에 지대한 공헌을 하였다. 문제는 '올라가거나 떨어지거나' 현상이다. 이것은 왜 '올라가거나 돌아가거나'(다른 스포츠 분야로) 현상이 될 수 없을까? 호주 여자 프로농구 경기에서, 호주 프로선수 중 한 명의 어머니와 대화할 기회가 있었다. 그분은 호주 프로농구에서 뛴 적이 있었는데, 나도 미국 대학농구에서 선수생활을 했던 적이 있다고 말하자, "그럼 지금은 어느 팀에서 뛰세요?"라고 물었다. 나는 전혀 선수생활을 하지 않는다고 실토했다. 그러자 "정말 미국인답네요! 미국에서는 최고가 아니면, 선수가 되지 말아야 한다고 생각하죠."라고 말했다. 그녀는 호주에서 본인 연령대의 클럽팀에서 현재도 시합을 하고 있었고, 내가 사랑하는 농구를 더 이상 시합으로 뛰지 않는다는 것을 믿을 수 없어 했다. 그분의 말이 맞다.

따라서 피라미드 모형이 엘리트 스포츠를 위한 선수선발과 훈련에 불가피하기는 해도, 관람 풍토가 기본이 되는 것(그리고 참여 풍토의 사망)은 참으로 문제다. 우리는 이 문화적 풍토를 바꿀 방법을 찾아야만 한다. 그래서 우리 청소년들이 피라미드를 넘어서서 스포츠 활동에 참여하는 많은 대안적 방안을 가질 수 있도록 해야 한다.

6. 유청소년 스포츠의 야자수 가지 공동체 모형

피라미드 모형의 대안으로, 우리는 손바닥 모양의 야자수 가지 공동체 모형(palm community model)을 제안한다. [그림 3-4]은 서 있는 야자수 그림이 아니라, (두바이의) 바다 쪽으로 펼쳐져 있는 다도해 군도처럼 평평한 야자수 가지 모양의 지역사회 구조다. 인간에 의한 군락형 섬도시가 아랍에미레이트의 두바이에 건설되어 있다. 사람들이 거주할 수 있는 해안선을 넓히려고 건설하였다. 우리는 상대적으로 폐쇄적인 피라미드 모형보다는 이 야자수 가지 공동체가 좀 더 포용적이고 열린 스포츠 참여 기회를 설명해 주는 유용한 비유라고 생각한다.

이 모형은 아이들이 스포츠 참여에 발을 들이는 것으로 시작하며, 아주 다양한 다른 종류의 스포츠 참여 선택지를 포함하고 있다. 기초 수준에서 상위 수준까지 발전하는 구조로 되어 있으나, 평평한 야자수 잎 모양은 사람들이 다양한 유형의 스포츠에 평생에 걸쳐 들어왔다 나갔다, 올라갔다 내려갔다 자유롭게 출입하는 문화를 상징하고 있다. 피라미드 형태의 올라가기와 탈락하기에 대해서, 공동체 형태의 '들어오고 남아 있기'가 다양한 스포츠 활동을 내용으로 해서 계속적으로 진행되는 것이다.

독자가 만약 지금 이러한 다양한 유형의 스포츠가 제

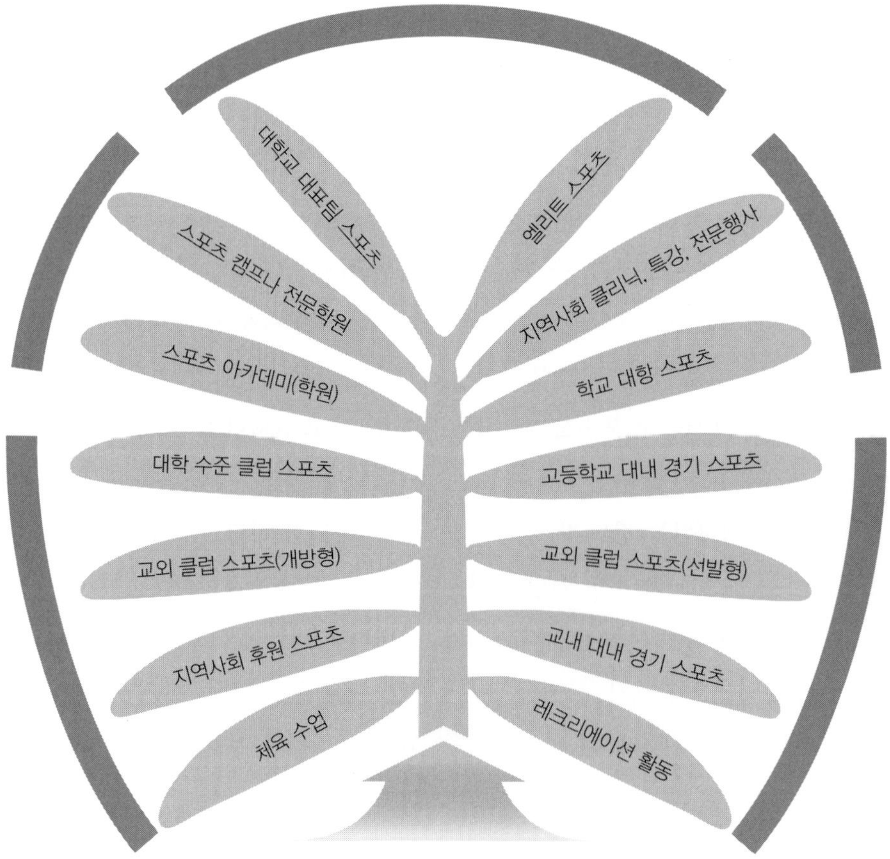

[그림 3-4] 야자수 가지 공동체 스포츠 참여 모형

공되고 있다고 주장한다면, 독자가 옳다. 하지만 변화되어야 하는 것은 풍토, 스포츠 문화의 정신, 또는 스포츠 문화에 깔려 있는 가정이다. '위로 올라가거나 나가떨어지거나' 피라미드 모형은 깊이 뿌리박혀 있으며, 아이들을 참여 풍토로부터 관람 풍토로 밀어내고 있다. 그냥 새로운 모형을 제안한다고 해서 이 풍토가 하루아침에 바뀌지는 않는다. 하지만 이를 통해서 유청소년 스포츠 지도자와 사회가 스포츠를 다른 방식으로 생각하고 이야기하게 되기를 기대한다. 또한 스포츠 활동에의 평생 참여라는 우리의 목적을 지지하는 스포츠 프로그램을 홍보하고 제공하는 방안들을 찾을 수 있기를 희망한다. 이 목적을 지향하면서, 높은 파도로부터 사람을 보호하기 위해서 야자수 공동체 주위에 쌓은 방파용 장벽들을 주목해 보라. 우리가 제시한 야자수 가지 공동체 모형에서 이 방제벽은 우리를 나타낸다. 즉, 참여 풍토와 포용적 스포츠 문화를 키워 내고 보호할 수 있는 성인 행정가, 코치, 교사 그리고 부모 말이다.

7. 유청소년 스포츠 철학과 POPP 시퀀스 사례들

지금까지 독자는 유청소년 스포츠 철학과 목적에 관련된 다량의 정보를 접하였다. 이제는 유명한 유청소년 스포츠 프로그램 몇 가지를 살펴보고, 각각에서 추구하는 철학과 목적을 어떻게 실천하고 있는지 알아보자.

1) 긍정적 코치 연합

PCA(positivecoach.org)는 '유청소년 스포츠를 변화시켜 스포츠가 유청소년을 변화시킬 수 있도록 한다.'(Thompson, 2010b, p. 7)라는 미션을 추구하기 위하여 코치(Thomposon, 2010b), 부모(Thompson, 2009, 2010a) 그리고 유청소년 선수들(Thompso, 2011)에게 구체적인 매뉴얼을 제공하고 있다. PCA의 목적은 코치, 선수, 부모를 변화시키는 것이다.

- 코치들을 선수를 경기에서 이기며 스포츠를 통해서 삶의 교훈을 배우는 'Double-Goal Coaches'로 변화시킨다.
- 선수들을 자기 자신, 팀 동료, 그리고 경기 자체를 더 나아지게 만드는 'Triple-Impact Competitors'로 변화시킨다.
- 부모들을 자녀의 인성 발달을 중요시하며 동시에, 선수와 코치가 승리라는 제일의 목적 성취에 집중할 수 있도록 하는 'Second Goal Parents'로 변화시킨다.

PCA의 철학과 목적은 POPP 시퀀스에 따라서 긍정적 코칭의 세 가지 주요 원칙을 내어놓는다.

1. 스포츠 경기에 경의를 표한다. – 긍정적 플레이의 ROOTS을 추구함으로써(Rules, Opponents, Officials, Teammates, Self에 대한 존중).
2. '승리자'를 재규정한다. – 최고기량의 ELM 나무를 강조함으로써(Effort, Learning, 그리고 Mistakes로부터 회복하기).
3. 감정 탱크를 가득 채운다. – 격려와 칭찬을 함으로써.

POPP 시퀀스의 다음 단계로, PCA는 코치, 선수, 부모들이 따라야 할 다양한 실천활동을 소개한다. 예는 다음과 같다.

- 어린 선수들이 실수를 뒤로 하고 앞으로 나아갈 수 있도록 행동적인 '실수 의례(Mistake Ritual)'를 활용한다.

- 특정 대상을 정하고 '상징적 보상(Symbolic Rewards)(특정한 성과를 올렸을 때 주는 작고 창의적인 상들)'을 수여한다.
- 훈련 시간에 긍정적 에너지를 주입시키는 '2분 훈련(Two Minuite Drill)'을 활용한다.

2) 휴먼 키네틱스사 코치교육

HK 코치교육 코스(www.HumanKineticsCoachEducationCenter.com) 중 하나인 코칭원리 과목으로부터 POPP 시퀀스 예를 들겠다.

철학: 선수 먼저, 승리 나중

목적: 코치에게 유청소년 스포츠 세 가지 목적 간에 균형 잡는 것을 가르친다. 첫째, 승리를 위해 노력한다. 둘째, 재밌게 논다. 셋째, 선수들이 신체적·심리적·사회적으로 발달하도록 돕는다.

원칙(예): 인성을 위한 코치, 협동적 코칭스타일 채택, 뛰어난 소통자로서의 코치, 수석교사로서의 코치, 규정 위반에 대하여 논리적 결과 적용, 선수가 잘하는 순간 포착하기

실천(예): 선수가 참여하는 생산적 팀 미팅, 비판보다는 격려가 우선, 노력과 결과 보상하기, 중요 내용 가득 찬 피드백 받기

독자가 지닌 철학의 본질을 잡아낸 캐치 프레이즈가 POPP 시퀀스를 시작하는 좋은 출발이다. '선수 먼저, 승리 나중'이라는 문장은 선수 발달을 가장 중요한 목적으로 강조하는 프로그램의 색깔을 제대로 잡아 준다. 우리는 선수와 부모들은 프로그램 철학이 창의적이고 기억하기 좋았을 때 정확히 기억하고 좋아한다는 사실을 알게 되었다.

3) 우리의 철학과 목적

'모든 것은 아이들을 위한 것이다.'라는 우리의 철학은 아동 중심 유청소년 스포츠에 대한 우리의 근본적 믿음을 강조한다. 이 철학은 우리의 몸속 경쟁의 피가 들끓어서 라이벌 코치의 팀을 이기려고 할 때, 또는 우리의 코칭 전문성으로 성인들에게 깊은 인상을 주고 싶어 할 때, 우리가 도대체 유청소년 스포츠에서 무엇을 하고 있는지를 되돌아보게 만든다.

이 책에서 유청소년 스포츠 지도자들을 위해서 강조하는 철학은 다음과 같은 이유로 발달단계적으로 적절한 실천활동을 이해하고 실행하는 것이다.

① 모든 참여자에게 신체적 · 심리적 · 사회적 이득을 제공한다.
② 운동기능적 재능을 개발한다.
③ 평생에 걸쳐 신체활동에 대한 관심과 헌신의 마음을 키운다.

이 책의 나머지 부분들은 '모든 것이 아이들을 위한 것'임을 실현하기 위한 원칙과 실천의 아이디어들을 제공한다. 그리고 독자들 스스로의 POPP 시퀀스를 개발해 보기를 바란다. 뒤에 있는 '성찰기리들'을 따라서 한 번 시도해 보라. 독자의 개인적 POPP 시퀀스가 조금씩 나아지고 유청소년 스포츠 맥락에 따라서 달라지기는 하더라도, 자신의 내면 가장 깊은 안쪽에서 울림을 주는 철학과 목적부터 시작해 보는 것이 좋다.

8. 요약

'철학'.—따분하고 쓸모없게 들린다. 하지만 그렇지 않다. '목적'.—사람들은 그냥 행정적 용어로만 치부한

다. 듣기는 좋지만 실제로는 중요하지 않다는 말이다. 하지만 아니다. 실제로도 중요하다. 유청소년 스포츠에서 최대로 필요한 것 중 하나는 발달단계적으로 적절한 철학과 목적들에 대해서 진중하게 고려하여 채택하는 것이다. 이 철학과 목적은 올바른 결정을 하는 길로 매일매일 우리를 안내한다. 철학과 목적은 부모와 선수들을 위한 유청소년 스포츠 프로그램의 본질과 초점이 무엇인지 분명하게 만들어 준다. 철학과 목적은 관련된 모든 이로 하여금 각자 서로 다른 기능 수준과 관심을 지닌 아이들이 참가할 수 있는 무수한 프로그램들 가운데 각자에게 가장 잘 '어울리는' 프로그램이 무엇인지 알게 해 준다. 철학과 목적은 유청소년 스포츠는 모든 것이 아이들을 위한 것임을 확실하게 해 준다.

유청소년 스포츠에서 발생하는 자극적인 부정적 사건들에 대해서 언론의 관심이 지나치게 집중되고 있다. 유청소년 스포츠는 과욕적인 부모와 윤리적으로 타락한 코치들로 가득 찬 망가진 시스템이라고 주장하는 이가 많다. 동의하지 않는다. 사회 여러 영역에서 아이들을 학대하는 어른들이 많이 있다. 하지만 우리의 관찰에 따르면, 이런 어른들은 소수다. 우리 주변에는 정말로 훌륭한 코치들이 많고, 정말로 헌신적인 부모들, 그리고 열정적으로 운동하는 아이들이 많다. 매일매일 본다. 하지만 지금 필요한 것은 아동의 발달단계적 필요를 충족시킬 수 있는 유청소년 스포츠에 대한 사려 깊은 관심과 명시적 헌신이다. 만약 우리가 스스로 무엇을 하고 있는지, 왜 그것을 하고 있는지, 그리고 누구를 위해서 그것을 하고 있는지에 대해서 계속해서 분명하게 밝힌다면, 우리는 문화와 풍토에 휘둘림을 받는 대신에 문화와 풍토를 새롭게 바꿀 수 있다.

학습 초점

주요 용어

- **경쟁** 어떤 활동을 수행할 때 체험하며, 타인에 의해서 사회적이고 공개적으로 평가받는 과정, 또는 사회적 평가의 한 과정.
- **악경쟁** 경쟁적 상황 속에서 함께 분투하기 위해서 요청되는 협동과 상호 존중에 실패하는 것.
- **목적** 참여하는 프로그램에서 자신이 성취하기를 바라는 결과.
- **참여 풍토** 스포츠나 신체활동에 참여하거나 계속 남아 참여하는 마음가짐과 헌신적 태도.
- **철학** 사람들이 지니고 있는 기본 가치와 신념.
- **POPP 시퀀스** 우리가 지닌 철학, 목적 및 원칙에 박혀 있는 가치와 신념에 의해서 유청소년 스포츠에서의 다양한 행위가 결정되고 지침이 되는 방식.
- **원칙** 자신이 어떻게 결정을 내릴 것인지 안내하는 사전에 마련된 가이드라인.
- **실천활동** 실제로 하는 것과 그것을 행하는 방식; 자신의 프로그램에서 하는 활동들.
- **관람 풍토** 다른 사람들이 스포츠(통상적으로 엘리트 수준)에 참가하는 것을 지켜보는 마음가짐과 헌신적 태도.

핵심 요약

1. POPP 시퀀스는 철학을 개발하는 내용에 관한 것이다. 이 철학은 순서적으로 목적(목표), 원칙, 그리고 (발달단계적으로 적절한) 실천을 안내해 준다.
2. 일반적으로 인정된 유청소년 스포츠의 목적은 스포츠 기능의 향상, 심리사회적 및 라이프 스킬 개발, 그리고 신체적 건강의 증진이다.

3. 긍정적 청소년 개발(PYD, 전인적 청소년 육성) 프로그램은 아이들의 개인적, 사회적 스킬(5C 같은) 개발을 위해서 스포츠나 신체활동을 빈번히 활용한다.
4. 긍정적 청소년 개발은 권한을 지닌 어른들이 확실한 목적을 염두에 두고 유청소년 스포츠 프로그램을 디자인하고 관리 및 운영할 때에만 가능하다.
5. 유청소년 스포츠의 서로 상충하는 두 목적은 '전문체육을 위한 재능 개발' 대 '모든 참여자들을 위한 기술 개발'이다.
6. 경쟁은 공개적이고 사회적인 평가의 한 과정으로서 유청소년 스포츠에서는 차근히 점차적으로 소개되어야 한다.
7. 유청소년 스포츠에서 고등학교 전까지는 우승의 목적이 기능 발달과 숙달의 목적보다 우선되어서는 안된다.
8. 아이들이 스포츠를 하는 가장 큰 목적이 재미이고 유청소년 스포츠에 포함되어야 하기는 해도, 계속적이고 표피적인 재미는 유청소년 스포츠에 좋기만 한 목적은 아니다.
9. 스포츠의 피라미드 모형은 유청소년 스포츠 시스템을 거쳐 지나가면서 참여자들이 체계적으로 떨어져나가도록 만들고 있다.
10. 야자수 가지 공동체 모형은 유청소년 스포츠에서 다양한 스포츠 활동들을 맛볼 수 있도록 함으로써 사람들이 평생에 걸쳐 스포츠에 남아 있도록 하는 문화를 만들어 내도록 노력한다.

탐구 질문

1. POPP 시퀀스란 무엇인가? 이 시퀀스의 각 부분들을 설명하고, 실제 예시를 소개하라. 어떻게 하면 POPP 시퀀스가 유청소년 스포츠에 관여하는 어른 관리자들에게 도움이 될 수 있는가?
2. 유청소년 스포츠의 포괄적인 세 가지 목적은 무엇인가? 각 목적이 중요한 이유를 설명하라.
3. 유청소년 스포츠의 상충적이고 갈등하는 목적들은 무엇인가?
4. 유청소년 스포츠에서 경쟁을 둘러싼 이슈들을 설명하라. 왜 문제시되고 있으며, 유용한 경우는 어떤 때인가?
5. 유청소년 스포츠에서 재미와 즐김의 차이점에 대해서 설명하라.
6. 유청소년 스포츠의 피라미드 모형과 야자수 가지 공동체 모형을 설명하고, 각 모형의 장점과 단점을 파악하라.

성찰용 학습활동

1. 다음의 활동은 특정 유청소년 스포츠 프로그램을 위한 독자의 비전을 드러내 주는 POPP 시퀀스를 개념화하는 데 도움을 줄 수 있다. 일단 출발점으로 이 장에서 소개한 사례들을 다시 한번 돌아보아도 된다. 독자가 희망하는 프로그램에서 POPP 시퀀스가 지켜야 할 기준은 연령과 기능 수준에서 발달단계적으로 적절해야 한다는 점임을 기억하라.

   a. POPP 시퀀스를 적용할 특정 스포츠 프로그램을 정하라.
   b. 프로그램 철학을 잘 드러내는 짧은 문구를 생각해 보라.
   c. 부록 A로 가서, 100점 연습(Thompson, 2009에서 참고) 문제지를 완료하라. 이를 통해서 독자가 가장 중요시하는 목적이 무엇인지 분명히 하라.
   d. 100점 훈련으로 알아낸 것을 기본으로 해서 만들려고 하는 프로그램의 세 가지 목적을 적으라.
   e. 결정을 어떻게 내릴 것인지에 관하여 서너 가지 원칙이나 가이드라인을 파악하라. 근거로 하는 원칙으로부터 발생할 주요 이슈들의 예가 부록

B에 수록되어 있다. 유청소년 스포츠에 대한 이 중요한 이슈들을 잘 읽어 보라. 그러면 독자의 핵심 원칙을 명확히 하는 데 도움이 될 수 있다.

f. 프로그램에서 실행할 활동들, 즉 앞서 정한 철학, 목적, 원칙으로부터 논리적으로 따라오는 4~5개의 실천활동을 적고 POPP 시퀀스를 마무리하라.

축하한다! 유청소년 스포츠 프로그램과 독자의 구체적 활동을 이끌어 갈 철학과 목적을 명료화시키는 중요한 첫발걸음을 디뎠다.

2. 부모들에게 독자의 프로그램 철학과 목적을 교육시키기 위한 팸플릿이나 편지를 작성하라. 특정 연령대와 종목, 예를 들어 6~7세 남자 또는 여자 축구, 11~12세 남자 아이스하키, 또는 고등학교 여자 테니스 등으로 구체화해야 한다. 팜플렛이나 편지에 흥미롭고 자세한 정보가 들어가도록 해야 한다.
3. 유청소년 스포츠에서 아이들의 권리가 보호될 수 있도록 '유청소년 운동선수를 위한 권리장전'을 만들고, 각 항목에 들어가는 구체적인 행동과 활동들을 명확히 파악하라.
4. 아이들에게 긍정적 가치를 가르치는 목적으로 스포츠나 신체활동을 활용하는 긍정적 청소년 개발 프로그램을 하나 찾아 특정해 보라. 이 프로그램의 결과로 얻어진 긍정적 결과를 문서화한 내용은 물론, 프로그램의 철학과 목적을 포함해 이 프로그램을 자세히 소개하라. 이 프로그램의 효과성에 대한 독자의 평가나 의견을 제시하라.

보조자료

- **Positive Coaching Alliance: PCA**(positivecoach.org)
  PCA는 유청소년 운동선수들에게 '긍정적, 인성함양 스포츠 체험'을 제공하는 사명을 지니고 설립된 비영리 단체(회사)다. PCA는 미국 전역에 걸쳐 분원이 있으며, 코치, 부모, 심판, 행정가, 선수를 대상으로 다양한 교육 자료들(서적, 온라인 코스, 뉴스레터, 워크숍 등)을 제공하고 있다.

Part 02

유청소년 스포츠 참여를 위한 성숙과 준비성

『유청소년 스포츠교육론』 제2부에 온 것을 환영한다. 여기서는 유청소년 스포츠의 성숙과 준비성의 개념을 포괄적으로 배우게 될 것이다. 성숙과 준비성을 다룬 다섯 개의 장에서 배우게 될 대략적인 내용들은 다음과 같다.

- 아이들이 신체적으로 어떻게 성장하며 성숙해 가는지, 그리고 이것이 유청소년 스포츠를 위한 '준비성(readiness)'에 어떻게 영향을 미치는지.
- 어떻게 아이들이 운동 기능을 습득하는지, 그리고 언제 이러한 기능을 경쟁에 활용하는 데 준비가 되는지.
- 어떻게 동기가 아이들에게 작용하는지, 그리고 어떻게 심리 사회적으로 성숙하는지.
- 아이들의 요구에 충족하려면 유청소년 스포츠는 어떻게 바뀌어야 하는지.
- 발달단계적으로 적절한 실천활동(DAP)을 활용한 기능을 어떻게 가르쳐야 하는지.

발달단계적으로 적절한 실천활동 (DAP)

제7장 유청소년을 위한 스포츠 변형	제8장 유청소년 선수 기술 지도	
제4장 신체 성장과 성숙	제5장 학습 기술과 경쟁을 위한 준비	제6장 동기와 심리사회적 발달

이 책의 중심부인 제2부에서는 유청소년 스포츠가 성인 스포츠와는 어떻게, 왜 다른지 살펴볼 수 있다. 틀에 박힌 일상 속 업무를 상상해 보라. 이를테면 주어진 과제를 완수하려고 애쓰거나 상관에게 피드백을 받으며 다른 동료들과 협상하는 것 등 …… 그런데 9살 된 아이에게는 이러한 것이 터무니없지 않을까? 이와 마찬가지로 아이들이 성인이 하는 스포츠 형식으로 참여하고 배우도록 동기를 부여받으며 그들과 동일한 방식으로 경쟁하도록 기대하는 것도 터무니없는 일이다. 그들은 그렇게 하지 않는다. 유청소년에 대한 모든 것을 만들어 보자. 독특하며 성숙된 그들의 요구를 충족시킬 만한 스포츠 문화를 형성해 보자.

Chapter
04

신체 성장과 성숙

제4장 개요

이 장에서 배울 내용은 다음과 같다.

- 아동의 신체 성장과 성숙
- 생물학적 연령과 생활연령의 차이
- 아동의 성숙을 평가하는 방법
- 상대연령이 유청소년 선수들에게 미치는 영향

1. 개요

크로스컨트리 팀 멤버로 정확하게 동갑인 13살의 두 남자아이가 있다(이틀 정도 날짜 차이는 있지만). 명백히 보이듯 둘은 성숙 면에서 상당히 다르다. 잭슨(Jackson)은 청소년기 성장 급등을 겪어 오고 있는 반면, 데이비드(David)는 아직 시작도 하지 않았다. 그래서 이 소년들은 생일로 따지면 같은 연령이지만, 성인으로 가는 과정에서 서로 다른 성숙 지점에 있다. 잭슨과 데이비드의 몸집 차이는 상당해 보이지만 13살 소년들 사이에서는 아주 흔한 일이다.

성숙의 불일치가 유청소년 선수들에게 어떠한 영향을 미칠 것인지 생각해 보라. 어떻게 아동의 몸집과 형체만 보고 성인 코치가 특정 스포츠에 대한 적합성을 평가하게 될까? 스포츠에서 무슨 포지션이 주어지고 이러한 포지션에 따라 무슨 기술을 배우게 될까? 성숙 상태(status)는 스포츠 기술을 이해하고 수행하려는 능력에 어떻게 다른 영향을 미치는가? 팀 멤버와 친구들의 몸집과 형체를 비교하며 어떻게 자신들의 신체에 대하여 느끼고 있는가?

운동(움직임) 기술을 배우고 수행하기 위한 아동들의 '준비성(readiness)'을 결정하려면 단순히 연령이 아닌 성숙 수준을 고려해야 한다. 신체적 준비가 덜 된 상태에서 운동 기능을 가르치려고 노력하는 것은 그들에게 좌절감을 주며 학습과 동기에도 역효과를 낳게 된다. 유청소년 스포츠를 이끄는 성인 지도자들이 어떻게 아이들이 성장하고 성숙해 가는지 이해하며, '발달단계적으로 적절한 신체활동(Developmentally Appropriate Practice: DAP)'에 참여하려는 이해 과정을 활용하는 것은 대단히 중요하다.

이런 의미에서 발달(development)은 인간이 일생에 걸쳐 겪는 모든 신체적 · 심리적 변화를 말한다(Bukato & Daehler, 2012). 이 책에서는 어떻게 아동들이 변화하는지, 유청소년들이 어떻게 가장 적합하게 그런 변화들을 경험하도록 할 것인지에 관심을 둔다. 이 장에서는 '발달'의 일부로서 신체 성장과 성숙에 초점을 두었다. '발달'은 이 장에서 논의된 발달의 생물학적 양상과 다른 장에서 다룬 발달의 행동 양상을 모두 포함하는 폭넓은 개념이다. 신체 성장 및 성숙과 달리, 발달은 특정 연령에서 멈추지 않고 삶에 걸쳐 지속된다. 아동들이 유청소년 스포츠에 진입하고, 청소년 시기에 일련의 스포츠 경험을 하게 되는 것은 그들의 발달적 변화에 중요하다. 이러한 발달적 변화가 성공적으로 진행되기를 바라며, 지도자가 성장, 성숙, 발달 및 다른 발달 단계에 있는 아동들의 핵심 욕구까지 이해한다면 분명히 잘 이루어질 것이다.

2. 성장

사람들이 '성장하는 것(growing up)'에 대하여 말할 때 그 표현은 정확히 맞다. '키'가 커짐에 따라, 성장에서 가장 현저하게 나타나는 방식은 '위로' 자라는 것이다. 성장(growth)은 몸의 전체로서든 특정 부위에 의한 것이든 신체 크기에서의 증대를 말한다. 아동은 성장해 가며 키가 커지고 몸도 무거워지며, 군살 없는 부위와 지방 조직이 같이 늘고 신체 기관들의 크기도 커진다(Malina, Bouchard, & Bar-Or, 2004).

1) 일반적 성장 원리

(1) 성장은 단계에 따라 다른 속도로 진행된다

아동은 급속히 빨라지다가 느려지다가 하는 성장 시기를 경험하며, 신체 부위별로도 시기에 따라 다르게 성

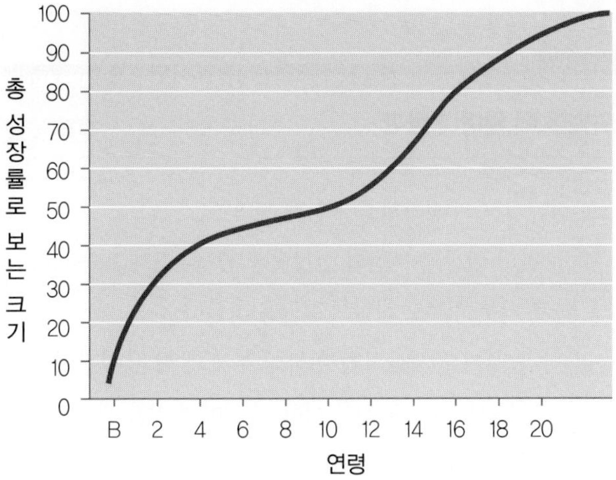

[그림 4-1] S자형 만곡부의 인간의 성장 패턴

장한다. 태어날 때 20인치(50cm)였다가 18세에 70인치(1m 78cm)로 성장을 멈춘 소녀는 18년간 매해 똑같이 키가 자랐다고 볼 수 없다. 그 아이는 최대한 키가 커질 때까지 급속히 빨랐다 느렸다 하는 성장 시기를 겪은 것이다.

인간의 성장 패턴은 대체로 S모양(S형 만곡부)이다. [그림 4-1](Scammon, 1930)에서 보는 바와 같이, 일반적으로 (1) 유아기에 급속하게 진행되며 (2) 아동기 초반과 중반에서는 천천히 지속적으로 성장하고, (3) 청소년 시기에 다시 급속하게 자라다가 (4) 청소년기 이후에 성장 속도가 둔화되는 과정을 거쳐 마침내 멈춘다.

(2) 인간의 성장은 머리에서 발 쪽으로 하향하는 '머리-꼬리(두미발달) 양식'을 따라 진행된다

신체 전반의 성장 패턴은 일반적으로 S자형 만곡부를 따르지만, 신체 부위별 차별적 성장률은 연령대를 초월하여 신체 외관상의 변화들을 가져온다. [그림 4-2]가 보여 주듯이 머리는 출생 시 전체 신장의 4분의 1을 차지하나 성인이 되어서는 8분의 1에 불과하다(Timiras, 1972; Haywood & Getchell, 2009에서 인용된 바와 같음). 다리는 출생 시 전체 신장의 8분의 3이지만 성인기에는 거의 반을 차지한다. 어떻게 중심을 나타내는 선이 연령에 따라 밑으로 내려가며, 아동의 상체가 점점 덜 무겁게 변화되는지 주목하라. 이제 걸음마를 배우는 아이들이 어떻게 걷는지 생각해 보라. 몸의 중심이 상대적으로 높아서 상체는 앞으로 기울어지고 발은 비틀거린다. 두발을 써서 한 번에 한 계단씩만 내려가는 유아기를 떠올리

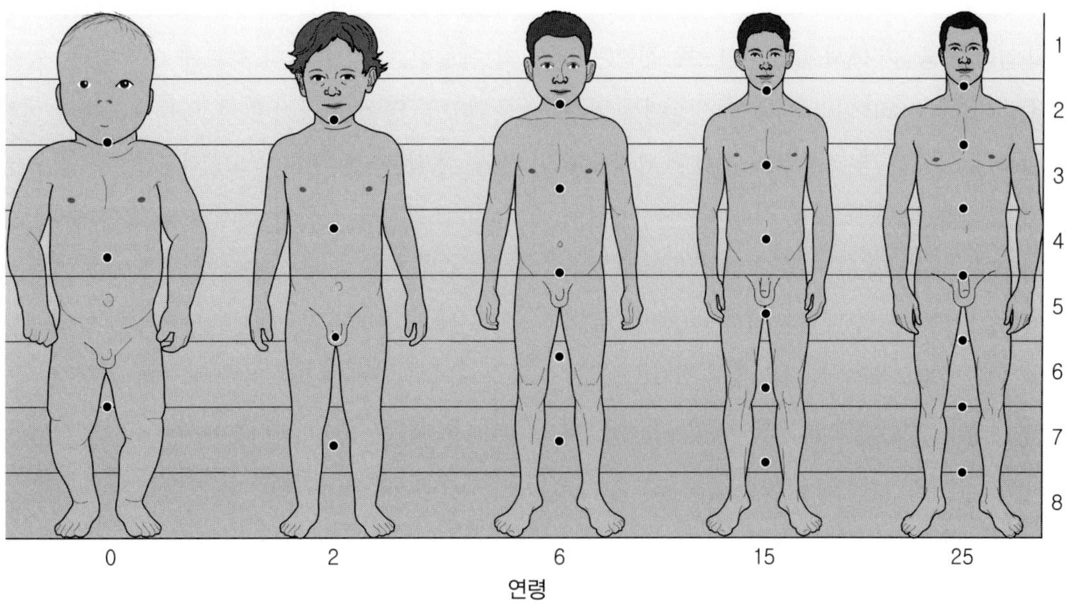

[그림 4-2] 연령 변화에 따른 신체 비율

참고하기 **내 자녀의 신장은 성인기가 되었을 때 얼마나 될까**

부모와 코치는 흔히 유청소년 선수가 성인이 되면 어느 정도 크게 될지 예측하곤 한다. 연구원들과 의사들은 골 성숙도의 양을 평가하는 데 손목과 팔목 뼈 방사선(X-ray) 사진을 활용할 수 있고, 그것을 통해 성인 신장을 추정할 수 있다. 또한, 부모의 신장과 아동의 현재 신장, 몸무게, 나이를 포함한 인체측정학적 공식으로 성인기의 신장을 예견할 수 있다. 웹사이트(children.webmd.com/healthtool-kids-height-predictor)를 확인해 보라. 부모 신장 유형과 현장을 입력하고 아동의 성인기 신장을 평가하기 위한 간단한 계산을 수행해 보라. 그 과정에서 약 4인치(10cm) 정도의 결과치가 오차 범위 내에 있으므로 정확한 수치는 아니다. 또는 스스로 성인기 키의 평가치를 계산해 보라.

1. 모친의 신장에 부친의 신장을 더한 후(인치 또는 cm) 2로 나누어 부모 신장의 평균을 찾는다.
2. 남아의 키를 계산하기 위하여 부모의 평균 신장에서 2.5인치(또는 6.5cm)를 더하고, 여아의 키를 계산하기 위하여 부모의 평균 신장에서 2.5인치(또는 6.5cm)를 뺀다.
3. 이 결과가 부모 신장을 통해 예상되는 아이들의 중간 부모 신장이다. 아동의 성인기 신장은 이 신장보다 약 4인치(10cm) 범위 내에서 더 낮아질 것으로 예상될 수 있다.

면, 아동들의 균형 유지는 성인과 비교할 때 훨씬 어렵다는 것을 알 수 있다. 스케이팅이나 두발 자전거 타기와 같은 운동 기능은 무게 중심이 높은 어린아이들에게는 도전적인 활동이 된다.

(3) 인간의 성장은 '중심부에서 말단 방향으로' 진행된다

'근원발달(proximodistal)'이라는 용어는 안에서 밖으로의 태아 발육을 의미하거나, 중심에서 말단 과정으로 운동 기능이 발달되는 것을 묘사한 것이다. 아기나 걸음마를 떼려는 영아는 사지와 같이 몸의 말단에 있는 부분의 재주를 발달시키기 전에, 자신의 몸(머리, 목, 어깨, 몸통)의 중심을 나름대로 가누면서 제어하게 된다. 손가락과 발가락 근육은(운동 기능에 잘 활용되지만) 가장 마지막에 발달된다.

2) 성장의 일반적 단계와 패턴

사람들의 성장 패턴은 각자 달라도, 일반적으로 알려진 단계별 성장 패턴이 있다(Horn & Butt, 2014). 출생 전과 영아기(임신~2세까지)에서 성장은 매우 빠르고 머리와 몸통은 다리보다 더 빠르게 성장한다. 앞서 언급된 두미발달 양식에 근거할 때 영유아기에서 신체 상부는 매우 무겁다. 유아기(2~6세)와 아동기(6~10세)에서 성장이 느리지만 꾸준한 성장률을 보여 준다. 유아기 때에는 6세까지 다리가 빠르게 성장하며 아동기에는 대체로 뼈와 근육량이 지방보다 증가한다. 이러한 근골격근 체계의 발달은 6세 아이가 운동 기능을 더 잘 할 수 있도록 해 준다(Horn & Butt, 2014). 아동기 후반에서 이른 청소년기(10~15세)까지 급속한 성장기를 다시 맞이하지만, 대체로 남녀의 급성장 시기는 차이를 보인다(Horn & Butt, 2014; Malina, 2014). 여아들의 성장은 전형적으로 10~13세 범위에서 급격히 높아지는데, 이 시기에 키는 8~9인치(20~23cm) 정도 자라며 몸무게는 30~35파운드(14~16kg) 늘어난다. 남아들의 성장은 전형적으로 12~15세의 범위에서 급격히 높아지며, 이 시기에 키는 9~12인치(23~30cm) 정도 자라고 몸무게는 35~45파운드(16~20kg) 정도 늘어난다. 그래서 10~13세 사이에 여아들이 남아들보다 키가 큰 경우가 흔하다. 전형적으로 이러한 성장은 손과 발에서 시작되어 다리를 거쳐 마침내 몸통까지 가게 된다(Horn & Butt, 2014). 성별에 따른 성장도 이 단계에서 체형 및 체성분의 변화에 따라 시작된다.

마지막 성장 단계는 청소년 중 · 후반기(15~20세)로 성장률은 매우 느리지만 성적 성숙과 체형의 변화 및 체성분이 지속된다. 대부분 성인기의 신장은 여성 17세, 남성 21세까지 이른다(Payne & Isaacs, 2008).

전반적으로 청소년기에서는 신장의 급성장이 체중보다 시기상 먼저 나타난다. 이러한 일반적 법칙은 유청소

쉬어가기

청소년기의 서투름 같은 것이 있는가

일반적인 가정으로 청소년기에 신장이 급격히 성장하면 일시적으로 운동 협응이 상실되거나 서툴게 된다. 청소년기에 운동 능력의 일시적 지장을 받는 것과 아이들의 발달에 관한 내용이 다수 문서들을 통해 논의되어 왔는데, 청소년들에 대해 '서툴고, 불편하며, 잘 조절이 되지 않는'다고 묘사하거나(Lambert, Rothschild, Altland, & Green, 1972, p 114), '운동 능력에서 약간의 격차'가 있는 것으로 알려져 있다(Eckert, 1987, p. 317).

이러한 견해는 최대 신장 속도(Peak Height Velocity: PHV)라는 개념에서 기인한다. 이는 아이들이 청소년기에 급성장을 하는 동안 가장 빠르게 성장하는 시기이다. 청소년기에서 키 성장률은 최대치(PHV는 평균적으로 여자아이들은 12세, 남자아이들은 14세)에 이르기까지 계속 커진다. 성장은 점진적으로 감소하다 마침내 성인 신장까지 커지면 멈추게 된다. 특히 남아들이 최대 높이 속도까지 급속히 성장하는 경우, 사람들이 생각하기에는 근력에 비해 '과하게(outgrow)' 키가 크다고 추측했다. 이는 청소년기에 일반적으로 한창 신장이 급성장을 하고 이어서 체중도 확 늘어나므로 부분적으로 사실이다. 그러나 운동 능력과 협응에서의 일반화된 감소는 연구로 입증되지는 못했다.

'서투름(awkwardness)'에 대한 견해는 사춘기 전, 중, 후 시기의 개인별 다양한 운동 과업 범위에 걸친 수행과 협응을 조사한 연구에서 구체적으로 테스트되었다(Davies & Rose, 2000). 이러한 과제들에는 평균대에서의 걷기, 외발 균형잡기, 던지기, 뛰기, 제자리 멀리뛰기, 팔 움직임의 정확성, 머리 움직임 제어, 스쿠터 보드 타기, 장애물 훈련, 컵 이동이 포함되었다(협응적 움직임과 상호 간의 운동제어를 요하는 전체(총) 및 미세한 운동 과제의 조합).

연구자들은 무엇을 알아냈는가? 테스트된 기능은 특별히 청소년의 서투름에 민감하게끔 선정되었기 때문에, 특히 손상된 협응이나 남녀 청소년들의 서투름(남녀)에 대한 탄탄한 발견이라고 볼 수 있는 증거는 아무것도 없는 셈이다. 그 대신 아이들이 사춘기 전, 중, 후라는 각각의 성공적 단계에서 더 나은 수행을 해냈음을 알아냈다. 흥미롭게도, 사춘기 중과 후보다는 사춘기 전과 중에서의 수행 차이가 더 잘 나타났으며, 이는 사춘기 전의 운동 기능 발달에서 수많은 변화가 있었다는 것을 시사한다.

일부 아이들은 사춘기 동안 어떤 운동 과제에서는 하향 추세를 보이며(Beunen et al., 1988), 발에서 시작된 (키의) 급속한 성장이 일시적으로 민첩성과 협응성을 방해할 수도 있다(Horn & Butt, 2014). 그러나 이는 연구 증거에 의해 지지될 만한 청소년기의 서투름이나 운동 협응이 감소하는 일반적 시기가 없듯이 흔하지도 않으며 일시적이다. 아이들이 성장 급등을 겪고 운동 기능을 다시 배울 필요가 있다는 견해는, 아이들이 성장 차원에 상응하여 빠르게 배울 것이라고 생각하는 것처럼 근거 없는 믿음이자 신화에 가깝다.

년 현장 실천가들에게 성장 패턴에서 아동의 개인별 성장 시점을 파악할 수 있는 견해 및 정보를 제공한다. 특히 아이들의 대규모 표본에 근거한 평균 수준과 상당한 다양성을 동시에 보여줄 수 있다. 일부 어린아이들의 성장은 좀 일찍 시작되거나 좀 늦게 시작될 수 있다. 아동의 급성장이 오래 지속되는 경우도 있고, 더 빠르게 진행되기도 하며, 일찍 성장이 멈추기도 한다.

3. 성숙

성숙(maturation)은 생물학적으로 성숙한 상태로 가는 과정(Malina, 2013), 또는 개인이 신체적 · 인지적 · 정서적 기능 측면에서 완전한 성인에 도달하기 위해 겪는 과정을 말한다. 성숙은 상이한 생물적 체계에 따라 다양하다. **성적 성숙**(sexual maturity)은 완전히 기능적인 번식 능력을 갖출 때 일어난다. **골(격) 성숙**(skeletal maturity)은 완전히 골화된(경화된 뼈) 성인이 되었을 때 일어난다.

이 장의 맨 처음에 제시된 사진에서 보았듯이 성장은 선천적인 개인 과정이다. 성숙을 흔히 비유하는 말로 생체시계(biological clock)라는 용어를 들어 보았을 것이다. 개인은 각자 독특한 생체시계를 갖고 있으며 성숙의 타이밍과 템포도 다양하게 나타난다(Malina, 2014). 타이밍과 관련하여, 개별적 생체시계의 결과로 어떤 사람은 연령이 같은 다른 사람들에 비해 좀 빠르거나 좀 느리게 성숙의 이정표(예: 급성장 초기에 사춘기가 시작되는 경우)를 달성한다. 생체시계의 템포 차이는 특정한 성숙 단계에서 얼마나 시간이 오래 걸리느냐(예: 사춘기의 지속, 급성장의 길이)와 관련된다. 일부 아이들에게는 비만, 영양, 스트레스 및 환경에서 비롯된 화학물질이 조숙(추후 논의될)에 영향을 미쳐 왔겠지만, 개인별 생체시계는 대체로 선천적으로 내장된 것이나 다름없다.

사람의 성장은 생활연령에 따라 한결같이 진행되지는 않는다. 생활연령(chronological age)은 태어난 생일을 기준으로 자연스럽게 나이가 드는 것을 의미한다. 생물학적 연령(biological age)은 완전히 성숙한 상태(성숙연령)에 근접한 나이를 의미한다. 동일한 생활연령의 아동이라도 개인별 생체시계에 근거하여 성숙 면에서 5년 정도의 차이를 보인다. 두 선수가 똑같이 12살이라도(생활연령), 성숙연령에서 보면 10살과 14살로 차이가 날 수 있다. 유청소년 스포츠 리그, 팀, 종목은 생활연령에 의해 구성되지만, 성숙연령에서의 현저한 차이는 특정 아이에게는 이익을 주는 반면, 다른 아이에게는 불이익을 줄 수 있으며, 상이한 성숙연령의 아이들과 함께 일하는 코치나 교사의 지각에도 영향을 미친다.

1) 유청소년의 성숙은 어떻게 평가하는가

유청소년 스포츠가 생활연령에 의하여 구성되는 이유는 아이들을 구분하는 가장 현실적인 방법이기 때문이다. 유청소년 스포츠 지도자들이 연령대별 성숙의 차이를 잘 알고만 있다면 그것도 괜찮기는 하다. 성숙은 직접적으로 측정될 수 없는 과정이지만 성숙의 수준을 추론하기 위한 지표를 이용할 수 있다. 일반적으로 성숙을 평가하는 세 가지 방법으로는 골격연령(Skeletal age)을 평가하기 위한 방사선, 성적 성숙을 나타내는 마커, 성장과 체중 증가의 추적이 있다.

(1) 골격연령을 평가하기 위한 방사선

성숙연령을 평가하는 가장 좋은 방법은, 성장하는 아이의 골격성숙을 평가하는 방사선(x-ray 분석)을 활용하는 것이다. 모든 아이는 출생 전의 연골로 시작하여 성인 초기에 완전한 골격이 발달된다. 연골에서 뼈로 골격이 발달하는 과정은 뼈의 방사선(x-ray) 사진을 살펴봄으로써 아이들의 성숙 수준을 관찰하도록 해 준다. 골성숙을 평가하는 데 다른 부분도 활용될 수는 있으나,

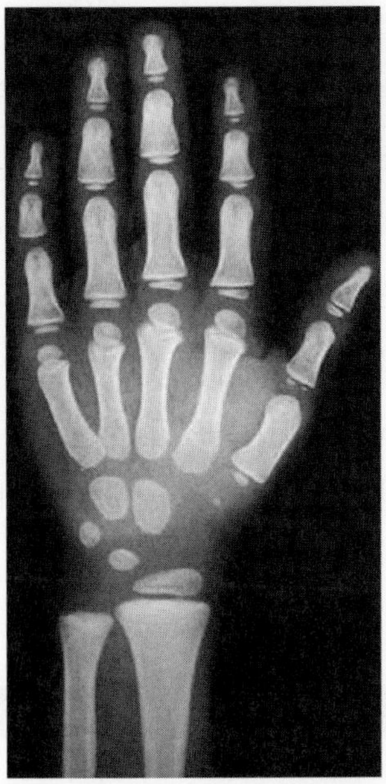

①

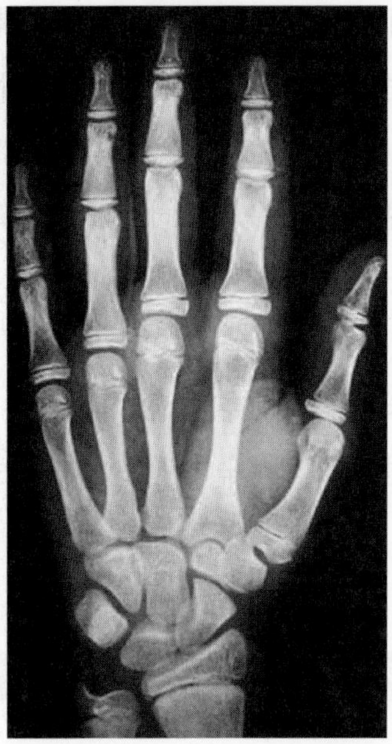

②

[그림 4-3] 성숙을 평가하기 위한 손과 손목뼈 방사선 자료. 이 두 이미지는 해부도로, ①은 37개월 여아와 48개월 된 남아의 표준을 보여 주고 ②는 128개월 된 여아와 156개월 된 남아의 표준을 보여 줌. 아동 연령이 높아질수록 강한 골화(뼈가 더 단단해지는 것)로 더 하얗게 보이는 ②의 이미지에 주목하라.

전형적으로 손과 손목뼈가 잘 활용된다[그림 4-3]. 골격 평가가 가장 신뢰할 만한 방법이지만, 대부분의 유청소년 지도자나 부모에게는 이런 방식으로 성숙도를 평가할 만한 접근성이나 전문성이 부재하다.

(2) 성적 성숙을 나타내는 지표

유청소년 현장실천가들이 아이들의 성숙을 평가하는 데 보다 실현 가능한 방법은 성적 성숙을 보여 주는 지표를 관찰하는 것이다. 신체적 특징의 변화를 수반하는 성적 성숙은 아동기 후반에 일어나 청소년기를 거쳐 진행된다(약 10~20세). 사춘기(puberty)는 아동기 후반에서 성년으로 넘어가는 사이의 과도기로 볼 수 있다. 이때에는 성적 2차 성징이 나타나고 생식계의 성숙, 청소년의 성장 급등이 나타난다(Malina, Bouchard, & Bar-Or, 2004). 사춘기는 시점이 아닌 단계이다. 여아는 9~14세 사이에 시작되고 남아는 전형적으로 10~16세에 시작된다(여아들보다 1~2년 늦게). 사춘기는 보통 2~5년간 지속되지만 그보다 더 길지는 않다. 신체 특성이나 운동 능력과 관련하여 개인 간의 가장 최대의 변동성을 보여 주는 시기다. 청소년기(adolescence)는 아동기와 성인기 사이의 과도기를 묘사하는 데 활용되며 사춘기와 매우 유사한 용어지만, 사춘기보다는 훨씬 넓은 개념으로 간주되고 신체적 · 심리적 · 사회적 과도기를 포괄한다. *adolescere*라는 라틴어는 '성장하는 것(to grow up)'을 의미한다.

성적 성숙의 평가는 사춘기 동안에 명백히 나타나는 지표에 근거한다. 이는 2차 성징(secondary sex characteristics)으로 남녀라는 성별을 구별하지만 직접적으로 생식계의 부분을 언급하지는 않는다.

1차 성징은 신체 구조가 직접적으로 생식계(음경, 고환, 난소)와 연관된다. 2차 성징은 남아들의 수염과 체모 및 낮아진 목소리톤, 근육량, 체중, 허리둘레를 보면 알 수 있다. 여아들은 가슴 발달, 체중 증가를 성적 발달의 표시로 볼 수 있다. 사춘기에는 호르몬 증가로 안면이나 몸에 여드름이 증가하고 땀이나 체취도 심해진다. 물론, 그러한 표시는 남녀 모두 음모도 생기고 여자아이들의 초경(menarche: 첫 월경)도 성숙의 특성이다. 청소년들에게 이러한 변화가 매우 급속하게 일어나고 현장 실천가들은 이러한 지표를 활용한다.

(3) 성장과 체중 증가의 추적

생물학적 연령 또는 성숙 연령을 평가하는 세 번째 방법은 아동의 개별적인 성장과 체중 증가를 추적해 보는 것이다. 평균적으로 아동은 성장 급등에 이르기까지 1년에 2.5인치(6cm) 자라고 무게가 5파운드(2.3kg) 증가한다. 청소년기 성장 급등의 평균 '이륙(take off)' 지점(또는 출발 시기)은 여아는 9~10세, 남아는 11~12세이다(Malinaet al., 2004). 가장 빠르게 성장하는 시기인 평균 최대 신장 속도(PHV)는 여아 12세, 남아 14세로 본다. 그러나 이러한 평균치는 아이들이 매우 개별적인 방

쉬어가기

왜 여자아이들은 사춘기를 일찍 겪기 시작하는가

오늘날 미국에서는 여아의 16%가 7세까지 사춘기(가슴 발달로 정의되는)에 접어들고, 8세까지 비중은 30%에 달한다(Fuhrman, 2011). 또 하나의 사실은 초경 혹은 첫 월경의 연령이 낮아지고 있다. 유럽에서 1830년대 초경을 하는 평균 나이는 17세였다. 미국은 1900년에 초경의 평균 나이가 14.2세, 1920년대에 이르러서는 13.3세로 떨어졌다가, 1960년대에 하락 폭이 줄었었지만 2002년에는 12.34세로 더 내려갔다(McDowell, Brody, & Hughes, 2007).

연구자들은 몇 가지 요소가 사춘기에 접어드는 나이의 하향세의 원인이라고 보고 있다(Walvoord, 2010). 우선, 과체중과 비만인 아이들의 증가율이 여아들의 조기 사춘기와 관련되어 왔다. 체지방 과다는 사춘기 타이밍을 조절하는 호르몬을 변화시킨다. 둘째, 아이들의 동물성 단백질 섭취량의 증가는 조기 초경을 야기하는 결과를 가져왔다. 고기와 유제품의 소비 역시 환경 내분비 교란 화학물질(Endocrine endocrine-Disrupting Chemicals: EDCs)의 섭취를 수반하며, 동물 조직에서 소성장 호르몬이 축적되어 왔다. 셋째, 비스페놀A(Bisphenol A: BPA)(플라스틱 컵, 물병, 음식 저장용기에서 발견된)와 같은 환경 호르몬도 자연 호르몬을 모방하거나 저해하거나 변화시킬 수 있다. 넷째, 중요한 가족 스트레스와 갈등이 조기 사춘기와 관련되어 왔다. 그리고 마지막으로, 조기 사춘기의 일부 경우들은 시기상조의 호르몬 방출에 영향을 미치는 의학적 질환이나 문제로 인해 나타난다. 이는 때때로 성조숙(precocious puberty)으로 불리곤 하는데, 신체적으로 사춘기 변화가 정상적 시기보다 일찍 발현되는 것을 의미한다(여아는 8세 이전, 남아는 9세 이전)(Berberoglu, 2009).

왜 조기 사춘기가 쟁점 사안일까? 조기 사춘기는 유방암, 비만, 낮은 자존감, 식이장애, 우울증, 불안, 단신(뼈끝판, 즉 뼈에 있는 성장판이 조기에 닫히는 것)과 연관되어 왔다(Walvoord, 2010). 너무 일찍 성장하는 여아들 역시 자칫 금연, 음주, 성 활동을 포함한 위험한 행실에 가담하게 될 확률이 더 높아진다. 7~8세의 여아들은 아직 정서적으로나 심리적으로나 사춘기를 겪으며 복잡한 상황을 잘 처리할 수 있는 준비가 되어 있지 못하다.

이른 나이에 빨리 성장한 아이의 가족들은 무엇을 해야 할까? 어떠한 치료 가능 의학적 질환을 배제하려면 소아과 의사를 방문하라. 여아가 신체적으로 활동적이고 건강한 체중을 유지하도록 돕는 것에 집중하라. 그 아이들을 외관상의 연령이 아닌, 실제 연령에 맞게 대하라. 어린 나이에 성적 특색을 부여하려는 문화에 대항하여 여아들을 옹호하고(제13장에 자세히 나온다), 위험한 행실을 피하기 위해 좋은 선택을 할 수 있도록 지원하고 교육하라. 신체가 사춘기로 변화될 때 청소년 스포츠에 그들을 관여시키며 지속적으로 참여하도록 지원하라.

식으로 성장한다는 것을 의미하기도 한다.

그러므로 아동의 성적 성숙과 신체 조성의 변화와 마찬가지로 신장 면의 성장을 추적하는 것도 도움이 된다. 여아들은 급성장이 시작되는 시기에 유방이 발달하기 시작하고, 그때 최대 신장 속도(PHV)에 달하며 초경을 한다(대체로 PHV후 1년 뒤). 여아들은 최대 신장 속도 시기에 이어 신체 조성에서의 변화(일부 근육량과 지방량 증가)를 맞게 된다. 남아들도 이와 비슷하게 최대 신장 속도가 2차 성징에 수반되며, 그 이후 약 1년 뒤에 근육량과 체중이 증가한다. 흔히 발 성장은 이제 막 급성장이 시작된다는 지표가 되기도 한다.

전체적으로 이러한 성숙의 패턴을 관찰해 보라. 신장의 급성장, 2차 성징 발달, 무게 급성장(근육 및 지방). 1년에 4회 정도(분기별) 기본 성장을 추적하면 아이들의 생활연령에 관한 성숙기 상태의 추정치를 알게 될 것이다. 성장의 체계적 측정치는 (절차와 계획을 담아) 기록될 수 있으며 최대 신장 속도를 매우 분명하게 만들어 줄 것이다(Balyi & Way, 2011).

2) 유청소년의 성숙이 남녀 스포츠 참여에 어떠한 영향을 미치는가

아이들은 얼마나 빨리 성장하고 성숙에 도달하느냐에 따라 세 가지 성숙 집단으로 범주화할 수 있다. **조숙자**(early maturers)의 성숙 연령은 자신의 생활연령보다 1년 더 높다. **만숙자**(late maturers)의 성숙연령은 자신의 생활연령보다 1년 더 낮다. **평균 성숙자**(average maturers)의 성숙연령은 생활연령과의 차이가 1년 이내이다. 유청소년 스포츠 지도자들은 조숙 또는 만숙인 여아들과 남아들에게 특별히 신경을 써야 한다. 왜냐하면, 이 성숙 집단들은 유청소년 선수들로서 유리하게 하거나 불이익을 볼 수 있는 특수성을 가지기 때문이다. 모든 청소년들이 정확히 이 범주를 따를 만큼은 아니라도, 다음의 진술은 전형적인 성숙 패턴에 근거한 일반화된 내용이다.

(1) 조숙한 남아

조숙한 남아는 또래와 비교할 때 근육량도 많고 어깨 둘레도 크며, 신장도 크고 체중도 무겁다. 이는 힘과 순발력을 요하는 신체활동에서 유리하게 작용한다. 예를 들어, 조숙한 남아들(12~17세)은 만숙자나 평균 성숙자와 비교하면, 암풀(팔 당기기)에서 정적인 힘, 셔틀런에서의 속도와 민첩성, 수직 도약 시의 폭발적 힘에서 더 좋게 나타났다(Malina et al., 2004). 그래서 이 남아들이 성숙한 까닭에 여러 유청소년 신체활동에서 종종 또래들을 더 능가할 수 있다. 초기 성공으로 조숙한 남아들은 인정을 많이 받게 되고, 스포츠를 지속하도록 하는 자신감, 자존감, 동기도 한층 더 강하게 나타난다(Fairclough & Ridgers, 2010).

그러나 생물학적 성숙에서 만숙한 남아들이 조숙한 아이들을 따라잡으므로, 종종 조숙한 남아들은 '잡히는' 경우가 있고, 조숙한 아이들은 한 번 가졌던 생물학적 유리함이 사라지는 상황을 이해하는 데 어려움을 겪는다. 유청소년 스포츠 코치와 학부모들은 이러한 따라잡기 현상을 알아야 하고, 이 시기 동안 조숙한 남아들에게 조언하며 지지해 주어야 한다. 왜냐하면, 조숙한 남아들은 훨씬 강하고 크기 때문에 기본 기능을 제대로 배우지 못할 수도 있는데, 이러한 기본 기능은 추후 선수경력에서 고급 기술을 발달시키기 위해 반드시 필요하기 때문이다. 코치들은 이러한 남아들을 위해 개인 수행목표를 가지고 개별적 숙달 접근을 하도록 강조하고, 단기간의 생물학적 유리함에 의지하지 않도록(결국에 이점은 사라지므로) 해야 한다. 조숙한 남아들은 성숙 연령이 유사한 다른 남아들과 맞서 경쟁하려고 자기 수준을 과대평가할 수도 있다. 코치들은 사춘기 전의 선수들이 어떤 스포츠의 특정 포지션에만 국한하지 않도록 해야 한다. 왜냐하면 선수들의 사춘기 후의 신장과 체구는 좀 어릴 때 어쩔 수 없이 맡았던 포지션에 맞지 않을 수 있기 때문이다. 이를테면, 청소년 농구 코치가 조숙한 남아들을 포스트 플레이어로 지명하며, 주변 슈팅이나 드리블 기능을 가르쳐 주지 않는 것은 좋지 않다는 의미다.

역설적으로, 조숙한 남아들이 성인이 되었을 때의

쉬어가기

10대의 뇌는 성인의 뇌와 다른가

10대의 다른 부모들처럼 우리의 10대 아이들도 무례하고, 감정 기복이 심하고, 체계적이지 못하며, 위험을 수반하고, 충동적인 행동들을 하기 때문에 절망에 빠져 있다. 뇌 발달에 관한 최근 연구들은 그러한 전형이 되는 10대 행동들을 '성숙'에 대한 설명으로 보여 주고 있다. 전액골 피질은 성인과 비교할 때 10대에서 충분히 발달되지 않으며, 전형적으로 20대 중반까지 완전히 발달되지도 않는다(Giedd et al., 1999). 뇌의 이러한 부분은 충동을 억제하고 행동의 결과를 이해하며 행실을 계획하고 구성하도록 돕는다.

그래서 성인들은 감정적 판단에 직면할 때 합리적 과정을 활용할 수 있는 반면, 10대들은 동일한 방식으로 일을 꼼꼼하게 따질 만한 생물학적 능력을 갖추지 못했다. 연구에서는 감정을 처리할 때 성인이 10대들보다 전두엽에서 더 활발한 활동을 한다는 것을 보여 준다. 그뿐만 아니라, 성인들의 편도체 활동 수준은 10대들보다 낮다. 뇌의 편도체는 정서의 중심이자 인간의 투쟁-도주 반응을 포함한 본능적(직감) 반작용과 관련되어 있다. 10대 성숙 과정의 일부는 의사결정, 중재 변인 행동, 정서 처리 과정에서 편도체로부터 전두엽으로 옮기게 된다. 10대의 뇌는 매우 적극적인 보상 센터를 갖추고, 이는 단기적 보상 추구, 불확실한 상황 입문, 위험을 감수하는 것에 보다 흥미를 갖게 한다.

축삭 돌기(axons, 뉴런이 연결되도록 하는 긴 신경 섬유)와 같이 뇌의 성숙은 수초(myelin)으로 불리는 지방질로 덮인다. 수초는 축삭 아래와 시냅스 접합 지점을 가로지르는 신경신호가 더 신속한 전송을 하도록 허용하며 그 축삭 돌기를 보호한다(Sowell, Thompson, Tessner, & Toga, 2001). 더 좋은 유수(골수가 있는)축색이 있으면 더 빠르고 더욱 효율적으로 사고할 수 있다. 10대 동안 전두엽에서 속도를 내는 또 다른 과정은 시냅스 가지치기이며, 그것에 의해 자주 이용되는 시냅스는 강력해지고 잘 이용되지 않는 것은 차츰 약해진다. 유아기에 수초형성과 시냅스 가지치기는 뇌 부분의 후반부에 집중되어 있다. 뇌의 성숙은 뒤에서 앞으로 발생되며 전두엽은 오랫동안 기능이 지속된다.

10대의 충동적 · 감정적 · 비이성적 행위들을 이해하는 것은, 그들의 뇌가 코치나 부모의 대처에 도움이 될 수도 있는 생물학적 성숙과 관련된다고 예측한다. 가끔 짜증 나고 분통이 터지는 상황이 있어도 그것은 일시적이다.

10대의 충동적이고 감정적인 행동들은 뇌의 발달이 성숙되는 과정에서 지체되어 있다는 것과 관련 있다.

신장은 더 키가 작은 상태로 끝나는 경향이 있다. 조숙한 남아들은 가장 먼저 키의 성장이 멈추며, 다른 두 개의 성숙 범주에 해당되는 아이들은 오히려 꽤 오랫동안 계속 성장한다(Malina et al., 2004). 게다가 조숙한 남아들은 **중배엽형**(mesomorphic) (근육질의) 또는 **내배엽형**(endomorphic)(둥글고 무거운)의 체격을 띠며, 평균적으로 다른 두 집단에 비하여 성인이 되었을 때 체중도 더 나가고 신장을 고려한 체중(비체중)도 더 나간다.

(2) 만숙한 남아

늦은 시기에 성숙하는 남아는 **외배엽형**(ectomorphic)이라고 불리며 체형이 더 선형적이다. 이 남아들은 신체적으로 강하거나 성숙하지 않아서, 힘과 순발력이 필요한 스포츠 활동에서 생물학적으로 불리하므로 초기 청소년 스포츠 경험에서 대체로 성공하지 못하는 편이다. 아마 어린 나이에 크로스컨트리나 다이빙과 같은 스포츠를 하면 성공할 수 있을 것이다. 종종 만숙한 남아들은 전형적인 남성적 '스포츠에 유리한 몸'에 못 미치고 인기 있는 팀 스포츠에서 성공하지 못하기 때문에, 좌절을 경험하거나 스포츠를 그만두려고 생각할 수 있다. 유청소년 스포츠 코치는 이러한 만숙한 남아들을 위하여 지속적으로 유능한 교수와 기술 발달을 제공해야 하고, 조숙한 남아만큼 '좋지 않다'고 가정하는 일이 없어야 한다. 성숙이 다소 늦어지는 것일 뿐, 신체 수행상의 불리함은 일시적인 것이다.

코치의 법적 의무는 연령, 체구, 성숙도, 기술 측면을 고려하여 선수를 적절하게 맞추는 것이다. 만약, 코치가 접촉 훈련(예: 미식축구, 아이스하키 등)에서 몸집이 더 작고 만숙한 남아를 훨씬 더 크고 근육질의 조숙한 남아와 필적하게 한다면 이 의무를 위반하는 것이다. 이러한 미스 매치로 인해 만숙한 남아가 부상을 당하면, 코치는 법정에서 과실이 인정될 수 있고 이로 인한 법적 처벌에 시달릴 수 있다. 성숙 단계에 따라 선수들을 필적하게 하고, 미스 매치가 명백할 때 연습 구조를 수정하는 것은 더 작고 만숙한 선수를 부상으로부터 보호하기 위해 권장되는 코칭 관행이다.

만숙한 남아는 성인이 되어 감에 따라 신장이 더 커지는 경향이 있다. 연구에 따르면 만숙한 남아의 운동 수

쉬어가기

앤서니 데이비스의 놀라운 성장 스퍼트

만숙한 소년의 잘 알려진 사례로는 2012년 전국 농구 협회(National Basketball Association: NBA) 드래프트에서 1순위 드래프트 픽이었고 현재 뉴올리언즈 펠리컨스(New Orleans Pelicans)의 스타인 앤서니 데이비스(Anthony Davis)다. 고등학교 저학년 초에 데이비스는 6피트 2인치(188cm)의 가드로, 볼 핸들링과 주변에서 골대쪽으로 돌파하는 슬래싱으로 유명했다. 고학년이 되자 그는 놀랍게도 8인치(20센티미터)가 커지며 6피트 10인치(208센티미터)나 되었고, 엄청 높은(스카이 스크래핑) 샷 블로커와 리바운더로 점차 성장했다. 그러나 급격하기 성장하기 전에 자신의 드리블과 슈팅 기술을 발전시켰기 때문에, 고학년에 이르러 공을 처리하고 주변에서 3점 슛을 쏠 수 있을 뿐 아니라 포스트에서 플레이할 수 있을 정도의 완벽한 선수가 되었다. 데이비스의 늦지만 급속한 성장은 그를 대학 모집에서 '완벽한 학생'[켄터키 대학교(University of Kentucky)에서 1년을 뛰고 나서 이 팀은 전국 대학 체육 협회(National Collegiate Athletic Association) 챔피언십에서 우승]으로 만들었으며, NBA의 최고 드래프트 선발 선수가 되도록 도왔다. 그가 너무 빨리 조숙했다면 그렇게 완전한 농구 기술 레퍼토리를 개발하지는 못했을 것이다.

행은 18세부터 30세까지 향상되는 반면 조기 또는 평균적인 성숙 수준의 남아는 거의 변화가 없거나 오히려 감소하는 것으로 나타났다(Lefevre, Beunen, Steens, Claessens, & Renson, 1990). 이 연구는 청소년기의 전형적인 연령 제한을 넘은 만숙한 남아의 지속적인 성숙과 향상된 운동 수행의 중요성을 강조한다. 유청소년 스포츠 리더로서의 도전은 성숙에 대하여 코치, 부모, 어린 선수들을 교육하여, 만숙한 남아들이 성숙 시기가 늦어져서 어려운 초기 청소년 단계 동안에도 잘 버틸 수 있도록 하는 것이다.

(3) 조숙하고 만숙한 여아

남아와 마찬가지로 조숙한 여아도 보다 중배엽형(근육질) 또는 내배엽형(둥글고 무거운) 경향인 반면, 만숙한 여아는 체격이 좀 더 외배엽형(날씬하고 선형)이다. 그러나 여아의 운동 능력에 대한 성숙의 영향은 남아만큼 명확하지 않다. 그렇다. 조숙한 여아는 만숙한 여아보다 신장이 더 크고, 몸집도 크며, 힘도 더 강하다. 그러나 청소년기의 여성은 근육 무게보다 지방 무게가 더 나간다(소년과 반대). 따라서 근력의 이점은 더 큰 신체 크기로 인한 총체적 근력(예: 농구에서 상대팀에 맞서는 포지션 유지, 원반 던지기)에 있으나, 상대적 근력(자신의 몸과 관련된 턱걸이, 팔굽혀펴기, 점프 등)에서는 항상 그렇지만은 않다.

그뿐만 아니라 우리 문화는 내배엽형 조숙한 여아들이 스포츠를 그만두도록 사회화할 수 있고, 조숙한 여아는 만숙한 여아에 비하면 낮은 자존감, 신체 이미지에 대한 불만족, 사회적 체격에 대한 불안 수준이 더 높은 것으로 나타났다(Negriff & Susman, 2011). 코치는 조숙한 여아들의 체형 변화에 따라 기대치를 변경할 것이다. 특히 선수의 체구가 작아야 더 유리한 체조, 다이빙, 스케이팅에서 성숙은 영향을 미친다. 미국 최고의 체조 선수인 크리스티 필립스(Kristie Phillips)는 14세에 스포츠 일러스트레이티드(Sports Illustrated)의 표지에 등장했고, 당시 1988년 서울올림픽에서 가장 총애하는 올림픽 메달 유망주로 인정되었다. 미국에서는 1985년부터 1987년까지 모든 대회에서 우승을 거머쥐었다. 그러나 사춘기의 시작과 이후에 성장이 급등하면서 최고 수준에서 수행하는 능력은 방해를 받았고, 수년간의 훈련과 초기 성공에도 불구하고 1988년 올림픽 팀에는 들지 못했다.

남아와 마찬가지로 만숙한 여아는 조숙한 여아보다 꾸준한 다리 성장 기간이 더 길고 일반적으로 키가 큰 성인에 가깝다. 조숙자는 키가 더 작은 성인이 되는 경향이 있으며, 여아의 조기 성숙은 과체중 및 비만과 관련이 있다.

만숙한 남아와 조숙한 여아는 잘못된 이유로 스포츠 참여를 중단할 위험이 가장 큰 것으로 보인다. 이러한 선수 개개인을 세심하게 살피고 성숙에 관한 지식을 잘 활용하여, 그들이 지속적으로 스포츠에 참여하도록 지원하고 장려하라. 성숙에 대한 문제를 타결하였으며, 스포츠 참여에서 성공과 즐거움을 경험했던 뛰어난 선수의 사례들을 그들에게 제공하라.

4. 신체 성장과 성숙이 스포츠 기회와 수행에 미치는 영향

어린 선수들의 신체 성장 특징과 성숙 상태는 스포츠 수행과 스포츠 기회에도 큰 역할을 한다.

1) 스포츠 종류와 포지션에 따른 성숙 성향

성숙 상태는 종종 누군가의 스포츠 내의 포지션뿐 아니라, 어떤 유형의 스포츠를 하는지 예측하도록 한다. 유청소년 야구에서 리틀 리그 월드 시리즈(Little League World Series)와 엘리트 팀에 참가한 선수들은 성숙 면

개인적 이야기

성숙 시기를 진술해 보라

청소년기를 다시 떠올려 보라. 동료들과 비교했을 때 당신의 성숙 시기는 빨랐는가, 평균적이었는가, 혹은 늦었는가? 이러한 성숙 시기가 자신이 선택한 스포츠 수행과 활동의 참여에 어떤 영향을 미쳤는가? 그리고 신체에 대한 느낌과 전반적인 자신감 및 자존감에는 어떤 영향을 미쳤는가?

에서 키, 몸무게, 골격연령 모두 앞서 있었다(French, Spurgeon, & Nevett, 2007; Hale, 1956; Krogman, 1959). 특히 투수, 유격수, 1루수는 사춘기 이후에 다른 포지션을 맡은 아이들보다 몸집이 더 컸다. 8월 중순에 있는 ESPN(Entertainment and Sports Programming Network) 채널을 켜면 TV로 중계되는 리틀리그 월드시리즈에서 특히 포지션별로 유소년 야구선수들의 빠른 성숙을 관찰할 수 있다.

주니어 럭비 리그 선수들에게서도 비슷한 결과가 발견되었는데, 이들은 정규 모집단에 비해 키가 더 크고, 더 체중이 많이 나가며, 더 성숙했다(Till, Cobley, O'Hara, Chapman, & Cooke, 2010). 포지션 간에도 성숙의 차이가 발견되었는데, 신체적 충돌과 태클이 요구되는 전방 공격부(포워드)들 사이에서도 더 확실히 큰 신체 속성과 발달된 성숙을 보였다. 13~15세의 포르투갈 축구선수를 대상으로 한 연구에서 체질량과 성숙도는 전력 질주 속도와 수직 점프 수행을 예상하게 했다(Malina et al., 2004).

피겨 스케이팅의 스포츠 참여에서는 성숙에 있어서 반대 성향이 나타났는데, 미적 매력이 주관적 판단에서 중요한 스포츠에서는 아담함과 신체 선형성을 위해 만숙이 오히려 유리하게 작용한 것으로 나타났다(Monsma, 2008). 엘리트 전단계와 엘리트 수준의 피겨 스케이팅 참가자의 80%는 평균 성숙 또는 만숙에 해당되었다.

따라서 성숙 상태는 유청소년 선수들이 선택하는 스포츠 종류, 이러한 스포츠에서 배정된 포지션 및 수행능력에 종종 영향을 미치곤 한다. 성숙 수준에 상관없이 모든 선수에게 개인의 재능을 발달시킬 수 있는 기회가 제공되는 것은 바람직하다. 조숙한 선수들은 더 작은 체구의 성인으로 성장을 마감하며, 너무 빨리 조숙한 선수들이 독점적으로 스포츠를 선택하고 포지션을 배정하도록 하는 것은 그들의 전반적인 재능 발달 기반을 약화시킬 수 있다는 것을 기억하라.

2) 신체 재능 발굴

신체 성장과 성숙 특성은 종종 체계적 신체 재능 발굴 프로그램의 일부로 평가된다. **재능 발굴**(talent identification)은 특정 스포츠에서 전문성에 대한 잠재력을 보여 주는 아동과 청소년을 식별(및 종종 선택)하는 과정이다. 예를 들어, 호주와 중국은 유청소년 스포츠를 위한 체계적 인재 발굴 프로그램을 가지고 있다(10장에서 논의). 아동은 테스트를 거친 후 신체적 특성에 따라 특정 스포츠 훈련을 위해 선택되며, 이는 특정 스포츠에서의 집중 훈련을 받을 수 있는 혜택으로 연결되는데 키, 체질량, 팔 길이, 손과 발 크기 등의 예를 들 수 있다.

이러한 생각은 아동이 신체적으로 잘 맞는 스포츠를 하도록 안내하려는 시도다. 왜냐하면 재능 발굴이 넓은 범위로 실행되지는 않기 때문에, 어린 선수가 자신의 신체적 특성에 가장 잘 맞는 스포츠를 선택하는 경우는 우연히 종종 있는 일이다. 마이클 펠프스(Michael Phelps)가 어떤 체계적 프로그램을 통해 발굴되지는 않았지만, 수영의 수행 요구 사항에 관한 그의 신체적 특성을 고려해 보라(Hadhazy, 2008). 키는 6피트 4인치(193cm)이고 팔 길이는 6피트 8인치(203cm)다. 이러한 신장과 팔로 뻗는 범위가 늘어나면 수영에서 중요한 신체적 이점을 제공한다.

펠프스는 큼직한 손과 14인치(약 355mm)의 발 크기로 대부분의 다른 수영 선수보다 발목을 15° 더 구부릴 수 있어 가상의 오리발처럼 발을 만들 수 있다. 그는 역대 최고의 올림픽 수영 챔피언으로 메달을 장식했다(18개의 금메달과 22개의 종합 메달). 또 다른 미국 올림픽 수영 선수이자 다수 종목에서 세계 챔피언으로 알려진 미시 프랭클린(Missy Franklin)도 이와 유사하게 수영 능력을 향상시키는 신체적 특징을 가졌다. 그녀의 키는 6피트 1인치(185cm), 팔 길이는 6피트 4인치(193cm)로 전체 합은 대략 13피트다. 물론, 펠프스와 프랭클린은 엘리트 수준에서 경쟁하기 위해 요구되는 훈련에 전념하는 것을 포함하여 수영 선수로서의 성공에 영향을 미치는 다른 특성들도 갖추고 있다. 그러나 신체적으로 그들은 수영에 적합하다고 말할 수 있다.

높이 평가받는 선수들이 가진 신체적 속성들도 잘 알려진 사례들이 많다. 명예의 전당(Hall of Fame) 야구 포수 조니 벤치(Johnny Bench)는 한 손에 7개의 야구공을 잡을 수 있다. 키는 축구, 아이스하키, 럭비, 미식축구와 같은 스포츠에서 신체적 크기의 하나로 엘리트 프로 농구 이력의 전제 조건이다. 작은 키와 작은 몸집은 체조, 다이빙, 피겨 스케이팅의 성공과 관련이 있다. 몸집 크기와는 별개로 근섬유 타입의 우위와 유산소 능력과 같은 특성도 특정 스포츠에서 성공에 중요한 요소다. 전반적으로 재능 발굴이 더욱 정교해지고 다수 스포츠 코치와 감독은 참가 종목에서 기능 발달을 촉진하는 신체적 특성과 신체 유형을 처방하고자 한다. 유청소년 스포츠에서 재능 발굴의 이해득실은 제10장에서 더 자세히 다룬다.

3) 상대연령 효과

유청소년 스포츠의 일반적인 관행은 팀과 리그를 위해 선수를 1년(11세)과 2년(예: 11~12세)으로 그룹화하는 것이다. 생활연령 그룹화의 의도는 발달에 적합한 교수, 공정한 경쟁 및 평등한 기회 제공에 있다. 그러나 같은 해에 태어난 개인 간 연령 차이, 즉 상대연령(relative age)(Barns ley, Thompson, & Barnsley, 1985)은 아이들이 스포츠에서 성취하는 성공에 주된 영향을 미치는 것으로 나타났다.

(1) 상대연령 효과는 무엇인가

유청소년 아이스하키 리그 연령 적격 연도(eligibility year)가 1월 1일부터 12월 31일인 경우, 팀은 1월 1일에 태어난 선수(상대적으로 나이가 많음)와 12월 31일에 태어난 선수(상대적으로 어림)가 있을 수 있다. 연령 자격의 컷오프 날짜는 12월 31일이며, 적격 연도 후반(컷오프 날짜에 더 가까움)에 태어난 선수는 적격 연도 초반에 태어난 선수보다 상대적으로 어리다. 따라서 어느 연도든 그룹 내에서 잠재적 연령 차이는 최대 364일이다. 다른 자격 연도도 9월 1일부터 8월 31일까지의 일반적인 유청소년 축구 적격 연도와 같이 동일한 패턴을 따른다(8월 31일은 해당 연도의 연령 적격 마감일).

이러한 연령 차이는 적격 연도에 일찍 태어난 선수(상대적으로 나이가 많은 선수)가 적격 연도에 늦게 태어난 선수(상대적으로 어린 선수)에 비해 스포츠 팀에 지나치게 많이 나타나는 상대연령 효과(Relative Age Effect: RAE)를 만든다. 이 현상은 엘리트 아이스하키에서 처음으로 나타났다. 3개의 엘리트 남자 주니어리그뿐 아니라 전국 하키 리그(National Hockey League)에서도 올해 상반기(1~3월)에 태어난 선수들이 훨씬 더 많았고, 올해 마지막 분기(10~12월)에 태어난 선수들은 훨씬 더 적었다(Barnsley et al., 1985). 이러한 상대연령 효과는 캐나다 여자 아이스하키에서도 나타났는데(Weir, Smith, Paterson, & Horton, 2010) 캐나다 유청소년 아이스하키에서 5~8세 정도의 어린 선수들이 참가하는 것으로 나타났다(Hancock, Ste-Marie, & Young, 2013).

상대연령 효과는 세계 전반적 현상으로 축구, 농구, 크리켓, 럭비, 야구, 테니스, 배구, 수영에서 볼 수 있다(Cobley, Baker, Wattie, & McKenna, 2009; O'Connor, 2011). 다음은 유청소년 스포츠에서 볼 수 있는 상대연령 효과의 사례다.

1. 1월에 태어난 미국 남성 엘리트 유청소년 축구선수는 12월에 태어난 선수들보다 국가 선수풀에 선발될 가능성이 5배 이상 높다(Glamser & Vincent, 2004).
2. 국가 엘리트 토너먼트에 참가하는 14세 미만 브라질 여성 배구선수의 74%는 적격 연도의 상반기에 태어났다(Okazaki, Keller, Fontana, & Gallagher, 2011).
3. 스페인 엘리트 남자 유청소년 축구 선수의 생년월일 분포는 적격 연초(1~3월)에서 연말(9~12월)로 갈수록 크게 줄었다(Del Campo, Vicedo, Villora, & Jordan, 2010). 상대연령 효과는 연령에 따른 다른 포지션뿐 아니라 연령대별로 분명히 나타났다. 다른 상대연령 효과 연구와 마찬가지로, 이 분포는 일반 스페인 인구의 생년월일 분포와 크게 달랐다. 상대연령 효과가 한 해 중에서 몇 달에 걸친 일반적인 출생 분포를 넘어선 효과임을 보여 준다.

(2) 상대연령 효과는 왜 발생할까

분명히 상대연령 효과는 유청소년 스포츠에서 문제시된다. 이 효과는 상대적으로 나이가 어린 선수들의 개인적 발전과 지역사회 및 국가의 전반적인 재능 발굴을 방해하기 때문이다. 태어난 달의 우연한 발생에 따라 아이들에게 혜택을 주거나 방해하는 구조적 불평등을 만들어 낸다는 의미다. 이런 효과는 왜 발생할까? 이것은 도미노 효과로 이해될 수 있다.

상대연령 효과의 연결 고리인 첫 번째 도미노는 신체적 및 인지적 성숙이다. 태어난 나이가 많은 아이들이 더 크고 강하며 빠르며 움직임 기술과 경기를 해 온 경험이 더 많다. 이 초반의 이점은 그 뒤를 이은 도미노가 조숙한 아이들의 이점에 따라 떨어지므로 누적적 이점으로 바뀐다. 나이가 많은 선수들이 스포츠에서 더 많은 성공을 경험하고 코치로부터 더 많은 관심을 받으며 경기도 더 많이 뛰게 된다(특히 중요한 포지션에서). 이는 그들로 하여금 더 강력한 경쟁과 더 나은 교수법으로 더 많은 엄선된 팀을 선택할 자격을 갖추도록 해 준다. 이러한 초기 성공을 바탕으로 나이 든 선수들은 점점 더 뒤처진 어린 선수들보다 더 큰 자신감을 갖고, 자신이 더 유능하다고 인식하며, 더 높은 자존감으로 더 큰 동기부여를 경험한다. 상대적으로 어리고 만숙한 상황에서 대부분 스포츠에서 기회를 얻기 어려운 어린 선수들의 이중고를 생각해 보라. 만숙한 남아들처럼 상대적으로 나이 어린 선수들은 낙담하게 되고 유청소년 스포츠에서 중도 탈락할 수 있는 후보로 전락한다.

(3) 불공정한 상대연령 효과에 어떻게 맞서야 하는가

상대연령 효과는 극복하기 어렵다. 생활연령의 적격성 컷오프에 대한 대안으로, 선수들은 이전에 논의된 평가 일부를 활용하여 생물학적 연령 기반의 유청소년 스포츠로 분류될 수 있다. 그러나 이는 유청소년 스포츠 감독에게는 대체로 비실용적이고, 또래 친구들과 함께 있으려는 어린 선수들에게도 인기가 없을 것이다.

참여자가 많은 대도시에서는 연령 차이를 줄이기 위해 생년월일을 기준으로 나누어 2~3개의 리그를 구성할 수도 있다. 그러나 상대연령으로 세분할 유청소년 선수가 충분하지 않은 작은 마을과 지역사회에서는 가능성이 희박하다. 유청소년 스포츠 감독은 해마다 컷오프 날짜를 순환하여 상대적인 연령 이점을 다른 그룹에 제공할 수 있다. 적어도 스포츠마다 상대연령이 스포츠 간에 달라지도록 서로 다른 적격 연도와 마감 날짜를 사용해야 한다.

부당한 상대연령 효과에 대처하는 가장 실용적이고 중요한 방법은 교육과 의식이다. 코치와 교사는 유청소년 스포츠에서 상대연령의 가능한 효과를 완전히 이해하고, 이러한 이해를 그들의 철학과 목표에 포함시켜야 한다. 이를 위해 기능이나 성숙 정도에 상관없이 각 선수가 자신만의 고유한 능력을 잘 발달시키도록 돕는 목표가 필요하며, 이는 우승을 보장하기 위해 상대적으로 연령이 많은 아이가 더 낫고 이들 위주로 경기한다는 목표를 대체할 수 있다. 선수들에게 동등한 시간을 부여하고 유청소년 수준에서 포지션을 순환하며 교체하는 코치는 그 팀의 상대연령 효과를 최소화할 수 있을 것이다. 발달적으로 적절한 연습에 전념한다는 것은 유청소년 스포츠에서 아이들의 참여에 대한 상대연령 효과와 기타 성숙 영향을 이해하는 것을 의미한다. 이는 아이들에 대한 모든 것을 의미할 뿐 아니라, 모든 것이 아이들 각자와 관련되어 있다는 것을 의미하기도 한다. 여기에는 만숙한 남아, 조숙한 남아, 상대적으로 더 어린 선수, 덜 발달된 신체 특성을 가진 아이들이 포함된다.

5. 요약

이 장에는 많은 기술적 정보가 있으며, 신체 성장과 성숙에 대한 여러 우여곡절을 이해하는 노력 속에서 당혹감을 느낄 수도 있다. 너무 걱정할 필요는 없다. 나중에 다시 살펴보고 싶다면 일부 자료를 참고하여 활용할 수 있다. 우선은 성장과 성숙이 아이들의 스포츠 및 신체활동에 영향을 미치는 몇 가지 중요한 방법에 대한 기본적인 이해가 필요한 시기다.

아이들은 전형적으로 언제 가장 빨리 성장하는가? 그들의 성숙 상태는 어떻게 스포츠 수행 능력에 영향을 미치며, 자기 스스로에 대해 어떻게 느끼는가? 성장 과정에 있는 아이들이 어느 단계에 와있는지 어떻게 추정할 수 있는가? 스포츠 프로그램에서 조숙과 만숙한 아이들을 어떻게 도울 수 있으며, 그들이 필요로 하는 도움과 격려는 과연 어떤 것인가? 어린 선수에 대한 상대연령 효과의 불평등에 맞서기 위하여 어떠한 노력을 기울일 것인가?

이러한 질문들에 대한 기본적인 대답이 가능하다면, 발달단계적으로 적절한 신체활동 거리에서 운전대를 잡고 있는 것이나 다름없다. 유청소년 스포츠가 성인 스포츠와 얼마나 달라야 하는지 깨닫고, 그 이해의 결과로 발달에 적합한 연습을 한결같이 하게 된다. 그렇게 되기를 바란다. 행운이 함께하기를!

학습 초점

주요 용어

- **청소년기** 어린 시절부터의 성인기에 이르는 신체적 · 심리적 · 사회적 전환기.
- **평균 성숙자** 성숙연령이 생활연령의 1년 이내인 사람.
- **생물학적 연령** 사람들이 완전하게 성숙한 상태에 근접하는 나이(또는 성숙연령).
- **생활연령** 특정 생년월일을 기준으로 규정되는

나이.

- **발달** 인간이 일생에 걸쳐 겪는 모든 신체적 · 심리적 변화.
- **조숙자** 성숙연령이 생활연령보다 1년 정도 빠른 사람.
- **외배엽** 가늘고 선형적인 체격 또는 체형을 의미.
- **내배엽** 크고 둥근 체격 또는 체형을 의미.
- **성장** 신체 특정 부분이나 몸 전체 크기의 증가.
- **만숙자** 성숙연령이 생활연령보다 1년 정도 늦은 사람.
- **성숙** 생물학적으로 성숙한 상태로의 진행이나 신체적 · 인지적 · 감정적 기능 측면에서 완전한 성인 상태에 도달하기 위해 거치는 과정.
- **초경** 여아의 첫 월경 기간.
- **중배엽** 근육질 체격 또는 체형을 의미.
- **최고 신장 속도(PHV)** 청소년기 성장 급등기에 아이들이 가장 빠르게 성장하는 시기.
- **성조숙** 사춘기의 신체 변화가 정상보다 일찍 일어나는 경우.
- **사춘기** 유년기와 성인기 사이의 과도기. 2차 성징 출현, 생식계의 성숙, 청소년의 성장 급등기.
- **상대연령** 동일한 연도에 태어난 시기가 다른 개인 간 연령 차이.
- **상대연령 효과(RAE)** 적격 연도에 일찍 태어난 선수(상대적으로 나이가 많은 선수)가 적격 연도에 늦게 태어난 선수(상대적으로 어린 선수)에 비해 스포츠팀에서 지나치게 많이 나타나는 현상.
- **2차 성징** 직접적인 생식계 일부는 아니지만 남녀의 성을 구별하는 특징.
- **성적 성숙** 완전한 기능적 생식 기능을 갖추는 기간.
- **골격 성숙** 사람들이 완전히 골화(경화된 뼈) 상태를 갖추는 기간.
- **재능 발굴** 특정 스포츠에서 전문성에 대한 잠재력을 보여 주는 아동과 청소년을 식별(및 종종 선택)하는 과정.

핵심 요약

1. 신체 성장 및 성숙과는 달리, 발달은 특정 연령에서 멈추지 않으며 일생을 통해 계속된다.
2. 인간의 성장은 S자형이다. 가장 빠르게 성장하는 두 시기는 유아기와 청소년기다.
3. 아주 어린 아동은 무게 중심이 높아서 균형 잡기가 어렵다.
4. 운동 협응 능력 또는 청소년기의 서투름에 대한 보편적인 감소 성향은 연구에서 입증하지는 못한다.
5. 생활연령이 같은 아동도 5년 정도 내에서 성숙도가 다를 수 있다.
6. 성숙도는 엑스레이로 골격연령을 결정하고 2차 성징을 관찰하며 성장을 추적하여 평가할 수 있다.
7. 사춘기는 비만, 동물성 단백질 섭취, 플라스틱에서 발견되는 환경 내분비 교란 화학 물질 섭취 및 특정 의학적 상태로 인하여 여아들이 더 빠르게 겪는다.
8. 10대는 뇌의 전두엽 피질이 완전히 발달하지 않아 정서적 충동을 억제하고 행동을 계획 및 조직하며 행동의 결과를 이해하기가 더 어렵다.
9. 조숙한 남아는 힘, 속도, 순발력에 의존하는 유청소년 스포츠에서 유리하다.
10. 만숙한 남아와 여아는 오랫동안 성장기를 거치므로 전형적으로 키가 큰 성인에 도달한다.
11. 여성 운동선수는 만숙하는 경향이 있는 반면, 조숙한 여아는 종종 자신의 신체 이미지에 더 만족하지 못하고 스포츠를 하다가 중도 포기하는 경향이 있다.
12. 성숙 상태는 스포츠에서 포지션뿐 아니라 여러 종류의 스포츠에 참여하는 사람에게 영향을 미친다.

13. 상대연령 효과는 유청소년 스포츠에서 불평등을 야기한다. 상대적으로 나이 든 운동선수가 신체적으로 더 성숙하고 경험을 많이 쌓으며, 성인으로부터 더 많은 관심과 더 나은 지도를 받고, 상대적으로 어린 운동선수보다 긍정적 자기 인식을 발달시킨다.

탐구 질문

1. 발달, 성장, 성숙의 차이점을 설명하라.
2. 신체 성장의 일반적인 세 가지 원리를 구분하여 설명하라.
3. 신체 성장의 일반적인 단계와 패턴을 식별하고 설명하라.
4. 생활연령과 생물학적 연령의 차이를 설명하라.
5. 아동과 청소년의 생물학적 성숙을 평가할 수 있는 세 가지 방법을 설명하라.
6. 10대의 뇌가 성인과 다른 해부학적 이유를 설명하고, 이것이 추론과 행동에 어떠한 어떤 영향을 미치는지 설명하라.
7. 조숙하거나 만숙한 여아 및 남아의 신체적 · 심리적 · 행동적 특성을 설명하라. 성인이 이러한 성숙에 관한 경험을 처리하는 개인을 어떻게 도울 것인지 사례를 제공하라.
8. 상대연령 효과(RAE)가 무엇인지 설명하고 스포츠에서 이 효과에 대한 몇 가지 예를 제공해 보라. 이것은 왜 발생하며 유청소년 스포츠에서 이러한 현상에 맞서기 위해 무엇을 할 수있는지 설명해 보라.

성찰용 학습활동

1. 특정 스포츠에서의 상대연령 효과(RAE)를 연구해 보라. 상대연령 효과에 대해 교육하고 팀에서 이를 극복하는 방법에 대한 구체적인 정보 제공을 위해 해당 스포츠 코치를 위한 브로슈어나 자료표를 개발하라.
2. 부록 C에 제공된 네 가지 사례 연구를 읽어 보라. 각 사례 설명에 대해,
   ① 아동을 조숙, 만숙, 평균 성숙자로 구별하라.
   ② 아동의 현재 생물학적 연령을 추정하라.
   ③ 아동이 성인이 되었을 때의 신장이 얼마나 될지 추정하라.
   ④ 성인이 남녀 아동의 독특한 성숙 패턴을 이해하도록 돕는 방법을 몇 가지 제안해 보라.

보조자료

미국 수영 관련 기사(www.usaswimming.org): 신체 성장 패턴, 어린 선수의 신체 성장 및 발달, 스포츠 참여 및 성숙을 확인할 수 있다.

Chapter 05

학습 기술과 경쟁을 위한 준비

제5장 개요

이 장에서 배울 내용은 다음과 같다.

- 운동 기술 발달의 '산'
- 기본 운동 기술을 구축하기 위한 전략
- 스포츠 기술 학습을 시작하는 시기와 방법
- 스포츠 경기를 시작하는 시기와 방법

1. 개요

20세의 타이거 우즈(Tiger Woods)는 1996년 프로 골퍼 협회 투어(Professional Golfers' Association tour)에서 처음 7개의 프로 토너먼트 중 2개를 우승하며(PGA 투어에서 매우 어려운 위업) 폭발적으로 성장했다. 이는 1996년 전국 대학 체육 협회(National Collegiate Athletic Association: NCAA) 타이틀뿐 아니라 6년 연속 전국 아마추어 타이틀에 이어 나온 성과이다. 그는 1997년에 권위 있는 마스터스 토너먼트에서 우승했으며, 전설적인 잭 니클라우스(Jack Nicklaus)를 제외하고는 역사상 그 어떤 골퍼보다 훨씬 많은 주요 골프 챔피언십에서 연속적인 우승을 거두었다. 우즈는 종종 골프 역사상 가장 최고의 선수 중 하나로 묘사된다.

우즈는 어떻게 골프를 시작하게 되었나? 그는 18개월 때 연습장에서 공을 치고 그 후 유모차에서 잠이 들었다(McCormick & Begley, 1996). 샌드박스에서 노는 대신 그 밖으로 짧게 공을 치며 놀곤 했다. 3살 때 9홀을 넘어 48홀 이상을 쳤다(성인 아마추어에게도 상당한 점수). 그는 유아 시절부터 연습을 시작한 골프 영재였는데 …… 그것이 문제다.

타이거 우즈와 관련된 문제는 없다. 골퍼로서 놀라움과 감탄으로 전 세계 골프 코스에 걸쳐 우즈의 공적을 관찰해 왔다. 문제는 전 세계 수백만 부모들이 단순히 '타이거 공식', 즉 '최대한 빨리 시작하고 가능한 한 열심히 훈련하시오.'를 따르면 자기 자녀가 제2의 타이거 우즈[또는 시드니 크로스비(Sidney Crosby), 세레나 윌리엄스(Serena Williams), 르브론 제임스(LeBron James)]가 될 수 있다고 믿는다는 것이다.

불행히도 이 공식은 모든 사람이나 대부분 아이들에게는 잘 들어맞지 않는다. 모든 아이들이 그렇게 어릴 때부터 스포츠를 시작할 준비가 되어 있는 것은 아니다. 타이거 우즈의 부모는 우즈가 아기 때조차도 어떻게 골프에 심취해 있었는지 설명한다. 그는 유아 식탁의자에 앉아서 아버지가 차고에서 스윙 연습하는 모습을 지켜보곤 했다. 10개월 되었을 때 스스로 스윙을 시작했고, 유아기와 어린 시절 내내 아버지에게 골프 연습장에 데려가 달라고 애원했다. 이것은 가르친다거나 억지로 강요해서는 이루어질 수 없는 흔치 않은 동기이다. 우즈의 아버지인 얼(Earl)은 그의 저서인 『Training a Tiger』(Woods, 1997)이라는 책에서 이러한 사실을 인정했다. "게임을 임의로 강요하면 반드시 부정적인 결과가 나온다."(p. 17), "가끔 어떠한 의도로 하든 상관없이, 당신의 아이는 어떤 스포츠에 관심조차 보이지 않을 수 있다"(p. 19). 여자 프로 골프 협회 명예의 전당(Ladies Professional Golf Association Hall of Fame) 회원인 캐리 웹(Karrie Webb)은 8세에 골프를 시작했고, 또 다른 세계 골프 명예의 전당(World Golf Hall of Fame) 회원인 그레그 노먼(Greg Norman)은 15세가 될 때까지 골프를 친 적이 없다. 우즈는 예외적으로 일찌감치 경기를 시작한 것에 비해, 노먼은 예외적으로 늦은 시기에 경기를 시작했다.

아이들은 언제 스포츠 참여를 시작해야 하는가? 언제 스포츠 기술을 배울 준비를 갖추는가? 언제 이러한 기술을 대회에서 활용할 준비를 갖추게 되는가? 정해진 공식은 없지만 이 장의 의도는 이러한 질문에 대답하는 데 유용한 정보를 제공해 준다. 아이들 각자 유청소년 스포츠에 대한 준비를 갖추게 되는 시기가 언제인지, 고려해야 할 자기만의 고유한 '공식'이 있음을 이해하게 될 것이다.

2. 준비도란 무엇인가

준비는 무엇을 위해 대비하는 상태이다. 유청소년 스

포츠에서 준비도(readiness)는 아이들이 특정 활동을 성공적으로 배우거나 참여할 수 있는 능력을 갖춘 발달 지점에 관한 것이다.

준비는 아이가 아이스 스케이트를 '언제' 배울 준비를 갖추게 되는지와 같이 특정 스포츠 기술에 관한 활동을 의미할 수 있다. 그러나 준비도는 다음 질문들에도 적용된다. 언제 하키 스틱과 퍽을 가지고 스케이트를 탈 준비를 갖추는가? 앞쪽이나 뒤쪽으로도 스케이트를 잘 탈 수 있는가? 특정 훈련과 활동에서 성공할 만큼 충분히 퍽을 잘 제어할 수 있는가? 관중이 지켜보는 가운데 하키 대회에서 상대에 맞서서 전술적 전략을 갖추고 경기할 준비가 되어 있는가? 특정 클럽에 가입해야 하는가, 아니면 기분 전환하는 수준 정도에서 그쳐야 하는가? 우리는 유청소년 운동선수가 스포츠 참여를 시작할 때의 준비성을 평가할 뿐만 아니라, 유청소년 스포츠를 진행하면서 다양한 도전과 활동에 대한 준비를 계속 평가할 필요가 있다. 아이들이 언제 활동에 참여할 준비가 되었는지 결정하기 위해 고려해야 할 세 가지 요소는 성숙, 필수 선행 기술, 동기이다(Magill & Anderson, 1996). [그림 5-1]에서 볼 수 있듯이 세 가지 구성 요소는 세발자전거의 3개의 바퀴와 같다. 세 가지 모두 아이들이 주어진 활동을 할 준비가 되었는지 확인하는 데 필요하다.

1) 성숙

아동은 성인보다 몸집도 작고 키가 작으며 힘, 순발력, 조정 능력이 떨어진다. 속도와 정확성을 가지고 소프트볼을 던지거나, 10피트(3미터) 거리에 있는 골대에 농구공을 던져 슛을 쏘거나, 페널티 박스 너머에서 축구공을 골문까지 차기에는 신체적으로 충분히 성숙하지 않을 수 있다. 게다가 인지적(정신적) 과정도 차츰 완성되어 가는 시기이다. 아동이 공을 치고 던질 만큼 신체적으로 성숙해 있을 수는 있어도, 티볼의 전술과 전략을

[그림 5-1] 준비도를 구성하는 세 가지 필수 바퀴

이해할 만큼의 인지적인 성숙에 미치지 못할 수 있다. 전직 티볼 코치로서 이것을 너무 잘 알고 있다. 다수 아이들이 1루를 뛰어넘어 우익수로 들어가거나, 1루를 돌고 나서 어디로 가야 할지 모르거나, 필드에 수비하려고 나갔을 때 공을 들고 무엇을 어떻게 해야 하는지 모르는 경우도 많다.

부모, 교사, 코치 및 유청소년 스포츠 감독은 다양한 운동 또는 스포츠 활동에서 성숙에 필요한 요구를 신중하게 고려하고, 이러한 활동을 가장 최적의 시간에 시작할 수 있도록 시도해야 한다. 운동 기술 역량은 처음에 잘 학습하지 못한 기술을 반복적으로 연습하며 습득되고, 학습 과정에서 자연스럽게 실수가 발생한다. 그러나 성인은 아동이 학습의 한 부분에서 실수한 것인지, 기술 수행에 필요한 성숙한 능력의 부족으로 실수한 것인지 구별해야 한다. 활동을 시도해 보고, 아이들이 아직 준비가 덜 된 것이 관찰되면 더 성숙해지고 나서 그 활동을 다시 시작하는 것도 괜찮다. 아이들이 4살과 6살에 아이스 스케이트를 타게 되었을 때 당시 흥분을 감추지 못했었다. 일어나려고 하면 넘어지며 그것을 싫어하고, 얼음판에 넘어져 흠뻑 젖는다고 울기도 했다. 준비도 면에서

특별히 좋은 평가를 받을 수 없던 시기였다! 그러나 우리는 1년 후에 그것을 다시 하도록 시도했고 그때 아이들은 잘 해냈고 좋아했다. 그전에는 준비가 안 되어 있었어도 준비가 되었을 때는 준비도를 갖추게 되었다.

2) 필수 선행 기술

성숙은 중요하지만 그 자체만으로 준비도를 보장하기에 충분하지 않다. 12세 소녀가 소프트볼을 할 수 있는 신체적 · 인지적 성숙을 갖추고 있어도, 던지고 잡고 타격하는 기술이 부족하다면 이 스포츠를 성공적으로 참여하는 데 주요 장애가 된다. 모든 스포츠에는 어린 선수가 해당 스포츠를 능숙하게 하려면 미리 숙달해야 하는 필수 선행 기술이 있다. 필수 선행 기술(prerequisite)은 '사전에 필요로 하는 것'을 의미한다. 아이스하키 선수는 스케이트를 잘 타야 하고, 골퍼는 눈과 손의 협응력이 좋아야 하며, 다이버는 자세와 균형이 좋아야 한다. 이 모든 기술은 그 스포츠에 능숙해지기 전에 필수적으로 요구된다. 부모와 유청소년 스포츠의 리더로서 우리의 임무는 아이들이 해당 스포츠에서 성공하기 위한 필수 선행 기술을 발달시킬 수 있도록 프로그램을 설계하는 것이다. 이는 기술 발달에 시간을 투자한다는 의미이고, 경기에 필요한 기술을 갖추기 전에 아이들을 경쟁 상황으로 몰아가는 것과는 대조적이다('스파르타크 테니스 방식' 참조).

미국 유청소년 축구의 한계는 경쟁, 팀플레이, 이른 시기에 승리하도록 초점을 두는 기술 발달에 있다(Farrey, 2008). 한 유청소년 개발 코치는 "발달의 핵심 시기는 기술 습득이 매우 중요한 어린 시기이다. 그러나 이 나라는 발달에 적합한 연령과 시기의 중요성은 강조하지 않는다. 아이들에게 적합한 것은 경기와 토너먼트에서의 승리가 아니다. 축구는 기술 경기이고, 성인이 아이들의 창의성을 함양시키려고 굳이 뭔가를 해야 하는 그러한 환경이 아니라도 충분히 공을 갖고 많은 시간을 쏟아야 한다. 공 자체가 최고의 코치이다."라고 했다(Schaerlaeckens, 2012). 걸출한 또 다른 유소년 축구코치도 이렇게 말한다. "아이들에게 패스, 패스, 패스하라 외치는 것은 실수이다. 어린 선수들은 드리블을 시도해야 한다. 언제나 드리블만 하려는 나이 든 선수에게 패스하도록 권유하거나 가르치는 것은 그리 어렵지 않다. 하지만 어렸을 때 드리블 기회가 없는 선수에게 훌륭한 드리블을 하는 선수가 되도록 가르치는 것은 불가능하다."(Woitalla, 2014).

프로농구 슈퍼스타 코비 브라이언트(Kobe Bryant)는 기술 개발보다 경쟁이 강조된 미국에서 유청소년 농구를 하지 않음으로써 얻은 이점을 설명한다. 그는 "아마추어 선수 협회(Amateur Athletic Association) 농구가 여기에서 성장할 때[6세에서 13세까지] 내가 이탈리아에서 끝냈던 것은 행운이었다. 그들이 미국에서 아이들에게 기본적인 것을 가르치는 것은 중단했지만 그것은 내게 별

쉬어가기

스파르타크 테니스 방식(The Spartak Tennis Way)

러시아는 세계적 수준의 테니스 선수 배출의 온상이 되었으며 모스크바의 스파르타크 테니스 클럽(Spartak Tennis Club)보다 더 확실한 곳은 없다. 스파르타크는 다른 스포츠 아카데미와 같이 명소가 아니고, 실내 코트 1개와 러시아 겨울 기후에서 1년

중 절반은 얼어붙어 있는 야외 클레이 코트 15개가 있는 황폐한 시설을 갖추었다. 문제는 없다. 최근 몇 년간 이 클럽에서 미국 전체에서보다 상위 20명의 여성 선수를 더 많이 배출했다.

스파르타크의 교육 철학은 '기술'이라는 한 단어로 요약할 수 있다. 주된 초점은 뛰어난 테니스로 이끄는 필수 선행 기술을 배우는 것이다. 전설적인 청소년 코치 라리사 프레오브라젠스카야(Lalisa Preobrazhenskaya)가 가르친 5~7세 아이들(일명 '리틀 그룹(Little Group)')을 대상으로 한 몇 가지 수업 사례는 다음과 같다.

- 워밍업: 15분간의 스트레칭, 건강 체조, 민첩성 훈련, 메디신 볼 패스, 공을 튕기고 잡는 간단한 협응 훈련
- '모방': 상상의 공을 사용하여 파트너와 랠리, 발끝에서 발끝으로 가볍게 공 튀기기, 회전하고 스윙하기, 코트를 다니며 고루 기술 교정(종종 아이들 팔을 잡고 올바른 스트로크를 통해 몸통 제어). 중요한 것은 올바른 스윙을 만드는 데 집중하는 것이며 아이 주의를 분산시키는 공이 없을 때 더 쉽게 할 수 있다. 프레오브라젠스카야는 "모든 움직임은 모든 실행과 연습에 중요하다."(Coyle, 2007, p. 5)라고 했다.
- 슬로 모션: 기술을 바로 잡기 위해 슬로 모션으로 다양한 테니스 스트로크 연습

스파르타크 학생들은 프로그램의 첫 3년간은 대회 출전이 불가하다. 프레오브라젠스카야는 "기술이 전부다."라고 말한다. "기술 없이 경기를 시작하는 것은 큰 실수이다. 아주 큰 실수!"(Coyle, 2007, p. 7). 프레오브라젠스카야는 리틀 그룹의 구성원에게 전술이나 포지셔닝을 가르치거나 어떠한 심리적 정보도 제공하지 않았다. 그녀의 모든 초점과 에너지는 테니스공을 깔끔하고 속도감 있게 치는 기본 과제를 가르치는 방향으로 집중되었다. 분명히 '스파르타크 방식'은 우수한 테니스로 이끄는 필수 선행 기술을 발달하는 데 중점을 두며 그 결과는 인상적이다.

영향을 미치지 않았다. 그곳에서 중요한 것은 경쟁이나 여행, 대단한 것이 아니었고 기본 기능, 풋워크, 스페이싱, 백컷 같은 것들이 모두 중요했다."(McCollum, 2013, p. 39). 남들과 경쟁하기에 앞서 필수 선행 기술을 배우는 것은 유능한 기술 발달 및 차후에 있을 대회에서 더 큰 성공을 보장하기 위해 따라야 할 중요한 지침이다.

3) 동기

준비도에 있어서 세발자전거의 세 번째 필수 바퀴는 동기이다. 아이들이 활동에 대한 동기가 없다면, 성숙 상태의 준비 및 활동에 대한 적절한 필수 선행 기술이 있는지의 여부가 중요하지 않다. 동기(motivation)는 무엇을 하려는 욕구, 의도 또는 추진력이다. 여러 차례에 아이들은 자신이 관찰해 온 스포츠를 해 보는 것에 신나하고, 그 활동을 즐기며 계속 참여하기를 원한다. 그러나 어린아이들이 시도하려는 활동이 무엇인지 스스로 잘 알 것이라고 가정하는 것은 비현실적이다. 어린 시절은 어떤 활동이 어린이에게 가장 최상이고 가장 선호하고 있는지 확인하기 위해, 다양한 활동을 본보기로 잠깐 경험하는 시기여야 한다. 부모는 자녀에게 최대한 다양한 스포츠 활동을 소개해 주어야 한다. 부모로서 우리는 때때로 아이들이 활동(처음에는 저항하고 불평했던)을 한 번 해 보라고 주장하는 경험도 하지만, 결국 그 스포츠를 아이가 무척 좋아하게 되고 계속 참여하려는 강한 내재적 동기를 발달시키게 된다. 동기부여는 복잡한 과정이며 6장에서 더 자세히 논의된다.

3. 운동 기술 발달의 '산'

아이들이 ① 신체적 · 인지적으로 성공할 만큼 충분히 성숙해 있고, ② 활동에 필요한 필수 선행 기술을 갖추고 있으며, ③ 그것을 시도해 보려는 동기가 있을 때

비로소 그 활동을 할 준비가 된 것이다. 그러나 아이들은 스포츠 기술을 어떻게 습득하는가? 발달 과정에서 먼저 배워야 하거나 뒤를 이어 배워야 할 어떠한 순서가 있는가?

아이들이 신체적으로 어떻게 성장하고 성숙하는지 그 패턴이 있는 것처럼(4장에서 논의), 아이들이 운동기능을 발달시키는 전반적인 패턴도 있다. 이런 의미에서 **모터**(motor)는 움직임을 뜻한다는 것을 기억하라.

일단 먼저 알아야 할 용어를 정의해 보자. **운동 기술**(motor skills)은 특정 과제를 완성하기 위해 매끈하고 효율적인 동작을 만들어 내려고 결합한 학습된 움직임이다. 예를 들어, 걷기, 먹기, 쓰기, 던지기, 계단 오르기 및 내리기, 농구공 슈팅하기, 테니스공 서브하기, 피겨 스케이팅에서 트리플 악셀로 착지하기는 모두 운동 기능이다.

대근육 운동 기술(gross motor skills)은 몸통 전체 또는 신체 주요 부분의 움직임(예: 점프하기, 달리기, 축구공 차기)을 포함한다. **소근육 운동 기술**(fine motor skills)은 펜을 쥐고 글을 쓰거나 양궁에서 화살을 쏘려고 준비하는 것과 같이 작은 근육군을 사용하는 정확한 움직임을 요한다. 많은 스포츠에서는 이러한 대근육 운동 기술과 소근육 운동 기술을 둘다 활용한다(예: 야구공 던지기, 골프 클럽을 잡거나 휘두르기, 축구 패스를 받기, 상대편에 맞서 드리블하기).

운동 기술은 또한 이동 기술, 조작 기술, 안정성 기술로 분화될 수도 있다. **이동 기술**(locomotor skills)은 걷기, 달리기, 점프와 같이 공간을 통해 몸을 움직이는 것을 포함한다. **조작 기술**(manipulative skills)(물체 제어 기술이

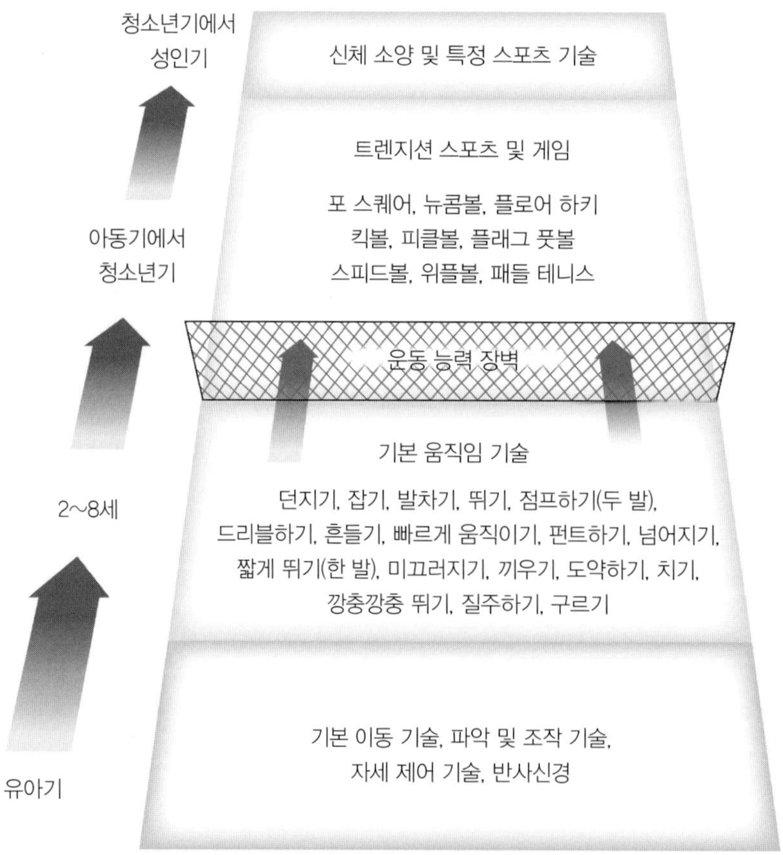

[그림 5-2] 운동 기술 발달의 '산'

Clark and Metcalf (2002); Horn and Butt (2014); Ulrich (1987).

라고도 함)에는 물체를 옮기거나 투사하는 것(던지기, 드리블하기)과 물체를 받는 것(잡기, 축구공이나 하키에서 퍽 받기)이 포함된다. **안정성 기술**(stability skills)(신체 제어 기술이라고도 함)은 밸런스 빔, 다이빙 또는 피겨 스케이팅에서 특정 자세를 버티는 것처럼 중력에 대응하여 신체 위치를 유지하는 것을 포함한다.

그렇다면 이러한 다양한 유형의 운동 기술이 발달되는 패턴은 무엇이며, 이것이 어떻게 스포츠에서 유능성과 전문성으로까지 이어지는가? 그것을 다양한 유형의 운동 기술이 특정 발달 수준 내에서 특정 순서로 발달되는 운동 기술 발달의 산([그림 5-2])(Clark & Metcalf, 2002; Horn & Butt, 2014; Ulrich, 1987)으로 생각해 보라. 이러한 발달 수준은 [그림 5-2]에 번호가 매겨져 있고 대략적인 연령대로 표시되어 있으나 수준들과 개인들 간 변화 사이에 중첩되는 부분이 있다.

영유아, 아동, 청소년은 어떠한 도움 없이 운동 능력 발달 산(mountain of motor skill development)을 오르지 못한다. 즉, 운동 기술은 마술처럼 발달되는 것이 아니고 단지 성숙 상태에 근거하여 나타난다. 아이들을 둘러싼 환경은 아이들이 움직이는 방식에 강한 영향을 미친다. 인간은 선천적으로 특정 반사신경과 기본적인 움직임이 가능한 성향을 갖춘 사전 적응된 운동 행동을 가지고 태어난다. 그러나 이러한 움직임은 주변 환경과 학습 과정에 의해 강화되거나 수정된다(Haibach, Reid, & Collier, 2011). 부모와 다른 성인은 아이들의 운동 발달을 염두에 두고, '산'을 올라갈 때 다양한 운동 기술을 발달하도록 지원하고 돕기 위해 발달에 적합한 다양한 경험을 제공해야 한다.

1) 수준 1: 반사신경과 기본 신체 제어 기술

운동 기술 발달 '산'의 수준 1에서는 출생부터 약 2세까지의 유아기를 나타낸다. 이 발달 기간은 질서 있게 나타나다가, 그 이후에 수많은 반사신경(reflexes) 또는 영유아가 특정 자극에 반응하는 비자발적 움직임(예: 손바닥 꽉 쥐는 반사신경)이 사라지는 것이 특징이다. 이러한 반사신경의 질서 정연한 순서는 부모와 소아과 의사가 영유아의 정상적 신체 발달을 평가하는 데 도움이 된다. 자세 제어 기술(예: 구르기, 앉기, 똑바로 서기) 및 기본 이동 기술(예: 살살 기기, 엎드려 기어가기, 걷기)은 목표 지향적 움직임에서 환경과의 상호작용을 시작할 때 모든 영유아에게 관찰되는 중요한 운동 단계이다. 수준 1의 운동 발달의 다른 측면은 기술 이해와 조작적 기술, 즉 장난감과 같은 물체에 손을 뻗고 잡아 조작하는 것이다. 조작적 장난감과 다룰 기회 및 기본 운동 기술 발달을 위한 공간은 아이들의 운동 기술을 향상시킨다.

2) 수준 2: 기본 움직임 기술

운동 기술 발달 산의 수준 2에서 아이들은 기본 운동 능력이라고 하는 매우 다양한 기본 이동, 조작 및 안정성 기술을 수행하는 방법을 배워야 한다. 기본 운동 기술(fundamental motor skills)은 모든 스포츠 기술에서 대단히 미세한 부분으로서의 기본 운동 움직임이다. 이는 해당 스포츠에 특화된 기술을 배우기 위한 집짓기 블록 역할을 하므로 '기본'으로 불린다. [그림 5-2]에는 던지기, 잡기, 두 발로 뛰기, 한 발로 깡충 뛰기, 치기를 포함한 빌딩 블록의 다양한 사례가 제시되어 있다. 이 단계에서 중요한 다른 기본 기술은 소근육 운동 기술이다; 눈-손의 협응; 눈-발 협응; 균형; 민첩성(균형 유지하며 방향 전환 능력); 정보 처리 및 의사결정(예: 유심히 살피고 게임과 경기에서 적절한 단서 선택)(Horn & Butt, 2014). 이러한 기본 기술은 [그림 5-1]에 있는 세발자전거의 바퀴 중 하나인 아이들의 스포츠 참여를 위해 필수적인 전제 요건이다.

운동 능력의 장벽을 피하기 위해서 아이들은 2~10세 사이의 다양한 기본 움직임 기술에서 성숙한 움직임 패턴을 개발해야 한다.

(1) 기본 운동 기술 발달 성숙 단계에 도달함의 중요성

[그림 5-2]의 기본 운동 기술 목록을 보고 '글쎄, 그것들은 쉽다. 누구든 달리고, 잡고, 점프하는 방법 정도는 알고 있다.'라고 생각할 것이다. 그렇다. 모두 그런 일을 할 수 있다. 그렇지만 과연 얼마나 잘하는가? 아이들이 최고의 성숙 수준에서 복합적인 기본 운동 기술에 능숙해지는 것은 중요하다. 이것은 집의 토대와 같다. 기초가 견고하지 않고 강하게 만들어지지 않는다면, 그 집에서 살 수는 있지만 흠집과 균열이 생기며 곳곳이 약하게 된다. 이와 마찬가지로 기본 운동 기술이 덜 발달된 아이들은 연령대가 높아지면 스포츠 기술에 참여할 수 있겠지만 불이익을 받게 될 수 있고, 기본 기술이 능숙하고 성숙한 다른 사람들만큼 스포츠 수행이 그리 견고하거나 강하지는 못할 것이다.

기본 운동 기술을 수행하려는 아이들의 첫 번째 시도는 그다지 숙련되어 있지 않다. 초기 단계(initial stage)에서 아이들이 움직임에 대한 첫 시도는 과장되거나 제한된 신체 움직임에, 순서도 잘 맞지 않고 형편없는 리듬을 사용한다(Gallahue, Ozmun, & Goodway, 2012). 뛰어난 민첩성과 제어 능력, 부드러운 움직임으로 드리블하는 고등학교 농구 선수와 비교되는, 전형적인 3세 아동

[그림 5-3] 던지기 초보자. 몸통의 회전보다는 굴곡에 주목하라.

Haywood & Getchell(2009)의 Life span motor development, 제6판(Champaign, IL: Human Kinetics)에서 옮김. 위스콘신 매디슨 대학(University of Wisconsin-Madison)의 운동 발달과 아동 연구팀에서 가져온 것으로, 볼링 그린 주립 대학(Bowling Green State University)의 운동생리학 분과인 Motor Development Film Collection에서 구할 수 있음. © Mary Ann Roberton 및 Kate R. Barrett.

표 5-1 오버암 던지기 숙달의 초기 단계부터 성숙 단계까지의 예

	몸통 동작
초기	몸통 동작 없음. 공을 추진하는 데 팔만 사용하거나 엉덩이에서 몸통이 앞으로 구부러짐(이 동작에 대한 설명은 [그림 5-3] 참조).
초급	상체 회전 또는 몸통 전체의 '블록' 회전
성숙	차별화된 회전. 목표선에서 비틀면서 멀어진 후 골반이 먼저 오고 상체가 순서대로 뒤따르는 전방 회전
	팔의 백스윙
초기	백스윙 없음
초급	원형의 상향 백스윙
성숙	원형의 하향 백스윙
	던질 때 발동작
초기	스텝 없음
초급	동일 방향 스텝. 던지는 손과 같은 쪽 발로 스텝
성숙	반대 방향 스텝. 던지는 손의 반대편 발로 스텝

Haywood & Getchell(2009)에서 발췌.

이 농구 초기 단계에서 하는 바운스는 높고 제어가 부족한 드리블을 상상해 보라. 다음은 초급 단계(elementary stage)로 기본 움직임에 대한 보다 훌륭한 제어와 리듬에 맞는 협응을 볼 수 있다(Gallahue et al., 2012). 그러나 초급 단계의 움직임 패턴은 여전히 제한적이고 과장되어 있다. 이 단계의 일반적인 예로 팔을 위로 들어서 던지는 시도를 해도 몸통과 어깨는 제대로 회전하지 못하는 아이들을 들 수 있다(〈표 5-1〉 및 [그림 5-3] 참조). 성인과 아동을 포함한 많은 개개인은 팔을 위로 들어 던지기나 다른 기본적인 운동 기술에서도 초급 단계를 넘어서지 못한다(Gallahue et al., 2012).

기본 운동 기술의 성숙 단계(mature stage)는 기계적으로 효율적이고 조정되며 제어되는 특징이 있다. 앞서서 고등학교 농구 선수가 날래며, 통제력과 자동성을 갖춘 드리블의 사례는 성숙한 형태의 드리블이다. 〈표 5-1〉에서는 오버암 던지기의 예를 사용하여 기초 단계부터 성숙 단계까지의 다양한 수준의 숙련도를 설명한다(Haywood & Getchell, 2009에서 채택).

(2) 운동 숙달도 장벽 피하기

아이들이 어린 시절에 여러 가지 기본 운동 기술을 통해 성숙한 움직임 패턴을 습득하는 것이 매우 중요하다. 그 중요성을 보여주는 예로, 오버암 던지기의 성숙한 패턴은 야구나 소프트볼 경기를 능숙하게 하게 하고, 테니스에서 서브하고 오버헤드 스매시를 수행하거나 배구의 서브와 스파이크에서도 필요한 기본 움직임이다(Horn & Butt, 2014).

기본 운동 기술의 광범위한 레퍼토리를 개발하는 것은 어린 선수들이 스포츠 기술을 배우고 훈련할 때 더 많은 선택권을 제공하고, 다양한 운동 능력을 갖춘 신체적으로 균형 잡힌 사람이 된다. 호주 여자 프로농구 코치는 "농구는 높은 수준의 기본적인 볼 기술 발달이 필요하다. 그러나 선수의 신체 균형이 좋지 않고 민첩성, 폭발적 순발력, 측면의 기민함이 부족한 경우, 10대에 들어 이러한 기술을 발달시키려 하면 진전이 어렵다."라고 말하였다(Cooke, 2006). 많은 운동 발달 전문가(experts)들은 개인적 삶의 전반에 걸쳐 계속 활동적이려면 기본 운동 기술의 유능성이 필수적이라고 했고, 전적으로 이 의견에 동

의한다.

그러나 기본 운동 기술의 발달은 성숙을 통해서만 이루어지는 것이 아니다. 아이들이 이러한 기술을 개발하기 위해서 연습, 경기, 교수, 격려의 기회가 필요하다. 그러한 기회 없이는 아이들은 운동 숙달도 장벽에 부딪힌다(Seefeldt, 1980). [그림 5-2]에서 볼 수 있듯이 **운동 숙련도 장벽**(athletic proficiency barrier)은 아이들이 기본 운동 기술 단계에서 이동하여, 보다 공식적 스포츠와 경기로 전환할 때 운동 성공을 성취하는 능력을 방해한다. 기본 운동 기술이 발달되지 않거나 불완전하게 발달된 아이들은 이러한 기술을 성숙한 패턴으로 하는 또래들과 동일 수준의 운동 숙달도를 달성하기 어려울 것이다. [그림 5-2]의 화살표는 다양한 수준에서 성숙한 기본 운동 기술 발달을 통해 숙달도 장벽을 통과하는 아이들의 능력을 나타낸다. 언제 개인의 기본 운동 기술을 발달시킬 것인지 그 타이밍이 중요하다. 기본 운동 기술 발달은 2세부터 8세 사이에 권장된다는 점에 주목하라. 전문가들에 따르면 8세를 넘어도 몇 년은 연장되어 발달될 수 있기는 하나, 어린 시절 이후에는 이러한 기술들의 패턴을 성숙한 수준으로 발달시키는 것이 훨씬 더 어렵다.

따라서 운동 숙련도 장벽은 아동기의 최적 학습 시기에 기회나 연습 부족으로 인하여 기본 운동 기술의 성숙한 패턴이 발달되지 않을 때 일어난다. 이러한 기술이 없으면 아이들은 스포츠에 참여할 가능성이 낮으며, 시도하는 경우에도 성공하는 데 전제가 되는 기본 기술이 없다는 좌절감으로 중도 하차할 가능성이 높다. 이것은 '할 수 없다면, 하지 않을 것이다.'라는 원칙으로 생각하라(Balyi, Way, & Higgs, 2013). 달릴 수 없다면 축구, 농구, 럭비 또는 테니스를 할 수 없으며, 던질 수 없으면 야구, 소프트볼, 축구, 수구, 볼링을 할 수 없다. 수영을 할 수 없다면 서핑, 수영, 카약, 보트 타기에 참여할 수 없다. '할 수 없다면, 하지 않을 것이다.' 원칙은 아이들의 기본 기술 발달의 본질적인 특성을 강조한다.

(3) 아이들이 기본 기술을 발달시키는 전략

아이들이 운동 숙련도 장벽을 통과하도록 돕기 위해 성인은 기본 운동 기술 발달을 위한 기회, 격려, 교육을 제공해야 한다. 다음은 2세부터 10세 연령 사이에 있는 아이들이 따라야 할 몇 가지 구체적인 전략이다.

1. 아이들이 크고 개방된 공간(공원, 뜰, 체육관, 수영장)에 접근할 수 있도록 하라.
2. 신체적으로 도전 가능한 용구들이 다양한 유형으로 갖추어진 활동적인 놀이터(또는 운동장)에서 아이들이 시간을 보내도록 허용하라.
3. 재미있는 장애물 코스(실내 및 실외)를 설계하고 아이들이 달리고, 점프하고, 오르고, 기어가고, 살금살금 움직이고, 뛰고, 구르고, 뒤로 걷고, 균형 잡고, 도약하고, 소근육 운동 기술(예: 볼링 핀 옮기기 및 교체)을 사용하여 그 코스를 완성적으로 수행하도록 하라.
4. 가정에서 놀이와 게임이 가능한 신체 활동 장비(공, 훌라후프, 배트, 골대, 프리스비, 자전거, 스쿠터, 스케이트, 활동적 장난감)를 구입하라.
5. 아이와 함께 놀아 보라. 씨름, 술래잡기(및 모든 변형), 잡기 놀이, 자전거 타기, 스케이트 타기, 킥볼 경기, 각자 놀이. 창의력을 발휘하라. 우리는 거실에 있는 커피 테이블을 두고 풍선 배구를 많이 했고 지하실에서는 비치볼 축구를 했다. 매일 가족이 함께 재미있는 신체활동에 참여하며 신체적으로 활동성이 높아질 것이라고 기대해 보라.
6. 다른 아이들과 함께 노는 날짜를 정하라. 즐겁고 신체적으로 도전하는 계획된 활동을 집에서 진행해 보라.
7. 조직화된 유청소년 스포츠팀과 다른 교육용 운동 기술 발달 프로그램을 찾아보라. 이러한 프로그램은 지역사회 레크리에이션 부서와 간혹 대학에서

제공하기도 한다. 숙달 지향적(경쟁이 아닌) 환경에서 기술 발달에 중점을 두어야 한다. 예를 들어, 전국 유청소년 스포츠 연맹(National Alliance for Youth Sports: NAYS)는 야구, 축구, 농구, 골프, 풋볼, 테니스와 같은 스포츠를 위한 기본적이고 필수적인 운동 기술을 배우기 위해 부모와 3~5세 사이의 자녀를 함께 데려가는 스마트 스포츠 육성 입문 프로그램(Start Smart Sports Development Program)을 후원한다. 유청소년 프로그램은 NAYS에서 다양한 스타트 스마트 프로그램을 주문할 수 있으며, 가정 프로그램은 부모가 구매할 수도 있다(www.nays.org).

8. 어린 나이에 다양한 신체활동을 시도해 보거나 참여하도록 아이들을 안내하라. 예를 들어, 입문 댄스와 체조 수업은 여아와 남아 모두 신체 조절 및 움직임 기술 발달에 탁월하다.
9. 색칠하기와 같은 활동을 사용하여 아이들이 소근육 운동 기술을 발달시키도록 도우라. 블록, 레고 또는 팅거토이(Tinger Toys)로 건물 짓기, 가위와 풀 또는 접착제를 사용하여 그림이나 물건 만들기, 양말과 신발을 신는 것, 옷의 단추를 채우고 지퍼를 잠그는 것과 같은 자조 활동이 있다.
10. 기본 기술 발달을 대부분 구조화하거나 체계적인 연습으로 만들지 말라. 더 나은 전략은 아이들이 탐구하며 즐거운 신체 놀이에 참여하도록 이끄는 상황을 만드는 것이다(Balyi et al., 2013). 이 발달 단계에서 올바른 마음가짐을 유지하기 위해 연습이 아닌 놀이를 생각하라.

3) 수준 3과 4: 트랜디션 스포츠 및 게임에서 신체 소양 및 특정 스포츠 기술로

운동 발달의 '산'을 완성하기 위해서([그림 5-2] 참조), 아이들이 성인 스포츠 참여로 전환하는 역할을 하려면 변형된 스포츠 및 활동에 참여하는 것이 우선적이다. 이를테면, [그림 5-2]에 제시된 바와 같이 포 스퀘어, 킥볼, 플로어 하키와 같은 리드업 게임이 포함된다. 대부분의 조직화된 유청소년 스포츠는 아동의 성숙과 기술 발달 요구에 부합해야 하므로 아이들을 위해 변형된다(7장 참조). 그들 자신을 위해 개발된 기본 운동 기술은 이제 트랜디션 스포츠 및 게임에 적용되어 아동은 계속 자기만의 기술을 발달시킬 수 있을 것이다.

수준 1에서 3까지 운동 기술 개발의 '산'을 성공적으로 탐색하면, 특정 스포츠에서 성공적으로 수행하고 신체 소양(신체 문해력)을 갖추게 되는 능력으로 이어진다. 신체 소양(physical literacy)은 평생 동안 개인적으로 적절한 수준으로 신체 활동을 유지하기 위한 신체 유능성, 동기, 자신감, 이해 및 지식을 포괄한다(Balyi et al., 2013에서 인용된 Whitehead & Murdock, 2006). 신체 소양은 수준 4에서 개인이 일생에 걸쳐 다양한 스포츠와 활동을 시도하고 성공할 수 있도록 다양한 선택권을 제공한다.

부모는 운동 기술 발달의 산을 보고 수준 4에서 자녀가 두드러지게 잘할 수 있는 하나의 특정 스포츠를 목표로 할 수 있다. 분명히 사람들은 타인을 능가하는 특정 스포츠를 더 좋아하게 되며 특정 스포츠를 위해 훈련하는 시간을 할애하도록 선택한다. 그러나 신체 소양(다양한 활동에 성공적으로 참여하도록 하는 민첩성, 균형, 협응 및 기본 기술의 광범위한 레퍼토리를 갖는)의 궁극적 목적은 운동 기술 발달의 '산'이다. 이는 성인이 자녀의 평생동안 신체활동에 대한 책무를 갖고 그들에게 해줄 수 있는 최선의 투자이다. 그리고 10장에서 배우게 되겠지만, 폭넓은 신체 소양을 발달시키지 않은 채 어린 나이에 과도하게 전문화하는 것은 실제로는 전문적 스포츠에서 운동선수의 수행에 곤란을 겪도록 할 수 있다. 유청소년 스포츠 리더는 선수가 운동 기술 발달의 산을 오르는 길에서 다음 발달 단계를 밟도록 돕고, 궁극적인

참고하기 **아동을 위한 오버암 던지기 교수 전략**

독자가 찾고 있는 4가지 핵심 요소는 ① 하향 출발 백스윙, ② 반대 방향 스텝, ③ 대각선 팔로우스루, ④ 몸통 회전 및 역회전이다. 아동은 연습이 필요하다. 연구에 따르면, 10세가 되어서야 60%의 아동이 숙달한 오버암 던지기에서 이 네 가지 핵심 요소가 잘 나타났다(Ulrich, 1985).

한 가지 전략은 '코, 발가락, 보여 주기, 던지기'라는 큐 사인을 사용하는 것이다. 다음에서 이 좋은 교수법을 보여 준다. 우선, 공을 몸에서 멀리(코 옆) 앞쪽에 두고 잡는다. 그리고 공을 허벅지 옆 발가락 쪽으로 가져온다(백스윙이 아래쪽에서 시작). 다음으로 공이 어깨 뒤로 올 때까지 뒤쪽과 위쪽으로 가지고 온다. 여기에서 손목을 뒤로 끌어서 뒤에 있는 사람에게 공을 보여 주고, 여기에서 팔을 꺾으며 공을 던진다.

여러 변화를 주며 이 교수법을 활용 가능하다. 먼저 던지지 않는 손으로 대상을 가리키며 시작한다. 배꼽이 레이저 빔이라고 생각해 보라. 엉덩이를 던지는 방향으로 벌리거나, 레이저 빔을 옆으로 직접 돌려 보라(타겟 라인에서 90°). 던지는 쪽 팔꿈치를 구부려 어깨높이로 유지하라(허수아비를 생각해 볼 것). 위로 젖혀진 손목으로 장전하듯 끌어서 공을 잡는다. 엉덩이를 앞쪽으로 좁히며 던지는 팔은 앞으로 가져오고, 던지지 않는 쪽 발을 앞으로 딛으며 목표 대상 쪽을 향해 레이저 빔을 비추라. 볼을 보낼 때는 느슨해진 손목을 빠르게 스냅을 주어 움직이고, 팔로우드로 시에 엄지손가락은 앞발 바깥쪽 땅을 가리키도록 한다.

다른 전략과 비디오는 인터넷에서 이용 가능하다. 교사, 코치, 부모는 숙달된 던지기 패턴에 도달하는 것이 하나의 발달 과정이며 한 번에 일어나지 않는다는 것을 이해해야 한다. 꾸준하게 아동과 캐치볼을 하고 정보와 피드백을 제공하면 아동이 던지는 패턴을 정련하는 데 도움이 된다. 그러나 간단하면서도 재미있게 만들라(개울에 돌 던지기, 수영장에서 홈통 공놀이, 피구 놀이). 적은 양의 교수법과 피드백만 제공하면 아이들은 그것을 즐기며 계속하고자 할 것이다.

목표인 신체 소양과 다양한 신체활동에 참여할 수 있는 평생의 기회를 갖도록 전념해야 한다.

4. 운동 기술 발달에서 민감기

운동 기술 발달의 산([그림 5-2] 참조)에서 묘사된 것과 같이 유년 시기의 초반과 중반(약 2~8세)에 기본 운동 기술을 배우는 것은 이롭다. 이 시기는 뇌에 미치는 특정 경험의 영향이 특히 강할 때 발달이 제한되는 민감기(sensitive period)이다. 민감기의 좋은 예로 제2언어 학습을 들 수 있는데, 교육을 일찍 시작할수록 인생의 후반에서 더 훌륭한 언어 능력이 나타난다. 어렸을 때 가정에서 제2언어를 사용하며 자란 사람들을 알고 있었듯이, 이러한 언어 발달은 고등학교나 대학교에서 제2언어를 습득하려고 노력하는 것보다 훨씬 쉬웠다. 스포츠 기술을 배우는 것도 이와 마찬가지다.

1) 최적 준비 기간으로서의 민감기

운동 기술 발달의 중요한 이 시기를 때때로 결정적 시기(critical periods)라고도 한다. 그러나 신경과학자들은 결정적 시기를 뇌와 행동의 정상적인 발달을 위해 적절한 자극과 경험이 필요한 고도로 한정된 시기로 보고 있

쉬어가기

마이클 조던(Michael Jordan) 프로 야구 실험

1993년 봄, 마이클 조던(Michael Jordan)은 프로 농구선수 은퇴를 선언하며 스포츠계를 놀라게 했다. 그는 방금 시카고 불스(Chicago Bulls)를 3년 연속 전국 농구 협회(National Basketball Assocciation: NBA) 챔피언십으로 이끌었고 다수의 MVP 상, 득점 타이틀, 올스타팀, 올림픽 금메달을 포함하여 농구 경기와 관련된 가능한 영예는 모두 달성했다. 더욱 놀라운 사실은 조던이 프로야구의 시카고 화이트삭스(Chicago White Sox)와 계약을 맺었다는 언급이었다.

시카고의 더블 A 마이너 리그 팀에서 뛰는 그는 적절한 수비 선수였으며 그의 속도가 빨라서 도루와 내야 안타를 달성해 낼 수 있었다. 그러나 프로야구 타자가 되는 것은 조던과 같은 위대한 운동선수도 감당할 수 없는 일이었다. 그의 최종 평균 타율은 0.202였고, 삼진율은 28.4%나 되었다. 마이클 조던과 같이 재능과 폭발력을 가진 운동선수가 프로 야구에서는 중간 정도도 때리지 못하는 이유가 무엇일까. 답은 그의 초기 두뇌 발달에 있다.

의사이자 신경학 교수인 헤롤드 클라완스(Harold Klawans)는 자신의 저서 『Why Michael Couldn't Hit』(1996)에서 이렇게 언급했다. "신경학자인 내가 알고 있는 선에서 그는 메이저 리그 수준의 다른 선수들만큼 좋은 성적을 내기는 어려울 것이다. 그는 메이저 리그 수준에서 경쟁적으로 경기를 할 만큼 야구공을 충분히 잘 칠 수는 없을 것이다. 그의 타격 불능은 신경학적 문제의 직접적인 결과이다. …… 성공적으로 친다는 것은 단순히 근육 발달로 가능한 기술이 아니다. 그것은 시각 운동 기술이며 다른 기술처럼 학습해야 한다. 두뇌는 공이 투수의 손을 떠날 때 공의 회전과 속도 및 방향을 인식하는 방법을 학습한 다음, 공을 견고하게 치기 위해 딱 맞는 속도와 정확하게 적절한 위치에서 야구 배트를 휘두르는 방법을 배워야 한다. 이것은 누구에게든 뇌에서 받아들이기 어려운 요구이다. 그리고 슬픈 사실은 31세의 마이클 조던의 뇌가 이 기술을 습득하기에 너무 나이가 많다는 것이다"(pp. 4-5).

조던이 야구공을 치는 법을 배울 수 있는 기회의 창 또는 민감기는 그가 어렸을 때 닫혔다. 아, 물론 그가 레크리에이션으로 소프트볼 경기에는 성공할 수 있었지만, 투수의 손에서 플레이트까지 0.041초 만에 이동하는 메이저 리그 속구를 치는 것은 스포츠에서 가장 어려운 시각-운동 기술 중 하나이다. 조단의 그 이례적으로 우수한 농구 재능은 그가 아직 시냅스 네트워크를 발달시키고 있던 유년 시절의 연습과 플레이의 결과였다. 조던은 야구를 배우기 위한 민감기가 지나갔다는 것을 깨달았고, NBA로 돌아와 바로 3번의 NBA 우승을 더 일구어 냈다.

다(Knudsen, 2004). 이러한 의미에서 결정적(critical)이라는 것은 중요한 기능이 특정 발달의 창밖에서는 획득될 수 없다는 것을 의미한다. 시각 발달은 중요한 시기에 발생하는 이러한 일의 한 예이다. 영유아는 생후 6개월 동안 빛을 보지 않으면, 눈에서 이러한 신호를 처리하는 뇌의 시각 피질로 이어지는 신경이 퇴화하거나 죽는다. 대부분의 결정적 시기는 시력 발달과 마찬가지로 유전적 통제를 받지만, 민감기는 시간 프레임이 더 유연하고 경험의 영향을 강하게 받는다(Penhune, 2011).

따라서 민감기(sensitive period)라는 용어는 유년기 초반과 중반 동안 기본 운동 기술, 즉 눈-손 및 눈-발 협응, 신체 조절, 소근육 운동 기술 및 기타 유사 기술 관련 구성 요소를 발달시킨다는 중요성에 딱 들어맞는다. 기술 발달의 민감기는 아이들이 특정 기술을 학습할 최적의 준비가 되어 있음을 의미하는 최적 준비 기간으로 간주될 수 있다(Magill & Anderson, 1996). 이 시기에 학습된 기술은 적은 훈련으로도 더 쉽게 배우고 일반적으로 청소년기와 성인기에 더 능숙하게 된다. 그러나 민감기에 배우지 않으면 운동 기술을 결코 학습할 수 없다고 단정할 수는 없다. 오히려 지금이 이러한 기술을 배우기에 가장 최선이고, 가장 결실을 낳기에 좋고, 가장 수월하며, 기회의 창이 가장 활짝 열려 있는 시기로 볼 수 있다. 이러한 기술은 나중에 발달시키는 것이 훨씬 더 어렵다. 왜냐고 묻는다면 우리의 두뇌가 어떻게 발달하는가에 따라 다르기 때문이라고 볼 수 있다.

2) 신경 연결 및 초기 두뇌 발달

뇌 발달 또는 학습은 실제로 시냅스 또는 뉴런 간의 연결을 생성, 강화 및 폐기하는 과정이다. 시냅스는 우리가 하는 모든 일을 제어하는 뇌 부분들을 연결하는 경로를 형성함으로써 뇌를 조직화한다. 뇌 발달은 활동 의존적이다. 즉, 시간이 지남에 따라 형성되고 지속적으로 사용되는 시냅스는 강화되는 반면, 사용되지 않는 시냅스는 뇌에서 제거된다('함께 발화하고 함께 연결되는' 세포). 이러한 뇌의 가지치기는 얼핏 냉혹하게 들릴 수 있지만, 아이들의 신경 처리를 능률화하고 나머지 회로가 더 빠르고 효율적으로 작동하도록 만드는 건강한 두뇌 발달에 필수적이다. 가지치기 또는 활성 신경 회로의 선택은 평생에 걸쳐 발생하지만 유년기 초반에 훨씬 더 공통적으로 나타난다.

유년기 초반의 신체 활동 및 운동 기술 연습에 대한 다각적 경험은 운동 발달을 촉진하는 방식으로 두뇌를 연결하는 데 중요하다. 대근육 운동기술 및 소근육 운동기술 발달을 위한 주요 기회 창은 1~9세이며, 대부분의 운동기능에 대한 일반적 창은 10세 전후로 상당히 좁아진다(Chugani, 1998). 앞서 논의한 대로, 이 창은(결정적 시기에처럼) 완전히 닫히지 않지만 좁아지므로 나중에 연령대가 높아진 후 기초적 운동 기술을 발달시키려는 도전은 더 어려워진다.

시냅스 발달과 가지치기 외에도 발달 중인 두뇌에서 일어나는 또 다른 중요한 과정은 수초화(말이집형성)다. 수초(myelin)는 시냅스를 통해 명확한 전달을 보장하기 위해 뇌의 신경 섬유를 보호하는 백색 지방 조직이다. 어린아이들은 빠르고 명확한 신경 자극 전달에 필요한 수초가 두뇌에 부족하므로 정보 처리 속도가 더 느리다. 수초가 두꺼울수록 더 잘 보호하고 움직임 이동을 제어하는 신호가 더 빠르며 정확하게 전달된다. 그러면 우리는 어떻게 수초를 증가시키는가? 경험하고 연습하라. 반복할 때마다 운동선수는 활동을 위한 말이집형성을 두껍게 만든다. 그들은 더 많은 보호막을 구축하고 정밀함, 기술, 속도를 높인다. 일부 수초를 유전적으로 발달되나 운동이나 스포츠 기술을 위한 말이집형성은 활동에 의존한다(Coyle, 2007; Fields, 2005). 그리고 성인은 일생 동안 수초를 생산하는 능력을 보유하고 있지만 아이들보다 더 많은 노력을 들여야 하고 더 낮은 속도로 발생한다.

전반적으로 발달하는 두뇌는 먼저 운동 기술의 실행을 제어하는 연결(시냅스)을 창출해 낸다. 다양한 기본 운동 및 스포츠 기술에 적극적으로 참여함으로써, 말하자면 아이들은 운동적으로 연결된 두뇌를 만든다. 그리고 지속적인 스포츠 기술 발달과 반복적 연습을 통해 어린 운동선수는 운동적으로 연결된 뇌를 위해 엄청나게 힘쓰려고 수초를 생성한다. 이 연구 결과 엄청나게 힘쓰는 과정을 위한 최적 시기는 유년기의 초중반이다. 우리는 평생 동안 약간의 두뇌 가소성을 보유하나, 스포츠에 적합한 두뇌를 개발하는 데 가장 민감한 시기는 유년기이다.

5. 인지적 준비

인지적 준비(cognitive readiness)는 스포츠의 기술적·전략적 요구 사항을 이해하는 아이들의 능력, 특히 자신의 수행 및 스포츠 환경에 대한 관련 정보를 처리하는 능력을 의미한다. 스포츠 수행은 운동 기술 실행(배구로 설정 가능) 및 인지적 의사결정(어느 시기에 어떤 세트에서 어느 선수가 공을 쳐야 하는지 아는 것)에 대한 기능이다. 따라서 스포츠 참여에 필요한 신체 성숙 및 신체 기술과 더불어, 아이들의 인지발달은 다양한 유형의 스포츠 활동에 대한 준비에 영향을 미친다.

비전문적 아동(주니어 엘리트 스포츠에 참여하지 않는)은 스포츠에 대한 인지적 능력에서 연령이 높은 운동선수와 달리 아래와 같은 특성을 보인다(Haywood & Getchell, 2009).

- 스포츠에 대한 경험이 적으므로 전략적 지식뿐 아니라 '어떻게 하는지'에 대한 지식 부족
- 자동적으로 기술을 수행할 수 있는 숙련된 운동선수와 달리 기술을 수행하는 방법에 대해 생각하기 위한 상당한 정신적 활동
- 사물과 사건의 예측 및 예상하는 능력 부족
- 패턴(예: 상대 팀의 수비 전략) 인식 능력 부족
- 스포츠의 특정 상황에 대한 반응의 사전 계획 실패
- 스포츠에서 필요한 결정이 더디며 덜 정확

경험과 효과적인 교육을 통해 아동은 인지적으로 더 능숙해지며, 이는 스포츠 수행 능력도 향상시킨다. 코치는 야구 유격수와 함께하는 워터 브레이크 연구에서의 계획 및 예행 연습과 같은 주의 집중 전략을 아동에게 가르칠 수 있다. 아동을 가르치는 데 유용한 인지 전략으로 라벨링(labeling)이 있는데, 올바른 수행에 대한 멘탈 이미지를 제공하기 위해 구두적 라벨이나 큐 사인을 사용하는 것이다(교육적 단서라고도 함). 이 장의 앞부분에서 우리는 아동에게 올바른 오버암 던지기 기술을 상기시키기 위한 다채로운 방법의 예로 '코, 발가락, 보여주기, 던지기'의 예를 활용했다. 나(제1저자)는 농구에서 왼손 레이업에 필요한 풋워크를 배우고 자동화하려고 시도하며 계속해서 "오른쪽, 왼쪽, 오른쪽"이라고 말했던 것을 기억한다. 이러한 라벨들은 학습과 성과를 향상시키며, 5세 정도의 아이들도 이를 사용함으로써 이점을 가질 수 있다. 효과적인 교수 전략은 스포츠 기술에 단순하면서도 다채로운 라벨을 붙인 다음, 아이들이 해당 기술을 연습하기 전에 기술을 바로잡기 위한 리허설로 그러한 라벨들을 사용하도록 돕는 것이다.

6. 빠를수록 더 좋은가

빠를수록 좋다는 믿음은 대중 스포츠 문화에 뿌리내리고 있다. 이에 대한 또 다른 표현은 바닥을 향한 경주(race to the bottom)로, 유청소년 스포츠 참여의 시작 연령이 지속적으로 감소한다는 것을 말한다(Farrey, 2008). 이 문제에 대해서는 상당한 논쟁이 있으며, 자격요건 없이 단순한 예 또는 아니요로 대답하기는 불가능하다. 이 논의에 대하여 세 가지를 상정할 수 있다.

1. 기본 운동 기술 발달에 대해 이야기할 때 대부분의 아이들에게는 빠른 것이 더 좋다(즉, 어릴 때 이러한 능력을 발달시키는 것이 중요).
2. 아이들이 어릴 때 '무엇을' 하느냐가 '언제' 시작하느냐보다 더 중요하다.
3. 조직화된 스포츠 참여와 관련하여 일부 아이들에게는 빠를수록 더 좋을 수 있다(다른 아이들에게는 더 나쁠 수 있음).

운동 발달의 산에 따르면, 태어날 때부터 늦은 아동기까지 다양한 대근육 운동 기술과 소근육 운동 기술 기술에 대한 조기 노출은 스포츠 기술 발달과 신체 소양 발달에 선행하는 운동 발달에 필수적이다. 따라서, 이런 점에서 볼 때 자녀와 함께 놀고 재미있는 신체 활동을 소개하며 기본 운동 기술의 광범위한 레퍼토리를 발달

시키는 것이 너무 이르다고 볼 수 있는가? 보통은 '아니요'다. 그러나 '성숙 + 선행 기술 + 동기 = 준비'라는 준비도 공식을 기억하라. 신체적으로 덜 성숙한 일부 아동은 다른 아이들만큼 일찍 롤러스케이트를 타거나 공을 던질 준비가 되어 있지 않을 수 있다. 어떤 아이들은 두려움이나 의욕 부족으로 인해 다른 아이들보다 일찍 다이빙 보드에서 뛰어내리는 것을 원하지 않을 수 있다. 괜찮다. 그들은 아직 준비되지 않았고 개인적 준비를 더

쉬어가기

유청소년 야구 유격수들은 무슨 생각을 하는가?

인지적 준비에 대한 흥미로운 한 연구에서는 유청소년 야구 유격수(8세, 10세, 12세, 고등학교 시기)가 상대 타자에게 공을 던지기 전에 어떤 생각을 했는지 조사했다(Nevett & French, 1997). 유격수들은 비디오 녹화를 하는 동안 허리 뒤에 부착된 녹음 장치에 대고 이야기했다. 그들이 수비하는 동안 머릿속에 떠오르는 생각을 크게 소리내어 말하도록 하였고 경기가 진행되는 내내 이 절차를 따르도록 했다.

고등학교 유격수(보다 전문적인)는 수비 경기에 대하여 미리 결정하였고, 더 높은 수준의 경기를 선택하였으며, 계획에 대해 보다 정교한 심리적 리허설에 참여했다. 이 리허설(rehearsal)에서 선수들은 기술을 실행하기 전에, 큰 소리로 이야기하거나 머릿속으로 생각하는 계획된 움직임이나 전략을 시각화한다. 12세 이하의 유격수들은 사전에 많은 계획을 세우지 않았고, 빈약한 계획을 내놓았으며, 리허설을 하지 않거나 그 밖의 덜 성숙된 형태의 리허설을 사용했다. 예를 들어, 주사가 1루와 2루에 있을 때 고등학교 유격수들은 다음과 같이 계획하고 연습했다: "우측에 있다면 3루로 가라. 중간에 있다면 더블플레이를 위해 2루로 가라." 어린 유격수들은 "어느 베이스로든 공을 던진다."거나 "2루에서 아웃시킨다."고 생각했다. 종종 유년의 유격수들은 자신의 경기 계획과는 무관하게 단순히 야구 '잡담'(야구의 문화적 부분인 '야, 타자, 타자')에 참여하였다.

이러한 결과를 근거로, 코치는 어린 유격수들이 좀 더 효과적으로 계획하고 집중하도록 어떻게 도울 수 있는가? 선수들은 상황(아웃 수, 주자 수)을 모니터링하고 던지기 전에 계획을 짜는 방법을 배울 수 있었을 것이다. 코치는 선수들에게 투구 사이에 일시적으로 주의력을 이완하도록 가르칠 수 있지만, 또 다음 투구가 전달되기 전에 공이 맞으면 어떻게 할 것인지 적극적으로 리허설(큰 소리로 또는 스스로에게 말함)하도록 할 수 있을 것이다. 아이들에게 주의를 기울이라고 말하는 것만으로 충분하지 않다. 주의를 어떻게(how) 기울이는지 다양한 스포츠 상황에서 무엇에 주의를 기울여야 하는지 가르쳐야 한다.

유청소년 유격수(12세 이하)는 사전에 수비 경기를 계획하지 않았으며 각 투구 전에 무엇을 해야 할지 심리적으로 리허설하지 않은 반면, 고등학교 유격수는 각 투구 전에 인지적 계획과 심리적 리허설을 사용했다.

할 수 있는 시간이 필요한 것이다.

게다가 아이들의 두뇌가 어린 시절에 운동 기술 학습을 수용하기에 민감하다는 것을 알고 있으며, 이는 운동 기술 발달에서 빠를수록 더 좋다는 생각을 뒷받침한다. 즉, 일찍 시작하면 아이들이 운동 기술을 배우기에 가장 무르익은 단기 기회의 창을 활용할 수 있다. 그러나, 전문가가 빠를수록 좋다고 했다는 이유만으로 운동 기술 활동에 있어서 겨우 두 번째 생일날에 문밖으로 떠밀어 남들과 경쟁하라고 하는 것을 의미하는 것이 아니며, 창은 몇 달이나 심지어 1년까지 갈 수 있다는 것을 기억하라.

빠를수록 좋다(earlier is better)는 어구의 문제는 일부 부모가 이를 자녀가 경쟁적인 유청소년 스포츠팀에 일찍 합류할수록 더 좋다는 의미로 해석한다는 것이다. 유청소년 스포츠 부모는 7세 딸을 유청소년 소프트볼 프로그램에 등록하려고 했을 때 이것이 시급하다고 경험했다. 그녀는 "딸이 시작하게 했을 때 미니볼은 하지 않았고, 기본적으로 그들은 딸이 미니볼을 안 하면 가입은 없었던 일로 하자고 했다. 그 당시 딸아이는 일곱 살이었다. 아이가 5세에 시작하지 않았기 때문에 그녀의 경력이 끝난 것 같았다"(Wiersma & Fifer, 2008, p. 520). 유청소년 스포츠팀에 합류하는 측면과 가능한 최연소에 '경쟁하는 방법을 배우는 것'이 빠를수록 좋다는 생각은 어떠한 연구에서도 지지되지 않으며, 실제로는 기술 발달에 장애물로 제시되었다. 테니스를 배우는 스파르타크 방식과 경쟁에 집중하기 전에 기초 학습이 중요하다고 한 코비 브라이언트의 증언을 기억하라. 발달적으로 적절한 연습이란 특히 청소년기 이전에 유청소년 스포츠에서 기술 학습이 항상 경쟁과 승리를 능가한다는 것을 의미한다.

그러나 이 장의 첫 단락에서 제공된 타이거 우즈의 예를 생각해 보라. 우즈는 유아기 때부터 골프로 하는 게임에 푹 빠진 사례이다. 스포츠에 대한 매력을 나타내고 일찍이 기술을 발달시키는 일부 아이들의 경우, 아주 어린 나이에도 경쟁 스포츠 참여를 시작하는 것이 완전히 적절할 수 있다. 전국 하키 리그(National Hockey League)의 위대한 선수인 시드니 크로스비(Sidney Crosby)는 3세에 스케이트를 배웠고, 7세에는 고향에서 하키 신동이 되어 팀과 리그에서 나이 많은 선수들과 함께 뛰었다. 또 다른 하키의 거물인 웨인 그레츠키(Wayne Gretzky)도 6세 때 나이든 선수들과 대항하며 경쟁적 하키 경기를 시작한 어린 시절의 경험을 유사하게 겪었다. 사람들은 이 유명한 선수들에 대한 글을 읽고, 그들의 지도를 따라 가능한 한 빨리 자기 아들이나 딸과 함께 시작해야 한다고 가정한다. 그러나 대부분의 사람들은 타이거 우즈, 시드니 크로스비, 웨인 그레츠키가 아니며 이들은 역대 가장 위대한 선수다.

아동이 스포츠를 일찍 시작하게 하려는 열의로 인해 성인들은 준비를 나타내는 세발자전거에서 중요한 세 번째 바퀴인 동기를 잊어버리는 경우가 많다. 아동의 동기가 준비되기 전에 운동 기술 학습을 강요하면, 그들은 그 활동을 좋아하는 일을 하는 것이 아니라 그 반대의 일로 볼 수 있다. 일찍 시작하는 것과 관련된 심각한 위해 요소는 바로 에너지 소진(burnout)인데, 이는 어린 선수가 기대와 압박에 압도되어 이전에 즐겼던 활동에 대한 흥미를 잃어버리는 것이다(11장에서 논의). 빨리 시작할 때의 또 다른 단점은 부상으로, 지나친 과다 사용으로 유청소년 스포츠에서도 부상을 유발하게 되는 가장 큰 예측 변수이기도 하다.

유청소년 스포츠에서 너무 일찍 시작하는 것에 대해서는 운동이나 생체역학적 문제도 있다. 활동이 특정 연령 집단의 성숙 요구에 적합하게 수정되지 않으면, 아이가 성숙할 때 고치기 어렵고 좋지 않은 생체역학적 습관이 발달될 수 있다. 제1 저자의 고등학교 농구 경기 중간 휴식 때 제이라는 6세 소년이 슈팅 솜씨로 관중을 놀라게 한 적이 있었다. 그러나 10피트(3m) 림에서 성인용 농구공을 들어올리며 제이는 어깨 아래에서(원거리에서

한 손으로 던지는) 푸시샷 슈팅 동작을 개발했다. 그는 사춘기 이후에 슈팅 메커니즘을 수정하는 데 큰 어려움을 겪었다. 그리고 결국, 아이들이 준비되지 않았을 때(신체적, 인지적, 동기적, 필수 선행 기술 측면에서) 스포츠 기술을 가능한 한 일찍 시작하는 것이 시간 낭비가 될 수도 있다. 이것은 아동에게 좌절감을 줄 수 있고 활동하는 데 지루함을 유발할 수 있다. 나중에 더 적절한 연령이 될 때까지 기다리면 종종 학습이 더 쉽고, 덜 좌절스러우며, 덜 시간을 소비할 뿐 아니라, 빨리 기술에 노출되었을 때와 동일하게 궁극적으로 달성되는 수준의 수행 결과를 낼 수 있다.

7. 유청소년의 조직적 수준의 스포츠 입문 시기는 언제인가

아동이 특정 유청소년 스포츠를 단정적으로 어느 시기에 참여하기 시작해야 한다고 정확히 언급하는 것은 순진한 일일 것이다. 지금까지 살펴본 바와 같이 준비는 개인과 다양한 활동에 따라 다르다. 그러나, 아이들이 성장하고 성숙함에 따라 전반적인 준비와 모범적 사례에 대한 지침은 이용될 수 있다.

1) 장기 선수 개발 모형

장기 선수 개발(Long-Term Athletic Development: LTAD) 모형은 개인이 기술 개발과 신체 소양을 최적화하기 위해 따라야 할 발달에 적절하고 체계적인 활동의 점진적 진행을 제공한다(Balyi et al., 2013). LTAD 모형은 각 단계별로 개인 발달에 적합한 목적과 활동을 규정하는 7단계를 포함한다. 다양한 유청소년 스포츠 활동에 대한 아이들의 준비에 대한 일부 광범위한 지침을 설정하는 데 도움이 되도록 여기에서 이러한 단계를 간략하게 살펴보고자 한다.

① **활동적 시작**(Active Start). 출생부터 6세까지. 이 단계에서는 기초적인 움직임 기술을 완벽하게 익히기 위해 놀이, 탐험 및 재미를 강조한다. 이것은 기본 운동 기술 발달과 신체적 자신감 획득, 움직임과 관련된 즐거움 확립을 목표로 하는 구조화된 자유 놀이뿐만 아니라 구조화되지 않은 자유 놀이도 가능하다.

② **재미와 기본**(FUNdamentals). 남아는 6~9세, 여아는 6~8세. 아이들은 특히 민첩성, 균형 및 조정 능력을 수반하는 기본 운동 기술을 지속적으로 발달시켜야 한다. 단계 명칭에서 알 수 있듯이 여전히 '재미'에 초점을 맞추며 공식적 경쟁은 최소한의 방식으로 소개되어야 한다.

③ **훈련을 위한 학습**(Learn to Train). 여아는 8~11세, 남아는 9~12세. 즉, 급격한 성장이 시작되는 이 단계에서 기본이 되는 스포츠 기술 발달이 포함된다. 그러나 이 단계의 초기 전문화는 권장되지 않으며 아직 다양한 기술 습득에 중점을 둔다. 경쟁은 적고(30%) 훈련은 더 많이 하도록(70%) 권장한다.

④ **훈련을 위한 훈련**(Train to Train). 여아는 11~15세, 남아는 12~16세. 이 단계는 급성장기에 있는 아이들을 위해 설계되었다. 이번에는 아이들의 생리적 민감성으로 훈련을 크게 늘리기에 좋은 시기이다. 아이들은 지속적으로 자신의 특정 스포츠 기술을 향상시키며, 보다 진보된 전술 전략을 습득해야 하고, 유산소 기반으로 속도와 근력을 향상시켜야 한다. 경쟁에서의 결과는 과정과 개선이 강조된다. 즉, 승리를 위한 노력보다는 기술 훈련과 신체 발달에 더 중점을 두어야 한다는 의미이다. 시간 면에서 여전히 훈련(60%)이 여전히 경쟁(40%)보다 많이 필요하다.

개인적 이야기

얼마나 일찍 시작했는가

당신은 언제부터 스포츠에 참여하였는가? 자신에게 적절한 시기였는가? 돌이켜 볼 때, 유청소년 스포츠 경험을 다른 방식으로 시작하고 싶어 했는가? 스포츠 경력을 더 잘 시작하도록 할 만한 무슨 유형의 일들이 다르게 일어날 수 있었을까?

⑤ **경쟁을 위한 훈련**(Train to Compete). 이 단계의 초점은 스포츠 기술을 최적화하고 경쟁하는 방법을 배우는 것이다. 선수는 한 스포츠를 전문으로 선택하여 해당 스포츠에 대한 재능 개발에 집중하거나, 레크리에이션 수준에서 계속 참여하여 평생 활동적 삶 단계에 들어갈 수 있다. 이 단계에서는 훈련이나 연습보다는(40%) 대회나 연습경기(농구나 미식축구 등)와 같은 경쟁과 관련된 훈련에 더 중점을 둔다.

⑥ **승리를 위한 훈련**(Train to Win). 이 단계는 국제 대회에 적합한 최고의 강도 높은 훈련을 추구하는 검증된 재능을 가진 엘리트 선수들을 위한 것이다. 최고 수준에서의 승리가 중심이므로 주요 경쟁 이벤트는 이 단계에서의 훈련 과정을 분명히 나타내는 것이다.

⑦ **평생 활동적 삶**(Active for Life). 어린 선수는 신체 소양을 갖추게 되면서 나이에 상관없이 이 단계에 들어갈 수 있다. 3장에서 소개된 스포츠의 팜 커뮤니티 모형에서 돌아다니는 시기이다. 그들이 다양한 신체 활동에서 평생동안 활동적인 상태를 유지하기 위한 기본 기술, 자신감, 지식을 갖추기를 바란다.

LTAD 모형은 재미와 기술 기반의 신체 소양 발달에 선행되는 스포츠 및 신체 활동에서 참여 및 수행 지향적 경로를 모두 인식한다(Balyi et al., 2013). 7단계 중 세 개의 단계는 신체 소양에 필요한 기본을 강조하고, 이어서 스포츠 또는 신체활동에 대한 보다 만만찮은 훈련 책무가 이어진다. 저자들이 대략적인 연령 범위를 제공하지만 한 단계에서 다른 단계로 이동할 때 생활연령이 아닌, 능력과 성숙을 기반으로 하라고 경고한다.

2) 권장 연령 준비 스포츠 관련 활동

LTAD 모형을 살펴본 후, 여기서는 시작 연령과 다양한 수준에서의 참여에 초점을 둔 몇 가지 일반적 지침을 제공한다(〈표 5-2〉 참조). 10장이 이 주제에 할애되어 있으므로, 한 가지 스포츠에 특화된 아이들 문제는 이야기한 바 없다. 체조, 피겨 스케이팅, 다이빙은 초기 전문화 스포츠로 언급된다(Balyi, Way, & Higgs, 2013; Malina, Bouchard, & Bar Or., 2004). 이는 특히 사춘기 전에 전형적으로 요구되는 특정 스포츠 훈련과 엘리트 수행이 가능한 여성 선수들에 해당된다. 이러한 스포츠에는 LTAD 모형과 제안된 연령 준비 가이드라인에 제시된 것과는 다른 경로가 필요하다. 〈표 5-2〉의 초점은 후기 전문화 스포츠에 있는데, 선수는 어려서 몇 가지 스포츠에 참여할 수 있고 10대에 여전히 계약이 가능한 대표적 스포츠를 선택할 수 있다.

이 장에 걸쳐 취학 전(2~5세) 아동에게 필요한 강조점을 설명했다. 〈표 5-2〉에 요약된 바와 같이 지금은 기본 운동 기능 발달에 초점을 둔 다양한 활동과 자유놀이를 위한 시기이다. 춤, 체조, 텀블링은 이 연령대 아이들이 신체 조절과 균형을 발달시키는 데 좋은 활동이다. 던지기, 잡기, 치기, 차기 등의 기술을 용이하게 하려면 여러 스포츠나 게임과 관련된 도구와 물건을 능숙하게 다룰 수 있어야 한다.

대부분의 6~9세 아이들이 조직적인 유청소년 스포츠 참여를 시작하는 시기이다. 많은 코치와 전문가들은 지금이 야구, 골프, 테니스, 축구, 농구, 하키를 시작하기에 가장 좋은 시기로 선례를 들기도 한다(Bigelow, Moroney, & Hall, 2001; Eradi, 1998). 특히, 야구와 소프트볼은 공을 잡고 치는 데 필요한 정확한 눈과 손의 (협응)기술로 조기 참여가 큰 이익이 되는 스포츠이다. 타격 강사이자 전 메이저리거인 켄 그리피(Ken Griffey)는 "나는 10대 때 처음으로 야구를 시작하여 성공적으로 타자가 된 성인을 알지 못한다."(Eradi, 1998, p. D6)라고 말한다. 메이저 리그 야구(Major League Baseball: MLB)의 슈퍼스타가 된 그리피의 아들은 4세에 야구를 시작하여 프로 야구에서 은퇴할 때까지 계속했다. 또 다른 아들인 크레이그 그리피는 같은 시기에 야구를 시작했지만 8살 때 흥미를 잃었다. 대학에서 미식축구를 하던 크레이그 그리피(Craig Griffey)는 야구를 다시 시작하려 했으나, 타자로 고전하다가 마이클 조던처럼 엘리트 야구로 전향하지는 못했다.

〈표 5-2〉에서 보여 주듯이 6~9세 아이들은 경쟁의 결과보다 기술 개발에 집중하고, 스포츠는 접촉, 기술 개발 및 즐거움을 극대화하기 위해 소규모 게임으로 수정하는 것을 추천한다. 배운 바와 같이, 9세 이후에 신체 활동을 시작한 아이가 유소년 스포츠팀에 합류하는 것은(폭넓은 수준의 자유 놀이와 필수 선행 기술 발달 없이) 어려운 일이다. 8~9세에는 팀 간의 경쟁을 위한 준비는 되어 있다고 평가하는데, 유청소년 스포츠 감독은 반드시 리그의 팀 전체에 걸쳐 재능이 고루 분산되도록 하기 위한 전략을 고려해야 한다. 이를 위한 한 가지 방법은 선수 평가 세션을 개최하여 코치가 선수의 성숙도와 필수 선행 기술을 평가할 수 있도록 하고 코치에 의한 선수 '드래프트'로 이어질 수 있도록 하는 것이다(부록 D에서 이 과정을 설명하는 부모에게 보낸 편지 사례 참조).

경쟁은 점진적으로 도입되어야 한다. 발달적으로 적합한 과정에 즐거운 활동으로 기술 발달, 기술 검증을 위한 일부 팀 내 경쟁, 리그 순위나 토너먼트가 없는 팀

표 5-2 권장 연령 준비 스포츠 관련 활동

연령	활동	중점
2~5세	수많은 도구와 물건을 활용하는 여러 가지 자유 놀이 또는 조직적인 놀이로 하는 신체활동, 킥볼, 위플볼, 태그, 팀 릴레이, 피클볼, 포 스퀘어 같은 비공식 경쟁 게임	탐험, 재미, 다양한 방식으로 몸을 움직이기, 기본 운동 기술 발달, 교수, 실습
6~9세	조직화된 유청소년 스포츠, 기술 발달을 향상시키기 위해 수정된 형태. 3대3 농구, 축구, 하키와 같은 소규모 게임, 비공식 경쟁 게임의 지속과 트랜디션 스포츠 활동에서 여러 기본 운동 기술 연습	기술 발달과 즐거움, 6~7세 아이들의 팀 내 연습 및 경쟁, 8~9세 아이들의 순위나 토너먼트 없이 다른 팀들과 경쟁, 두 연령 그룹에서 모두 게임 구성에서 기술 연습에 활용되는 기술 숙달과 경쟁 강조
10~13세	성인 스포츠 형태에서 여전히 약간 수정됨, 약 12세에 시작되는 경험(학교 및 클럽)의 선택, 기술 발달을 희생시키지 않고 기본적 전술과 전략	기술 개발, 즐거움 및 경쟁, 리그 및 순위, 승리를 위한 경쟁보다 기술 발달 및 경쟁에서의 기술 활용에 더 중점
14~18세	성인 스포츠, 피트니스 및 근력 훈련, 고급 전술 및 전략, 향상된 기술 훈련을 위해 더 나은 코치	더 많은 기법상의 기술 발달과 기능 숙달 강조, 승리를 위한 경쟁, 여러 스포츠에서 소수 스포츠 또는 대표적 스포츠로 중점 사안을 좁힘

간 경쟁, 챔피언십 및 토너먼트 플레이가 포함된 리그 내 팀 간 경쟁이 포함될 수 있다. 다수의 커뮤니티 수영과 다이빙 팀은 모든 연령 그룹(5~18세)에 열려 있으며, 참여자들은 대회에서 경쟁하거나 기술 발달을 위해 연습할 수 있다. 이러한 프로그램은 초보 수영 선수들이 팀 간 경쟁을 시도하기 전에 경쟁하는 것을 미리 연습할 수 있는 모의 대회를 제공한다. 스포츠 기술을 배울 준비가 된 상태와 이러한 스포츠 기술을 사용하여 경쟁할 준비가 된 상태는 서로 다르다는 것을 명심하라.

아이들에게 10~13세의 기간은 기술 수행을 향상하고 보다 나은 수행으로 이어지는 전술과 전략에 집중하는 데 필요한 신체적·인지적 성숙을 갖추는 시기이다. 우리는 이 연령대 아이들이 순위와 토너먼트로 리그 경기를 할 준비가 되어 있다고 믿는다. 그러나 기술 발달은 여전히 경쟁적 결과 자체보다 강조되어야 한다.

고등학생(14~18세) 시기까지, 성인 스포츠 형태가 사용되며 더 심화된 신체적·기술적 훈련을 받는다. 또한 시간 요구 사항과 이 수준에서 필요한 전념에 따라, 10대들은 전형적으로 그들이 하던 다양한 활동에서 몇 가지 스포츠나 종종 선호하는 대표 스포츠로 초점을 좁힌다.

그렇다. 신체 운동 기술 발달을 빨리 시작하는 것이 중요하지만, 아이들이 무엇을 하고 그것을 할 때 어떻게 느끼느냐가 가능한 한 빨리 시작하는 일보다 훨씬 더 중요하다. 무엇보다도 기술 발달에 대한 강조는 나이가 어릴수록 필수적이며 모든 수준의 유청소년 스포츠에서 지속되어야 한다. 아이들에게 호의를 베풀어 그들이 신체적 소양을 갖춘 선수가 되고 평생을 살아가는 동안 활동적 상태를 유지할 수 있는 기술을 발달시키도록 지원하라.

8. 요약

긴즈버그(Ginsburg)와 그 동료들(2006)이 제공한 유청소년 스포츠 탐색에 대한 3단계 접근 방식은 준비를 요약하는 좋은 방법으로 보인다. 세 단계는 ① 아이에 대한 이해, ② 유청소년 스포츠 환경 파악, ③ 자신에 대한 이해이다.

① 아이에 대해 잘 이해하라. 당신의 자녀나 지도받는 학생들의 성숙, 필수 선행 기술, 동기를 검토하여 언제 유청소년 스포츠에 대한 준비가 되는지 시기를 파악하라. 특히 아이들이 가진 독특한 요구 사항과 능력을 분명히 고려하라. 운동 기술 발달과 스포츠 준비도 대한 패턴이 있지만, 이러한 패턴 내에서 아이들 간 다양성은 대단히 크다. 알렉스(Alex)로 불리는 아이는 7세 때 처음으로 부모님과 함께 팀 간 수영 대회에 가는 길이었다. 그들이 대회장에 도착했을 때, 알렉스는 부모님에게 몸이 안 좋아 수영을 할 수 없다고 말했다. 알렉스를 알고 아이의 불안을 이해하는 부모는 괜찮다고 말하며, 아이가 두 번째 수영 경기를 잘 치를 수 있을 정도로 기분이 나아질 때까지 잠시 차에 앉아 있으라고 조언했다. 알렉스의 부모는 아이를 이해하였고 처음으로 아이가 경쟁에 대해 가졌던 두려움을 간파했다. 수영장 구역에 들어가 팀원들이 수영하는 것을 보면서 알렉스는 두 번째 수영 대회 종목에 참가하기로 동의했다. 아이는 잘 해냈고 그해의 남은 여름과 몇 년 동안 경쟁적으로 수영했다. 자녀를 안다는 것은 아이가 언제 배우고 경쟁할 준비가 되었는지를 파악하고 수용하는 것을 의미한다.

② 유청소년 스포츠 환경을 파악하라. 기술 발달과 경쟁적 프로그램 간 차이를 이해하라. 경쟁에 들어가기 전에 기술 발달이 중요하다는 점을 기억하라(예: 스파르타크 방식). 기본 운동 기술이나 기술 발달을 강조하는 스포츠 프로그램을 확립하기 위한 프로그램과 활동을 잘 찾아보라. 유청소년 스포츠

감독이라면 3~5세 어린이를 위한 기본 운동 기술 발달 프로그램을 제공하고, 다양한 스포츠에서 필수 기술을 평가하고 구축하는 방법에 대한 정보를 코치에게 제공하라.

3. 자신을 잘 알라. 이 세 번째 단계는 부모에게 특히 중요하다. 때때로 아이들은 부모나 코치가 원해도, 빠른 시기의 스포츠 경험이나 운동 기술 학습에 대한 준비가 되어 있지 않다. 가끔은 부모가 좋아하는 스포츠 참여에도 그다지 관심이 없을 수 있다. 부모가 유난히 좋아하는 스포츠, 경쟁 이력 및 자녀에게 최고 경험을 제공하려는 욕구로 인하여 종종 자녀의 최적 준비에 대한 인내심과 이해 능력은 흐려진다. 우리는 여러 번 그런 적이 있었기 때문에 이해한다. 모든 것은 아이에게 달린 것임을 스스로 상기시키고 성공과 즐거움을 경험하기에 가장 적합한 시기에 아이가 참여하도록 기다리라. 행운이 있기를!

학습 초점

주요 용어

- **운동 숙련도 장벽** 아이들이 유년기에 기본 운동 기술을 성숙한 수준까지 발달시키지 못하여, 스포츠에서 높은 수준에 이르는 운동 숙달을 성취하는 능력을 방해하는 장애.
- **인지적 준비** 스포츠의 기술 및 전략적 요구 사항을 이해하는 아이들의 능력, 특히 자신의 수행 및 스포츠 환경에 대한 관련 정보를 처리하는 능력.
- **소근육 운동 기술** 정확한 움직임을 수행하기 위해 더 작은 근육군을 사용.
- **기본 운동 기술** 모든 스포츠 기술에서 대단히 미세한 부분으로서의 기초적 운동 움직임.
- **대근육 운동 기술** 몸 전체 또는 신체 주요 부분을 포함하는 움직임.
- **라벨링** 올바른 수행에 대한 멘탈 이미지를 제공하기 위해 구두 라벨이나 신호를 활용하는 인지 전략.
- **이동 기술** 걷기, 달리기, 점프와 같이 공간을 통해 몸을 움직이는 것.
- **조작 기술** 물체를 옮기거나 투사하고(던지기, 드리블하기) 물체를 받는 것(잡기, 축구공 또는 하키에서 퍽 받기).
- **동기** 무언가를 하려는 욕구, 의도 또는 추진력.
- **운동 기술** 신체적 과업을 부드럽고 효율적이며 숙달도 높게 생성하기 위해 결합한 학습된 움직임.
- **운동 기술 발달의 산** 다양한 유형의 운동 기술이 특정 발달 수준의 오름차순으로 발달하는 패턴.
- **수초(myelin)** 시냅스를 통해 명확한 전달을 보장하기 위해 뇌의 신경 섬유를 보호하는 백색 지방 조직.
- **신체 소양** 평생 동안 개인적으로 적절한 수준으로 신체 활동을 유지하기 위한 신체 유능성, 동기, 자신감, 이해 및 지식.
- **필수 선행 기술** 어린 선수가 스포츠 기술에서 성공을 달성하기 위해 미리 숙달해야 하는 필수 기술(소프트볼에서 던지고 받는 동작의 숙련은 필수 기술).
- **준비도** 아이들이 특정 활동을 완전히 성공적으로 배우거나 참여할 수 있는 능력을 가진 발달 지점.
- **반사신경** 영유아가 특정 자극에 반응하는 비자발적 움직임.
- **리허설** 선수가 기술을 실행하기 전에 계획된 움직임이나 전략을 큰 소리로 말하거나 머릿속으로 시각화하는 것.
- **민감기** 뇌에 미치는 특정 경험의 영향이 특히 강할 때 발달이 제한되는 시기.
- **안정성 기술** 밸런스 빔, 다이빙 또는 피겨 스케이

팅에서 위치를 유지하는 것과 같이 중력에 대항하여 신체 위치를 유지하는 능력.

핵심 요약

1. 준비도는 아이들의 성숙, 필수 선행 기술, 동기를 통해 결정된다.
2. 운동 또는 움직임, 기술의 발달은 패턴(운동 기술의 산)을 따르며, 여기서 아이들은 기본 기초부터 시작하여 스포츠 기술과 신체 소양의 정점에 이르기까지 다양한 유형의 기술을 순차적으로 개발한다.
3. 운동 기술은 이동, 조작, 안정성 유형뿐 아니라 대근육이나 소근육에 따라 분류될 수 있다.
4. 반사신경은 소아과 의사가 영아의 정상적인 신체 발달을 평가할 수 있도록 순서대로 나타났다가 사라진다.
5. 기본 운동 기술은 아이들이 더 많은 특정 스포츠 기술을 학습하기 위한 구성 요소이다.
6. 운동 능력 장벽은 유년의 초중반에(2~8세) 기회나 연습 부족으로 기본 운동 기술의 성숙한 패턴이 발달 되지 않을 때 발생한다.
7. 민감기는 최적의 준비도 기간, 즉 발달이 제한되는 기간 동안 특정 경험이 뇌에 미치는 영향이 특히 강한 시기이다.
8. 유년기 초기에 운동 기술에 대한 다양한 경험은 운동 발달을 촉진하는 방식으로 두뇌를 연결하는데 중요하다.
9. 유소년 스포츠 팀에 합류하고 가능한 한 가장 어린 나이에 경쟁하는 방법을 배우는 측면에서 빠를수록 더 좋다는 생각은, 연구를 통해 지지되지 않으며 오히려 기능 발달의 장애물로 제시되었다.
10. 유소년 스포츠를 일찍 시작하는 것에는 장단점이 있다. 일부 아이들에게는 더 좋지만 다른 아이들에게는 그렇지 않다.
11. 장기 선수 개발 모형은 최적의 기술 발달과 신체 소양으로 이어지는 발달적으로 적합한 목적과 활동을 다루는 일곱 개의 단계를 포함한다.
12. 6~9세 사이의 아이들을 위한 유청소년 스포츠 프로그램은 소규모 게임과 경쟁에 대한 점진적인 과정을 활용하는 기술 발달 및 즐거움에 중점을 두어야 한다.

탐구 질문

1. 아동이 스포츠 기술을 배울 준비가 된 시기를 결정하기 위해 고려해야 할 세 가지 요소를 확인하라. 각 요소가 필수적인 이유를 설명하고 사례를 제시해 보라.
2. '운동 능력 발달의 산'의 여러 다른 부분을 설명하라. 운동 발달에 필요한 순차적 특성과 각 단계가 중요한 이유를 진술해 보라.
3. 운동 숙련도 장벽은 왜 발생하는가? 아이들이 이 장벽을 통과하도록 돕기 위해 성인이 할 수 있는 몇 가지 구체적인 일을 확인해 보라.
4. 운동 기술의 성숙 단계에 도달한다는 것은 무엇을 의미하는가? 특정 스포츠 기술을 활용하여 기술 초기 또는 초급 단계의 특성과 기술의 숙달 단계의 특성을 설명하라.
5. 운동 기술 학습과 특히 관련된 민감기에 대해 설명하고 이러한 민감기가 발생하는 이유를 설명하기 위해 두뇌 발달의 측면을 설명하라.
6. 스포츠 수행에 영향을 미치는 비전문 아동 및 나이든 운동선수의 인지적 차이는 무엇인가? 답변을 뒷받침하기 위해 야구 유격수를 대상으로 한 인지적 준비 연구 결과를 설명하라.
7. 스포츠 참여에서 빠를수록 더 좋다는 생각을 지지하는 주장을 확인한 후, 빠를수록 더 좋다는 것에 대하여 있을 수 있는 부정적인 영향들도 확인해 보라.

8. LTAD 모형과 해당 장의 자료를 기반으로 아이들이 스포츠 참여를 시작해야 하는 시기와 다양한 발달 수준에서 무엇을 해야 하는지에 대한 전반적인 개요를 제공해 보라.

성찰용 학습활동

잘 알고 있거나 더 배우고 싶은 특정 스포츠를 선택하라. 그 스포츠에 대한 운동 기술 발달 프로그램을 만들라. 아이들이 이 스포츠 기술을 발달시키기 위해 언제 처음 시작하여 성장기에는 무엇을 해야 하는지 권장 사항을 제공하라. 이 스포츠에서 성공하는 데 필요한 필수 선행 기술 유형을 확인하라(기본 운동 기술 포함). 또한, 유청소년 기술 발달에 어떻게 경쟁을 도입할 것인지 설명해 보라. 현재 유청소년 스포츠에서 하고 있는 일을 단순히 재현하지 말라. 혁신적으로 사고하고, 준비도에 대해 배운 내용을 바탕으로 새롭고 창의적인 아이디어를 제공하라.

1단계: 특정 운동 기술(예: 던지기, 펀팅, 발차기, 잡기)의 발달 순서를 탐색하라. 이 주제는 온라인이나 운동 발달 교과서에서 찾을 수 있다. 이 기술의 초기 패턴부터 가장 숙달된 패턴까지의 발달 단계를 확인할 필요가 있다.

2단계: 이 기술을 수행할 때 관찰할 모델이 될 아동(가장 좋은 나이는 3~8세) 1명을 선택하라. 관찰하는 동안 아이에게 기술을 반복적으로 수행하도록 요청하라. 당신의 임무는 이 운동 과제에 대한 아동의 기술 숙련도 또는 성숙도(초기에서 초급 단계의 성숙까지)를 평가하는 것이다. 당신이 만든 차트에 운동 실행의 다양한 범주에서 아이의 숙련도를 확인하여 기록을 남기라.

3단계: 서면 형태의 보고서로 경험을 요약하라. 기술의 발달 순서를 준비하고 이 순서와 관련하여 어디에 이 모델 아동이 해당되는 상황인지 설명하라(연령, 성별, 스포츠 경험 제시). 아이가 참여하는 활동과 관련된 기술에 대한 당신의 인식을 설명하되, 과제와 관찰과 관련한 다른 인식들도 포함시켜 진술하라.

보조자료

American Academy of Pediatrics, Healthy Children

(www.healthychildren.org/english/ages-stages/toddler/fitness/Pages/default.aspx). Healthy Children 웹사이트에는 예상되는 성장과 운동 기능의 달성에 대한 지침과 일정이 있다. 이 웹사이트는 미국소아과학회(American Academy of Pediatrics)에서 관리하며 연령에 적합한 스포츠 및 신체 활동 행동에 관해 의사가 작성한 여러 기사를 보유하고 있다.

Chapter
06

동기와 심리사회적 발달

제6장 개요

이 장에서 배울 내용은 다음과 같다.

- 아동이 유청소년 스포츠에 참여하는 이유
- 유청소년 선수의 세 가지 기본적 동기 욕구
- 동기를 충족하기 위한 실용적인 아이디어와 전략
- 선수를 위한 동기 FEAST 창출 방법

1. 개요

이 책을 읽고 있다면 아마도 당신은 스포츠를 진정으로 좋아하는 사람일 것이다. 친구와 놀이할 때의 기쁨, 기술 습득 시의 자부심, 타인과 경쟁할 때의 짜릿함을 느꼈기 때문에 스포츠와 사랑에 빠졌을 것이다. 그리고 오늘도 아마 여전히 신체 활동을 하고 있을 것이다. 어렸을 때의 스포츠에 대한 사랑은 성인이 되어도 신체활동을 계속하도록 하는 기술과 관심을 제공했기 때문이다. 그것이 우리가 아이들에게 원하는 것이다. 성인에게 중요한 목표는 아동이 스포츠와 사랑에 빠지도록 돕는 것이다. 이러한 사랑은 동기부여에서 중요한 부분이다.

이전 장에서 정의했듯이 동기(motivation)는 무언가를 하려는 욕구, 의도 또는 추진력이다. 하지만 이 장에서는 동기가 복잡하다는 것을 배우게 될 것이다. 동기는 사람들이 다양한 방식으로 행동하도록 유도하는 여러 가지 상호작용하는 내적 및 외적 힘을 포괄한다. 아이들에게 동기가 되는 좋은 아이디어처럼 보일 수 있는 것이 때로는 이 복잡성으로 오히려 역효과를 낼 수 있다. 트로피는 대중적으로 동기를 위한 보상으로 볼 수 있는데 간혹 아이들의 동기에 해를 끼치기도 한다. 마찬가지로 유청소년 코치들은 항상 긍정적이고 선수들을 칭찬하는 것이 선수들의 동기부여에 도움이 된다고 생각하지만 사실 그것이 동기를 감소시킬 수도 있다.

우리는 전형적으로 동기를 행동 또는 사람이 무엇인가 하는 것으로 간주한다. 아이가 밖에 나가 축구 페널티킥을 연습하고(선택), 특히 매일 몇 시간씩 연습하며(노력) 동기부여가 되는 것으로 상정한다. 또한 어떤 여아가 처음에는 성공하지 못해도(지속성), 골문 높은 쪽으로 골을 넣기 위해 끈질기게 발로 공을 들어 올리려고 시도하는 것을 동기로 추론한다. 그리고 사납게(강렬함) 공과 상대를 쫓으며 경기에 동기부여가 형성된 것으로 보인다. 그렇다. 우리는 이러한 관찰가능한 행동에서 동기를 추론할 수 있지만 이것들은 내부 동기의 외부적 행동 표현일 뿐이다. 동기를 진정으로 이해하려면 동기적 성향 측면에서 아이들의 내부에서 어떻게 작용하는지 알아볼 필요가 있다. 동기 성향(motivational orientations)은 신념, 가치, 요구, 태도, 목적, 자아 인식으로 사람들이 성취 또는 목적 지향적 활동(예: 스포츠)에서 특정 방식으로 생각하고 행동하도록 하는 내적 특성이다. 동기의 비결은 술책을 쓰는 것이 아니라 동기를 부여받는 방법과 이유를 이해하는 것이다.

아이들의 동기 성향은 전반적인 심리사회적 발달(psychosocial development)의 일부로 발전한다. 이것은 개인이 자신을 보는 방식이 사회적 경험, 즉 부모, 형제자매, 동료, 교사, 코치, 심지어 대중매체의 경험에 의해 크게 영향을 받는다는 것을 의미한다. 예를 들어, 아들이 테니스 시합에서 승리했을 때만 지지하고 축하하는 부모의 영향과, 어떠한 수행을 하더라도 무조건 지지하고 수용하는 부모의 영향을 생각해 보라. 분명히 어린 운동선수의 동기 성향과 다른 심리적 특성은 부모의 반응에 영향을 받는다. 동기 분위기(motivational climate)라는 용어는 동기에 영향을 미치는 상황에서 다양한 사회적 측면이 이루어지는 방식을 말할 때 활용된다. 이러한 사회적 측면에는 피드백 유형, 상과 벌의 활용, 수행에 대한 기대 및 평가, 전반적 의사소통 패턴이 포함된다. 아마 예상할 수 있듯이 동기 분위기는 유청소년 선수의 동기 성향과 학습, 성과에 강한 영향을 미친다. 이 책에서 본 장의 중요한 목적은 특정 유청소년 스포츠 상황에 대하여 최고의 동기 분위기를 조성하는 방법에 대한 전략과 아이디어를 제공하는 것이다.

2. 아동은 왜 유청소년 스포츠에 참여하는가

5~18세 사이의 아동이 스포츠를 하는 주된 이유는 "재미있음"이다(Murphy, 1999; Sit & Lindner, 2006). 그리고 반대로 "재미없음"은 아이들이 유청소년 스포츠를 포기한 가장 큰 이유이다(Sabo & Veliz, 2008). 재미, 흥분, 도전과 함께 아이들이 스포츠를 한다고 말하는 다른 최고의 두 가지 주요 이유는 "기술 학습 또는 향상"을 위해서와 "친구와 함께 있기 위해 또는 팀의 일원이 되기 위해"라고 한다(Weiss & Williams, 2004).

이것이 아동이 유청소년 스포츠에 참여하는 이유라고 언급하는 세 가지 주요 내용인데 다른 이유도 있다. 아동에게 스포츠를 하고 싶은 이유를 묻는 것은 유용할 수 있다. 부록 E의 '스포츠를 하는 이유'에 대한 설문 조사(Murphy, 1999에서 수정)는 독자에게 도움을 준다. 코치들은 이것을 사용하여 유청소년 참여 동기를 이해할 수 있으며, 부모는 이것을 활용하여 자녀의 참여 동기에 가장 적합한 스포츠 활동 유형을 고려할 수 있다.

앞서 부록 E에서 제시된 목록은 서술적이며, 유청소년들이 참여하는 이유를 언급한 내용을 기반으로 한다. 그러나 어린 선수들의 동기 성향을 더 잘 이해하려면 궁극적으로 그들의 행동을 주도하는 기본 심리적 욕구에 대한 조사가 필요하다. 세 가지 기본적인 욕구는 여러 가지 동기 이론(예: Deci & Ryan, 1985; Harter, 1999; Nicholls, 1989)에 의해서 스포츠에서 아이들 동기의 핵심인 유능성, 자율성, 관계성으로 지원된다. 이 장의 나

5~18세 사이의 아이들이 스포츠를 하는 주된 이유는 "재미있음"이다.

머지 부분에서는 유청소년 선수에게 대단히 중요한 유능성에 중점을 두고 이러한 욕구와 관련된 동기에 초점을 맞춘다([그림 6-1] 참조).

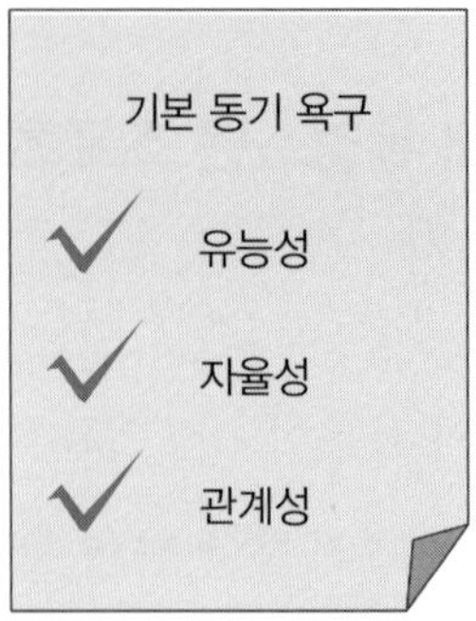

[그림 6-1] 스포츠에서 아이들의 기본적 동기 욕구

쉬어가기

인간의 욕구와 동기 부여: 엘레나 델레 돈 사례

당신에게 비논리적으로 보이는 일을 다른 사람이 선택한 이유가 무엇인지 궁금해하며, 그 사람의 행동 방침에 의문을 제기해 본 적이 있는가? 가장 기본적으로 동기는 필요를 줄이려는 욕구 또는 의도다. 문제는 우리가 다른 사람들과 가장 관련된 욕구를 이해하지 못할 수 있다는 것이다. 그리고 우리 모두 때때로 우리 자신의 욕구를 분류하고 무엇을 해야 할지 결정하기 위해 고군분투하지만, 대부분은 엘레나 델레 돈(Elena Delle Donne)이 그랬듯이 대중의 감시 아래에서 이 일을 할 필요가 없다.

델레 돈은 역사상 최고의 여자 농구선수 중 한 명이다. 8학년 때 그녀는 노스캐롤라이나 대학교(University of North Carolina)로부터 농구 장학금을 제의받았다. 6피트 5인치(196cm)의 고등학교 선수로서, 언론이 그녀의 다양한 능력이 여자 농구 경기를 바꿀 것이라고 예언할 정도로 인상적인 다재다능적 기술을 보여 주었다. 그녀는 자신이 속한 고등학교 팀을 3개의 델라웨어주(Delaware state)으로 이끌어 2,000점 이상을 득점했으며, 고등학교 올 아메리칸(All-American) 선수로 미국 전역에서 고등학교 모집 선수 중 1위로 선정되었다. 델레 돈은 지난 10년 동안 미국 최고의 여자 농구 프로그램으로 알려진 코네티컷 대학교(University of Connecticut)에 다닐 결심을 하였고 논리적인 선택으로 보였다. 그러나 캠퍼스에서 이틀을 보낸 후 그녀는 갑자기 '개인적 문제'를 이유로 스토어스 지역(Storr)을 떠나 학교를 그만두었다. 집에서 가까운 델라웨어 대학교(University of Delaware)에 등록하였고…… 학교의 배구팀(?)에 들어갔다. 물론 사람들은 깜짝 놀랐고, 전국 언론에서도 델레 돈의 동기에 대해 의문을 제기했다.

델레 돈은 가족, 특히 뇌성마비이며 눈이 멀고 귀가 들리지 않는 여동생 리지(Lizzie)와 매우 친밀했다. 자매가 소통할 수 있는 유일한 방법은 만지고 포옹하는 것이다. "리지는 나에겐 모든 것이다."라고 델레 돈은 말한다. "그녀는 내가 그녀의 여동생이라는 것을 모르고 내가 농구 선수라는 것도 모른다. …… 하지만 내가 그녀 인생에서 정말 중요한 사람이라는 것은 알고 있다."(McGraw, 2013). 여동생과 재회하고 배구 시즌을 보낸 후 델레 돈은 마침내 혼자 말했다. "내가 하는 것은 그냥 농구 경기가 아니다."(Wertheim, 2012). 그녀는 델라웨어 농구팀에 합류하여 3,000점 이상을 득점하여 수많은 국가 수준의 상을 거머쥐었다. 2013년 전국 여자 농구 협회(Women's National Basketball Association) 전체 드래프트에서 두 번째로 뽑힌 델레 돈은 첫 프로 시즌에서 '올해의 신인상(Rookie of the Year)'을 받았다.

우리 모두와 마찬가지로 엘레나 델레 돈도 자신만의 개인적 동기가 필요하다. 그녀의 이야기는 그녀가 엘리트 농구선수로서의 운명을 완수하려는 필요와 더불어, 가족과 함께 있어야 하는 욕구를 충족하기 위해 어떻게 고군분투했는지 보여 주기 때문에 강력한 것이다. 개인의 만족을 충분히 실현하는 것이 고유한 동기 욕구를 충족시키는 기반이 된다는 점은 유청소년 운동선수와 함께 일할 때 염두해 두어야 할 중요한 교훈이다.

3. 유능성

개인의 유능성은 동기의 핵심이며 유능성에 대한 인간의 선천적(타고난) 탐구는 유아기에 시작된다(White, 1959). 영유아는 자신의 환경에 영향을 미치기 위해 다양한 방식으로 물리적으로 움직이고 물체를 조작해 보려고 애쓴다. 아이들은 높은 다이빙 보드에서 뛰어내리고, 자전거 타는 법을 배우고, 수영장을 가로지르며 물에서 수영하는 것처럼 신체적 과제에 대해 스스로 시험해 보며 유능성에 대한 이러한 탐구를 나름 계속한다. 어린 자녀의 부모는 아이들이 자기 능력을 테스트하고 그렇게 아이가 하려고 강화를 탐색할 때 "엄마, 내가 하는 것 좀 보세요." 또는 "아빠, 이번에는 내가 할 순서예요." 라는 말을 듣는다. 유능성(competence)은 어떤 목적에 맞는 능력을 충분히 가진 것이고, 지각된 유능성(perceived competence)은 개인의 능력 또는 특정 과제를 하는 기술에 대한 지각(또는 감각)이라고 생각할 수 있다.

1) 유능성 동기 야구 다이아몬드 모형

동기와 유능성은 야구 다이아몬드 유능성 동기 모형에서 볼 수 있듯이 연속적인 주기에서 서로 연료를 공급하는 역할을 한다([그림 6-2] 참조, 역량 동기 이론, Harter, 1978 & White, 1959 각색). 홈 플레이트에서 시작하여, 유능해지는 아이들의 동기(A)는 숙달된 시도(B)로 불리는 다양한 기술과 활동을 시험 삼아 해 보려고 1루로 간다. 자신의 능력에 따라 도전적인 활동에 성공했을 때(C, 2루)을 그들은 뿌듯하고, 만족하고, 행복할뿐 아니라 스스로 가치 있다고 느낀다(D, 3루). 자존감(self-esteem)으로 알려진 자아존중감(self-worth)은 인간으로서의 가치 또는 가치에 대한 의식이다. 동기를 추진하는 중요한 내적 감정과 자기 인식으로 인해 3루에서 다양한 일들이 벌어진다. 그러나 그것들이 달성된다면 그것은 홈런이다! '나는 할 수 있어!'(지각된 유능성)라는 가치 의식, 긍정적인 감정, 신념은 자랑스러운 홈런 속보(빠른 걸음)로 아이들을 3루 라인으로 보내고(다시 A로), 다시 타석으로 올라갈 준비를 완벽하게 하도록 동기를 부여하고 다

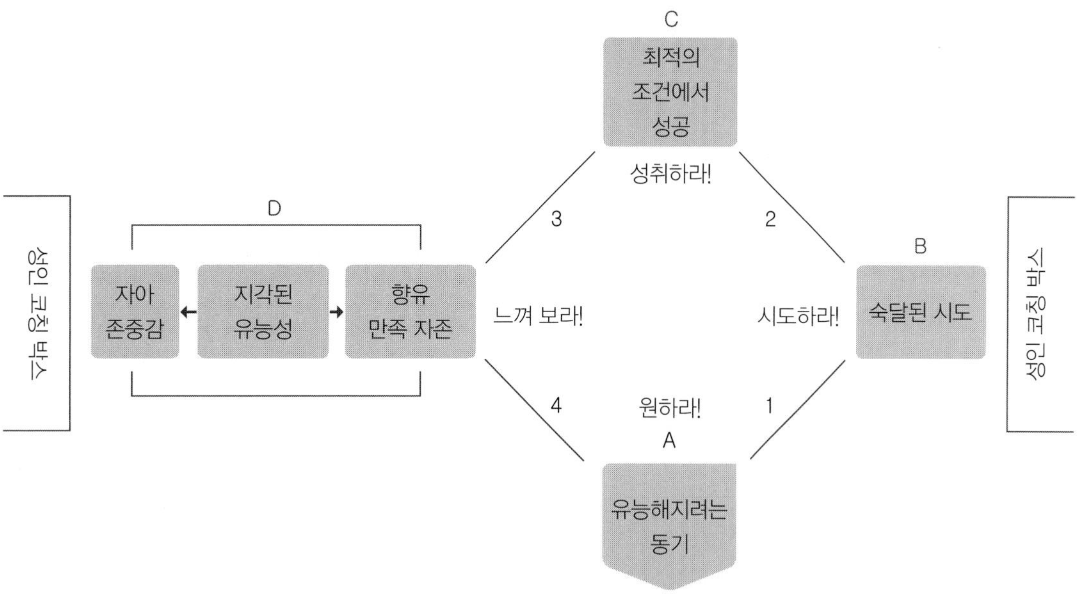

[그림 6-2] 유능성 동기 야구 다이아몬드 모형

시 시도하도록 한다(다시 B로). 즉, 모형을 요약하건대, 아이들은 그것을 원하고, 시도하며, 달성하고, 느끼며, 다시 하고 싶어 한다.

따라서 타석에서 아이들이 긍정적(성공적)이면 [그림 6-2]와 같이 동기부여가 더 되고 활동을 계속한다. 장애물에 부딪혀도 열심히 노력하고 인내한다(Whitehead, Andree, & Lee, 2004). 그러나 이러한 주기가 어떻게 부정적일 수도 있는지 고려하라. 아이가 유청소년 스포츠팀에 합류하여 경기를 시작해도(숙달된 시도) 성공하지 못한다면 무능하고, 자격이 없는 것 같고, 불만족스러우며, 심지어 수치스러워한다. 이것은 그 스포츠를 계속하려는 동기를 감소시키는 역할을 한다. 자신이 유능하다는 지각을 하지 못하는 아이들은 스포츠에 계속 열중하려는 흥미, 노력, 끈기를 잃게 된다(Cervello, Escarti, & Guzman, 2007; Whitehead et al., 2004).

야구 다이아몬드 모형(baseball diamond model)에는 성인이 개입하여 모든 아이들이 개인 홈런을 칠 수 있도록 도울 수 있는 곳들이 많다. 사실 유청소년 스포츠 리더, 코치, 부모는 유능성 동기를 부여하는 야구 경기에서 모든 유소년 스포츠 참여자를 위한 심판, 매니저, 베이스코치 역할을 한다. [그림 6-2]에서 볼 수 있듯이 1루와 3루에 있는 성인 코칭 박스에서 아이들을 주목해 왔다. 우리의 임무는 타석에 오르는 모든 아이들을 위해 발달적으로 적합한 게임을 만들고 유지하는 것이다. 각 기본 경로별로(1-4, [그림 6-2] 참조) 어떻게 개입하여 아이들이 동기와 지각된 유능성을 강화하는 방식으로 베이스를 다니도록 도울 수 있는지 살펴보자.

2) 실패에 대한 두려움과 완벽주의 다루기 (기본 경로 1)

만약 유청소년 선수들이 스포츠를 신나는 도전이자 더 나아지기 위한 배움의 기회로 여기고 실수도 그러한 일반적 과정의 일부로 간주하도록 사회화된다면, 홈 플레이트에서 1루까지 더 쉽고 행복하게 이동할 수 있다. 스포츠 경쟁은 사회적 평가 과정(3장에서 논의한 바와 같이)이기 때문에 종종 어려운 일이기도 하다.

(1) 실패에 대한 두려움

이러한 사회적 평가에 초점을 두다 보면 일부 아이들은 실패하는 것을 두려워하기 시작한다. **실패에 대한 두려움**(fear of failure)은 실패 결과에 대한 두려움이자, 가장 일반적으로 부끄러움과 당혹감, 충분하지 못함, 다른 사람(부모, 코치, 팀 동료)을 실망시키는 것에 대한 두려움이다(Conroy, Willow, & Metzler, 2002). 실패에 대한 두려움은 일반적으로 5~9세 사이에 학습되며 아이들은 타인의 평가와 비판을 인식하게 된다(Sagar, Lavallee, & Spray, 2007). 그들은 재미를 지향하는 자유 놀이의 일부를 학습하는 것으로부터 대중의 사회적 평가 상황에서 수행하는 것으로 그 초점을 바꾸게 된다(Martens, 2012).

실패 지향적 아이들은 유청소년 스포츠로 인한 위협을 받고 종종 중단하기도 한다. 운동을 계속하는 일부 실패 지향적인 아이들은 매우 열심히 노력하지만, 실수도 모든 노력의 일부라는 것을 받아들이지 못하기 때문에 막상 실수하면 엄청난 충격을 받는다. 일부 실패 지향적 유청소년 선수는 최소한의 노력을 기울이면서 장애물이 발생하면 마치 신경 쓰지 않는 것처럼 행동하여 체면을 살리려고 시도하는데 결국 계속하지 못한다. 열심히 노력하지 않는 것은 실패할 경우에 쉬운 변명거리를 제공한다. 많은 선수들이 실패에 대한 두려움을 어느 정도 경험하지만, 스포츠 분야에서 남은 대부분의 사람들은 훨씬 더 강하며 성공 지향적 성향을 가진다. 성공 지향적 운동선수는 실패의 부정적 결과를 이해하지만 성공했을 때 느낄 수 있는 자부심과 성취감에 대한 도전과 가능성에 초점을 맞춘다. 이 선수들은 도전적인 상황을 찾아내고 좌절과 장애물에 직면했을 때 끈기를 유지한다. 따라서 우리의 목표는 어린 선수들이 실패의 부정적인 결과 대신 성공이라는 도전에 집중하도록 돕는 것이다.

(2) 완벽주의

실패에 대한 두려움과 유사하게 완벽주의는 아이들이 스포츠에서 숙달적 시도에 접근하는 방식에 영향을 미치는 또 다른 무능력-회피(incompetence-avoidance) 동기부여 지향성이다(Kaye, Conroy, & Fifer, 2008). 완벽주의(perfectionism)는 결점 없는 수행에 집중하고 노력하는 어린 선수의 성향이다(Gilman & Ashby, 2006). 완벽주의의 일부 측면은 수행에 대한 높은 기준, 최선을 다하는 강한 동기부여 수준, 조직에 대한 선호를 갖는 것처럼 적응이 가능하다. 그러나 실수에 대해 과민하며 이를 용인하지 못하는 부적응적 완벽주의자는 자신의 수행을 평가하는 데 있어서 지나치게 비판적이며 완벽한 수행을 위한 비현실적이고 비합리적인 노력을 한다. 부적응적 완벽주의를 가진 아이들은 "나는 오늘 어떠한 실수도 용납하지 못해." "바보처럼 보이지 않으려면 안전하게 놀아." 또는 "내가 그 장면을 놓쳤다는 게 믿기지 않는다. 난 형편없어."라고 한다. 부적응적 완벽주의는 유청소년 스포츠 참가자의 불안, 과도한 분노 및 공격성, 부정적 신체 이미지, 위축된 자신감, 극도의 피로와 관련 있다(Sapieja, Dunn, & Holt, 2011).

(3) 숙달적 시도를 강화하는 전략

아이들과 유청소년 선수들이 실패를 너무 두려워하거나 부정적인 완벽주의를 배우지 않고 야구 다이아몬드 모형에서 홈 플레이트에서 1루로 이동하도록 어떻게 도울 수 있을까? 이 기본 경로는 아이들이 스포츠와 경쟁에 대한 건전한 태도를 발달시키고 유지하도록 도우며 유능성을 확립할 수 있는 기술을 제공하는 것이 포함된다.

1. 선수 중심의 철학에 충실하고 이를 선수들에게 반복적으로 이야기하라. 3장에서 기억에 남을 만한 구절의 예처럼 "선수 먼저, 승리는 그다음. " 또는 "모두 아이들을 위한 것이다."라는 것들은 성인과 유청소년 선수에게 우리가 왜 여기에 있으며 무엇에 초점을 맞춰야 하는지 상기시킨다. 아이들이 모든 연습 및 경쟁적 행사나 경기를 모두 보고 들을 수 있도록 하라. 선수와 부모에게 나눠주는 티셔츠에 새겨서 입게 하고 서면 자료에도 이런 내용을 넣어 두라.
2. 아이들 필요에 맞는 연습 및 경쟁적 상황을 수정하라. 자세한 내용은 7장과 8장에 나와 있지만 여기서는 아이들의 체구, 성숙 상태, 학습 능력에 맞는 활동을 설계하려고 한다는 점에 주목하라. 동작도 많고 대기나 서성임은 줄이며, 다양한 활동을 구성하고, 모든 사람이 모든 연습에 참여하게 하는 전략 및 성공 경험이 많은 기회를 제공하라.
3. 훌륭한 교사가 되라(또는 찾아라). 스포츠에 대한 장기적 동기부여와 사랑을 위한 레시피에는 기술이라는 필수 성분이 요구된다는 점을 항상 기억하라. 이리저리 뛰어다니며 친구들과 즐겁게 보내는 것은 잠시 동안은 동기부여가 될 수 있지만, 아이들이 수행 기술을 발달시키지 못하면 활동을 계속하지 않을 것이다. 기본(예: 필수 전제 기술)을 발달시키는 것을 중요한 일이다. 기술 발달은 희열 없이 '죽어라 하는 훈련'만 지나치게 강조하지 않으며 창의적 방식으로 강조될 수 있다.
4. 실패에 대해 걱정하지 말라고 말하는 대신, 실패에 대한 두려움을 표현하는 선수의 생각과 감정을 인정하라. 이를테면, 한 아이가 "질까 봐 걱정돼요." 라고 말하면 "오, 너는 지지 않을 거야." 또는 "걱정하지 마."라고 대답하지 말라. 그들은 그것에 대해 걱정한다. 그들이 어떻게 느끼는지 당신이 이해하

고 있다는 것을 "기분이 안 좋겠네. 걱정되는 것에 대해 더 이야기해 봐."라고 표현해 보라. 질문을 던지고 아이의 감정을 인정하며, 실패에 대해 생각하고 대처하는 방법에 대한 논의를 이끌라. 학습은 한마디로 실패와 성공의 연속이다. 그들의 숙달적 시도들이 능력을 성장시키며 확장하도록 하는 지속적인 노력의 일부라고 볼 수 있는 성장된 사고방식을 채택할 수 있게 도와라(Dweck, 2007).

5. 부모와 유청소년 스포츠 코치는 선수의 실수를 수용해야 한다. 실수는 열심히 노력하고 새로운 것을 시도하고 있다는 것이며 학습 과정의 필수적 부분임을 알게 하라. 아이들에게 실수 의례(Thompson, 2010b) 또는 실수하고 난 후에도 다시금 집중에 도움이 되는 상징적 몸짓을 가르치라. 예를 들면, 어깨를 쓱쓱 터는 것("털어 내.") 손가락으로 이마를 닦아 넘기는 것("뭐 이런 정도로 그래.") 등이 있다. 모자를 벗었다 다시 착용하기, 하키 스틱으로 빙판 두드리기, 골프 글러브의 벨크로를 열었다 다시 부착하기, 투구할 때 고무 전반을 발로 치기도 있다. 심지어 팀 실수 의례를 채택하여 아이들로 하여금 모든 사람이 실수한다는 사실을 깨닫게 하고 이러한 실수에 대해 생산적인 반응을 끌어내는데 좋은 본보기가 된다.

3) 선수들에게 개인적이고 통제 가능한 방식으로 성공을 정의하도록 가르치라 (기본 경로 2)

유능성 동기 구축에서 다음 목표는 유청소년 선수들이 야구 다이아몬드 모형([그림 6-2]의 기본 경로 2로 표시됨)의 1루에서 2루로 이동할 수 있도록 돕는 것이다. 이를 위해 선수는 개인적이고 통제 가능한 방식으로 성공을 정의하는 방법을 배워야 한다. 이것은 언론이 공개적으로 선수를 수행 결과에 따라 패자와 승자로 떠벌리는 사회에서 매우 어렵다. 그러나 어른들은 아이들이 동기를 강화할 수 있는 방식으로 성과 결과를 해석하게끔 도울 수 있다.

(1) 목표 지향

성공과 실패는 엄청 중요한 사건이 아니며 신문 머리기사로 정의될 일은 더욱 아니다. 이것들은 개인이 스스로 의미 있는 목표를 성취해 왔다고 인식하는지에 근거한 심리적 상태이다(성취 목표 이론, Nicholls, 1989). 과제 지향과 자아 지향이라는 목표에 기반한 두 가지 동기 지향은 인지된 성공, 인지된 유능감, 자존감, 스포츠에서 어린 선수들의 즐거움에 영향을 미치는 것으로 나타났다. 아이들은 최선을 다하여 기술 숙달과 향상을 위해 집중할 때 **과제 관여**(task involved)가 된다. 아이들은 타인을 이기거나 타인과 관련된 우월한 능력을 보여 주는 데 집중할 때 **자아 관여**(ego involved)가 된다.

물론 아이들은 스포츠에서 이 두 목표를 모두 가질 수 있으며 종종 그렇게 한다. 이기기 위해 고전분투하는 것은 모든 스포츠 대회에서의 고유한 목표이지만, 발달적으로 적절한 유청소년 스포츠에서는 승리라는 경쟁적 결과보다 기술 발달과 개인적 향상을 더 중시한다. 그러나 아이들이 이 두 가지 경쟁 목표를 구분하기는 어려우며, 연습과 경쟁에서 개인적으로 통제할 수 있는 목표에 집중하게끔 지원해 줄 코치와 부모가 필요하다.

아이들이 적극적으로 과제에 관여하는 것이 중요한데, 이는 더 큰 노력과 끈기, 유능감, 자존감 및 즐거움으로 이어진다(Harwood, Spray, & Keegan, 2008). 자아 관여는 또한 적절한 게임 계획을 개발하고 이기기 위해 강렬하게 경기하는 면에서 경쟁력을 유지하기 위해 상대에게 자원을 집중하는 데 도움이 될 수 있다(Harwood & Biddle, 2002). 그러나 과제 관여에 대한 감각 없는 자아 관여는 어린 선수들로 하여금 속임수를 쓰게 하고,

훈련에서 지름길로 가려 하며, 노력은 덜 하게 만든다. 그리고 능력이 부족한 아이들의 경우는 다른 사람의 뛰어난 능력과 비교하며 실패할 운명에 놓이기 때문에 치명적이라, 이러한 자아 관여(과제 관여 없는)는 불안하고 무능하며 무가치하다고 느끼며 종종 스포츠에서 중도 하차하게 만든다(Cervello et al., 2007).

(2) 유청소년 스포츠 참여자를 위한 최고의 목표 지향

유청소년 스포츠 참여자를 위한 두 가지 목표 지향 전략을 추천한다(과제 관여와 자아 관여 복합 기반). 첫째, 높은 과제와 낮은 자아 관여의 동기부여 지향은 어린 선수들이 다른 사람들과 어떻게 비교되는지에 대한 걱정 없이 자신의 수행과 향상에 집중할 수 있게 한다. 이 목표 지향성은 종종 육상, 크로스컨트리, 수영과 같은 스포츠에서 채택되며, 선수들은 다른 경쟁자와 비교하여 끝낸 위치와 상관없이 자기 수행에 대한 분명한 개별적 정보를 제공받는다(Harwood & Biddle, 2002).

둘째, 높은 과제와 높은 자아 관여의 동기부여 지향은 선수가 능력을 발휘하고 경쟁에서 타인을 이기려는 목표를 추구하는 동시에, 자신의 개인적 성과만 통제 가능하다는 점을 이해하도록 한다. 이러한 성향의 요령은 경쟁과 경기하는 과정과 개인적 기준에 집중하는 것인데, 이는 타인과의 경쟁 시 최고의 멘탈 전략이다(Burton & Weiss, 2008). 과제 관여는 유청소년 선수가 이기거나 타인과 순조롭게 경쟁할 수 없을 때를 대비한 '보험 정책' 역할을 한다. 유청소년 선수들은 개인 또는 팀 패배 시에도 수행의 성공적 측면을 구별하는 방법을 배울 수 있다.

(3) 성공에 대한 인식을 높이는 전략

기본 경로 2는 아이들이 최적의 도전을 받는 경우 성공을 경험할 수 있는 동기를 부여하는 분위기를 조성하는 것이다. 이는 유청소년 선수의 목표 지향이 감독, 코치, 부모가 그들에게 제공하는 동기부여 분위기와 잘 보조를 맞추어 왔기 때문에 중요하다(Boyce, Gano-Overway, & Campbell, 2009).

① 선수가 스포츠에서 자신을 판단할 만한 특정 과제 목표를 구별하도록 도우라. 예를 들어, 리바운드 상황에서 박스 아웃(상대가 리바운드 하기 어렵게 미리 여러 명이 유리한 포지션 잡는 것)을 하기 위해 상대와 접촉하기(농구), 백핸드 스트로크를 더 자주 사용하기(테니스), 더 효율적인 플립 턴으로 시간 단축하기(수영), 속도를 내기 시작하여 언덕에서 힘차게 달리기, 파워 킥으로 마무리하기(크로스컨트리 달리기) 등이 있다.

② 유청소년 선수에게 경쟁에 관한 올바른 질문을 하라. "오늘 경기에 대해 말해 주렴." "오늘 타석에서 잘 쳤어?" "오늘 앞줄 최전방 경기는 어땠어?"(배구)와 같은 질문들은 선수가 과제 성취에 집중하도록 한다. "이겼니?" 그리고 "몇 점(또는 골) 득점했니?"라는 질문들은 순전히 자아 관여 관점을 강화한다.

③ 선수가 어떻게 수행했는가에 따라 달라지는 정보로 가득 찬 구체적 피드백을 제공하라. 긍정적이라고 긍정적인 피드백을 하는 것은 동기를 부여하지 못한다; 그것은 비하하는 것이다. 성공을 성취할 필요가 있는 어린 선수에게 도전을 제공하지 않는다. 구체적 정보를 제공하는 피드백("커터가 키를 가로질러 이동할 때 커터 앞으로 높이 점프해.")은 도움이 되지 않는 일반적이고 평가적인 피드백("수비 위치에서 벗어났어!")과 달리 선수가 배우고 개선하도록 한다.

④ 노력(성공하지 못한 노력조차도), 개선, 정신적 강인함, 감정 조절 및 어린 선수들에게서 관찰할 수 있는 여러 통제 가능한 성공들에 대해 보상하라. 농

참고하기

당신 팀의 동기 분위기 척도는?

코치 여러분, 당신의 팀에서 과제 관여 및 자아 관여 풍토가 얼마나 잡혀 있는지 궁금하지 않은가? 부록 F에 있는 유청소년 스포츠 동기 분위기 척도(Motivational Climate Scale for Youth Sports: MCSYS)(Smith, Cumming, & Smoll, 2008)를 사용해 보라. MCSYS를 복사하여 연필과 함께 팀의 선수들에게 제공하라. 당신이 할 수 있는 최고의 코치가 되기 위해 노력하고 있다고 설명하면 유용한 피드백을 얻을 수 있을 것이다. 척도에 이름을 쓰지 말고, 정직하고 사려 깊게 응답하도록 요청하라. 그들의 응답을 구별할 수 없을 것이라고 확신시키고 선수들이 유용한 피드백을 제공한 것에 감사하라. 과제 관여과 자아 관여(Task-Involved and Ego-Involved)에 대한 점수는 부록 F의 채점 지침을 따르라. 총점을 검토하고 각 항목별 평균도 살펴보라. 피드백을 사용하여 선수를 위한 팀 동기 분위기를 고양시킬 수 있는 방법을 고려해 보라.

구선수가 자신의 잘 쓰지 않는 손을 사용하여 레이업을 정확하게 쏘지만 빗나갔을 때, 경기 기술을 발달시키려고 활용하려는 결정과 노력에 구두로 보상하라.

⑤ 선수들에게 누가 더 나은지에 대한 평가적 분류(표준)로 경쟁을 비교하는 것이 아니라, 개인 기술과 발달을 시험해 보는 방식(정보)으로 활용해야 한다고 설명하라(Veroff, 1969). 경쟁 상황에서 자신의 기술을 시승하듯 시험함으로써, 선수들은 상황이 어떻게 진행되고 있고 어느 지점에서 개선할 수 있는지 평가하여 그에 따라 개인 목표를 수정할 수 있다. 경쟁은 누가 1위인지 알아내는 것 외에도 정말 많은 것을 알아보기에 유용하다.

4) 선수가 건전한 귀인을 만들도록 도우라 (기본 경로 3)

유능성 동기부여의 야구 다이아몬드 모형([그림 6-2])에서 이제 기본 경로 3에 와 있다. 이 경로에서는 유청소년 선수들이 유능하며 가치 있고 자부심을 느끼도록 그들의 성공을 내면화하도록 돕는 것을 포함한다. 이를 위한 주된 방법은 그들이 성공과 실패에 대해 생산적 귀인을 하도록 돕는 것이다(귀인 이론; Weiner, 1986).

(1) 귀인은 무엇이고 어떻게 작용하는가

귀인(attributions)은 선수가 자신의 성공과 실패에 대한 이유를 설명하기 위해 받아들이는 명분이다. 선수들의 일반적인 귀인으로 노력, 운, 상대 기술, 심판(경기 임원), 개인 능력, 부상, 날씨, 코치가 있다. 이는 개인적 성과에 대한 변명이 아닌 중요한 자기 추론적 설명이다.

귀인은 실제 성공보다 지각된 유능성과 자아존존감에 대한 성공의 영향을 더 좌우할 수 있어서 중요하다. 대학에서 학업 시험을 쳤을 당시를 생각해 보라. 시험이 쉽고 교수가 도전적이지 않은 것보다, 부지런히 공부하고 그 교과의 숙달로 인한 결과로 인한 성공이라고 믿는다면 훨씬 더 유능하고 자부심을 느꼈을 가능성이 크다. 우리가 성공한다고 믿는 이유는 미래의 성공에 대한 지각된 유능성과 기대를 구축하는 데 매우 중요하다.

모든 선수 중에서 특히 어린 선수들은 성공과 실패를 경험할 때 적절한 귀인을 파악하기 위한 도움이 필요하다. 딸의 유청소년 축구팀은 1년 동안 정규 시즌 경기를 모두 이기고 주 토너먼트에 진출했지만 1라운드에서 패했다. 코치인 브렛(Brett)이 경기 후 선수들과 함께 앉았을 때, 모든 선수는 울고 있었고 패배에 대해 많이 속상한 것처럼 보였다. 브렛 코치는 경기가 그들에게 너무나 큰 의미가 있고 지는 것이 실망스럽다는 것을 이해하기 때문에 울어도 괜찮다고 말했다. 그러나 코치는 선수들에게 자신이 얼마나 그 선수들이 자랑스럽고 그들도 그 시즌의 성과에 대해 얼마나 자랑스러워해야 하는지 말해 주었다. 그는 상대편이 능숙한 기술을 가지고 있으며 게임에서 이길 자격이 있지만, 첫 번째 주 단위 토너먼트에 오른 9살 선수들이 축구를 더 잘하도록 그동안 많이 배워 왔으며 앞으로도 계속 기술을 발달시킬 수 있다는 것을 이해하도록 도왔다. 브렛 코치는 그들이 패배 경험 부족, 다른 팀의 기술, 기술을 계속 배우고 발달시킬 필요성으로 귀인을 돌리도록 도왔다. 이를 통해 선수들은 유능감을 되찾고 다음 시즌에 다시 도전하면 된다는 기대감으로 들떴다. 그렇다면 승패 후 유청소년 선수들과 대화할 때 어떻게 도울 수 있을까? 여기에 생산적인 귀인을 위해 따라야 할 일반적인 방법이 있다. 아이들이 실패했을 때, 그들이 통제하고 변화할 수 있는 것으로 실패의 원인을 돌리도록 도우라. 이를테면 더 나은 준비, 기술 향상, 지속적인 숙달과 발달, 더 나은 전략과 집중이 포함된다. 한 엘리트 수영 선수는 그가 유청소년 수영 선수로서 실패했을 때 어떻게 그의 아버지가 그가 생산적인 귀인을 형성하게 도왔는지 회상하며 그의 정신적 강인함의 발달의 공을 돌렸다. "아버지는 내가 어려서 경기에 졌을 때 어느 경우든 항상 수영 경기는 있는 것이고 패배주의적 태도보다 무엇이 잘못되었는지 파악해서 향후 시도에서 성공하기 위한 훈련에서 이러한 영역들에 대해 더 열심히 노력하라고 말씀하셨어요."(Connaughton, Wadey, Hanton, & Jones, 2008, p. 89).

아이들이 성공할 때, 그들의 능력, 노고, 노력과 분주함, 준비, 훌륭한 의사 결정과 같은 내적이며 통제 가능한 것들로 그 성공을 돌릴 수 있도록 도우라. 예를 들면 "개인 혼영(Individual Medley: IM) 경기가 정말 자랑스럽다고 느껴야 한다. 접영에 대한 각고의 노력은 정말 성과를 거두고 있으며 배영 기술은 정말 부드럽고 강해 보였다". 물론 어떤 결과가 발생하는 데에는 타당한 이유가 있는 경우가 많지만, 동기 전략은 유능함과 자부심을 내면화하고 미래의 지속적 성공에 대한 기대를 창출한다.

(2) 학습된 무력감

학습된 무력감(Learned helplessness)은 아이들이 무력하다고 느끼고 상황의 결과를 통제할 수 없다고 느끼는 심리적 상태이다(Abramson, Seligman, & Teasdale, 1978). 이는 성공에 대해 운이나 쉬운 과제처럼 통제할 수 없는 외적 요인에 기인하는 부적응 귀인 유형이 특징적이다. 그리고 아마 더 안 좋은 것은 실패를 변할 수 없는 능력 부족으로 인식하기 때문이다. 자신이 나아지거나 상황을 바꿀 수 있다고 믿지 않기 때문에 학습된 무력감을 가진 선수는 포기하고 열심히 노력하지 않는 것을 "배운다". 이것은 물론 수행도 저하시키며 능력이 부족하고 향상할 힘이 적다는 그들의 믿음을 입증한다.

학습된 무력감에 빠진 선수를 만났을 때 코치는 논리적으로 선수가 성공을 위한 작은 단계를 달성할 수 있는 훈련이나 상황을 설정한다. 그러나 부적응 귀인 유형의 문제는 여전히 존재한다. 선수는 "오, 이번에 당신이 수월하게 만들었다." 또는 "이번에 운이 좋아서 잘 되었다."라고 하며 자신의 성공을 스스로 통제할 수 없는 원인으로 돌린다. 그렇다면 학습된 무력감의 선수를 만났을 때 코치는 어떻게 해야 하는가?

성공을 위하여 작은 단계를 설정하는 것은 좋은 출발이다. 그러나 코치는 특별히 고안된 훈련으로 기술 연습하는 것과 함께, 선수들과 협력하여 그 과정에 대한 개인적 통제 가능성을 새롭게 느끼도록 선수의 귀인적 사고를 재교육해야 한다(Pelletier, Dion, Tuson, & Green-Demers, 1999; Rees, Ingledew, & Hardy, 2005). 다음의 4단계는 어린 선수의 귀인을 재교육하는 데 도움을 줄 수 있다.

① 문제의 공통성(commonality). "이 스포츠를 하는 또래의 다른 선수들도 이 기술이 어렵고 처음에는 성공적이지 않다고 느꼈는가?"
② 발달 변화(developmental change) 과정. "시간이 지남에 따라 과제가 더 쉽고 성공적으로 느껴졌다. 그러니 스스로 학습할 시간을 부여하라."
③ 전략(strategy). "당신은 기술을 실행하는 데 최고의 전략을 발견해 오지 못했겠지만, 우리가 그것을 찾을 것이다."
④ 노력과 끈기(effort and persistence). "시기에 맞추어 새로운 전략을 연습하면 개선에 도움이 될 것이다."

이와 유사한 단계를 사용하여 귀인을 재훈련한 결과, 학습된 무력감으로 구별된 11~12세 아이들은 공 드리블에 대한 지각된 성공, 동기부여, 통제 가능한 귀인이 현저하게 증가한 것으로 나타났다(Sinnott & Biddle, 1998). 4주간의 귀인 훈련 기간을 거친 고등학교 농구 선수들은 통제력이 더 발달했으며, 피드백만 제공받은 다른 선수들과 비교했을 때 슛에 대하여 통제 가능한 귀인들과 더 큰 향상이 보였다(Miserandino, 1998). 학습된 무력감을 가진 운동선수에게 동기를 부여하려면 그들의 생각을 알고 학습과 수행에 대한 어느 정도 통제를 인식할 수 있도록 하는 사려 깊은 게임 계획이 필요하다. 귀인적 재교육 전략이 수반되는 한, 성공을 향한 작은 단계의 과정을 밟아 가는 것이 유용하다.

(3) 성공을 내재화함으로써 인지된 유능성을 최적화하는 추가 전략

우리는 당신에게 선수들이 성공을 내면화하고 지각된 유능성과 자아존중감을 구축하도록 하는 가장 생산적 귀인을 형성할 수 있도록 돕는 몇 가지 전략을 제공했다. 마지막으로 두 가지 최종적 생각을 공유한다.

1. 수행 결과가 아닌 노력에 대해 어린 선수를 칭찬하라. 이 점을 잊기 쉬운데, 지지적이고 긍정적이려고 노력할 때 어린 선수들은 멋진 수행과 함께 감탄사가 나온다. 성취를 인정받아야 하는 반면, 과도한 칭찬은 종종 부담으로 작용한다. 그들이 긍정적인 결과를 얻을 수 있게 해 준 통제 가능한 노력, 연습, 끈기에 대한 의견에 집중하여 긍정적 성과를 성취하도록 하라(예: "네가 시간을 들여 열심히 노력하더니 정말 대단하구나. 축하해."). 한 연구에 따르면, 지능에 대해 칭찬받은 아이들은 학습보다 성적에 더 신경을 썼으며, 노력에 대해 칭찬받은 아이들에 비하여 실패했을 때 끈기를 덜 발휘했다(Dweck, 2006).
2. 칭찬과 지나친 관심으로 아이들의 자존감을 북돋우려는 시도는 피하라. 야구 다이아몬드 모형에서 볼 수 있듯이 자아존중감(자존감)은 최적의 도전에 성공하고 인지된 역량을 획득한 결과이다. 1970년대와 1980년대는 칭찬과 부족한 도전으로 아이들의 자존감 형성을 지나치게 강조하여, 나르시시즘(자아도취)과 자기자격감(자기의무감)이라는 역효과를 낳았다. 심리학자 로이 바우마이스터(Roy Baumeister)가 설명하기를, "정직한 실수였다. 초기 연구 결과는 자존감이 높은 아이들이 더 잘한다는 것을 보여주었다. …… 자존감은 원인이 아닌 결과라는 것을 나중에 배웠다."(Stein, 2013, p. 28). 자존감은 노력을 통해 얻는 것이지 주어질 수 있는

것이 아니다.

5) 아이들이 유능성을 보는 관점에서 발달적 변화를 이해하라(기본 경로 4)

우리의 최종 기본 경로는 지각된 유능성, 자아존중감, 즐거움(3루)에서 다시 동기부여(홈 플레이트)로 이어진다. 상당한 연구들이 완전한 야구 경기의 요점을 담고 있는 이 연계성을 지지하고 있다(예: Weiss & Amo rose, 2008). 아이들은 자신이 유능하다고 지각할 때 스포츠에 참여하고 싶은 동기를 부여받는다. 그리고 이러한 유능감은 자아존중감과 즐거움을 제공하고 동기를 자극한다.

유능성에 대한 야구 다이아몬드 개요 정리에 도움 되는 것은 어떻게 지각된 유능성이 아이들의 심리사회적 발달에 의한 영향을 받는지 설명하는 것이다. 지각된 유능성은 발달 단계에 따라 변화하며 유청소년 스포츠 지도자는 이러한 발달이 어떻게 펼쳐지는지 이해해야 한다.

(1) 나는 얼마나 유능한가

아이들은 나이가 들어 감에 따라 자신의 개인 유능성을 더 정확하게 평가하게 된다(Horn, 2004). 어린 아동(3~7세)은 일반적으로 실제 유능성과 관련하여 지각된 유능성의 수준이 부풀려져 있다. 그것이 반드시 나쁜 것은 아니며, 이 나이에는 매우 중요한 기본 운동 기술 발달을 촉진하는 것이 가치 있을 수 있다. 이 연령대 아이들은 열심히 노력하고 끈기를 발휘하는 경향이 있다는 점에서 즐겁게 지도할 수 있다. 왜냐하면 그만큼 노력하고 열심히 한다는 것은 그들이 유능하다는 것을 의미하기 때문이다.

아동기 중반(8~11세)의 시기에 아이들은 자신의 유능성을 더욱 현실적으로 평가할 수 있을 만큼 인지적으로 발달한다. 스포츠 기술에 덜 유능한 아이들은 이것을 인식하고 스포츠를 중도에 그만두고 신체적 활동을 덜 하게 되는 취약한 기간이라는 것을 나타내기도 한다(Stodden et al., 2008). 청소년기(12~18세)의 운동선수는 일반적으로 특히 다양한 사회적 및 성취 영역(예: 스포츠, 학교, 친구)에 걸쳐 자신의 유능성을 정확하게 평가할 수 있도록 숙달된 능력을 발달시켰다.

(2) 내가 유능하다는 것을 어떻게 알 수 있는가

아이들은 나이가 들면서 자신의 스포츠 유능성을 판단하기 위해 다양한 정보의 원천을 활용한다(Horn, 2004). 아이들이 아주 어릴 때(4~7세), 유능성에 대한 인식을 다음 세 가지에 기반한다. 간단한 자기 성취("내가 해냈어!"), 중요한 성인에게 받는 평가적 피드백("저 어땠어요? 선생님?"), 개인적 노력("열심히 했으니 잘한 거야."). 특히 교사, 코치, 학부모는 그들의 피드백과 평가가 어린 아이들의 유능성에 대한 지각을 발달시키는 데 아주 중요하다는 것을 알아야 한다.

아동기 중후반(7~12세)의 시기에 아이들은 계속해서 매우 구체적인 정보 원천(예: 승패, 개인별 통계, 칭찬)을 활용하며, 이 시기의 또래 비교도 매우 중요한 원천이 된다(Horn, 2004). 사실상, 부모 평가는 7~12세 사이에 상대적으로 덜 중요한 반면에 동료 평가는 유능성 정보의 더 중요한 원천이 된다. 코치는 이 기간에 유청소년 스포츠 환경을 사회적으로 가장 잘 설계하는 방법에 초점을 맞춰야 한다. 예를 들어, 능력별 그룹화와 파벌을 피하려고 워밍업 파트너 및 훈련 그룹을 교대로 순환한다. 또한 부모와 코치는 특히 종종 놀림을 받거나 비교로 열등감을 느끼는 덜 유능한 아이들에게 개인 성과 목표에 초점을 맞추는 것이 중요하다는 것을 계속 강조해야 한다.

청소년기(13~18세)의 선수는 자신의 유능성을 평가하기 위해 다양한 정보 소스에 대해 비중을 가늠하며 평가할 수 있으며, 내면화된 또는 개인적 수행 표준을 활

중요한 성인의 피드백과 평가는 아주 어린 아동의 유능성 지각의 발달을 위해 매우 중요하다.

용하는 능력을 증대시킨다. 개인 표준을 사용할 수 있을 정도의 성숙도는 선수가 지각된 유능성과 동기부여를 지원하는 데 중요한 과제 연관 초점을 내면화할 수 있도록 한다.

6) 유능성 동기 야구 다이아몬드 모형 요약

지금까지 유능성 동기부여 야구 다이아몬드 모형의 기반을 알아보았다. 유청소년 운동선수는 다음의 경우에 베이스를 달린다. ① 유능하게 되고자 하는 동기에 기반한 스포츠에서 긍정적인 숙달적 시도를 할 때, ② 개인적으로 통제 가능한 방식으로 성공을 정의할 때, ③ 유능하고 가치 있다고 느끼게 하는 생산적 귀인들을 통해 성공을 내면화할 때, ④ 유능함을 느끼고 자신의 성공을 즐기기 때문에 더 많은 동기를 얻고자 할 때다. 이 시점에 유청소년 선수들은 타석에서 다시 배트를 잡고 베이스 주변에서 다시 무엇을 시작하려는 높은 의욕을 보인다. 지각된 유능성은 아이들의 스포츠 동기부여의 토대가 됨을 기억하라. 성인 리더로서 우리의 임무는 이러한 기본 경로를 탐색하고 지각된 유능성과 즐거움을 높여 줌으로써 그 경기에 계속 머물고 싶게 만드는 것이다.

4. 자율성

유능성 이외에도 자율성은 아이들의 동기와 행동에 큰 영향을 미치는 기본 심리적 욕구이다. **자율성**(autonomy)은 자신을 다스릴 수 있는 능력이자 기회이다. **자기 결정**(self-determination)은 인간이 자신과 자기 행동의 통제권을 가지고 있다고 인식할 때, 즉 자신이 행동 과정을 결정한다고 느낄 때 동기가 부여된다는 점에서 자율성과 유사하다(자기 결정 이론; Deci & Ryan, 1985). 자기 결정은 자율성에 대한 인식으로 이어진다. 따라서 선수들 스스로 결정하는 일이 허용될 때 선수의 동기부여가 강화되는 것은 논리적이다.

그러나 우리는 여기서 코치가 연습을 설계하고 선수들이 기술을 학습하고 더 잘 수행하도록 유도하여 행동을 통제하도록 하는 역할을 담당하는 스포츠에 대해 이야기한다. 어떻게 선수, 특히 유청소년 선수가 자신의 훈련을 통제하여 스스로 처신할 수 있도록 할 수 있을까? 좋은 질문이다. 대답은 코치의 활용이 가능한 다양한 형태의 동기부여를 이해하는 데 있으며, 올바르게 활용하면 선수들의 기술과 자율적 감각을 구축하는 데 효과적일 수 있다.

1) 내재적 및 외재적 동기부여

가장 기본적으로 동기부여를 내적 또는 외적으로 정의할 수 있다. **내재적 동기**(intrinsic motivation)는 그 활동에 참여함으로써 얻는 즐거움과 만족을 위해 하는 것과 관련된다(Deci & Ryan, 1985). 아이들은 이러한 활동을 할 때 경험하는 감정을 즐기므로 축구와 아이스 스케이트 및 수영을 한다. 보상은 활동 그 자체이다. 분명히 내재적 동기는 자기 결정적이고 완전히 자율적이므로 바람직하다.

아이들이 내재적 동기를 통해 스포츠를 진정 좋아하게 되면 훈련을 선택하며, 더 나아지려고 계속 노력하고, 매우 강렬하고 참여적으로 경기하는 것을 볼 수 있다. 농구 스타 애런 고든(Aaron Gordon)(2013년 전미 고등학교 및 상위권 5위 내 대학 신입생)의 부모는 한밤중에 고든이 뒤뜰에서 흙을 삽질하는 소리에 어떻게 잠에서 깼는지 이야기한다(Anderson, 2013). 그는 그날 아홉 번째 생일을 맞아 선물로 받은 새 농구대와 골대를 빨리 설치하고 싶어서 기다릴 수 없었던 것 같다. 아침에 그는 졸려 하는 아버지를 쿡쿡 찔러 재촉했고, 8시 30분까지 후프가 설치되었으며 고든은 거기서 놀 수 있을 만큼 콘크리트가 마르기까지 기꺼이 앉아 지켜보았다. 아마도 이처럼 아주 어린 나이에 분명히 스포츠를 하고 싶어서 열띤 갈망을 보였던 이야기들을 알고 있을 것이다. 유청소년 스포츠 리더로서 우리의 목표는 내재적 동기부여의 발달 또는 스포츠에 대한 사랑으로 가장 비옥한 동기부여 분위기를 조성하는 것이다.

그러나 스포츠 참여의 모든 측면이 아이들에게 내재적으로 흥미로운 것은 아니다. 가끔 기술을 구축하는 데 필요한 반복적 연습이나 체력과 힘에 필요한 신체 체력 단련에 추진을 가하기 위해 외재적 동기가 필요하다. 외재적 동기(extrinsic motivation)는 활동 자체를 넘어서 성과나 보상을 달성하려는 활동을 포함한다. 이러한 결과는 종종 트로피, 전체 리그 표창, 대학 장학금과 같은 유형적이고 물질적인 보상이다. 외재적 동기는 부모의 인정, 인기, 멋지다고 간주되며 친구와 팀원에게 인정받는 것과 같은 무형의 사회적 보상일 수도 있다.

2) 자율적이고 통제되는 동기부여 형태

외재적 동기가 항상 코치의 요구, 부모의 압력 또는 친구를 통한 수용에 의해 외부적으로만 추진되는 것은 아니다. 외재적 동기도 종종 선수들이 훈련하러 가거나 휴가 중 수영을 하는 것처럼 자율적이다. 그들은 외부 보상을 일부 얻기 위해 이러한 활동을 하지만, 그것을 하기 위한 개인적 선택을 하고 그 행동의 직접성을 '인정'한다. 새로 입문한 유청소년 스포츠의 흥미 지향적 내재적 동기는 그들이 더 높은 수준의 스포츠로 발전함에 따라 변화하므로, 어린 선수들이 발전하는데 자율적인 외재적 동기가 중요하다. 운동선수는 집중적 훈련과 연습 시간에 더 전념하기 위해 자기 결정적인 외재적 동기(내재적 동기와 함께)가 필요하다.

(1) 자기 결정의 연속체

동기부여에 대해 생각할 만한 유용한 방법은 자기 결

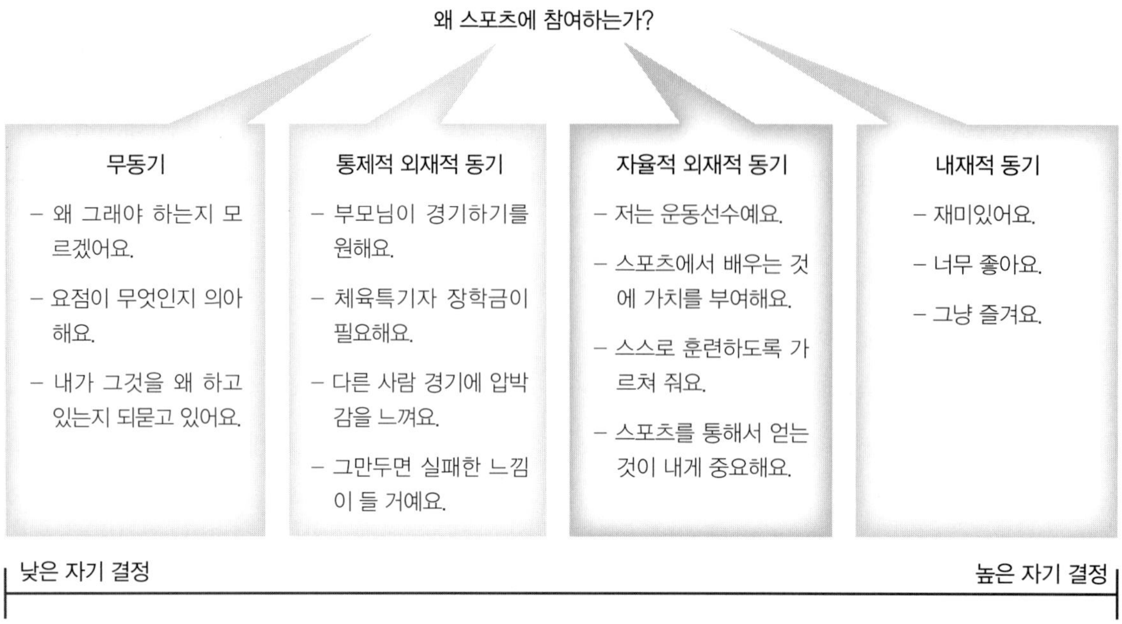

[그림 6-3] 자기 결정 연속체와 동기 유형

정의 연속체[1]([그림 6-3] 참조)에 걸쳐서 다양한 유형을 배치하는 것이다(Lons dale, Hodge, & Rose, 2008; Ryan & Deci, 2002). 내재적 동기는 최상단에 자기 결정 연속체를 고정한다. 자율적 외재적 동기는 선수들이 자신의 정체성의 일부이자 가치 있는 것으로 경기하는 외재적 명분들을 내면화했기 때문에 자기 결정 측면에서 높다. 통제된 외재적 동기는 최소한의 자기 결정적 유형의 동기이며, 선수가 다른 사람을 만족시키고 수치심과 처벌을 피하며 보상을 위해 참여할 때 발생한다. 운동을 건너뛰는 것에 대한 죄책감이나 수치심과 같은 내적 압박감조차, 행동은 강제되는 것이지 자유롭게 선택되지 않으므로 통제된 동기를 나타낸다(Ryan & Deci, 2002). 무동기(amotivation) 또는 어떤 종류의 동기도 부족한 경우에는 연속체의 최하단에 고정된다.

서로 다른 유형의 동기는 종종 동시에 작용하곤 한다. 선수가 스포츠를 좋아해서(내재적), 스포츠가 제공하는 교훈과 건강을 가치 있다고 보아서(자율적 외재적), 가족 모두가 스포츠를 할 것으로 기대해서(통제된 외재적) 스포츠를 하는 것은 매우 전형적인 일이다. 통제된 동기부여가 필요할 때도 있지만(예: 오늘은 학교에 가야 한다), 자율적 외재적 동기와 내재적 동기가 동반될 때 가장 잘 작용한다.

(2) 동기의 자율적 유형이 왜 가장 잘 작용하는가

동기의 자기 결정적 유형은 스포츠와 신체 활동에 대한 더 많은 출석 및 참여, 스포츠를 중도에 그만두려는 의도 감소, 더 큰 노력, 더 나은 집중력, 목표 달성, 즐거움 및 낮은 수준의 소진과 관련이 있다(Weiss & Amorose, 2008). 유청소년 스포츠에서 다수 코치들은 두려움, 엄포, 처벌을 통해 동기부여하는 것을 목표로 하는 권위적 코칭 행동이 선수 훈련에 가장 효과적이라는 생각을 벗어나지 못한다. 통제적 코칭 스타일은 승리를 위해 가능한 모든 수단을 활용하여 선수를 쉽게 움직이게 할 수도 있을 것이다. 그러나 선수의 동기 욕구를 충족하고 스포

1) 여기에 제시된 연속체는 단순화되었으며 Lonsdale et al.(2008)이 제시한 것처럼 통제적 자율적인 외재적 동기의 특정 하위 유형들을 포함하지 않음.

츠에 대한 전념을 더 심화시키며 지속되는 프로그램을 유지하려면 자율성-지원적 유청소년 프로그램과 코칭 스타일이 필요하다.

3) 유청소년 스포츠에서 자율성을 지원하려면

자율성 지원적(autonomy supportive)인 유청소년 스포츠 리더는 선수를 이해하기 위하여 경청하고 시도하며, 투입과 선택에 대한 기회를 제공하고, 요구하거나 통제적 행동은 최소화한다. 이것은 선수가 마음대로 날뛰도록 허용한다는 의미가 아니라 프로그램의 특정 구조, 제한 및 규칙 내에서 선택권이 제공되고 선수의 목소리를 들어 준다는 의미이다(Mageau & Vallerand, 2003). 자율성과 독립성은 같지 않다. 선수는 코치의 훈련 지침과 전략적 결정을 따를 때도 자기 결정적이라고 느낄 수 있다. 중요한 것은 의사결정이 내려지는 방식, 정보와 피드백이 제공되는 방식, 코치가 선수와 상호작용하는 방식이다. 다음은 몇 가지 제안 사항으로, 어린 선수들이 자율성을 느끼며 육성할 수 있는 창의적인 방법을 발달시키도록 고무할 것이다.

1. 선수에 대한 진정한 관심과 관여를 보이라. 정기적으로 각 선수와 수행의 실패나 거부와 연계된 개인적 대화를 나누라. 선수들의 감정을 인정하고 어떻게 지내는지 물어보라. "오, 괜찮을 거야."와 같은 오만한 비평은 피하고 그들이 느끼는 것을 이해하고 수용한다는 것을 보여 주라.
2. 결정에 대한 근거를 제시하라. "이러한 이유는……." 또는 "우리가 이것을 해야 한다고 생각한다……."와 같은 단어를 많이 활용하고 왜(why) 그러한지 설명하라. 어떤 특정 활동이나 전략이 선수에게 어떻게 도움이 된다고 생각하는지 짚어 내라. 선수들을 새로운 위치로 옮기고, 시작하거나 시작하지 않고, 새로운 역할을 시도하도록 요청하고, 게임에 참여시키지 않거나, 그들이 원하는 것보다 역할을 덜 부여하는 사유를 선수들이 알게 하라.
3. 선수들에게 투입을 요청하되 팀 구조 내에서는 선택권을 제공하라. "오늘 연습은 잘된 것 같니?" "우리가 해야 한다고 생각하는 뭔가가 있을까?" "어젯밤 경기에서 우리가 잘한 것은 무엇이고, 더 잘하게 된 것은 무엇일까?" "오늘 사격 훈련을 어떻게 마무리할까?" "우리 팀 워밍업에서 달릴 준비는 되어 가니? 다른 제안은 없고?" 선수들은 당신이 그들의 피드백을 정직하게 듣고 고려한다는 것을 알 필요가 있지만, 그것이 항상 그들 의견에 동의해야 한다는 것을 의미하지는 않는다. 선수들은 자신의 아이디어가 중요하고 경청되며 때로는 실행되지만 팀에 대한 전반적 책임은 여전히 코치에게 있음을 이해해야 한다.
4. 선수가 진취성을 갖고 독립적으로 훈련할 기회를 제공하라. 때때로 선수-코치를 지명하여, 지정된 선수가 연습 계획 및 구성을 돕고 실제로 훈련을 실행하며 소그룹으로 나누어 피드백을 제공하기도 한다. 다양한 스테이션에서 선수를 소그룹으로 나누고, 제공받은 기술로 운동하도록 요청받고 서로에게 피드백을 제공한다. 주말 휴식 전 금요일처럼 선수들에게 추가 휴일을 제공하고 하루 정도 스스로 운동하도록 요청하라. 그들이 하려고 선택한 일에 대한 소수 사례나 아이디어를 제공하라. 팀 연습으로 돌아오면 그룹별로 어떻게 진행되었으며 훈련을 위해 어떤 유형의 일을 했는지 물어보라.
5. 통제적 피드백과 행동을 최소화하라. 피해야 할 통제적 발언으로 이러한 것들이 포함될 수 있다. "안타 칠 타임이야." "계속해. 다음 경기에도 또 필요해." "내 말을 따랐다면 그런 일은 일어나지 않았

을 거다." "오늘 너를 믿으니까 실망시키지 말아라." 반대로 다음의 예는 정보를 제공하는 피드백의 예이다. "확실한 히트네. 공을 넣으려고 엉덩이 부분을 진짜 회전시켰구나." "오늘 수비 시 상대를 차단하려고 주의 깊게 잘 보더구나."

6. 선수들의 실수를 바로잡으려는 것과는 대조적으로 질문들을 해 보라. 선수는 자신의 수행을 평가하고 실수를 바로잡으려고 내재적 피드백 체제를 개발할 때 가장 잘 향상된다. 먼저 수행 결과에 대한 그들의 의견을 물어봄으로써 그들이 이렇게 하도록 도우라. "그 투구에서 왜 갑자기 뜬공을 쳤다고 생각하나?" "세터가 앞줄에 있다면 우리의 공격이 먹힐 만한 구멍은 어디일까?" 단순히 무엇을 잘못했고 무엇을 해야 할지 말하기 전에, 그들이 생각하고 배우도록 환기를 시키라.

자율성을 지원하는 교사와 코치의 행동은 유청소년 스포츠에서 긍정적인 결과로 이어진다. 자율성을 지원하도록 체육 교사를 안내하는 한 학기 동안의 장기적 개입은, 자율성을 지원하는 교수법을 활용하지 않은 대조군의 결과와 비교할 때 유청소년의 기술 개발, 참여, 만족 및 자율 동기부여 측면에서 높은 수준의 결과를 보여주었다(Cheon, Reeve, & Moon, 2012). 자신의 코치가 자율성을 지원한다고 인식한 유청소년 스포츠 선수는 더 유능하며 팀 동료와 잘 연결되어 있다고 느꼈고 극도의 피로는 덜하면서 더 큰 행복감을 느꼈다(Adie, Duda, &

참고하기

자율과 규율: 양립 불가능한가, 상호보완적인가?

모든 수준의 코치에게 유일무이한 도전은 확립된 행동 규칙에 상응하는 행동을 선수들이 관리하도록 훈육하는 것이다. 규칙은 코치와 선수 간의 상호 존중과 책임을 반영해야 한다. 뭔가 잘못한 선수를 잡아내려는 '잡았다(I gotcha)' 게임은 피하라. 그 대신 팀을 위한 규칙에 대해 선수들과 토론하도록 이끌며 팀 규칙에 대한 제안을 요청하라. 시행할 수도 없는 길고 어리석은 규칙 목록 말고 간단히 만들라. 강인하고 통제하는 코치와 반대로, 그들에 대해서 그리고 그들의 행동을 안내하는 데 어떻게 도움이 되기를 원하는지 확인하라. 일단 규칙이 확립되면 모든 사람이 규칙을 준수할 수 있는지 물어보라. 이는 팀이 중요한 목표를 향해 나아가는 데 도움이 된다.

선수가 과거의 잘못된 행동으로 인해 장기적으로 처벌을 받는 상태나 코치의 좋은 은총에서 제외되는 도그하우스를 만들지 말라. 대부분의 선수의 관점에서 공정하고 적절하다고 생각되는 결과를 확립하라. 논리적이며 징벌적이지 않은 결과를 끌어내도록 노력하라. 만약, 나탈리(Natalie)가 연습에 늦는 경우의 논리적인 결과는 달리기나 시키는 것이 아니다. 그녀가 다음 연습에는 30분 일찍 오거나, 장비 설치와 시설을 안전하게 확보하도록 돕기 위해 연습 후 30분 동안 남도록 하는 것이 더 적합하거나 논리적일 것이다. 코치가 문제를 논의할 때 선수 행동을 특별한 결과의 논리와 연결하는 것이 중요하다.

예를 들어, 한 선수가 연습 중에 욕을 했다는 이유로 모든 팀원이 전력 질주를 하도록 요구하는 것과 같이, 선수를 제어하기 위해 무작위로 처벌을 내리는 것은 종종 역효과를 낳는다.(아마도 더 많은 욕설이 생길 것!) 논리적인 결과를 설계하고 시행하도록 하며 끝났을 때, 비로소 끝난다는 것을 확인하라. 개집은 안될 말이다! 전반적으로 규율의 목적은 선수가 자신의 가치를 인정하고 선수의 중요한 부분으로 만드는 내부적 안내 시스템을 내면화하도록 돕는 것이다.

Ntoumanis, 2012; Coatsworth & Conroy, 2009). 우리는 유청소년부터 전문가 수준에 이르기까지 전국적으로 인정받는 코치가 쓴 인기 서적에서 자율성 지원적 코칭의 강력한 경향을 알게 되었다. 유청소년 스포츠 감독이 유청소년 선수과 함께 코치와 부모에게 자율성 지원적 관행을 채택할 수 있는 특별한 방식들을 교육할 것을 강력히 권고한다.

4) 주의: 외적 보상 활용

'BOOK IT!'은 칭찬, 인정, 피자로 독서 달성을 보상함으로써 아이들이 책을 읽게 하는 독서에 대한 동기를 부여한다. 그래서 북잇!(BOOK IT!) 홈페이지에서는 피자 헛(Pizza Hut)이 독서 프로그램을 후원하고 있다고 한다. 일단 아이들은 선생님이 세운 독서 목표를 달성하면 공짜 피자를 받는다. 1986년부터 수백만 명의 어린이가 참여하여 많은 책과 피자를 소비했다. 그래서 프로그램이 성공적인가? 아니면 효과가 있는가? 진짜 질문은 이 프로그램을 이전에 참가했던 사람들이 오늘날 얼마나 많은 독서를 하느냐이다. 프로그램이 그들을 독서에 홍미를 갖도록 만들었는가, 아니면 피자를 먹을 수 있을 만큼만 읽도록 유도했는가?

심리학의 기본 전제는 행동에 대한 보상은 그 행동이 반복될 확률을 높인다는 것이다. 그리고 이는 우리 모두 경험했듯이 종종 사실이다. 그러나 외적 보상(무료 피자 같은)이 자율적 동기(평생 독서 습관)를 개발하는 데 도움이 되는가? 대답은 보상과 그것이 어떻게 제공되는가, 어떻게 사람들이 인식하는가에 따라서 그럴 가능성이 있다는 것이다. 그러나 그것은 또한 아이들의 자율적 동기를 감소시켜 활동에 대한 관심을 감소시킬 가능성도 있다. 그래서 우리는 아이들에게 보상을 줄 때, 특히 아이들이 이미 좋아하는 일(예: 스포츠)에 대한 보상을 제공할 때 극히 주의를 기울여야 한다.

보상을 과도하게 사용하거나 지나치게 강조하면 아이들의 스포츠 내재적 동기는 감소할 수 있다.

(1) 과잉 정당화 효과

이미 내적으로 홍미가 있는 무언가에 대해 외적 보상을 제공하면, 동기부여가 내재적인 것에서 통제되는 외재적인 것으로 바뀔 수 있다. 이를 과잉 정당화 효과(overjustification effect)라고 한다. 사람들이 그 활동을 하는 이유를 과도하게 정당화하고 있으므로, 그 활동을 하는 이유에 대한 인식이 바뀌기 시작한다. 여러 연구에 따르면 아이들이 홍미를 느끼는 활동에 대해 외적 보상(트로피 또는 인증서)을 주는 것은 결국 그 활동에 대한 내재적 동기를 감소시키는 것으로 나타났다(Deci, Koestner, & Ryan, 1999). 왜 이러한 일이 발생할 수 있는 것인가? 그것은 과제 자체는 실제로 홍미롭지 않으며, 그 활동에 참여하는 측면이 아닌 보상에 관심을 두는 것에 집중하게 된다는 것을 말해 준다.

(2) 통제 또는 정보 제공으로서의 보상

유청소년 스포츠의 외적 보상은 이러한 보상들이 아이들에게 주는 의미에 근거하여 동기부여에 영향을 미친다. 선수는 외적 보상(트로피)을 자신의 스포츠 유능성의 긍정적 방향 표시로 인식할 수 있는 반면에(정보 제공적), 다른 선수는 동일한 보상을 스포츠에 계속 참여하게끔 강요하는 것으로 지각할지 모른다(통제적)(Deci & Ryan, 1985).

보상에 대한 선수의 지각이 그들의 동기에 어떻게 영향을 미치는지 장학생 및 장학생 자격이 없는 대학 운동선수에 대한 '경기의 대가(pay for play)'라는 연구에서 조사되었다(Ryan, 1980). 장학금을 받은 축구 선수는 장학금을 받지 않은 선수보다 내재적 동기가 낮았다고 보고했다. 이와는 반대로, 장학금을 받은 레슬링선수와 여자 선수는 장학금을 받지 않은 선수보다 이러한 스포츠에서 갖는 내재적 동기 수준이 더 높았다. 결과는 장학금이 선수들에게 어떠한 의미를 주었는지에 따라 다르게 설명되었다. 왜냐하면, 축구선수들은 상당수가 장학금을 받고 있고, 장학금이 그리 특별한 것도 아니며, 자신의 유능성에 대한 정보도 적고, 더 통제적인 것으로 간주하는 것을 알고 있었다. 특히 1970년대 후반에 레슬링선수와 여자 선수의 경우는 장학금이 보편화되지 않았기 때문에 장학금을 받는 선수들의 유능성이 특별하게 인정되었다.

흥미롭게도 보다 최근에 이루어진 '경기의 대가'와 관련된 연구에서는 코칭 행동이 장학금의 중요도보다 대학 선수의 내재적 동기에 더 큰 영향을 미친다는 사실을 발견했다(Amorose & Horn, 2000; Matosic, Cox, & Amorose, 2014). 실제로 선수의 내재적 동기에 가장 큰 영향을 미친 것은 코치가 자율성 지원적 행동을 활용하는 것이다. 따라서 코치가 선수를 어떻게 대하며 장학금을 '활용'하는가는 보상 자체보다 더 중요하다고 볼 수 있다.

전반적으로 보상이 올바른 방식으로만 전달된다면 선수의 자율적 동기부여를 높일 수 있는 가능성이 크다. 이 '올바른 방법'이란 보상으로 어린 선수들을 강요하거나 통제하려는 시도 없이 그들의 유능성과 자율성을 지원하도록 해야 한다는 것을 의미한다. 다음은 유청소년 스포츠에서 보상을 제공할 때 고려해야 할 몇 가지 구체적 제안이다.

① 외적 보상의 가장 좋은 유형은 새롭고 창의적이며 압도적이지 않은 것이다. 보상이 활동 자체보다 더 중요하면 안 된다(또는 터무니없이 트로피가 거창하게 커서 받는 아이보다 큰 경우). 아들의 크로스컨트리 코치는 이전 대회보다 자기 기록을 향상한 선수들에게 실제로 막대사탕을 수여했다. 나(제1저자)의 고등학교 농구팀은 퍼플 하트 연습용 셔츠를 가지고 있었는데, 이는 이전 대회에서 가장 "경기 판도를 바꾼 속임수"를 보여 준 선수에게 수여되었다. 선수들이 높은 가치로 간주하나 물질적인 면에서 사치스럽지는 않은 창의적 보상을 제안함으로써 팀의 전통을 시작해 보라.

② 외부 보상은 특별한 성취 여부에 따라 획득되고 주어져야 한다. 보상이 무차별적으로 주어지면 어느 동기부여든 그 효과가 빠르게 사라진다. 팀에 등록되어 있으면 누구든 얻을 수 있는 일반적인 참가 트로피나 인증서는 피하라. 이러한 보상은 모든 연습에 참석하는 것처럼 특별한 우발적 상황에 속해 있지 않는 한 선수에게 의미가 없다. 모든 팀 구성원을 인정하되, 팀에 특별하고 독특한 공헌을 한 것에 대해 물질적 보상이나 구두적 인정을 제공해야 좋다. 보상은 받을 만할 때 받아야 하는 것이지 그렇지 않으면 무의미하고 부정한 것으로 보인다.

③ 외적 보상이 선수에게 무엇을 의미하는지 잘 처

개인적 이야기

어떠한 보상이 효과적이었는가?

당신의 유청소년 시절 스포츠를 경험할 때 어떤 보상을 얻었는지 기억하는가? 어떤 것이 가장 의미가 컸고 동기부여를 강화했는가? 어떤 것이 역효과를 냈으며 동기 부여를 감소시켰는가? 이러한 보상들이 당신에게 긍정적이고 부정적인 영향을 함께 미치는 이유가 무엇인지 생각해 보라.

리하도록 도우라. 어린 선수들이 트로피나 리본을 받은 것은 축하해 주고, 그 보상이 그들에게 의미하는 바를 설명하도록 요청하라. 물질적 보상은 단지 당신의 노력과 성취에 대해 느끼는 자부심이라는 궁극적 보상의 상징에 불과하다는 것을 이해하도록 도우라.

④ 보상의 통제적 측면은 가볍게 생각하게 하여, 더 많은 성취를 기대하도록 만들라. 선수가 명예를 얻거나 타인의 관심을 받을 때, 그에 부응하려는 압박감이 아니라 그들이 얼마나 열심히 노력했는지 보여준 명예를 얻은 것에 대하여 좋은 기분이 들도록 도우라. 칭찬은 교묘히 조작하는 방식이 아니라 진정으로 주어져야 할 강력한 외적 보상임을 기억하라. "네가 계속 그렇게 하기를 바란다."와 같은 압박은 피하라.

5. 관계성

미국 수영 선수 미시 프랭클린(Missy Franklin)이 2012 올림픽 대회(2012 Olympic Games)에서 획득한 총 5개의 메달 중 4개는 금메달이었고, 다수의 전문적 후원을 기회로 삼아 한 몫 단단히 챙길 수도 있었다. 그런데 그 대신 그녀는 고학년을 마치고 콜로라도(Colorado)에 있는 자기의 고등학교 수영팀에서 수영을 하기 위해 돌아왔다. 프랭클린의 동기부여는 간단했다. 그녀는 프로 운동선수로서 수백만 달러를 버는 일보다는 친구와 팀원과의 관계를 더 즐겁게 생각했다. 마지막 고등학교 모임에서 그녀는 돔 모양 모자(종종 일반 수영 모자 위에 착용) 착용을 거부했는데, 그 이유로 "내 머리 위에 고등학교 이름으로 수영한 것이 마지막이었다. 그것을 머리에 쓰고 싶지 않다."라고 했다(Thomas, 2013).

유청소년 운동선수의 동기를 유발하는 세 번째 기본 욕구는 관계성(relatedness), 즉 주변 사람들과 연결되고 소속감을 경험하려는 욕구다(Baumeister & Leary, 1995). 유청소년 스포츠 선수의 부모, 코치, 또래(팀원과 친구들)와의 관계는 동기부여에 중대한 영향을 미친다(Keegan, Spray, Harwood, & Lavallee, 2010).

우리는 이미 코치가 연습을 구조화하고 선수와 상호작용하는 방식에서 유청소년 선수의 동기부여에 미치는 강력한 영향을 논의했고, 유청소년 스포츠에서 코치의 역할은 제14장에서 더 자세히 알아본다. 그러나 유청소년 스포츠 선수에게 핵심이 되는 동기부여 요인으로 코치의 정서적 지원의 중요성은 아무리 강조해도 지나치지 않는다. 어린 선수들은 기술과 전술 학습을 넘어 코치와의 정서적 유대를 바란다(Williams, Whipp, Jackson, & Dimmock, 2013). 예를 들어, 부모의 지원, 피드백 및 모델링도 유청소년 선수의 동기부여 및 심리사회적 발달은 유청소년에게 중대한 영향을 미친다. 유청소년 스포츠에서 부모와 가족의 역할은 제15장에서 더 자세히 살펴본다.

미시 프랭클린의 예에서 볼 수 있듯이 유청소년 운동선수의 관계성에 대한 욕구를 충족하려면 또래와의 연결이 필수적이다. 이러한 관계성 욕구는 특히 후기 아동기와 초기 청소년기에 높아진다. 전반적으로 유청소년 스포츠에서 친구와 팀원들과의 더 긍정적인 연결은 더 높은 지각된 유능성, 자아존중감, 더 큰 즐거움 및 덜한 스트레스, 보다 자율적인 동기, 지속적인 스포츠 참여에 대한 더 강한 전념과 관련된다(Smith, Ullrich-French, Walker & Hurley, 2006).

유청소년 선수의 관계성에 대한 동기부여 욕구는 기술을 구축하고 경쟁 전략을 가르치려는 우리의 열정에서 종종 간과된다는 것이 관찰을 통해 밝혀졌다. 이것은 숫기가 없거나 팀이나 커뮤니티에 새로 들어온 아이들뿐 아니라, 지각된 유능성이나 실제적 유능성이 낮은 어린 선수들에게도 특히 잘 들어맞는다. 특히 초기 청소년기의 아이들이 팀원이나 다른 또래들과 잘 맞지 않는다고 느낄 때 슬픔, 낮은 자아존중감과 자신감을 경험하는 것을 관찰했다. 유청소년 스포츠 전문가로서 우리의 역할은 기술을 구축하는 것이지 아이들의 사회적 삶을 용이하게 하는 것은 아니라고 주장할 수도 있다. 그러나 관계성에 대한 기본적 욕구가 어린 선수의 동기부여와 스포츠 유능성을 고양한다면 우리는 아이들이 서로 의미 있는 방식으로 연결하도록 사회적 원동력 역할을 해야 한다.

유청소년 스포츠에서 사회적 연결이 이루어진다고 가정하는 대신, 유청소년 스포츠 코치와 감독은 모든 참가자가 관계성이라는 중요한 욕구를 말하도록 보장하기 위한 사려 깊고 의도적으로 활동과 전략을 계획할 수 있도록 강하게 권고한다. 여기에는 운동선수와 그 가족을 위하여 유명인을 만나는(meet-and-greet) 오프닝 요리 파티 또는 피자 파티, 경기 후 잠깐 즐기는 간식 타임, 부모-자녀 경기의 날(아이들이 좋아하는)이 포함될 수 있다. 우리 아들의 여름 수영 프로그램은 5세에 수영을 시작하여 고등학교까지 지속하는 도시 수영장에서 아이들을 연결하는 강력한 전통을 가지고 있다. 팀 티셔츠, 선배들이 이끄는 화려한 구호와 응원이 펼쳐지는 특별한 사전 만남, 서로 응원하는 법을 배우는 시즌 전의 모의 대회, 사전에 버디 패키지를 주고받는 수영 버디 시스템 등이 있다. 여름의 3일 밤은 해마가 수영하는 밤(Seahorse Swim Nights)로 지정되어, 수영장은 즐거운 게임과 릴레이를 위해 팀원들에게만 늦게까지 개방된다. 커뮤니티에서 해마가 된다는 것은 연결되어 있다는 의미이다.

관계성에 대한 아이들의 요구사항을 충족시키는 또 다른 방법은 연습 시 아이들을 다른 파트너와 그룹에 할당하고 순환시키는 것이다. 또는 코치가 선수들에게 다른 활동을 위해 새로운 사람과 협력하도록 지시하고, 이전에 알지 못했던 파트너에 대한 재미있는 사실을 배우도록 요청할 수 있다. 연습의 마무리 시점에서, 선수들은 파트너에 대한 재미있는 사실을 팀 전체와 공유할 수 있다. 어린 선수들은 팀원, 즉 모든 팀원을 지원하는 것의 중요성에 대해 배워야 하며, 이러한 공유된 경험을 통해 연계를 깊이 있게 다지도록 활용하기 쉬운 팀 구축 연습이 많이 있다. 유청소년 스포츠에서 매일 다루어야 할 중요한 동기부여 요구 사항으로 관계성을 클립보드의 맨 위에 두라.

6. 요약

이 장의 마무리를 위해 어린 선수에게 동기부여적 연회(FEAST)를 제공하여 유청소년 스포츠에서 동기부여의 중요한 측면을 기억하도록 제안한다. FEAST를 차리는 방법은 다음과 같다([그림 6-4]).

F는 피드백(Feedback)이다. 아이들의 학습이 가능하도록 구체적이고 정보가 가득하며 수행과 행동에 따른

[그림 6-4] 유청소년 스포츠를 위한 동기 부여적 연회(FEAST)

피드백을 제공하라. 긍정적인 피드백이 너무 많아도 힘들게 노력한 결과로 보기 어렵고 아이들이 덜 유능하며 강제적으로 하게 만든다. 선수들이 잘하는 것은 잘 포착하여 그것에 대해 이야기하라.

E는 정서적 연결(Emotional Connection)이다. 선수들의 말을 경청하고 이해하고 신경 쓰고 있다는 것을 알게 하라. 그들의 '감정 탱크'(Thompson, 2010b)를 매일 채우라. 팀원 간 우정과 사회적 연계를 구축할 수 있는 활동을 구조화하고, 팀원들이 서로의 감정 탱크를 채울 수 있도록 가르치며 기회를 제공하라. 이러한 일이 일어나리라 기대하지 말고 일어나도록 만들라.

A는 자율성 지원(Autonomy support)이다. 선수들 자신의 목소리를 잘 들려 줄 수 있다고 느끼게 하라. 그들이 당신의 구조와 규칙 내에서 선택하도록 하라. 결과가 아닌 노력에 보상을 주어 수행에 대한 통제감을 내면화하라.

S는 자극(Stimulation)이다. 아이들이 스포츠를 하는 이유는 재미있고, 스포츠가 모든 수준에서 즐거울 수 있고 즐길 수 있어야 한다고 믿기 때문이다. 스포츠와 사랑에 빠지도록 창의력을 발휘하고 다양성을 활용하여, 숙련된 운동선수가 되는데 필요한 자율적 외재적 동기부여를 내면화할 수 있다. 최적의 도전 없이 성공은 어떠한 의미도 가지지 못하므로 훈련에서 도전하라.

T는 교수 기량(Teaching Prowess)이다. 훌륭한 교사가 되라. 유능성은 동기부여의 중심이므로 아이들이 기술을 학습하는 데 있어서 보다 효과적으로 도움 되는 방법을 연구하라. 모든 연습과 대회에서 유청소년 선수들에게 연회(FEAST)를 제공하면, 그들이 스포츠에서 성공하는 데 필요한 동기부여 칼로리를 제공한다.

학습 초점

주요 용어

- **무동기** 어떤 종류의 동기부여도 결여된 상태.
- **귀인** 운동선수가 자신의 성공과 실패 이유를 설명하기 위해 받아들이는 명분.
- **자율성** 자신을 다스릴 수 있는 능력과 기회.
- **자율성 지원적** 선수의 말을 경청하고 이해하며, 투입과 선택의 기회를 제공하고 요구하거나 통제하는 행동은 최소화하는 행동을 의미.
- **유능성** 어떤 목적에 맞는 충분한 능력.
- **자아 관여** 타인을 이기거나 타인과 관련된 우월한 능력을 보여 주는 데 집중하는 것.
- **외재적 동기** 활동 자체를 넘어 성과나 보상을 달성하려는 활동을 하려는 욕구 또는 의도.
- **실패에 대한 두려움** 실패 결과에 대한 두려움으로 가장 일반적으로 수치심과 당혹감, 부족함, 타인(부모, 코치, 팀 동료)을 실망시키는 것에 대한 두려움.
- **내재적 동기** 활동에 참여함으로써 얻는 즐거움과 만족을 위해 활동을 하려는 욕구 또는 의도.
- **학습된 무력감** 아이들이 무력하다고 느끼고 상황의 결과를 통제할 수 없다고 느끼는 심리 상태.
- **동기** 무언가를 하려는 욕구, 의도, 추진력.
- **동기 분위기** 동기에 영향을 미치는 상황에서 다양한 사회적 측면이 이루어지는 방식.
- **동기 성향** 신념, 가치, 요구, 태도, 목적, 자아 인식과 같이 사람들이 성취 또는 목적 지향적 활동에서 특정 방식으로 생각하고 행동하게 하는 내적 특성.
- **지각된 유능성** 특정 작업에 대한 개인의 능력 또는 기술에 대한 감각.
- **완벽주의** 완벽한 수행에 집중하고 노력하는 성향.
- **심리사회적 발달** 부모, 형제자매, 동료, 교사, 코치, 심지어 대중매체와의 사회적 경험이 개인이 자신을 보는 방식에 미치는 영향.
- **관계성** 주변 사람들과 연결되고 소속감을 경험하려는 욕구.
- **자기 결정** 자신과 자기 행동의 통제권을 스스로 가지고 있다는 선수 인식. 그들이 자기 행동 과정을 결정한다고 느낄 때.
- **자아존중감(self-worth)** 인간으로서 느끼는 가치 또는 가치에 대한 의식.
- **과제 관여** 기술 숙달과 향상을 위해 최선을 다해 수행에 집중하는 것.

핵심 요약

1. 동기가 부여된 행동들은 선택, 노력, 끈기, 강도에서 명백히 나타난다.
2. 아이들은 재미를 느끼고, 기술을 배우고, 친구와 함께 있는 것이 스포츠를 하는 주된 이유라고 말한다.
3. 아이들의 동기를 유발하는 세 가지 근본적인 욕구는 유능성, 자율성 및 관계성이다.
4. 유능성 동기 야구 다이아몬드 모형은 아이들의 동기부여가 숙달 시도로 이어지며, 성공적이며 최적의 상황에서 도전할 때 지각된 유능성, 자아존중감, 자존감, 즐거움, 후속 동기를 강화한다고 설명한다.
5. 실패에 대한 두려움과 부적응적 완벽주의는 유청소년 선수들이 스포츠를 도전적인 것으로 인식하는 것과는 반대로, 무능함을 피하는 데 집중하도록 만드는 동기 성향이다.
6. 어린 선수들은 자아 연관이 높든 낮든 관계없이 과제와 연관되는 것이 중요하다.
7. 과제 관여는 성인이 노력과 향상과 같은 통제 가능

한 성공에 대해 보상하고, 선수가 스포츠에서 자신을 판단할 만한 특정 과제 목표를 구별하도록 도울 때 강조된다.

8. 귀인은 실제적 성공보다 지각된 유능성과 자아존중감에서의 성공에 미치는 영향력이 더 크다.
9. 코치는 공통성, 발달 변화, 전략, 노력 및 끈기를 강조함으로써 학습된 무기력을 보이는 선수의 귀인을 재훈련하는 데 도움을 줄 수 있다.
10. 어린 선수들의 동기부여는 수행 성과가 아닌 노력에 대해 칭찬 받을 때 강화된다.
11. 7세 미만 아동의 지각된 유능성 수준은 부풀려져 있으나 연령대가 점차 높아질수록 더 정확해진다.
12. 아이들은 연령대가 높아짐에 따라 스포츠에서 자신들이 얼마나 유능한지 결정하기 위한 다양한 정보원을 활용한다.
13. 동기의 세 가지 형태는 내재적 동기, 자율적 외재적 동기, 통제된 외재적 동기이다.
14. 모든 형태의 동기부여는 유용하지만 자율적 동기부여는 목표 달성, 노력, 스포츠 지속성과 가장 직접적으로 연결된다.
15. 외적 보상이 통제적 방식으로 주어지면 내재적 동기를 감소시킬 가능성이 있다.
16. 유청소년 스포츠에서 또래들과의 긍정적인 관계는 더 높은 지각된 유능성, 더 큰 즐거움과 더 적은 스트레스, 더 자율적 동기부여, 지속적인 스포츠 참여에 대한 더 강한 전념과 관련있다.

탐구 질문

1. 아이들이 스포츠에 참여하는 세 가지 이유는 무엇인가? 이러한 이유가 아이들의 동기를 유발하는 세 가지 기본 욕구와는 어떤 관련이 있는가?
2. 어린 운동선수에게 실패에 대한 두려움과 완벽주의가 생기는 이유는 무엇이며 선수가 이러한 성향을 극복하도록 돕기 위해 어떤 전략을 활용할 수 있는가?
3. 왜 귀인이 중요하며, 유청소년의 성공과 실패에 대하여 도움이 되려면 선수들에 어떤 귀인을 형성하도록 도와야 하는가?
4. 스포츠에서 과제 관여와 자아 관여의 어떠한 배합을 추천하겠는가? 이러한 성향이 본인의 스포츠에서 왜 가장 잘 작용한다고 생각하는지 이유를 설명하라.
5. 학습된 무기력이란 무엇이며, 이러한 부정적인 동기 성향을 극복하기 위해 유청소년 운동선수들과 어떻게 협력할 수 있는가?
6. 외재적 동기가 여전히 자율적일 수 있는 방법은 무엇이며, 어린 운동선수가 성장함에 따라 이것이 중요한 유형의 동기가 되는 이유를 설명하라.
7. 자율성 지원적인 것을 정의하고 유청소년 코치가 활용할 수 있는 자율성 지원적 행동의 네 가지 사례를 구별해 보라.
8. 어떻게 아이들이 자신의 유능성을 평가하는지, 그리고 아이들이 자신의 유능성을 판단하는 데 활용하는 출처의 발달적 변화를 설명해 보라.
9. 외적 보상에 대한 과잉정당화 효과를 설명하고, 보상의 통제적 측면과 정보적 측면의 차이를 설명하라. 선수에게 상을 수여하기 위해 유청소년 스포츠 코치에게 필요한 세 가지 지침을 제공하라.
10. 관계성이란 무엇이며, 이것이 유청소년 운동선수의 동기를 유발하는 기본적 욕구인 이유는 무엇인가? 유청소년 스포츠 연습에서 관계성이 어떻게 촉진될 수 있는지 사례를 제공하라.

성찰용 학습활동

1. 2살 연령 그룹(예: 9~10세)과 특정 스포츠를 선택하라. 제공될 특정 보상과 제공되는 시기 및 방법

을 포함하여 이 팀에 활용할 보상을 구별하라. 당신의 보상 아이디어가 선수의 기본 동기부여 욕구를 어떻게 지원하는지 설명하는 요약본을 제공하라. 창의력을 발휘하라.

2. 2세 연령 그룹과 특정 스포츠를 선택하라. 팀 내에서 선수에게 선택권이나 책임을 부여할 수 있는 일부 특정 영역을 구별하라. 이러한 선택과 책임에서 코치와 선수의 역할을 설명하라.
3. 다양한 동기부여에 대한 논의를 담은 부록 G에 제공된 사례 연구를 읽어 보라. 각 사례에서 동기부여에 대한 논의는 무엇이라고 생각하는지 설명하고(기본 욕구와 관련된 본 장의 자료 활용) 코치, 감독, 부모가 이러한 사례를 다룰 방법에 대한 제안을 구별하라.

보조자료

Ed Deci의 TEDxTalk(YouTube)(www.youtube.com/watch?v=VGrcets0E6I). 이 TED 강연에서 자기 결정 이론(SDT)의 창시자 중 한 명인 에드 데시 박사(Dr. Ed Deci)는 이 이론이 무엇인지, 설명하려는 목적은 무엇인지, 자기 결정 이론(Self-Determination Theory: SDT)를 사용하여 사람들의 동기부여를 어떻게 촉진하도록 할 것인지 개요를 제공한다. 토론하는 동안 Dr.Deci는 동기부여 관점에서 해야 할 일 및 하지 말아야 할 일의 사례를 제공한다.

선수의 요구사항 지원(YouTube) (www.youtube.com/watch?v=kxsJT6XwNy0). 이 비디오는 동기부여 이론, 특히 SDT와 선수의 욕구가 어떻게 연관되는지 다룬다. 비디오 관람 대상은 코치이며, 관련 주제에 내적 및 외적 동기부여자, 동기부여 원천, 동기부여에 관하여 코치가 따라야 할 제안이 포함되어 있다.

Chapter 07

유청소년을 위한 스포츠 변형

제7장 개요

이 장에서 배울 내용은 다음과 같다.

- 유청소년 스포츠에서 변형이 필요한 이유
- 어른들이 스포츠 변형을 거부하는 이유
- 스포츠가 유청소년을 위해 변형되는 사례
- 스포츠를 변형함으로써 유청소년이 얻을 수 있는 혜택

1. 개요

다음의 상황을 그려 보자. 7세 어린이가 3미터 높이의 농구골대에 슛을 던진다. 당연히 공은 골대에 닿지 않는다. 5세 아이들이 정식 경기장에서 모든 보호 장비를 착용하고 미식축구를 하고 있다. 13세 아이들로 구성된 배구팀이 경기에서 이기기 위해 6개월 동안(5~10월) 일주일에 다섯 번씩 연습한다. 위의 사례에서 잘못된 점을 찾아보자. 어른들이 사용하는 규칙 또는 용·기구를 사용하도록 했다고 대답했다면 정답이다. 이 장에서는 유청소년 스포츠에서 변형이 중요하다는 점을 배운다. 변형을 통해 유청소년의 기술 및 심리사회학적(psychosocial) 발달(development)을 이끌어 낼 수 있다는 점을 이해할 수 있다. 마지막으로 유청소년의 발달에 적절한 변형을 적용하는 방법을 이해할 수 있다.

변형이란 유청소년의 발달 단계에 적합하도록 스포츠 경험(sport experience)을 조정하는 것이다. 경기 규칙, 운동장 크기 또는 용·기구를 독자의 발달 단계에 적합하도록 변형한 과거의 경험을 떠올릴 수 있을 것이다. 다음의 예시가 이해에 도움이 될 수 있다.

- 정식 경기에서 활용하는 농구공보다 작은 크기의 농구공 사용하기(둘레가 75cm가 아닌 69cm의 작은 농구공 사용)
- 타격을 위한 용구, 기구(야구배트, 하키 스틱, 테니스 라켓)를 짧거나 가볍게 바꾸기
- 골대의 높이를 낮추거나(농구) 골대의 크기를 줄이기(농구)
- 경기장의 규격을 작게 만들기
- 경기에 직접 뛰는 선수 숫자 줄이기
- 몇 가지 전략 및 전술 사용하지 못하도록 하기(예: 농구 경기에서 전면 압박 수비 못하게 하기 또는 풋볼 경기에서 쿼터백에게 달려들지 못하게 하기)
- 더 많은 아이가 뛸 수 있도록 규칙 바꾸기(예: 이닝을 바꾸기 전에 모든 선수가 타격할 수 있도록 하기, 축구에서 아이들이 모든 포지션을 경험하도록 하기)

이상은 유청소년 스포츠 경험을 획기적으로 개선하는 데 활용할 수 있는 많은 방법 중의 일부이다. 이 장을 읽으면서 아이들에게 보다 좋은 경험을 제공하는 데 활용할 수 있는 신선한 변형 방법에 대해 생각해 보자. 좋은 방법은 아이들을 어른들이 즐기는 활동에 끼워맞추는 것이 아니다. 바로 아이들에게 꼭 맞는 활동을 제공하는 것이다.

2. 왜 변형이 필요한가

아이들이 안전하고 성공적으로 스포츠를 즐기는 데 필요한 기술 또는 행동은 자동적으로 발달되지 않는다. 아이들에게 맞는 스포츠 문화(sport culture)를 제공하는 것은 어른들의 몫이다. 이를 위해서는 규칙, 연습, 팀 선택, 용구, 기구, 경기 일정(playing schedules), 작전(tactics) 등에 대한 지침을 개발해야 한다. 적절한 변형은 경기 질의 향상(quality of play), 성공 경험 확률 증가(chance for success), 보다 많은 즐거움을 이끌어낼 수 있다.

1) 다르게 발달하는 아이들

변형이 필요한 가장 중요한 이유는 아이들의 발달이 어른의 그것과 매우 다르기 때문이다. 아이들은 생리적·기계적·사회적·인지적으로 다양한 단계에 있으며 성장하는 속도도 다르다. 이는 어른들이 스포츠를 즐기는 방식은 아이들에게 맞지 않을 수 있다는 것

을 의미한다. 아이들은 키가 작고 가볍다. 팔과 다리가 짧으며 근력 및 근지구력이 약하다. 신체 협응(levels of coordination) 수준 역시 어른들에 비해 낮다. 어른과 아이의 신체 구성(body proportions)의 차이는 무게 중심(center of gravity), 힘의 사용(use of force), 릴리스 각도(angels of release) 등과 같은 기술 향상에 영향을 미치는 기계적 변수(mechanical parameters)에 영향을 미친다. 그러나 우리는 종종 이와 같은 신체적 약점을 가진 아이들에게 어른들의 자세를 요구한다.

전미 유청소년 스포츠 코치 협회(National Youth Sport Coaches Association) (Engh, 2002)에서는 5~8세 아이들의 던지기, 잡기, 달리기, 차기 등과 같은 필수 움직임 기술(fundamental motor skills) 수준을 조사했다. 1,000명 이상의 아이들 중 49%는 스포츠를 성공적으로 즐기기 위해 반드시 요청되는 기술을 가지지 못한 것으로 나타났다. 이는 이 나이대의 아이들에게 적절하게 변형된 스포츠를 제공하지 못하면 절반은 전통적인 스포츠에서 요구하는 기본적인 기술을 수행할 수 없다는 것을 의미한다. 운동 발달 전문가(motor development experts)들은 어린 이들이 기술 발달에 필요한 민감한 학습 시기(sensitive learning period)에 기술 또는 기계적인 능력을 습득해야 할 필요성을 제안한다(제5장 참고).

아이들은 적절한 크기, 힘, 난이도로 변형된 과제가 제공될 때 생체역학적으로(biomechanically) 정확한 기

참고하기

아이들에게 맞는 스포츠로 변형하기

1. 유청소년 미식축구 경기 규칙이 고등학교 또는 대학교 규칙과 같은 경우가 많다. 일부 단체에서는 아이들이 보다 안전하고 즐겁게 경기할 수 있도록 미식축구를 변형한다. 다음은 유청소년 축구에서 종종 활용되는 변경된 규칙이다.
   - 수비수 사이에는 틈이 없어야 한다.
   - 블리츠(미식축구에서 쿼터백을 향해 돌진하는 기술)는 허용되지 않는다.
   - 반드시 공격 진형의 후방에 두 명의 러닝백이 있어야 한다.
   - 급작스럽게 실시하는 펀트(미식축구에서 공을 멀리 차서 상대 진영으로 보내는 기술)와 플레이스 킥(추가 점수 및 필드골을 위해 차는 기술)은 허용되지 않는다.
   - 6–2 수비전술만 허용된다.
   - 쿼터백은 공을 가지고 달릴 수 없다
   - 모든 수비수는 스냅(공격팀 센터가 쿼터백에게 공을 건네는 동작) 시점에는 정지해 있어야 한다.
   - 5명 이상의 선수가 수비 라인에 위치할 수 없으며, 2명의 선수는 최소 10야드(9m) 이상 떨어져 있어야 한다.
   - 팀이 18점 이상 이기고 있는 경우에는 기량이 뛰어난 4명의 선수를 교체해야 한다(상대팀 코치가 4명을 선택할 수 있다).
2. 오하이오주의 한 농구 리그에서는 모든 선수가 골을 넣을 수 있도록 규칙을 바꿨다. 매 쿼터가 시작하기 전에 모든 선수들은 한 번씩 자유투를 던질 수 있다. 자유투를 성공할 때마다 1점씩을 더한다. 이 점수는 바로 팀 점수에 더해진다.
3. 잭 니클라우스 학습 연맹(Jack Nicklaus Learning Leagues)은 아이들이 공원에서 즐겁고 안전하게 골프를 즐길 수 있도록 시설과 용ㆍ기구를 개발했다(www.snaggolf.com/jnll.html). 5~12세 아이들은 플라스틱 골프 클럽, 테니스공과 유사한 골프공과 벨크로 타겟을 사용한다. 이 프로그램의 목표는 아이들이 골프에 관심을 가지고 즐거움을 경험하는 데 있다.

술을 습득할 가능성이 높아진다. 그렇지 않다면 기술 습득은 어려워진다. 예를 하나 들어보자. 아빠는 6세인 칼리(Carly)가 테니스를 배우기를 바란다. 이에 동네에 있는 테니스 코트로 데려가 연습을 시키고자 한다. 고등학교 때 테니스 선수였던 아빠는 몇몇 연습을 알고 있다. 아빠는 칼리에게 예전에 쓰던 라켓을 주고 포핸드와 백핸드 스트로크를 치게 했다. 물론 6세인 칼리는 공을 제대로 맞추는 데 필요한 눈과 손의 협응력과 스윙 능력을 가지지 못했다. 아빠는 무거운 라켓으로 공을 맞추는 데만 급급한 칼리에게 "잘했어."라며 칭찬한다. 칼리는 아빠와 함께 몇 년 동안 이와 같은 방식으로 포핸드와 백핸드 스트로크를 잘못된 방식으로 배웠다. 이와 같은 방식으로는 고등학교에서 테니스를 즐길 수 있는 능력을 기르기 어렵다.

연구에 따르면, 어른용 크기의 테니스 라켓으로 배운 아이들은 공을 맞출 때 몸이 공에서 멀리 떨어진다(Ward & Groppel, 1980). 이는 기술적으로 잘못된 자세로 이어진다. 어렸을 때 바른 자세로 배우는 것은 좋은 건물을 짓는 데 필요한 기초를 튼튼하게 하는 것과 같다. 기초 없이는 결코 튼튼한 건물을 세울 수 없다.

아이들은 그들의 체격, 근력, 발달 수준에 적합하도록 시설과 장비가 제공될 때 생체역학적으로 올바른 기술을 배울 가능성이 높아진다.

어른들이 즐기는 방식의 스포츠가 어린 선수들에게 좋지 않을 때도 있다. 어린 투수에게 커브볼을 던지게 하거나 지나치게 많은 공을 던지도록 하는 것이 대표적이다. 이와 같은 방식은 팔의 부상으로 이어질 수 있다(제12장 참고). 과도한 사용으로 인한 부상이 유청소년 스포츠에서 중요한 문제가 되고 있다. 성인 스포츠에서 연습하고 경기하는 방식으로 유청소년을 가르치는 방식이 주된 원인이다.

그렇다면 유청소년의 올바른 스포츠 경험을 위해 변형할 때 무엇을 고려해야 할까? 다음은 유청소년의 발달 단계를 고려한 연습 및 경기를 설계할 때 스포츠 지도자와 코치들이 반드시 고려해야 하는 내용이다.

① 독자가 가르치는 선수들의 주의집중도(attentional focus)는 어느 정도인가? (예: 얼마나 오랫동안 앉아서 들을 수 있는가?)

② 선수들의 지각–기능 기술(perceptual-motor skills)(예: 눈–손 또는 눈–발 협응) 수준은 연습 또는 경기에서 쓸 수 있는가?

③ 해당 스포츠에서 반드시 요청되는 필수 움직임 기술[예: 던지기, 잡기, 미끄러지기(skate), 타격, 달리기, 수영]의 거리 및 속도는 어느 정도인가?

④ 독자가 이야기하는 전략 및 작전을 이해할 수 있는 인지적인 능력을 갖추었는가?

⑤ 경기에 필요한 기술을 제대로 수행할 수 있는가?

⑥ 아이들의 심혈관(cardiovascular) 및 신경근(neuromuscular) 수준은 어느 정도인가?

2) 아이들이 스포츠에 참여하는 동기

변형을 해야 하는 두 번째 이유는 아이들이 스포츠

에 참여하는 이유가 어른들과 다르기 때문이다. 제6장에서 확인한 것과 같이 아이들이 스포츠에 참여하는 이유는 주로 재미, 기술 습득 및 개선, 친구와 어울리기, 팀의 일부가 되기 등이다(Sit & Lindner, 2006; Weiss & Williams, 2004). 하지만 어른들은 종종 주로 승리와 우승에 집착한다. 아쉽게도 어른들이 출연하는 영화가 유청소년 스포츠 문화에 많은 영향을 미친다. 아이들끼리 스스로 경기를 조직할 수 있도록 하면 변형된 규칙을 적용할 때가 많다. 다음은 아이들이 자유롭게 게임하기 위해 적용하는 네 가지 원칙이다.

- **활동**(Action). 게임은 반드시 동기를 유발할 수 있어야 하고 경쟁이 있어야 한다. 경쟁은 재미있어야 하며 규칙은 합리적이어야 한다. 아이들은 최고의 경쟁을 위해 몇 명이 뛰어야 하는지를 결정한다. 마찬가지로 보다 많은 활동, 재미, 소규모 팀과의 경쟁을 위해 게임을 변형할 수 있다.
- **개인적 참여**(Personal involvement). 아이들에게 자주 이기지 못하는 팀에서 주전으로 뛸 것인지 아니면 언제나 이기는 팀의 후보 선수가 되고 싶은지 물어보자. 대답은 언제나 같을 것이다. 아이들은 앉아서 이기는 것보다 지더라도 뛰는 것을 원할 것이다. 연령을 불문하고 다른 사람의 플레이를 보면서 즐거움을 가지기는 어려우며, 연습 없이 배움은 잘 일어나지 않는다. 아이들은 종종 이기기 위해 규칙을 변형한다. 보다 중요한 것은 모든 아이가 뛸 수 있도록 게임을 변형한다는 점이다.
- **즐거움**(Excitement). 실력 차이가 현저한 일방적인 게임에서 아이들은 즐거움을 느끼기 어렵다. 두 팀의 경기력이 현저히 다르다면 게임은 쉽게 종료되고, 새로운 팀이 선택되거나 선수의 포지션이 바뀌게 된다. 새로운 게임은 진 팀에게 새로운 기회를 줄 수 있다. 어린 선수들은 보다 흥미로운 게임을 위해 규칙을 변형한다.
- **우정**(Friendships). 어린 선수들은 친구와 함께 스포츠를 즐긴다. 친구와 팀을 이루어 경쟁하기도 하고 친구끼리 경쟁하기도 한다. 아이들은 스포츠를 통해 새로운 친구를 사귀는 것을 즐긴다. 우정은 유청소년이 스포츠에 참여하는 가장 중요한 이유 중의 하나다. 그렇기 때문에 아이들은 다른 아이들과의 우정을 쌓고 유지하기 위해 자신의 경험을 구성한다.

3) 성공 경험 극대화하기

변형이 중요한 세 번째 이유는 아이들에게 성공 경험을 극대화할 수 있기 때문이다. 연구에 따르면, 아이의 성공적인 수행은 높은 수준의 자신감을 이끌어 내지만 실패는 자신의 능력을 의심하고 결과적으로 자신감의 하락으로 이어진다(Chase, 2001). 자신감은 아이들로 하여금 경기에 계속 참여할 것인지, 개선하기 위해 충분한 노력을 쏟을 것인지(put forth enough effort to improve), 일시적인 실패를 극복하려고 하는 마음가짐에 영향을 미치기 때문이다. 자신감 없이 스포츠에 참여하는 아이는 기술을 배우기도 전에 포기할 수도 있다.

알렉스(Alex)는 지역의 수영 클럽에 가입하고 수영 경기에 참여하고자 한다. 만약 클럽에서 아직까지 적절한 영법을 배우지 못한 알렉스에게 변형된 연습을 제공하지 않는다면 알렉스는 계속해서 실패할 것이다. 알렉스는 자신의 수영 능력에 대해 의심하게 될 것이며 이는 자신감의 하락으로 이어질 것이다. 성공적인 경험을 하지 못했기 때문이다. 결국 알렉스는 수영은 재미없는 스포츠이며 자신은 충분히 좋아지기 어렵다고 생각하고 클럽을 떠날 것이다. 만약 알렉스가 자신에게 수영이 잘 맞지 않지만 다른 재미있는 스포츠를 찾는다면 심각하게 걱정할 일은 아니다. 하지만 어떤 스포츠 문화에서도 알렉스에게 성공적인 경험을 제공하지 않아서 결국 한 번도 성공을 거두지 못한다면 어떻게 될까? 이제 우리는 자신감이 떨어진 알렉스가 스포츠는 재미가 없다고 생각하면서 스포츠에서 완전히 벗어난 상황을 알게 되었다.

그렇다면 우리는 어떻게 아이들의 성공을 극대화할 수 있을까? 대부분의 코치들이 자신감을 위해 수행성공(performance success)의 중요성을 이해하지만, 어른들은 그들만의 잣대로 성공을 정한다. 10세 미만의 아이들은 성공을 다르게 생각한다(Fry & Duda, 1997; Nicholls, 1989). 이들은 기술이나 과제를 완료할 수 있을 때(예: 단순한 참여) 가장 많은 즐거움을 느낀다. 이들에게는 승리나 패배와 같은 뚜렷한 결과는 '누가 마무리 지었는가' 또는 '누구의 노력이 칭찬받았는가'만큼 중요하지 않다.

10세 이상이 되면 능력은 보다 분명하게 관찰된다. 이때 코치들은 능력이 보다 좋아질 수 있는 훈련 환경을 제공해야 한다. 이 나이대의 아이들은 기술 발달과 성공적인 수행을 위해서는 보다 더 많은 연습을 소화할 수

참고하기

변형을 위한 다양한 아이디어

아이스하키 변형: 도우 에이브람스(Dough Abrams)(전직 대학 하키 선수, 코치, 법학 교수)는 8~9세 아이들은 위한 연습 구성 방법을 다음과 같이 제안하였다(Bigelow, Moroney & Hall, 2001). 1시간의 연습은 준비운동(10분), 스테이션 방식의 기술 배우기(15분), 간이 게임(fun learning games)(15분), 연습게임(scrimmaging) (15분), 계주(5분)로 구성된다. 시즌이 진행될수록 기술 배우기와 연습게임에 보다 많은 시간을 할애하는 반면 간이 게임을 위한 시간을 줄인다. 그럼에도 전반적인 연습은 모든 선수들에게 즐겁고 활동적이어야 한다. 구체적인 변형 방법으로는 '5~8분의 짧은 시간 동안 집중하도록 하기' '시즌 초기에는 연습게임을 세로가 아닌 가로 형태의 좁은 경기장에서 연습게임하기' '두 개의 연습게임 팀으로 구성해서 모든 아이들이 참여하도록 하기' '기본 기술 및 포지션 플레이 지도하기' '아이들에게 플레이 시간 부여하기' 등이 있다. 이 나이대의 아이들에게 추가적인 분필 대화(chalk talk)는 필요하지 않다. 에이브람스는 마지막으로 골키퍼를 포함해서 아이들이 모든 포지션의 기술 및 플레이를 경험할 수 있도록 포지션 바꾸기를 제안했다.

티볼 변형: 가장 좋은 티볼은 아이들이 더 많이 치고, 더 많이 수비하고, 더 많이 던질 수 있도록 하는 소규모 게임이다. 5~7세를 위한 변형 티볼은 계속해서 아이들이 지루하지 않고 계속해서 움직이도록 하는 데 목적이 있다. 아래는 이상의 목적을 달성하는 데 활용할 수 있는 몇 가지 방법이다.

1. 4~5명의 선수가 필드에 있고 4~5명의 아이는 타석에 있는 게임을 만들 수 있다.
2. 공격 팀의 모든 선수가 타격하면 공수가 바뀐다
3. 아웃이 없으며 점수 기록이 없다.
4. 모든 아이가 티 없이 배팅할 수 있으며, 경기장에 코치는 없다.
5. 선수는 공을 던져야 하며 공을 잡은 채로 뛸 수 없다.
6. 게임은 최대 4이닝까지 진행되며, 1시간을 초과할 수 없다.

야구나 소프트볼 배우기를 포기한 아이들이 있다면 이는 수비할 때 움직일 일이 거의 없으며 타격 기회가 매우 적은 것이 원인일 가능성이 높다. 변형된 티볼은 빠르게 진행되며 경기장에서 달릴 기회가 많으며 타격할 수 있는 기회 역시 많다.

있다고 생각한다. 그렇기 때문에 코치는 최종적인 결과보다 해당 연령대에서 개선을 이끌어낼 수 있는 적절한 연습 환경을 조성해야 한다. 규칙, 전략, 용·기구, 경기장 크기의 변형을 통해 아이들은 보다 많은 성공을 경험할 수 있다. 이 과정에서 해당 스포츠에서 반드시 갖추어야 하는 점과 아이들의 발달단계에 적합한 성공을 일치시키는 것이 필요하다.

4) 변형의 중요성을 뒷받침하는 연구

변형은 실제로 많은 변화를 이끌어낸다. 이 절에서는 변형이 유청소년 스포츠 참여에 도움이 된다는 연구결과를 살펴본다. 우리는 많은 유청소년 스포츠 지도자가 다음에 나오는 연구 결과를 주변 사람들에게 아이들에게 적절한 연습을 제공할 수 있도록 설득하는 데 활용하기를 권장한다.

Satern과 동료들(1989)은 농구 골대의 높이가 슈팅 수행에 미치는 생체역학적(biomechanical) 영향을 살펴봤다. 연구에 따르면 농구 골대 높이 조절이 7학년 남자 아이들의 슈팅 수행에 영향을 준다는 점을 확인했다. 슈팅 결과는 네 가지로(농구공이 골대를 통과한 경우, 노골이지만 림을 맞힌 경우, 노골이지만 백보드를 맞힌 경우, 아무 것도 맞히지 못한 경우) 평가되었다. 초고속 카메라로 아이들의 슈팅의 매커니즘을 분석한 결과, 낮은 골대가 아이들의 슈팅 매커니즘 발달에 긍정적인 것으로 나타났다.

Chase와 동료들(1994)은 농구 용·기구 변형의 효과에 대해 연구했다. 이들은 골대의 높이를 조절하고(3미터에서 2.4미터로) 농구공 크기를 일반 성인 남성용 공에서 유청소년 사이즈로 줄이는 것이 슈팅 성공률과 선수의 자신감에 미치는 영향을 살펴봤다. 연구 결과는 농구공의 크기와 관계없이 2.4미터 농구 골대에서 슈팅할 때 보다 많이 성공하고 자신감 역시 향상했다. 유사한 연구로는 9~11세 아이들은 작은 공을 사용할 때 보다 많은 드리블을 하며, 패스 및 주고 받기 능력이 향상하는 것으로 나타났다(Arias, Argudo, & Alonso, 2012).

Kalyvas와 Reid(2005)는 Newcomb 배구 경기의 효과에 대해 연구했다. 7~12세에 해당하는 35명의 아이들 중 15명은 신체적 장애를 가지고 있었다. Newcomb 배구 게임에서 적용된 변형은 ① 낮은 네트, ② 공 대신 풍선 이용, ③ 네트를 넘기기 전에 모든 선수가 한 번씩 패스하기, ④ 서비스 라인을 네트에 가깝게 위치시키기 등이다. 연구결과로 신체적 장애 유무와 무관하게 패스 능력 향상, 활기찬 참여, 비활동적인 시간 감소 등이 나타났다. 저자들은 아이들의 발달단계와 재미있으면서도 도전의식을 불러일으키는 형태로 변형하는 것의 중요성을 강조했다.

전통적인 형태와 변형 야구 게임의 차이를 타격, 투구, 수비 측면에서 분석하는 연구도 발표되었다(Martens, Rivkin, & Bump, 1984). 9~10세 아이들은 변형 야구 게임에서는 투수가 포수에게 투구하는 전통적인 방법과 달리 코치가 포수에게 투구한다. 연구 결과에 따르면 아이들이 타격할 수 있는 투구가 획기적으로 증가했다.

전통적인 방식, 즉 아이가 투수를 하는 경우에는 타석에서 70%의 시간은 비활동적이었다. 이는 70%에 해당하는 시간에는—타자와 투수를 제외하고—공격과 수비 모두 할 일이 없다는 것을 의미한다. 코치가 투수 역할을 맡는 변형게임에서는 단지 29%의 시간만 활동이 없는 것으로 나타났다. 아이들은 1/3에 해당하는 투구를 타격할 수 있었는데, 이는 전통적인 방식에서 10%만 맞히는 것과 비교하면 획기적으로 늘어난 수치라고 할 수 있다. 변형 게임에서는 공격수가 보다 많은 활동에 참여하게 되는데 이는 결국 수비수가 보다 많은 활동에 참여하게 되는 것으로 이어진다.

두 가지 중에서 어떤 방식을 선택하겠는가? 만약 전통적인 방식을 고수한다고 하더라도 우리는 이해할 수 있다. 당신은 성인이기 때문이다. 그러나 우리가 개선하고

자 하는 것은 유청소년 스포츠이다. 아이들은 던지고 잡는 기본적인 기술을 보다 발전시키기를 원한다. 변형 게임을 통해 아이들에게 보다 많은 활동 시간을 제공할 수 있는 방법이 있다면 언제든 환영받아야 할 것이다.

테니스 라켓 크기 조절과 보다 덜 튀는 공을 사용하는 형태로의 변형 역시 아이들의 기술 발달에 효과적인 것으로 나타났다. 2005년에 국제테니스연맹(International Tennis Federation)과 전미테니스연합(United States Tennis Association)은 공의 연성(얼마나 딱딱한가?), 무게(얼마나 가벼운가?), 바운스(얼마나 많이 튀는가?)가 다른 세 가지의 공을 개발했다. 다양한 연구에 의하면 덜 튀는 공을 사용할 때 아이들의 기술 발달, 보다 긴 랠리, 높은 수준의 즐거움, 네트 플레이 증가 등이 나타났다(Buszard, Farrow, Reid, & Masters, 2014; Farrow & Reid, 2010; Hammond & Smith, 2006; Kachel, Buszard, & Reid, 2015; Larson & Guggenheimer, 2013). 상대적으로 덜 튀는 공의 특징으로 인해 아이들은 보다 빠르게 스윙할 수 있었으며 타점 역시 신체의 앞부분에서 이루어졌다. 이상의 두 가지 요소는 포핸드 스트로크에서 반드시 요청되는 톱스핀(topspin)을 만들어 내는 데 매우 중요하다(Buszard et al., 2014). 작은 경기장과 가벼운 라켓 역시 비슷한 효과를 내는 것으로 나타났다(Buszard et al., 2014; Farrow & Reid, 2010; Larson & Guggenheimer, 2013). 전미 테니스 연합에서 개발한 변형 테니스 프로그램에 대한 개괄적인 내용은 이 장의 후반부에서 다룬다.

3. 왜 어른들은 스포츠 변형에 대해 거부감을 갖는가

부모들은 종종 자녀가 스포츠 기술을 배우고 보다 자신감을 가지는 것에 대해서 잘못 이해할 때가 있다. 그들은 자녀가 정규 스포츠(regulation sport)에 참여하지 않으면 좋은 운동선수가 되기 어렵다는 일종의 걱정을 가지고 있다. 어떤 부모는 자녀가 일찍 슈퍼스타가 되기를 원한다. 대다수의 부모는 향후 자녀가 받을 대학 장학금 또는 프로 구단과 맺을 계약에 관심이 많다. 그들은 자녀가 슈퍼스타가 되는 것을 통해 자신의 꿈을 실현하고자 한다(제15장 참고). 문제는 이와 같은 합리적이지 않은 걱정과 생각이 스포츠에 참여하는 유청소년에게 심각한 문제를 일으킬 수 있다는 것이다.

전미 유청소년 스포츠 안전재단(National Youth Sport Safety Foundation)에서 발표한 자료에 따르면, 1974년부터 1994년까지 20명 이상의 아이들이 야구 경기 중 사망했다. 주요 원인은 경식 야구공에 맞아서이다. 해당 보고서는 아이들은 시선 추적(eye tracking), 신체 협응, 공을 피할 수 있는 타이밍 계산 등의 능력이 부족해서 머리 또는 가슴에 공을 맞고 이는 회복하기 어려운 부상 또는 사망으로 이어진다는 점을 언급한다. 이를 해결할 수 있는 단순한 방법 중의 하나는 12세 미만 아이들이 하는 야구 경기에서는 부드러운 공을 사용하는 것이다. 이 공은 크기나 무게는 정식 야구공과 거의 같다. 단지 부드러울 뿐이다. 중요한 것은 이 차이만으로도 심각한 부상을 예방하는 데 효과적이라는 것이다. 그러나 연식 야구공을 사용하는 것이 반드시 지켜야 하는 규정은 아니다. 규정을 바꾸지 않은 어른들로 인해 매년 아이들은 심각한 부상의 위기에 놓여 있다. 왜 우리는 용·기구를 변형하지 않을까? 많은 보고서에 따르면 어떤 부모와 코치는 연식 야구공 사용으로 인해 경식구를 사용하는 데 필요한 기술을 충분히 발달시키기 어렵다는 점을 걱정한다.

어떤 어른은 그들의 목적을 달성하기 위해 유청소년 스포츠를 이용한다. 대표적인 예가 티볼이다. 많은 티볼 리그에서 코치들이 배팅 티(티볼의 가장 중요한 요소임에도 불구하고)를 사용하는 것을 거부한다. 이와 같은 코치들은 각각의 타자들에게 일정 횟수(예: 5회) 동안 투구

개인적 이야기

독자가 유청소년 때 경험한 변형 스포츠는 무엇인가

유청소년 때 즐겼던 스포츠를 떠올려 보자. 어떤 방식의 변형이 있었는가? 실제로 어떤 효과가 있었는가? 그 게임은 재밌거나 플레이하기에 보다 쉬웠는가? 그렇다면 여러분이 어린이일 때 정식 경기 형태로 즐겼던 스포츠를 떠올려 보자. 어떤 장점 또는 단점이 있었는가? 여러분이 경험한 변형 스포츠가 오늘날 유청소년 스포츠를 이해하는 데 영향을 미쳤는가?

한다. 5회의 투구를 놓치면 배팅 티가 설치되고 타자는 티 위에 있는 공을 칠 수 있다.

이와 같은 상황의 첫 번째 문제는 코치는 타석에 가까이 다가가 공을 던지지 않는다면 키가 작은 아이들에게 투구할 수 없다는 것이다. 코치와 아이들의 거리가 가까워진다는 것은 아이들이 공을 보고 반응할 수 있는 시간이 줄어드는 것을 의미한다. 공이 스트라이크 존을 통과하는 경우에는 눈 깜짝할 사이에 지나간다. 자연스럽게 아이들은 스윙할 수 없다. 티 위에 있는 공을 타격함으로써 배울 수 있는 필수적인 기술을 배울 수 없게 되는 것이다. 다섯 번의 투구와 티 위에 공을 올리는 시간 동안 다른 아이들이 느낄 수 있는 지루함은 언급하지도 않았다. 이와 같은 상황을 목격한 부모는 누구라도 티볼을 보는 것이 굉장히 고통스러운 일이라고 말할 것이다. 그러나 여전히 코치와 관중들은 티볼(실제로는 변형된 티볼)을 통해 경쟁한다. 왜냐하면 어른들은 아이들이 투구된 공을 치는 것을 원하기 때문이다.

4. 어떤 변형이 있어야 하는가

유청소년 스포츠 변형은 경기장, 용구, 기구, 규칙, 전략 등을 조절하면서 실천할 수 있다. 이상의 네 가지 영역을 바꾸는 과정에서 여러분은 보다 창의성을 발휘할 수 있어야 한다. 이 과정에서 아이들이 스포츠에 참여하는 원인(어른의 참여 원인과 다른)을 잊지 않아야 한다. 이를 통해 만들어진 스포츠 문화는 아이들의 적극적인 참여와 기술 향상으로 이어진다.

1) 경기장

작은 경기장이 유리한 이유는 아이들이 어른에 비해 작고 유산소 능력이 부족하기 때문이다. 작은 경기장에서는 아이들이 공을 쫓는 데 적은 시간을 들이는 반면 공을 던지고 잡거나 공을 차서 패스하는 데 더 많은 시간을 쓸 수 있다. 결과적으로 게임을 수행하는 데 필요한 기술을 연습할 수 있다. 이는 게임에 참여하는 모든 아이들에게 적용되며 보다 많은 득점 기회를 제공하는 데 도움이 된다.

2) 용구, 기구

용구, 기구는 아이들의 신체 수준에 맞게 크기가 조절되어야 한다. 이를 통해 아이들은 부상을 당하지 않고 필수적인 기술을 익힐 수 있다. 너무 크거나 무거운 용 · 기구는 아이들의 기술 습득을 방해하고 이는 결과적으로 심각한 부상 또는 불충분한 기술 습득으로 이어진다. 아이들에게 어떤 종류의 용구, 기구 필요한 지와 아이들이 과제를 보다 쉽게 수행하기 위한 방법이 무엇일지에 대해 고민해야 한다. '부드러운 공과 딱딱하지만 다칠 수 있는 공 중 어떤 것이 더 적절할까?' 또는 '짧은 것과 긴 것 중 어떤 것이 더 조작하기 용이한가?' 등을 고려할 수 있다. 용구, 기구를 변형할 때는 무게, 길이, 크기(공의 지름), 색상, 질감(부드럽거나 거칠거나), 표면(부드럽거나 딱딱하거나) 등을 고려한다.

3) 규칙

규칙을 변형할 때는 게임의 특징과 아이들이 스포츠에 참여하는 이유를 일치시켜야 한다. 아이들이 스포츠에 참여하는 이유가 재미, 기술 습득 및 향상, 몸매 유지, 친구와 함께 하기에 있다는 점을 기억해야 한다. 시즌을 준비할 때는 시작(예: 팀을 어떻게 구성할 것인가)과 마지막(토너먼트에 진출했는가)에 해야 되는 과제를 생각해야 한다. 연습과 게임 상황을 어떻게 조성하면 아이들의 동기가 유발될까. 규칙 변형은 보통 경기 시간(playing time), 선수 교체(substitutions), 포지션 플레이(position play), 게임의 구조(structure of game play)(예: 이닝이 끝나기 전에 모든 선수가 타격한다), 한 팀에 소속된 선수 숫자 변경 등을 포함한다.

통상적인 규칙에서부터 벗어나는 것이 필요하다. 오직 4명의 선수만 외야(outfield)에 있는 티볼 게임을 생각해보자. 실제 게임은 어떻게 진행될 것인지를 떠올려 보자. 아마도 우리는 공을 잡기 위해서 뛰고 베이스 커버를 위해 달리고 있는 동료에게 공을 던지는 아이를 볼 수 있을 것이다. 모든 아이가 많이 움직이지 않겠는가! 8명의 선수가 경기장에서 가만히 서 있는 통상적인 티볼 게임과는 많은 차이가 있을 것이다. 앞에서 언급한 모든 이유(어른들이 변형된 규칙을 싫어하는 이유)로 인해 언제나 반발하는 코치와 부모는 있을 것이다. 그럼에도 여러분은 아이들의 발달단계에 적절한 변형된 규칙을 적용하려는 입장을 견지해야 한다.

4) 전술/전략

전술은 규칙과 다르다. 하지만 전술 개발의 필요성은 규칙 개발의 이유와 같다. 바로 게임에서 이루어지는 플레이와 아이들이 스포츠에 참여하는 원인을 일치시키는 것이다. 전술은 작전(예: 공격 및 수비) 및 연습과 밀접한 관련을 가지며, 모든 아이들의 참여 및 기술 습득에 초점을 두어야 한다. 여러분의 전술이 역효과를 내지 않도록 주의해야 한다. 슈팅 전에 반드시 모든 팀원이 공을 만지도록 하는 것은 플레이를 개선시키지 못하는 잘못된 전술이다. 아이들이 이러한 전술을 사용하는 것을 본 적이 있는가? 제일 잘 하는 선수는 가장 못하는 선수에게 패스한 후 곧장 공을 돌려받는다. 그 다음은 그들만의 방식으로 골을 넣고자 할 것이다.

보다 좋은 전술은 소규모로 게임을 진행하는 것이다. 때때로 능력에 따라 모둠이 구성될 수 있다. 득점 욕심이 높은 선수들로만 팀을 구성하고, 다른 아이들을 핵심적인 역할을 맡도록 하는 것도 방법이다. 포지션을 정해서 특정 아이가 혼자서 게임을 지배하지 못하도록 막는 것도 방법이 될 수 있다. 핵심은 잘하는 아이들에게는 보다 도전적인 과제를 주면서 동시에 뛰어나지 못한 아이들에게는 기술 향상을 위한 기회를 많이 제공할 수 있도록 다양한 방법을 시도하는 것이다.

5) 유청소년을 위한 변형 테니스 사례

2008년에 전미테니스연합(USTA)은 10세 이하 어린이들을 위해 경기장 규격, 용·기구, 규칙을 변형한 퀵스타트(QuickStart) 프로그램을 개발했다. 프로그램의 목적은 아이들이 테니스 입문과 동시에 성공적으로 경기에 참여하게 함으로써 테니스의 재미를 경험하도록 하는 데 있다. [그림 7-1]과 같이 학생의 발달단계 및 사전 경험을 반영하기 위해 공, 라켓, 네트 높이, 코트 크기를 점진적으로 변형하였다.

8세 이하의 어린이들을 위해서 코트 크기를 줄인다(한 개의 정규코트로 4개의 코트 8세 이하용 코트를 만들 수 있다)([그림 7-1] 참고). 아이들이 보다 쉽게 랠리를 이어 갈 수 있도록 정규 네트보다 7.6cm 낮은 84cm로 만들었다. 아이들은 짧은 라켓으로 빨간색의 덜 튀고 움직임이 느린 공을 친다. 3판 2선승제이며, 7점을 먼저 얻는 선수가 게임을 이기는 방식이다.

9~10세 아이들은 8세 이하의 어린이보다 큰 코트를 활용하지만 여전히 정식 코트 크기보다는 작다([그림 7-1] 참고). 네트 높이는 90cm로서 정규 테니스 경기의 네트 높이와 같다. 주황색의 공을 사용하는데 빨간색보다는 빠르지만 정식 테니스공(노란색)보다는 속도와 탄성이 낮다. 라켓의 길이는 58~64cm로 정식 테니스 라켓의 길이(69cm)보다 짧지만 8세 이하 어린이들이 사용하는 라켓의 길이보다는 길다. 3전 2선승제이며, 4개의 게임을 이기면 세트를 가져간다. 3세트(필요한 경우)는 7점을 먼저 획득한 선수에게 돌아간다.

11세 이상의 어린이들은 정식 테니스 경기장을 이용한다([그림 7-1] 참고). 녹색 공을 사용하는데 정식 테니스공(노란색)과 비교하면 탄성이 조금 낮다. 라켓의 길이는 64cm로서 정식 라켓의 길이보다 5cm 정도 짧다. 정식 테니스 경기의 규칙을 동일하게 적용한다.

전미 테니스 연합은 퀵스타트 프로그램을 통해 보다 많은 아이가 일찍 테니스에 입문하고 즐거움을 느낄 수 있을 것으로 기대한다. 퀵스타트 프로그램은 많은 청소년 클럽에서 적용되었으며 다양한 수준의 용·기구는 스포츠 용품점 또는 온라인에서 판매되고 있다.

퀵스타트 프로그램은 유청소년 스포츠 변형의 좋은 사례라고 할 수 있다. 프로그램의 주제(슬로건)가 '아이들이 '게임하기 위해 배우기'보다 '배우기 위해 게임하기'에 참여하도록 하자.'인 점을 기억하자. 정말 좋은 생

수준	빨강	주황	초록
나이	8세 이하	9~10세	11세 이상
사용구	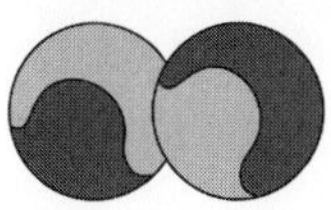 빨간색 줄무늬 주황색 공보다 느리게 움직이고 덜 튐	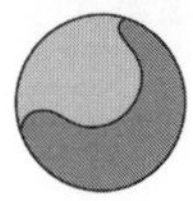 주황색 줄무늬 초록색 공보다 느리게 움직이고 덜 튐	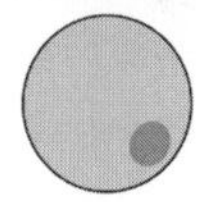 초록색 정식공보다 살짝 덜 튐
코트 크기	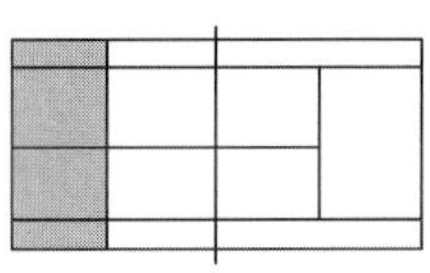 36×18	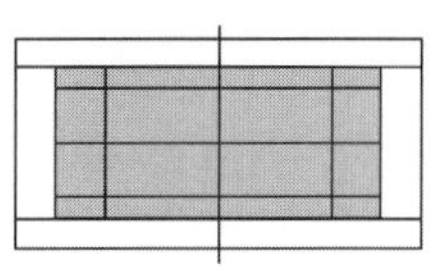 60×21 단식 60×27 복식	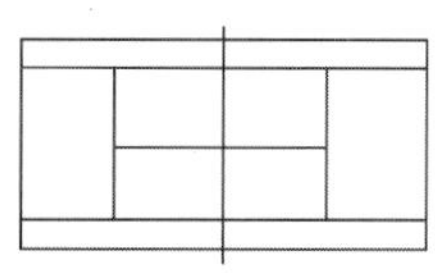 78×27 단식 78×36 복식
네트 높이	84cm	중앙: 90cm 양 옆: 105cm	중앙: 90cm 양 옆: 105cm
라켓 길이	최대 58cm	58~64cm	64~69cm

[그림 7-1] 퀵스타트 연령별 테니스 장비 및 코트 변형

각이지 않은가.

5. 요약

유청소년 스포츠 단체는 아이들의 기술 발달, 보다 많은 즐거움, 지속적인 참여를 위해서는 그들의 발달단계에 적절한 환경을 제공하는 것이 필수라는 점을 알고 있다. 모든 종류의 스포츠에서 변형이 최선의 방법이라는 것이 받아들여지고 있다. 여전히 아이들의 기술 발달을 위해 변형이 필수적이라는 점에 대해 동의가 되지 않는다면 자전거를 처음 탔을 때의 경험을 떠올려 보기를 바란다. 여러분의 부모가 단순히 성인용 자전거에 여러분을 앉히고 경사진 언덕을 내려가도록 했는가? 아니라면 보조 바퀴가 달린 조그만 자전거에서 시작했는가? 아마 페달을 밟고 브레이크를 잡는 데 익숙해지면서 어느 정도 자신감이 생겼을 것이다. 자전거로 빠르게 이동하는 것에 대한 두려움을 극복했을 때 연습용 보조 바퀴를 제거했을 것이다. 이후 여러분이 성장하면서 여러분의 자전거 역시 성인용 자전거의 크기와 비슷해질 정도로 커졌을 것이다. 이것이 유청소년 스포츠에서의 변형을 이해하는 데 좋은 예시가 될 것이다.

유청소년 스포츠의 변형을 고려하고 있다면 반드시 다음의 질문을 던져야 한다. '프로그램, 연습, 경쟁이 이 나이대의 아이들의 요구를 충족하는 것인가, 아니라면 주로 어른의 요구를 들어주기 위한 것인가'(Bigelow, Moroney & Hall, 2001). 너무나도 당연하지만 유청소년 스포츠의 조직 및 변형은 아이들의 요구를 만족시켜 주는 방향으로 설정되어야 한다.

쉬어가기

기술 발달을 위한 Back to the Future

미네소타대학교 남자 하키팀을 성공적으로 이끌고 있는 코치인 돈 루시아(Don Lucia, 2009)는 중학교 때 자신을 지도했던 훌륭한 코치들에게 감사를 표했다. 루시아에 의하면 그 코치들이 강조했던 것은 단 하나다. 바로 기술 발달. 루시아는 그 코치들이 '미래로 되돌아가기'를 해서 지금의 아이들에게 기술 발달의 중요성을 강조할 수 있으면 좋겠다고 했다.

루시아 코치는 오늘날의 코치들은 아이들에게 연습과 경쟁을 지나치게 강조하고 있다고 생각한다. 그는 자신이 어렸을 때 경험한 '빙판이 선생님이 될 수 있는' 방법 찾기를 제안한다. 루시아는 소규모 게임을 강력히 지지한다. 아이들이 좁은 공간에서 기술 발달과 함께 압박을 받는 상황에서도 빠른 의사결정을 내리는 데 효과적인 연습 방법이기 때문이다. 그는 또한 아이들이 빙판이 꽉 찬 곳에서 연습 또는 경기하지 않도록 경기장의 표면을 변형하는 것의 중요성도 강조한다. 경기장 벽을 따라 네트를 설치하여 크로스 아이스 게임을 하면 선수들이 퍽을 보다 많이 다루고 보다 많은 슛을 할 수 있다고 제안한다.

루시아는 이상의 변형된 아이스하키와 자유로운 유형의 기술 개발이 대학 및 프로 코치들이 중요하게 여기는 기술 습득에 효과적이라고 강조한다. "코치들은 스케이팅, 스틱 다루기, 패스와 슈팅할 수 있는 아이를 찾을 뿐이다. 포워드 체크, 백체크, 수비 진영에서의 효과적인 위치 찾기를 잘 하는 아이를 찾고 있는 것이 아니다."(p. 40). 루시아에 따르면, 뒤에 언급한 능력은 나중에도 충분히 가르칠 수 있는 것들이다. 그의 교훈적인 메시지가 의미하는 것은 분명하다. 아이들에게 정식 경기 및 팀 플레이를 강조하는 조직화된 연습을 제공하는 것보다 그들의 발달단계를 고려해서 기술을 향상하고 플레이의 즐거움을 알 수 있도록 지도하자.

학습 초점

주요 용어

변형 스포츠 경험을 아이들의 발달단계에 적합하도록 바꾸거나 적용하는 것.

핵심 요약

1. 아이들은 작은 신체, 짧은 팔과 다리, 낮은 근력 및 근지구력, 낮은 수준의 협응 능력을 가지고 있다. 이에 유청소년 스포츠는 반드시 변형되어야 한다.
2. 스포츠가 아이들의 발달단계에 적합하도록 변형될 때 보다 기술을 생체역학적(biomechanically)으로 정확하게 배울 수 있다. 변형 없이 기술 습득은 어렵다.
3. 아이들은 활동, 개인적 참여, 재미, 그리고 우정이 있는 상황에서 보다 동기유발이 된다.
4. 변형 스포츠는 보다 큰 성공과 높은 수준의 자신감을 이끌어낸다. 이는 아이들의 지속적인 스포츠 참여로 이어진다.
5. 다양한 연구에 따르면, 변형 스포츠는 모든 아이들의 기술 숙련도 향상, 성공 횟수 증가, 높은 자신감, 활동성의 증가에 효과적이다.
6. 일부 어른은 아이들의 변형 스포츠 참여가 기술 발달에 불리하다는 걱정을 가지고 있다.
7. 유청소년 스포츠 변형은 경기장, 용·기구, 경기규칙, 전술, 목적의 변화를 포함한다.

탐구 질문

1. 효과적인 유청소년 스포츠 변형을 위해 고려해야 하는 아이들의 발달단계의 차이를 파악해 보라.
2. 아이들이 성인이 하는 형태의 스포츠에 참여할 때 나타날 수 있는 문제점을 세 가지 이상 설명해 보라.
3. 아이들의 변형 스포츠 참여가 그들의 기술 발달에 불리하다는 생각을 가지고 있는 성인을 설득하는 데 활용할 수 있는 근거를 세 가지 이상 이야기해 보라.
4. 아이들은 스포츠 참여를 통해서 무엇을 얻고자 하는가? 우리는 어떻게 그것을 유청소년 스포츠를 통해 제공할 수 있을까?
5. 스포츠 변형이 아이들의 스포츠 경험에 긍정적인 영향을 미친다는 것을 밝힌 연구 결과를 기술해 보라.
6. 독자가 즐기는 스포츠에서 가능한 변형을 다섯 가지 이상 찾아보자.

성찰용 학습활동

1. 독자가 좋아하는 현재의 스포츠에서 발견되는 문제점 및 제한점을 세 가지 이상 찾아보라. 이 스포츠를 아이들의 발달단계에 적절하도록 변형한다면 어떤 방법을 활용할 수 있을까?
2. 이 장에서 소개된 퀵스타트 프로그램은 국가 수준의 유청소년 스포츠 변형 사례이다. 이와 같은 목적을 위해 개발된 다른 프로그램을 찾아보라. 해당 프로그램에서 활용한 변형 방법을 설명하고 왜 이와 같은 방법이 유용하다고(또는 유용하지 않다고) 생각하는지 설명해 보라.
3. 하나의 스포츠를 선택하고, 입문(beginning), 초보(early), 중간(intermediate) 수준에 있는 참여자에게 유용한 변형 방법을 제안해 보라.

보조자료

Educated Sports Parents(www.educatedsportsparents.com). 이 웹사이트는 유청소년 스포츠의 변형이 얼마나 중요한지를 설명한다. 스포츠 성공에 필요한 기초 기술 습득의 중요성뿐만 아니라 변형 없는 스포츠가 어린 선수의 부상으로 이어진다는 점을 강조한다. 웹페이지의 하단 부분에 다양한 스포츠(농구, 야구, 풋볼, 하키, 축구)의 변형 방식을 제공한다. 대부분의 스포츠에 적용될 수 있는 일반적인 변형 방식 역시 제공된다. 이 방식은 다양한 연령대의 유청소년에게 적용될 수 있으며, 이를 통해 아이들은 필요한 기술을 보다 효과적으로 익힐 수 있으며 현재와 미래의 성공적인 선수로 거듭날 수 있다.

Start Smart Program(National Alliance for Youth Sports에서 개발) (www.nays.org/programs-start-smart). 'Start Smart Program'은 아이들이 안전하고 즐겁게 스포츠에 참여하는 데 필요한 기술을 단계별로 배울 수 있는 프로그램이다. 야구, 축구, 농구, 골프, 풋볼, 테니스가 종목이 포함되어 있다.

Chapter 08

유청소년 선수 기술 지도

제8장 개요

이 장에서 배울 내용은 다음과 같다.

- 성인들과 달리 아이들이 생각하고 배우는 방법
- 유청소년 스포츠를 위한 5단계 교육 사이클
- 좋은 지도자가 갖추어야 할 자질
- 유청소년의 학습을 극대화하는 데 활용할 수 있는 교수 방법(teaching tip)

1. 개요

유청소년 스포츠의 가장 중요한 목표 중 하나는 아이들이 운동 기능을 향상하는 것이다. 유청소년 스포츠 지도자는 어린 선수의 학습, 개선, 수행을 지원할 수 있는 교사가 되어야 한다. 어린 선수에게 기술을 가르치는 방법에는 여러 가지가 있다. 훌륭한 교사와 코치는 자신의 강점과 어린 선수의 발달단계 및 학습 유형에 적합한 지도 스타일(teaching style)을 찾아낸다.

특정 스포츠 기술을 배우는 데 특히 효과적인 도움을 준 교사나 코치를 기억할 수 있는가? 그 방법은 어떤 측면에서 효과적이었는가? 무엇이 그 사람을 훌륭한 지도자로 만들었는가? 이 장에서 추천하는 효과적인 지도법을 읽으면 그 지도자를 떠올릴 수 있을 것이다. 또한 우리는 당신이 떠올린 교사 또는 코치가 어렸을 때의 당신의 학습 스타일을 제대로 이해하고 당신의 발달단계에 적합한 훈련, 지원적인 피드백, 동기유발 방법을 제공함으로써 당신이 원하던 것을 배울 수 있게 지원했을 것이라고 확신한다.

전설적인 대학 농구 코치인 존 우든(John Wooden)의 교육 원칙과 훈련 방법을 다룬 책『그들이 배우기 전까지는 가르치지 않았다(You Haven't Taught until They Have Learned)』(Nater, 2010)가 있다. 아이들에게 무언가를 설명하거나 시범을 보이는 것 자체가 아이들의 학습을 의미하지 않는다. 학습은 연습을 통해 일어나는 수행의 영속적인 변화이다(Wrisberg, 2007). 유청소년 스포츠에서 학습을 이끌어 낼 수 있는 효과적인 방법은 아이들의 발달단계에 적절한 시범, 동기부여 및 연습을 체계적으로 제공하는 것이다. 우리는 많은 유청소년 스포츠 지도자가 전문적인 교사나 코치가 아니라는 것을 알고 있다. 그럼에도 유청소년 스포츠 지도자는 효율적인 교육을 위한 몇 가지 원칙과 실제를 배움으로써 교수기술(teaching skills)을 향상시킬 수 있다.

2. 5단계 교육 사이클

학습은 시간, 노력 그리고 집중을 요구한다. 훌륭한 교사를 만나는 것 역시 큰 도움이 된다. 이 장에서는 좋은 지도자가 되는 방법을 다룬다. 이를 위해서는 동기부여, 시범, 연습, 피드백 및 연습으로 순환되는 5단계 교육 사이클(The five-step teaching cycle)을 우선적으로 이해할 필요가 있다([그림 8-1] 참조).

1) 동기부여

오늘날 아이들은 종종 "나한테 뭐가 좋아요?" 또는 "왜 이것을 배워야 하죠?"라고 묻는다. 학습 동기(motivation to learn)는 모든 교육의 출발점이라고 할 수 있다. 다음은 어린 선수의 흥미를 이끌어 내고 그들로 하여금 배울 준비를 하도록 만드는 데 쓸 수 있는 방법이다.

- 이 기술을 쓰는 유명한 운동선수(전문, 대학생 또는 고등학교)를 활용해라. "라파엘 나달(Rafael Nadal)은

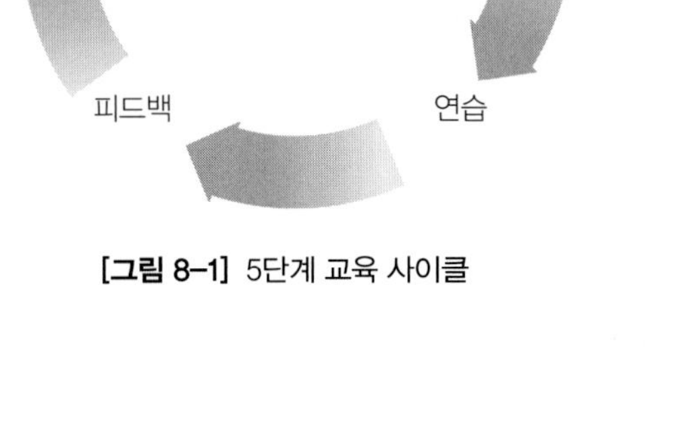

[그림 8-1] 5단계 교육 사이클

풋워크가 성공의 열쇠라고 말했다. 향상을 위해서 하루도 풋워크 연습을 빼먹지 않았다. 오늘 포핸드 발리를 배우는 데 풋워크 연습부터 시작해 보자."

- 나중에 질문하거나 퀴즈를 낼 것이라고 알려 줌으로써 지금 설명하는 내용을 강조할 수 있다. "오늘은 1-3-1 지역 방어에 대한 설명으로 연습을 시작할 것이다. 각 지역에서 맡아야 할 일에 대해서 주의 깊게 들어야 한다. 코트로 이동하기 전에 여러분 각자에게 퀴즈를 낼 것이다."
- 새로운 기술을 배움으로써 얻을 수 있는 성과에 대해 설명할 수 있다. 여기에서 말하는 성과는 당신이 선수에게 제공하는 일종의 외재적 보상이 아니다. 보다 향상된 플레이 또는 점수 획득과 같은 결과를 의미한다. "오늘은 게임 상황에서의 의사소통의 중요성을 강조하고 싶다. 좋은 팀의 멤버는 게임이 진행되는 동안 서로 이야기를 한다. 그런 팀은 대개 더 잘 하고 게임에서도 이긴다. 그리고 무엇보다 의사소통을 잘 하지 않는 팀보다 즐기면서 플레이한다. 의사소통은 좋은 팀의 핵심조건이다. 오늘 연습경기에서는 여러분이 서로 이야기하는 것을 많이 들을 수 있길 바란다."

동기부여는 짧게 해야 한다. 이것은 경기 전 격려가 아니다. 동기부여의 목표는 선수의 주의를 집중시키고, 당신의 시범에 집중하게 하며, 당신이 제공하는 훈련에 매진하도록 하는 것이다.

2) 시범

4~5세의 어린이를 만날 일이 생긴다면 아이에게 그들이 한 번도 본 적이 없는 기술을 보여 달라고 이야기해 보자. 예를 들어, 아이에게 좋은 운동 자세를 보여 달라고 해 보자. 아이들은 좋은 운동 자세에 대한 뚜렷한 이미지가 없기 때문에 갖가지 동작을 생각해 낼 것이다. 그렇기 때문에 어린 선수들은 특정 기술을 실제로 수행하기 전에 해당 기술에 대한 명확한 이미지 또는 심성(mental model)을 가지고 있어야 한다.

코치는 30초에서 최대 3분 정도 짧게 시범을 보이고 설명한 후 유청소년 선수가 직접 해당 동작 및 기술을 연습할 수 있도록 해야 한다.

좋은 시범을 제공하기 위한 몇 가지 핵심 원칙이 있다(Rink & Hall, 2008). 교사 또는 코치는 전체 기술을 최고 속도로 여러 번 시범 보인 다음, 해당 기술을 부분으로 나누고(필요하다면), 다시 최대 속도로 기술을 여러 번 시범 보여야 한다. 이는 학습자에게 기술이 전체와 부분에서 정확한 속도로 어떻게 수행되는 지에 대한 일종의 이미지를 제공한다. 느린 동작으로 시연하거나 기술의 일부만 보여 주지 않아야 한다. 이는 기술을 배우기 위해 아이들에게 필요한 올바른 심성(mental model)을 제공하지 않기 때문이다. 또한 학습자가 기술의 앞, 뒤, 옆을 볼 수 있도록 다양한 각도의 시범을 제공해야 한다.

앞에서 설명한 시범이 끝나면 학습자가 기술을 연습하는 동안 쉽게 기억하고 말할 수 있는 1~3개의 교수단서(instructional cues)를 제공해야 한다. 이는 학습자에게 기술 수행의 단계와 순서를 상기시켜 주는 효과가 있다. 유청소년 스포츠 지도에서 활용할 수 있는 교육단서는 그들이 머릿속으로 쉽게 떠올릴 수 있는 친숙한 것으로 구성되어야 한다(일부 예는 〈표 8-1〉 참조). 교수단서에 쓰는 표현이 최근의 아이들과 관련이 있고 최신의 것인지 확인해야 한다. 몇 년 전만 해도 코치들은 "너는 지금 공중전화 부스 안에 있어. 그래서 슛을 쏘면 공이 천장을 뚫고 나갈 거야."라는 교수단서로 슈팅을 가르치곤 했다. 요즘 아이들은 공중전화 부스를 떠올리기 어려울 것이다.

시범의 마지막 원칙은 선수들이 연습 전 이해를 제대로 하고 있는지를 확인하는 것이다. 선수들에게 당신이 보여 준 시범과 기술 수행과 관련하여 질문을 해야 한다. 이를 통해 선수들은 실제로 해야 하는 것을 강조할 수 있다. 선수들에게 그들이 기억해야 할 교수단서 또는 라벨 등을 이야기하도록 해야 한다.

코치가 새로운 기술을 가르칠 때 흔히 저지르는 실수는 너무 오래 설명하거나 시범을 길게 보여 준다는 것이다. 너무 많은 세부사항을 이야기하거나 선수가 기억할 수 있는 것보다 더 많이 시범을 보인다. 어린 선수에게 적합한 동기부여, 시범, 교수단서를 이야기하는 데 얼마나 걸려야 할까? 일반적으로 3분 미만을 권장한다. 가르치는 기술의 복잡성에 따라 동기부여와 시범에 30초 정도가 걸릴 수 있다. 운동 자세를 예로 들어 시간을 측정해 보자. 타이머를 켜고 예제를 읽어 보자.

> 오늘은 좋은 운동 자세를 취하는 방법을 배울 것입니다. 우리 모두가 알고 있는 유명한 운동선수의 이름을 말해 볼까요?(Sue Bird, 수 버드. 시애틀 스톰의 포인트 가드) 수는 수비 자세가 매우 좋습니다. 수처럼 좋은 수비를 하고 싶다면 좋은 운동 자세를 갖추어야 합니다. 좋은 운동 자세는 여러분이 좋은 게임을 할 준비가 되었음을 의미합니다. 이것이 바로 운동 자세의 모습입니다 [다양한 방향에서 자세를 보여줌]. 제가 'Go!'라고 외치면, 여러분은 일어나서 운동 자세를 취합니다. 자세를 취할 때 다음 세 가지를 기억하세요 [설명과 함께 시범을 보임]. ① 발을 어깨 너비로 벌립니다. ② 의자에 앉아 있는 것처럼 무릎과 엉덩이를 구부립니다. ③ 균형을 위해 팔을 옆에 둡니다. 발-앉기-팔을 기억하세요. 두 가지 질문, 좋은 운동 자세를 배워야 하는 이유를 누가 말해 볼까요? 자신에게 말할 세 가지 단서의 이름을 정하세요. 자 이제 모두 좋은 운동 자세를 보여줄 준비가 된 것 같네요. 'Go!'에 맞춰서 넓게 퍼지고, 시작해봅시다. Go!

앞의 예시를 읽는 데 1분 15초 정도 걸렸을 것이다.

표 8-1 심상 활용을 위한 교수단서(라벨)

스포츠 기술	유청소년을 위한 교수단서
배팅할 때 뒷발의 회전	벌레를 짓누르듯이
농구 슛의 팔로스루	팔이 거위 목처럼 보이도록 — 기러기 울음소리와 함께
달리기에서 대시(dash)를 시작할 때	대포가 발사되는 것처럼
골프 퍼팅	팔을 시계의 추처럼 흔들기
배구 서브	팔을 활과 화살처럼 뒤로 당기기
축구공 트래핑	발이 공을 흡수하는 배처럼 만들기
테니스 공 서브	등을 긁을 수 있게 라켓을 등 뒤로 가져가기

선수들이 기술을 정확히 이해하고 명확한 심상(mental image)을 가지고 있다면 다음 단계인 '연습'으로 넘어갈 준비가 되었다.

3) 연습

기술 학습에 있어서 반복과 연습을 대신할 수 있는 것은 없다. 훌륭한 코치는 훈련을 효율적으로 조직함으로써 학습자의 성공, 적극적 학습 시간(active learning time), 재미를 극대화한다. 적극적 학습 시간은 기술을 배우고 연습하는 데 소요된 실제 교수 시간으로 정의된다. 앉은 상태에서 훈련이 구성되는 방법에 대한 설명을 듣는 것은 여기에 해당되지 않는다. 아무도 학습활동 및 적극적인 연습에 관여하지 않았기 때문이다. 차례를 기다리는 것 역시 포함되지 않는다. 아이들이 서서 기다리는 동안 학습이 일어나지 않았기 때문이다. 연구에 따르면 효과적인 교사는 그렇지 않은 교사보다 학생들에게 보다 많은 적극적 학습 시간을 제공한다(Kirk, Macdonald, & O'Sullivan, 2006).

이 장에서는 공간, 장비 또는 모둠(group) 활용을 통해 연습량과 적극적 학습 시간을 늘리는 몇 가지 방법에 대해 살펴볼 것이다. 우선은 피드백 제공의 중요성을 강조하고자 한다. 연습에 영향을 미치는 다른 요소는 5단계 교육 사이클의 다음 실습 단계에서 논의될 것이다.

4) 피드백

피드백에는 다양한 유형이 있다. 여기에는 내재적 피드백, 외재적 피드백, 수행지식(knowledge of performance), 결과지식(knowledge of results), 비언어적(non-verbal) 및 언어적(verbal) 피드백이 포함된다. 피드백을 제공할 때 빈도(얼마나 자주)와 기간(얼마나 오래)을 고려해야 한다. 복잡하게 보일 수도 있지만 다행스럽게도 피드백 사용에 관한 분명한 원칙이 있다.

먼저 피드백의 유형을 살펴보자. **내재적 피드백**(internal feedback)은 선수가 자신의 신체로부터 얻는 정보를 의미한다. 구체적으로, 근육, 힘줄, 관절에 있는 감각기관으로부터 얻는 정보를 의미한다. 예를 들어, 골프에서 좋은 드라이브를 쳤다면 공이 어디로 갔는지 확인하기 전에 '느낄 수 있다'. 그 느낌은 스윙이 좋았음을 말해 준다. 선수가 어떤 기술을 처음으로 배울 때는 나이와 경험 부족으로 인해 내재적 피드백을 사용하기 어려울 수 있다. 그러나 지도자는 선수가 이러한 유형의 피드백을 시도하도록 요청해야 한다. 선수들에게 기술을 느끼고 그 느낌을 기억하도록 해야 한다. 도움이 되는 정보를 얻기 위해 몸에서 보내는 신호를 사용하라고 지도해야 한다. 앞구르기 가르치는 장면을 예로 들어 보자. 선수들에게 제대로 굴렀을 때 등의 어떤 부위에 압력이 가해졌는지를 기억하도록 해야 한다.

외재적 피드백(external feedback)은 운동선수가 외부로부터 받는 정보다. 이는 코치, 동료, 부모 또는 자신의 수행으로부터 받은 단어, 소리 또는 시각적 이미지 등을 포함한다. 동일하게 골프의 드라이브를 예로 들어 보면, 운동선수는 공과 클럽의 스윗 스팟(sweet spot)이 맞았을 때의 경쾌한 소리로부터 외재적 피드백을 받을 수 있다. 클럽의 스윗 스팟에서 들리는 '펑' 하는 소리는 클럽으로 공의 윗 부분을 때렸을 때의 소리와 다르다. 내재적 피드백과 마찬가지로 선수가 효과적인 학습 및 개선을 위해 이와 같은 정보를 기억하도록 지도해야 한다.

수행지식(Knowledge of Performance: KP)은 기술 수행 또는 연습이 종료된 후에 코치나 다른 사람에 의해 구두 형태로 제공되는 정보다. 피드백에는 기술 중 올바르게 수행된 부분과 그렇지 않은 부분을 포함할 수 있다. 수행지식은 특히 학습자에게 중요한데 그 이유는 코치가 선수 스스로 습득할 수 없는 주관적인 정보를 제공할 수 있기 때문이다. 그렇기 때문에 코치는 학습자의 수행을 적절하게 관찰하고 진단하여 효과적으로 의사소통할 수 있어야 한다. 훌륭한 코치는 작게는 특정 기술에서부터 넓게는 수비에서부터 공격으로 이어지는 전개 과정을 관찰하여 잘된 점과 잘되지 못한 점을 상세히 분석하고 정확한 정보를 제공할 수 있다.

결과지식(Knowledge of Results: KR)은 수행 또는 경기가 종료된 이후에 선수에게 제공되는 정보로서 일반적으로 수행 또는 경기 결과에 대해 코치 또는 동료가 제공한다. 배구 경기의 서브 성공 여부 또는 야구 경기에서 외야까지 날아간 타구 등이 여기에 해당된다. 선수 역시 자신의 수행 결과를 확인함으로써 결과지식을 얻을 수 있다. 휘두른 방망이가 공을 맞혔는지 또는 던진 슛이 성공했는지를 확인하는 것을 예로 들 수 있다. 한 가지 기억해야 하는 것은 코치는 결과지식만 지나치게 강조하지 않아야 한다는 것이다. 어린 학습자(young learners)들에게는 기술이나 올바른 자세를 익히는 것이 당장의 결과를 내는 것보다 훨씬 중요하기 때문이다. 일반적으로 좋은 테크닉을 가진 선수들이 결국 좋은 결과를 얻는다. 나쁜 테크닉으로 좋은 결과를 얻을 수 없다. 결과지식은 폼(form)을 완전히 바꾸지 않고 약간의 변형을 만들고자 하는 숙련된 선수(experienced athletes)에게 유용하다.

종종 **비언어적 피드백**(nonverbal feedback)의 중요성이 간과될 때가 있다. 비언어적 피드백은 표정, 몸짓, 심지어 코치가 선수에게 할당하는 위치와 같은 행동과 같이 비언어적으로 선수에게 제공되는 정보이다. 예를 들어, 우익수와 같이 활동량이 적은 포지션에 배정된 선수는 '코치는 내가 그다지 뛰어나지 않다고 생각하나 봐.'라고 생각할 수 있다. 선수들은 종종 코치의 비언어적 행동을 부적절하게 해석한다. 코치는 자신의 비언어적 피드백과 언어적 피드백을 일치시켜야 한다. 또한 자신의 비언어적 행동의 중요성을 인식하고 가능한 일관되도록 노력해야 한다.

가장 좋은 언어적 피드백은 교정에 도움이 되는 정보와 함께 선수의 동기를 부여하는 표현(phrase) 또는 비언어적 제스처를 포함한다. 어린 선수들은 긍정적인 말보다는 개선에 실질적으로 도움이 되는 교정적인 정보가 포함된 언어적 피드백을 선호한다. 아이들조차도 실질적인 정보를 포함한 코멘트가 자신의 기량을 향상하는 데 더 도움이 된다는 것을 알고 있다. 가장 중요한 것은 아이들도 코치들이 더 좋아질 수 있다고 생각되는 선수에게 도움이 되는 정보가 가득한 피드백(informational feedback)을 제공하는 경향이 있다는 것을 안다는 것이다(일부 코치는 능력이 부족한 선수에게 충분한 시간과 노력을 들이지 않는다). 따라서 실질적으로 도움이 되는 정보를 제공하지 않고 단순히 "잘했어."와 같은 칭찬은 피해야 한다. 아이들은 이러한 영혼 없는 칭찬은 쓸모없다고 생각할 수 있다. 더군다나 자신을 코치의 시간과 관심을 이끌어 낼 만큼 자신의 능력이 뛰어나지 않다고 인식할 수 있다.

피드백은 학습에서 매우 중요하다. 매일 모든 선수에게 상당한 양의 정보가 담긴 피드백을 제공하는 것을 목표로 삼아야 한다. 이와 함께 동기부여에 도움이 되는

개인적 이야기

나의 최고의 선생님

여러분에게 운동 또는 스포츠 기술을 가르쳐 주셨던 최고의 선생님은 누구인가? 그 선생님이 당신이 잘 배우는 데 어떤 결정적인 차이를 만들어 냈는지 떠올려 보라. 그 선생님이 그토록 잘 가르칠 수 있었던 이유는 무엇이었나? 그 선생님으로부터 무엇을 배웠나? 그렇게 배운 내용을 어린 선수들에게 어떻게 구체적으로 지도할 수 있을까?

쉬어가기

유청소년에게 골프 잘 가르치는 네 가지 팁

다음은 최고의 주니어 골프 지도자가 제공하는 몇 가지 유용한 교육 팁이다(Patterson, 2013).

1. 아이들은 모르는 상태에서 더 많이 배울 수 있다. 굳이 무엇인가를 잘못하고 있다고 말하지 않아도 된다. 그냥 실수하도록 두는 것이 좋다. 단지 지금 하고 있는 것보다 잘할 수 있는 방법만 제공하는 것이 좋다.
2. 재미가 없으면 더 이상 하지 않을 것이다. 아이들은 고등학생이 되기 전까지는 무엇인가에 몰입하기 어렵다. 현재를 즐기게 하는 것이 중요하다. 너무 진지하게 접근할 필요는 없다.
3. 아이가 공을 치러 가고 싶다고 하면 만사를 제쳐두고 데려가야 한다. 그러나 이것이 아이들이 여러분에게 가르쳐 달라고 한 것이 아니라는 점을 명심해야 한다. 그저 아이들이 즐길 수 있는 기회만 제공하면 된다. 아이가 질문했을 때만 적절한 정보를 주면 된다.
4. 골프는 친구들과 함께 배울 때 더 효과적이다. 친구와 함께 할 때 일종의 보호 기능이 있고 나누는 이야기의 수준도 적당하다. 친구와 함께 있을 때 아이는 지속적으로 참여하고 골프에 푹 빠질 수 있다.

긍정적인 표현과 비언어적 제스처는 선수로 하여금 당신이 그들에게 관심이 많으며 성공하기를 바라며 그들의 학습 능력에 대한 자신감을 가지고 있다는 확신하게끔 한다. 비언어적 제스처와 긍정적인 표현의 대표적인 예시로는 등 두드리기, 하이파이브, 엄지 척, 미소 또는 윙크, 박수 쳐 주기, "해낼 줄 알았어." "이렇게 쏟는 노력을 자랑스러워해도 된다." 등이 있다.

5) 연습에 영향을 미치는 다른 요인

앞에서는 효과적인 연습을 위한 적극적 학습 시간의 중요성에 대해 설명했다. 이 절에서는 어린 선수의 연습을 효과적으로 만들 수 있는 다른 방법에 대해 살펴본다.

(1) 결과보다 과정에 집중

유청소년의 경우 과정은 수행의 폼이나 세부 기술과 밀접한 관련을 지니기 때문에 학습과 직접적으로 연결된다. 그렇기 때문에 과정은 결과보다 훨씬 중요하다. 연습 중에는 결과가 아닌 기술을 제대로 터득하는 과정에 집중해야 한다.

때때로 부모는 초기에 자녀가 보이는 높은 수준의 수행 결과에 깊은 감명을 받았을 수 있다. 그러나 몇 년 후 잘못 터득한 기술(poor technique)이 자녀의 높은 잠재력을 갉아먹는다는 것을 발견한다. 고등학교에서 야구를 배우는 3학년 스콧(scott)의 경우를 예로 들어 보자. 스콧은 높은 타율을 기록하며 시즌 도중 몇 번의 사이클링 히트(한 경기에서 1루타, 2루타, 3루타, 홈런을 기록)를 기록하기도 했다. 지역의 모든 사람은 스콧이 고등학교 졸업 후 프로 야구팀의 지명을 받을 것이라고 생각했다. 그러나 스콧을 보러 온 스카우터는 스콧의 배팅 연습을 보면서 프로선수로서 성공하기 어렵다고 판단했다. 스콧은 왜 프로팀에 지명되지 않았을까? 스카우터들은 스콧의 타격 자세가 프로 수준에서는 통할 수 없는 심각한 결함이 있다는 것을 발견했기 때문이다. 스콧의 올바른 연습 및 타격 자세에 대한 부족한 관심이 결국 그의 장기적인 성공을 가로막은 것이다.

(2) 심상 활용

그동안의 연구에 따르면 실제 연습(actual physical practice)을 대신할 수 있는 것은 없다. 그러나 정신 훈련(mental practice) 또는 심상(mental imagery)을 함께 활용하면 수행을 향상시킬 수 있다(Vealey & Forlenza, 2015). 특히 아이들은 풍부한 상상력을 가지고 있기 때문에 이미지를 활용하는 것이 능숙하다. 아이들의 상상력을 적극적으로 활용해야 한다. 아이들이 집에 있을 때(학교가 아닌) 이미지를 활용하여 정신 훈련을 하고 몇 가지 이미지를 통해 배운 기술들을 반복할 수 있도록 지도할 수 있어야 한다.

아이들에게 눈을 감고 자신이 마음속으로 그 기술을 수행하는 것을 보고 느끼라고 말할 수 있다. 아이들에게 기술을 성공적으로 수행하는 것을 보고 느끼도록 노력하라고 지도해야 한다. 이를 통해 아이들은 해당 기술의 정신적인 청사진(mental blueprints)을 뚜렷하게 만들고 있다. 예를 들면, 자유투와 같은 기본 기술뿐만 사이드 라인에서 레이업 슛을 하기 위해 어떤 방식으로 스텝을 밟을 것인지를 머릿속에 그릴 수 있다. 팀의 전술 및 전략에서 어떤 위치에 있어야 하는지도 머릿속에서 연습할 수 있다. 선수들이 기술을 배우고 연습할 때 이미지라는 강력한 도구를 적극적으로 활용하도록 지도해야 한다. 선수들에게 머릿속에서 그리는 일과 실제의 차이는 알기 어렵다고 얘기해야 한다.

3. 전체-부분 방법 사용하기

운동학습(motor learning) 영역의 연구에 따르면, 기술을 시범 보이고 연습하기 위한 두 가지 주요 방법으로 '전체-부분(the whole-part)' 방법과 '부분-전체(the part-whole)' 방법이 있다. 대부분의 사람들은 두 방법 중에서 한 가지를 선택하는 방식을 선호한다. 전체-부분 방법을 선호하는 아이들은 처음부터 끝까지 전체적인 기술을 본 이후에 세부 기술을 따로 보는 것을 좋아할 것이다(기술이 여러 부분으로 나눌 수 있는 경우). 부분-전체 방법을 선호하는 아이도 있을 수 있다. 모든 세부 기술을 먼저 본 다음 합쳐진 전체 기술을 보는 것이다. 우리는 아이들을 가르칠 때는 전체-부분 방법을 사용하는 것이 효과적이라고 생각한다. 전체 기술을 해당 속도(full speed, 느리거나 빠르지 않게)로 시범 보인 이후에, 가능하다면 세부 기술을 독립적으로 연습할 수 있도록 나누어 주는 것을 추천한다. 물론 모든 기술이 쉽게 분리되고 부분적으로 연습할 수 있는 것은 아니다.

4. 분산 연습 활용

분산 연습과 집중 연습(massed practice)의 차이를 분석한 연구에 따르면 분산 연습이 아이들의 학습에 효과적인 것으로 나타났다. 분산 연습은 하루 또는 이틀에 걸쳐 장시간 연습하는 집중 연습과는 달리, 짧은 시간에 걸친 연습을 며칠 또는 몇 주에 나누어 하는 것이다. 소프트볼 코치가 2루로 슬라이딩하는 방법을 가르치기 위해 분산 연습을 선택할 것을 예로 들어 보자. 코치는 선수들이 슬라이딩하는 방법을 제대로 배웠다고 느낄 때까지 몇 주 동안 격일로 5~10분 동안 연습시켰다. 이와 같은 방식이 3일 연속으로 1시간 동안 2루로 슬라이딩을 연습하는 것보다 효과적이다.

한 가지 기술을 익힌 후에 다음 기술을 익히는 방법인 **구획 기술 훈련**(blocked skill practice)은 **무작위 기술 연습**(random skill practice)만큼 효과적이지 않다. 무작위 기술 연습은 한 번에 여러 개의 기술을 향상시키기 위해 배우고 연습하는 것을 의미한다.

요약하면 연습은 과정에 집중하고, 기술을 머릿속에서 그리기 위해 이미지를 사용하고, 분산 연습과 전체-부분 방법을 사용하고, 반복을 포함할 때 가장 효과적이다.

5. 학습을 극대화하기 위한 교수 전략

이제 기본 사항은 익혔다. 많은 코칭 경험이 없더라도 훈련을 설계하고 5단계 교육 사이클을 따를 수 있다. 그러나 이것만으로 충분하다고 할 수 없다. 다음은 선수의 학습을 향상시키기 위해 활용할 수 있는 또 다른 전략이다.

1) 진행, 확장, 세련

좋은 코치와 부족한 코치를 결정짓는 핵심적인 차이는 적절한 교육 진행을 설계하고 활용하는 능력에 있다. **교수 진행**(teaching progression)은 단순한 과업에서 보다 복잡한 과업으로 나아갈 수 있도록 학습 경험을 설계하는 것을 포함한다. 야구의 땅볼 수비 연습의 교수 진행은 ① 실제 공 없이 땅볼 받는 동작 취하기, ② 코치가 던진 천천히 굴러가는 땅볼 수비하기, ③ 코치가 던진 빠르게 움직이는 땅볼 수비하기, ④ 배트에 맞고 느리게 움직이는 땅볼 수비하기, ⑤ 배트에 맞고 빠르게 움직이는 땅볼 수비하기 순서로 진행될 것이다. 모든 스포츠 기술과 전술은 적절한 진행 과정으로 지도되어야 한다. 한 단계도 건너뛰지 않아야 하며, 이 과정이 너무 빠르거나 느리지 않아야 한다. 또한 선수들이 모든 경쟁 상황에 대비할 수 있도록 다양한 경험을 제공해야 한다.

확장(extension)은 과제의 난이도에 따른 배열과 밀접하게 관련된다. 학습자의 상황에 따라 과제를 더 어렵게 확장하거나 덜 어렵게 확장하기도 한다. 다음은 축구공을 골대에 차 넣기 위한 두가 확장의 예다.

- 더 어렵게 만들기 위해 수비수가 추가된다.

훌륭한 유청소년 스포츠 코치는 '실제 공 없이 땅볼 받는 동작 취하기, 느리게 움직이는 공을 잡기 위해 이동하기, 빠르게 움직이는 땅볼 잡기'처럼 간단한 것에서부터 복잡한 것까지 단계적으로 기술을 가르친다.

- 덜 어렵게 만들기 위해 공을 골대 가까이로 이동시키거나 수비수를 없앤다.

세련(refinement)은 학습자가 과업의 특정 측면을 개선하는 데 집중하는 것이다. 농구에서 픽앤롤(한 선수가 공을 가지고 있는 같은 팀 동료를 위하여 스크린플레이를 한 후 골대 쪽으로 움직이면서 패스를 받는 것)을 예로 들면, 픽(pick) 역할을 맡은 선수에게 보다 구체적인 지침일 주는 것이다. 예를 들어, "다리를 넓게 벌리고 수비의 역방향으로 피벗해서 우리 편이 골대 방향으로 움직이기 시작할 때 수비수를 움직이지 못하게 해라."라고 이야기할 수 있다. 세련은 선수가 기술이나 전술의 복잡성을 개선할 준비가 되었을 때 사용된다.

어린 선수에게 새로운 기술을 가르칠 때는 진행, 확장, 세련을 개발하고 제공하는 데 능숙해야 한다. 진행에서는 대부분의 운동선수(80%)가 시작할 수 있는 기술 수준으로 결정해야 한다. 간단한 과업부터 시작함으로써 대부분의 운동선수가 해당 기술을 익히면 보다 복잡한 연습으로 넘어갈 수 있다. 이 과정에서 동기부여, 시범, 연습, 피드백, 연습의 교육 사이클을 반드시 사용해야 한다. 선수들이 열심히 연습하고 여러분이 피드백을 제공하는 때가 연습을 확장하고 세련하기에 적합한 타이밍이다. 기술을 빨리 배우는 선수에게는 보다 어려운 확장 및 개선 과제를 추가함으로써 도전의식과 개선을 이끌어 낼 수 있다. 반면 어려움을 겪고 있는 선수에게는 해당 기술을 효과적으로 배울 수 있도록 덜 어려운 과제로 바꿔 줄 수 있다. 좋은 코치는 선수 개개인에게 알맞은 과제를 제공한다. 이와 같은 맞춤형 접근은 모든 선수의 요구 사항을 충족시키고 각자 자신의 속도에 맞춰서 향상할 수 있도록 도전의식을 불러일으킨다.

경험이 쌓일수록 교수 진행, 확장 및 세련 과제를 개발하는 데 익숙해진다. 학습자의 연령에 적합한 과제 제시에 익숙해지면 어디에서부터 교육이 시작되어야 하고 어떻게 발전되어야 하는지를 효과적으로 계획할 수 있다. 대부분의 스포츠에서의 세련 과제는 단순한 것에서 더 복잡한 것으로 이동하는 것을 의미한다. 구체적으로, 장비의 종류, 경기장의 종류(playing surface), 참여 선수 숫자, 수비수의 추가 또는 빼기, 속도, 허용 시간, 결합된 기술 숫자, 허용되는 공간, 공격 또는 수비 전술 등이 해당된다.

2) 게임 전술

기술을 가르치는 혁신적인 방법을 전술 게임 접근(tactical games approach)이라고 한다(Griffin, Mitchell, & Oslin, 1997). 이 접근은 게임 상황에서 자주 발생하는 전술적 문제를 해결하기 위해 소규모 게임을 가르치는 것이다. 만약 아이들이 경기 도중에 기술을 배울 수 있다고 믿는다면 이 접근을 적극적으로 고려할 수 있다. 어린 선수에게 기술을 가르치는 과정에서 겪는 어려움 중 하나가 훈련에서 배웠던 기술이 실제 경기 장면으로 이어지지 않는다는 것이다. 가끔은 연결 자체가 되지 않을 때도 있다. 아이가 경기가 시작되면 실제로 훈련에서 배운 모든 것(올바른 형식 및 규칙)을 잊어버리는 경우가 이에 해당한다. 전술 게임에서는 아이들이 게임과 유사한 활동을 통해 기술을 배우기 때문에 기술과 전술, 공격 및 수비 전략이 서로 맞물린다.

농구를 예로 들면, 코치는 선수들에게 공간을 만들면서 이동하는 방법을 가르치기 위해 백도어(back door), 엘컷(L-cut), 브이컷(V-cuts)과제를 제시할 수 있다. 통상적으로 코치는 선수들이 이 기술을 익힐 수 있도록 단순한 연습(수비를 포함하거나 또는 포함하지 않거나)을 제공한 다음 실전으로 전개한다. 이와 달리 전술 게임 접근에서는 코치는 우선적으로 '공 없이 공간을 만들기 위한 움직임'이라는 전술을 설명한다. 이후 코치는 선수들이 공 없는 상태에서 공간을 만드는 움직임을 익힐 수 있는 2:2 또는 3:3 게임 활동을 제시할 것이다. 결국 코치는 선수들이 다양한 방법으로 공간을 확보하고 공을 받을 수 있도록 시도하게 만들고 피드백을 제공하게 되는 것이다. 선수들이 점차 공간을 만드는 방법을 알아내기 시작하면, 4:4 또는 5:5 게임으로 확장될 것이다. 전술 게임 접근은 적절한 과제를 개발하는 데 보다 많은 시간이 걸리지만, 선수가 이를 통해 배운 내용은 높은 확률로 실제 경기로 이어진다.

3) 선수 배치

코치가 통상적으로 유청소년 스포츠 연습에서 놓치

고 있는 점이 있다면 바로 실행 계획(logistics)일 것이다. 기술을 지도하는 과정에서 선수를 배치하거나 모둠을 만드는 가장 좋은 방법은 무엇일까? 첫 번째로 고려해야 할 문제는 모둠을 만드는 것이다. 모둠을 효과적으로 만드는 방법은 무엇일까? 바로 성별, 체격, 친밀도(social compatibility), 능력, 무작위 선택 등 다양한 방법이 있을 것이다. 각 방법은 장점과 단점을 가지고 있으므로 가급적 모든 방법을 사용해 보는 것이 좋다.

항상 능력에 따라 그룹화한다면(잘하는 선수끼리 묶고 상대적으로 못하는 선수끼리 묶으면), 실력이 낮은 선수는 얻을 것이 별로 없다. 테니스에서 실력이 낮은 두 선수가 함께 연습한다면 공을 잘 리턴하지 못해서 발리를 할 기회를 얻기 힘들 것이다. 반대로 실력이 좋은 선수와 낮은 선수가 섞여 있다면, 실력이 낮은 선수는 실력을 향상시킬 수 있을 것이다. 물론 실력이 뛰어난 테니스 선수가 항상 실력이 낮은 선수와 함께 훈련하게 된다면 흥미를 잃고 그 결과로 기술 향상이 정체될 수 있다.

지나치게 오랫동안 쓰지 않는다면 무작위로 선수를 묶는 방법은 괜찮다. 우리가 기억해야 하는 점은 선수들은 반복된 연습으로 기술을 배운다는 것이다. 모둠을 만들기 위해 줄을 서거나 기다리는 동안 기술 습득은 일어나지 않는다. 다음 두 가지 시나리오를 읽고 무엇이 보다 시간 사용 측면에서 효율적인지 생각해 보자.

① 마이크(Mike) 코치는 연습을 위해 팀을 무작위로 4개의 모둠으로 만들기로 결정했다. 그는 모든 선수들을 한 줄로 서게 한다. 선수들에게 차례대로 1, 2, 3, 4까지 세고 다시 1로 돌아가 반복하도록 한다. 숫자를 세면서 어떤 선수는 친구와 같은 모둠이 되려고 이동하기도 한다. 숫자 세기를 마치면 마이크 코치는 '1을 외친 모든 선수는 빨간색 콘으로' '2를 외친 모든 순서는 파란 콘으로' 이와 같은 방식으로 선수를 모은다. 자신이 외친 숫자가 무엇인지 기억 못하는 제일런과 닐은 코치를 찾는다. 마이크 코치가 네 가지 모둠의 편성 현황을 보니 한 모둠에는 10명의 남자아이가 있고 또 다른 모둠에는 3명의 남자아이가 있다.

② 브렛(Brett) 코치는 연습을 위해 팀을 무작위로 4개 모둠으로 만들기로 결정했다. 그는 남자애들을 불러서 현재 몇 명이 연습 중인지 머릿속에서 재빨리 센다. 22명임을 확인한 코치는 5명으로 구성된 두 모둠과 6명으로 구성된 두 모둠이 필요하다는 것을 알게 된다. 그는 아이들의 주의를 집중시킨 후에 각 선수의 어깨를 두드리면서 팀을 정해 줄 것이라고 말한다. 그는 "모둠 1은 빨간 콘으로 가라." 라고 말한 다음 5명 선수의 어깨를 두드린다. 그는 "모둠 2는 파란 콘으로 가라."라고 말하고 6명의 소년의 어깨를 두드린다. 이와 같이 4개 모둠이 선택될 때까지 반복한다. Brett 코치가 무작위로 소년을 배정하는 것처럼 보이지만 찰리와 팀은 다른 팀에 배정했다. 둘이 같은 팀에 있을 때 싸우는 경향을 알고 있기 때문이다.

브렛 코치의 방법이 마이크 코치의 방법보다 더 빠르고 효율적이라는 데 동의하는가? 모둠을 구성할 때는 신속하고 효율적으로 해야한다.

선수를 배치하기 위해 두 번째로 고려할 점은 모둠의 크기이다. 모둠에는 몇 명의 선수가 있어야 할까? 우리가 항상 활용하는 가이드라인은 훈련을 효과적으로 진행하는 데 필요한 최소한의 인원으로 모둠을 구성하는 것이다. 이를 통해 모둠에 속한 선수들에게 더 많은 반복 연습을 제공할 수 있다. 물론 피로 예방 또는 실전 연습 기회 제공을 위해 보다 큰 규모의 모둠을 구성하는 것이 좋을 때도 있다. 이와 같은 경우가 아니라면 적은 규모의 모둠이 효과적이다.

소규모 모둠 구성 또는 다양한 스테이션 설정은 특정

기술을 반복하거나 연속된 기술을 연습하는 데 매우 효과적일 수 있다. 일반적으로 한 스테이션에서 3~5분 동안 연습한 다음 스테이션으로 전환하는데, 이는 어린 선수의 주의를 이끌어 내는 데 효과적이다. 또한 스테이션은 분산 연습이 필요할 때 효과적으로 사용할 수 있다.

4) 공간 활용

공간을 적절하게 활용하는 것은 안전하고 효과적인 학습 환경을 설계했다는 것을 의미한다. 선수가 안전하게 기술을 연습할 수 있는 충분한 공간을 확보했는지 확인해야 한다. 예를 들면, 소프트볼 선수는 팀 동료가 타격 연습을 하는 동안 필드에서 컷오프 플레이(중계된 공을 중간에 받아 주자를 견제하거나 아웃시키는 기술)를 연습해서는 안 된다. 티볼에서 선수 둘이서 공을 던지고 받는 준비운동은 평행선을 유지하며 진행되어야 한다. 잘못 던져서 팀원에게 부상을 입힐 수 있기 때문이다. 효과적인 학습 환경은 선수를 가장 효과적인 방법으로 배치했을 때 조성될 수 있다. 가장 일반적인 형태로는 원, 서로 마주 보는 두 줄, 여러 줄의 무리, 또는 흩어지는 것 등이 있다.

모든 선수가 최대한 많은 공간을 사용하면서 적극적으로 참여하도록 적재적소에 배치해야 한다. 대부분의 단일 기술(single-skill) 연습에서는 모든 선수(또는 2인 1개조)가 장비(예: 축구공)를 가지고 흩어지는 형태를 선호한다. 가장 많은 양의 적극적 학습 시간을 제공할 수 있기 때문이다. 2:2 또는 3:3과 같은 소규모 게임 연습의 경우 전체 훈련 공간 내에 여러 가지 영역을 설정할 수 있다. 4~6명의 선수가 연습하는 동안 다른 선수들이 단순히 줄을 서서 지켜보도록 하는 것은 좋지 않다. 모든 모둠이 각각의 장소에서 연습하도록 지시하고 코치는 순회하면서 피드백을 제공해야 한다. 모둠을 배치할 때는 당신의 지도를 들을 수 있는 범위에 있도록 만드는 것이 중요하다.

5) 용 · 기구 사용

어린 선수들에게 새로운 기술을 가르칠 때는 다양한 용 · 기구가 필요하다. 선수가 단순히 서서 기다리지 않게 하기 위해 적어도 선수마다 하나의 용 · 기구를 갖도록 하는 것이 좋다. 기술은 연습과 반복을 통해 가장 잘 습득된다. 따라서 어린 선수가 보다 적극적으로 참여할 수 있도록 적절한 용 · 기구를 제공해야 한다. 용 · 기구를 분배하고 다시 수거할 때 활용할 수 있는 루틴을 개발하는 것이 좋다. 축구 드리블 연습 장면을 예로 들어보자. 선수들이 가방에서 꺼내는 공을 받기 위해 줄을 서고 있다면 결과적으로 연습 시간을 낭비하게 되는 셈이다.

6) 시간 활용

연습 구성, 가르치는 기술의 종류, 각 기술 습득에 소요되는 시간 등을 신중하게 고려해서 훈련을 설계해야 한다. 선수들이 집중력을 유지하면서 지속적으로 연습에 참여할 수 있도록 그들의 발달단계를 고려해야 한다. 아이들이 신체적 및 정신적으로 지치면 학습이 일어나기 어렵다. 물 마시는 휴식, 훈련 속도 조절, 다양한 활동 구성 등을 계획하는 것이 좋다.

선수가 한 가지 기술을 배우는 데 얼마나 많은 시간이 걸릴까? 정답은 상황에 따라 다르다는 것이다. 선수의 나이, 경험 수준, 시즌 기간에 따라 다를 수 있다. 시즌이 짧다면(6주) 기초적인 기술 습득에 4주가 소요되어서는 안 된다. 분산 연습을 사용하여 선수에게 경기하는 데 필요한 모든 기술과 연습 방법을 알려 준 다음 시간이 허락하는 한 계속 개선해 나가야 한다. 어린 선수에게는 휴식을 주거나 새로운 과제로 전환하기 전의 과제에 집중하는 시간이 짧아야 한다. 다른 과제로 전환하기 전에 얼마나 많은 시간을 할애할 것인지를 결정할 때는 다음 가이드라인을 참고할 수 있다. 최소 시간(분)은 선수의 나이와 같고 최대 시간(분)은 나이의 2배와 같다. 예를 들면, 8세 선수는 다른 과제로 변경하기 전에 8~16분 동안 해당 기술을 연습한다. 물론 이 시간은 확장과 세련, 그리고 피드백을 위한 시작과 중단이 포함된다.

7) 강화 사용

코치와 교사는 종종 선수의 행동을 바꾸기 위해 보상이나 처벌의 형태로 강화를 사용한다. 특정 행동에 대해 긍정적인 보상(등을 두드리거나 사탕을 주는 것)을 받는 아이들이 더 많은 보상을 받기 위해 그 행동을 강화할 가능성이 더 높다. 특정 행동에 대해 벌을 받는(찡그린 표정, 운동장 돌기, 앉아있게 하기) 아이들은 부정적인 결과를 피하고 행동을 바꿀 가능성이 높다. 일반적으로 강화는 적절하게 사용할 때 선수의 기술 개발에 효과적이다. 문제는 부적절한 사용, 지나친 빈도, 잘못된 동기로 사용되는 경우이며, 의도하지 않은 결과를 초래할 수 있다. 선수들에게 보상을 제공하려는 코치의 의도가 잘못된 결과를 초래하는 사례는 '쉬어가기'에서 확인할 수 있다.

켈리(Kelly)의 방법은 왜 효과가 없었을까? 다음 지침을 읽고 켈리의 방법에 무엇이 잘못되었는지 확인하자.

① 사람마다 같은 강화 방법을 다르게 해석할 수 있다. 지도하는 선수를 제대로 이해하고 그들에게 적합한 강화를 사용해야 한다.
② 긍정적 보상은 부정적인 벌보다 더 효과적이다. 선수들이 새로운 기술을 배울 때 그들의 행동을 바꾸는 방법으로 벌을 사용해서는 안 된다.
③ 긍정적 보상의 크기는 행동의 크기와 일치해야 한다. 선수가 올바른 행동을 했다고 해서 매번 큰 선물로 과도하게 보상하지 않아야 한다.
④ 선수들이 새로운 기술을 배울 때는 간헐적 강화가 지속적 강화보다 더 효과적이다.
⑤ 시간이 흐를수록 개인적 강화(웃음, 긍정적인 코멘트)가 물질적 강화(상, 메달, 리본)보다 효과적이다.
⑥ 결과뿐만 아니라 노력과 수행에 대해서도 보상해

쉬어가기

스티커 충격!

켈리(Kelly)는 8세 소녀 소프트볼 팀을 지도하고 있다. 그녀는 선수들이 더 열심히 연습해야 한다고 판단하고 강화를 이용하기로 했다. 켈리는 그날 연습에서 가장 열심히 훈련받은 선수에게 소프트볼 스티커를 제공하겠다고 했다. 이는 좋은 방법으로 보였다. 선수들은 스티커를 받고 싶은 의욕이 넘쳤다. 연습이 끝나면 켈리는 한 선수에게 스티커를 줬다. 선수의 눈은 기쁨으로 가득 찼다. 동료들도 팀원이 기뻐하는 모습을 보고 흐뭇해했다. 연습은 평소처럼 끝났다.

시간이 지날수록 켈리는 선수들이 연습이 끝나갈 때 긴장하는 모습을 볼 수 있었다. 스티커를 받지 못했지만 열심히 연습한 선수들은 스티커가 받지 못해서 실망했고 당황스러워했다. 스티커를 받은 선수들 역시 코치가 매일 다른 선수에게 스티커를 줄 것을 알고 느슨하게 연습을 받았다. 아직 스티커를 받지 못한 세 명의 선수가 남아 있을 때 켈리는 미안한 감정이 들었고 이 세 선수를 볼 면목이 없었다. 켈리는 본인의 아이디어가 완전히 실패한 것을 깨닫고 남은 세 소녀 모두에게 스티커를 주고 스티커 강화를 끝내기로 결정했다.

주어야 한다.

유청소년 스포츠에서는 벌(특히 신체적 처벌)을 아이의 행동을 바꾸는 주요 방법이 되어서는 안 된다(6장 참조). 기술을 가르치는 과정에서 아이들의 학습을 방해하는 부정적인 행동을 제거해야 하는 상황이라면 다음 제안을 따르는 것이 좋다.

1. 화가 난 어린 선수에게 소리를 지르거나 신체적 접촉 등을 통해 벌을 줘서는 안 된다
2. 친구들 앞에서 아이를 부끄럽게 만들지 않아야 한다.
3. 처벌의 유형과 강도는 아이의 부정적인 행동에 적합해야 한다(과잉 반응하거나 벌을 남용해서는 안 된다).
4. 열심히 노력한 것에 대한 단순한 언어적 또는 비언어적 보상이 팀의 기대치를 설정한다는 것을 기억해야 한다.
5. 유청소년 스포츠 지도자는 아이들의 좋은 행동을 찾아내어 적절하게 보상해야 한다.

8) 규율 유지하기

코칭의 대부분의 시간을 선수의 행동을 수정하거나 훈육하는 데 활용해야 된다면 기술 지도에 필요한 능력이 저하될 것이다. 시즌 시작 단계에서부터 선수들에게 용인되는 행동과 그렇지 않은 행동이 무엇인지를 명확하게 알려 줘야 한다. 용인될 수 없는 행동을 했을 경우 선수가 받아야 되는 결과를 명확히 알려 주고 팀에서 정한 규칙을 위반했을 때의 후속 조치를 인식하게 해야 한다. 이를 위해서는 첫 훈련 전에 학부모와의 미팅을 통해서 당신의 선수들에 대한 행동과 결과에 대한 기대치를 알려 주는 것이 좋다. 이후 체계적이고 일관성 있는 규율을 활용하여 훈련과 경기를 진행해야 한다. 어린 선수들은 가끔씩 즐거움을 누릴 수 있는 유연성을 갖춘 잘 조직된 규율과 함께 코치가 자신의 행동에 대한 높은 기대치를 일관되게 유지하는 것 모두를 중요하게 생각한다.

규율을 유지하는 가장 좋은 방법 중 하나는 잘 조직되어 선수들이 적극적으로 참여할 수 있는 훈련을 계획하고 운영하는 것이다. 할 일이 없고 긴 줄을 서서 지루함

참고하기

규율을 유지하는 방법

1. 선수가 한 행동이 주의를 끌기 위한 것이어서 무시할 수 있는 것인지 또는 어떤 조처가 요구되는 행동인지를 구분해야 한다. 후자의 경우라면 해당 행동을 멈출 때까지 다음의 단계를 수행한다. 1) 선수에게 다가가기, 2) 내가 보고 있다는 것을 선수에게 알리기, 3) 눈을 마주치기, 4) 해당 선수와 이야기하기.
2. 선수를 타임아웃시킨다. 선수의 나이와 잘못된 행동에 적합한 시간 동안 훈련에서 해당 선수를 분리한다. 타임아웃이 끝나면 다시 연습 또는 게임에 참여하도록 한다.
3. 연습 후에 선수 및 부모와 이야기를 나눈다. 이 대화에서 해당 행동은 결코 용인될 수 없으며 반드시 중단되어야 한다는 점을 이해시킨다. 잘못된 행동이 계속될 경우 어떤 결과가 초래될 것인지에 대해서도 알려 준다.
4. 이상의 단계를 거쳤는데도 행동을 수정하지 않는 선수는 제외한다. 리그 담당자(league director) 또는 선수 관리 담당자(athletic director)에게 문제의 심각성을 알린다. 선수가 팀에 복귀하기 위해 행동이 어떻게 바뀌어야 하는지 설명한다.

을 느끼는 어린 선수들은 보통 자신을 즐겁게 할 무언가를 발견하게 되는데, 이것이 보통 문제로 이어진다. 선수들이 쉴 새 없이 움직일 수 있는 루틴을 개발하는 것이 중요하다. 매 훈련은 일관성 있게 시작되어야 한다. 선수들은 같은 장소에 모여 준비운동을 시작한다. 준비운동에는 다양한 활동이 있지만 보통 선수들은 그 구조를 알고 있다. 시작 및 중지 신호 역시 설정해야 한다. 일부 코치는 호각을 사용하여 선수들로 하여금 즉시 멈추고 경청하라고 지시하는 것을 선호한다. 원한다면 시범을 보이거나 토론을 할 때 선수들에게 한쪽 무릎을 꿇거나 앉도록 할 수도 있다. 중요한 것은 "내가 '시작'이라고 하거나 호각을 불면 시작해도 좋다."와 같이, 활동의 시작 신호를 분명하게 설정하는 것이다.

6. 요약

때로 자원봉사 유청소년 코치는 스포츠 기술 지도에 대한 지식이 부족한 것에 대해 걱정한다. 다행스럽게도 관련 지식을 습득하고 가르치는 데 필요한 기술과 역량을 향상시키는 데 도움이 되는 수많은 방법이 있다(인터넷 자료 활용, 스포츠에 특화된 교육 및 코칭 서적 읽기, 다른 코치 관찰). 그러나 유청소년 스포츠 지도자와 코치가 갖춰야 할 가장 중요한 자질은 아이들을 잘 가르치고자 하는 열정이다. 어린 선수들과 개인적인 관계를 형성하고 그들의 학습과 발전에 대한 진심 어린 관심을 보여 줄 때만 양질의 스포츠 경험으로 이어질 수 있다.

이 장에서 배운 것과 같이 효과적인 교육 및 코칭은 단순히 스포츠에 대한 지식으로만 실천되지 않는다. 스포츠 기술을 지도하는 것은, 특히 성장하는 아이들에게는 과학이자 예술이다. 우리가 아주 싫어하는 것은 연습 중에 아이들이 단순히 서 있는 것을 관찰하는 것이다(예: 레이업슛 연습 위한 기다란 한 줄과 사용하지 않는 세 개의 농구 골대, 한 명의 타격연습을 단지 지켜보기만 하는 모든 선수, 모든 선수가 10분 동안 코치의 동작 설명을 듣고 있는 모습). 모든 아이들의 적극적 학습 시간을 극대화하기 위한 교육 전략을 수립하는 데 충분한 시간을 투자해야 한다. 그러면 아이들은 더 많은 것을 배울 뿐만 아니라 즐겁게 참여할 수 있다.

학습 초점

주요 용어

- **적극적 학습 시간(active learning time)** 기술을 배우고 연습하는 데 직접 사용한 교육 시간(듣거나 줄을 서서 기다리지 않음).
- **구획 기술 연습(blocked skill practice)** 다음 기술로 전환하기 전에 한 기술을 연습하여 터득하는 방식.
- **분산 연습(distributed practice)** 짧은 연습을 며칠 또는 몇 주에 걸쳐 진행하는 방식.
- **확장(extension)** 학습자의 상황을 고려하여 더 어렵게 만들거나 덜 어렵게 만드는 방식.
- **외재적 피드백(external feedback)** 선수가 신체 외부로부터 받는 정보.
- **피드백(feedback)** 선수가 자신의 수행에 대해 받는 정보.
- **내재적 피드백(internal feedback)** 선수가 자신의 신체 내부로부터 얻는 정보.
- **수행지식(Knowledge of Performance: KP)** 수행 또는 기술 연습이 끝날 때 코치 또는 다른 사람이 구두로 제공하는 정보. 움직임의 형태 또는 기술에 대한 세부 정보를 포함.
- **결과지식(Knowledge of Results: KR)** 수행 또는 경기가 종료되었을 때 일반적으로 코치 또는 동료가 결과에 대해 선수에게 제공하는 정보.

- **학습(learning)** 연습을 통해 발생하는 상대적으로 영속적인 수행의 변화.
- **집중 연습(massed practice)** 1일 또는 2일과 같이 짧은 기간 동안 배포되는 긴 연습 시간.
- **비언어적 피드백(nonverbal feedback)** 표정, 몸짓, 코치가 선수에게 할당하는 위치와 같은 행동처럼 말 없이 선수에게 제공되는 정보.
- **처벌(punishment)** 행동을 통제하고 변화시키는 부정적인 접근 방식.
- **무작위 기술 연습(random skill practice)** 한 번에 여러 기술을 향상시키기 위한 연습 방식.
- **세련(refinement)** 이전에 배운 기술의 특정 측면을 개선하려는 시도.
- **강화(reinforcement)** 보상과 벌을 사용하여 행동을 수정.
- **전술 게임 접근(tactical games approach)** 게임 상황에서 정기적으로 발생하는 전술적 문제를 해결하기 위한 소규모 게임 활용법.
- **교수 진행(teaching progression)** 단순한 기술에서 더 복잡한 기술로 진행할 수 있는 학습 환경 설계.

핵심 요약

1. 5단계 교육 사이클은 동기부여, 시범, 연습, 피드백 및 연습이다.
2. 효과적인 시범은 전체-부분-전체 방법을 사용하여 정확한 속도로 동작을 수행하는 것이다.
3. 효과적인 교사는 그렇지 않은 교사보다 운동선수에게 더 많은 적극적 학습 시간을 제공한다.
4. 피드백은 내재적 피드백, 외재적 피드백, 수행지식, 결과지식, 비언어적 피드백 및 언어적 피드백으로 구분된다.
5. 연습은 과정에 집중하고, 기술을 머릿속에 그리기 위해 이미지를 사용하고, 분산 연습과 전체-부분 방법을 사용하고, 반복을 포함할 때 가장 효과적이다.
6. 좋은 코치와 부족한 코치의 차이점은 해당 스포츠에 적절한 진행, 확장 및 세련을 통해 효과적인 연습을 설계하는 능력에 있다.
7. 전술 게임 접근은 연습에서 배운 기술을 경쟁 상황으로 잘 전이될 수 있도록 소규모 게임을 사용하는 것을 포함한다.
8. 강화는 행동 수정에 효과가 있다. 그러나 부적절하거나, 너무 자주 사용하거나, 잘못된 동기로 사용하면 부정적인 결과를 초래할 수 있다.

탐구 질문

1. 5단계 교육 사이클은 무엇인가?
2. 시범을 효과적으로 만드는 요소를 설명해 보라.
3. 다양한 유형의 피드백을 설명하고 각각에 대한 알맞은 예시를 들어 보라.
4. 스포츠 기술을 가르치는 데 사용할 수 있는 교수단서의 세 가지 예시(이 책에 언급되지 않은 것)를 들어 보라.
5. 진행, 확장 및 세련을 활용하는 예시를 들어 보라.
6. 모둠 구성과 시간 및 공간을 효과적으로 사용할 수 있는 몇 가지 전략을 들어 보라.
7. 유청소년 선수와 함께 연습할 때 강화를 사용하고 규율을 유지하기 위해 해야 할 일과 하지 말아야 할 일을 정리해 보라.

성찰용 학습활동

1. 스포츠 기술 한 가지를 선택하고 가장 간단한 것부터 시작하여 가장 복잡한 것까지 학습하는 진행 과정을 설명해 보라.
2. 선수들에게 새로운 기술을 지도하는 60분 연습을 계획해 보라. 5단계 교육 사이클을 어떻게 조직할

것인지를 구체적으로 설명해 보라.

보조자료

Wrisberg, C.A. (2007). *Sport skill instruction for coaches*. Champaign, IL: Human Kinetics.

Baseball Throwing Fundamental Drills(YouTube) (www.youtube.com/watch?v=HYaOIDEamHY). 던지기를 가르치기 위한 여러 가지 훈련이 포함된 교육용 영상이다.

Part 03

유청소년 스포츠 참여의 강도

유청소년 스포츠 참가자에게 적절한 신체적 및 심리적 강도에 대해 살펴보는 제3부에 온 것을 환영한다. 제3부에서는 다음과 같이 네 가지의 내용을 배운다.

- 어린이에게 적절한 신체훈련의 양과 유형은 무엇인지.
- 아이들이 재능을 개발하는 방법과 조기 스포츠 전문화의 장단점은 무엇인지.
- 어린 선수에게 번아웃이 발생하는 이유와 이를 예방하는 방법은 무엇인지.
- 과사용, 무릎 부상 및 뇌진탕 등과 같이 유청소년 스포츠에서 발생하는 주요 부상 유형은 무엇인지.

제3부에서는 과잉훈련(over training), 과도한 전문화(overspecialization), 과도한 스트레스(over stress), 과사용(overuse) 등 '지나침(over)'의 부정적인 결과에 대해 집중적으로 살펴본다. 지나침은 어른들이 유청소년의 훈련 과정에서 많은 것이 반드시 더 좋은 결과를 이끌어 내는 것은 아니라는 중요한 사실을 잊는 위험한 순간에 발생한다. 더 많은 것을 강요하는 것은 아이들의 신체가 감당할 수 있는 수준을 넘어서는 신체 훈련으로 이어진다. 이와 같은 조기의 스포츠 전문화(exclusive specialization)는 아이들이 스포츠의 즐거움 느끼지 못하거나 건강한 다차원적 정체성(a healthy multidimensional identity)을 형성하지 못하도록 한다. 이에 '지나침'의 위험성을 인식하고 아이들의 발달에 적합한 훈련을 제공함으로써 이를 방지해야 한다.

Chapter 09

어린 선수를 위한 신체훈련

제9장 개요

이 장에서 배울 내용은 다음과 같다.

- 신체훈련이 아이들에게 미치는 긍정적인 영향
- 과잉훈련과 어린 선수의 잘못된 식사 및 약물 사용의 관계
- 어린 선수를 위한 신체훈련 설계 및 가이드라인

1. 개요

인기 잡지에 실린 '어린이 보디빌딩: 당신의 아이는 얼마나 근육질인가요?'라는 제목의 기사를 읽었다(Spitznagel, 2011). 이 이야기는 공중 팔굽혀펴기(air push-ups) 세계 기록을 보유한 7살 루마니아 소년 줄리아노 스트로(Giuliano Stroe)의 근력 운동에 대한 이야기이다. 공중 팔굽혀펴기는 일반 팔굽혀펴기와 비슷하지만 발이 바닥에 닿지 않아야하기 때문에 높은 수준의 근력과 균형 감각이 요구된다. 줄리아노가 세운 20개의 세계신기록은 유튜브에서 확인할 수 있다.

'너무 긴 거리를 달리는 것이 어린 육상선수를 망치게 할까(Can Too Many Miles Ruin Young Runners)?'라는 제목의 또 다른 기사에서는 아이들이 얼마나 안전하게 달릴 수 있는지에 대해 의문을 제기했다(Beverly, 2011). 이 기사에는 매주 70~75마일(113~121km)을 달리는 14세 소녀가 등장한다. 대부분의 의학 전문가들은 아이들이 해당 활동을 즐기고 신체적으로 불편함이 느껴지지 않는다면 장거리를 달리고 훈련에 참여하더라도 안전하다고 말한다. 그러나 모든 사람이 이 의견에 동의하는 것은 아니다. 피츠버그 마라톤 경기에 출전하려면 18세가 돼야 하는 반면 휴스턴에서는 12세 이상이면 참가할 수 있다. 로스앤젤레스에는 연령 제한이 없다.

스포츠 과학자들은 비록 아이들이 과거에 예상했던 것보다 훨씬 더 많은 신체훈련에 참여할 수 있게 되었다는 것을 알고 있다. 하지만 이것이 적절한 훈련 지침을 준수하지 않아도 된다는 의미는 아니다. 과도한 신체훈련이 우려할 만한 일인 것은 사실이다. 그러나 아동기의 활동 부족과 성행하는 비만을 고려하면 아이들이 즐겁게 신체활동에 참여할 수 있도록 자극해야 한다. 지난 30년간 소아 비만은 2배 이상, 그리고 청소년 비만은 4배 이상 증가했다(질병관리예방센터[CDC], 2015). 2012년 기준으로 미국 어린이와 유청소년의 3분의 1 이상이 과체중(키에 비해 체중이 과다한 상태)이거나 비만(적정 체지방 초과)이었다.

비만 유청소년은 상대적으로 심혈관 질환, 암, 당뇨병 전증(prediabetes), 뼈와 관절 문제, 수면 무호흡증, 자존감 저하 등의 위험 요인을 가질 가능성이 높아진다.

따라서 이 장에서는 아이들의 신체 단련에 초점을 두고자 한다. 무엇이 아이들의 신체 및 전반적인 발달에 유익할까? 반대로 어떤 것들이 해로울까? 아이들은 얼마나 훈련을 받을 수 있을까? 어떻게 하면 아이들이 계속 운동에 참여하도록 할 수 있을까? 다양한 유형의 신체훈련에서 따라야 할 지침은 무엇일까?

2. 신체활동과 신체훈련의 긍정적 효과

유청소년이 스포츠 활동에 참여하는 과정에서 실시하는 신체활동(신체훈련 포함)은 다양한 이점을 제공한다. 유청소년은 성인과 비교했을 때 신체훈련에 대응할 수 있는 능력이 낮지만 그렇다고 해서 능력이 없는 것은 아니다(더 높은 수준의 체력훈련에 반응할 수 있다)

1) 제지방량 증가 및 체지방 감소

규칙적인 신체활동은 아이들의 제지방량은 증가시키는 반면 체지방은 감소시킨다. 2년간 주당 4회의 추가 체육수업을 제공한 종단연구에 따르면,[1] 8~13세 아이들의 신체 조성(제지방 증가 및 체지방 감소) 수준이 크게

1) 종단연구란 동일한 참가자에 대해 일정 기간(수 개월, 수 년 또는 심지어 수십 년)에 걸쳐 반복적으로 자료를 수집하여 연구 참여자의 변화를 탐

참고하기

'E'로 시작하는 그 단어

1학년인 우리 딸이 집에 돌아왔던 어느 날이었다. 그날 체육수업에서 무엇을 했는지 물었다. 아이가 침울한 표정으로 "그냥 지루한 운동(exercise)이야. 재미없어."라고 이야기했다. 여기서 한 가지 팁을 이야기하면 운동(exercise)이라는 단어를 사용하지 않는 것이 좋다. 아이들은 종종 그것을 힘들고 단조로운 일로 여기기 때문이다. 5장에서 아이들이 기초 운동 기술을 배우는 방법에 대해 살펴본 바와 같이 우리의 목표는 아이들로 하여금 계속적으로 신체활동에 참여하고 싶은 마음이 생기도록 하는 것이다. 아들이 "오늘 뭔가 활동적인 일을 하고 싶다."는 말을 자주하면 우리가 행복해지는 것처럼 말이다.

신체활동에 참여하는 것이 일상적이고 자연스러운 가정의 분위기를 조성하는 것이 중요하다. 가급적 다양하고 창의적인 방법으로 신체활동을 구성해 보자. 가족 산책, 조깅, 등산, 또는 지역에서 개최한 즐거운 달리기 대회에 참여하는 것도 좋은 방법이다. 팀 단위로 참가할 수 있는 철인 3종경기, 마라톤 또는 하프 마라톤이 있는지 찾아보고 가족 또는 단체로 참여해 보자. 오레곤 주의 폴, 페달, 패들 레이스(Bend, Oregon's Pole, Pedal, and Paddle Race)인 'Bend'가 좋은 예시가 될 수 있다. 참가자들(가족 포함)은 알파인 스키와 크로스컨트리 스키, 사이클, 달리기, 카누 카약 등을 포함하여 릴레이 형식으로 경쟁한다. 우리 모두가 'Bend' 지역에 살 만큼 운이 좋은 것은 아니지만, 여전히 지역에서 개최하는 다양한 종류의 신체활동에 참여할 수 있다.

아이들에게 자전거, 스쿠터, 스케이트보드, 인라인 스케이트, 아이스 스케이트 등 다양한 '바퀴(wheels)' 세트를 선물하자. 학교에 걸어가거나 자전거를 타고 갈 수 있도록 격려하고, 안전하게 자전거를 타고 산책할 수 있는 환경을 조성하도록 관심을 가지자. 독자만의 창의성을 발휘할 수도 있다. 뒷마당에서 할 수 있는 게임 용품을 사서 가족들이 함께할 수 있는 야외 게임(비치볼을 이용한 풍선 배구나 지하실 축구)도 즉흥적으로 만들어 보자. 보통 아이들은 5세 전후부터 보다 체계적인 스포츠 프로그램에 참여할 수 있다. 그렇지만 아이들이 지속적으로 움직일 수 있도록 만들기 위해서는 가족과 함께하는 신체활동을 지속하는 것이 중요하다. 중요한 것은 일찍 시작해야 한다는 것이다. 2~5세 아이들 중 14%가 이미 과체중이다. 그렇기 때문에 처음부터 아이들이 활동적인 생활습관을 지닐 수 있는 좋은 모범이 되어야 한다. 명심하자. 'E'로 시작하는 그 단어(즉, 운동) 사용에 주의하자!

개선되었다(Klakk, Chinapaw, & Heidemann, 2013). 이 프로그램의 효과는 특히 과체중 및 비만 아이들에게서 두드러졌다.

마찬가지로 저항(근력) 운동으로 구성된 프로그램에 참여한 비만 또는 비만 위험의 유청소년의 신체 조성에서도 긍정적인 변화를 확인할 수 있었다(Faigenbaum et al., 2009). 6~10세 아이들 중 유치원과 초등학교 1학년 동안 조직화된 스포츠 활동이나 실내 신체활동(indoor physical activity)에 참여한 아이들은 그렇지 않은 아이와 비교했을 때 체질량지수(BMI: 키와 몸무게를 이용하여 지방의 양을 추정하는 비만 측정법)가 양호한 것으로 나타났다(Dunton et al., 2012). 그리고 쉽게 예상할 수 있듯이,

---

색하는 데 활용하는 연구 방법이다. 이는 짧은 기간 동안 자료를 수집하고 서로 다른 개인(또는 집단)의 차이를 비교하는 연구 방법과 다르다.

TV 시청 시간은 역시 아이들의 체지방과 밀접하게 관련되어 있었다(Marshall, Biddle, Gorely, & Cameron, 2004).

2) 더 튼튼한 뼈

신체활동 참여의 가장 긍정적인 효과 중 하나는 골밀도 또는 골량 증가이다. 신체활동 참여를 통해 뼈에 가해지는 기계적 부하는 뼈의 형성을 촉진하여 골밀도, 모양 및 강도를 향상시킨다. 통상적으로 최대 골량(maximal bone mass)은 20대 초반에 최대치에 도달하고 이후 나이가 들면서 점차 감소한다. 이와 같은 감소는 폐경기 이후 여성에서 가속화된다. 따라서 대부분의 뼈 형성이 일어나는 유청소년기의 신체활동은 매우 중요하다.

활동적인 유청소년은 그렇지 않은 아이들에 비해 뼈의 크기가 더 크고 골량이 더 많다(Faigenbaum et al., 2009; Nordstrom, Tervo, & Hogstrom, 2011). 뼈 건강을 자극하는 가장 좋은 활동들은 체조, 라켓 스포츠, 배구, 축구, 핸드볼, 농구와 같이 다양한 방향으로 높은 강도의 하중을 가하는 체중 부하(weight bearing) 운동이다. 뼈를 강화하는 좋은 기본 운동으로는 사방치기(hopscotch), 줄넘기, 술래잡기, 피구 등이 있다. 유청소년기의 골질량은 성인기 골질량에 결정적인 영향을 미친다. 그렇기 때문에 이 시기의 신체활동과 스포츠 참여는 노년기 골다공증(뼈가 얇고 약해져 연약하고 쉽게 부러지는 질환) 예방에 도움이 된다(Baxter-Jones, Mirwald, Faulkner, Kowalski, & Bailey, 2009).

3) 근력

사춘기 이전의 어린이를 포함한 모든 유청소년은 신체훈련을 통해 근력을 기를 수 있다. 근력은 쉽게 말해 힘을 발휘하거나 저항하는 능력을 의미한다. 우리는 종종 어린 선수가 농구에서 슛을 쏘거나 축구에서 드로잉을 하거나 접영을 하는 데 어려움을 겪는 것을 볼 수 있다. 상체의 힘이 부족해 경기력이 저하되는 것이다. 축구에서 상대를 신체적으로 제압할 수 있는 코어(몸통)의 힘이 충분하지 못할 수도 있다. 아이들은 일반적으로 신체훈련을 통해 13~30%의 근력이 향상되는데, 정상적인 성장 또는 성숙에서 기대되는 양보다 많다(성인 남성의 근력 증가에 비해서는 현저히 낮은 수준이다).

사춘기 이전의 아이들에게는 상당한 수준의 근육 비대(근육의 크기 증가)가 일어나지는 않는다. 오히려 아이들의 근력 증가는 신경근(neuromuscular)의 적응에 의해 발생하는데, 이는 근육이 수축하는 과정에서 작동되는 운동 뉴런의 수가 증가에 기인한다(Faigenbaum et al., 2009; Matos & Winsley, 2007). 물론 사춘기를 겪는 기간이나 사춘기가 지나면 근육의 비대가 더 뚜렷해지고 이는 근력의 증가로 이어진다.

4) 유산소 및 무산소 체력

유산소 체력(aerobic fitness)은 신체활동을 장시간 지속할 수 있도록 해주기 때문에 아이들에게 중요하다. 유산소는 '산소와 함께'라는 뜻으로, 지구력 활동을 하는 동안 산소를 운반하고 사용하는 능력이다(달리기나 수영과 같이 일반적으로 12분 이상 지속되는 활동).

어린이들은 성인과 비교했을 때 폐 용적이 작고 심장의 크기가 작아서 제한된 혈액만 내보낼 수 있기 때문에 유산소 훈련에 성인만큼 잘 대응하기 어렵다. 아이들의 지구력(endurance performance) 역시 낮은 운영 효율(poor running economy)로 인해 제한될 수밖에 없다. 그렇기 때문에 같은 속도라면 아이들은 어른보다 더 많은 양의 산소를 소비해야 한다. 아이들은 팔과 다리가 짧고 근육량이 적기 때문에 힘을 효과적으로 쓸 수 없다. 그렇기 때문에 유청소년들은 일반적으로 약 5%에서 10% 정도만 유산소 체력을 향상시킬 수 있다(Matos & Winsley, 2007). 사춘기 전의 어린이들이 지구력 훈련을 통해 얻을 수 있는 이점은 주로 신체적 유산소 능력(physical aerobic power)의 변화가 아니라 기계적 효율(mechanical efficiency)의 개선을 통해서다. 사춘기 이후에는 비록 유전적 차이가 있지만 높은 수준의 유산소 능력 향상이 가능하다(Rowland, 2005).

무산소 체력(anaerobic fitness)은 단기간에 모든 신체적 노력(physical effort)을 쏟아내는 능력이다. 무산소(anaerobic)란 '산소 없이'라는 뜻으로, 고강도의 단시간 활동(예: 아이스하키의 시프트, 수영과 육상에서의 전력 질주, 야구의 주루, 테니스)을 수행하는 데 필요한 중요한 유형의 체력이다. 무산소 체력이 좋으면 무산소 상태에서 더 오랜 시간 운동기능을 수행할 수 있기 때문에 장기 지구력 활동을 수행하는 데도 도움이 된다. 아이들은 스프린트 훈련을 통해 무산소 체력을 약 10~14% 향상시킬 수 있다(Matos & Winsley, 2007). 청소년기를 거쳐 청년기에 접어들면 무산소 에너지를 생성하는 능력이 크게 향상된다.

5) 신체활동 및 훈련의 심리적 및 인지적 이점

신체활동은 유청소년의 자존감 향상, 우울증 감소, 인지 능력 향상과 밀접하게 관련된다(Sallis, Prochaska, & Taylor, 2000). 아마도 가장 인상적인 연구 결과는 신체활동이 더 나은 인지 능력(수학, 언어, 일반적 사고 및 기억력 테스트 점수)으로 이어지는 것으로 나타났다는 것이다(Howie & Pate, 2012; Singh, tdewillige, Twisk, Van Meechelen, & Chinapaw, 2012). 특히 유산소 훈련은 인지 능력 향상에 가장 큰 영향을 미치는 것으로 확인되었다(Fedewa & Ahn, 2011).

신체활동과 신체훈련이 아이들을 보다 똑똑하게 만드는 것이다! 베스트셀러인 『Spark: The Revolutionary New Science of Exercise and the Brain』(2008)에서 존 레이티(John Ratey)는 운동이 아이들의 학습을 향상시키는 방법을 다음과 같이 설명하였다.

① 아이들의 사고방식을 최적화하여 주의력, 집중력, 동기부여를 향상시킨다.
② 새로운 정보를 받아들이기 위해 신경세포가 서로 결합할 수 있도록 준비하고 활성화되도록 한다.
③ 뇌에서 새로운 신경세포의 발달을 촉진한다.

6) 신체활동 및 훈련의 이점 요약

아이들을 계속 움직이게 할 수 있다면 그들이 받을 수 있는 혜택은 매우 인상적이다. 앞서 설명한 이점과 함께 신체훈련은 어린 선수의 근육, 힘줄, 인대, 뼈를 튼튼하게 만들어 부상을 예방하는 데 기여한다. 청소년 선수의 경우, 기본 기술을 습득하고 체력을 향상함으로써 경기력을 끌어올릴 수 있다.

이 장에서 설명하는 이점을 얻기 위해서는 일정 수준 이상의 훈련 강도가 필요하다. 부모는 대부분의 스포츠 입문 프로그램에서는 유산소 및 무산소 체력을 키울 수 있는 만큼의 충분한 신체훈련을 포함하지 않는다는 점을 이해해야 한다. 대부분의 초급 유청소년 스포츠 프로그램은 기본 기술을 가르치고 팀원 간의 심리사회적(psycho-social) 혜택을 제공하는 데 초점을 맞추고 있다. 신체활동(몸을 움직이고 에너지를 소비하는 것)은 광범위하고 다양한 수준의 활동을 포함한다. 반면, 신체훈련은 선수가 몸을 단련하기 위해 수행하는 전문적인 절차와 같은 정해진 루틴(disciplined routine)을 의미한다(Martens, 2012). 클럽, 선발대회, 중등학교 운동부와 같이 경쟁이 치열한 유청소년 스포츠에서는 신체훈련에 더 많은 시간과 강도가 투입된다.

3. 과잉훈련의 부정적 영향

유청소년 스포츠가 더욱 전문화되고 특성화됨에 따라 훈련 및 경기력 향상을 위한 노력은 더욱 치열하고 극단적으로 변했다. 훈련 강도가 어린 선수들의 신체적 및 정신적 건강에 적합한 수준을 넘어서면 여러 가지 부정적인 결과가 발생할 수 있다. 이와 같은 내용은 다음 절에서 논의한다(과잉 전문화, 탈진 및 과사용 부상). 이 절에서는 여성 선수의 건강을 해치는 세 가지 요소(triad), 남성 선수의 극단적인 체중 조절, 경기력 향상 약물 사용으로 인한 부정적인 결과를 다룬다.

1) 여성 선수의 건강에 영향을 미치는 세 가지 요소와 상호작용

여성 선수의 건강에 영향을 미치는 세 가지 요소의 상호작용은 에너지 가용성, 월경 기능, 골밀도 간의 상호 관계를 뜻한다(American College of Sports Medicine, 2007). [그림 9-1]에서 볼 수 있듯이 건강한 여성 선수는 적절한 영양 섭취, 정상적인 월경 기능, 최적의 뼈 건강을 통해 최적의 에너지 가용성을 확보한다. 그러나 여러 가지 이유로 인해 여성 선수들은 [그림 9-1]에 표시된 화살표를 가로 질러 건강하지 않거나 병리적(질병 관련) 상태로 바뀔 수 있다. 이 상태에서는 낮은 에너지 가용성(섭식장애 포함), 무월경(생리기간의 부재) 및 골다공증을 포함한다.

오른쪽 삼각형에서 확인할 수 있는 건강에 해로운 세 가지 요소는 사망을 포함한 돌이킬 수없는 결과를 초래할 수 있다. 1988년 0.0188점 차이로 올림픽 대표팀에 선발되지 못한 엘리트 체조선수 크리스티 헨리치(Christy Henrich)는 섭식장애의 합병증인 다발성 장기부전으로 22세의 나이에 사망했다. 전성기 시절 헨리치는 4피트 10인치(147cm), 93파운드(42kg)였지만 심판으로부터 너무 뚱뚱하다는 말을 들은 후 체중에 대한 강박관념이 생겼다. 사망 당시 그녀의 몸무게는 고작 47파운드(21kg)였다. 건강에 해로운 세 가지 요소가 신체에 미치는 영향으로는 심혈관 합병증(심장마비로 인한 돌연사로 이어질 수 있음), 골밀도 부족으로 인한 피로 골절, 위장 문제, 전해질 이상, 빈혈, 충치(폭식 및 구토로 인한), 피로, 일시적 불임 등이 있다.

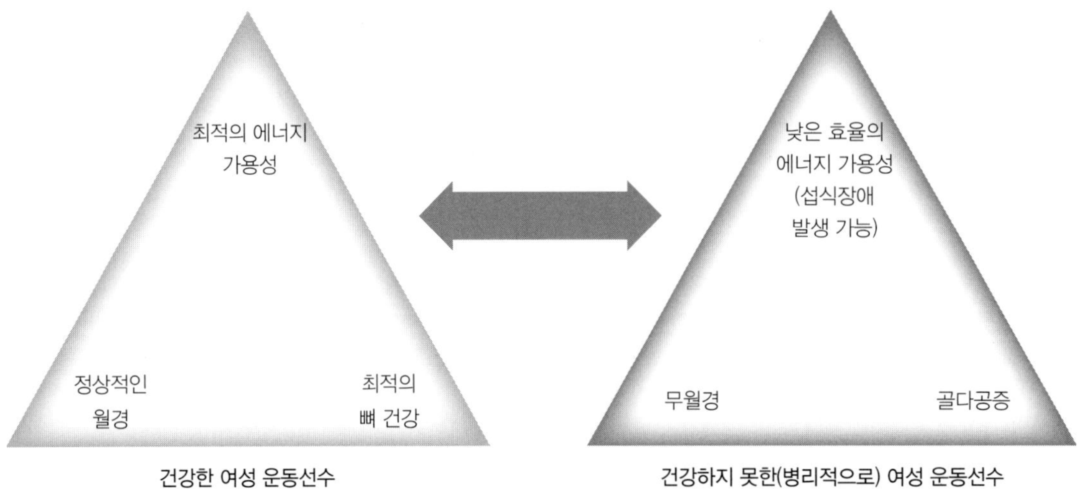

[그림 9-1] 여성 선수의 세 가지 건강 요소

(1) 섭식장애는 무엇인가

낮은 에너지 가용성은 월경 기능 장애와 골다공증을 유발하는 핵심 요소다. 일부 선수는 에너지 소비량이 에너지 섭취량보다 많아지도록 하기 위해 보다 많은 신체훈련 시간을 가진다. 단식, 폭식, 구토 또는 다이어트 약 사용과 같은 비정상적인 식습관을 가지고 있다. 이러한 행동들은 미국 정신의학 협회가 공식적으로 인정한 본격적인 임상 섭식장애로 이어질 수 있다. 거식증(anorexia nervosa)은 나이와 키를 고려한 예상 체중보다 최소 15%가량 미달인데도 자신을 과체중으로 여기는 것이다. 신경성 과식증(bulimia nervosa: 폭식증)은 정상 체중 범위에 있는 사람이 폭식 후 구토, 금식, 과도한 운동의 주기를 반복하는 섭식장애다.

거식증은 사춘기 여아에게 세 번째로 흔한 만성질환이다. 다른 스포츠에 비해 외모 지향적(체조, 피겨 스케이트) 및 마른(수영, 육상, 다이빙) 스포츠에서 더 자주 발견된다.

(2) 섭식장애 발생할 가능성이 높은 사람

남성과 여성 모두 섭식장애를 겪을 수 있지만, 여성에게서 더 자주 발생한다. 청소년의 경우 지난 수십 년 동안 임상 섭식장애 발생률이 놀라운 속도로 증가했다. 거식증은 여성 청소년 사이에서 세 번째로 흔한 만성 질환이다(Bonci et al., 2008). 섭식장애 비율은 외모 지향적(체조, 피겨 스케이팅) 종목 또는 날씬한(수영, 다이빙, 육상) 체격이 유리한 종목의 여성 운동선수에게 더 높게 나타난다(Anderson & Petrie, 2012). 높은 성취 지향성, 자기 동기 부여, 엄격한 자기 규율, 완벽주의 및 보이는 신체상(body image)에 대한 걱정 등과 같은 성격이 섭식장애와 밀접하게 관련된다. 안타깝게도 크리스티 헨리치의 별명은 ET 또는 Extra-Tough였는데, 이는 훈련에 전념하는 그녀의 모습 때문이었다.

(3) 섭식장애가 있을 때 나타나는 행동은 무엇인가

다른 선수들과 달리 음식에 대한 집착을 보인다. 극단적인 소식에서부터 심각한 폭식도 관찰할 수 있다. 평소와 다른 기분 또는 성격을 보거나 평소에 하지 않던 행동을 할 수도 있다. 혼자서 준비운동을 하거나 혼자 밥을 먹거나 평소와 달리 팀원들과 어울리거나 농담을 하지 않는 모습을 보일 수 있다. 초기 징후 중 하나는 본인의 신체나 체중에 대한 집착이 과도해지는 것인데, 예를 들면 다른 사람과 자신의 몸을 비교하는 멘트를 하거나 관련된 질문을 하는 것이다. 자신에게 보다 비판적이고 엄격하게 바뀐다.

(4) 어린 선수가 섭식장애를 겪고 있다고 의심되면 어떻게 해야 할까

이는 끔찍한 결과를 초래하는 매우 심각한 문제다. 반드시 행동적으로 조처를 취해야 한다. 우선 선수들에게 신중하고 조심스럽게 접근할 수 있도록 계획해야 한다. 개인적으로 대화할 수 있도록 요청해야 한다. 그리고 가급적 섭식장애라는 용어를 사용하지 않도록 한다(Selby & Reel, 2011). 선수를 평가하거나 비난해서는 안 된다. 대신 그들의 행동을 묘사하듯이 설명한다. 예를 들면, "네가 걱정되는구나. 요즘 들어 뭔가 집중을 못하는 것 같고 팀원들과 별로 어울리지 않는 것처럼 보이네. 훈련을 즐기지 못하는 것처럼 보이는데 괜찮은지 확인하고 싶구나. 혹시 내가 도울 수 있는 일이 있을까?"와 같이 말할 수 있다. 학교에서 일한다면 전문 상담사나 학교 소속 심리학자에게 내용을 공유할 수 있다. 물론 이상의 과정에서 부모들도 함께 참여해야 하고 교육을 받아야 한다. 교사, 코치 또는 유청소년 스포츠 관리자로서 선수나 부모(또는 둘 모두)의 교육을 이와 같은 전문가에게 의뢰할 수 있도록 미리 명단을 준비해야 한다. 임상 섭식장애의 경우 의사, 정신건강 전문가, 영양사, 트레이너 및 코치 등 전문가로 구성된 팀이 필요하다.

(5) 섭식장애 또는 잘못된 식사 등을 예방하기 위해 무엇을 할 수 있을까

선수, 코치, 트레이너, 직원을 위한 의무 교육 프로그램이 매년 시행되어야 한다. 여성 선수들은 생리 불순의

참고하기

고강도 훈련이 여자 체조 선수의 성장을 방해할 수 있을까

엘리트 체조 선수는 보통 체구가 작다. 2012년 런던올림픽 여자 개인종합 경기에서 금메달을 획득한 개비 더글라스(Gabby Douglas)는 4피트 11인치(150cm), 90파운드(41kg)였다. 1976년 이후 올림픽에서 메달을 획득한 여자 선수의 평균 키는 5피트 1인치(155cm)이고 몸무게는 103파운드(47kg)이다(키는 하위 10%, 몸무게는 하위 5%에 해당한다)(Mooney, 2012]). 그들이 받는 고강도의 훈련이 작은 체구의 원인일까? 또는 다른 스포츠나 일반인들에 비해 성숙이 늦어지는 것 역시 훈련과 관련이 있을까?

고강도 훈련이 체조 선수의 성장을 지연시키고 이를 방해한다는 결정적인 증거는 없다. 작은 키와 늦게 성장하는 것이 엘리트 체조 선수의 특징이라는 것은 사실이다. 그러나 이것은 상관관계[2)]에 불과하며, 체조 훈련이 성장을 방해한다는 것을 의미하지는 않는다. 체조는 키가 작은 여자아이들을 '선택'하고, 체조 선수로 남을지 여부는 체구와 성장 속도에 따라 결정된다. 종단연구에 따르면 체조를 중도 포기한 여자아이는 지속한 아이들에 비해 키가 크고, 더 무겁고, 성숙이 더 이른 것으로 나타났다(Malina, Bouchard, & Bar-Or, 2004). 짧은 몸매와 작은 체구가 체조에서 요구되는 기술을 실행하는 데 유리하다. 코치와 심판 역시 이를 잘 알고 있다. 문제는 어린 체조선수들이 최적의 체중을 유지하기 위해 만성적인 영양결핍에 시달리는 경우가 많다는 것이다. 식단과 체조선수의 성장 방해가 인과관계에 있다는 것이 밝혀진 것은 아니지만 충분히 가능한 요인이기 때문에 우려할 수 있다. 전반적으로 체조선수는 일반인 또는 다른 종목의 선수보다 키가 작지만, 체조훈련과 성장장애 사이에 결정적인 연관성은 아직 밝혀지지 않았다.

---

2) 상관관계 연구는 두 변인이 서로 관련된 정도를 살펴보는 것이다. 가끔 상관관계 연구의 결과를 하나의 변인이 다른 변인에 영향을 주는 것으로 잘못 해석할 때가 있다. 상관관계 연구는 두 변인이 서로 관련되어 있거나 서로 유사하거나 일치한다는 점만 알려 준다. 어떤 변인이 다른 변인에게 영향을 미쳤다고 말하지 않는다. 실험연구는 연구 결과에 영향을 줄 수 있는 외부 요인을 통제하기 때문에 인과관계를 도출할 수 있는 최적의 연구 방법이다.

결과와 이상 징후가 나타났을 때는 반드시 의사의 진찰을 받아야 한다는 점을 교육받아야 한다. 코치는 선수의 신체나 체중에 대한 비하 발언을 해서는 안 된다. 이와 같은 행동이 선수의 섭식장애를 유발할 수 있기 때문이다(Arthur-Camesel & Quatromoni, 2011).

2) 남성 선수의 극단적인 체중 조절

체조 선수는 체구가 작은 것이 유리하지만 미식축구의 라인맨 선수는 그 반대이다. 1970년, 전미 미식축구 협회(National Football League: NFL)에는 몸무게가 300파운드(136kg)에 이르는 선수가 한 명밖에 없었다. 2013~2014년 시즌에는 몸무게가 300파운드를 넘는 선수가 358명이었다. 대학과 프로에서 활약하는 라인맨들의 몸집이 더 커짐에 따라 고등학교 선수들은 이제 효과적으로 경기를 하고 다음 단계에서 또 다시 경기할 기회를 얻기 위해서는 체중을 늘려야 한다고 믿게 되었다. 유청소년 수준에서는 9~14세 미식축구선수 중 45%와 43%가 각각 과체중 또는 비만이었다(Malina et al., 2007). 2012년 시즌을 예로 들면, 노스캐롤라이나주에 속한 고등학생 선수 중 최소 127명의 공격 라인맨의 몸무게가 300파운드 이상이었다.

전국적으로 아이들이 뚱뚱해지는 것만이 문제가 아니다. 이제는 코치에게 잘 보이고 경기 출전 시간을 확보하기 위해 의도적으로 살을 찌우는 아이들을 볼 수 있다. 그러나 이러한 체중 증가는 장기적으로 당뇨병, 고혈압, 심장병, 콜레스테롤 수치 상승, 호흡곤란, 근육 및 관절통으로 이어질 수 있다. 미국 남성의 기대 수명은 77.6세이다. 전체 NFL 선수들의 기대 수명은 55세, 전직 NFL 라인맨은 52세로 나타났다(Hyman, 2009). 전미고교체육연맹(National Federation of State High School Associations)은 코치들이 이 문제에 대해 책임을 져야 한다고 강조했다. 왜냐하면 코치가 과도한 체중 증가가 요구되는 미식축구의 문화를 바꿀 수 있는 가장 효과적인 위치에 있기 때문이다.

미식축구 선수들은 수십 년 동안 체중을 늘리는 데 집중한 반면, 레슬링 선수들은 낮은 경쟁 체급에 출전하기 위해 체중 감량에 초점을 맞춰 훈련한다. 이들이 일반적으로 사용하는 방법으로는 식이요법, 격렬한 훈련, 탈수, 기타 극단적인 방법들(잠수복 입기, 사우나 하기, 설사약 및 이뇨제 사용)이며, 심지어 8세 이하의 어린 선수들도 이와 같은 방법을 사용하고 있다. 의료계의 거듭된 경고에도 불구하고 체중 감량(급격한 체중 감소)은 유청소년 레슬러들 사이에서 여전히 유행하고 있다.

미국스포츠의학회(American College of Sports Medicine)는 더 많은 참가자와 더 많은 체급을 허용함으로써 시즌을 마칠 때 급격한 체중 감량을 억제하기 위한 자격 규정을 표준화하며(더 낮은 체급으로 내려가는 것을 금지), 코치, 학부모, 레슬링 선수를 위한 교육 프로그램을 제공하는 등 체중 감량을 예방하기 위한 구조적인 변화를 장려하고 있다(Weight Loss in Wrestlers, 2013). NFHS(전미고교체육연맹)는 레슬링 선수의 체중 관리 규칙을 시행하고 있는데, 여기에는 1.025를 넘지 않는 수분 수치, 남학생 7%, 여학생 12% 이상의 체지방, 주당 체중 감량을 총 체중의 1.5%로 제한하는 주간 체중 감량 모니터링 등이 포함되었다. 이 규정은 유청소년 레슬링 선수들의 위험한 체중 감량 시도를 초래하는 극단적인 방법을 없애기 위한 것이다.

3) 경기력 향상 약물

경기를 더 잘하기 위해, 더 건강해 보이기 위해, 또래의 압력을 받아서, 또는 성인 선수의 영향을 받아서 어린 운동선수들은 때때로 경기력 향상 약물(PED)에 의존한다. 10대 선수 20명 중 1명은 다음과 같은 유형의 경기력 향상 약물을 사용한 것으로 나타났다.

① 크레아틴(Creatine)은 짧은 시간 동안 고강도 활동(레슬링, 역도, 단거리 달리기, 축구)을 해야 하는 종목에서 운동 능력을 향상시키는 데 활용되는 일반의약품 보충제이다. 과다 섭취하면 신장, 간, 심장 문제가 발생할 수 있다.

② 에페드린(Ephedrine)은 미국 식품의약국(FDA)에 의해 금지된 각성제이다. 피로를 줄이고, 체중을 줄이며, 정신적 각성을 유지하는 데 사용된다. 뇌졸중, 발작 및 심장 마비와 관련이 있다.

③ 아나볼릭 스테로이드(Anabolic steroids)는 테스토스테론의 합성 버전으로, 경구 복용, 주사, 크림과 젤 등을 통해 피부에 흡수된다. 주로 근육을 키우고 지구력을 높여주지만 신체적 및 정신적 건강에 여러 가지 문제를 일으킬 수 있다. 아나볼릭 스테로이드는 의사의 처방이 있어야만 합법이다. 문제는 대부분 불법으로 제조되거나 거래되기 때문에 품질 관리가 제대로 이루어지지 않는다. 부작용으로는 급격한 체중 증가와 근육 성장, 여드름 및 얼굴 팽만감 증가, 기분 변화, 공격적이고 폭력적인 행동 등이 있다. 이밖에도 신장 기능 저하, 심혈관계 문제, 생식계 문제, 간 및 신장과 같은 중요 장기의 손상 등 심각한 영향을 미친다. 스테로이드로 인한 사망은 자살이나 심장 또는 간 질환의 형태로 발생하기도 한다.

④ 스테로이드 전구체(Steroid precursors)는 신체가 아나볼릭 스테로이드로 전환하는 물질이며, 더 열심히 훈련하고 더 빨리 회복하며 근육량을 늘리는 데 활용된다. 안드로스테네디온(andro)과 DHEA(디하이드로에피안드로스테론)이 대표적이다.

스테로이드 사용자의 대다수는 젊은 남성 선수들이다. 많은 유명 선수(예: 랜스 암스트롱, 알렉스 로드리게스, 라이언 브라운)들이 경기력 향상 약물을 사용한 것으로 확인되었으며, 미국도핑방지기구는 사이클 선수, 축구 선수, 역도 선수, 수구 선수, 레슬링 선수, 권투 선수, 육상 선수에게 제재를 가한 바 있다. 물론 이 선수들은 제재(일정 기간 출전 정지 또는 벌금)를 받았다. 문제는 우리 사회에는 적발되지 않는다면 약물을 복용해도 괜찮다는 암묵적인 용인 풍조가 있는 것처럼 보인다는 것이다. 유청소년 스포츠 관련 성인 이해관계자들은 경기력 향상 약물에 대해 강경한 입장을 취해야 한다. 코치와 스포츠 관리자는 어린 선수들에게 경기력 향상 약물의 위험성에 대해 교육하고 관련 정책을 수립해야 한다. 2002년 대법원 판결에 따라 주(state)에서 무작위로 학생 선수를 대상으로 약물 검사를 할 수 있게 되었지만 오직 텍사스주와 뉴저지주, 일리노이주만이 실시하고 있다. 약물 사용을 예방하는 데 활용할 수 있는 팀 운영 방식을 온라인에서 언제든지 받을 수 있다. 코치와 각각의 유청소년 스포츠 프로그램은 이를 적극적으로 활용해야 한다. 물론 검사 및 단속보다는 어린 선수들로 하여금 그들의 훈련 및 건강에 대해 자율적이면서도 올바른 선택을 할 수 있도록 만드는 교육이 우선이다. 딕 버커스의 '청렴한 플레이' 프로그램(Dick Butkus' Play Clean program, www.iplayclean.org)은 고등학교 선수가 불법적이고 위험한 경기력 향상 약물에 의존하는 대신, 열심히 훈련하고, 잘 먹고, 좋은 자세로 운동하는 '깨끗한 플레이(clean play)'라는 올바른 선택을 하도록 교육하고 장려한다. 교육이야말로 어린 선수들이 경기력 향상 약물을 복용해야 한다는 사회적 압력을 거부하는 데 효과적이다.

4) 운동성 온열질환

과잉훈련이 어린 선수에게 미칠 수 있는 마지막 부정적인 영향은 운동성 열병이다. 이는 매우 더운 환경 속에서의 신체활동으로 인한 근육 경련부터 탈진, 생명을 위

1995년 이후 열사병으로 사망한 미식축구선수는 52명이며, 이 중 41명이 고등학생이었다.

협하는 열사병에 이르기까지 다양하게 나타날 수 있다. 매년 미식축구 프리시즌인 늦여름에 유청소년 선수들에게 심한 온열질환이 발생하는 경우가 많다. 1995년 이후 52명의 선수가 열사병으로 사망했으며, 이 중 41명이 고등학생 선수였다(Kucera, Klossner, Colgate, & Cantu, 2014).

우리 몸의 중요한 목표 중 하나는 체온 조절, 즉 체온이 과도하게 오르거나 내리는 것을 방지하는 것이다. 이전과 달리 최근에는 아이들은 성인에 비해 체온 조절 능력이 떨어지지 않는다는 연구 결과가 발표되고 있다. 최근 연구에 따르면, 어린이와 성인은 더위에서 운동하는 동안 심부 체온, 피부 온도 및 운동 내성 시간이 비슷한 것으로 나타났다(American Academy of Pediatrics, 2011). 대부분의 건강한 어린이와 청소년은 덥고 습한 환경에서도 야외 스포츠에 안전하게 참여할 수 있다. 그러나 청소년 스포츠 지도자들은 운동성 열병의 위험 요소를 숙지하고 효과적으로 예방 및 대응하기 위해 적절한 조치를 취해야 한다.

이러한 위험 요인에는 기후, 훈련 강도 및 빈도, 복장 및 장비, 개별 건강 요인이 포함된다. 권장 사항에는 지속적인 수분 섭취, 기후 및 훈련에 대한 점진적 적응, 훈련 강도 및 빈도의 변화, 운동성 열 질환의 징후 및 증상 파악, 운동성 열 질환 발생 시의 대처 계획 수립 등을 포함한다. 이상은 일반적으로 고려해야 할 지침이지만 유청소년 선수의 건강 상태 및 컨디션에 따라 일부 선수는 운동성 열병에 더 취약할 수도 있다는 점을 명심해야 한다. 다음 예시를 참고하자(American Academy of Pediatrics, 2011, p. 3).

열 지수가 화씨 95도(섭씨 35도)에 달하더라도 덥고 습한 환경에 잘 적응하고 충분한 휴식을 취하며 건강한 12세 어린이는 큰 위험 없이 안전하게 축구 경기에 참여할 수 있다. 그러나 열지수가 화씨 85도(섭씨 29.4도)밖에 되지 않는 날이더라도 최근 설사에서 회복된 과체중 고등학교 미식축구선수가 3시간의 훈련을 질주로 마무리하고 있다면 쓰러질 위험이 훨씬 높을 수밖에 없다.

4. 어린 선수를 위한 신체훈련 가이드라인

신체훈련의 목적은 어린 선수가 신체활동에 참여하는 데 필요한 기능 역량(functional capacity)을 향상시키거나 스포츠를 더 잘 할 수 있도록 지원하는 데 있다. 그렇다면 어떻게 하면 선수들이 열심히 훈련하면서도 과도한 훈련으로 인한 부작용을 겪지 않도록 할 수 있을까?

1) 훈련 기본 원칙

모든 유청소년을 위한 신체훈련 프로그램은 몇 가지 기본 원칙을 준수해야 한다.

(1) 과부하 및 점진

과부하의 원리는 선수가 몸에 익숙한 것보다 더 많은 일을 해야 한다는 것을 의미한다. 현재의 체력 수준을 넘어서면(피로와 긴장 유발) 우리 몸은 거기에 적응하도록 유도한다. 과부하를 가하는 것(예: 조금 더 멀리 달리기, 같은 거리를 더 빨리 달리기, 농구에서 더 빠른 속도와 움직임 요구)은 선수의 체력을 향상시키는 기본 방법이다.

코치에게 어려운 점은 선수에게 적절한 과부하 수준을 결정하는 것이다. 과부하가 충분하지 않으면 신체가 적응할 필요가 없기 때문에 훈련 효과가 없다. 과부하가 너무 크면 몸에 큰 무리가 따르고 결과적으로 피로를 느끼고 부상을 입을 수도 있다. 이를 과도한 훈련과 부적절한 회복의 결과인 과잉훈련(overtraining)이라고 하며, 경기력 저하와 심리적 고통으로 이어진다(Richardson, Andersen, & Morris, 2008). 여러 국가의 13~18세 수영 선수를 대상으로 진행한 연구에 따르면, 35%가 최소 한 번 이상의 과잉훈련을 받은 적이 있는 것으로 나타났다(Raglin, Sawamura, Alexiou, Hassmen, & Kentta, 2000). 과

참고하기 **아이들에게 통증 설명하기**

성인 선수는 통증과 부상의 차이를 이해하지만 아이들은 그렇지 않다. 아이들에게 좋은 통증과 나쁜 통증이 있다고 설명해 보자. 1분 동안 벽에 등을 기대고 허벅지가 바닥과 평행한 상태로 앉게 하거나, 계단을 뛰어오르게 한 다음 다리에 불이 붙은 것처럼 화끈거린다는 느낌이 드는지 물어보자. 아플 수 있지만 그것은 좋은 통증이다. 이와 같은 통증은 근육을 훈련하는 데 과부하가 걸렸다는 것을 의미하는 것이다. 결과적으로 몸에 이상이 생기거나 다친 것이 아니다. 화끈거린다는 느낌을 받은 것은 좋은 것인데, 그 이유는 근육이 열심히 일하고 있고 보다 건강해지고 있는 것을 의미하기 때문이라고 설명해 주자.

그런 다음 특히 시즌 초반이나 첫 연습 다음 날에 통증이 있었는지 물어보자. 왜 통증이 생겼는지, 그것이 좋은 통증인지 나쁜 통증인지 물어보자. 그런 다음 이것은 근육통이며, 근육에 과부하가 걸려서 발생한 것이라고 설명해 주자. 또한 근육에 부담을 줄 정도로 열심히 운동했으며, 그 결과로 근육에 상처를 주고 이를 회복하는 과정에서 더 강해지는 것이기 때문에 좋은 통증이라고 이야기해 주자. 또 이 통증은 하루나 이틀 정도 지나면 사라진다고 설명해 주자.

그런 다음 아이들에게 나쁜 통증이 무엇인지 물어보자. 일반적으로 날카롭고 갑작스러운 통증은 부상이며 나쁜 통증이라고 설명하자. 또한 이런 종류의 통증을 느끼면 즉시 운동을 멈추고 코치나 부모에게 알려야 한다고 이야기해 줘야 한다. '고통 없이는 얻는 것도 없다.'라는 명언은 좋은 통증에는 해당되지만 부상(나쁜 통증)에는 적용되지 않는다는 것을 이해시켜야 한다.

잉훈련의 징후로는 경기력 저하, 근육통 증가, 부정적인 기분 및 과민 반응, 훈련에 대한 흥미 감소 및 불면증 등이 있다.

과잉훈련과 관련된 일반적인 지침은 이전 훈련과 비교해서 10% 이상 늘리지 않도록 하는 것이다. 예를 들면, 한 번에 20분씩 일주일에 4회 달리던 어린이는 그다음 주에 22분 4회 달리는 것으로 훈련량을 늘릴 수 있다. 대부분의 팀 스포츠에서 10% 증가 지침은 연습의 양과 강도를 점진적으로 증가시키는 방식으로 적용된다. 이는 운동 강도나 기간을 꾸준히 증가시켜 선수의 체력을 향상시키는 신체훈련의 점진(progression) 원리에 기반한다. 유청소년 코치는 선수들에게 필요한 훈련량을 어떻게 증가시키고 있는지를 추적할 수 있도록 중장기 훈련 계획(예: 매주 또는 매월)을 수립하는 것이 좋다.

유청소년 스포츠에서 고려해야 할 또 다른 중요한 점은 훈련 시간을 조정하는 방법이다. 훈련 시간은 아이들의 신체적 능력뿐만 아니라 주의집중력 및 정보 습득 능력에 따라 적절하게 조정되어야 한다. 종목 및 경기 수준에 따라 다르지만, 다음은 아이들을 위한 훈련 시간에 대한 일반적인 지침이다.

- 5~7세: 45분
- 8~10세: 60분
- 11~13세: 90분
- 14~18세: 120분

(2) 회복

회복은 과부하와 함께 사용되는 기본 훈련 원칙이다. 훈련 효과를 극대화하기 위해서는 어린 선수들에게 훈련과 훈련 사이에 충분한 휴식과 회복 시간을 제공해야 한다. 몸이 회복되지 않으면 훈련 자극에 적절하게 대응할 수 없다. 회복은 체육관이나 수영장에서 휴식을 취하고 시간을 보내는 것도 포함하지만 실제로 회복은 하나의 훈련이 끝나는 순간부터 시작된다. 코치는 모든 훈련이 끝날 때마다 적극적으로 회복 시간을 확보해야 한다. 여기에는 10~20분의 저강도 운동(예: 조깅, 걷기 또는 쉬운 기술 훈련)과 15~20분의 큰 근육을 이완할 수 있는 스트레칭이 포함된다.

(3) 변화

변화의 원칙은 가벼운 훈련에서 시작하여 힘든 훈련으로 진행하거나 하나의 훈련 안에서도 변화를 사용해야 한다는 것을 의미한다. 훈련에서 활동을 변화시키면 우리 몸은 다양한 움직임에 적응해야 하기 때문에 결과적으로 근육은 '놀라게' 된다. 훈련이 진행되는 시점 역시 중요하다. 시즌 전/중/후에 따라 다르기 때문이다. 시즌 전 훈련은 일반적으로 선수들의 컨디션을 끌어올리기 위해 훨씬 더 힘든 반면, 시즌 중 훈련은 계속되는 경기로 인해 상대적으로 가볍다.

코치는 다양한 훈련을 제공해야 한다. 한 가지 기술을 습득하거나 특정 체력을 향상하기 위해 훈련을 제공하는 것은 괜찮다. 다만 해당 훈련에 다양한 활동 유형을 포함하는 것이 효과적이다. 항상 강도와 즐거움이 최고점일 때 훈련이나 활동을 끝내야 한다. 에너지가 떨어지기 시작하거나 선수가 지루해하거나 훈련에 지칠 때까지 기다리지 않아야 한다. 이와 같은 타이밍과 과제의 빠른 변화는 훈련에 활기를 불어넣어준다.

크로스 트레이닝(Cross-training)(체력 증진을 위해 다른 스포츠를 하는 것)은 경쟁 시즌에도 심리적 자극과 훈련 국면 변화를 위해 사용될 수 있다. 우리 중학생 아들의 크로스컨트리 코치는 항상 주1회를 지정하여 프리스비 게임을 하도록 했는데, 이는 체력을 향상시킬 뿐만 아니라 장거리 달리기 훈련에서 즐거운 휴식을 취할 수 있는 게임이었다.

(4) 특수성

스포츠 체력을 기르는 가장 좋은 방법은 에너지시스템(유산소성과 무산소성)과 근육을 최대한 경기에서 사용되는 방식과 같도록 훈련하는 것이다. 이것이 특수성의 원리이다. 축구 선수는 45분 동안 달릴 수 있는 지구력을 위해 유산소 체력 훈련을 받아야 하고, 전력 질주를 위해 무산소 체력 훈련을 받아야 한다. 야구 선수 또는 골프 선수에게 높은 수준의 유산소 체력은 필요하지 않겠지만, 기초적인 유산소 체력은 모든 선수에게 도움이 된다.

12세 미만의 어린이의 경우, 체력훈련을 실제 기술 연습에 포함시켜야 한다. 축구의 드리블 게임과 릴레이는 달리기 연습만큼이나 쉽게 체력을 키울 수 있도록 하며, 선수들이 지루해하지도 않는다. 8장에서 배운 내용을 활용하여 아이들이 즐기면서 동시에 체력을 기를 수 있도록 다양한 활동과 훈련을 설계해 보자. 12세 미만의 선수의 훈련은 기술을 익히는 데 중점을 두어야 한다. 좋은 기술을 습득한 후에는 근력, 지구력, 힘, 스피드(또는 이들의 조합)를 키우기 위한 체력훈련이 더욱 중요해진다. 그러나 구기 종목에 대한 가이드라인은 훈련 시간의 90% 이상을 공(해당 종목에 특화된 기술 또는 체력 증진 활동)과 함께하는 과제로 구성하는 것이며(Dicicco & Hacker, 2002), 아주 어린 선수들에게는 더욱 많은 시간을 할애하는 것도 가능하다.

2) 근력운동

근력운동은 점진적인 저항을 사용하여 힘을 발휘하거나 저항하는 능력을 기르는 운동이다. 일반적으로 어린이의 근력운동은 기구 들어올리기(weight lifting)보다 점진적 저항에 중점을 둔 형태로 진행되어야 한다. 아이들이 근력을 기르는 가장 효과적인 방법으로 나무 오르기, 밧줄이나 그네 타기, 정글짐 타기, 기타 활동적인 놀이에 참여하는 것 등이 있다. 또한 복부 또는 코어 근력을 위한 윗몸 일으키기나 플랭크, 가슴과 팔 근력을 위한 팔굽혀펴기 및 턱걸이, 하체 근력을 위한 런지 및 스쿼트 등과 같은 기본적인 움직임을 동료와 함께할 수 있다. 온라인 또는 스포츠 용품점에서 쉽게 구할 수 있는 탄성튜브나 밴드, 그리고 전신운동을 위한 트레이닝 기구 TRX 등 비교적 부담 없이 구입할 수 있는 점진적 저항운동 장비를 이용할 수 있다.

유청소년 스포츠 코치는 인터넷에서 자신의 지도하는 종목에 적합한 다양한 예시를 찾을 수 있으며, 관심이 있다면 유청소년 선수를 위한 근력훈련에 초점을 맞춘 책을 찾을 수 있다(예: Faigenbaum & Westcott, 2009; LaCaze & Dalrymple, 2011; Martens, 2012). 다음은 유청소년 선수와 함께 근력운동을 할 때 따라야 할 몇 가지 요령이다(Faigenbaum & Westcott, 2009).

1. 점진적 저항운동에서 가장 중요한 것은 정확성이다. 아이들은 팔굽혀펴기 횟수 또는 들 수 있는 무게(기구를 사용하는 경우)에 집중하는 경향이 있다. 따라서 올바른 동작에 집중하도록 하는 것이 어려울 때가 많다. 언제나 '속임수'는 근력운동의 효과를 떨어뜨리고 이는 다른 사람이 아닌 자신을 속이

개인적 이야기

보다 강해지고 있는가

유청소년 스포츠에서 경험했던 근력운동은 어땠었나? 코치가 어떤 도움을 주었는가? 더 나은 훈련을 받았다면 운동 능력과 발달은 어떻게 달라졌을까?

는 것이라는 것을 알려줘야 한다.

2. 유청소년의 저항훈련 지침을 이해하고 있는 적절한 자격을 갖춘 성인이 직접 지도 및 감독을 하도록 해야 한다. 유청소년이 적절한 기술을 배우는 프로그램의 초반 몇 주 동안은 추가적으로 감독할 사람이 필요할 수 있다.
3. 아이와 유청소년 스포츠를 이해하는 성인이 체력단련실 예절, 적절한 운동 기술, 개인 목표(다른 사람과의 비교 아님) 설정의 중요성, 달성 가능한 현실적인 모습을 제공하도록 해야 한다.
4. 정확한 동작을 익힐 때까지 매우 낮은 저항으로 시작한다.
5. 무게 또는 저항을 늘리기 좋은 자세로 6~15회 반복할 수 있도록 한다.
6. 근력운동 시작 전 5~10분 동안의 동적 준비운동(상체와 하체를 위한 움직임 형태의 운동).
7. 강도가 낮은 유연성 체조(calisthenics)와 정적 스트레칭으로 몸을 식힌다.
8. 근력 운동은 최소 30분 이상, 주 2~3회(연속되지 않도록) 한다.
9. 훈련 활동을 체계적으로 다양하게 구성하여 프로그램을 신선하고 흥미롭게 유지해야 한다.

3) 유연성 훈련

유연성은 부러지지 않고 구부러지는 성질로 정의된다. 이는 말 그대로 인체에 적용되는 경우가 많다. 신체 유연성은 부상 없이 전체 동작 범위를 이동할 수 있는 능력이다. 근육과 인대의 유연성은 부상 위험을 줄이고 더 나은 운동 능력을 발휘할 수 있도록 하기 때문에 아이들의 체력 향상에 중요하다. 청소년기부터 타고 난 유연성을 잃기 시작하기 때문에 어려서부터 유연성 훈련을 시작하는 것이 가장 좋다(Lancaster & Teodorescu, 2008).

훈련 전에는 동적 스트레칭 또는 워킹 런지와 같이 관절의 가동 범위 내에서 편안하게 반복적으로 움직일 수 있는 동작에 초점을 맞춰야 한다.

스트레칭은 어린 선수의 유연성을 개발하는 주된 방법이다. 정적 스트레칭(최대 가동 범위에서 최대 30초 동안 유지하는 스트레칭)은 유연성을 높이는 데 도움이 된다. 그러나 정적 스트레칭을 훈련 전에 실시하는 것은 과거 스포츠 전문가가 믿었던 것처럼 유용하지는 않다. 오히려 훈련 전에는 일반적으로 힘들지만 견딜 수 있는 동작범위를 10~12회 반복적으로 움직이는 동적 스트레칭에 중점을 두어야 한다. 농구선수나 야구선수는 다리 근육을 동적으로 스트레칭하기 위해 런지 동작을 사용하여 천천히 걸을 수 있다. 배구선수는 팔을 천천히 전체 동작 범위로 움직이면서 동적으로 스트레칭한 다음, 공중에 공을 띄우고 스파이크를 쳐서 바운드 패스하는 연습으로 준비운동을 한다.

동적 스트레칭은 일반적인 동작 범위를 넘어서도록 근육을 강제로 튕기는 동작을 포함하는 탄성 스트레칭

(ballistic stretching)과는 다르다. 어린 선수는 탄성 스트레칭을 피해야 한다. 정적 스트레칭은 근육을 이완할 목적으로 훈련 후반부에 하는 것이 유용하다. 유청소년 스포츠 코치는 특정 스포츠에 가장 적합한 유연성 운동(동적 및 정적 모두)을 온라인에서 쉽게 찾을 수 있다.

4) ABC 훈련

아이들과 함께하는 신체훈련에서 자주 간과되는 것을 우리는 ABC 훈련이라고 한다(Balyi, Way, & Higgs, 2013). ABC 훈련은 민첩성, 균형감각, 그리고 협응을 위한 것이다. 5장에서 이러한 기본적인 신체 기술(physical skills)의 중요성을 강조했는데, 이는 신체 리터러시(physical literacy)를 함양하는 데 매우 중요하다. **민첩성**(agility)은 축구선수가 매우 빠르게 앞뒤로 공간을 침투할 때처럼 균형을 유지하면서 매우 빠르게 방향을 바꿀 수 있는 능력이다. **균형감각**(balance)은 체조선수가 마루에서 움직임을 구성하고 진행하는 과정에서 똑바로 서 있거나 움직임을 제어하는 능력이다. **협응**(coordination)은 테니스에서 서브를 넣을 때처럼 신체 각 부위를 부드럽고 효율적으로 움직이는 능력이다. 민첩성 훈련을 통해 균형감각과 협응을 향상시키는 경우가 많기 때문에 세 가지 능력은 밀접하게 연결되어 있다. 농구를 예로 들어 보자. 속도를 더하거나 줄이면서 전진, 후진, 측면으로 움직이기 위해서는 민첩해야 한다. 복잡한 움직임을 수행하는 과정에서 몸을 제대로 제어하기 위해서는 균형감각과 협응이 필수적이다. 발을 지면에 두고 있는 상황이든 점프를 한 상황이든 모두 똑같이 적용된다. 모든 스포츠에는 고유한 ABC가 있다.

아이들의 경우, 텀블링, 장애물 코스(예: 앞으로 구르기, 허들 뛰어 넘기, 좌우로 이동하기), 정지, 시작, 측면 이동, 앞뒤로 달리기 등 창의적으로 설계된 릴레이 코스 등을 통해 ABC 훈련을 제공할 수 있다. 우리 모두는 여름에 수영장에서 놀면서 물속에서 효율적으로 움직이는 것뿐만 아니라 낮고 높은 다이빙 보드에서 균형 잡는 법을 배웠던 것을 기억한다. 리더 따라가기 게임(follow the leader) 또는 점프 다이빙과 같은 게임은 ABC 체력을 증진하는 데 특히 효과적이다. 자전거, 스케이트 보드, 롤러스케이트, 아이스 스케이팅, 술래잡기, 피구 모두 ABC를 함양하는 데 효과적인 활동이다.

아이들이 조직화된 유청소년 스포츠 프로그램에 참여하면 풋워크 훈련, 다양한 눈-손 및 눈-발 협응 활동과 같이 스포츠에 특화된 방식으로 ABC 체력을 기를 수 있다. 예를 들어, 하키의 골키퍼는 '마틴 브로듀어 훈련'(브로듀어는 내셔널 하키 리그에서 4번이나 최우수 골키퍼로 선정된 선수임)을 통해 양손에 테니스 공을 들고 오른손에 있는 공을 몇 피트 떨어진 벽에 던지는 훈련을 한다. 이후 왼손에 있던 공을 오른손으로 옮기고 벽에 튕겨져 나오는 공을 왼손으로 잡는다. 아이들은 던지는 손을 바꿔 가면서 가능한 한 빨리 이 동작을 계속한다. 이 훈련은 눈과 손의 협응력과 민첩성을 기르는 데 효과적이다. 축구의 풋살(10장에서 논의됨)이나 야구 및 소프트볼의 페퍼게임(한 명이 공을 가볍게 던지면 다른 한 사람은 배트 중심으로 공을 맞혀 땅볼로 공을 던진 사람에게 튀겨주는 활동)과 같은 소규모 훈련은 유청소년 선수의 ABC를 향상시킨다. 특정 스포츠에 대한 다양한 훈련 예시는 인터넷에서 찾을 수 있다. 유청소년 코치는 과제에 기본적인 ABC 훈련 활동을 통합할 수 있어야 한다.

5) 유산소 및 무산소 체력 증진 훈련

특수성의 원칙을 적용하면, 유산소 및 무산소 체력 증진 훈련의 양과 강도는 해당 스포츠에서 요구되는 특징을 기반으로 설계되어야 한다. 그러나 대부분의 팀 스포츠는 일반적인 수준의 속도와 힘(무산소 기술)과 지구력(유산소 능력)을 요구한다. 모든 선수는 시즌 전과 후에 유산소 체력 기초를 우선적으로 다져야 한다. 선수는 더 많은 훈련을 통해 유산소 체력을 향상시키거나 더 빠르고 강렬한 형태의 에너지가 필요한 종목의 경우에는 무산소 체력 증진 훈련을 받을 수 있는 상태로 바뀐다.

훈련 프로그램에서 가장 중요한 요소는 운동 강도이다. 심박수 측정기와 같이 이를 측정할 수 있는 도구가 있다. 그러나 대부분의 유청소년 스포츠에서는 선수와 코치가 운동의 강도를 계산해야 한다. 길거나 느린 훈련(달리기, 조정, 사이클링, 수영, 스케이트, 스키, 패들링)은 유산소 체력의 기초를 다진다. 이러한 유형의 운동 강도는 최대 심박수의 70~85%이다. 이는 운동하는 동안 서로 대화할 수 있는 강도이다. 어린이와 청소년의 유산소 체력을 기르기 위한 훈련은 최소 12주 동안 주당 40~60분씩 최소 3~4회 이상 연속 운동과 인터벌 운동을 병행해야 한다(Armstrong & Barker, 2011).

아이들을 위한 유산소 훈련은 다양하고 재미있는 활동을 포함해야 하며, 연습 중에 한꺼번에 모든 활동을 해서는 안 된다(Lancaster & Teodorescu, 2008). 코치는 다양한 스포츠를 체력 증진(conditioning) 활동에 포함할 수 있다. 예를 들면, 크로스컨트리 선수들이 가끔 얼티밋 프리스비와 같은 소규모 게임을 하도록 할 수 있다. 다양한 지형에 장애물 코스를 설치하는 것 역시 좋은 예시가 될 수 있다. 유산소 체력이 요구되지만 선수들에게 다양성과 도전거리를 제공한다. 일반적으로 트랙에서의 지구력(유산소) 훈련은 집중력이 높고 지루함을 덜 느끼는 10세 이상의 선수에게 적합하다. 어린아이들에게는 게임 중심의 활동 기반 유산소 훈련 제공을 통해 훈련에 집중하도록 하는 것이 좋다(상상력을 발휘하거나 인터넷 또는 책에서 사례를 찾아보라(예: Lancaster & Teodorescu, 2008).

무산소 체력을 증진하려면 일반적으로 최대 심박수의 85~95%에 이르는 강렬하고 짧은 운동이 필요하다. 무산소 체력 훈련에 사용되는 가장 일반적인 방법은 인터벌 훈련이다. 최대 심박수의 90~95%로 30~90초 동안 운동한 후 운동 시간보다 4배 긴 회복 시간을 가지면 무산소 시스템이 단련된다. 하키 선수의 스프린트 이후 휴식, 농구 선수의 코트 달리기 및 패스 훈련 이후의 간헐적 휴식, 4번의 400미터 달리기를 하는 동안의 적절한 휴식 등이 예시가 될 수 있다. 무산소 운동은 가급적 해당 스포츠의 특정 기술을 포함하는 형태로 설계해야 한다. 농구에서의 짧고 격렬한 패스 및 슈팅 연습이나 축구에서의 짧은 질주 훈련을 예로 들 수 있다. 어린아이들에게는 계주가 항상 인기가 있다. 따라서 계주로 인터벌 트레이닝을 구성하는 것이 효과적일 수 있다.

스프린트는 스피드 훈련에서 사용되며 최대 심박수의 95~100%에서 수행된다. 선수들이 최대 심박수를 이와 같은 수준으로 끌어올리지 못한다면 그들에게 전력을 다하라고 이야기해야 한다. 개인의 속도 역량은 유전적으로 결정되며, 이는 높은 비율의 백근(속근)을 필요로 한다. 아이들이 이를 이해할 수 있도록 도와줘야 한다. 그러나 속도는 기를 수 있다. 모든 선수는 속도를 향상시킬 수 있지만 유전적 요인으로 인해 더 빠른 팀원이나 상대의 속도와 같아지는 데 한계가 있을 뿐이다. 스피드 훈련은 준비운동이 끝났거나 인지적 또는 신체적으로 피로가 없는 상태에서 진행하는 것이 효과적이다(Balyi et a1., 2013). 스피드 훈련의 시간은 가급적 짧게 하고 세트 사이에 충분한 회복 시간을 확보해야 한다. 가속훈련은 짧은 거리에서 진행되어야 하며, 적절한 자세, 올바른 팔꿈치, 무릎 들기 및 머리 고정 등이 중요하다. 달리기는 가르치고 연습해야 하는 기본적인 운동기술인 점을 명심해야 한다. 아이들은 올바른 자세와 달리기의 메커니즘을 배움으로써 스피드와 지구력을 향상시킬 수 있다.

물론 어린 선수의 유산소 및 무산소 체력을 증진하기 위한 많은 신체훈련 방법이 있다. 다만 이 장의 목적은 여러분으로 하여금 관련된 기본 개념을 이해하고 각자에게 가장 적합한 신체훈련 전략에 대한 스포츠별 지침을 찾을 수 있도록 지원하는 것이다(7학년에 해당하는 12~13세 농구 선수를 위한 신체훈련 예시는 [그림 9-2]를 참조).

유청소년 스포츠 코치는 최소한 훈련에서 점진적 체력 증진 활동을 과제의 일부로 통합하는 방법을 이해해야 한다. 과제를 재미있고 흥미롭게 유지하면 아이들은 자동으로 활동에 지속적으로 참여하기 위해 노력할 것이다.

5. 요약

아이들은 당연히 신체훈련을 받을 수 있다. 그렇지만

A. 다이내믹 워밍업(10~15분)
  1. 공 없이 하는 훈련(베이스 라인에서 코트 중앙까지 갔다가 돌아오기)
    a. 조깅
    b. 거꾸로 뛰기
    c. 카리오카(옆으로 향한 상태에서 다리를 앞뒤로 교차하며 이동)
    d. 팔 흔들며 깡충깡충 뛰기
    e. 수비 동작
    f. 워킹 런지
    g. 발로 엉덩이 차며 뛰기
    h. 무릎 높이 들며 조깅
    i. 다리 차기
  2. 공을 가지고 하는 훈련
    a. 8자 드리블(다리 사이)
    b. 풀코트 하프스피드 드리블
    c. 풀코트 드리블 이후 레이업(지정된 지점에서 크로스 오버 및 스핀 포함)
    d. 2인 풀코트 패스
    e. 2인 풀코트 패스 후 레이업
    f. 3인 풀코트 패스(패스를 준 사람 뒤쪽으로 지나가기) 후 레이업
B. 개인 기술 지도 및 숙련(30~40분)
C. 공격 및 수비 연습(20분)
D. 연습게임(15분)
E. 정리운동 및 가벼운 정적 스트레칭(5분)
  1. 종아리 스트레칭(비복근 및 가자미근)
  2. 대퇴사두근 스트레칭
  3. 햄스트링 스트레칭
  4. 고관절 스트레칭
  5. 몸통 회전근 스트레칭

[그림 9-2] 7학년(12~13세) 농구 선수를 위한 신체훈련 예시

단지 성인의 축소판이 아니기 때문에 같은 방식으로 훈련해서는 안 된다. 아이들은 성장하고 성숙하는 과정에서 신체활동과 긍정적인 관계를 가진다. 어린 선수들이 평생 동안 신체활동을 좋아하고 둘 간의 관계가 아름답도록 만들어야 한다. 반대로 아이들이 신체활동으로 인해 강박증을 가지게 해서는 안 된다. 신체훈련은 때때로 어린 선수, 특히 유청소년들에게 잘 미끌어지는 경사로와 같은 역할을 할 때가 있다. 어린 선수는 건강한 훈련에서 자신의 웰빙을 위협하는 역기능적인 행동으로 넘어갈 수 있다.

단순하게 신체훈련을 더 제공하는 것이 좋다고 생각하는 코치들에게도 신체훈련은 잘 미끌어지는 경사로가 될 수 있다. 우리는 많아도 좋고 적어도 좋다는 관점을 가지고 있다. 점진적인 과부하와 훈련의 특수성을 포함할 때는 많을수록 좋다. 그러나 적절한 회복, 훈련을 흥미롭게 유지하기 위한 변화 사용, 연령대별 최적의(과도하지 않은) 신체훈련이 포함된다면 적은 것이 좋다. 중요한 것은 아이들이 발달단계에 적절한 방법을 사용하여 그들이 계속 움직일 수 있도록 하는 것이다. 많은 것도 좋고 적은 것도 좋다는 관점을 따를 수 있는 자신만의 독특한 방법을 개발하기를 바란다.

학습 초점

주요 용어

- **유산소 체력** 지구력 활동 중에 산소를 운반하고 사용할 수 있는 능력.
- **민첩성** 균형을 유지하면서 매우 빠르게 방향을 변경할 수 있는 능력.
- **무월경** 월경이 없는 상태.
- **아나볼릭 스테로이드** 근육을 만들고 지구력을 높이는 데 사용되는 테스토스테론의 합성 버전.
- **무산소 체력** 단기간에 집중적으로 신체활동을 할 수 있는 능력.
- **거식증** 나이와 키에 비해 예상 체중보다 최소 15% 이상 낮은데도 스스로를 과체중이라고 여기고 제한적인 식사를 하는 섭식장애.
- **균형감각** 똑바로 서 있거나 몸의 움직임을 제어할 수 있는 능력.
- **탄성 스트레칭** 튕기는 동작을 사용하여 근육을 일반적인 가동 범위를 넘어서는 힘을 가하는 운동.
- **폭식증** 일반적으로 정상 체중 범위의 개인이 과식 후 구토, 단식 또는 과도한 운동을 반복하는 섭식장애.
- **협응** 신체 부위를 부드럽고 효율적으로 움직이는 능력.
- **크레아틴** 짧은 시간 동안 고강도 활동을 해야 하는 활동에서 운동 능력을 향상시키는 데 사용되는 일반의약품 보충제.
- **크로스 트레이닝(교차 훈련)** 체력 단련을 위해 다른 스포츠에 참여하는 것.
- **동적 스트레칭** 난이도가 있으면서도 편안한 동작 범위를 보통 10~12회 반복하는 스트레칭.
- **에페드린** 피로 감소, 체중 감량, 정신 각성 유지에 사용되는 각성제.
- **유연성** 신체가 부상 없이 전체 동작 범위를 이동할 수 있는 능력.
- **비만** 체지방이 과다한 상태.
- **골다공증** 뼈가 얇아지고 약해져서 쉽게 부서지는 질환.
- **과부하** 신체가 증가된 수요에 적응하도록 유도하기 위해 현재의 체력을 초과하여 피로와 긴장을 유발하는 것.
- **과잉훈련** 과도한 훈련과 부적절한 회복으로 인해 일반적으로 경기력 저하와 심리적 고통을 초래함.

- **과체중** 특정 키에 비해 체중이 과다한 경우.
- **신체훈련** 선수가 신체 상태를 조절하기 위해 수행하는 전문적인 절차로 구성된 루틴.
- **점진** 선수의 체력을 꾸준히 향상시키기 위해 훈련 강도 또는 기간을 점차적으로 늘리는 것.
- **회복** 훈련과 훈련 사이에 몸을 쉬게 만들기 위한 충분한 시간.
- **특수성** 에너지 시스템과 근육 사용을 경기에서 사용되는 방식에 최대한 가깝게 훈련하는 것.
- **정적 스트레칭** 최대 30초 동안 최대 동작 범위에서 스트레칭을 유지하는 것.
- **스테로이드 전구체** 신체가 더 열심히 훈련하고 더 빨리 회복하며 근육량을 늘리는 데 사용되는 아나볼릭 스테로이드로 전환하는 물질.
- **근력운동** 힘을 가하거나 저항하는 능력을 늘리기 위해 점진적인 저항을 사용하는 것.
- **체온 조절** 심부 온도가 과도하게 상승하거나 떨어지지 않도록 방지하는 것.
- **변화** 격렬한 훈련과 쉬운 훈련을 점진적으로 섞거나, 한 훈련 안에서 쉬운 활동과 어려운 활동 등 다양한 유형의 활동을 섞는 것.

핵심 요약

1. 신체활동과 신체훈련은 어린이의 제지방, 뼈의 질량, 근력, 유산소 및 무산소 체력, 정신 건강 및 인지 능력을 향상시킨다.
2. 사춘기 전 아이의 에너지 및 근육 강화 시스템은 훈련시킬 수 있지만, 성인과 같은 수준은 아니다.
3. 여성 선수의 건강에 영향을 미치는 세 가지 요소는 에너지 가용성, 월경 기능, 골밀도이다.
4. 몇몇 성격적 특성과 스포츠 유형은 청소년 스포츠에서의 섭식장애 발생과 관련이 있다.
5. 엘리트 체조에 참여하는 것이 어린 체조선수의 성장과 성적 성숙을 방해한다는 결정적인 증거는 없다.
6. 미식축구에서의 과도한 체중 증가 및 레슬링에서의 체중 감소에 대한 압력은 선수들의 건강에 심각한 영향을 미칠 수 있다.
7. 아나볼릭 스테로이드는 근육을 만들고 지구력을 높이는 데 사용되는 불법 약물이며, 신체적 · 정신적 건강에 여러 가지 문제를 일으킬 수 있다.
8. 청소년 스포츠의 신체훈련은 과부하, 점진, 회복, 변화 및 특수성의 원칙에 따라 설계되어야 한다.
9. 아이들이 근력을 키울 수 있는 가장 효과적인 방법은 자신의 체중을 이용한 점진적 저항 운동이다.
10. 동적 스트레칭은 신체훈련 전에 하는 것이 좋으며, 훈련 후반부에는 정리운동 및 회복 과정의 일부로 정적 스트레칭을 하는 것이 좋다.
11. 유산소 체력 훈련은 길거나 느린 활동을 요구하는 반면, 무산소 체력 훈련은 인터벌 트레이닝과 같이 짧은 시간 동안의 격렬한 활동을 필요로 한다.

탐구 질문

1. 신체활동의 긍정적인 효과를 최대한 많이 확인하고 설명하라.
2. 어린 시절의 신체활동과 신체훈련이 어떻게 노년기의 골다공증을 예방할 수 있는지에 대해 설명해 보라.
3. 사춘기 전 아이들은 훈련을 통해 근육을 키울 수 있는가? 근육 형성을 위한 적절한 호르몬이 부족하다면 어떤 방식으로 근육을 키울 수 있을까?
4. 건강한 여성 선수의 세 가지 요인 및 상호작용이 그렇지 못한 선수의 세 가지 요인 및 상호작용으로 이동하는 과정을 설명해 보라.
5. 미식축구에서 특정 포지션의 선수가 체중을 늘리는 것이 건강에 미치는 악영향은 무엇인가?
6. 어린 선수들이 흔히 사용하는 네 가지 유형의 경기

력 향상 약물과 부작용에 대해 설명해 보라.

7. 이 장에서 제시된 다섯 가지 훈련 원칙을 확인하고, 유청소년 스포츠 코치가 각각의 원칙을 활용하여 훈련 프로그램을 구성하는 예시를 들어 보라.
8. 아이들과 함께 근력운동을 하기 위한 다섯 가지 요령을 이야기해 보라.
9. 신체훈련 전후에 할 수 있는 최적의 스트레칭 유형은 무엇인가? 각 유형의 예를 들어 보라.
10. 유산소 체력 훈련과 무산소 체력 훈련의 주요 차이는 무엇인가?

성찰용 학습활동

1. 지도하고 있는 종목의 체력 훈련 프로그램을 설계해 보라. 종목, 선수의 연령, 시즌 시기(예: 시즌 전 또는 시즌 중)를 지정하라. 스트레칭을 포함한 준비운동과 정리운동을 구체적으로 계획하라. 이 훈련이 근력, 유연성, 해당 종목에 필요한 체력(유산소, 무산소, 스피드, 파워)을 어떻게 향상시켰는지 설명해 보라.
2. 학부모에게 제공할 수 있는 브로슈어를 만들어서 유청소년 스포츠에서의 경기력 향상 약물 사용 관련 내용을 교육하라. 구체적으로, 약물의 종류와 용도, 사용 가능 여부, 건강에 미치는 부정적 영향, 경고 표시 등의 정보를 포함하라.
3. 학부모에게 유청소년 스포츠의 섭식장애를 알려줄 수 있는 브로슈어를 만들어 보라.

보조자료

American College of Sports Medicine: ACSM(acsm.org)은 미국의 스포츠 의학 관련 정부 기관이다. 웹 사이트에는 유청소년 근력 훈련 지침을 제공한다.

열 순응 및 온열질환 예방 가이드(www.nfhslearn.com) NFHS에서 무료로 자료를 제공한다.

근력훈련(www.nfhslearn.com) NFHS에서 제공하는 코스다.

Chapter 10

스포츠 재능 개발

제10장 개요

이 장에서 배울 내용은 다음과 같다.

- 재능의 개념과 스포츠에서의 재능 평가 방법
- 스포츠 전문성(expertise) 개발에 있어서 재능과 연습의 역할
- 지나친 전문화가 유청소년 선수들에게 미치는 악영향
- 유청소년 스포츠에서 재능을 개발하기 위한 전략

1. 개요

엘리트 선수들은 그들의 전문성으로(혹은 탁월한 실력으로) 우리를 감탄하게 한다. 세계적인 체조선수들이 날아오르고, 공중제비를 돌고, 회전하고 균형을 잡는 것만으로도 충분히 놀랍지만, 그들이 높이 4피트(122cm) 폭 4인치(10cm) 미만인 평균대에서 이러한 복잡한 기술을 수행하는 것을 관찰하는 것도 대단한 일이다. 스포츠 장면에는 여러 탁월한 모습이 있는데, 여기에는 단순히 신체적으로 기술을 수행하는 것만 아니라 감정 조절, 압박감 속에서의 집중력, 상황 예측과 의사 결정, 그리고 환상적 수준의 빠르기, 힘, 지구력, 신체 조정력도 포함된다.

일반적으로 이러한 능력을 재능이라고 부른다. 우리는 아이들에게서 그러한 재능을 식별하고 개발할 수 있는 최선의 방법을 알고 싶어한다. 아이들이 재능이 있는지 어떻게 그리고 언제 판단하는가? 전문성을 개발하는 데 더 중요한 것은 연습(훈련)인가 재능인가? 유청소년(을 대상으로 한) 스포츠에서 어린이는 다양화해야 할까, 전문화해야 할까? 이 장의 목적은 유청소년 스포츠에 대한 잘못된 정보가 아이들의 스포츠 재능 개발에 어떤 영향을 미치는지 파악하고, 이를 포함한 스포츠의 재능 개발에 대해 알고 있는 사실을 올바르게 이해하도록 돕는 데 있다.

2. 재능 개발의 기본사항

인재 개발과 관련된 용어는 여러 가지가 있으며, 사람마다 다른 의미로 사용하는 경우가 많다. 따라서 첫 번째 단계로 이 절에서는 재능과 관련한 용어의 의미를 명확히 하고자 한다.

1) 재능이란 무엇인가

재능은 일반적으로 타고난(선천적인) 능력으로 정의되는데, 재능을 선천적인 개인 내적 현상으로 특징짓는 다섯 가지 요소는 다음과 같다(Howe, Davidson, & Sloboda, 1998).

1. 유전적 구조를 기반하며 부분적으로나마 선천적이다.
2. 그 효과가 어린 나이에 완전히 드러나지 않을 수도 있으나 어느 정도는 그 징후가 드러나기 때문에 훈련된 사람들은 온전한 능력이 입증되기 전에 재능의 존재를 식별할 수 있다.
3. 이러한 재능의 초기 징후는 누가 뛰어난 능력을 발휘할 가능성이 높은지 예측할 수 있는 예비적 근거를 제공한다.
4. 소수의 아이들만이 재능이 있다.
5. 재능은 영역—특정 스포츠 또는 특정 유형의 스포츠—에 따라 다르다.

재능은 미래에 전문성으로 이어질 수 있는 초기에 식별된 자질(특성)을 의미하므로 특정 활동에서 성공할 수 있는 개인의 잠재력에 중점을 둔다(Cobley, Schorer, & Baker, 2012). 한 신입생(고등학교) 축구감독이 자신의 선수 중 한 명에게 잠재된 재능을 다음과 같이 설명했다. "이 선수는 제가 관찰한 어떤 수비수보다도 뛰어난 재능을 가지고 있습니다. 그는 키가 크고 운동신경이 뛰어나며 빠르고 강한 선수로, 이 분야에서의 전망이 매우 밝습니다." 뛰어난 운동선수의 발달에 관한 연구자들은 부모, 감독(코치), 운동선수 자신이 아주 어린 나이에 재능이나 영재성의 증거에 주목했다는 사실을 발견하였다(Bloom, 1985; Cote, 1999; Gulbin, Oldenziel,

Weissensteiner, & Gagne, 2010).

때때로 사람들은 스포츠 과제에서의 입증된 능력을 지칭하기 위해 재능이라는 단어를 사용하지만, 스포츠 기술 또는 일련의 종합 기능의 실행은 경기력–퍼포먼스라고 부르는 것이 더 정확하다. 기술은 일반적으로 훈련과 경험을 통해 습득되는 숙련도를 의미하며, 전문성은 장기간에 걸쳐 일관되게 우수한 운동 능력을 발휘하는 것으로 정의된다(Starkes, 1993).[1] 혼란스러운 지점이다. 우리의 정의에 따르면 '탤런트–재능 쇼'는 사실 '전문성 쇼'다. 사람들이 어떤 팀이 재능이 많다고 말할 때, 그것은 종종 그 팀이 매우 숙련되고 전문성을 잘 발휘한다는 것을 의미한다. 그러나 일부 코치들은 (우리의 정의에 따라 올바르게) 자신의 팀이 재능이 많다고 말하는데, 이는 이러한 능력이 정제되지 않았으며 더 높은 수준의 기술과 전문성으로 발전할 수 있는 잠재력을 가지고 있다는 것을 의미한다. 따라서 이 절에서는 궁극적으로, 아이들이 스포츠 전문가가 되기 위해 어떻게 그들의 재능을 개발하는 것이 좋을지에 주목한다.

2) 스포츠 전문가는 어떤 사람인가

재능을 개발하는 방법을 알기 위해서는 스포츠 전문성이 무엇인지 알아야 한다. 전문가가 되려면, 운동선수는 기술적 · 신체적 · 인지적(전술적 지식과 지각 능력 포함)과 심리학적(Janelle & Hillman, 2003에서 각색한 〈표 10–1〉 참조, 2003) 네 가지 필수 영역에 대한 전문성을 보유하거나 습득해야 한다. 어느 한 영역이 약하면 선수가 전문가로 성장하는 데 장애가 될 수 있다. 엘리트 선수들은 일반 선수들(동호인 수준의 선수)과 비교했을 때, 이러한 모든 영역에서 더 높은 수준의 전문성을 발휘하는 것

표 10–1 스포츠 전문성의 필수 영역

전문성의 분야	설명	예
1. 기술적	높은 수준의 자동성과 함께 조율되고 효율적이며 세련된 움직임 패턴으로 스포츠 기술을 수행할 수 있는 능력	축구 코너킥을 목표물에 성공시키는 능력 피겨 스케이팅의 트리플 '살코' 점프 실행
2. 신체적	신체 훈련 및 수행-경기력을 향상시키는 신체의 물리적 구성 및 내부 시스템의 능력	근육 섬유 유형, 유산소 및 무산소 운동 능력, 유연성, 신체 부위의 크기
3. 인지적 전술지식	다양한 상황에서 가장 효과적인 전략을 결정하는 능력	소프트볼 유격수는 주자와 아웃 카운트에 따라 최적의 수비 플레이를 선택
지각된 기술	환경에서 가장 관련성이 높은 단서를 추출하고, 패턴을 빠르게 인식하며, 고급 예상 단서 및 시각적 검색 전략을 사용하여 순간적으로 최선의 결정이나 반응을 이끌어 내는 능력	축구 골키퍼가 상대방의 위치와 움직임을 읽고, 예측하고, 반응하여 슛을 막음
4. 심리적	장기적인 목표 추구, 인내, 자신에 대한 믿음, 산만하지 않은 집중력 및 감정 조절을 향상시키기 위해 행동을 조절하는 능력	경기 상황 중 사격 전 각성 수준을 조절하는 양궁선수 연장전 상황에서 열광적인 관중의 압박 속에서도 집중력과 루틴을 유지하여 자유투 던지는 농구선수

1) 교육에서의 영재성에 관한 연구(예: Gagne, 2009)에서 영재성은 타고난 능력(이 책에서는 재능 혹은 인재–talent이라고 함)을 의미하며, 재능은 일반적으로 체계적으로 개발된 역량(이 책에서는 기술 또는 전문성이라고 함)을 의미한다.

으로 지속적으로 밝혀져 왔다(Epstein, 2013; Farrow, 2010; Helsen & Starkes, 1999; Krane & Williams, 2010). 운동 선수는 스포츠 전문성의 모든 요소를 갖추지 않아도 성공할 수 있지만, 전문가로 성장하는 데 필요한 요소를 개발하지 못하면 기량 한계에 도달하게 될 것이다.

3) 재능 개발이란 무엇인가

재능 개발이란 선수들의 학습과 경기력을 향상시킬 수 있는 가장 적절한 환경을 제공하는 것을 말한다. 재능이 잠재력에 관한 것이라면, 재능 개발은 어린 선수들이 잠재력을 깨닫고 성취할 수 있도록 돕는 것이다. 운동선수는 연습, 경험, 코칭을 통해 특정 종목의 기술을 향상시키고, 지속적이고 열성적인 연습, 경험, 코칭을 통해 해당 종목에서 전문가가 될 수 있다([그림 10-1] 참조). 따라서 재능은 광범위한 개인적 노력을 통해 얻은 기술 발전과 단련을 통해서만 전문성으로 전환된다.

모든 유청소년 스포츠는 보다 일반적인 의미에서 재능을 개발하는 것이어야 하며, 각 어린이가 자신의 재능을 최대한 개발할 수 있도록 돕는 데에 초점을 맞추어야 한다(제3장에서 명시된 유청소년 스포츠의 중요한 목표). 그러나 유청소년 스포츠의 또 다른 중요한 목표는 운동 재능을 개발하여 올림픽과 같은 엘리트 수준에서 경쟁할 수 있는 전문성을 갖춘 선수를 육성하는 것이다. 모든 선수가 [그림 10-1]의 오른쪽(전문성 신장)으로 이동하여 로리 맥길로이처럼 전문 선수가 될 수 있는 재능이나 열의를 가지고 있는 것은 아니다. 대부분의 유청소년 선수들은 기본적인 스포츠 기술을 개발하기 위해 연습하고, 경쟁하며, 코치의 조언을 경청한다([그림 10-1]의 왼쪽에서 나타남). 열한 살 아들에게 여름 수영 시즌을 대비하기 위해 겨울 스트로크 강습 참가를 제안했을 때, 아들은 "제가 왜 레슨을 받아야 하나요? 전 이미 수영할 줄 알아요."라고 대답했다.

비록 우리가 모든 유청소년 스포츠 참가자들을 위한 재능 계발을 목표로 하지만, 이 장의 대부분은 [그림 10-1]에 표시된 전체 순서에 초점을 맞추고 있다. 다수의 유청소년 스포츠 참가자들이 전문가가 되지 않더라도 스포츠 전문성으로 이어지는 재능 개발 과정을 이해하는 것이 매우 중요하다고 할 수 있다. 스포츠 전문성 개발의 목표는 중요하며, 전 세계 훈련 프로그램에서 자국의 체육 인재를 육성하기 위한 최선의 방법을 고민하는 것은 세계적인 공통 현상이다.

4) 재능을 발견하는 것이란: 재능을 식별하는 것은 무엇인가

재능 식별은 특정 스포츠에서 전문성을 발휘할 수 있는 잠재력을 가진 유청소년을 구별(일반적으로는 선발)하는 과정이다. 재능 발견, 재능 선발 등 다른 용어가 사용되기도 하지만, 일반적으로 특정 스포츠에서 성공할 가능성이 있는 인재를 발굴하기 위해 어린 사람을 평가하기 위한 것을 의미한다. 그런 다음 일반적으로 확인된 인재를 대상으로 한 전문화된 인재 육성 프로그램을 실시한다.

1950년대에 소련과 구 동독을 포함한 동구권 국가들의 주도로 체계적인 인재 발굴 및 육성 프로그램이 시작되었으며, 이들 국가는 1970년대와 1980년대에 국제 스포츠에서 큰 성공을 거두었다. 제1장에서 설명한 바와

[그림 10-1] 스포츠에 재능 계발 과정

같이, 중국은 정부가 후원하는 체계적인 인재 발굴 및 육성 프로그램을 통해 전문 스포츠학교에서 훈련할 선수를 선별하고 있다.

1976년 몬트리올 올림픽에서 단 하나의 금메달도 따지 못한 호주는 2004년 아테네 올림픽에서 17개의 금메달을 획득하며 국가 메달 수에서 4위에 올랐다. 이러한 국제적인 스포츠 전문성의 급상승에 대한 주요 원동력은 1993년에 호주의 시드니에서 2000년 하계 올림픽을 유치하기로 설정된 것이었다. 호주 정부는 올림픽 개최를 준비하기 위해 1억 3,500만 달러를 투자하여 국가적 인재 발굴 프로그램을 포함한 선수 육성을 강화하였다. 육상, 사이클, 카누, 수영, 조정, 철인 3종 경기, 수구, 역도 등의 종목에서 전국적인 선수 발굴 및 테스트 프로그램을 실시하였다. 호주가 2000년에 획득한 58개의 메달은 8년 만에 114% 증가한 것이었다(Baker & Schoreer, 2010). 이 프로그램의 성공은 2006년 국가 인재 발굴 및 개발 프로그램의 설립으로 이어졌다(Gulbin, 2012).

영국은 2012년 런던 올림픽을 유치한 후 이와 유사하게 인재 발굴 및 개발 프로그램을 시행했다(Vaeyens, Gulich, Warr, & Philippaerts, 2009). 영국 탤런트 팀이라는 이름으로 전국적인 모집 캠페인을 진행하여 7,000명 이상의 선수를 평가하고 새로 개발된 프로그램에 영입했다. 한 예로, 스포츠 자이언츠 캠페인이 있다. 조정, 핸드볼, 배구 등의 종목에 빠르게 성장할 수 있는 키가 큰 운동 인재들을 심사를 통해 찾아냈다. 영국의 인재 발굴 및 육성 프로그램은 유청소년의 재능 프로파일링을 통

쉬어가기

골프의 재능

로리 맥길로이는 [그림 10-1]에 나타난 재능 개발 과정의 훌륭한 예다. 맥길로이는 15세 때 브리티시 오픈에 출전했고, 18세 때 프로 골퍼가 되었으며, 최연소 세계 50대 골프선수가 되었다. 2014년, 25세의 나이로 맥길로이는 4개의 메이저 대회에서 우승하며 세계 최고의 골퍼로 등극하였다.

생후 18개월부터 아버지와 함께 골프 연습장에 가서 공을 치며 골프에 대한 재능을 보였다. 다른 사람들도 맥길로이의 재능을 바로 알아챘다. 저명한 골프 교사인 짐 맥린은 9살 때 첫 주니어 대회에 출전한 맥길로이를 보고 그의 아버지에게 "이 아이는 잘합니다. 맥길로이 씨. 이 아이는 뭔가 있어요."(Morfit, 2012, p. 64)라고 말하였다. 그는 텔레비전 쇼에서 골프공을 세탁기에 넣는 모습을 보여 주었다(왜냐하면 그는 집에서 이런 식으로 연습했기 때문이다). 맥길로이의 재능을 알아본 부모님은 여러 가지 일과 추가 근무를 하며 그의 성장을 지원하였다.

하지만 무엇보다도 맥길로이의 재능은 골프에 대한 집착과 열정을 통해 전문성으로 발전할 수 있었다. 맥길로이는 어렸을 때 '아침 7시 반부터 밤 10시까지' 골프를 쳤고, 여름에는 보통 하루에 54홀을 쳤다고 말한다(Sampson, 2013, p. 53). 그의 아버지는 하루 종일 연습하고 싶어 하는 그를 '이상한 꼬마'라고 불렀다. 지역 클럽의 교사는 맥길로이가 배우는 과정을 좋아하고, 스스로 교정하는 능력과 어른들의 강요 없이도 더 잘하기 위해 자율적으로 노력하는 모습을 보였다고 말한다. 눈 내리는 추운 어느 날 아침, 맥길로이가 연습장에 가고 싶다고 조르자 부모는 말렸다고 한다. 하지만 소용이 없었고, 연습장은 어린 맥길로이를 위해 눈 속 한 자리를 청소해 주고 200개의 공을 내주었다. 맥길로이의 아버지는 그날도 골프 연습장에서 연습을 하고 집으로 돌아온 맥길로이가 다시 골프 연습장에 가도 되냐고 물었다고 한다. 아버지가 그날 충분히 쳤다고 말하자 맥길로이는 "아빠, 아빠는 내가 더 잘치게 되는 것을 바라지 않아요?"라고 답했다고 한다(Morfit, 2012, p. 65). 로리 맥길로이의 경우처럼 남다른 재능과 남다른 열의는 뛰어난 전문성으로 이어진다.

해 지속적으로 세계적 수준의 성공을 추구하고 있다.

유청소년 스포츠에 참가하는 대부분의 선수가 국가 인재 육성 프로그램에 포함되어 있는 것은 아니다. 하지만 엘리트 선수들을 위한 국제적인 재능 개발 계획 방안은 생활체육 수준(아주 낮은 수준)에서부터 유청소년 스포츠에 영향을 미친다. 따라서 다음 절에서는 전문가로 성장하는 소수의 선수들뿐만 아니라 유청소년 스포츠에 참여하는 대다수의 어린이에게도 영향을 미치는 재능 개발에 관한 몇 가지 주요 이슈를 다루고자 한다.

3. 재능은 어떻게 식별하고, 재능을 가진 사람인지 언제, 누가 결정하는가

영화 〈Trouble With the Curve〉에서 한 나이든 야구 스카우트(클린트 이스트우드 역)는 컴퓨터와 통계를 사용하는 다른 (젊은) 스카우트보다 관찰과 경험을 통해 야구 재능을 더 정확하게 파악할 수 있다는 것을 보여주었다. 언더웨어 올림픽이라는 별명을 가진 내셔널 풋볼 리그에서 매년 실시하는 스카우트 컴바인은 대학 선수들을 대상으로 어지러울 정도로 많은 훈련과 테스트, 인터뷰를 통해 프로 풋볼선수로 성장할 수 있는 능력을 가지고 있는지 평가하는 대규모 인재 발굴 행사다. 팀 운영진마다 해당 행사에 부여하는 가치는 다르지만, 다수의 팀에서 선수의 건강 상태와 전반적인 인성을 최종적으로 확인하기 위해 이 행사를 활용한다. 드래프트 당일의 '버스트'는 몇몇 팀 프런트 직원을 당황하게 만들었는데, 성실한 평가에도 불구하고 그들의 선택이 심각히 잘못되었음을 알았기 때문이었다. 2009년, 21개의 메이저리그 야구 팀이 17세의 마이크 트라우트를 드래프트하는 것을 지나쳤지만 그는 3년 안에 최고의 야구선수가 되었다.

이와 같은 현상은 사람들이 성인 선수들의 재능을 평가하고 예측하려고 할 때 일어난다. 이제 인생에서 가장 큰 신체적, 심리적, 사회적 성숙 변화를 겪고 있는 아이들의 운동 재능을 파악하는 것이 얼마나 복잡한 일인지 생각해 보자. 아이들의 재능은 어떻게 파악해야 할까? 스포츠 과학 서적에는 이에 대한 다양한 의견이 있다. 대부분의 사람들은 스포츠에서 재능을 예측하기는 정말 어렵다는 데 동의한다. 사람들은 스포츠에서 과학에 기반한 확실한 재능 파악을 위한 로드맵이 없다고 한탄한다. 물론 암 치료나 언어 학습에 대한 확실한 과학적 로드맵도 없기는 마찬가지다. 하지만 의학 및 교육 분야에서는 이러한 현상을 더 잘 이해하기 위한 모범 사례를 찾기 위해 계속 노력하고 있다.

1) 재능을 식별하는 방법들

유청소년 스포츠에서 재능을 파악하는 데는 보편적으로 신체 측정(신체 크기 및 비율), 성숙도 추정, 보편적인 신체 능력 테스트, 스포츠별 기술 평가가 사용되어 왔다(〈표 10-2〉 참조). 지각 테스트(반응, 예상, 의사 결

개인적 이야기

당신의 재능은 어떻게 개발되었는가

신체활동과 다른 영역에서의 초기 경험에 대해 생각해 보라. 자신에게 특별한 재능이 있다고 생각한 적이 있는가? 다른 사람이 이러한 재능을 알아봐 주었나? 당신은 자신의 재능이 간과되었다고 생각하나? 자신의 재능이 어떻게 개발되었는지, 그렇지 않았는지 생각해보고 재능 식별 및 개발에 대한 자신의 개인적인 경험에서 배울 수 있는 것이 무엇인지 생각해 보자.

표 10-2 스포츠 재능 식별에 사용되는 방법들

방법	예
신체 측정	앉은 키, 팔 길이, 다리 길이
성숙도 상태 추정치	2차 성징 특징
일반 신체 능력 테스트	30m 스프린트, 셔틀런, 최대 산소 섭취량(VO_2MAX)
스포츠별 기술 평가	축구에서 드리블, 패스, 슈팅
지각 테스트	반응 시간, 안구 운동 추적, 신호지각 후 판 누르기 대응시간
전술적 지식 평가 테스트	인터뷰, 스포츠 전술 기술 목록
게임 또는 전체 지능 테스트	원더릭(wonderlic) 인지 능력 시험
심리평가	오타와 정신 능력 평가도구(OMSAT-3)

정), 전술 지식 평가, 게임 및 종합 지능 테스트, 심리 검사 등을 통해 재능을 평가하는 경우도 있다.

신체 측정은 성숙 상태와 결합하여 특정 스포츠에서 수행 능력에 가장 유리한 신체 유형을 식별하는 것을 목표로 어린 선수의 신체적 특징을 추정하기도 한다(Lidor & Ziv, 2013). 예를 들어, 유청소년 조정 수행 능력에 도움이 되는 인체학적 특징에는 키, 다리 길이, 팔 길이, 체질량 등이 있다(Mikulic & Ruzic, 2008). 일반적으로 평가되는 신체 능력에는 근력, 속도, 유산소 및 무산소 능력, 힘이 포함된다. 이러한 능력은 훈련될 수도 있지만, 특정 스포츠에 대한 선수들의 적합성에 확실히 영향을 미치는 유전적 소인이 있기도 하다. 예를 들어, 손과 눈의 협응력, 상체 근력, 민첩성, 다리 힘은 배구 경기력과 관련이 있다. 유청소년 스포츠에서는 볼 조절, 드리블, 슈팅, 축구의 패스 정확도와 같은 스포츠별 기술 평가가 일반적이다.

2) 재능 식별과 관련된 문제 및 우려 사항

스포츠 과학자들은 재능이 뛰어난 유청소년 운동선수(특히 사춘기 전 아동)와 재능이 부족한 운동선수(예: Abbott, Button, Pepping, & Collins, 2005; Lidor, Cote, & Hackfort, 2009)를 구별하는 평가 방법에 대해 우려를 표한다. 아동은 성장하고, 신체적으로 성숙하고, 심리적으로나 인지적으로 발달하고, 기술 발달에 근본적인 영향을 미칠 수 있는 기회에 참여하기 때문에 어릴 때의 성과와 기술 수준이 성인으로서의 성과를 언제나 정확하게 나타내는 지표가 되는 것은 아니다(Abbott & Collins, 2002). 재능을 크기, 일반적인 신체적 능력, 스포츠별 기술 또는 이들의 조합으로 평가할 때 성숙이 늦은 남학생과 상대적으로 나이가 어린 아이들이 간과될 수 있다는 점을 고려해야 한다. 문제는 잠재력이 아직 잠복해 있어 겉으로 드러나지 않았을 때는 평가하기 어렵기 때문에 재능이 뛰어난 어린 선수들을 지나칠 수 있다.

국가 스포츠 단체가 체계적인 인재 발굴 프로그램에 참여하여 성공 가능성이 가장 높은 스포츠 활동과 어린 선수들을 연결하려는 동기는 쉽게 이해할 수 있다. 이는 국가 스포츠 단체에 도움이 될 뿐만 아니라 신체적 특성과 기술을 바탕으로 스포츠에 적합한 어린 선수들에게도 도움이 될 수 있다. 우리는 또한 인재를 키우기 위한 자원이 제한되어 있다는 것을 이해한다. 국가 단체는 물론 학교 및 동아리 프로그램에서도 대표선수가 될 수 있는 자리는 한정되어 있기 때문에 다양한 재능 식별 방법을 사용한 평가를 통해 대표 선수를 결정해야 한다. (비록 재능이 아직 잠자고 있는 일부 개인을 선발하지 못하더라도) 국가, 클럽, 프로 및 학교 스포츠 단체가 후원하는 선발형 프로그램에서는 피할 수 없는 일이다. 비결은 더 잘하는 것이다.

3) 재능: 인재 식별 이전에 재능 발달을 위한 제안

좁고 제한적이며 조기에 재능을 파악하는 것보다 넓은 의미의 재능 개발을 강조해야 한다. 지속적인 스포츠 참여의 흐름으로 유입되는 아동의 수와 유형을 제한하는 좁은 문을 넓힐 수 있는 방법을 찾는 것은 반드시 필요하다. 다음은 이를 위한 제안 사항이다.

(1) 다양한 경로에 주목하고 여러 방안을 준비하라

제3장에서는 유청소년 스포츠의 구조적, 철학적 변화를 제안하기 위해 스포츠 참여의 팜 커뮤니티 모델을 제시하였다. 핵심은 아이들이 개인의 재능을 개발하기 위해 선택할 수 있는 여러 가지 경로를 생각하는 것이다.

뉴질랜드 스포츠는 모든 유청소년들이 각자의 잠재력을 발휘할 수 있는 다양한 경로를 제공하기 위해 재능 개발 프레임워크를 개발하였다. 첫 번째 목표는 모든 어린이에게 능력과 자신감을 키울 수 있도록 기본적인 운동 기술과 스포츠에 특화된 기술을 개발하는 것이다. 그런 다음 아이들은 '일반적 참여 중심 경로' 또는 '높은 난이도-고성과 수행의 목적을 가진 경로'를 선택한다. 일반적 참여 중심 경로는 유청소년기 동안 재미 위주의 스포츠 경험을 체험할 수 있는 자원과 기회를 제공한다. '높은 난이도-고성과 수행 목적 경로'는 전문성을 개발하고 엘리트 선수 지위를 추구하고자 하는 고도로 숙련되고 동기가 부여된 어린이를 대상으로 한다. 스포츠 뉴질랜드의 재능 개발 프레임워크의 철학적 기반은 재능은 역동적이고 쉽게 예측할 수 없으며 영재 운동선수는 발달 단계에 관계 없이 나타날 수 있다는 데에 있다. 마찬가지로 호주 스포츠 협회는 참여 경로와 재능 경로를 모두 도입하였는데, 이는 모든 어린이들의 재능을 개발하는 데 초점을 맞춘 점진적인 프로그램으로, 일부는 엘리트 스포츠 선수로 진출하고 다른 일부는 레크리에이션 스포츠에서 활동하는 데 중점을 둔다.

지역 수준에서 학교 운동감독, 스포츠 클럽 감독 및 지역사회 레크리에이션 감독은 포괄적인 계획을 세울 수 있다(제3장의 야자수 가지 모형을 사용). 그런 다음 커뮤니티 구성원들에게 이러한 기획에 대해 광고, 홍보 및 교육할 수 있다. 아이들은 스포츠의 피라미드 모델(상향 또는 하향)에 길들어 있기 때문에 학교나 클럽팀 활동을 그만두면 스포츠를 완전히 그만두는 경우가 많다. 유청소년이 자신의 재능을 계속 개발할 수 있도록 매력적인 대안 경로를 제공해야 한다. 몇몇 유청소년들은 지역 중학교 팀에서 제외되었고, 지역 사회 일반 동호회 농구 대회에 12세와 13세 남자아이들이 부족하여 대회를 개최할 수 없었다. 레크리에이션 디렉터와 협력하여 14명의 남학생들과 2명의 성인 코치가 만나 기술을 연습하는 'n-house' 리그를 만들어 일주일에 두 번씩 만나 연습하도록 했다. 아이들의 재능이 발굴되기도 전에 도태되지 않도록 하기 위해 '하나의 학교에 하나뿐인 팀'을 넘어서는 더 많은 대안적인 다양한 대회(기회)가 필요하다.

(2) 스포츠 재능의 발굴과 개발에서 심리행동적 기술을 강조하라

인재 식별 및 개발 계획은 신체적 능력과 성과가 어떤지에 따라 달라진다. 그러나 연구에 따르면, 심리적 기술(예: 동기부여, 헌신적 참여, 정신적 강인함)이 전문가와 비전문가를 구분하며(Gulbin et al., 2010) 신체적 기술보다 엘리트 선수를 더 잘 예측할 수 있다(MacNamara, Button, & Collins, 2010a; Smith & Christensen, 1995; Smith, Schutz, Smith, Smith, Smoll, & Ptacek, 1995)고 한다. 전문 선수를 배출하는 것으로 유명한 덴마크 엘리트 축구 아카데미의 코치들은 노력하지 않는 재능이 뛰어난 선수보다 재능은 조금 떨어지지만 열심히 노력할 수 있는 정신력을 가진 선수를 선발한다고 인정한다(Larsen, Alferman, & Henriksen, 2013). 마찬가지로 여러 올림픽 선수를 배출한 노르웨이의 엘리트 카약 학교에서는 선수들이 힘든 훈련 과정을 완수하는 능력에 영향을 미치는 동기, 규율 및 자율성을 신체 측정 및 신체 능력보다 더 강조한다(Henriksen, Stambulova, & Roessler, 2011).

어린 선수는 재능의 수준에 관계없이 재능 개발에 필요한 태도와 정신력을 갖춰야만 성공할 수 있다. 물론 코치들은 팀원을 선발할 때 주관적으로 정신 능력을 평가하지만, 재능 식별 및 개발 계획에서 심리 평가 활용성은 상대적으로 낮다(MacNamara & Collins, 2012).

(3) 현재 고정적 기술 수준보다는 미래의 재능 잠재력에 주목하라

고등학교와 중학교 코치들은 포지션이 제한된 팀에서 선수를 선발해야 하며, 일반적으로 이러한 선발은 현재의 기술 수준에 따라 이루어지게 된다. 그러나 진정한 재능을 평가하기 위해 코치와 교사는 신체 크기 및 특성과 관련된 성숙도, 광범위한 기본 운동 기술에서의 조정력, 특정 스포츠에 대한 특정 기본 운동 및 필수 기술을 평가하여 기술 잠재력을 추정할 수 있다. 어린 선수들은 스포츠 경험에 따라 차이가 있을 수 있지만, 일부 선수들은 스포츠 특정 기술을 더 쉽게 발전시킬 수 있는 기본 기술과 능력의 원천적인 징후를 보이기도 한다. 재능 식별이 정확한 과학이 될 수는 없지만, 훈련을 통해 특정 기술로 발전시킬 수 있는 운동 능력을 찾는 것은 중요하다. 흥미롭게도 거의 모든 코치들이 이러한 자질

쉬어가기

축구 인재 육성 기구

독일은 거의 50년 동안 세계 남자 축구를 지배해 왔지만 1990년대 후반에 이르러서는 이러한 전통적 명성이 사라지고 국제 대회 성적도 평범해졌다. 이를 해결하기 위해 독일은 다른 대부분의 나라들의 부러움을 사는 새로운 생활체육 유청소년 축구 인재 육성 시스템을 만들었다. 전국에 121개의 국가 인재 센터를 설립하여 10~17세 축구 선수들을 훈련하였고, 각 센터에는 두 명의 전임 코치가 배치되었다. 또한 독일 프로 축구 리그인 분데스리가의 36개 프로 구단은 모두 유청소년 아카데미를 건립하도록 의무화하였다. 2012년 분데스리가 36개 구단은 유청소년 육성에 총 1억 달러를 지출했는데, 이는 세계 어느 프로 스포츠 리그보다 많은 금액이다.

독일 축구협회는 이동식 코칭 부서를 설치하여 전국을 돌며 학교와 클럽을 방문하고 지역 클럽에 유청소년 훈련 방법을 조언하는 등 유청소년 인재를 발굴하고 육성하는 데 각별한 관심을 기울였다. 선수 개개인의 기술 수준을 향상시키기 위해 작은 구장에서 4인제 경기를 하는 것에서 볼 수 있듯 코칭 철학은 기술 능력을 개발하는 데에 있다. 협회 이사는 "독일에는 넓은 그물망이 있습니다. 재능 있는 선수가 그 틈새로 빠져나가는 것은 사실상 불가능합니다."(Grohmann, 2013)라고 밝혔다.

그 결과 독일은 2014년 월드컵에서 우승을 차지하며 세계에서 가장 젊고 꾸준히 성공을 거둔 축구 국가대표팀이 되었다. 국가적인 인재 개발 프로그램은 분데스리가 구단 스쿼드의 절반을 자국 선수가 차지하도록 하였다. 독일은 프로 스포츠 조직과 국가 스포츠 조직이 체계적인 생활체육 접근 방식을 통해 인재를 어떻게 발굴 및 육성할 수 있는지에 대한 전형적인 모델을 제공한다.

을 식별할 수 있다고 말하지만, 그 방법을 정확히 설명하기는 매우 어렵다.

4. 연습과 타고난 자질이 스포츠 전문성에 미치는 상대적인 영향력

리오넬 메시와 같은 뛰어난 운동선수의 숙련된 경기력을 볼 때 가장 먼저 떠오르는 것은 무엇인가? 재능, 천재, 신동과 같은 단어가 떠오르는 경우가 많다. 메시가 자신의 기술을 연마하기 위해 연습에 매진한다는 것은 인정하지만, 그의 전문성은 타고난 재능의 결과라고 설명하는 것이 일반적이다. 엘리트 선수가 되고자 하는 아이들에게 타고난 재능과 연습은 어떤 상대적인 영향을 미칠까? 이 질문에 대한 답이 중요한 이유는 타고난 재능과 연습 중 어느 것이 더 중요한지에 대한 생각이 오늘날 유청소년 스포츠에 큰 영향을 미치기 때문이다.

1) 연습과 경험의 중요성

데이비드 베컴의 아버지는 아들이 어렸을 때 몇 시간 동안 같은 자리에서 축구공을 차던 모습을 떠올린다. 그의 아버지는 "아들의 노력은 숨이 멎을 정도였습니다. 때때로 베컴은 축구 경기장에 사는 것처럼 느껴질 정도였습니다."(Syed, 2010, p. 61–62). 베컴의 예에서 보듯이 전문성 개발에 있어 연습과 경험의 중요성은 널리 알려진 사실이다.

(1) 1만 시간과 10년 처방전

계획적 실천 이론(Ericsson, Krampe, & Tesch-Romer, 1993)은 전문성을 위한 스포츠 훈련에 대한 생각에 큰 영향을 미쳤다. 초기 연구에서 에릭슨과 동료들은 베를린의 저명한 음악학교에 재학 중인 바이올리니스트 세 그룹의 연습 습관을 조사하여 어떤 그룹이 다른 그룹보다 더 나은 이유를 찾아냈다. 그룹 1에는 세계적인 음악가로 성장한 학교의 스타들이 포함되어 있었다. 그룹 2에는 높은 평가를 받고 있지만 그룹 1보다 한 단계 아래인 바이올리니스트들이 있었고, 그룹 3에는 연주자 수준은 아니지만 음악 교사가 될 예정이었던 바이올리니스트들이 있었다. 바이올리니스트들은 모두 8세 무렵에 연주를 시작했고, 15세 무렵에 음악을 직업으로 삼기로 결정한 사람들이다. 이들은 모두 같은 선생님을 만나고 아카데미에서 같은 수업 일정을 소화했다. 따라서 흔히 그렇듯이 타고난 재능이 그룹 간 음악적 능력의 차이를 만들어 냈다고 생각할 수 있는 상황이었다. 그러나 에릭슨과 동료들은 훈련 이력을 조사한 결과, 그룹 1 바이올리니스트들은 20세까지 평균 1만 시간의 연습 시간을 보냈다는 사실을 발견했다. 반면, 그룹 2는 평균 약 7,500시간, 그룹 3은 평균 약 5,000시간을 연습한 것으로 나타났다. 두 번째 연구에서 에릭슨과 동료들(Erikson et al., 1993)은 전문 피아니스트는 20세까지 평균 1만 시간 이상의 연습 시간을 쌓은 반면, 아마추어 피아니스트는 약 2,000시간에 그쳤다는 사실을 발견했다. 이에 전문성 개발을 위한 1만 시간 연습 시간설(처방전)이 탄생하였다.

전문성 개발을 위한 1만 시간 연습 시간설과 함께 체스 선수가 국제적인 수준의 기량에 도달하는 데 약 10년이 걸린다는 연구 결과에 근거하여 10년 훈련지침이 제안되었다(Simon & Chase, 1973). 연구들은 일반적으로 스포츠 전문성 개발에 대한 1년의 훈련지침을 지지해 왔다(Baker, Cote, & Abernathy, 2003; B1oom, 1985; Gulbin et al., 2010; Helsen, Hodges, Van Winckel, & Starkes, 2001). 두 처방이 반드시 일치할 필요는 없지만(10년 또는 1만 시간이 될 수 있음), 이 기간 동안의 시간을 계산해 보자. 10년 동안 1만 시간을 훈련하려면 1년에 1,000시간, 한 달에 84시간, 주당 21시간, 주 7일 하루에 3시간씩 10년 동안 훈련해야 한다. 정말 많은 연습이 필요하다는 것을 알 수 있다. 하지만 에릭슨에 따르면 그냥 연습만으로는 충분하지 않다고 한다.

(2) 의도적 연습의 중요성

에릭슨과 동료들(Erikson et al., 1993)에 따르면, 전문성 개발을 위한 10년이라는 처방은 의도적인 연습이 수반되지 않는 한 유효하지 않다고 한다. 계획된 연습은 성과 향상이라는 명시적인 목표를 가진 고도로 구조화된 활동이다. 노력이 필요하며 본질적으로 즐기는 것을 목표로 하는 것이 아니다. 반복뿐만 아니라 현재 수준 이상으로 기술을 향상시키기 위한 노력과 집중이 필요하다. 탁월한 수행력 또는 경기력은 10년 이상 기간 동안 최대의 노력을 기울인 의도적 연습의 성과인 것이다. 스포츠에 대한 이러한 의도적 연습 처방에는 몇 가지 사전 조건이 있지만(이후 절에서 설명), 스포츠 재능과 전문성을 개발하는데 있어 의도적인 연습의 중요성은 놀라운 사실이 아니다(Baker & Young, 2014; Cote, Baker, & Abernathy, 2007). 전문가들은 일반적으로 의도적인 연습에 많은 시간을 투자할 뿐만 아니라 경기력 향상과 가장 관련성이 높은 특정 활동(예: 경기 내 고급 기술 습득)에도 많은 시간을 할애한다. 이러한 전문가는 항상 모든 것을 더 많이 시키는 것은 아니지만, '사소한 일-기본기를 훨씬 더 많이 연습시키는'(p. 86) 경향이 있으며, 이는 비전문 운동선수는 보이지 않는 점진적 단계 수행 능력 향상과 연결된다(Young & Salmela, 2010). 의도적인 연습 계획은 스포츠 전문성을 개발하는 데 있어 타고난 능력보다 후천적 연습을 우선하는 여러 인기 서적을 탄생하도록 했다. 여기에는『The Gold Minne Effect』(Ankerson, 2012),『Bounce』(Syed, 2010),『The Talent Code and the Little Book of Talent』(Coyle, 2009, 2012), 그리고『Talent is Overrated』(Colvin, 2008) 등이 있다.

(3) 스포츠 전문성에 있어서 인간의 '소프트웨어'가 중요한 이유

2004년 펩시 올스타전에서 올림픽 소프트볼 챔피언 투수 제니 핀치는 메이저 리그의 슈퍼스타 알버트 푸홀스를 삼진으로 돌려세웠는데, 푸홀스는 핀치의 투구를 파울로 처리하지도 못하였다. 나중에 그녀는 배리 본즈에게도 똑같은 일을 해냈다(Epstein, 2013). 메이저 리그 역사상 가장 위대한, 야구장에서 시속 95마일(시속 153킬로미터)의 야구공을 일상적으로 쳤던 두 타자가 핀치가 던진 시속 68마일(시속 109킬로미터)의 소프트볼 투구에는 어떻게 공에 배트가 닿지도 않고 삼진을 당하게 되었을까?

세계적인 탁구 선수이자『바운스(Bounce)』(2010)의 저자인 매튜 사이드(Matthew Syed)는 전 윔블던 테니스 챔피언인 마이클 스티치에게 자신에게 최대 속도로 테니스 공을 던져 달라고 부탁한 적이 있다. 스티치는 공식 대회에서 시속 135마일(시속 217킬로미터)로 서브를 넣는 기록을 가지고 있다. 그런 속도에 대응하기란 쉽지 않은 일이었지만, 시드는 어린 나이부터 탁구 기술을 연마해 왔고 세계 정상급 선수들을 상대로 탁구 서브와 스매시를 리턴할 때 탁월한 리액션을 보여 왔다. 테니스 공에 반응하는 것은 탁구공에 반응하는 것과 비슷할 것이라 예상했겠지만, 전혀 그렇지 않았다. 사이드 선수는 스티치가 서브한 공을 거의 볼 수 없었고 리턴할 기회도 없었다고 인정하였다. 어떻게 이런 일이 일어날 수 있을까?

두 사례에 대한 해답은 운동선수가 전문가 수준의 기량을 발휘할 수 있도록 하는 두뇌의 '소프트웨어'를 개발하는 방식과 관련이 있다(Epstein, 2013; Williams & Ward, 2003). 운동선수가 연습과 경험을 통해 개발하는 소프트웨어는 기술별로 매우 다양하다. 메이저 리그 투수의 직구가 손에서 타석까지 도달하는 데 걸리는 일반적인 시간은 400밀리초다. 스윙을 시작하는 데 필요한 시간으로 인해 타자는 공이 투수의 손을 떠난 직후에 스윙 여부와 방향을 결정한다(Takeuchi & Inomata, 2009). 이것은 반응 시간이 아닌 학습된 기술이기 때문에 푸홀스와 본즈가 핀치의 공을 칠 수 없었던 것이다. 최고 수준의 테니스 선수들은 공을 서브하는 상대 선수의 몸통과 엉덩이를 보고 시각적 신호를 포착하여 공이 어디로 날아올지 미리 예측한다. 사이드는 탁구에서는 뛰어난 반응 속도를 보였지만 테니스에 필요한 시각 추적 능력을 사용할 수 있는 학습된 역량을 갖추지는 못하였던 것이다.

광범위한 훈련을 통해 개발된 인간의 소프트웨어는 전문가와 비전문가를 구분하는 주요 단서다(Janelle & Hillman, 2003). 이는 일반적으로 전문가와 비전문가 사이에 차이가 없는 일반적인 반응 시간과 같은 타고난 '하드웨어' 요소와는 다르다. 노벨상 수상자가 수행한 유명한 체스 연구는 또 다른 유형의 소프트웨어 전문성을 입증하였다(Chase & Simon, 1973). 그랜드 마스터(체스에서 최고 수준의 선수)는 매우 경쟁적인 게임 상황에서의 체스 말 위치 배열을 몇 초 동안 관찰한 후 숙련도가 낮은 선수보다 훨씬 더 정확하게 빈 체스판에 재현할 수 있었다. 그러나 체스 게임에서는 절대 일어나지 않는 무작위 배열로 말들을 배치하자 그랜드 마스터의 기억력 우위는 사라졌다. 숙련된 그랜드 마스터들이 사진을 찍는 듯이 기억하는 하드웨어적 암기 이점을 가지는 것은 아니다. 대신 체스판을 연구한 방대한 경험을 바탕으로 중요한 시각적 정보에 집중하고 이를 한데 묶어 더 쉽게 기억할 수 있는 것이다.

숙련된 선수의 소프트웨어에는 경험이 적은 선수에 비해 구조화된 게임 상황에서 더 많은 정보를 유지, 기억, 인식하는 능력, '게임이 어떻게 작동하는가'에 대한 더 높은 수준의 게임 지식, 고급 시각적 단서(어디를 어떻게 봐야 하는지 아는 것)를 사용하는 능력이 포함된다(Helsen & Starkes, 1999). 저자의 대학 수업에서는 전문 운동 소프트웨어가 실제로 작동하는 모습을 보여 주는 유튜브 동영상을 보여 주곤 한다. 이 영상 시청 시간에는 포르투갈 프로 축구 스타 크리스티아누 호날두가 코너킥을 받아 골대 앞에서 득점하는 장면을 반복해서 보여 준다. 코너에서 공을 차는 순간 실험자가 조명을 꺼서 호날두가 공을 보지 않고 플레이하는 것과 같은 경험을 하게 한다. 완전한 어둠 속에서 공을 추적하고 가로채서 득점하는 호날두의 놀라운 능력은 수년간의 훈련과 경험을 통해 정교하게 연마된 축구 소프트웨어의 결과라고 할 수 있다.

(4) 타고난 성격-특성의 중요성

이러한 흥미로운 스포츠 소프트웨어 사례는 스포츠 전문성에서 인간의 하드웨어가 전혀 중요하지 않다는 것을 의미할까? 물론 그렇지 않다. 대부분의 저명한 연구자들은 전문성이 생물학적으로 타고난 특성뿐만 아니라 환경(예: 훈련) 모두의 영향이라는 데 동의한다(Davids & Baker, 2007; Gagne, 2009; Simonton, 1999).

스포츠 전문성에 영향을 미치는 타고난 자질에 대한 많은 예는 『스포츠 유전자』(Epstein, 2013)라는 책에 나와 있다. 한 가지 예로 프로 야구 및 소프트볼 선수들의 시력 향상(모든 선수의 평균 시력은 20/13이지만, 폼 또는 리그 포지션 야구선수와 2008년 올림픽 소프트볼선수의 시력은 20/11로 정상 시력인 20/20에 비해 향상됨)이 있다[2](Laby, Kirschen, & Pantall, 2011; Laby et al., 1996). 물론 이것이 모든 엘리트 선수, 심지어 모든 엘리트 야구 및 소프트볼 선수가 뛰어난 시력을 가지고 있다는 것을 의미하는

2) 일부 연구에 따르면 젊은 사람들은 평균적으로 표준 20/20 시력보다 더 나은 시력을 가지고 있다고 한다. 엘리트 야구 및 소프트볼 선수는 일반적으로 젊기 때문에 연구 결과에 영향을 미칠 수 있다. 그러나 이 연구에서 운동선수들에게서 관찰된 시력은 젊은 사람들을 대상으로 한 연구에서 발견되는 일반적인 시력 우위를 넘어서는 것이었다.

것은 아니다. 하지만 뛰어난 시력은 이러한 스포츠에서 다음 상황을 예상할 수 있는 신호를 포착하는 데 도움이 되므로 반응 속도보다 우선할 수 있다는 것을 의미한다.

또 다른 예로 운동선수의 유산소 능력과 근육 섬유 유형 구성에 따른 신체 훈련 능력의 차이를 들 수 있다. 훈련을 통해 유산소 능력을 향상시킬 수 있는 개인의 능력 중 대략 절반은 유전적 구성에 의해 결정된다(Bouchard et al., 2010). 따라서 운동선수는 유산소 훈련에 민감하게 반응하는 선수와 상대적으로 덜 민감하게 반응하는 선수로 분류할 수 있으며, 한 스포츠 과학자의 말처럼 "안타깝게도 이 연구에서 상대적으로 둔감하게 반응하는 선수에게는 미리 정해진 (유전적) 알파벳이 '러너'라는 철자가 아닐 수도 있다"(Bamman, 2010, p. 1452). 제9장에서 설명한 것처럼 운동선수의 근섬유 유형 분포는 확실히 훈련 능력에 영향을 미친다. 장거리 육상 선수는 유산소 운동 능력에 도움이 되는 지근 섬유(1종)의 비율이 높을 때 유리하다(Fink, Costill, & Pollack, 1977). 반대로 단거리 달리기 선수는 속근 섬유(2종)의 비율이 높을 때 유리하다. 훈련을 통해 두 가지 유형의 섬유 능력을 향상시킬 수는 있지만(지금은 더 오래 지속적으로 힘을 쓸 수 있게 하고, 속근은 더 강한 힘을 폭발적으로 사용할 수 있음), 단거리 달리기 선수를 장거리 달리기 선수로 만들 수는 없다.

발 크기(수영), 어깨 너비(역도), 다리 길이(높이뛰기)가 운동선수의 훈련과 수행 능력에 어떤 영향을 미치는지 생각해 보자. 이 모든 예는 엡스타인(Epstein, 2013)이 제시한 전문성에 대한 핵심 요점을 잘 보여 준다. "시력과 같은 물리적 하드웨어만으로는 운영 체제만 있고 프로그램이 없는 노트북처럼 쓸모가 없지만, 타고난 특성은 스포츠에 특화된 소프트웨어를 다운로드하면 누가 더 나은 컴퓨터를 가질 수 있는지를 결정하는 데 유의미한 차이를 만들 수 있다."(p. 44). 특정 스포츠 유형에서 타고난 장점을 가지고 태어난 어린이는 타고난 재능이 적은 어린이보다 해당 스포츠에서 더 쉽게 성공할 수 있고 내면적으로 강화될 수 있기 때문에 해당 스포츠 연습에 더 전념할 수 있다.

제곱(곱하기) 효과는 특정 스포츠 활동에 대해서 초기의 작은 생물학적 이점이 훈련과 상호 작용하여 이러한 장점을 가진 운동선수에게 더 큰 효과를 가져오게 한다는 용어다(Ceci, Barnett, & Kanaya, 2003).[3] 훈련을 많이 하고 이 훈련에 적합한 태생적-생물학적 특성을 가진 어린 선수는 특정 스포츠에 적합하지 않은 태생적-생물학적 특성을 가진 선수에 비해 같은 훈련을 했을 때 보다 확실한 이점을 가질 것이다. 간단히 말해, 타고난 하드웨어가 소프트웨어인 전문 지식을 학습한 것이다. 특정 활동에 대한 유전적 소인이 더 유리할수록 열심히 한 연습이 높은 수행력을 가져올 가능성이 커진다(Singer & Janelle, 1999). 일부에서는 특정 유형의 스포츠에서 엘리트 선수가 될 수 있는 아이의 잠재력을 예측하기 위해 유전자 검사를 실시하는 아이디어를 모색하기 시작했다. 콜로라도주 볼더(Boulder)에 위치한 아틀라스 스포츠 제네텍스(Atlas Sport Genetics)는 '유전적 우위가 어디에 있는지'를 보여 주기 위해 어린 자녀를 대상으로 (약 236,600원) 유전자 검사를 실시한다. 이 비침습적 기술은 면봉만 있으면 되며, 무서운 피 검사나 근육을 생으로 잘라내는 검사는 필요하지 않다. 이 검사는 폭발력과 지구력이라는 두 가지 유형의 운동 능력에 영향을 미치는 것으로 알려진 골격근 단백질을 생성하는 알파-액티닌-3(ACTN3)이라는 유전자를 검사한다. 이 테스트를 통해 부모는 자녀가 지구력 종목에 더 적합한

3) 제곱 효과라는 용어는 함께 작용하여 더 큰 이점을 창출할 수 있는 두 가지 요소(예: 의도적인 연습과 동기 부여)를 보다 광범위하게 설명하는 데에도 사용된다.

지, 순발력 종목에 더 적합한지, 아니면 두 가지 종목의 조합에 더 적합한지 알 수 있게 된다. 그러나 유전자 검사를 사용하여 운동 잠재력을 예측하는 것은 아직 매우 시기상조이며 운동 능력에 대한 유전적 영향의 복잡성을 반영하지는 못한다(Baker, 2012). 부모와 코치는 관찰을 통해 쉽게 유추할 수 있는 일반적인 신체 평가를 통해 어린 선수가 스피드 종목과 지구력 종목 중 어느 종목에 더 적합한지 확인하는 것이 좋다. 현재로서는 알파액티닌3 테스트를 통해 알 수 있는 것은 다음 올림픽 100m 결승전에 출전하지 않을 선수(Epstein, 2013)뿐이며, 이는 거의 모든 선수에게 해당된다.

5. 스포츠 재능을 개발하는 가장 좋은 방법은 무엇일까

물론 유청소년 운동선수의 기술과 전문성 개발은 생물학적 구성에 영향을 받기도 한다. 하지만 일반적으로 환경(연습의 양과 유형, 코치, 부모, 참여 기회)의 영향이 기술과 전문성 개발에 가장 중요한 요소로 간주된다. 따라서 어린이의 스포츠 전문성 개발을 위한 최선의 방법에 대해 이미 우리가 알고 있는 사실에 주목하는 것이 중요하다.

1) 연습은 얼마나 계획적이어야 하는가

스포츠 전문성을 향상시키기 위한 훈련의 기간과 방법은 10년 또는 1만 시간의 혹독하고 즐겁지 않은 연습, 가능한 한 일찍 시작하는 것과 같이 엄격하고 고정된 기준에 맞춰져서는 안된다. 강압적인 지도자의 철저히 통제된 연습과 어린 시기부터 기술을 강화하는 훈련 접근 방식은 어린 선수들에게 적합하지 않으며 심지어 해로울 수도 있다.

운동선수들을 대상으로 한 연구에 따르면, 프로(국제) 축구 및 필드하키 선수들은 1만 시간에 가까운 누적 연습 시간을 기록했으며(Helsen et al., 2000; Helsen, Starkes, & Hodges, 1998), 이는 성취도가 낮은(국가 및 지방) 선수들의 누적 연습 시간보다 더 높았다. 세계적인 수준의 철인 3종 경기 선수와 체조 선수는 엘리트 수준에 도달하기 위해 1만 시간 이상을 훈련한 반면, 해당 종목에서 성취도가 낮은 선수는 훈련 시간이 더 적었다(Baker, Cote, & Deakin, 2005; Law, Cote, & Ericsson, 2007). 그러나 다른 연구에 따르면, 일부 팀 스포츠(필드하키, 아이스하키, 넷볼, 농구)의 전문가들은 3,000시간에서 6,000시간 사이의 연습을 누적하여 1만 시간에 훨씬 못 미치는 것으로 나타났다(Baker et al., 2003; Bruce, Farrow, & Raynor, 2013; Soberlak & Cote, 2003). 이러한 연구 결과는 연습 시간과 전문성 사이의 관계를 보여 줄 뿐, 연습이 전문성을 유발한다는 확실한 결론으로 이어지는 것은 아니다.

신생 종목이나 경쟁자가 적은 종목은 선수들이 더 적은 훈련 시간으로도 엘리트 수준에 도달할 수 있는 기회를 얻을 수 있다. 호주는 54년 만에 2002년 올림픽에 재도입된 동계 빙상 종목인 스켈레톤을 위해 특정 인재 발굴 프로그램을 만들고 10명의 선수를 집중 훈련에 참여시켜 국제 대회에 빠르게 출전할 수 있도록 하였다(Bullock et al., 2009). 14개월 동안 약 100시간의 종목별 훈련을 받은 선수 중 한 명은 2006년 올림픽에서 13위에 올랐다. 물론 이렇게 짧은 훈련 기간이 대부분의 스포츠에 적용되지는 않겠지만, 이 사례는 전문성을 위한 훈련에 있어서 한 요인(훈련 시간)이 모든 것에 통용되는 것은 아님을 보여 준다. 이 사례에서 호주는 '재능 전이'라는 개념을 사용하여 스켈레톤 종목에 유리하게 전이될 것으로 생각 되는 재능 특성을 가진 성인 우수 기능자를 발굴한 것이다.

반대로 스포츠가 복잡할수록 초기 연습은 더욱 중요하다. 고도로 발달된 근육 제어 및 조절, 특정 지각 추적과 같은 복잡성이 요구되는 스포츠의 예로는 체조, 야구

(타격), 아이스하키, 테니스 등이 있다. 달리기, 사이클링, 조정, 카약과 같이 기술적으로 복잡하지 않은 스포츠는 조기 참가 필요성이 상대적으로 낮다. 예를 들어, 한 엘리트 레슬링선수는 다른 유청소년 스포츠에 비해 상대적으로 늦은 13세에 레슬링을 시작했지만, 레슬링의 경우 이는 일반적이라 할 수 있다(Hodges & Starkes, 1996). 육상선수들은 성장 후기까지 기술 연습을 많이 하지 않았고, 대신 '타고난' 재능과 신체적 특성에 의존하여 어린 선수 시절의 성공을 거두었다고 인정했다(MacNamara, Button, & Collins, 2010b).

스포츠에서 계획된 연습의 또 다른 측면은 에릭슨과 동료들(Ericsson et al., 1993)의 연구 결과와는 달리 운동선수들이 일반적으로 훈련을 즐긴다는 점이다(Gulbin et al., 2010; Helsen et al., 1998, 2000). 실제로 즐거움 요인은 유청소년 운동선수들의 스포츠 몰입도를 가장 강력하게 예측할 수 있는 것으로 나타났다(Scanlan, Carpenter, Schmidt, Simons, & Keeler, 1993). 전 테니스 챔피언들이 연습에 대해 어떻게 기억하는지 살펴보자.

모니카 셀레스: 연습하고 훈련하는 것이 정말 즐거웠어요.

세레나 윌리엄스: 너무 즐거웠기 때문에 연습하는 것이 축복처럼 느껴졌습니다.

크리스 에버트: 아침에 일어나면 빨리 코트에 나가서 게임을 연습하고 싶었습니다.

많은 유청소년 스포츠 코치가 전문성 개발이라는 목표를 심각하게 착각하고 있는데, 이들은 재미없는 훈련과 지루한 전술 훈련을 효과적인 코칭과 동일시하는 것이다.

스포츠 전문가가 되기 위해 계획적인 연습을 포함하여 열심히 하는 훈련이 필요하지 않다고 말하는 것은 아니다. 당연히 필요하다. 저자의 아버지는 "가치 있는 곳으로 가는 데에는 지름길은 없다."라고 말하곤 했다. 스포츠 전문성을 개발하는 데에는 다양한 접근 방식이 있으며, 모든 사람이 따라야 할 하나의 공식적인 방법은 존재하지 않는다. 또한 여러 스포츠 연구에 따르면 엘리

트 선수들이 전문성을 키우기 위해 시작한 것은 혹독하고 재미없는 훈련이 아니라는 사실도 밝혀졌다.

2) 재능 개발에서 어떤 발달 경로를 따라야 할까

그렇다면 어린 선수들이 운동 재능을 개발하기 위해 어떤 경로를 따라야 할까? 여러 발달 연구를 통해 성공한 운동선수들이 엘리트 선수로 성장하는 과정에서 어떻게 재능을 개발했는지에 대한 몇 가지 시사점을 얻을 수 있다. 또한 제5장에서 설명한 장기적 선수 발달(LTAD) 모델은 어린 선수들의 재능 개발을 안내하는 유용한 프레임워크 역할을 한다.

(1) 전문가에 대한 블룸의 연구

벤자민 블룸(Bloom, 1985)은 재능 있는 운동선수, 예술가, 음악가, 과학자 120명을 대상으로 전문성 개발에 관한 4년간의 종단 연구를 수행했다. 그는 재능 개발에는 수년간의 학습을 위한 노력이 필요하며 교사, 코치, 학부모의 지원과 지도의 양과 질이 이 과정에 매우 중요하다고 하였다.

〈표 10-3〉에서 볼 수 있듯이 블룸은 재능 개발의 단계를 세 가지로 구분하고 연구 참가자들이 어떻게 전문가가 되었는지에 대한 중요한 통찰력을 제공하였다. 우리는 입문 단계를 아이들이 스포츠와 사랑에 빠지는 '로맨스' 단계라고 생각한다. 두 번째 발달 단계는 아이들이 선수가 되는 단계로, 이 기술 훈련 단계에서는 노력과 연습 시간이 크게 늘어나는 것이 특징이다. 완벽 또는 전문가 단계에서는 블룸 참가자들의 삶이 그들의 활동에 의해 지배되었다. 각 단계에 걸쳐 부모와 코치의 역할이 변화하고 참가자의 목표가 재미에서 기능 함양, 고도의 기술 연마로 변화하는 것을 확인할 수 있었다. 또 다른 중요한 발견은 코치들이 프로세스의 첫 두 단계에서 출연자들과 강한 대인 관계를 형성했다는 것이다. 그리고 아마도 가장 중요한 것은 연구 참여자들이 다음 단계의 기술 훈련에 전념하기 전에 자신의 활동(로맨스 단계)에 사랑에 빠지는 것이 필요했다는 점이다.

블룸의 연구는 전문성을 개발하는 데 많은 시간을 투자하는 것도 중요하지만, 높은 수준의 성과를 보장하기에는 충분하지 않다는 점을 강조했다. 따라서 단순히 몇 시간 또는 몇 년의 기술 교육에 집중한다고 해서 자동으로 전문성을 갖추게 되는 것은 아니다. 블룸의 말처럼 학습자가 어떤 활동을 하는지, 어떻게 하는지, 어떻게 느끼는지가 활동에 소요된 절대적인 시간보다 더 중요하다.

표 10-3 블룸(Bloom, 1985)의 전문가 재능 개발에 관한 연구 결과

시작-입문(로맨스) 단계	발전 단계	완성(전문가) 단계
재미있고 유쾌한 활동 참여	운동에 푹 빠짐, [체조]를 하는 아이들이 아니라 [체조 선수]로 자신을 인식함	전문가가 되었으며, 이제 매우 높은 수준의 기술 개발이라는 다음 사항에 중점을 둠
결과가 아닌 과정과 노력에 집중	연습 시간이 크게 증가하고 성취에 대한 집중력 향상 및 기술	스포츠에 완전히 사로잡힘, 이 시점에서 그들의 삶을 지배함
스포츠 활동에 대한 관심을 유발하고 자녀를 올바르게 양육하는 부모	기술적으로 더 숙련되고 어린이에게 개인적인 관심이 많은 코치	훈련과 경쟁에 대한 책임이 코치에서 선수로 전환되어 선수는 자율적이고 고도의 지식을 갖춤
코치들은 기술적으로 뛰어나지는 않지만, 따뜻하게 지지함	크게 향상된 연습 시간과 선수 스스로와 부모의 희생과 노력 필요	낮아지는 부모의 역할

(2) 코트 스포츠 참여 3단계

장 코트는 블룸의 기존 연구를 확장하여 다양한 스포츠 종목의 전문가 운동선수에 대한 연구를 진행하였다(Cote, 1999; Cote, Baker, & Abernathy, 2003). 그의 연구 결과를 바탕으로 코트는 샘플링(6~12년), 전문화(13~15년), 투자(15년 이상)의 세 가지 스포츠 참여 단계로 전문가 지위를 획득하는 단계를 구체화하였다. 각 단계와 관련된 특성은 〈표 10-4〉에 나와 있다. 블룸(Bloom, 1985)과 마찬가지로 코트도 프로 선수들은 고도의 계획적인 연습을 통해 강도 높은 훈련을 시작하지 않는다는 것을 발견하였다. 오히려 입문기나 샘플링 시기는 스포츠에 재미를 느끼는 시기이고 이러한 시기는 스포츠에 대한 애정을 키우는 데 매우 중요하며, 이는 나중에 선수들이 체계적인 연습에 전념할 수 있게 하는 동력이 된다. 이같은 애정이 형성되지 않으면 선수들은 일반적으로 전문화 기간 동안 훈련 강도가 높아지면 지치는 모습을 보이면서 운동을 포기하는 선택을 하게 된다.

또한 〈표 10-4〉에서 샘플링 시기는 말 그대로 많은 활동을 샘플링하는 시기를 의미한다. 이 책의 앞부분에서 언급하였듯이, 어린 시절은 일방적으로 한 음식만 강제 섭취하는 것이 아니라 아주 다양한 종류의 음식을 조금씩 맛보는 뷔페 체험기가 되어야 한다. 전문 운동선수들은 5세부터 12세까지는 여러 활동에 참여하지만, 13세 이후부터는 전문화 시기로 접어들면서 활동의 수가 급격히 감소하고 시간의 우선순위를 정하게 된다(Baker et al., 2003; MacNamara, Button, & Collins, 2010b; Soberlak & Cote, 2003).

부모의 역할은 여러 단계에 걸쳐 변화하였으며(제15장에서 자세히 설명), 특히 투자 시기로 접어들면서 운동선수에 대한 정서적 · 재정적 지원이 중요해진다. 코치의 역할도 단계에 따라 달라졌다. 샘플링 시기에는 코치가 따뜻하게 지지해 주고 '아이들과 잘 지내는' 것이 중요하다. 이후 전문화 및 투자 시기에는 코치의 기술적 지식이 가장 중요해진다. 이러한 결과는 호주 엘리트 선수들을 대상으로 한 대규모 표본 조사에서 스포츠 주니어 시기에 코치의 가장 중요한 특성으로 '동기부여와 격려 능력'을 꼽은 반면, 상위 단계에서는 '스포츠에 대한 상세한 지식'이 가장 중요한 코치의 특성으로 꼽힌 것이 이러한 견해를 뒷받침한다(Gulbin et al., 2010).

(3) 장기선수 개발 모형

LTAD(Long-Term Athlete Development)는 기술 개발과

표 10-4 스포츠의 인재 육성 단계와 각 단계의 특성에 관한 연구

	샘플링 시기	전문화 시기(13–15세)	투자 시기(15+)
목적	재미와 흥분, 새로운 다양한 것을 시도	기술 개발은 중요하지만 즐거움과 흥미 역시 여전히 중요	기술 개발, 엘리트 성능, 고급 전략 및 전술
초점	스포츠를 포함한 다양한 활동 표본 추출	하나 또는 두 개의 스포츠(다른 스포츠에 대한 참여 감소)	단일 활동에서 최고의 기술 능력 성취
부모 관여	부모들은 처음에 아이들을 참여시키고, 여러 활동을 위한 기회를 제공. 부모들은 스포츠를 중시하지만 아이들을 위한 즐거움에 초점을 맞춤	부모들은 학교와 스포츠 성취, 그들의 아이에 대한 강한 재정적 그리고 시간적 헌신, 아이들의 스포츠에 대한 관심을 강조	운동선수만큼 투자하는 부모, 가족 활동 중심에 운동선수의 스포츠 참여가 있음, 목표 달성의 어려움 심화로 인해 더욱 중요해지는 부모의 정서적 지원
코치 특징	따뜻하고 힘이 되어 줌. 어린아이들을 좋아함. 즐거움과 기본적인 기술 개발을 강조	보다 기술적으로 고급 스포츠 지식과 연습 및 훈련에 대한 '기술'을 갖춘 코치	스포츠 전문가, 최고의 강도로 고급 코칭 및 훈련

신체적 이해력을 최적화하기 위해 개인이 따라야 할 발달적으로 적절하고 체계적인 활동 진행 과정으로 제5장에 설명되어 있다(Balyi, Way, & Higgs, 2013). 이 모델의 첫 여섯 단계는 어린 선수들이 자신의 재능을 개발하기 위해 따라야 할 경로를 규정하고 있으며, 재능이 확인된 엘리트 선수들이 국제 대회에 적합하게 높은 강도의 훈련을 받을 수 있는 '승리로 가는 훈련' 단계로 마무리 된다. 그러나 제5장에서 설명한 바와 같이 이 모델의 초기 단계에서는 다양한 운동 기술의 개발, 경쟁 중심적이기보다는 발달-성장 중심, 조기 전문화 방지를 강조한다.

(4) 스포츠 전문성을 위한 발달 경로 요약

블룸과 코트의 단계 모델은 아이들이 스포츠 입문부터 전문성까지 어떻게 발전하는지 이해하는 데 도움이 되는 일반화된 연령 범위를 제공한다. 마찬가지로 LTAD 모델은 성인들이 재능 있는 운동선수를 엘리트 선수로 지도하는 데 도움이 되는 발달에 적합한 진행 과정을 제공한다. 그러나 모든 어린이가 전문성을 개발하는 데 있어 정확하고 미리 정해진 경로를 따른다고 가정하는 것은 지나치게 단순화할 수 있는 위험도 내포하고 있다. 스포츠 재능 개발에는 개인적 · 문화적 차이가 많이 존재하기 때문이다.

3) 계획적인 훈련의 대안: 계획적인 놀이와 자발적인 연습

앞서 설명한 것처럼 스포츠 재능을 개발하기 위해서는 계획적인 연습이 중요하다. 하지만 특정 유형의 스포츠에서 특정 개인이 전문성을 갖추기 위해 얼마나 많은 연습이 필요한지에 대해서는 많은 의견 차이가 있다. 정말, 예상하는 그 이상의 다양한 변수가 존재한다.

(1) 계획적인 놀이

연습이 계획적일 수 있다면 놀이도 의도적일 수 없을까? 의도적인 놀이란 아이들이 '즐거움'을 위해 참여하지만 기술 개발에 기여하는 비공식적인 스포츠나 게임을 의미한다(Cote, Erickson, & Abernathy, 2013). 이러한 게임은 일반적으로 선수가 주도하지만 성인도 활동에 참여할 수 있으며 특정 상황이나 장소에 맞게 규칙과 지침이 조정된다. 의도적인 놀이의 예로는 길거리 하키, 뒷마당 축구, 가족 소프트볼, 변형 농구, 변칙 축구 또는 풋볼과 같은 비공식적인 게임이 있다.

엘리트 선수가 된 많은 재능 있는 어린이들은 샘플링 기간 동안 계획적인 연습보다 의도적인 놀이에 더 많은 시간을 보냈다(Berry, Abernathy, & Cote, 2008; Soberlak & Cote, 2003). 브라질 축구에서 펠라다는 규칙에 따라 길거리, 해변, 마을 광장 또는 흙밭에서 하는 축구를 지칭하는 문화적 용어이다(Araujo et al., 2010). 브라질 축구 인재 육성에 있어 펠라다의 역할에 대해 다음과 같이 설명한다. "어린 선수들이 경기 상황과 무관한 기술이나 전술 훈련에 몰두하는 경우는 드물다. 펠라다에서 학습은 길거리 경기라는 경쟁적인 형태 속에서 암묵적으로 이루어지며, 아이들은 공식적이지 않은 축구 경기를 통해 기술, 전술, 심리적, 생리적 능력을 개발하는 것을 인식하지 못한 채 실수를 편하게 하면서 배울 수 있다."(Araujo et al., 2010, p. 170). 국제축구연맹(FIFA)이 세계 축구 역사상 125대 축구 선수 중 한 명으로 선정한 브라질 축구의 아이콘 소크라테스는 다음과 같이 말한다. "우리는 아보카도 씨앗을 들고 길거리에서 축구를 시작했다. …… 표면이 불규칙하고 나무로 둘러싸인 과수원에서 뛰면 부상을 예방할 수 있는 여러 가지 능력이 발달한다."(Araujo et al., 2010, p. 170).

14세에 메이저 리그 축구에 드래프트된 프레디 아두는 미국으로 오기 전 가나에서 의도된 놀이에 참여하며 어린 시절을 보냈다. 그는 가나에서 뛰는 동안 자신의 전문성을 키울 수 있었다고 말하며 "미국에서는 너무 체계적이어서 아이들에게 한 번, 두 번 터치하고 패스하라고 하는데, 그렇게 운동을 하면서 나이가 들면 제대로 된 축구를 배울 수 없습니다. 게다가 그건 아주 지루하기까지 합니다."(Farrey, 2008, p. 103).

풋살은 미국 실내 축구 시설에서 사용되는 하키 링크 스타일의 벽이 없는 딱딱한 표면에서 하는 소규모(한 팀당 5명) 실내 버전의 축구 경기다. 풋살 경기에는 정해진 골키퍼가 없으며, 더 많은 공 컨트롤을 위해 바운스가 적은 작고 무거운 공을 사용한다. 스페인, 브라질, 아르헨티나에서 풋살의 인기가 높은 이유는 터치 빈도와 경기 고유의 근접성 때문이며, 해당 국가 축구선수들의 기술적인 우위 때문인 것으로 알려져 있다. 미국 축구 관계자들은 미국 축구선수들의 기량을 어릴 때부터 향상시키기 위해 유청소년 개발의 일환으로 풋살을 재미로 즐기는 것에 더 중점을 둘 것을 요구하고 있다.

(2) 자발적인 연습

대부분의 운동선수, 특히 대부분의 엘리트 선수들은 자신이 좋아하는 스포츠를 재미로 연습하는 시간을 보낸 어린 시절을 기억한다. 어린이는 성인이 지정한 활동이나 감독 없이 자유 시간에 기술 개발과 즐거움을 위해 자발적으로 연습에 참여한다(Cote et al., 2013). 이는 계획적인 연습과는 대조적이지만 재능 개발에 있어 매우 중요한 부분이다. 시드니 크로스비는 집 지하실에 있는 건조기에서 퍽을 쏘며 몇 시간 동안 기술을 연마하였다. FIFA가 선정한 세계 14위의 브라질 축구 스타 지코는 자신의 자연스러운 연습 방식을 이렇게 설명한다. "저는 하루 종일 공과 함께 시간을 보냈습니다. 때로는 작은 양말 공을 만들기도 하고 고무 공을 가지고 놀기도 했죠. 벽에 공을 던지고 방에서 혼자 공을 마스터하려고 노력했습니다(Araujo et al., 2010, p. 170).

코치의 지도 아래 기술을 연마하는 데 집중하는 계획적인 연습은 스포츠에서 전문성 개발의 중요한 부분이다. 그러나 선수 경력 초기에 특히 중요한 다른 방법도 있다. 의도적인 놀이와 자발적인 연습은 아이들이 샘플링 기간 동안 활동을 즐기고 자신의 개인 기술 개발이 얼마나 발전했는지 실험하기 위해 반드시 참여해야 하는 활동인 것이다.

4) 성공적인 재능 개발 프로그램은 어떤 모습일까

제1장에서는 유청소년 스포츠 재능 개발을 위한 스포츠 아카데미 현장인 플로리다주 브래든턴(Bradenton)의 IMG 아카데미에 대해 알아보았다. 이러한 환경에서 어린 선수들의 재능을 개발하는 가장 효과적인 방법을 알아보기 위해 운동 재능 개발 환경(Athletic Talent Development Environments; ATDEs)이라고 불리는 아카데미를 살펴보는 체계적인 연구가 시작되었다(예: Henriksen, Larsen, & Christensen, 2014; Henriksen et al., 2011; Li, Wang, & Pyun, 2014). 주로 스칸디나비아 국가에서 연구된 성공적인 ATDEs에는 몇 가지 공통된 특징이 있다.

첫째, 스포츠, 학교, 가족 및 기타 요구가 효율적인 방식으로 조정되는, 강력하게 통합되고 상호 지원적인 문화로 구성되어 있다. 따라서 선수들은 일정 시간동안 집중해야 하고 과도하게 경쟁적이지 않아야 하며 압박감을 느끼지 않는다고 한다.

둘째, 모든 선수는 기량 수준은 다르지만 서로를 지지하는 관계로서 하나의 전체 훈련 프로그램에 속해있다. 어린 선수들은 선배 선수들의 모델링을 통해 훈련과 경기 방법을 배운다. "유망주들과 엘리트 선수들 간의 관계는 매우 중요합니다. 선수들은 훈련, 문화, 기술 등 모든 것을 배우죠. 저는 이를 삼투라고 부르는데, 지식이 스며들기 때문입니다."(Henriksen et al., 2011, p. 349).

셋째, 단기적인 성공보다는 장기적인 발전에 초점을

맞춘다(성공률이 낮은 프로그램은 선수들의 현재 수행 수준을 지속적으로 측정하고 단기적인 결과를 지나치게 강조한다). 매일 진행하는 훈련은 치열한 경쟁을 유발하고, 매일 매 세션에서 우승자를 가린다. 하지만 프로그램 책임자의 설명처럼 승리의 과정에 중점을 두는 것이 좋다. "우리의 목표는 세계 최고가 되는 것이며, 좋은 결과에 박수를 보내는 것은 사실입니다. 하지만 결과가 나왔을 때 우리는 선수들이 왜 이 순간에 이 결과가 나왔는지 스스로에게 질문하도록 돕습니다. 그 결과가 나오기까지 어떤 과정이 있었니? 우리는 결과에만 초점을 맞추기보다는 매일의 훈련에서 발전하는 데 필요한 기술과 자질에 초점을 맞춘 성장에 초점을 맞춰 가르치려고 노력합니다. 우리는 이러한 접근 방식이 성과를 가져온다고 굳게 믿기 때문에 이렇게 합니다."(Henriksen et al., 2011, 355p).

넷째, 다각화에 박수를 보내고 심지어 권장한다. 운동선수들이 한 가지 종목에서 탁월함을 추구하기 위해 훈련 아카데미로 떠나는 것을 상상하는 사람들에게는 놀라운 일이다. 하지만 이 성공적인 프로그램들은 선수들이 자신의 주 종목이 아닌 다른 종목에 참여하여 효과를 거뒀고, 심지어 일상 생활에 다양한 스포츠 훈련을 통합하기도 하였다. 이러한 프로그램의 철학은 다양한 스포츠 참여 경험이 엘리트 선수의 기량 향상에도 도움이 된다는 것이다. 선수들은 늦게 전문화하고 비시즌에는 다른 종목에 출전하는 경향이 있었다.

그래서 우리는 특히 ATDEs 또는 특수 재능 개발 아카데미에서 운동 재능을 개발하는 데 가장 효과적인 몇 가지 전략을 배우기 시작하였다. 코치와 유청소년 스포츠 지도자는 선호하는 인재 개발 프로그램의 특성과 관련하여 얼마나 효과적인지 평가하기 위해 자신의 특정 프로그램 문화를 확인해 볼 수 있다(클립보드 참조).

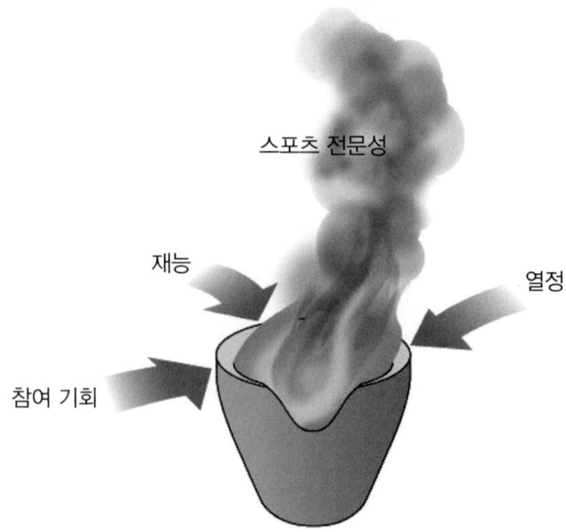

[그림 10-2] 최정상의 스포츠 전문적 역량을 얻기 위해 필요한 세 가지 필수 요소

5) 스포츠에서 최고가 되기 위해 필요한 것

지금까지 스포츠 전문성을 개발하는 방법에 대해 알아본 내용을 최고의 운동선수가 되기 위해 필요한 세 가지 필수 요소로 요약해 보자. 운동선수가 스포츠에서 최고가 되기 위해서는 재능, 참여 기회, 열정이라는 세 가지가 필요하다. [그림 10-2]에서 볼 수 있듯이 재능, 참여 기회, 열정은 모두 상호 작용하여 전문성 개발을 위한 시너지를 창출한다.

(1) 재능

물론 전문성 개발은 재능, 즉 선수가 특정 스포츠에서 성공하는 데 필요한 자질을 갖추는 것에서 시작된다. 하지만 이는 아직 잠재력의 형태이며 그 자체만으로는 스포츠 전문성을 갖추기에는 충분하지 않다.

(2) 참여 기회

기회는 운동선수들이 자신도 모르는 사이에 자신의 기량을 키울 수 있는 문화나 환경에서 성장기를 보낼 때 발생한다. 기회는 정교한 시설이 필요하다는 것을 의미하는 것이 아니다. 세계에서 가장 풍요로운 재능 개발 환경 중 일부는 장비와 시설 면에서 가장 열악한 곳이기도 하다. 제5장에서 설명한 모스크바의 스파르타크(Spartak) 테니스 클럽과 이 장에서 앞서 언급한 브라질의 펠라다(pelada) 축구 문화를 예로 들 수 있다. 세레나와 비너스 윌리엄스는 캘리포니아주 컴턴(Compton)의 울퉁불퉁한 코트에서 아버지의 가르침을 받으며 세계적인 테니스 선수로 성장했다.

장거리 달리기 인재 육성의 산실인 케냐와 에티오피아에서는 아이들이 일상적으로 등교할 때 달리기를 하며, 달리기 선수들은 미국의 농구와 축구 영웅과 같은 방식으로 존경받고 있다. 세계 선수권 대회 8회, 올림픽 금메달 2회, 세계 신기록 25개를 수립한 에티오피아의 장거리 육상 선수 하일레 게브르셀라시는 가난하게 자랐지만 매일 아침 10km를 학교까지, 매일 저녁 10km를 집까지 높은 고지대에서 달렸다. 여러 스프린트 종목에서 세계 신기록을 세우고 올림픽 메달을 획득한 자메이카의 MVP 트랙 클럽은 훈련 시설로 (우레탄 트랙이 아닌) 잔디 구장을 보유하고 있다(Ankersen, 2012).

우리는 많은 어린 선수가 스포츠 재능을 개발할 기회를 얻지 못하고 있다는 사실을 잘 알고 있다. 그들의 가족은 재정적 자원이 부족하거나, 현대의 많은 유청소년 스포츠에 필요한 시간과 이동에 전념할 수 없거나, 특정 스포츠 훈련에 필요한 시설이 없는 지역에 거주한다는 사실을 알고 있다. 골프나 아이스하키와 같은 스포츠는 특정 유형의 시설과 장비가 필요하며, 일부 어린이는 안전한 놀이와 훈련을 할 수 있는 공간이 없는 낙후된 도시 지역에 살고 있다.

참여 기회는 종종 운이나 적절한 환경의 조화에 의해 발생한다. 매튜 사이드(Syed, 2010)는 자신의 국제적인 탁구 재능이 8살 때 부모님이 사주신 탁구대, 매일 같이 탁구를 치던 비슷한 또래의 형, 그리고 탁구 국가대표 코치 출신으로 24시간 개방된 탁구 클럽을 회원인 아이들에게 후원해 준 학교 선생님의 덕분이라고 말한다. 자신의 잠재력을 최대한 발휘할 수 없는 문화 속에서 성장한 프로 선수들의 이야기는 아주 많다. 하지만 재능과 참여 기회만으로 충분할까? 저자들은 그렇지 않다고 생각한다. 잠재적 재능이 있는 선수는 기회를 포착하고 그 기회를 극대화하기 위해 자신의 노력을 기울여야 하기 때문이다. 그러기 위해서는 반드시 열정이 필요하다.

(3) 열정

웨인 그레츠키는 "주님이 내게 주신 것은 재능이 아니라 열정일지도 모른다."라고 말했다. 스포츠에서 전문성 개발의 도가니([그림 10-2])에는 재능과 기회에 불을 붙이기 위한 세 번째 필수 요소인 열정이 필요하다. 열정은 운동선수들이 시간과 에너지를 투자하도록 자극하고 그 활동이 자신의 정체성으로 내면화되도록 이끄는 활동 그 자체에 대한 깊은 애정이다(Vallerand et al., 2008). 열정은 스포츠 전문성을 추구하기 위해 계획적인 연습에 참여하고 어려운 난관에 직면했을 때 끈기 있게 버틸 수 있는 헌신적이고 열정적인 에너지를 제공한다. 연구에 따르면 열정은 스포츠에서 계획적인 연습 참여와 엘리트 선수로의 성장 전제 조건으로 작용한다(Gulbin et al., 2010; Vallerand et al., 2008). 아동 스포츠 영재들을 대상으로 한 연구에 따르면, 이들은 자신이 선택한 활동이 인생에서 다른 어떤 것보다 더 중요해지면서 '마스터하려는 열망'을 가지고 있는 것으로 나타났다(Winner, 1996: Horton, 2012에서 인용). 대부분의 사람들은 활동에 대한 이러한 뿌리 깊은 집착이기까지 한 열정은 마음속 깊은 곳에서 우러나오는 것이기 때문에 운동선수에게 주입하는 것은 불가능하다는 데 동의한다.

참고하기 **여러분의 재능 개발 문화는 어떻습니까**

스포츠 재능 개발 환경 설문지(부록 H에 제공됨)에서 발췌한 설문지를 사용하여 선수들이 참여하고 있는 재능 개발 환경에 대한 인식을 평가할 수 있다(Martindale et al., 201). 이 설문지는 재능 개발과 전문성 추구를 위해 고안된 프로그램에 참여하는 10대 선수들을 위해 개발되었다. 이 설문지를 선수들과 함께 사용하려면 익명으로 작성하도록 요청하고 선수들의 피드백을 사용하여 프로그램 내 재능 개발 환경의 다양한 측면을 평가하자. 연구 또는 보다 공식적인 평가의 경우, 마틴데일과 동료들의 연구(Martindale et al., 2010)에서 제공되는 스포츠 재능 개발 환경 설문지의 전체 버전을 사용하는 것이 좋다.

6. 유청소년 스포츠 전문화

우리는 이미 전문 운동선수들이 12세까지 의도적인 놀이와 즐거움을 강조하며 다양한 스포츠와 활동에 참여하는 경향이 있다는 것을 알게 되었다. 일반적으로 13세 전후로 좋아하는 스포츠 한 가지를 전문화하거나 집중하기 시작한다. 따라서 대부분의 스포츠에서 전문성을 갖추기 위해 조기 전문화가 필요하지 않다는 것을 알고 있다. 하지만 많은 부모와 코치들은 조기 스포츠 전문화가 여전히 이점이 있다고 생각하는데, 왜 그렇게 하지 않을까? 운동선수가 10대 시절에 전문화를 해야 한다면 이는 무엇을 의미할까? 모든 활동을 중단하고 다른 모든 활동을 제외하고 한 가지 스포츠만 해야 할까? 얼마나 좁게 전문화해야 할까? 그리고 엘리트 선수들이 유청소년에 전문화되는 것으로 나타났다고 해서 모든 유청소년 운동선수들이 그 경로를 따라야 한다는 뜻일까?

1) 전문화, 다각화 및 과잉 전문화

전문화는 일반적으로 연중 내내 해당 스포츠에 참가하는 것을 포함하여 체계적인 훈련과 경쟁을 통해 단일 스포츠에 투자하여 대표 활동의 숙련도와 즐거움을 추구하는 것을 포함한다. 전문화의 반대 개념은 다양한 스포츠와 활동에 투자하는 다각화다. 우리는 전문화와 다각화를 이원론적으로 보고 겹치는 부분 없는, 반대되는 것으로 보는 경향이 있지만 실제로는 선수들의 전문

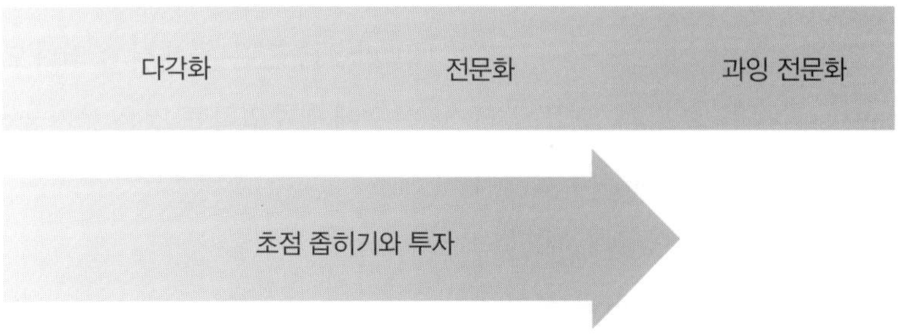

[그림 10-3] 전문화 연속체

화와 다각화는 정도를 나타내는 연속선상에 있다([그림 10-3] 참조).

(1) 스포츠 전문화의 정도

한 소녀가 14세 이전에 축구, 태권도, 농구, 배구, 육상을 경험해 보았지만, 그 당시에는 배구에만 집중하기로 결정했다. 고등학교 내내 가을 학교 시즌, 봄 클럽 시즌, 여름 캠프 시즌, 오프 시즌 배구 훈련에 참가하였다. 하지만 드럼 밴드, 미술부, 아카데믹 챌린지에도 참여했다. 배구를 '전문'으로 했다고 말할 수도 있지만, 다른 활동에도 참여한 것이다. 일부 유청소년 운동선수들은 자신이 가장 좋아하는 대표 종목이 있어 일 년 내내 그 종목에 참여하며(종종 수상과 상위 레벨 참가 기회를 얻기도 한다), 비시즌에는 다른 종목을 즐기거나 다른 종목과 교차 훈련을 하기도 한다.

따라서 전문화의 정의는 한 가지 스포츠를 대표 활동으로 삼아 집중하고 보완적이거나 보조적인 활동을 계속하는 것을 의미한다. 연구에 따르면, 엘리트 선수들은 전문화 기간에는 주 종목에 집중하기 위해 활동 수를 줄였지만, 비시즌에는 휴식과 크로스 트레이닝을 위해 몇 가지 다른 스포츠 활동에 계속 참여하는 것으로 나타났다(Baker et al., 2003).

그러나 최근 미국에서는 운동선수들이 다른 모든 스포츠와 대부분의 과외 활동을 중단하고 한 종목에 집중하여 일 년 내내 훈련하고 경쟁하는 전속 전문화를 추진하는 추세가 증가하고 있다. 이해할 수 없는 (심오한) 이유로 선수는 정작 다른 스포츠나 여러 활동을 중단하는데 동의하지 않는데도 불구하고 프로그램에서 선수를 제외할 수 있는 권한을 가진 코치는 선수의 다른 체험을 제한한다. 예를 들어, 우리 지역의 한 고등학교 축구 코치는 여름 동안 진행되는 훈련 프로그램에 자신의 지도 선수는 반드시 참석시키고, 선수들이 가족과 함께 여름 휴가를 가기 위해 일주일 동안 운동에 빠지는 것은 허락하지 않는다.

독점적인 전문화는 어린 선수들에게 교차 훈련과 비시즌 휴식의 혜택을 박탈함으로써 지난 20년 동안 나타난 과도한 훈련으로 인해 빈번한 부상을 유발했다. 따라서 전문화가 본질적으로 나쁜 것은 아니지만, 지나치게 열성적인 코치들이 전문화를 해석하는 편협한 방식은 청소년 운동선수들에게 부정적인 결과를 초래했다.

(2) 지나친 전문화의 문제

전문화의 배타성이나 강도가 너무 커서 아이들이 정신적 · 신체적 건강에 악영향을 받는 경우, 이는 과잉 전문화가 된다. 과잉 전문화는 종종 부모나 코치의 통제를 받는 어린이가 연중 체계적인 훈련과 경쟁을 통해 한 가지 스포츠에 대한 전문성과 외적인 보상을 추구하면서 심리적 발달과 웰빙을 희생하고 또래 어린이에게 일반적으로 나타나는 다른 모든 활동에 참여하는 것을 금지할 때 발생한다. 안타깝게도 지나친 전문화의 예는 스포츠계에서 흔히 볼 수 있다.

전직 엘리트 체조 선수였던 제니퍼 세이의 책의 제목이 모든 것을 말해 준다. 책의 제목은 『분필로 칠한 체조: 엘리트 체조의 무자비한 코칭, 지나치게 열성적인 부모, 섭식장애, 그리고 이루기 힘든 올림픽 꿈』(Sey, 2008)이다. 도미니크 모세아누는 1996년 올림픽 체조 단체전에서 금메달을 딴 미국 체조 대표팀의 최연소(14세) 멤버다. 그녀의 저서 『오프 밸런스(Off Balance)』(2012)는 부상을 입고도 방치하고 무시당하는 등 정서적 · 신체적 학대를 당한 아픈 경험을 묘사한다. 안드레 애거시는 자서전 『오픈(Open)』(2009)에서 어린 시절 아버지로부터 당한 학대에 대해 이야기한다. "테니스를 내 인생으로 만들기는커녕 테니스를 하고 싶은지 아무도 물어본 적이 없었다. 나는 테니스를 싫어하고 온 마음을 다해 증오하지만 선택의 여지가 없기 때문에 계속 경기했다. 나는 그들에게 '친구들과 축구를 하고 싶다.'라고 했다. 목이 터져라 외쳤지만, 돌아온 말은 '너는 테니스 선수야! 넌 세계 1위가 될 거야! 넌 돈을 많이 벌 거야. 그렇게 될 것이고, 그거면 돼.'이다"(p. 27, 33, 57).

정서적 학대는 많은 유청소년 스포츠에서 문서화되어 기록되어 있다(Gervis & Dunn, 2004; Kerr & Stirling, 2012; Stirling & Kerr, 2007). 이러한 형태의 학대에는 비하, 굴욕감, 위협, 관심과 지원 거부 등이 포함되며, 코치들이 선수들을 훈련하기 위해 흔히 사용하는 강력한 통제나 규제 그 이상의 것이다. 과잉 전문화는 선을 넘는 행동을 수반하며, 선수의 행복은 스포츠에서 외적 보상(예: 올림픽 메달, 대학 장학금 또는 단순히 우승)을 얻는 것에 대한 집착으로 대체된다. 이를 스포츠의 합리화라고 하는데, 스포츠의 합리화에서는 성취감을 얻는 인간 그 자체보다 성과와 결과가 더 우선된다(Donnelly, 1993). 한 수영선수의 부모는 "학대가 일어나는 것을 보는 것은 힘들었지만, 일단 아이가 우승하기 시작하면 그 과정에서 아이가 상처를 받을 수 있다는 사실을 잊기 쉽다."라고 설명한다(Kerr & Stirling, 2012, p. 201).

(3) 전문화 연속체 정리

과잉 전문화는 전문화가 과도하게 심해져, 이기적인 어른들의 동기부여를 위해 가장 중요한 운동선수 당사자의 건강과 행복을 희생시키게 된다. 어떤 대가를 치르더라도 이는 반드시 피해야 한다. 선수들은 샘플링 초기 시기를 벗어나면 다재다능함을 유지할지, 아니면 전문화를 선택할지는 선수 스스로 결정할 수 있어야 한다.

쉬어가기

마리노비치 프로젝트

마리노비치 프로젝트는 토드를 역사상 가장 위대한 풋볼 쿼터백으로 키우기 위해 아버지가 고도로 통제된 환경에서 키운 토드 마리노비치의 이야기를 다룬 2011년 ESPN 영화다. 그의 아버지 마브는 "내가 스스로에게 던진 질문은 '완벽한 환경을 제공한다면 아이가 얼마나 잘 성장할 수 있을까?'였다."라고 말했다(Sagar, 2009). 마브는 토드가 요람에 있는 동안 특별한 스트레칭과 유연성 운동을 시켰다. 토드는 아기였을 때 갓 익힌 채소만 먹었고 성장하는 동안 특별한 식단을 계속 유지했다. 학교가 없는 날에는 체력 단련, 스트레칭, 역도, 필라테스, 던지기 훈련 등 4시간씩 정기적으로 운동을 시켰다. 그는 어린 시절 내내 생리학, 역학, 심리 훈련을 전문적으로 지도하는 전문가의 도움을 받았다.

재능과 훈련을 통해 고등학교 시절 큰 성공을 거둔 마리노비치는 1987년 전국 신기록인 9,194개의 패싱 야드를 기록하며 전국 고등학교 올해의 선수로 선정되었다. 서던 캘리포니아 대학교로 진학하면서 대학 풋볼을 이어갔고, 선수로서는 성공했지만 규칙 위반으로 여러 차례 팀에서 징계를 받았다. 그는 내셔널 풋볼 리그 로스앤젤레스 레이더스와 계약했지만 프로 축구 2년 만에 방출되었다. 그 후 그는 수많은 약물 위반으로 체포되었다가 결국 약물 중독자가 되었다. 에스콰이어는 그를 "없었던 사람"이라고 말하며, "토드에겐 어린 시절이 없었다. 스포츠는 그의 20년을 앗아갔고, 그리고 그 후에는 마약이 그의 20년을 빼앗아 갔다."라고 전했다(Sagar, 2009).

영화에서 마리노비치는 자신의 성장 과정에 대한 개인적인 불행에 대해 이야기하며 자신이 '괴물'처럼 느껴졌다고 밝혔다. 그는 레이더스 팀의 주전 쿼터백 자리를 차지했을 때를 회상하며 "내가 하고 싶었던 일을 해냈고, 아버지를 기쁘게 해 드린 것뿐이었다. 내가 원했던 모든 것을 성취했고, 이제 끝났다."라고 말했다. 그는 자신의 마약 사용이 지나치게 전문화된 세계에서 벗어나기 위한 탈출구였다고 인정했다. 토드 마리노비치를 폄하하려는 의도가 아니라 그의 이야기를 지나친 전문화의 위험성을 보여 주는 예로 삼으려 한다.

자신이 열정을 가지고 있고, 그 종목을 즐기며, 그 종목에 집중하는 데 시간을 할애하기 위해 한 가지 종목을 좁게 전문화하기로 선택하는 선수들도 있다. 미국프로골프협회(PGA) 스타 리키 파울러의 어머니는 아들의 골프에 대한 열정을 이렇게 회상한다. "아들이 일곱 살 때 '엄마, 이제 야구도 체조도 하기 싫어요.'라고 말했습니다. 그냥 골프만요. 프로가 되고 싶어요. 그리고 매일 골프 연습에 매진했죠. 사회생활도 거의 포기했죠. 파티도 안 하고 휴가도 안 가고 축구 경기에도 가지 않았죠. 그때는 조금 걱정했어요. 요즘에는 조금 더 즐길 수 있게 됐어요. 하지만 어느 쪽이든 아들은 골프를 좋아했습니다."(Diaz, 2014, p. 108). 이 책의 앞부분에서는 로리 맥길로이, 타이거 우즈, 시드니 크로스비, 세레나 윌리엄스, 크리스 에버트에 대한 비슷한 이야기를 소개했다. 스포츠에 대한 열정으로 일찍부터 전문화를 선택한 운동선수들이 분명히 있다. 하지만 문제는 많은 어른들이 이러한 사례를 보고 조기 전문화가 모든 아이들이 가야 할 길이라고 생각한다는 것이다. 어린 선수들이 내면에 열정과 노력하고자 하는 마음을 가질 것인지, 대부분의 다른 운동을 배제하고 전문화하여 훈련하는 선택을 할 것인지 그 선택은 전적으로 선수들의 몫이라는 사실을 쉽게 잊어버린다.

많은 유청소년이 다양한 스포츠와 활동에 참여하는 것을 선택한다. 스포츠에서 전문성을 쌓는 것에나 엘리트 선수로서의 삶을 추구하는 데 관심이 없는 대다수의 유청소년 스포츠 참가자들은 개인의 취향에 따라 다양한 스포츠를 선택한다. 유청소년 스포츠의 경기력이 계속 향상됨에 따라 고등학교 스포츠 팀을 구성하는 것이 점점 더 어려워지고 있다. 따라서 고등학교 또는 클럽 차원에서 계속 활동에 참여하려면 스포츠에 대한 특별한 헌신과 집중이 필요하다. 선수는 부모와 코치의 지도와 지원(의무가 아닌 지원)을 받아 전문화 여부와 정도를 스스로 결정할 수 있어야 한다.

2) 조기 다양화의 장점

다음으로 다뤄야 할 문제는 운동선수가 언제, 또는 얼마나 일찍 스포츠를 전문화해야 하는가이다. 대부분의 스포츠 과학자 및 전문 단체는 조기 스포츠 전문화보다는 조기(12세 이하) 다변화를 지지한다(예: American Academy of Pediatrics, 2000; National Association for Sport and Physical Education, 2010). 이 절에서는 대부분의 어린이에게 조기 다변화가 좋은 몇 가지 이유를 확인하고자 한다.

- 어린이는 조기에 운동 종목을 다양화해도 성인이 되어서도 대부분의 종목에서 엘리트 선수의 수준을 유지할 수 있다. 이 장의 앞부분에서 논의한 바와 같이, 다양한 종목의 엘리트 선수들은 어린 시절(일반적으로 12세 전후까지)에 조기 다각화(또는 샘플링)에 참여한 후 엘리트 스포츠 선수 수준을 유지하였다(Baker et al., 2003; Gulbin et al., 2010; MacNamara et al., 2010b; Soberlak & Cote, 2003). 4,000명 이상의 올림픽 선수를 대상으로 한 연구에 따르면 선택한 종목의 평균 시작 연령은 11.5세였다(Gullich, 2007: Vaeyens et al., 2009에서 인용). 전반적으로 어린 나이에 전문 훈련을 받는 것이 다양한 올림픽 종목에서 엘리트 수준에 도달하기 위한 전제 조건은 아니었다. 마이너리그 프로야구 선수 708명을 대상으로 한 연구에 따르면 선수들의 평균 시작 연령은 6세였지만, 야구를 전문적으로 시작한 평균 연령은 15세였다(Ginsburg et al., 2014). 대부분의 선수(52%)는 최소 17세가 되어서야 야구를 전문적으로 시작하였다고 한다. 이 연구와 같은 대부분의 스포츠는 12세 이전에는 전문화 및 광범위한 의도적 연습이 필요하지 않은 후기 전문화 스포츠로 간주된다.

반면 체조와 피겨 스케이팅은 사춘기 이전에 엘리트 수준의 기량을 달성할 수 있는 조기 전문화 스포츠로 지정되어 있다(Balyi et al., 2013; Vaeyens et al., 2009). 체조와 피겨 스케이팅은 엘리트 수준에서 요구되는 고난도 기술을 수행하기 위해 더 작고 가볍고 유연한 신체를 요구하기 때문인 것으로 보여진다. 따라서 엘리트 선수가 되고자 하는 체조선수와 피겨 스케이팅 선수는 아주 일찍부터 광범위한 기술 훈련을 시작하는 것이 일반적이며, 이러한 종목에서 전문 선수가 비전문 선수보다 일찍 전문화되었다는 증거가 있다(O'Connor, 2011). 전 올림픽 선수 도미니크 모세아누는 3세에 체조를 시작했고, 7세 때는 일주일에 6일, 주당 최소 25시간씩 훈련을 받았다.

전반적으로 연구 결과에 따르면, 조기 다변화는 대부분의 스포츠에서 선수의 발달을 촉진하는 것으로 나타났다. 아이들은 좋아하는 스포츠를 일찍 시작하고 다른 스포츠와 활동에도 참여할 수 있다. 조기 다변화가 어린 선수가 자신이 가장 좋아하는 스포츠에 상당한 시간을 할애할 수 없다는 것을 의미하지는 않는다. 다만 늦게 전문화되는 스포츠를 조기에 경험할 때는 고도로 기술적인 고의적인 연습보다는 의도적인 놀이와 자발적인 연습이 많이 포함되도록 하는 것이 좋다.

- 조기 다각화는 광범위한 기본 운동 기술과 다양한 스포츠 경험을 개발하여 나중에 한 가지 스포츠를 전문적으로 선택하더라도 더 많은 운동 능력과 운동 신경을 발휘할 수 있도록 도와준다. 한 유청소년 야구 아카데미 코치가 자신의 종목은 역학적으로 잘 수행하지만 다른 운동에 있어서의 운동 기술은 턱없이 부족한 고도로 전문화된 선수에 대해 다음과 같이 이야기한다. "세상에, 이 아이는 형편없는 운동선수입니다. 그는 제대로 뛰지도, 움직일 수도 없습니다. 그는 배팅 케이지에서 모든 시간을 보냈는데, 이러한 어린아이들은 다른 스포츠를 전혀 해 본 적이 없습니다. 그들은 재주가 하나밖에 없는 조랑말에 불과합니다."(Sokolove, 2008, p. 204).

국제적으로 인정받는 골프 교습가인 데이비드 리드베터는 주니어 골퍼로서 보여준 큰 가능성을 아직 깨닫지 못한 PGA 투어 선수 찰스 하웰 3세를 코치하고 있다. 리드베터는 12세부터 코치한 하웰에 대해 이렇게 말한다. "찰스는 탄탄한 커리어를 쌓아왔지만 일부 사람들이 생각했던 것만큼 높은 곳에 도달하지는 못했습니다. 저는 항상 그의 문제 중 하나가 어렸을 때부터 골프만 했다는 점이라고 생각했습니다. 그것은 그를 힘들게 합니다. 다른 구기 종목에서는 던지는 감각과 비거리에 대한 감각이 발달하죠. 하지만 찰스는 그렇게 하지 못했죠. 그는 공을 가까이(120yd 또는 110m 이내) 치는데 필요한 본능적인 터치나 손과 눈의 협응력이 부족합니다. 어렸을 때 야구를 했더라면 좋았을 텐데요. 그것은 거리에 대한 그의 인식에 도움이 되었을 것입니다."(Huggan, 2013, p. 37).

- 조기 전문화는 스포츠 중도 탈락과도 깊은 관련이 있습니다. 아이스하키를 그만둔 선수들은 더 어린 나이에 오프시즌 훈련을 시작하였고, 12세와 13세에 현역 선수들에 비해 연간 훈련에 더 많은 시간을 투자했다(Wall & Cote, 2007). 중퇴 선수와 현역 선수 모두 다양하고 재미있는 스포츠 입문 경험이 있었지만, 중퇴 선수의 조기 전문 활동이 운동을 계속하려는 동기에 영향을 미쳤을 수 있다.

수영에서도 비슷한 패턴이 발견되었다(Fraser-Thomas, Cote, & Deakin, 2008a). 중퇴한 청소년 수영 선수들은 초기에 과외 활동과 구조화되지 않은 수영 놀이에 더 적게 참여하였으며, 활동적인 수영 선수들보다 더 전문적인 훈련 활동(훈련 캠프, 드라이랜드 훈련)을 더 일찍 시작하였다. 따라서 중도 탈락자와 현역 수영 선수의 시작 연령은 다르지 않았지만, 중도 탈락자의 조기 전문화 집중이 수영 중단에 영향을 미쳤을 수도 있다. 흥미롭게도 중퇴 수영 선수는 활동적인 수영 선수보다 더 일찍 '클럽 최고' 상태에 도달했다. 저자들은 어린 시절 스타덤에 올랐으나 청소년기의 평범한 수준으로 내려앉고, 그로 인해 실망과 자신감 저하가 발생하는 것은 조기에 성공을 거둔 일부 아이들에게도 일어날 수 있다고 제안하고자 한다.

중퇴는 동기부여의 문제이기 때문에, 조기 스포츠 전문화는 청소년 운동선수들이 12세 이전에 엘리트 선수 발달에 중요한 것으로 밝혀진 놀이적 즐거움을 경험하지 못하게 할 수 있다(Bloom, 1985; Cote et al., 2003). 기술 훈련, 고의적인 연습 및 경쟁에 대한 조기 강조는 더 높은 수준의 스포츠를 계속하는 데 필요한 열정과 노력을 촉진하는 것으로 반복적으로 입증된 스포츠에 대한 사랑에 빠지는 것을 방해할 수 있다.

- 조기 전문화는 스포츠 에너지 소진과 관련이 있다. 조기 스포츠 전문화와 관련된 또 다른 부정적인 결과는 번아웃이다. 제11장에서 자세히 설명하는 번아웃은 이전에 즐겁던 활동이 고된 일이 되어 운동선수가 육체적 · 정서적으로 지친 상태를 느낄 때 발생한다. 수영, 다이빙, 체조를 전문으로 하는 유청소년 운동선수는 다양한 활동에 참여하는 보다 다양한 유청소년 운동선수에 비해 정서적 피로(번아웃)가 더 높았다(Strachan, Cote, & Deakin, 2009). 어린 나이에 테니스에만 집중하는 것도 엘리트 테니스 선수의 번아웃(및 중도 탈락)과 관련이 있다(Gould, Tuffey, Udry, & Loehr, 1996).
- 조기 다양화는 아이들이 다차원성 또는 정체성의 여러 부분을 개발하도록 도와준다. 다차원적 정체성 또는 자아 개념의 발달은 어린이의 정신 건강과 웰빙에 중요하다. 어린 나이의 배타적 전문화는 아이들을 일차원적인 자아 개념으로 제한할 수 있으며, 이는 번아웃 및 심리적 기능 장애와 관련이 있다(Coakley, 1992). 스포츠 참여와 함께 다른 활동(예: 공연 예술, 학교, 교회)에 참여한 유청소년 운동선수는 스포츠에만 참여한 유청소년보다 더 건강한 심리적 보호막을 가지고 있는 것으로 나타났다(Zarrett et al., 2008).

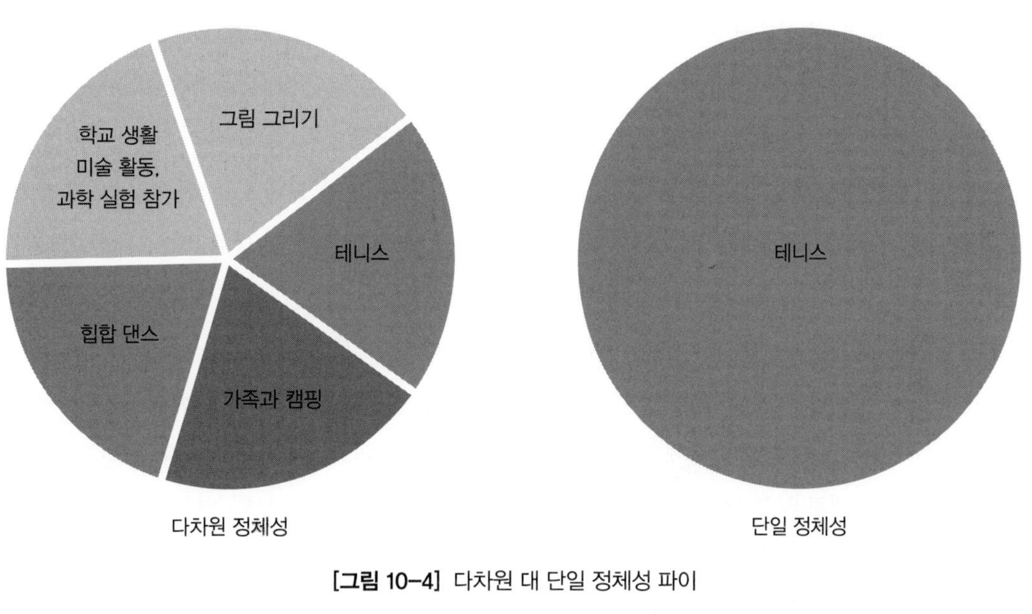

[그림 10-4] 다차원 대 단일 정체성 파이

어린 선수들과 함께 할 수 있는 좋은 활동은 자신이 누구인지를 드러내기 위해 파이의 다양한 조각에 라벨을 붙이고 개인 정체성 파이를 그리도록 하는 것이다. [그림 10-4]의 왼쪽에 있는 파이는 다차원적인 예를 제공한다. 젊은 테니스 선수는 자신이 누구인지 파악할 수 있는 다른 개인적으로 중요한 활동이나 개인적 강점을 표시한다. [그림 10-4]의 오른쪽에 있는 파이는 다른 젊은 테니스 선수가 그린 것일 수 있는데, 이 선수는 일차원적이어서 테니스에 대한 전문성을 추구하는 과정에서 장애물을 만나면 자존감과 자아 개념에 큰 타격을 받을 수도 있다. 다차원적 정체성은 자아에 대한 폭넓은 감각을 제공하기 때문에 아이들에게 좋은 안전장치(보험)가 된다. 어린 선수들이 파이에서 많은 조각을 개발할 수 있도록 도와주자.

3) 과잉 전문화 및 배타적 전문화를 피하기 위한 구조적 전략

전문화, 과잉 전문화, 배타적 조기 전문화의 확산을 막기 위해서는 조직 차원에서 좀 더 체계적인 정책과 규정을 마련해야 한다. 유청소년 스포츠에 있어서는 항상 '발달'이 '전문화'보다 우선시되어야 한다. 여기에 두 가지 예가 제시되어 있으며, 어린 선수들의 이익을 보호할 수 있는 추가적인 방법도 필요하다.

- 선수가 프로 또는 국제 스포츠 대회에 참가할 수 있는 최소 연령 제한을 시행하는 현 방식을 지속하고 확대하는 것이다. 체조 종목에서 국제 대회에 참가할 수 있는 최소 연령은 1981년 이전에는 14세, 1981년에는 15세, 1997년에는 16세로 높아졌다(올림픽 또는 대회가 열리는 해에 최소 연령에 도달하면 자격이 주어짐). 이 연령 제한은 부상과 착취로부터 어린 선수를 보호하기 위한 것이지만, 국제 대회에서 나이 조작 의혹이 제기되는 등 여전히 논란의 여지가 있다. 프로 테니스는 최소 연령이 14세다. 미국농구협회는 고등학교 졸업 후 1년이 지난 만 19세까지 드래프트에 참가할 수 있도록 규정하고 있으며, 메이저 리그 야구에서는 고등학교를 졸업하자마자 유망주들이 드래프트에 참가할 수 있다.

  이러한 제한은 유청소년 스포츠에 연쇄적인 영향을 미치기 때문에 매우 중요하다. 1995년 케빈 가넷이 고등학교를 졸업하자마자 미국농구협회 드래프트에서 전체 5순위로 지명되면서 스타 선수를 찾는 시선이 고등학교에서 초등학교로 내려갔다(Dohrmann, 2010). 이로 인해 아이들은 연중 내내 경기를 뛰고 전국 토너먼트에 참가하기 위해 아주 어린 나이에 넓은 전역을 다녀야 한다는 압박을 받게 되었다. 예를 들어, 전미아마추어경기연맹(AAU)은 2004년부터 초등학교 2학년 남학생 전국 선수권 대회를 후원하고 있다. 스포츠 단체와 유청소년 스포츠 지도자들은 아이들이 조기에 전문화해야 한다는 압박으로부터 보호하기 위해 연령 제한을 위한 활동을 계속해야 한다.
- 어떤 선수도 고등학교 진학을 통해 얻을 수 있는 다양한 경험 기회를 제한받아서는 안 된다. 이 권고안은 고등학교 때까지 다양한 종목에 참가할 수 있는 어린 선수들의 권리를 보호하기 위해 마련되었다. 연구자들은 15세까지를 다각화 기회를 보호할 수 있는 연령으로 권고한 바 있으며(Wiersma, 2000), 이것이 타당한 연령 제한이라는 데 이견이 없을 것이다. 그러나 고등학교 운동선수의 98%가 대학에 진학하지 않는 상황에서 성인들이 대학 진학 전에 전문화를 의무화해야 할 이유는 없을 것이다. 코치와 부모는 어린 운동선수들이 여러 종목에 참가하는 것과 보다 전문적인 접근 방식에 대해 중요한 결정을 내릴 수 있도록 안내해야 한다. 그러

나 이는 개별 사례별로 논의되어야 하며 궁극적으로는 선수 본인이 결정해야 한다. 집필진은 운동감독과 전국 고등학교 스포츠 협회가 코치가 선수의 활동을 제한할 수 있는 권한을 갖지 못하도록 하는 규정을 만들어야 함을 촉구한다.

7. 전문화 요구에 기반한 스포츠 분류

이전 장에서 복잡성이 더 높은 스포츠 종목에서 초기 연습이 더 중요하다는 것을 알게 되었다. 복잡한 스포츠일수록 고도로 발달된 근육 조절 및 조정 능력과 정교한 시각 추적 능력이 필요하다. 기술적으로 복잡하지 않은 스포츠는 조기 입문이 필요하지 않다. 다양한 스포츠의 복잡성을 평가하여 조기 전문화 스포츠와 후기 전문화 스포츠로 분류할 수 있다. 부모와 유청소년 스포츠 지도자들이 어린 선수들이 특정 종목에서 집중 훈련을 시작하기에 최적의 시기 또는 선호하는 시기를 더 잘 이해할 수 있도록 다양한 전문화 범주가 제안되었다(Balyi et a1., 2013에서 인용한 [그림 10-5] 참조).

1) 조기 전문화 스포츠

[그림 10-5]에서 볼 수 있듯이 조기 전문화 스포츠에는 피겨 스케이팅, 체조, 다이빙과 같은 곡예 스포츠가 포함된다. 엘리트 인재 개발을 위해서는 조기 스포츠별 훈련(5~7세)이 필요하다. 전문화는 약 9세에서 13세에 이루어진다. 발리와 동료들(Balyi et al., 2013)도 수영(8~13세), 승마(승마에 조기 참여 후 14세경 전문화)와 같이 고도로 정밀한 기술이 필요하고 운동 감각이 뛰어난 스포츠의 경우 조기 전문화를 권한다. 여성은 일반적으로 이러한 활동에서 남성보다 2년 일찍 전문화하는데,

조기 전문화	후기 전문화		
1. 아크로바틱(곡예) 종목	3. 조기 입문 종목	4. 보통 입문 종목	5. 후기 입문 혹은 전향
• 피겨스케이팅	a. 감각형	미식축구	종목
• 체조	스키	스피드스케이팅	봅슬레이
• 다이빙	스노우보드	레슬링	사이클
2. 운동감각성 종목	루지	육상	로잉(노 젓기)
• 승마 스포츠	b. 팀 형	카누	카약
• 수영	아이스하키	배구	
	농구	볼링	
	야구	라크로스	
	소프트볼	럭비	
	넷볼	가라데	
	축구	유도	
	필드하키	역도	
	c. 시지각형	복싱	
	테니스	태권도	
	배드민턴	컬링	
	라켓볼	골프	
	스쿼시		

[그림 10-5] 조기 및 후기 전문화 스포츠의 예시

Adapted from Balyi, Way, and Higgs 2013.

이는 성장이 더 빨리 이루어지기 때문이다.

2) 후기 전문화 스포츠

다른 모든 스포츠는 후기 전문화 스포츠이지만, 조기 참여가 필요한지 여부에 따라 분류할 수 있을 것이다. 이는 어린이가 해당 스포츠와 관련된 활동에 아주 어린 나이(예: 8세 미만)에 참여한다는 것을 의미한다(Balyi et al., 2013). 몇몇 스포츠는 이른 단계부터 참여하는 것이 좋긴 하다(전문화가 아니라 그 종목을 잘하는 데에 필요한 '느낌-감각', 시각적 추적 및 의사 결정을 얻기 위해 일찍 참여해야 함). 이러한 조기 참여 후기 전문화 스포츠는 운동 감각형 스포츠, 팀 스포츠, 시각 중심 스포츠로 구분된다([그림 10-5] 참조).

스키와 같이 조기 참여 후기 전문화 스포츠로 분류되는 운동 감각 스포츠는 균형 감각을 발달시키기 위해 상대적으로 조기 참여가 필요하다. 이 범주에 속하는 팀 스포츠는 운동 감각(예: 아이스하키에서 스틱을 움직여 퍽을 받고 받기), 시각적 추적(예: 소프트볼을 추적하여 타격하고 잡기), 복잡한 의사결정(축구에서와 같이)이 필요하다. 시각 스포츠는 테니스와 같이 조기 참여 후기 전문화가 필요한 스포츠로, 휴대용 도구로 물체를 시각적으로 추적하는 것이 매우 중요하다. 조기 참여(8세 이하)는 이러한 활동을 위해 뇌를 코딩하기 시작하지만, 전문화를 위해서 14~16세까지 필요하지는 않다.

일반적인 것으로 분류되는 후기 전문화 스포츠에는 축구, 스피드 스케이팅, 육상, 배구, 골프 등이 있다(Balyi et al., 2013). 여기서 '일반적'이라는 의미는 연구 결과에서 제시하는 일반적인 시기인 13~16세에 전문화가 필요하다는 것을 의미한다. 이러한 스포츠 중 일부는 시각 추적 활동(예: 라크로스)과 눈과 손의 협응력 및 균형감각(예: 골프)에 대한 조기 경험이 필요하다. 물론 배구의 세팅과 같이 더 일찍 참여해야 할 수 있는 특수 포지션도 이러한 스포츠 구분 내에 있다. 매우 늦게 전문화되는 스포츠에는 많은 양의 힘과 많은 양의 훈련이 필요한 사이클과 카약이 포함된다(Balyi et al., 2013). 이러한 종목은 선수들이 다른 종목에서 전향하여 성공할 수 있기 때문에 '전향 종목'이라고도 한다.

이 스포츠별 분류 시스템을 제안한 저자들은 수년에 걸쳐 수많은 선수와 팀에 LTAD 모델을 적용했다(Balyi et al., 2013). 이러한 경험을 바탕으로 조기 및 후기 전문화 스포츠 범주를 제안하였으며, 이는 다양한 스포츠에서 엘리트 수준에 도달하는 것과 관련하여 훈련 시기를 연구하는 데 유용한 모델이 된다. 물론 특정 스포츠에 대한 정확한 분류는 논란의 여지가 있지만, 이 시스템은 스포츠 전반의 전문화를 이해하는 데 유용한 출발점이 될 수 있을 것이다.

하지만 부모와 코치가 [그림 10-5]를 보고 "아, 수영은 조기 전문화 스포츠이므로 우리 아이는 5세에 시작하게 하고 일 년 내내 수영과 훈련을 시키고 다른 활동은 금지하자."라고 말하는 것은 바람직하지 않다. 일반적으로 13세에서 16세 사이에 전문화를 권장하며, 수영 선수의 경우 이 연령대보다 조금 더 일찍 전문화를 시작하는 것에 대해서만 이야기하고 있다는 점을 기억하길 바란다. 이 모델의 유용한 특징은 일부 스포츠에 대한 조기 참여를 강조하는 것인데, 이는 모든 어린이가 다양한 활동과 여러 가지 기본 스포츠 기술을 개발하기를 원한다는 점을 고려할 때 유청소년 발달적 관점에서 보는 것이 적절한 것이다. 아이들이 눈이나 얼음(스키, 스케이트), 공중(체조, 다이빙), 물(수영), 지상(대부분의 스포츠) 등 네 가지 환경 모두에서 조기에 활동을 경험하는 것이 가장 이상적이라 할 수 있다(Balyi et al., 2013). 야구 선수가 되고 싶다면 다른 사람이 던진 공을 시각적으로 포착하여 타격하는 방법을 배우는 등 물체를 시각적으로 추적하고 눈과 손의 협응력을 발달시키는 다양한 활동을 경험해야 한다. [그림 10-5]에서 주목해야 할 가장 중요한 점은 이 장에서 앞서 설명한 바와 같이 늦게 전문화된 스포츠를 조기에 전문화하는 것은 어린 선수의 발달에 부정적인 영향을 미친다는 것이다. 어린이가 여러 가지 스포츠를 시도하고 신체적 소양을 쌓은 후 10대 후반에 전문 종목을 선택하면 우수한 성적을 거둘 가능성이 높아진다(Balyi et al., 2013). 일부 스포츠는 조기에 참여해야 아이들이 해당 스포츠에 대한 감각과 이러한 활동을 성공적으로 수행하는 데 필요한 뇌에서의 특정 코딩을 습득할 수 있다. 하지만 일반적으로 어린 운동선수의 재능을 개발하기 위해서는 조기에 다양한 종목을 접하고 다양화하는 것이 가장 좋은 전략이다.

8. 유청소년 운동선수의 재능과 웰빙을 위한 팁

유청소년 운동선수의 재능과 웰빙을 모두 기르기 위한 몇 가지 마지막 팁을 소개하고자 한다. 스포츠에 대한 전문성을 갖추기 위해서는 가족 전체의 헌신과 희생이 필요하기 때문에 때로는 어려운 과제라 할 수 있다.

1) 재능과 정체성의 분리

수영에 재능이 있고 일찍부터 수영 실력이 뛰어난 아이는 "수영선수 조이가 바로 너구나!"라는 관심을 많이 받을 수 있다. 부모는 조이가 뛰어난 수영 선수일 뿐만 아니라 뛰어난 우등생, 전도유망한 기타리스트, 사랑스러운 언니와 딸도 될 수 있다는 사실을 알 수 있도록 도와야 한다. 수영은 조이가 가장 잘하는 일이기도 하지만, 그것이 조이를 규정하는 유일한 잣대가 되어서는 안 된다. 재능 있는 어린 선수들이 자신의 정체성을 형성하는 데에 더 많은 요소를 추가할 수 있도록 도와주어야 한다. 수영이 조이의 정체성 형성 요소에서 가장 큰 조각일 수도 있지만, 다차원적인 자아 개념을 위해 다른 조각들을 포함시키는 것이 중요하다. 부모는 자녀가 잘하는 활동이나 부모가 가장 좋아하는 활동뿐만 아니라 자녀의 모든 활동에 관심을 보여야 한다(Tofler & DiGeronimo, 2000).

2) 플랜 B를 세울 것 (필요하다면 플랜 C, 그리고 플랜 D도)

전문화 및 집중 육성의 시기에 있는 운동선수라면 대학이나 엘리트 스포츠 선수로 활동하는 것도 좋겠지만, 플랜 B, 즉 다른 길을 모색할 수 있는 가능성도 있어야 한다. "대학에서 뛰기 위한 실력을 쌓기 위해 최대한 노력할 거야."라고 말하는 것이 "모두가 내가 장학금을 받고 프로에서 농구를 하기를 기대하는 것 때문에 너무 스트레스 받아"라고 말하는 것보다 더 건강한 접근 방식이 될 수 있다. 제6장에서 배운 것처럼 장학금과 같은 외재적 보상을 통제하면 운동선수의 동기를 떨어뜨릴 수 있다. 일반적으로 선수들은 중요한 결과 목표(예: 모든 대회에서 입상하기, 대학에서 주전으로 뛰기)를 가지고 있지만, 개인 성과(예: 턴오버 대비 어시스트 비율, 자유투 비율)와 과정 목표(예: 압박 수비를 깨뜨릴 공격수를 대할 때 인내심과 침착함 가지기, 공격과 수비의 전환 시 공을 가지고 빠르게 돌파하기)에도 집중할 수 있도록 도와주어야 한다. 결과 목표에 대한 지나친 강조와 부담, 다른 대책이 없는 유일한 한 계획 A는 재능 개발에 대한 위험하고 편협한 접근 방식이며, 아이들에게 부정적인 결과를 초래할 수 있다. 목표는 훌륭한 동기부여가 되지만, 특정 목표를 달성하지 못할 경우 다른 경로를 선택할 수 있는 유연한 대안도 있는 것이 좋다는 점을 명심해야 한다.

3) 과정에 집중할 것

스포츠는 승리에 관한 것이기 때문에 경기에서의 승

리로 측정되는 조급한 성공에 매몰되기 쉽다. 하지만 재능 개발에 진정으로 관심이 있다면 단기적인 결과는 미래의 성공으로 이어질 기술과 자질을 개발하는 것만큼 중요하지 않다는 것을 기억해야 한다. 엘리트 카약 인재 개발 학교의 책임자는 이렇게 설명한다. “스포츠는 승리에 관한 것이지만, 승리하려면 인내심과 현명함이 필요합니다. 보통 좋은 결과에 박수를 보내지만 선수들이 왜 그런 결과가 나왔는지 스스로에게 질문하도록 도와야 합니다. 그 결과가 나오기까지 어떤 과정이 있었는지 물어야 하는 것이죠. 결과에만 초점을 맞추기보다는 일상적인 훈련에서 발전하는 데 필요한 기술과 자질, 즉 ‘숙달’에 초점을 맞춰 가르쳐야 합니다. 이러한 접근 방식이 성과를 가져온다고 굳게 믿기 때문입니다.”(Henriksen et al., 2011, p. 333).

4) 어린 선수를 위한 경험적 혜택 측면에서 희생의 대가를 따져보기

유청소년 운동선수들은 특정 종목의 재능을 개발하기 위해 집을 떠나 스포츠 아카데미에서 전일제 훈련을 받기도 한다(예: 크리스 에버트 테니스 아카데미, IMG 아카데미의 볼레티에리 테니스 프로그램). 마리아 샤라포바, 세레나 윌리엄스, 비너스 윌리엄스, 모니카 셀레스 등 이러한 프로그램을 통해 프로 스포츠 스타덤에 오른 유명 운동선수들의 이야기를 언론에서 접한 적이 있을 것이다. 하지만 풀타임 스포츠 아카데미에 다녔으나 엘리트 선수로 성장하지 못한 많은 아이들에 대한 이야기는 들어보지 못했을 것이다. 아카데미 훈련에 필요한 재정적, 정신적 희생을 감수해야 하는 부모와 어린 운동선수는 자녀가 엘리트 선수로 성장하지 못했을 때 그러한 노력에 드는 비용과 그 경험을 통해 얻을 수 있는 이점을 잘 비교해 보아야 한다. 다음과 같은 질문에 답해 보도록 하자(Tofler & DiGeronimo, 2000, p. 120).

- 내 아이가 남들보다 뛰어나지 않더라도 가치 있는 무언가를 얻을 수 있는가?
- 내 아이의 꿈이 바뀌더라도 여전히 가치 있는 경험이 될 것인가?
- 그 희생이 내 아이에게 현재의 시점에서도 가치 있는 무언가를 가져다주는가?

5) 자녀 중심이 아닌 가족 중심으로 살아가기

자녀 중심 가정에서는 모든 사람의 관심이 스타 선수(자녀)의 훈련 및 경기 일정을 따르게 된다. 이는 불공평할 뿐만 아니라 재능 있는 운동선수에게 돈, 시간, 관심에 대한 ‘보답’을 경기력 향상에 쏟아야 한다는 압박감을 주게 된다. 재능 있는 유청소년 운동선수는 가족의 희생을 감수하면서까지 지원받을 수는 있겠지만, 이들을 가정의 중심으로 삼는 것은 모두에게 건강하지 않다.

또한 자녀를 여러 유청소년 스포츠 활동에 참여시키려는 경쟁이 과도한 일정과 열광적인 가정 분위기로 이어진다는 사실도 관찰되었다. 샘플링 기간에는 여러 가지 활동을 시도해 볼 수도 있으나, 부모는 자녀가 유청소년 스포츠에 얼마나 많이 참여하는지 다른 부모와 경쟁하려는 경향도 자제해야 한다. 과도한 일정을 잡지 않고 집에서 휴식 시간을 제공함으로써 어린 운동선수들에게 항상 성취하지 못해도 괜찮으며 가족이 함께하는 시간이 중요하다는 메시지를 전달하는 것이 필요하다.

9. 요약

우리는 아이들이 자신이 좋아하는 스포츠에서 명성과 영광을 꿈꾸는 것은 좋은 일이라고 생각한다. 어린 시절에 큰 꿈을 꾸는 것은 당연한 일이며, 스포츠 영웅들의 전문성이 대중매체에 끊임없이 노출되는 세상에서 이러한 꿈은 쉽게 상상할 수 있게 되었다. 꿈은 재능을 개발하는 데 필요한 열정을 불러일으킨다. 하지만 재능이나 재능을 개발할 수 있는 기회가 스포츠 전문성을 갖추기에 충분하지 않다면 아이들은 다른 꿈과 목표를 향해 나아가야 한다. 대부분의 사람이 어떤 분야에서 전문가가 되기 위해서는 자신에게 적합한 길을 찾아야 한다는 것을 알고 있다.

하지만 현대의 유청소년 스포츠는 아이들이 다양한 활동을 경험하고, 자신이 무엇을 잘하는지 배우고, 자신에게 맞는 진로를 찾을 수 있도록 돕는 대신 어른들이 상금(대학 장학금, 올림픽 메달)에 초점을 맞추면서 아이들의 운동 재능을 개발하는 데 열을 올리는 방향으로 발전한 것 같다.

유청소년 스포츠 행사에서 항상 들을 수 있는 이야기이다. 0세 자녀를 둔 부모들은 자녀가 받을 체육 장학금이나 4세 딸이 프로 선수가 될 수 있는 최고의 기회를 제공하기 위해 어떤 스포츠를 시작해야 하는지 이야기한다. 미국 고등학교 운동선수 700만 명 중 2%만이 대학 스포츠 선수로 활동한다. 이 중 1%만이 전미대학체육협회 1부 대학 운동 프로그램에서 전액 장학금을 받을 수 있다. 그리고 1% 중 극소수만이 프로 선수나 올림픽 선수가 된다. 이 수치는 기술을 배우고 스포츠를 즐기고 싶어 하는 대다수의 유청소년 스포츠 참가자들에게 한 가지 종목을 선택해 일주일에 20시간씩 훈련하라고 강요해서는 안 된다는 것을 보여 준다.

유청소년 스포츠의 재능 개발에 대한 관점을 유지해야 하는 것은 바로 우리, 즉 성인들이다. 아이들이 꿈을 꿀 수 있도록 해야한다. 아이들을 혼자 내버려두면 스스로 알아서 해결하곤 한다. 주니어(10대) 골퍼를 대상으로 한 설문조사에서 92%는 자신이 프로골프협회 또는 여자프로골프협회 투어에 진출할 것이라고 답했다(Junior Player Survey, 2010). 그러나 5%는 프로가 되지는 못하더라도 골프 재능을 개발하는 데 시간을 잘 보냈다고 답했다. 그리고 71%는 프로 투어 자격보다 대학 학위가 더 중요하다고 생각했다. 자신의 신념과 희망, 전망까지 담긴 얼마나 훌륭하고 놀라운 조합인가. 아이들에게서 배우고, 아이들이 발달에 적합한 방식으로 재능을 개발할 수 있도록 계속 관심을 갖고 지켜보자.

학습 초점

주요 용어

- **의도적인 놀이(deliberate play)** 아이들이 재미로 참여하는 비공식적 스포츠 또는 게임.
- **의도적인 연습(deliberate practice)** 수행 능력을 향상시키기 위한 명확한 목표를 가진 고도로 구조화된 활동.
- **다각화(diversification)** 다양하고 광범위한 스포츠 활동에 대한 투자.
- **전문성(expertise)** 장기간에 걸쳐 일관되게 발휘하는 우수한 운동 능력.
- **제곱 효과(multiplier effect)** 특정 스포츠 활동에 대한 초기 생물학적 이점이 훈련과 상호 작용하여 초기 이점을 가진 운동선수에게 더 큰 효과를 가져오는 방식.
- **과잉 전문화(overspecialization)** 부모나 코치의 통제를 받는 어린 선수가 연중 체계적인 훈련과 경쟁을 통해 한 가지 스포츠에 대한 전문성과 외적 보상을 추구하면서 심리적 성장과 즐기는 삶을 희생하고 또래 친구들이 보통 참여하는 다양한 활동에 참여하지 못하는 경우.
- **열정(passion)** 운동선수들이 시간과 에너지를 투자하도록 자극하고 그 활동을 자신의 정체성으로 내면화하도록 이끄는 활동에 대한 깊은 애정.
- **수행력(performance)** 스포츠 기술 또는 일련의 기

술을 실행하는 것.

- **스포츠의 합리화(rationalization of sport)** 인간보다 성과가 우선하는 것.
- **기술/기능(skill)** 훈련과 경험을 통해 습득한 능숙함.
- **전문화(specialization)** 일반적으로 1년 내내 스포츠에 참여하는 등 체계적인 훈련과 경쟁을 통해 단일 종목 스포츠에 투자하며 즐거움을 느끼고 능숙해지는 것.
- **자발적인 연습(spontaneous practice)** 성인 지도자의 지정 활동이나 감독 없이 자유 시간에 기술 개발과 즐거움을 위해 스포츠 활동을 연습하는 것.
- **재능** 인재(talent)-어린 시기에 확인된 타고난(선천적인) 능력 또는 자질로, 향후 전문성으로 이어질 수 있음.
- **재능 개발(talent development)** 선수의 학습과 성과를 자극하고 잠재력을 발휘할 수 있도록 가장 적합한 환경을 제공하는 것.
- **인재 발굴/식별(talent identification)** 특정 스포츠에서 전문성을 발휘할 잠재력을 가진 어린이와 유청소년을 구별(일반적으로는 선발)하는 과정.

핵심 요약

1. 재능은 미래에 전문성으로 이어질 수 있는 초기에 파악된 자질을 의미하므로, 특정 활동에서 성공할 수 있는 개인의 잠재력에 주목한다.
2. 전문가가 되려면 선수는 기술, 신체, 인지(전술적 지식과 지각 능력), 심리 등 네 가지 필수 영역에서 전문성을 보유하거나 습득해야 한다.
3. 국가 스포츠 단체는 국제 대회에 출전할 선수를 선발하고 훈련하기 위해 인재 발굴 및 개발 프로그램을 시행하고 있다.
4. 스포츠 재능 개발에는 신체 측정, 성장 상태 평가, 일반적 신체 능력 테스트, 스포츠별 기술 평가, 시지각 테스트, 전술 지식 평가, 게임 및 종합 지능 테스트, 심리 검사가 사용된다.
5. 아동의 성숙도 차이로 인해 어린 나이에 재능을 파악하는 것은 어려운 일이다.
6. 스포츠 전문성을 추구하지 않는 어린이를 포함하여 모든 어린이가 각자의 재능을 개발할 수 있는 다양한 접근 방식이 필요하다.
7. 전문 선수의 '소프트웨어'에는 구조화된 게임 상황에서 더 많은 정보를 유지, 기억, 인식하는 능력과 '게임이 어떻게 작동하는가'에 대한 더 우수한 게임 지식, 그리고 경험이 적은 선수에 비해 뛰어난 시각적 단서(어디를 어떻게 봐야 하는지 아는 것)의 활용 능력이 포함된다.
8. 제곱 효과는 특정 활동에 대한 작은 초기 생물학적 이점이 훈련과 상호 작용하여 이러한 이점을 가진 선수에게 더 큰 효과를 가져올 수 있는 방법을 말한다.
9. 전문성 개발을 위해 10년 또는 1만 시간의 훈련이 권장되고 있지만, 선수를 대상으로 한 연구에 따르면 필요한 훈련량은 스포츠 유형과 개인에 따라 차이가 있는 것으로 나타났다.
10. 전문가를 대상으로 한 블룸(Bloom)의 연구에 따르면 단순한 연습 시간의 양보다 성장을 위해 단계별로 어떤 활동에 참여했는지가 전문성을 키우는데 더 중요하다.
11. 코트(Cote)는 스포츠 전문성 개발 단계를 샘플링(6~12년), 전문화(13~15년), 투자(15년 이상)의 세 단계로 구분했다.
12. 스포츠 전문성은 재능 참여, 기회, 열정을 통해 달성할 수 있다.
13. 유청소년 운동선수의 전문성은 다각화에서 과잉 전문화에 이르는 연속선상에 놓여 있다.
14. 조기 다각화는 늦게 전문화되는 스포츠 종목에서

선수들의 재능과 심리사회적 발달을 촉진한다.

15. 스포츠는 다음과 같은 요건에 따라 조기 및 후기 전문화 종목으로 지정될 수 있다. 경기 감각, 시각적 추적 능력, 고급 기술 및 의사결정 능력 등의 발달 상태.

탐구 질문

1. 재능과 실력은 어떻게 다른가? 아주 어린 선수들과 함께 일할 때 이것이 중요한 이유는 무엇인가?
2. 스포츠 전문성을 구성하는 필수 영역을 밝히고 각 영역의 예를 제시하라.
3. 스포츠에서 재능을 파악할 수 있는 실제적인 방법을 하나 이상 언급하고, 유청소년 스포츠에서 재능을 파악할 때 발생할 수 있는 문제점을 설명하라. 모든 어린이들이 각자의 재능을 개발할 수 있는 기회를 갖도록 보장하려면 어떻게 해야 할까?
4. 계획적인 연습에 대한 1만 시간과 10년간의 처방은 어떻게 개발되었나? 이 지침이 스포츠 전문성에 대한 연구에서 어떻게 적용되었는지 설명하라.
5. 특정 스포츠에서 전문성의 일부로써 습득되는 인간의 '소프트웨어'에 대한 예를 몇 가지 제시하라. 스포츠에서 타고난 '하드웨어'의 차이를 몇 가지 예를 들어 설명하고, 이것이 제곱 효과에 어떻게 영향을 미치는지 설명하라.
6. 블룸(Bloom, 1985)이 전문성 개발에 관한 연구에서 제시한 세 단계를 설명하고, 각 단계의 중요한 특징 몇 가지를 설명하라. 코트(Cote)와 그의 스포츠 전문성 단계에 대해서도 동일한 방식으로 설명하라.
7. 스포츠 전문성을 위한 지침에 비추어 볼 때, 기회가 반드시 재능을 의미하는 것은 아닌지 참여 이유를 설명하라.
8. 전문화와 다각화의 개념과 이들이 연속선상에 놓여 있는 이유를 설명하라. 유청소년 스포츠에서 독점적인 전문화와 과잉 전문화는 어떤 결과를 낳는가?
9. 스포츠에서 조기 다각화(보다 더 이른 조기 전문화)를 정의하고 이의 실질적인 이점을 설명하라. 조기 다각화의 예외가 되는 경우는 언제인가?
10. 조기 전문화와 후기 전문화의 연속성을 설명하고, 몇 가지 예와 '조기' 대 '후기'에 대한 근거를 제시하라. 조기 참여가 필요하지 않은 스포츠와 비교하여 특정 스포츠를 초기 참여 후기 전문화 스포츠로 식별해야 하는 필요는 무엇인지 설명하라.

성찰용 학습활동

1. 인터뷰할 대학생 또는 프로 운동선수를 섭외하자. 인터뷰의 목적은 스포츠 참여의 다양한 단계를 거치면서 선수의 발달 단계에 따른 스포츠 경험에 대해 알아보는 것이다(Horn & Butt, 2014). 주요 핵심 질문은 "어떻게 재능을 개발했습니까?"이다. 구체적인 정보에는 (a) 선수가 스포츠 참여를 시작하고 해당 종목을 전문적으로 하기 시작한 연령, (b) 선수가 해당 종목을 선택하고 계속 참여하기로 한 결정에 영향을 미친 요인, (c) 중요한 타인(예: 부모, 코치, 형제자매, 팀 동료)의 역할, (d) 더 높은 수준의 참여로 전환하는 데 영향을 미친 긍정 및 부정 요인 등이 포함되어야 한다. 선수의 재능 개발을 이해하는 데 중요하다고 생각되는 다른 질문이 있으면 물어보도록 하라. 이 장에 제시된 자료와 관련하여 선수의 재능 개발 경험을 설명하는 보고서로 면담 결과를 작성하도록 한다.
2. 문화적으로 용인되어온 관행(선수들의 재능 개발에서 코치들이 정서적, 때로는 신체적 학대를 하는 것)에 대해 생각해 보라. 이 주제에 대한 여러분의 의견을 쓰거나 학급 친구들과 토론해 보라. 특히 교사가 학생에게 (코치와 유사하게) 학대적인 방식으로 행동할 경우 어떤 일이 일어날지 생각해 보고, 왜

교사가 아닌 코치에게는 이런 일이 일어나도 상대적으로 허용하는지에 대해 여러분의 생각을 발표해 보라. 이 장에서 논의한 스포츠의 합리화가 이러한 관행에 어떤 영향을 미치는지 설명해 보라.

보조자료

마리노비치 프로젝트 ESPN 영화

Chapter
11

유청소년 스포츠에서의 스트레스와 번아웃

제11장 개요

이 장에서 배울 내용은 다음과 같다.

- 유청소년 스포츠 선수가 받는 스트레스의 장단점
- 유청소년 선수들의 스트레스 관리 전략
- 몰입이 유청소년 스포츠의 궁극적인 목표인 이유
- 번아웃이 일부 유청소년 선수들을 발전시키는 원인

1. 개요

아이들이 스포츠에 참여하는 가장 큰 이유는 무엇일까? 그것은 재미있어서, 그리고 경쟁이 자극적이고 도전적이기 때문이다. 그러나 경쟁이 주는 자극과 도전은 종종 스트레스가 되기도 한다. 어떤 경우에는 유청소년 운동선수들이 번아웃을 경험하고 심지어 이전에는 열심히 즐기던 스포츠를 그만두는 경우도 있다. 참으로 안타까운 일이다. 저자는 아이들이 그러한 일을 피할 수 있도록 돕고자 한다. 이 장의 목표는 스트레스 과정에 대해 이해하고, 유청소년 선수들이 이 과정을 효과적으로 헤쳐 나갈 수 있도록 구체적인 전략을 제시하는 것에 있다.

스트레스는 누구에게나 가해지는 요구이자 삶의 필수적인 부분이다. 제9장에서 학습했듯이, 신체 훈련에서 과부하(또는 요구)는 운동선수의 신체가 적응하고 더 강해지도록 스트레스를 주는 데 필요하다. 그러나 신체 훈련에는 실행, 변화 및 회복이 필요하며 스트레스도 마찬가지라는 사실도 알게 되었다. 적절한 회복이 없는 스트레스나 지나치게 많은 양의 스트레스는 건강에 악영향을 미친다. 그러나 우리 모두는 온전한 성장을 위해 적절한 양의 스트레스가 필요하다. 스트레스에 수반되는 걱정과 불안은 불편하지만, 이러한 불안감이 우리가 무엇인가를 사전에 준비하도록 하는 자극이 되기도 한다. 걱정은 리허설과 같아서 문제에 집중하여 해결책을 효율적으로 찾을 수 있도록 정신을 집중시키기도 한다(Goleman, 2005). 즉, 적당량의 스트레스는 유용하다. 그러나 스트레스가 기분 좋은 것은 아니기 때문에, 중요한 것은 스트레스와 관련된 감정들에 익숙해지는 것이며, 스트레스를 효율적으로 관리하는 데 필요한 개인적이고 사회적인 자원들을 확보하는 것이다.

성장 중인 유청소년 선수들에게는 소량의 스트레스를 접종하여 나이가 들었을 때 더 많은 양의 스트레스에 대처할 수 있는 자원(항체)의 발달을 자극할 필요가 있다(Martens, 1978). 부모와 함께 집에서 생활하는 것은 어린 자녀들이 독립하기 전에 중요한 삶의 기술을 배울 수 있는 기회를 제공한다. 유청소년 스포츠도 마찬가지이다. 제3장과 제5장에서 권장하는 대로 아이들에게 점진적으로 경쟁에 대해 알 수 있도록 하고, 더 높은 수준의 스포츠를 수행하는 데 필요한 대처 기술을 향상시킬 수 있는 작은 규모의 경쟁 경험을 쌓아 갈 수 있도록 해야 한다.

2. 과정으로서의 스트레스

유청소년 수영선수는 수영 팀에 합류하기로 결정하고, 새로운 팀원을 만난다. 시합을 위한 훈련을 하고, 코치와 부모의 기대에 부응하며, 다가오는 시합에 대해 미리 생각한다. 시합에서 수영할 때의 불안과 흥분을 극복하고, 수영을 잘해서 기쁨과 자부심을 느끼거나 수영을 잘 못해서 실망과 당황을 겪는 긴 과정을 거친다. 이러한 과정은 아이들에게 다양한 방식으로 영향을 미친다. [그림 11-1]은 스트레스의 4단계 과정을 보여 준다(McGrath, 1970 인용).

1. 선수에게 요구 또는 **스트레스 요인**(스트레스를 유발하는 요인)이 주어진다. 여기에는 경기나 훈련의 신체적, 심리적 압박, 부모의 기대 또는 새로운 팀에 적응해야 하는 사회적 요구가 포함될 수 있다.
2. 선수가 요구 사항을 평가한다. 선수의 성격과 이용할 수 있는 여건에 따라 흥미진진한 도전("신이 나서 빨리 하고 싶어요!")으로 평가하거나 무서운 위협("스트레스를 받아서 어서 그만두고 싶어요!")으로 평가할 수 있다.

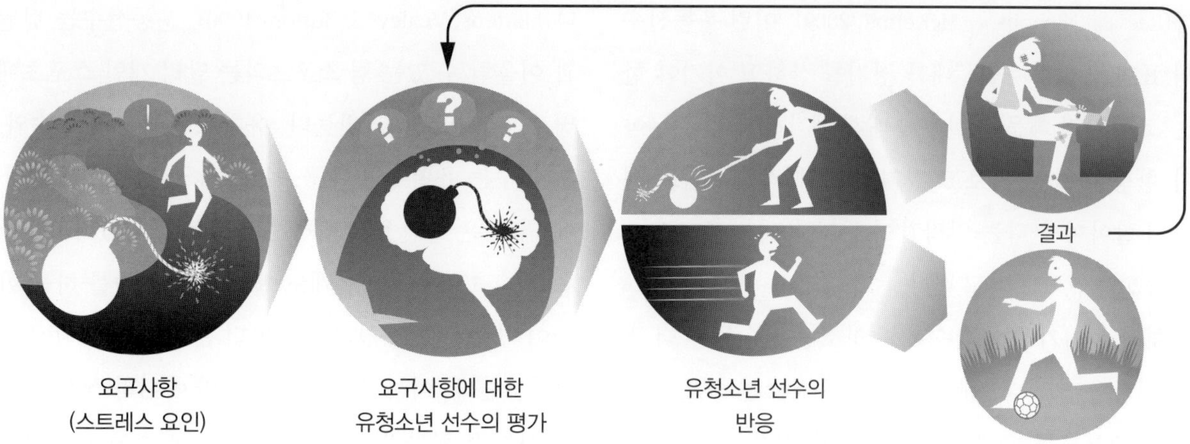

[그림 11-1] 유청소년 스포츠에서의 스트레스 과정

3. 유청소년 선수들은 신체적 · 심리적 · 행동적으로 스트레스 요인들에 반응한다. 선수는 긴장감에도 불구하고 잘 수행하는가? 초조함과 긴장감을 경쟁의 일부분으로 받아들이는가, 아니면 부정적으로 생각하고 압도당하는가?
4. 이 과정의 결과는 선수에게 어떤 영향을 미치는가? 선수가 스포츠를 더 좋아하게 되었는가, 아니면 다음에 다시 시합을 해야 하는 것이 두렵게 되었는가? 숙달감과 성취감을 느끼는지, 아니면 "이걸 할 가치가 있는지 모르겠다."고 스스로 생각하는가?

[그림 11-1]에서 볼 수 있듯이, 이러한 결과는 피드백을 통해 어린 선수가 다음에 직면할 요구를 평가하는 방식에 영향을 미친다. 이 과정은 순환적이고 연속적이다. 이 과정이 어린 선수들이 경쟁과 삶에 내재된 스트레스 요인을 관리하는 방법을 배우는 긍정적인 과정, 또는 적어도 성장의 경험이 되는 계기가 되기를 바란다. 다음 절에서는 스트레스가 어떻게 발생하는지 이해하는 데 도움이 되는 스트레스 과정의 단계와 그 과정을 거치는 동안 유청소년 운동선수들이 스트레스를 관리하는 데 도움을 줄 수 있는 방법에 대해 알아보고자 한다.

3. 유청소년 선수들이 직면한 요구

선수들은 경쟁적인 유청소년 스포츠에 내재된 세 가지 근본적인 스트레스 요인으로, 사회적 평가, 경기의 중요도, 불확실성에 직면한다.

1) 사회적 평가

스포츠는 관중 앞에서 상대방과의 공개적인 사회적 비교(자신의 능력을 평가하기 위해 다른 사람과 경쟁)를 포함하기 때문에 다른 사람으로부터 사회적 평가를 받는 것은 스포츠의 한 가지 본질적 특성 중 하나이다. 공개적으로 평가받지 않고 뒤뜰에서 자유롭게 뛰어놀던 어린 선수들이 이제 가족, 팀 동료, 상대팀 관중 앞에서 티볼 경기에서 타석에 서야 하는 상황이 얼마나 부담스러울 수 있는지 생각해 보라.

사회적 평가, 즉 자신의 기량에 대해 공개적으로 평가받는 것은 유청소년 스포츠에서 다루기 어려운 스트레스 요인이다. 유청소년 스포츠에서는 실패에 대한 두려움, 타인의 부정적 평가, 타인의 거절 등 여러 가지 구체적인 사회적 평가 스트레스 요인이 있다는 것이 확인되었다(Reeves, Nicholls, & McKenna, 2009). 어린 운동선수들의 표현을 빌리자면, "내가 경기를 잘하고 이겨야 한다는 것을 알기 때문에 실패에 대해 생각하게 된다." "아빠가 항상 나를 지켜보고 있기 때문에 걱정스럽고 실수하지 말아야 한다는 압박감이 든다."(Sagar, Busch, & Jowett, 2010, p. 222)라고 한다.

사회적 평가가 증가할수록 유청소년 선수들은 더 많은 위기감을 느낀다. 개인 종목의 유청소년 스포츠 선수는 팀 스포츠 선수에 비해 불안(긴장, 걱정 또는 두 가지 모두로 특징지어지는 불쾌한 감정 상태)이 더 높게 나타났다(Martens, Vealey, & Burton, 1990). 운동선수는 팀원들과 어울릴 수 있는 팀 스포츠와는 달리 개인 스포츠에서 더 직접적으로 평가받는다. 유청소년 레슬링 선수와 체조 선수는 유청소년 축구, 하키, 야구 선수보다 경기 전에 더 많은 불안을 경험하는 것으로 나타났다(Simon & Martens, 1979). 흥미롭게도 밴드 솔로 연주를 하는 아이들이 다른 스포츠 참가자보다 더 큰 불안을 느낀 것으로 나타났는데, 이는 스포츠 참여뿐만 아니라 상황에 내재된 사회적 평가가 아이들에게 스트레스를 유발한다는 점을 시사한다.

시합 장면에서 사회적 평가에 대한 부담이 증가하면서, 어린 선수들은 더 많은 불안 · 걱정 · 초조를 느끼게 된다.

2) 경기의 중요도

개인적으로 더 큰 의미가 있거나 더 중요한 경기, 대회는 더 큰 스트레스를 유발한다. 중요도가 높은 스포츠 상황에서 좋은 성적을 내야 한다는 압박감은, 유청소년 선수들을 더 힘들게 하고 곧 갑작스럽고 급격한 경기력 저하로 이어진다(Baumeister, 1984). 관중석에 가족 구성원이 있거나 특정 상대와 경기를 하는 등 유청소년 선수에게 스포츠 경기의 중요성을 높이는 요인은 다양하다. 코치와 부모는 종종 '큰' 경기에서 승리하는 것의 중요성을 강조함으로써 유청소년 운동선수에게 스트레스와 불안을 조성하기도 한다.

3) 불확실성

불확실성은 두 가지 방식으로 어린 운동선수에게 스트레스를 준다. 첫째, 자신의 능력으로 좋은 성적을 낼 수 있을 것인가, 부모님을 기쁘게 해 드릴 수 있는가, 팀원들을 실망시키지는 않을까에 대해 불확실한 경우가 많다. 즉, 경쟁 상황에서의 기대를 충족시킬 수 있을지 불확실하다는 것이다(Martens, 2012). 둘째, 경쟁이라는 본질에 익숙하지 않고 스포츠에 대한 경험이 많지 않기 때문에 긴장을 느낀다. 선수는 어떤 역할을 해야 하는지에 대해 코치와 의사소통하지 못하였기 때문에 혹은 코치가 선수들에게 실수하지 않고 완벽하게 수행하기를 요구해서 불확실성을 느끼는 경우가 많다.

4) 유청소년 운동선수의 발달 단계에 따라 발생하는 다양한 스트레스 요인에 대한 이해

유청소년 스포츠에서 아이들에게 주어지는 요구는 '사회적 평가+경기의 중요도+불확실성'으로 요약할 수 있다. 바로 이것이 스트레스의 중요 원인이다. 또한 어린이와 청소년은 다양한 발달적 요구에 직면한다. 성장과 성숙에 따라 신체가 변화하고 있으며, 이로 인해 신체적 스트레스뿐만 아니라 심리사회적 스트레스 요인이 발생하기도 한다(제4장에서 설명). 학교에서의 학업적 부담과 친구 사귀기, 적응하기, 정체성 확립하기, 연애 관계 등 다양한 유청소년기의 사회적 스트레스 요인이 존재한다. 더 높은 수준의 스포츠로 나아가는 어린 운동선수들에게 가장 큰 스트레스 요인은 시간 관리와 과도한 일정 소화이다. 따라서 경쟁적인 스포츠 환경이 주는 부담은 유청소년 운동선수의 삶에서 흔히 볼 수 있는 여러 스트레스 요인 중 일부에 불과하다. 과도한 스트레스는 스포츠에 대한 요구뿐만 아니라 특히 유청소년기의 도전적인 발달 단계에서 여러 가지 스트레스 요인에 대한 압도적인 압박으로 인해 발생할 수 있으므로 유청소년 스포츠의 성인 이해관계자는 이 점을 염두에 두어야 한다.

5) 유청소년 선수가 직면하는 스트레스 요인 줄이기 최적화 전략

1. 유청소년 코치는 경기 전에 선수들에게 준비가 되었다는 것을 알려 주고 연습한 것에 집중하도록 함으로써 선수들의 불확실성을 줄여야 한다. 실수는 학습의 일부이자 스포츠의 일부이므로 괜찮다는 점을 상기시켜야 한다. 열심히 참여하고 경기에 집중하며 즐기도록 한다.
2. 코치는 팀의 각 선수와 개인적으로 소통하여 모든 선수가 자신의 역할과 자신에게 기대되는 바를 명확히 알 수 있도록 해야 한다. 저자의 딸의 경우 배구 신입생 시즌에 부상을 당한 선배를 대신해 대표팀에 소집되었을 때 매우 불안해했던 경험이 있다. 당시 코치들은 딸이 준비가 되어 있고, 이를 위해 훈련을 해왔으며, 다른 사람이 아닌 '자신의 게임'을

해야 한다고 설명하며 딸을 안심시켰다. 그리고 실수를 하더라도 걱정하지 말고 열심히 경기에 임하고 자신의 일에 집중하라고 격려하였다. 이러한 코칭 커뮤니케이션은 갑작스러운 도전에 직면하였을 때 발생하는 불확실성을 줄이는 데 도움이 된다.

3. 모든 아이가 팀의 일원이 되어 훈련에 참여할 수는 있지만 꼭 대회에 참가해서 수영을 해야 하는 것은 아니다. 일부 유청소년 선수들은 프로그램 첫해에는 영법을 배우고 팀 내 모의 대회에서 수영을 하며 경쟁에 익숙해지는 것을 선호하기도 한다. 이는 아이들이 경쟁에 쉽게 적응하고 사회적 평가에 익숙해지도록 도와주는 훌륭한 방법이다.
4. 팀 스포츠의 입문 단계인 경우, 경쟁적 평가를 줄이는 방법을 고려하는 것을 권한다. 일반적으로 티볼은 아웃 개수에 관계 없이 한 이닝에 팀의 모든 선수가 타석에 참여하며 진행한다. 또한 점수를 기록하지 않는 것이 때로는 더 좋다(특정 어린이와 부모를 제외하고!). 제7장의 스포츠 수정 방법에 대한 여러 추천 사항을 점진적으로 시도해 보기를 바란다. 사회적 평가에 대한 적응력이 향상될 것이다.
5. 코치와 부모는 경기에서의 우승과 같은 결과의 중요성을 강조하지 않아야 한다. 어린 선수들이 승패에 대한 건전한 관점을 키우도록 돕는 것은 실제로 압박감 상황에서 더 나은 성과를 낼 수 있도록 도와준다. 1994년 올림픽 스피드 스케이트 경기에서 금메달을 획득한 댄 얀센(Dan Jansen)은 올림픽과 세

쉬어가기

미셸 위에 대한 시선

미셸 위보다 더 많은 사회적 평가를 견뎌 낸 스포츠 슈퍼스타를 찾기는 어려울 것이다. 재능 있는 주니어 골프선수였던 그녀는 2003년 크래프트 나비스코 여자 프로 골프 협회(Kraft Nabisco)(LPGA) 토너먼트(메이저 대회)에 13살의 나이로 출전하여 컷 통과에 성공하였다. 그 후 메이저 대회에서 7번의 톱 10에 들었고, 16세 때는 3회 우승에 근접하였다. 아놀드 파머는 "그녀는 타이거 우즈만큼, 아니 그 이상으로 골프계에 영향을 미칠 것"이라고 말하였다(ESPN, 2012). 그녀는 나이키를 비롯한 여러 기업과 막대한 후원 계약을 체결하였다.

부모로부터 관리된 미셸 위의 게임은 대중의 관심을 받았고, 여자프로골프협회 투어에서 한 번의 우승 없이 남자 프로 골프 대회에 출전하기 시작했다. 이는 전례 없는 일이었으며, 더 많은 언론의 관심과 사회적 평가를 불러일으켰다. 미셸 위는 본선 진출에 실패하고 우승과는 점점 더 멀어졌으며, 미셸 위에 대한 많은 기사들에는 '실망스러운 실력' '혼란스러운 여정' '미셸이 슈퍼스타가 되는 것을 기다리지 마라.'와 같은 문구가 사용되었다. 여자프로골프협회에 입회한 후, 그녀는 2009년부터 2014년까지 단 두 번의 우승만을 거머쥐었다. 사람들은 위압적인 부모, 잘못된 커리어 관리 결정, 기대에 부응해야 한다는 압박감 등 여러 가지 요인이 그녀의 문제를 야기하였다고 지적하였다. 하지만 미셸 위는 2014년 세계에서 가장 권위 있는 여자 US 오픈에서 우승을 차지하였고, 사회적 평가의 스포트라이트를 받으며 커리어를 쌓아온 자신에게 이번 우승이 얼마나 큰 의미였는지에 대해 이야기하였다.

엘리트 골프에서 젊은 선수들이 경쟁하는 추세는 분명하다. 렉시 톰슨은 12살에 US 오픈에 출전한 후 16세에 우승하며 여자프로골프협회 역사상 최연소 우승자가 되었다. 14세인 관 티안랑은 2013년 마스터스 토너먼트에서 컷 통과하며 성숙한 기량으로 골프계를 놀라게 하였다. 하지만 이 골프선수들은 미셸 위만큼 대중의 주목을 받지는 못하였다. 미셸 위와 같은 사례에서 얻은 교훈을 통해 부모와 미디어가 미성숙한 유청소년 선수를 조기에 학대하지 않도록 주의를 기울일 수 있기를 바란다.

계 선수권 대회에 도전하는 데 필요한 사고 방식을 기르는 데에 아버지의 도움을 받았다고 밝혔다. 얀센이 12세 때 처음 출전한 전국 선수권 대회에서 우승에 실패하고 집으로 돌아오는 차 안에서 내내 울고 있을 때, 아버지는 얀센을 앉혀 놓고 "댄, 인생에는 빙판 위에서 스케이트를 타는 것보다 더 많은 것이 있다는 것을 알지?"라고 말해 주었다(Jansen, 1999, p. 6). 얀센은 자신이 여전히 경쟁하고 이기는 것을 좋아하지만, 아버지가 성공과 실패를 더 건강한 관점으로 바라볼 수 있도록 도와주었다고 인정했다. 이러한 관점 덕분에 얀센은 올림픽과 같은 중요한 대회에서 다른 사람들의 기대가 자신의 경기력을 떨어뜨릴 수 있다는 압박감을 느끼지 않고 레이스 과정에 집중할 수 있었던 것이다.

6. 개별적으로 숙련도를 향상하기 위한 목표 추구에 대한 반복적 강조는 유청소년 운동 선수의 경쟁에 대한 걱정과 불안을 줄일 수 있다(Morris & Kavussanu, 2009). 수영, 육상, 크로스컨트리 등의 종목에서 아이들은 자신의 이전 최고 기록을 경신한다는 목표에 집중해야 한다. 팀 스포츠에서 코치와 부모는 농구에서 리바운드하기, 배구에서 패스 잘하기, 축구 골키퍼로서 좋은 결정 내리기 등 아이들이 집중할 수 있는 구체적인 사항에 대해 아이들과 대화해야 한다.

흥미로운 연구에 따르면, 부모가 상대방을 이기거나 우승하는 것과 같은 결과에 집중할 때만 부모의 압박이 불안감을 유발하는 것으로 나타났다(O'Rourke, Smith, Smoll, & Cumming, 2011). 노력을 독려하고, 실수로부터 배우도록 하고, 자기 계발에 집중하도록 자녀와 적극적으로 관계를 맺는 부모는 자녀에게 적응력을 높이는 태도를 함양하도록 하는 것으로 간주되었다. 이것은 사실 자녀가 통제 가능한 목표에 집중할 수 있도록 하여 평가에 대한 압박감이 줄었기 때문에 가능한 것이다. 이 연구는 부모의 요구로 인한 스트레스를 개인의 숙달에 초점을 맞추는 것이 선수 자녀에게 도움된다는 점을 밝혔다는 데 그 가치가 있다. 인생은 끊임 없는 요구에 관한 것이며, 누가 부모보다 유청소년 선수들에게 이것을 더 잘 가르칠 수 있을까?

4. 유청소년 선수들의 요구사항 평가

스트레스 과정의 2단계([그림 11-1])는 어린 선수들이 자신에게 제시된 요구에 대해 평가하는 단계이다. 가장 기본적으로 이것은 유청소년 선수들이 그 요구를 도전으로 보는지 위협으로 보는지에 달려 있다.

1) 유청소년 선수들의 대처

어린 선수들은 자신이 연습한 기술을 발휘할 수 있는 기회를 즐기고 기술 습득 및 개인적 성장을 추구할 때 스포츠 상황에서의 요구를 위협이 아닌 도전으로 인식한다. 이러한 요구를 도전으로 인식하는 데 있어 핵심은 운동선수가 상황에 대처하고 관리할 수 있는 자원을 가지고 있다는 믿음이다. 여기서 대처란 개인이 스트레스를 받고 자신의 건강이 위협받는 것으로 인식하는 상황을 다루기 위해 의식적으로 노력을 기울이는 것을 말한다(Compas, Connor-Smith, Saltzman, Harding Thomsen, & Wadsworth, 2001). 위협은 운동선수가 요구사항에 대처할 수 있는 자원이 부족하다고 인식할 때 발생하며, 스포츠에서 일반적으로 위협을 받는 것은 자신이 가치있는 존재인가하는 것과 자신이 유능한 사람인가에 대한 것이다. 따라서 어린 운동선수의 요구에 대한 평가는 자신의 대처 자원이 상황을 얼마나 잘 처리할 수 있다고 믿는지에 따라 달라진다.

특정 유형의 대처는 다른 유형의 대처보다 심리적 적응과 개인적 성장 측면에서 더 효과가 있기 때문에 아동이 어떻게 대처하는지는 매우 중요하다(Compas et al., 2001). 일반적으로, 유청소년 선수들이 스트레스 요인을 관리하고 감소시키거나 문제해결에 도움이 되는 전략을 사용하고 배우는 능동적 방법은 회피나 중도 포기 또는 단순히 부정적인 감정을 진정시키는 것보다 더 효과적인 조절 방법이라 할 수 있다(Nicholls, Perry, Jones, Morley, & Carson, 2013). 유청소년 운동선수를 위한 적극적인 대처 전략의 예로는 대회에 대한 구체적인 수행 목표를 설정한 다음 이러한 목표에 초점을 맞춰 마음속으로 리허설을 하는 것이 있다. 또한 운동선수가 경기 중에 자신감을 잃고 압박감을 느끼는 상황(예: 경기력이 좋지 않은 순간, 코치로부터 비판을 받는 상황)을 한두 가지 선정한 다음, 이런 상황이 발생했을 때 할 수 있는 건설적인 대응을 미리 정신적으로 연습해 두는 것도 도움이 된다.

이 단계에서 부모와 코치는 어린 선수들이 다가오는 대회에 대해 실수든 승리든 그 결과를 받아들이도록 도와주는 것이 중요하다. 예상할 수 있듯이 아이들은 나이가 들수록 스포츠의 요구에 더 효과적으로 대처할 수 있게 된다. 경험을 통해 더 넓은 범위의 대처 자원 레퍼토리를 개발한다(Tamminen & Holt, 2010). 실제로 운동선수들은 스트레스 모델의 단계([그림 11-1])에 따라 신체적, 정신적으로 경기를 준비하고(2단계), 경기 중 스트레스 요인을 관리하고(3단계), 경기 결과에 대한 자신의 생각과 감정을 관리(4단계)하면서 대처 기술을 적용하게 된다.

2) 어떤 유형의 유청소년이 도전보다 위협을 더 크게 인식하는 경향이 있나

어린이와 청소년의 특정한 개인적 특성은 경쟁적인 스포츠의 부담을 판단하는 방식에 영향을 미친다. 제6장에서 설명한 바와 같이, 일부 어린이는 스포츠 상황에서 위기 상황을 인지하는 경향을 증가시키는 무능력-회피 동기 지향성(Kaye, Conroy, & Fifer, 2008)을 보인다. 실패 지향적인 어린 운동선수는 도전과 성공의 가능성보다는 실패로 인한 두려운 부정적인 결과에 더 신경을 쓴다. 부정적이거나 지나치게 완벽주의적인 아이들은 완벽한 성과를 위해 비현실적으로 노력하며 실수에 대해 지나치게 걱정한다. 특성 불안은 경쟁과 사회적 평가를 위협적인 것으로 간주하게 만드는 성격 특성이다(Martens et al., 1990). 유청소년 운동선수의 특성 불안 수준을 평가하는 설문지는 〈부록 A〉에 나와 있다.

스트레스에 대한 아이들의 취약성을 높이는 이러한 성격 특성의 형성은 무엇으로 설명할 수 있을까? 이 질문에 대한 명확한 해답은 없지만, 유아기의 사회적 상호작용과 성공과 실패 경험이 이러한 특성에 영향을 미치는 것으로 보인다. 예를 들어, 특성 불안은 활동과 일상에 대한 과도한 규제, 부모에 대한 의존성 강화, 수용적이지 않은 태도, 피드백의 불일치 등과 같은 부모의 양육 행동과 관련이 있다(McLeod, Wood, & Weisz, 2007).

어린 운동선수들이 어려움을 도전이 아닌 위협으로 평가하는 데 영향을 미치는 또 다른 개인적 특성은 경쟁 불안을 바라보는 학습된 방식이다. 적극적인 대처, 심리 기술의 발달, 경쟁 경험을 통해 선수들은 불안이 경쟁에 대한 신체의 정상적인 반응이며 집중력과 활기를 얻어 경기력 향상에 도움이 될 수 있다는 것을 배울 수 있게 된다(Jones & Hanton, 1996). 유청소년 운동선수들은 도전적이고 불안을 유발하지만 자신이 관리할 수 있는 능력 범위 내의 요구를 파악하는 능력을 개발하여 효과적으로 경기력을 발휘할 수 있도록 하는 것이 중요하다. 엘리트 선수들은 경기 경험이 쌓이면서 경기로 인해 유발되는 불안 증상에 더욱 익숙해지고, 불안에 효과적으로 대처하기 위해 자신의 생각과 감정을 이성적으로 조절할 수 있게 되었다고 밝혔다(Hanton, Cropley, Neil,

Mellalieu, & Miles, 2007). 심지어 어렸을 때 위협적이라고 받아들였던 불안 증상이 실제로는 좋은 성과를 내기 위해서는 필요하다는 사실도 알게 되었다.

3) 유청소년 운동선수가 스포츠 요구를 평가하는 방법을 최적화하는 전략

1. 유청소년 선수들에게 불안감을 기꺼이 받아들이고 불안한 감정은 경기의 정상적인 일부분임을 받아들일 필요가 있다고 설명하자. 긴장감은 경쟁적인 상황에서는 당연히 나타날 수 있다는 것을 알고 이를 이상하게 생각하지 않도록 사전에 계획을 수립하라.
2. 선수들을 훈련 중에 다양한 유형의 긴장 상황에 노출시켜라. 예를 들어, 평가하는 다른 사람들 앞에서 경기하기, 비디오 촬영을 하는 동안 게임하기, 여러 가지 방해 요소 속에서 시합하기 등이 있다. 이 아이디어는 선수들이 가장 두려워하는 스트레스 요인과 압박 조건에 반복적으로 노출시킴으로써 그들이 가장 두려워하는 상황에 직면하더라도 경기하는 데 익숙해지도록 하는 것이다. 청소년기 후반의 엘리트 크리켓 선수들을 대상으로 정신적 강인함을 키우기 위해 고안된 압박 훈련과 '처벌적 환경 노출 효과'에 체계적으로 노출된 실험이 이 대표적인 예이다(Bell, Hardy, & Beattie, 2013). 이 실험 프로그램은 압박감 속에서 향상된 경기력을 이끌어 냈다.
3. 선수들은 일반적으로 불안을 유발하는 경쟁적 상황을 파악하고 이에 대해 대응할 계획을 세워야 한다. 이러한 스트레스 요인과 함께 나타나는 일반적인 생각과 감정을 마음속으로 재현한 다음 이에 대한 적절한 대응책을 심리적 리허설을 통해 연습할 수 있다. 여기에는 심호흡, 당면한 과제에 집중하도록 만드는 적절한 목표 설정, 경기 전에 편안하고 준비된 기분을 느낄 수 있는 루틴 개발 등이 포함된다.
4. 어린 선수에게 실수해도 괜찮다고 명시적으로 허락하라. 이는 열심히 노력하고 새로운 것을 시도하는 것이며 배움의 과정 중 일부일 뿐이라고 알려주어야 한다.
5. 어린 선수들이 자신이 통제할 수 있는 경기력 측면에 집중하는 법을 배움으로써 안목을 키울 수 있도록 도와라. 이를 돕기 위한 연습은 〈부록 J〉에 실려있다. 이 연습에서 선수들은 다가오는 시합에서 '통제할 수 있는 것'과 '통제할 수 없는 것'을 구별하는 것이 포함되어 있다. 이 연습은 선수들이 경쟁적 상황이 주는 부담을 관리하는 데 도움이 되는 전략을 찾아내는 능동적 대처의 한 예다.

참고하기 **압박감에 대비하기 위한 훈련 사례**

크리스티는 14세 테니스 선수로 국내 연령대 상위 25위 안에 드는 선수로, 두 가지 주요 측면을 개선해야 하였다. 첫째, 그녀는 발리를 위해 네트로 오는 것을 두려워해서 네트 게임을 좋아하지 않는다. 둘째, 서브를 넣을 수 있는 기술적인 재능이 있음에도 불구하고 더블 폴트를 걱정하며 세컨드 서브에 목을 매는 경향이 있다.

크리스티는 아주 쉽게 시작해서 점점 더 어려운 샷으로 네트 발리를 연습하면서 네트 게임을 연습하기 시작하였다.

그녀는 '솔기-심(seams)'라는 단어를 큰 소리로 외우면서 자신에게 오는 공의 '솔기-심(seams)'에 주의를 집중하고 부정적인 생각이나 걱정을 막기 위해 마음을 집중하였다. 그녀는 트리거 단어(집중력 촉발 단어)를 사용하여 올바른 시각적 이미지를 만들고 다양한 상황에서 네트 발리를 정신적으로 연습하고 다양한 경쟁 상황에 대한 네트 작전을 연습하였다. 경기당 최소 한 번 이상 네트에서 득점을 올리겠다는 목표를 세웠다. 훈련에서 그녀는 이 목표를 달성할 때까지 게임 연습을 마치지 않고 계속하였다. 25주 동안의 훈련을 통해 그녀의 네트 실력은 크게 향상되어 경기당 평균 4점을 네트에서 성공시켰다.

크리스티는 더블폴트 문제를 해결하기 위해 긴장을 풀고 집중하며 서브의 자동적 수행을 위한 서비스 전 루틴을 개발하였다. 루틴은 공을 네 번 튕겨서 잡는 것으로 시작된다. 그런 다음 호흡을 내뱉으면서 긴장도 내뱉는 것을 상상하고 상대 서비스 박스에 볼이 성공적으로 들어가는 것을 마음속으로 시각화한다. 그리고 '멈춤'이라는 단어를 사용해 불필요하고 걱정스러운 생각을 마음에서 지워 버린다. 그녀의 루틴은 부분적으로 개발되고 연습되었으며 3개월에 걸친 연습을 통해 다시 다듬어졌다. 크리스티는 훈련의 결과로 세컨드 서브에서 유동성과 부드러움을 얻을 수 있었고 더블폴트 비율도 크게 줄일 수 있었다.

5. 스트레스에 대한 유청소년 운동선수의 반응

이제 스트레스 과정의 세 번째 단계에 도달했다([그림 11-1] 참조). 이 장은 실전의 장이라 할 수 있다. 선수는 스트레스의 상황을 처리했으며 이제 심리적 반응뿐만 아니라 신체적 수행 능력 측면에서도 이에 대응해야 한다. 심리 훈련, 압박감을 느끼는 상황 속에서의 신체 훈련, 개별화된 성과 목표 설정과 같은 적극적인 대처 전략의 개발이 경쟁이 치열한 상황에 대응하는 데 도움이 되기를 바란다.

1) 각성

대응 단계에서 선수의 임무는 각성 수준을 관리하고 최적화하는 것이다. 각성이란 신체적, 정신적 준비 상태 또는 특정 순간에 사람이 느끼는 흥분 상태를 말한다. 일반적으로 운동선수는 적당한 수준의 각성 상태에서 가장 좋은 성과를 낸다. 따라서 [그림 11-2]에서 볼 수 있듯이 대부분의 운동선수는 4~6 범위에서 가장 좋은 성과를 내며, 이 수치는 각성 수준을 대략적으로 나타낸 것이다.

그러나 개인마다 운동 능력 향상에 가장 효과적인 각성 수준이 다르다. 또한 스포츠 유형에 따라 최적의 퍼포먼스를 위해 더 낮은(골프, 양궁) 또는 더 높은(축구, 럭비) 각성 수준이 필요하다. 최적의 각성 수준은 같은 스포츠 내에서도 다를 수 있다. 농구 선수는 풀코트 수비 압박을 받을 때는 각성 수준이 높지만 자유투를 쏘기 위해서는 각성 수준을 갑자기 낮춰야 한다. 그렇기 때문에 대부분의 농구 선수들은 슛을 쏘기 전에 심호흡을 하고 집중하는 프리샷 루틴을 따라 신체적·정신적 각성 상태를 최적화하는 방법을 배운다.

유청소년 운동선수들이 각성이 운동 수행에 어떤 영향을 미치는지 이해할 수 있도록 지도해야 한다. 흥분해야 할 때와 진정해야 할 때를 이해하도록 가르치자. 자신에게 가장 적합한 각성 수치, 즉 특정 종목에서 최고의 기량을 발휘할 수 있는 각성 수준을 파악하도록 하라. 그 후에 최적의 범위를 유지하기 위한 각성 수치 관리법과 이를 위한 몇 가지 전략을 계획할 수 있다.

2) 주의 집중

어린 선수들은 경기 중 각성 수준을 관리하는 것과 함께 주의력도 관리할 수 있어야 한다. 물론 현재 순간과 눈앞에 놓인 과제에 집중하는 것이 가장 좋다. 하지만 우리 모두 알다시피, 경쟁의 열기 속에서 이를 달성하는 것은 그리 쉬운 일이 아니다.

(1) 주의 산만

경기 중 스트레스 요인은 선수들의 원활한 경기 운영에 방해가 된다. 특히 유청소년 선수들은 경쟁 경험이 부족하고 생각의 우선순위를 정하고 감정을 억제하는 데 있어 상대적으로 미성숙하기 때문에 주의가 산만해지기 쉽다. 제4장에서 설명한 바와 같이, 어린이와 청소년은 생물학적으로 성인만큼 이성적이고 비감정적으로 반응할 수 있는 준비가 되어 있지 않다(뇌 발달 시기에 따라 다름). 따라서 다른 사람의 부정적인 평가에 대한 걱정, 팀원들을 실망시키지 않을까 하는 걱정, 경기 결과에 대한 걱정과 같은 무의미한 생각을 관리하기가 더 어렵다.

(2) 자기 집중

불안은 운동선수가 기능을 수행하는 데 있어 최적의

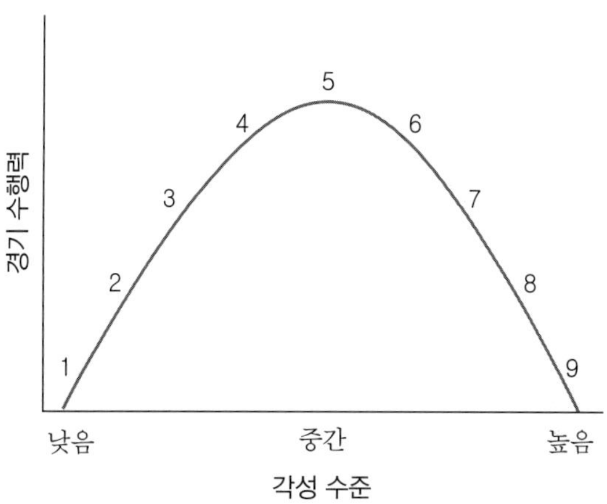

[그림 11–2] 각성과 경기 수행력 사이의 관계

집중력을 발휘하는 것에는 방해가 될 수도 있지만, 지나치게 과한 집중을 만들 수도 있다. 기술을 잘 익히면 선수는 자동적으로 기술을 실행한다. 예를 들어, 숙련된 골퍼는 타깃에 집중하고 스윙의 각 부분을 생각할 필요 없이 한 번에 스윙을 실행한다. 하지만 중요한 상황에서 좋은 성적을 내야 한다는 압박감을 느끼면 주의를 내면으로 돌리고 스윙의 각 부분에 대해 생각하면서 좋은 성적을 내기 위해 더 많은 노력을 기울이게 된다. 숙련된 골퍼의 플레이 중 자기 집중은 중요한 상황에서 잘하고 싶은 욕구 때문에 제대로 플레이하지 못하는 것으로 정의되는 것으로 위축을 일으키는 주요 원인이 된다.

3) 선수의 반응 최적화 전략

1. 선수들에게 심호흡과 같은 간단한 신체 각성 조절 전략을 가르치자. 기억하기 쉬운 규칙적인 리듬은 5(들숨), 5(날숨)를 세는 것이다. 유청소년 선수들은 선호하는 각성 수준에 맞는 노래를 떠올리거나 흥얼거릴 수도 있다. 예를 들어, 젊은 골퍼는 벙커 게임에 대한 걱정 때문에 스윙을 서두르게 되는 경우가 많다. 벙커샷을 준비할 때 머릿속으로 느린 왈츠를 흥얼거릴 수 있다. 왈츠의 리듬은 급하게 샷에 임하려는 리듬을 늦추고 올바른 리듬으로 스윙하도록 돕는다. 또 다른 신체적 각성 전략은 선수가 느끼지 못하더라도 신체적 평정심과 자신감 있는 자세를 유지하도록 하는 것이다. 자신감 있고 침착하게 행동한다는 측면에서 '성공할 때까지 가짜로 연기하라.'라고 상기시킨다.
2. 선수는 주의의 중심을 단순히하고 관심을 내면보다는 외부로 향하게 하여 지금 수행하는 과제나 다음 플레이에 집중해야 한다. 주의를 외부로 돌리기 위해 단어나 문구를 사용할 수도 있다. 상급자나 숙련된 운동선수는 '강하고 부드러운'(농구 자유

투), '목표 지점'(소프트볼 투구), '공격적'(하키)과 같이 전체적인 단어나 문구를 사용하여 자신의 경기력을 끌어올려야 한다. 여기서 전체적이란 부분적인 것이 아니라 전체에 초점을 맞추는 것을 의미한다. 문헌에 따르면 숙련된 운동선수는 전체적인 과정 단서(느낌이나 리듬 또는 전체적인 상황을 암시하는 단어)를 사용하여 더 나은 성과를 내는 반면, 초보 운동선수는 올바른 성과를 내기 위한 '방법'에 집중하기 위해 부분 중심의 단서에 집중한다고 한다. 아직 기술을 배우는 초보 선수는 '손을 던져'(야구 타격) 또는 '진자 운동'(골프 퍼팅)과 같이 기술을 실행하는 데 도움이 되는 핵심 문구 또는 단어를 사용하는 것이 좋다.

3. 선수들은 자신감이 없는 힘들고 어려운 순간에도 여전히 집중하여 좋은 성적을 낼 수 있다. 선수들에게 중요한 전략은 자신이 없는 것에 사로잡히거나 당황하지 않는 것이다. 선수들은 이러한 상황이 경기 중에 흔히 일어날 수 있는 일이라는 것을 받아들이고, 자신감이 없어도 집중하고 경기할 준비를 해야 한다.

6. 스트레스 과정의 결과

스트레스 과정의 마지막 단계는 일반적으로 훈련 상황과 경기에서의 반응을 포함한 선수의 반응으로 얻어진 결과다. 이 단계는 피드백([그림 11-1] 참조)을 통해 선수들이 향후 경쟁 스트레스 요인을 평가하는 방식에 영향을 미치기 때문에 매우 중요하다고 할 수 있다. 당연하지만, 결과가 긍정적이고, 최소한 개인의 성장에 도움이 되기를 바란다.

1) 유청소년 운동선수의 결과를 최적화하기 위한 전략

1. 성인들은 유청소년 선수들에게 '성장 마인드'(Dweck, 2007)를 장려해야 한다. 이를 통해 유청소년 선수들은 승리를 위해 경쟁하는 플레이들을 자신의 능력-역량을 향상시키기 위한, 자신이 완전히 숙달하고자 하는 수준에 도달하기 위한 지속적인 노력의 일환으로 볼 수 있게 된다. 배움은 쉽게 말하자면 실패와 성공의 반복이다. 진정한 배움은 몇 번의 성공에서 얻기보다 시행착오를 통해서 얻을 수 있음을 일깨워 주어야 한다.
2. 제6장에서 논의한 바와 같이, 성인들은 어린 운동선수들이 철저한 준비와 노력으로 성공을 거둔 것에 대해 자부심을 느낄 수 있도록 귀인[사건(성공)의 발생 원인을 설명할 수 있는 이유]을 파악하게 도와야 한다. 스스로 통제할 수 있다는 느낌, 즉 실패를 경험한 후에도 기술을 향상시키고 더 나아질 수 있다는 느낌을 갖도록 하는 귀인은 생산적 귀인이라 할 수 있다. 귀인을 어디에 두는가에 따라 (성공에 대한) 유능감을 심리적으로 강화하는 데 도움이 될 수도 있고 (실패 후) 미래를 개선할 수 있다는 희망과 새로운 의지를 제공하는 데도 도움될 수 있다.
3. 부모는 유청소년 운동선수가 결과 단계를 극복할 수 있도록 사려 깊게 동시에 인내심을 가지고 도와야 한다. 특히 결과가 부정적이었을 때, 집으로 돌아가는 차 안에서 부모님의 끔찍한 경기 후 분석은 많은 아이가 가장 원하지 않는 일이다. 아이들에게 시간과 여유를 주거나 "오늘 경기는 어땠니?"와 같은 개방형 질문을 던져 부모와 함께 되돌아볼 수 있도록 유도해 보자. 경기에 대한 감정을 가라앉힌 후, 선수는 자신의 경기력을 마음속으로 이성적으

로 평가하고 체계적으로 검토하여 상황이 어떻게 진행되었던 것인지, 왜 그런 일이 발생했는지를 이해하려고 하고 이러한 되돌아보기는 언제나 큰 도움이 될 것이다.

7. 몰입: 유청소년 스포츠 참가자의 궁극적인 목표

경쟁의 과정에서 얻을 수 있는 가장 중요한 결과 중 하나는 스포츠에 대한 애정을 키우는 것이다. 이는 모든 유청소년 스포츠 참가자가 얻었으면 하는 결과이다. 이러한 결과를 얻을 수 있는 확실한 방법 중 하나는 아이들

유청소년 코치는 선수들에게 시간과 공간의 흐름 또는 스포츠 경험의 총체적 흡수를 경험할 수 있도록 지속적인 피드백, 지시 및 평가를 피해야 한다.

이 몰입을 경험할 수 있는 기회를 만드는 것이다. 몰입이란 과제에 완전히 몰두하는 것을 특징으로 하는 최적의 마음 상태다(Csikszentmihalyi, 1990). 어렸을 때 밖에서 친구들과 놀다가 시간 가는 줄 몰랐던 마법 같은 집중 상태를 기억하는가? 바로 집중하고 즐거운 에너지가 느껴지는 깊은 만족감의 경험, 그것이 바로 몰입이다.

1) 도전(요구)과 기술 사이의 궁극적인 균형으로서의 몰입

몰입은 운동선수가 스스로의 실력과 주어진 상황을 얼마나 균형감 있게 인식하는가에 따라 발생하기 때문에 이 국면에서 스트레스에 대한 논의를 하는 것이다. [그림 11-3]에서 볼 수 있듯이, 기술과-도전적인 상황, 양자의 균형은 흥미를 느낄 수 있을 만큼 충분히 높은 수준이어야 하며, 그렇지 않으면 무관심하게 되어 버린다. 기술 수준과 인식된 상황의 도전 수준이 낮으면 균형이 맞더라도 몰입의 상태로 빠져들기에 충분하지 않다([그림 11-3]의 점선 영역). 경쟁적 상황이 선수의 기술보다 훨씬 더 어려우면 선수는 불안해 한다. 반대로 선수의 실력이 직면한 도전적 상황보다 훨씬 뛰어나면 지루함(흥미를 잃음)을 느끼게 된다.

몰입 상태는 즐거움과 함께 더 좋은 경기력으로 이어

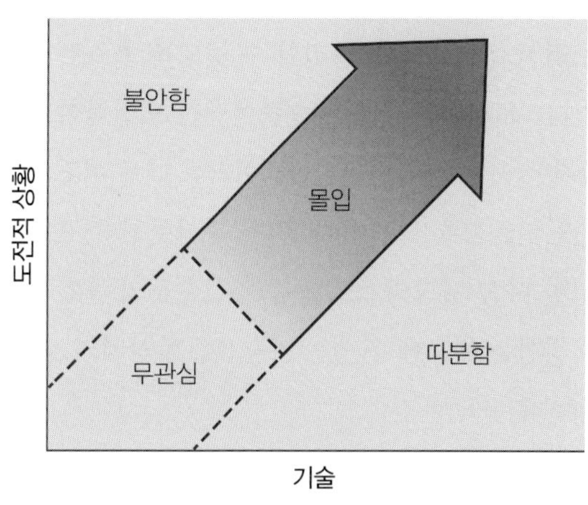

[그림 11-3] 인식된 도전과 기술 사이의 균형으로서 흐름

지며, 그 이유는 쉽게 알 수 있다. 몰입 상태에서는 운동선수가 자의식을 잃기 때문에 다른 사람이 자신을 어떻게 평가하는지에 대해 전혀 신경 쓰지 않는다/못한다. 집중력이 흐트러지지 않고 온전히 플레이에만 집중할 수 있게 된다. 많은 에너지를 소모함에도 불구하고, 온전히 '활동 속에' 있기 때문에 힘든 일이라고 생각하지 않는다. 해야 하는 일이라고 느끼기 보다는 쉬운 일이라고 느낀다. 몰입 전문가들은 이를 행동과 인식의 결합이라고 부르며, 운동선수들은 이를 "자동 조종 장치에 들어가는 것"이라고 경험을 이야기한다. 몰입은 본질적으로 동기를 부여하며, 운동선수들은 어린 시절의 자유로운 놀이처럼 그저 놀기 위해 몰입과 같은 활동(몰입할 수 있는 활동)에 참여한다.

2) 유청소년 선수들에게 몰입을 경험할 수 있는 기회를 제공하기

몰입을 병에 담아 선수들이 경기 전에 마시게 할 수 있을까? 안타깝게도 몰입은 강제로 먹이거나 직접 조작할 수 없다. 대신, 우리는 선수들이 몰입을 경험할 수 있도록 도울 수는 있다. 엘리트 선수들은 몰입과 관련된 집중력과 긍정적인 감정 상태에 도달할 수 있도록 심리적인 준비 전략을 사용한다. 그럼에도 불구하고 항상 몰입이 발생하는 것은 아니며, 물론 선수는 몰입 영역에 있든 없든 최선의 경기력을 발휘할 수 있도록 스스로 준비해야 한다. 유청소년 스포츠 수준에서는 도전적이고 자극적이지만(지루하지 않고) 위협적이거나 너무 어렵지 않은 조건을 만들도록 노력해야 한다. 유청소년 스포츠 코치를 위한 다음 체크리스트를 통해 선수들의 몰입을 촉진하는 경험을 제공할 수 있는 가능성을 향상시켜 보자.

- 연습에서 다양한 훈련 방식과 활동들을 제시하고, 한 가지 훈련에만 너무 많은 시간을 소비하지 않고 자주 페이스를 변경하는가?
- 아이들이 줄을 서서 기다리거나 차례를 기다리며 앉아 있게 하는 대신, 모든 아이들이 연습 중에 최대한 많이 활동할 수 있도록 참여 기회를 보장하도록 계획을 세우고 실천하는가?
- 선수들의 능력 수준에 따라 선수들에게 도전적이면서도 너무 어렵지 않은 활동과 훈련을 선정하는가?
- 선수들이 좋아하거나 재미있어 하는 훈련이나 활동을 가끔이라도 포함시키는가?
- 아이들이 코치나 지도자의 지도나 가르침 없이 자기들끼리 게임하거나 놀 수 있는 시간을 만들었는가?
- 선수가 하는 모든 것을 지속적으로 평가(오버코칭)하지 않고 적절한 시기에 적절한 평가를 제공하였는가?
- 선수가 훌륭한 활약을 펼칠 때 "잘하고 있구나, 무슨 일이야?"라고 말하지 않고 대수롭지 않게 받아들이고 있지는 않은가?

체크리스트를 통해 무엇을 배웠나? 어린 선수들은 도전 상황을 맞이해야 하고, 다양성과 변화를 통해 자극을 받아야 하며, 지속적인 지도나 평가가 없는 상황 속에서도 스포츠 그 자체를 즐길 수 있어야 한다. 코치들이여, 가끔은 그냥 자리에 앉아서 선수들을 그냥 놀도록 두자. 코치의 끊임없는 피드백이 선수의 집중력을 떨어뜨리기도 한다. 또한 시간을 들여 훈련 일정을 신중하게 계획하라.

매일 같은 활동과 훈련을 반복하는 것은 선수들에게 아주 지루한 일이다. 반복이 학습의 중요한 원천이며, 어린 선수들이 기술과 전술을 반복적으로 연습해야 시합에서 자동적으로 사용할 수 있다는 것은 잘 알고 있다. 그러나 효율적인 연습 운영이란 코치가 선수의 참여도를 높이고 적극적으로 훈련에 임하며 다양한 훈련을 통해 실력을 향상시키는 것을 의미한다.

체크리스트의 마지막 요점은 평가가 흐름을 방해할 수 있다는 점을 지적한다. 훌륭한 기량을 발휘하고 있는 선수에게 주의를 환기시키는 것은 절대로 해서는 안 되는 일이다. 몰입은 자신이 어떻게 하고 있는지 평가받는 것에 대해 신경도 못 쓸 정도로 경기에 집중할 때, 즉 경기 상황 깊이 있을 때 발생한다는 점을 기억하라. 선수가 훌륭한 수행을 보일 때는 마치 일상적인 일인 것처럼 평소와 같은 방식으로 코칭을 계속 해야한다. "노히터까지 2이닝 남았어!" 또는 "밤새 자유투를 하나도 놓치지 않았어!"와 같이 주의를 분산시키는 발언은 피해야 한다. 운동선수가 몰입의 연속 속에 있을 때 주의를 환기시켜 흐름을 방해하지 않기를 바란다.

8. 유청소년 스포츠의 번아웃(소진 및 탈진)

"모르겠어요, 엄마, 전 그냥 지친 것 같아요." 부모로서, 이 말을 듣는다면 어떻게 하겠는가? 우리는 모두 소진, 즉 번아웃에 대해 막연하게 이해하고 있다. 유청소년 선수들에게 은퇴를 권하거나, 휴식을 취하거나, 변화를 주거나 혹은 그것을 참으라고 조언해야 할까? 번아웃은 대중적인 용어이기 때문에, 유청소년 선수의 번아웃에 대해 무엇이 사실이고 거짓인지 신중하게 고려해야 한다.

1) 번아웃이란 무엇인가

번아웃은 어린 운동선수들이 피곤함을 느끼고, 운동능력이 떨어지며, 운동에 흥미를 잃는 부정적인 심리적, 신체적 상태를 말한다. 번아웃의 특징적인 증상은 크게 세 가지이다.

(1) 신체적 · 정서적 피로

운동선수가 훈련이나 경기 후에 피곤해지는 것은 흔한 일이지만, 번아웃과 관련된 피로는 스포츠 시즌 내내 왔다가 사라지는 일반적인 피로를 넘어 정서적 · 신체적 자원이 고갈되는 것을 포함한다. 부모는 자녀가 너무 피곤해서 운동 이외의 일을 하기 힘들어하고, 정서적으로 지치고 무기력해지며, 운동을 쉬고 싶어하는 것을 느낄 수 있게 된다.

(2) 스포츠 성취도 감소

두 번째 증상은 경기력 부족 또는 일관성 없는 경기력일 수도 있고, 운동선수가 자신의 잠재력을 발휘하지 못하고 있다고 인식하는 것일 수도 있다. 예를 들어, 선수는 자신이 발전하지 못하고 있다고 생각하거나 앞으로 나아가지 않는다고 느끼는 것이다.

(3) 스포츠의 평가절하

평가 절하는 가치 하락을 의미한다. 선수가 자신의 스포츠에 대해 그다지 신경 쓰지 않게 된다. 선수는 "이젠 지겨워." "더 이상 운동하는 것에 관심이 없어." "더 이상 재미없어."라고 말할 수 있다. 또 다른 일반적인 증상은 "내가 왜 이 일을 하고 있지?"와 같이 의문을 품는 것이다.

2) 유청소년 스포츠에서 번아웃 (소진 및 탈진)은 얼마나 만연할까

많은 대중매체에서 유청소년 스포츠에서 번아웃이 유행하고 있다고 경고한다. 그러나 연구에 따르면, 심각한 번아웃을 경험한 유청소년 운동선수는 극히 일부(1~2%)에 불과한 것으로 밝혀졌다. 하지만 설문조사에 참여한 유청소년 운동선수의 대다수가 낮은 수준에서 중간 정도의 번아웃을 경험한 적이 있다고 인정한 것은 놀랍지만 분명한 사실이다(Gustafsson, Kentta, Hassmen, & Lundqvist, 2007; Raedeke & Smith, 2004). 운동선수는

7세에서 17세로 연령이 높아질수록 더 많은 번아웃을 경험한다고 보고한다(Harris & Watson, 2014).

3) 유청소년 운동선수의 번아웃의 원인은 무엇인가

유청소년 운동선수의 번아웃에는 여러 가지 요인이 있다. 이를 과부하 요인, 사회적 분위기 요인, 성격 요인의 세 가지 그룹으로 분류했다(〈표 11-1〉 참조).

(1) 과부하 요인

과부하 요인은 사람들이 누군가가 번아웃되었다는 소식을 들었을 때 일반적으로 생각하는 것을 나타낸다. 앞서 이 장에서 과부하는 적절한 신체적 · 정신적 회복 없이 운동선수의 대처 능력을 초과하는 요구와 관련이 있다는 것을 알게 되었다. 제9장에서 설명한 것처럼 과도한 훈련은 무리한 운동량과 부적절-부족한 회복의 결과이며, 이는 일반적으로 경기력 저하와 심리적 고통으로 이어진다(Richardson, Andersen, & Morris, 2008). 코치가 힘든 이유 중 하나는 스포츠 훈련의 필수적이고 유용한 측면인 과부하가 선수에게 얼마나 적절한지 결정해야 하기 때문이다. 훈련 효과와 경기력 향상을 유도하기 위해서는 어느 정도의 과부하가 필요하지만, 적절한 회복 없이 지나치게 과부하가 걸리면 경기력 저하(체력 저하), 피로, 훈련에 대한 흥미 감소, 부정적인 기분(번아웃)을 초래할 수 있다. 명확하게 설명하자면, 무기력증은 일반적으로 과도한 훈련으로 인한 수행 능력 저하를 설명하는 데 사용되는 용어이며, 번아웃은 적절한 회복 없이 과부하가 걸린 결과 이전에 즐겼던 활동에서 심리적 고통과 동기 감소에 초점을 맞춘, 더 광범위한 개념이다(Kentta & Hassmen, 1998).

(2) 사회적 요인

번아웃을 유발하는 사회적 분위기는 유청소년의 심리적 발달과 웰빙을 저해하는 유청소년 스포츠 문화의 부정적인 측면이다. 여기에는 특정 결과(예: 우승, 대표팀 선발, 대학 장학금 획득)를 달성하거나 수행해야 한다는 부모의 압박과 극단적인 통제, 성장에 부적절한 훈련 및 과한 성과 기대치와 같은 부정적인 코칭 행동이 포함된다. 자신의 스포츠 참여에 갇혀 있다고 느끼는 유청소년 수영선수는 개인적으로 수영에 투자하고 수영에 열광한 운동선수에 비해 번아웃을 더 쉽게, 더 자주 느끼는 경향이 있다(Raedeke, 1997). 이는 운동선수가 실제로 참여하고 싶지는 않지만 다른 사람들의 사회적 압력에 따라 스포츠 참여를 유지해야 한다고 느낄 때 발생한다. 번아웃은 스트레스에 대한 반응이라기보다는 고도로 조직화된 유청소년 스포츠의 사회적 분위기에 대한 반응으로, 어린 선수들의 정체성 발달을 통제하고 억제한다는 주장이 제기되었다(Coakley, 1992). 이 관점에 따르면 스트레스는 번아웃의 증상일 뿐 원인은 아니다. 번

표 11-1 유청소년 선수의 번아웃(소진 및 탈진)과 관련된 요인

과부하 요인	사회 분위기 요인	성격 요인
과도한 스트레스	부모로부터의 받는 부담	특성 불안
지나친 훈련	부정적인 코칭 행동	대응 기술 부족
무기력증	스포츠 참여에 갇힌 느낌	부정적인 완벽주의
	자신에 대한 통제 불능, 무력함	강박적인 열정
		일차원적 정체성

아웃을 경험한 엘리트 유청소년 수영선수 15명을 대상으로 한 인터뷰에 따르면, 선수들은 자신의 삶에서 일어나는 일을 통제할 수 없는 무력감을 느꼈고, 이는 자신의 정체성 발달을 저해하는 요인으로 작용했다. 고도로 통제되고 과도하게 구조화된 유청소년 스포츠의 현실이 번아웃을 초래한 것이다. 번아웃에 대한 이러한 설명 방식은 번아웃의 근원적인 원인을 어린 선수들의 개인적인 실패나 역량 부족(예: 인성)이 아닌 유청소년 스포츠 문화로 파악한다는 점에서 매우 중요하다.

(3) 성격 요인

유청소년 스포츠의 구조와 코치 및 부모의 행동이 번아웃에 중요한 영향을 미치지만, 몇 가지 성격 요인도 유청소년 운동선수의 번아웃과 관련이 있는 것으로 밝혀졌다. 앞서 설명한 스트레스 과정에서의 중요성에 비추어 볼 때, 성격적 불안과 취약한 대처 능력은 분명히 그 요인이 된다. 부정적 완벽주의(Hill, 2013)와 강박적 열정(Martin & Horn, 2013)은 스포츠 참여와 관련하여 극단적인 열망과 비합리적인 욕구(실수를 받아들이지 못함, 융통성 없는 목표 설정, 참여에 대한 강한 압박)를 유발하는 성격 요인의 예이다. 흥미롭게도 긍정적이거나 유연한 완벽주의(높은 기준, 조직적 기술, 성취 지향성)와 조화로운 열정(통제당한다는 느낌 없이 자신의 스포츠를 사랑하는 것)은 낮은 수준의 번아웃(번아웃 하지 않는 것)과 높은 관련성이 확인되었다. 제10장에서는 스포츠에 대한 지나친 전문화로 인해 자아 개념이 좁아질 수 있는 단차원적 정체성이 번아웃과 관련이 있다고 설명하였다. 유청소년 스포츠 선수들은 다양한 유형의 활동에 참여하여 다차원적인 방식으로 자신을 정의함으로써 번아웃으로부터 자신을 보호해야 한다.

4) 유청소년 선수가 번아웃을 예방하고 대처하는 데 도움이 되는 전략

① 확실한 것은 아니지만, 신체적 · 정서적 피로가 어린 운동선수에게 번아웃이 발생하였다고 판단하는 첫 번째 징후라고 알려져 있다. 이러한 증상을 확인하면 코치와 부모는 즉시 개입해서 선수와 협의하여 휴식을 통해 회복하고, 정신적 활력을 되찾을 수 있는 최선의 방안을 찾아야 한다.

② 성격이나 생활 환경으로 인해 번아웃에 빠지기 쉬운 선수를 파악하고, 해로운 훈련 행동을 하지 않고 연습 목표를 성취할 수 있도록 다양한 방법의 제안을 통해 개선해야 한다. 한 가지 권장 사항은 유청소년 운동선수와 협력하여 경쟁에 대한 심리적인 접근 방식을 개선할 수 있도록 도와줄 수 있는 스포츠 심리학 전문가를 찾는 것이다. 부정적 영향을 미치는 과도한 열정과 완벽주의에서 벗어나 보다 발전적인 방향으로 나아갈 수 있는 관점을 얻고 기술을 개발하는 것이 유용할 것이다.

③ 부모나 코치 등 누구나 어린 선수들이 적극적인 대처 기술을 배우도록 도울 수 있다. 더 나은 생활습관 관리, 더 건강한 의사결정, 경쟁에 대한 더 합리적인 생각, 개인 숙달 목표를 설정하고 추구하는 기술 등은 모두 어린 운동선수들이 배울 수 있는 대처 기술이다.

④ 유청소년들이 다양한 분야에 관심을 갖고 성취할 수 있도록 지도한다. 이러한 다양성과 다차원성은 한 가지에 대한 집착이 잘못되어 발생하는 번아웃을 방지한다.

⑤ 자녀의 말에 귀를 기울이고 스포츠를 계속하고 싶은지 여부를 분명히 확인한다. 특히 어린 선수가 특정 종목에서 특별한 재능을 보이는데도 포기하는 것을 지켜보는 것은 부모에게 어려운 일이다.

개인적 이야기

번아웃(소진 및 탈진)을 경험한 적이 있는가

유청소년 선수 시절 번아웃을 경험한 적이 있는가? 그 느낌이 어땠는지 설명해 보라. 세 가지 번아웃 증상이 모두 나타났나? 번아웃을 경험하게 된 구체적인 요인을 생각해 보라. 왜 그런 일이 일어났다고 생각하는가? 스포츠 경험, 특히 운동을 계속하는 동기부여와 선택에 어떤 영향을 미쳤는가?

부모가 자녀가 다른 스포츠를 시도하도록 하는 데 중요한 역할을 한다는 것에는 동의하지만, 부모 때문에 운동선수가 한 종목을 계속 해야 한다는 강박감을 가지는 것은 바람직하지 않다.

⑥ 부모는 어린 선수의 삶에서 작용하는 다양한 스트레스 요인을 가장 잘 알고 있으므로, 코치와 어린 선수의 항의에도 불구하고 자녀의 휴식 시간을 확보하는 것은 부모에게 달려 있다. 특히 어린 선수들의 경우 누군가는 책임감을 갖고 선수들의 건강과 복지를 보호해야 한다.

⑦ 유청소년 스포츠에서는 발달단계에 적절한 방식을 우선적으로 실천해야 한다. 과도한 통제와 조기 전문화와 같은 성인들이 요구하는 목표를 추구하기 위해 유청소년 선수를 착취하고 선수의 발달보다 승리에만 중점을 두는 것은 번아웃과 조기 은퇴로 이어진다. 제5장에 제시된 장기 선수 개발 모델(Balyi, Way, & Higgs, 2013)의 지침에 따라 점진적인 기술 개발, 점진적인 경기 도입, 즐거움과 동기 부여에 대한 강조, 평생에 걸쳐 신체 활동에 참여함에 주안점을 두도록 한다.

9. 요약

이 장에서 논의한 모든 내용은 균형에 관한 것이다. 스트레스는 개인의 성장을 위한 중요한 자극제이지만, 과도한 스트레스로 이어지면 아이들의 건강과 운동 능력은 균형을 잃게 된다. 몰입은 어린 운동선수들이 자신의 기술과 직면한 도전 과제의 균형을 맞추는 '스위트 스팟'을 찾을 때 발생하며, 이러한 스위트 스팟을 경험하는 것이 바로 운동에 매료되는 이유인 것이다. 번아웃은 아이들의 훈련과 회복이 불균형하거나 스포츠에 대한 사고방식이 왜곡되거나 필요한 사회적 지원이 부족할 때 발생한다.

그렇다고 해서 어린 선수들이 자신의 스포츠에 너무 빠져서 다른 사람들이 생각하는 일반적인 훈련 수준을 훨씬 뛰어넘어 훈련에 전념할 수 없다는 것을 의미하는 것은 아니다. 로리 맥길로이, 데이비드 베컴, 크리스 에버트 등은 세계 최고의 엘리트 선수로 거듭나기 위한 노력을 보여 주는 놀라운 예다. 이들은 자신이 하는 일에 대한 애정이 있었기에 꿈과 선택, 목표를 이룰 수 있었다. 그들은 꿈을 이루기 위해 갇혀 있거나 압박감을 느끼지 않았고, 스트레스와 번아웃으로부터 자유롭지 못하였지만 스포츠에 대한 깊은 애정이 그들에게 일종의 보호막이 되었다. 대부분의 유청소년 운동선수들이 세계적인 스포츠 스타가 되지는 못하겠지만, 그들 역시 자신의 방식대로 스포츠를 즐길 수 있는 자유를 누리기를 바란다. 유청소년 선수들이 성장하는 데 필요한 도전과 그 도전을 충족하는 데 필요한 지원을 제공하기 위해 최선의 노력을 기울였으면 한다.

학습 초점

주요 용어

- **능동적 대처** 운동선수가 문제를 해결하거나 스트레스 요인을 줄이고 관리하는 데 도움이 되는 전략.
- **불안** 긴장, 걱정 또는 둘 다로 특징지어지는 불쾌한 감정 상태.
- **각성** 신체적 · 정신적으로 준비된 상태.
- **번아웃(소진 및 탈진)** 유청소년 운동선수가 피곤함을 느끼고, 운동 수행 능력이 떨어지며, 스포츠에 흥미를 잃는 부정적인 심리적 · 신체적 상태.
- **대응** 개인이 스트레스를 받고 자신의 안녕이 위협받는 것으로 인식하는 상황을 해결하기 위해 의식적으로 시도하는 행동.
- **몰입** 과업에 완전히 몰두하는 것을 특징으로 하는 최적의 정신 상태.
- **과잉 스트레스** 적절한 회복 없이 스트레스에 지속적으로 노출되는 것 또는 지나치게 많은 양의 스트레스.
- **사회적 평가** 스포츠 기량 및 실력의 수준에 대해 공개적으로 평가받는 것.
- **무기력** 과도한 훈련의 결과로 인한 수행 능력 저하.
- **스트레스** 사람에게 가해지는 요구.
- **스트레스 요인** 스트레스를 유발하는 것.
- **특성 불안** 경쟁과 사회적 평가를 위협적인 것으로 간주하게 만드는 성격 특성.

핵심 요약

1. 스트레스는 적절한 양을 받으면 유용하지만 과도한 스트레스는 건강에 악영향을 미친다.
2. 어린 운동선수는 나이가 들었을 때 더 많은 양의 스트레스에 대처할 수 있는 자원(방법) 개발을 자극하는 '예방 접종'으로서의 적당한 양의 스트레스는 필요하기도 하다.
3. 스트레스는 ① 요구 또는 스트레스 요인, ② 요구에 대한 선수의 평가, ③ 요구에 대한 선수의 반응, ④ 그 과정의 결과로 이어지는 4단계 과정으로 이루어진다.
4. 사회적 평가, 경기의 중요도, 불확실성은 경쟁적인 유청소년 스포츠에 내재된 스트레스의 세 가지 근본적인 원인이다.
5. 적극적인 대처는 기피, 기권, 부정적인 감정 진정시키기과 비교하여 더 효과적인(적극적인) 조절 능력과 관련 있다.
6. 부정적인 완벽주의 성향을 가진 운동선수, 실패에 대한 두려움이 높고 경쟁 불안을 해롭다고 생각하는 운동선수, 특성 불안을 가진 운동선수는 스포츠에서의 위기감을 더 크게 인식한다.
7. 높은 수준의 각성, 주의 산만, 자기 집중은 스트레스에 대한 부정적인 반응이다.
8. 몰입은 운동선수가 자신의 실력이 주어진 상황에 도전할 만하다고 인식할 때 (실력과 상황이 균형을 이룰 때) 발생한다.
9. 코치는 다양한 훈련, 최적의 난이도 과제 제시, 평가나 지도 없이 플레이할 수 있는 시간을 제공하고 주의를 분산시키는 발언을 피함으로써 몰입을 향상 및 유지시킬 수 있다.
10. 번아웃에는 신체적 · 정서적 탈진, 스포츠 성취도 저하, 스포츠 평가 절하 등의 증상이 포함된다.
11. 번아웃은 과부하 요인, 사회적 분위기 요인, 성격 요인과 관련이 있다.

탐구 질문

1. 스트레스가 좋은(유익한) 스트레스와 나쁜(유해한) 스트레스로 나뉘는 이유를 각각의 예를 들어 설명하고 스트레스 과정 4단계에 대해 설명하라.
2. 경쟁적인 유청소년 스포츠에 내재된 스트레스의 세 가지 근본적인 원인과 각 원인에 대해 두 가지 예를 제시하라.
3. 유청소년 운동선수들이 직면하는 스트레스 요인을 줄이거나 최적화하기 위한 네 가지 전략을 설명하라.
4. 어떤 유형의 유청소년 운동선수들이 어려움에 직면했을 때 이를 도전할 대상이 아닌 위협으로 인식하는 경향이 있는가?
5. 유청소년 선수들이 스트레스를 보다 생산적으로 인지하는 능력을 향상시키기 위한 전략에는 어떤 것이 있는가?
6. 대처란 무엇이며, 대처 전략으로 적극적인 대처가 선호되는 이유를 설명하라.
7. 몰입의 개념과 몰입 상태의 몇 가지 특징을 설명하고, 유청소년 스포츠 코치가 선수들이 몰입의 상태에 빠지고 지속하도록 지도할 때 유의점을 설명하라.
8. 번아웃(소진 및 탈진)의 세 가지 주요 증상을 파악하고, 청소년 운동선수들의 번아웃을 유발하는 세 가지 범주의 요인에 대한 예를 제시하라.

성찰용 학습활동

1. 유청소년 스포츠 선수 시절에 경험했던 스트레스 상황을 떠올려 보라. 스트레스 과정의 4단계에 따라 스트레스 요인에 대한 자신의 평가 및 대응, 그리고 그 과정의 결과를 설명해 보라. 어떤 유형의 대처 전략을 사용했으며, 그 전략이 효과적이었는가? 그 결과가 성장이나 배움의 경험이 되었는가? 그렇다면 왜 그랬나, 아니면 왜 그렇지 않았나? 이 경험을 통해 돌이켜 보면 무엇을 배울 수 있었나?
2. 〈부록 A〉의 스포츠 불안 척도를 사용하여 유청소년 운동선수(9세 이상)의 특성 불안을 평가해 보라. 그런 다음, 인터뷰 질문을 개발하고 선수와 면담을 실시하여 선수가 인지하는 스트레스 요인, 경쟁에 대해 어떻게 생각하고 어떻게 느끼는지, 이 선수에게 불안을 유발하는 요인은 무엇인지, 불안과 스트레스 요인에 대처하는 방법은 무엇인지, 일반적으로 경기 후 선수의 기분은 어떠하였는지, 기타 중요하다고 생각하는 모든 것을 알아보자. 이 선수에 대한 사례 보고서를 유청소년 스포츠에서 스트레스에 대한 접근 방식과 대응 측면에서 작성하라.
3. 특정 종목의 유청소년 선수를 위한 적극적인 대처 계획을 개발해 보라. 여기에는 심리적 전략과 기법, 생활 습관 관리 아이디어, 신체 훈련 아이디어, 기타 도움이 될 수 있다고 생각되는 대처 방안이 포함될 수 있다. 계획은 유청소년 운동선수가 쉽게 따라할 수 있도록 간단하고, 실용적이며, 간결하게 작성하라.

보조자료

유청소년 스포츠에서 선수의 번아웃 예방하기 (YouTube)(www.youtube.com/watch?v=JHeJlmVSPbw).

스포츠에서 자신을 진정시키는 방법(YouTube)(www.youtube.com/watch?v=9Ij7rSykFoY).

스포츠에 활력을 불어넣는 방법(YouTube)(www.youtube.com/watch?v=36023iyDIDg).

유청소년 스포츠에서 스트레스를 관리하는 방법 1부 (YouTube)(www.youtube.com/watch?v=0kYNSNqeBcE).

Chapter 12

유청소년 스포츠에서의 부상

제12장 개요

이 장에서 배울 내용은 다음과 같다.

- 스포츠에서의 과사용으로 인한 부상의 다양한 원인
- 성장판 부상
- 여성 운동선수에게 더 빈번하게 발생하는 전방십자인대 부상
- 유청소년 운동선수의 뇌진탕

1. 개요

영화 〈죠스(Jaws)〉(1978)에서는 두 명의 상어 사냥꾼이 수년간 상어를 좇으며 입은 여러 부상을 상징하는 흉터를 재미있게 비교하는 명장면이 나온다. 스포츠를 하면서 자란 사람이라면 누구나 같은 경험을 할 수 있다. 스포츠는 몸을 무리하게 움직이고 능력의 한계를 뛰어넘어 좋은 성적을 내기 위해 노력하는 것이기 때문에 우리 대부분은 스포츠 경력을 쌓는 동안 여러 번의 부상을 입게 된다.

안타깝게도 부상은 유청소년 스포츠를 포함한 스포츠의 일부다. 부모는 염좌나 경미한 부상은 흔한 일이라는 점을 이해해야 한다. 하지만 유청소년 스포츠와 관련된 성인 누구든 유청소년 스포츠에서 발생하는 부상의 세 가지 주요 측면에는 특별한 관심을 기울어야 한다.

① 유청소년 스포츠에서 발달단계적으로 볼 때 부적절한 관행으로 인해 발생하는 부상 발생률 증가(예: 과사용 부상)는 예방 가능하다.
② 특정 유형의 부상(성장판 및 두부 부상)은 어린이와 청소년에게는 특별히 더 취약하기에 더욱 더 큰 주의가 필요하다.
③ 치명적인 부상, 특히 뇌진탕과 전방십자인대(전방십자인대) 부상이 증가하고 있고 유의가 요청된다.

이 장의 목적은 유청소년 스포츠에서 특정 부상이 어떻게 그리고 왜 발생하는지에 대한 경각심을 높이고, 이를 예방하고 알아차릴 수 있는 방법을 이해하는 데 도움을 제공하는 것이다(제9장에서 신체 훈련 문제와 관련하여 논의한 운동성 열 질환은 유청소년 스포츠 코치와 부모가 심각하지만 예방 가능한 '부상' 또는 청소년 건강 위협으로 간주해야 한다). 이 장은 종합적인 스포츠 응급처치 과정으로 설계되지 않았으므로 모든 유청소년 스포츠 지도자는 해당 프로그램(예: 휴먼 키네틱스 코치 교육에서 제공하는 스포츠 응급처치 과정, www. HumanKineticsCoachEducationCenter.com)에서 자격증을 취득할 것을 적극 권장한다.

2. 유청소년 스포츠 부상의 기본 사항

나중에 구체적인 부상에 대해 논의하기 위한 배경으로 유청소년 스포츠 부상의 일반적인 측면을 파악하는 것부터 시작하고자 한다.

1) 부상에 영향을 미치는 유청소년 운동선수의 특징

유청소년 운동선수와 성인 운동선수 사이의 특정 신체적 차이로 인해 유청소년은 부상에 더 취약하다(Adirim & Cheng, 2003). 유청소년은 다른 신체 부위에 비해 머리가 커서 머리 부상을 당하기가 상대적으로 더 쉽다. 어린이는 체구가 작고 크기가 다양하기 때문에 보호장비가 적절하게 맞지 않을 수 있다. 어린이의 골격은 성장 중이며 긴 뼈의 성장판은 골절과 과사용 부상에 취약하다. 사춘기 이전의 운동선수는 땀을 흘리는 역치가 높고 땀 배출량이 적기 때문에 체온 관련 부상의 위험도 더 높다.

어린이는 운동 능력이 성숙하지 않아 특정 스포츠에서 부상 위험이 더 높을 수 있다. 유청소년의 뇌 미성숙과 관련된 충동성과 무모함은 부상 가능성을 높이기도 한다. 그리고 안타깝게도 아이들은 부모와 코치의 지시가 잘못된 것이라도 의심 없이 따르는 의존적인 존재다. 유청소년 스포츠에서 흔히 볼 수 있는 지식과 경험이 부족한 자원봉사 코치로 인하여 유청소년 부상 위험이 더 커지기도 한다. 코치는 의료 전문가가 될 필요는 없지만, 지도하는 스포츠의 부상 특성과 위험성, 그리고 스포츠별 부상을 예방하고 대응하기 위한 유청소년 발달단계에 적절한 조치에 대해 교육받아야 한다.

2) 유청소년 스포츠에서의 부상 발생

매년 약 400만 명의 14세 미만 어린이가 스포츠 부상으로 치료받고 있다. 다음은 유청소년 스포츠에서의 부상 발생에 대한 몇 가지 기본 사항이다.

① 모든 유청소년 스포츠 부상의 약 절반은 과사용으로 인해 발생한다.
② 일반적으로 부상의 비율과 심각성은 나이가 들수록 증가한다. 사춘기 이전의 어린이는 나이가 많은 운동선수에 비해 스피드, 체중 및 근력이 적기 때문에(따라서 힘이 덜 발생하기 때문에) 부상을 입을 가능성이 적다.
③ 모든 유청소년 스포츠 부상의 절반 이상은 예방 가능하다.
④ 타박상(부딪힘-멍), 염좌(인대에 무리한 힘이 가해짐), 근긴장(근육에 한계 이상의 힘이 가해짐)은 유청소년 스포츠 선수에게 가장 흔한 부상이다.
⑤ 부상 빈도가 가장 높은 유청소년 스포츠는 축구, 레슬링, 체조, 농구, 아이스하키 등이다.
⑥ 선수들의 체격과 기술 수준에 따라 경기를 진행하게 되면 부상률을 낮출 수 있다.
⑦ 유청소년 운동선수에게 스포츠 관련 부상은 크게 두 가지 방식으로 발생한다.
   a. 농구에서 점프 후 상대 선수의 발에 착지하여 발목을 삐거나 소프트볼(필드형 경기)에서 2루로 미끄러져 어깨가 탈구되는 등 신체 부위에 한 번에 큰 힘이 가해져 발생하는 갑작스러운 거대 외상.
   b. 장기간에 걸쳐 신체 부위에 반복적인 스트레스가 가해져 신체가 스스로 회복하는 능력을 압도하는 반복적인 미세 외상(예: 수영선수의 어깨 과사용 부상, 야구 리틀리그에서의 팔꿈치 부상, 스트레스 골절 등).

3) 스포츠에서의 '극복'과 '이겨내기' 위험한 부상 정신

한 헤드라인은 다음과 같이 전한다. "케리 스트러그, 고통을 이겨내고 미국의 금메달을 획득하다." 이 이야기는 1996년 올림픽에서 18세의 케리 스트러그가 첫 번째 도마에서 발목 인대 두 개가 파열된 후 두 번째 도마 동작을 용기를 내어 수행하는 순간을 포착한 것이다. 어린 선수들은 이런 이야기를 들으며 '고통을 감내하는 것'이 스포츠에서 해야 할 일이라고 생각한다. 한 전직 스타 출신의 리틀리그 투수는 자신의 코치가 공을 던지는 팔을 얼음장 옆에 있는 냉동고에 넣어 두면 통증이 있음에도 불구하고 해당 부위가 마비되어 다음 경기에 투구할 수 있을 것이라고, 그렇게 하라고 지시하였다고 회상

개인적 이야기

스포츠 부상에 관한 문화적 메시지

유청소년 선수 시절에 통증을 참으며 경기를 하거나 심각한 부상을 당한 후에도 이를 견뎌 내야 했나? 혹은 그렇게 하기를 기대 또는 요구받았는가? 부상과 관련한 유청소년 스포츠 문화는 어떠했나? 이에 대해 어떻게 대응했고 지금은 어떻게 생각하는가?

하였다(Hyman, 2009). 이것이 바로 일부 성인들에 의해 지속되고 유청소년 운동선수들도 수용하는 '떨쳐 버리기(shaking it off)'와 '이겨내기–견디기(toughing it out)'의 정신이다(Malcom, 2006). 이러한 정신은 심각한 부상으로 이어질 뿐만 아니라 선수 생명을 위협하는 결과를 초래할 수도 있다.

3. 과사용 부상

과사용 부상은 1980년대 후반 클럽 스포츠의 급증, 연중 상시 참여, 스포츠 전문화로 인해 유청소년 스포츠에서 가장 흔한 부상이 되었다. 과사용 부상은 치유 또는 회복할 충분한 시간 없이 반복적인 스트레스를 받은 신체 부위(예: 뼈, 근육, 힘줄)에 미세 외상성 손상이 발생하는 것을 말한다(Brenner, 2007).

1) 과사용 부상의 원인

과사용 부상의 주요 원인인 과사용을 알아내는 데 천재가 필요한 것이 아니다. 그저 과사용이다. 그러나 어린 운동선수의 과사용 부상에 대한 취약성을 높이는 요인은 여러 가지가 복합적으로 작용하는 경우가 많다. 〈표 12–1〉에서 볼 수 있듯이 이러한 위험 요소는 스포츠 환경뿐만 아니라 선수 내면에도 존재한다.

(1) 스포츠 환경 요인

과도한 훈련과 경기는 과사용 부상을 예측할 수 있는 가장 일관된 요인이다. 야구나 소프트볼에서의 투구 수, 수영의 영법 횟수, 달리기의 발 딛음 횟수, 배구의 점프 횟수 등 스포츠 훈련에 내재된 과도한 반복이 주범인 것이다. 주당 13시간 이상 테니스를 치는 12세 어린이와 같이 한 가지 스포츠에 또래보다 더 많은 시간을 투자하는 어린 운동선수는 다른 운동선수보다 심각한 과사용 부상을 경험할 확률이 70% 더 높았다(Loyola University Health System, 2013). 주당 권장량의 10%를 초과하는 비현실적인 훈련 강도와 적절한 휴식 및 회복 기간의 부족도 과사용 부상의 원인이 된다.

딱딱한 표면에서 달리거나 뛰는 것도 과사용 부상의 원인이 될 수 있으며, 잘 맞지 않는 장비, 특히 신발도 과사용 부상의 원인이 될 수 있다. 부모는 특정 스포츠를 위해 특별히 설계되고 각 선수의 고유한 요구 사항에 적절하게 맞는(종목별로 이에 적합한) 신발을 구입해야 한다. 아이들이 부상을 당하기 쉬운 마지막 스포츠 환경 요인은 과도한 훈련에 대한 부담과 통증을 이겨 내기 위해 부상을 '터프하게' 견뎌야 한다는 압박이다. 어린 운동선수들은 신체 특정 부위의 경미한 통증이 더 심각한 과사용 부상을 발생시킬 수 있는 경고 신호라는 점을 구체적으로 꼭 교육받아야 한다.

(2) 선수 요인

환경적 요인과 함께 운동선수의 몇 가지 특성도 과사용 부상의 원인으로 작용한다. 어린 운동선수에게 나타날 수 있는 부적절한 스포츠 동작 수행 기술은 쉽게 과사용 부상으로 이어질 수 있다. 예를 들어, 야구에서 투구(공 던지기), 창 던지기 등 던지는 동작에서 잘못된 자세를 취하면 어깨와 팔꿈치 부상의 위험이 급증한다. 한 배구 코치는 자신의 공격수 중 한 명이 스파이크 후 한 발로 착지하는 경향이 있어 균형이 맞지 않는 착지로 인한 스트레스성 골절(피로 골절)이나 인대 부상을 당하기 쉽다고 저자에게 지적한 적이 있다. 지도자는 경기력 향상뿐만 아니라 부상을 줄이기 위해서도 올바른 기술을 가르치는 데 주의를 기울여야 한다는 사실을 명심해야 한다.

다리 길이의 불일치, 평발 또는 아치가 높은 발, 과도한 내전, 안짱다리, 오다리(휜다리) 등 특정 유형의 해부학적 틀어짐이나 불균형은 신체 부위에 정상보다 더 많

표 12-1 유청소년 선수의 과사용 부상 위험 요인

스포츠 환경 요인	선수 요인
과도한 반복, 과도한 훈련량	부적절한 기술
가속화된 신체 훈련 진행	해부학적 부정렬 또는 불균형
회복 또는 휴식 시간의 부족	기존(이전)의 부상
활동하기 부적절한 지면(표면)	체력 저하 또는 컨디션 저하
부적절한 장비(특히 신발)	성장
부모, 코치, 동료로부터의 과도한 압박	건강에 해로운 여성 운동선수 삼중고
	완벽주의 또는 강박적인 성격

은 마모 및 파열을 유발한다. 이전의 부상은 운동선수에게 추가적인 부상의 원인이 될 수 있으며, 유청소년 스포츠 팀에서 훈련하는 많은 어린 선수는 컨디션이 좋지 않은 상태에서 운동할 때 더 큰 부상의 위험에 노출되게 된다. 성장 중인 어린 선수의 뼈는 성인 선수의 성숙한 뼈만큼 많은 훈련 스트레스를 감당할 수 없다. 제9장에서 설명한 바와 같이, 섭식장애, 월경 기능 장애, 골다공증(뼈 건강 악화)이라는 건강에 좋지 않은 여성 운동선수의 3중고로 인해 이러한 선수들은 과사용 부상을 당하기 쉽다. 섭식장애와 무월경은 여성 운동선수의 스트레스성 골절(피로 골절) 위험을 높인다(Loud, Gordon, Micheli, & Field, 2005). 마지막으로, 완벽주의와 강박적인 열정과 같은 특정 성격 특성으로 인해 유청소년 운동선수는 과도한 훈련에 참여하고, 필요한 휴식과 회복을 포기하며, 통증에도 불구하고 계속 운동에 참여하는 선택을 할 수도 있다.

2) 유청소년 스포츠에서 흔히 발생하는 과사용 부상의 예

예상할 수 있듯이 특정 유형의 스포츠와 관련된 과사용 부상은 여러 가지 유형이 있다. 피로골절의 경우 조정선수는 갈비뼈와 정강이뼈에서, 육상, 테니스, 농구, 배구에서는 **경골**(한쪽 다리)과 발에서 더 많이 발생한다. 피로 골절은 한 번의 타격이나 부하로 뼈가 골절되는 데 필요한 것보다 낮은 하중이 반복적으로 가해져 발생하는 골격 결함(일반적으로 헤어라인-실금 균열)이다(Loud et al., 2005). 어깨 부상은 수영, 야구, 테니스, 소프트볼, 배구에서 더 많이 발생하는데, 이는 이러한 스포츠의 팔 움직임의 특성 때문이다.

여기에서는 유청소년 선수의 성장과 관련된 세 가지의 과사용 부상 유형에 초점을 맞추고자 한다. 이 세 가지 부상 유형 모두 **골단염**(apophysitis)-골단질환에 의하여 일어난 발의 염증과 관련이 높다. 골단은 성장 중인 뼈에 힘줄이 삽입되는 부상을 말한다. **골단**(apophysis, 성장판의 일종)은 뼈의 모양을 성장시키는 데에, 종적인 성장에는 기여하지 않는다. 그래서 골단염은 성장하는 뼈에 붙어 있는 힘줄에 발생하는 염증이다(접미사가 단어에 붙어 있듯 뼈에 붙어 있는 염증을 의미한다). 이것은 빠른 성장이 이루어지는 시기에 반복적인 움직임과 과도한 사용으로 인해 발생한다. 어린 운동선수들에게 가장 흔히 골단염이 발생하는 부위는 무릎, 발뒤꿈치, 팔꿈치이다.

(1) 오스굿-슐라터병

불길하게 들리는 이름에도 불구하고 오스굿-슐라터(Osgood-Schlatter Disease)는 실제로 존재하는 질병이 아니다. 청소년기 성장기에 어린 운동선수에게 발생하는 무릎의 **골단염**이다. 뼈가 빠르게 성장하거나 길어지면 무릎을 가로지르는 근육-힘줄을 팽팽하게 조이게 된다. 뼈를 문지르며 자극을 주고 경우에 따라 뼈 조각이 당겨지거나 떨어져 나가는 고무줄을 상상해 보라. 유청소년 운동선수는 무릎 앞쪽에 많은 고통과 통증을 느낀다. 이 상태는 일반적으로 심각하지 않으며 뼈 성장이 멈추면 증상이 사라진다. 운동선수는 통증을 완화하기 위해 휴식을 취하고, 해당 부위를 얼음찜질하고, 이부프로펜과 같은 항염증제를 복용하지만 반드시 활동을 중단할 필요는 없다. 어렸을 때 오스굿-슐라터를 앓은 사람들은 종종 무릎 골단 부위에 멍울(이나 혹)이 남는 경우가 많다. 골단은 뼈의 세로 성장에 관여하지 않기 때문에 오스굿-슐라터병은 정상적인 성장에 위협이 되지는 않는다.

(2) 종골 골단염

종골 골단염(Sever's Disease) 역시 발뒤꿈치의 골단을 포함하는 아킬레스건에 반복적인 부하가 가해져 발생하는 질병이다. 발뒤꿈치 뼈는 다리의 인대보다 빠르게 성장하여 단단해지고 과도하게 늘어나 염증과 통증을 유발한다. 발은 신체에서 가장 먼저 전체 크기로 성장하는 부위 중 하나이며 발뒤꿈치 부위는 유연성이 떨어지기 때문에 특히 부상을 입기 쉽다. 다시 말하지만, 일반적으로 종골 골단염(세베르병)으로 인한 장기적 손상은 발생하지 않으며, 어린 운동선수는 통증의 정도에 따라 휴식을 취하고 얼음찜질을 통해 통증과 부기를 완화시킬 수 있다.

쉬어가기

우리는 유청소년 야구선수들의 무장 경쟁에서 뒤처지고 있는가

유청소년 야구의 무장 경쟁은 핵무기에 관한 것이 아니다. 그것은 아이들의 행복보다 게임에서 승리를 중요시하는 잘못된 어른들의 문제다. 유청소년 야구 투수의 과도한 사용과 오용은 팔 부상의 엄청난 증가로 이어졌다.

리틀리그 어린 투수들은 팔꿈치 염증 외에도 성장판 골절, 성장 이상, 회전근개와 힘줄의 긴장 및 파열, 연골 파열, 골절, 팔꿈치 척골 측부 인대의 파열을 경험한다. 이 마지막 부상은 1974년 처음 수술을 받은 메이저 리그 투수의 이름을 딴 토미 존 수술로 이어진다.

여러 연구에 따르면, 던지는 투구 수가 젊은 투수의 팔 부상의 주요 원인인 것으로 나타났다. 애틀랜타 브레이브스의 정형외과 의사였던 조셉 챈들러 박사는 몇 년 동안 리틀리그 월드시리즈에서 투수가 던진 투구 수를 조사하였다(Chandler, 2011). 그는 리틀리그 투수들의 실력에 감탄하면서도 왜 아무도 메이저 리그에 진출하지 않는지 궁금해하며 관심을 갖게 되었다. 그의 연구에 따르면, 선발 투수(11~13세)는 평균적으로 성인 버전의 월드시리즈 선발 투수(약 90개 투구)와 비슷하거나 더 많은 투구를 하는 것으로 나타났다. 한 경기에 80개 이상의 투구를 던지는 성인 투수는 그보다 적게 던지는 투수에 비해 수술로 이어지는 부상 위험이 4배나 높았다.

챈들러가 발견한 또 다른 사실은 1990년 이후 커브와 슬라이더 등 변화구를 던지기는 경우가 크게 증가하였다는 점이다. 이러한 유형의 투구는 예전부터 팔 부상의 원인으로 지목되어 왔지만, 최근 연구에 따르면 과도한 사용이나 투구 횟수가 브레이킹볼-속도가 급격히 줄어드는 변화구를 던지는 것보다 팔 부상에 더 치명적이라고-더 분명한 영향을 미치는 요인인 것으로 나타났다(Valovich McLeod et al., 2011). 그러나 이러한 고급 투구는 올바른 기술을 가르치기 위해 지식이 풍부한 코치가 필요하다. 부적절한 자세로 던지기는 것은 팔에 가해지는 부담을 가중시키고 더 쉽게 부상을 당하게 한다. 연구에 따르면, 프로 투수들

은 14세에 커브볼을 처음 던졌는데, 이는 오늘날의 평균 11.6세와 비교하면 훨씬 높은 수치다(Chandler, 2011). 슬라이더는 17.8세에 처음 던졌는데, 이는 오늘날의 14.5세에 비해 훨씬 높은 수치이다. 프로 선수들은 경기당 75개 이상의 투구를 던지지 않았고 연중 야구를 하지 않았다. 그들은 아이들이 15세까지는 커브볼을, 17세까지는 슬라이더를 던지는 것을 허용하지 않는다고 말했다.

일부 야구 투수들은 토미 존 수술 후 이전보다 더 빠른 공을 던질 수 있다고 믿기 때문에 어떤 부모들은 자녀의 투구 능력을 향상시키기 위해 수술을 받도록 강요하기도 한다. 이는 터무니없는 생각이다. 수술은 매우 침습적인 과정이며 많은 합병증(예: 흉터 조직, 관절염, 감염)이 발생할 수 있다. 토미 존 시술(찢어진 인대를 신체의 다른 곳에서 채취한 힘줄로 대체하는 수술)을 개발한 프랭크 조베 박사는 팔꿈치 기능 향상이 수술의 목표가 아니라고 단호하게 말하였으며, 연구 결과에 따르면 수술이 성능 향상을 담보하지 않는 것으로 나타났다(Alexander, 2014).

어린 투수들의 건강과 그들이 좋아하는 야구를 할 수 있는 기회를 앗아가는 유청소년 야구의 부적절한 무기 경쟁에서 벗어나야 한다. 저자는 유청소년 프로그램 지도자들이 어린 투수의 팔과 건강을 보호하기 위해 발달 단계에 적합한 규칙을 수립하고 준수할 것을 당부한다(〈표 12-2〉의 권장 사항 참조).

1. 어린이는 14세 이전에는 커브 볼을 던져서는 안 된다(면도를 시작하기 전까지는!).
2. 어린이는 18세 이전에는 슬라이더를 던지면 안 된다.
3. 투수는 1년에 8달 이상 시합에 출전해서는 안 되며, 4개월의 휴식 기간에는 머리 위로 팔을 올리는 활동(무리한 활동)을 피해야 한다.
4. 일련의 경기 사이에 최소 이틀의 휴식을 취하는 것이 좋다.
5. 투수들은 팔의 피로와 통증이 있는 상태에서는 투구를 피해야 한다.
6. 코치, 부모, 혹은 둘 다는 리틀리그 야구에서 온라인으로 제공되는 투구 수 추적 시트를 체계적으로 사용해야 한다.

표 12-2 청소년 야구선수의 팔 부상을 방지하기 위한 가이드라인

	최대 투구 수			
나이	게임당	주당	시즌당	1년당
8~10	50	75	600	1,500
11~12	75	100	800	2,000
13~14	75	125	1000	3,000
15~16	90	150	1500	3,500
17~18	100	150	1500	3,500

7. 어린 투수들에게는 더 가벼운 야구공을 사용해도 무방하다.
8. 코치는 어린 선수가 몸 전체의 힘을 효율적으로 전달할 수 있는 운동(동작) 순서를 만들 수 있도록 적절한 투구 메커니즘을 강조하고 적용해야 한다.
9. 경기 이후에 추가 투구를 하거나 선발 등판 사이에 과도한 연습을 하지 않도록 한다.
10. 시즌이 겹치는 여러 팀에서 투구하는 것을 막아야 한다.
11. 과도한 투구를 조장하는 레이더 건은 절대 사용하지 않아야 한다. 제구, 정확성, 그리고 좋은 메커니즘을 강조하라.

(3) 유청소년 야구리그의 팔꿈치 부상

'리틀리그 엘보(Little League Elbow)'라는 용어는 팔꿈치 내측(안쪽)의 골단염(염증)을 말한다(팔꿈치 안쪽에 상과라고 불리는 뼈로 된 돌기가 만져질 것이다). 이 부상은 주로 유청소년 야구 투수에게 발생하기 때문에 리틀리그에서 유래된 이름이다. 골단염과 함께 리틀리그 팔꿈치에는 과도한 사용으로 인해 상과뼈의 일부 또는 전체가 떨어져 나가는 쇄골 골절이 발생할 수 있다. 내측 상과 골절은 청소년기 및 사춘기 이전의 머리 위로 던지는(오버헤드) 운동 선수에게 가장 흔한 골절이다(Magra & Maffulli, 2005).

리틀리그 엘보는 너무 많이 던져서 팔꿈치 안쪽에 부착되는 손목을 구부리는 근육에 과도한 스트레스를 주어 발생한다. 어린 선수는 팔꿈치 안쪽에 통증과 부기를 경험한다. 운동선수(일반적으로 야구 투수)가 통증(경미한 통증이라도)을 경험하면 부모와 코치는 즉시 아이의 활동을 중단시키고 얼음찜질을 하며 의사가 아이의 팔과 팔꿈치를 검사할 수 있도록 해야 한다. 성장 중인 골격의 부상은 성인보다 훨씬 더 심각할 수 있다는 점을 명심하라. 팔을 너무 많이 던지는 형태의 과도한 사용은 유청소년 운동선수에게 심각한 건강상의 문제를 초래할 수 있다.

3) 유청소년 스포츠에서 과사용 부상을 예방하는 전략

부모와 코치는 〈표 12-2〉의 야구 예시와 유사한 스포츠별 지침을 참고하여 과사용 부상을 예방할 수 있다. 예를 들어, 미국 사이클링연맹에서는 유청소년 선수의 변속기 기어 비율 제한을, 달리기 단체에서는 연령대별 최대 훈련 거리를, 미국 수영협회에서는 다양한 연령대별 수영 수준에 따른 주당 운동 횟수 및 시간을 권장하고 있다. 또한 다음은 유청소년 스포츠에서 과사용 부상을 예방하기 위한 몇 가지 일반적인 전략이다.

1. 어린 선수들에게 특정 스포츠에서 과사용 부상의 경고 신호인 가벼운 통증도 그냥 지나치지 말고 즉시 알아차리고 알리도록 가르쳐야 한다.
2. 유청소년 운동선수는 조직적인 신체 훈련이나 대회에서 일주일에 최소 하루나 이틀은 휴식해야 한다. 또한 특정 스포츠에서 1년에 최소 2~3개월은 쉬어야 한다. 이 기간 동안 기분 전환을 목표로 다른 종목의 다른 훈련과 피트니스 활동에 참여하는 것은 가능하다.
3. 코치와 부모는 특정 유청소년 스포츠(배구, 축구, 소프트볼, 야구)의 경우 주말 토너먼트에 참가하는 방식을 고려해야 한다. 어린 선수들은 많은 대회 참가를 위해 충분한 휴식과 회복 없이 대회에 참가하는 경우가 빈번하며, 이로 인해 부상 위험이 높

아진다. 저자는 본인의 딸이 축구 클럽과 협의하여 토너먼트 경기를 최소화하도록 하고 대부분을 단판 경기로 일정을 수정했다. 선수들까지도 모두 이 방식을 선호했다.

4. 동적 스트레칭, 균형 잡기 및 조절 운동 등 구조화된 웜업이 포함된 프로그램에서 과사용 부상이 감소하는 것으로 나타났다.
5. 다양한 연습 방법을 사용하여 여러 기술 향상을 도모하고 동시에 다양한 근육 부위에 부담을 주고(특정 부위에 가해지는 부담을 줄이고), 훈련 도중 선수들이 회복할 수 있도록 어렵고 쉬운 활동을 시간 간격을 두고 실시해야 한다.
6. 인터넷에서 해당 종목의 훈련 및 부상 발생과 관련된 정보를 검색한다. 잘못된 정보가 사실로 받아들여지는 경우가 생각보다 많다. 예를 들어, 소프트볼의 언더암 투구 기술은 투수의 팔에 거의 무리를 주지 않는 자연스러운 동작이라는 것이 일반적인 믿음이다. 그러나 최근 연구에 따르면 이러한 투구 스타일은 팔뚝 위(언더암 반대) 투구만큼이나 팔꿈치와 어깨에 많은 스트레스와 부담을 주는 것으로 나타났다. 전방(앞쪽) 어깨 통증은 언더암 투구를 주로 사용하는 여성 소프트볼선수에게 흔히 발생하는 과사용 부상이다.

4. 성장판 부상

유청소년 운동선수는 성장 중이기 때문에 스포츠 부상이 긴 뼈(팔과 다리 뼈)의 세로 성장 핵심부에 영향을 미치는 것은 특히 중대한 일이다. 이러한 부상은 흔히 성장판 손상이라고 불리며, 성장 중단이나 뼈 변형이라는 위협적인 결과를 초래할 수 있다. 성장판 손상은 심각하지만 대부분의 경우 성장 정지로 이어지지는 않는다.

1) 성장하는 뼈에 대한 해부학

모든 긴 뼈에는 뼈의 둥근 끝 부분인 **골단부**라는 영역이 있다([그림 12-1] 참조). 뼈의 긴 중간 부분(또는 축)은 **골간**(diaphysis)이고, 뼈의 끝이 넓어지는 부분은 **골간단**(metaphysis)이다. 성장판은 성장하는 어린이의 골간과 골간단 사이에 위치한다. 골격은 새로운 뼈 조직이 생성됨에 따라 늘어나는 고무처럼 유연한 물질인 연골로 구성되어 있다.

어린이의 뼈 성장이 완료되면(또는 골격 성숙에 도달하면) 성장판이 골화(굳어짐)되고 골간이 골간단과 융합하여 완전히 골화된 뼈가 형성된다. 뼈의 종방향(세로) 성장은 골격판의 특수 세포가 증식, 정렬 및 분열하여 뼈를 길게 만드는 복잡한 생물학적 과정을 통해 이루어지

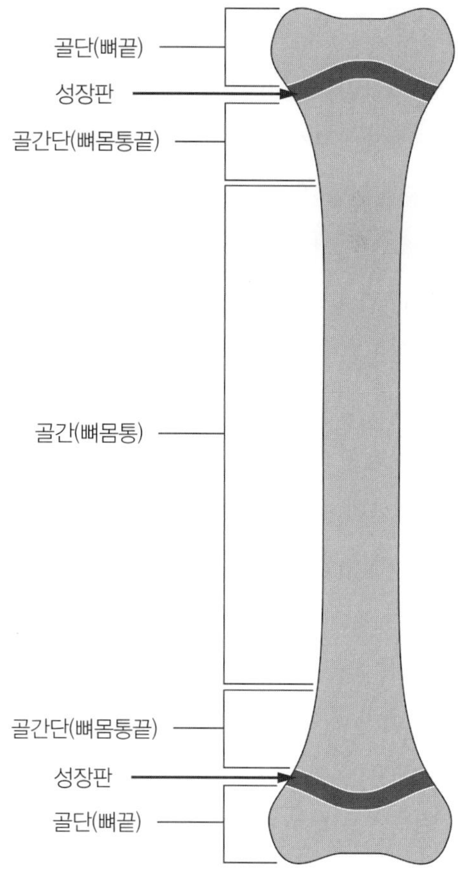

[그림 12-1] 성장기 장골(long bone)의 구조

며, 이러한 세포를 손상시키는 부상은 (정상적인 성장 과정을 방해할 수 있는)[참고: 성장판과 골단을 포함하여 전체 성장 부위를 골단판(epiphyseal)이라고 부르기도 한다.] 가장 위험한 부상이다.

2) 성장판 부상의 유형

신체의 다른 부위와 마찬가지로 성장판은 급성 외상(예: 골절)에 의해 손상되거나 과도한 사용으로 인해 만성적으로 손상될 수 있다. 일반적으로 골절과 같은 급성 부상에 더 취약한 부위는 성장판 부위이며, 골단(앞서 설명한 힘줄 부착 부위)에는 일반적으로 스트레스나 과사용으로 인한 부상이 더 많이 발생한다.

(1) 급성 성장판 부상

급성 신체 손상을 분류하는 일반적인 방식은 샐터와 해리스(Salter & Harris, 1963)가 설계했다([그림 12-2] 참조). 샐터-해리스 부상은 증가하는 심각성에 따라 5개의 유형으로 분류된다. SALTER라는 약자를 이용해 기억할 수 있는 유용한 방법은 다음과 같다.

I형 부상(똑바로 가로지른다는 의미의 'straight across'의 'S')은 성장판을 가로지르는 측면 골절 또는 성장판의 폭을 증가시키는 분리(골단과 골간단 사이의 공간 증가)를 포함한다. 골화된 뼈는 골절되지 않으며 골격 내의 성장 세포는 손상되지 않는다. I형 부상은 회복이 빠르고 합병증도 드물며 관절 깁스로 치료하는 경우가 많다. 그러나 이 부상은 연골 부위를 가로지르기 때문에 엑스레이로 확인하기 어려워 임상적으로 진단하는 경우가 많다. I형 부상은 어린 아이들에게서 발생하는 경향이 있다.

가장 흔한 II형 부상(위를 의미하는 'above'의 'A')은 I형 부상에서와 같이 물리적으로 분리되고 뼈로부터 골간단이 분리되는 골절을 포함한다. 골간단의 삼각형 골절은 엑스레이를 통해 볼 수 있는 골절이다. 골단은 부상에 관련되지 않으므로 II형 부상은 일반적으로 심각하지 않다.

III형 부상(하부를 의미하는 'lower'의 'L')은 관절과 골단을 통한 관절 내 골절이다. 이러한 부상은 관절 내 골절을 정형외과 의사에 의해서 재정렬 해야 하며 종종 수술이 필요하기 때문에 꽤나 심각한 상태라 할 수 있다.

IV형 부상(두 개 또는 관통을 뜻하는 'two' or 'through'의 'T')은 골절이 골간단, 성장판, 골단을 관통하기 때문에 더욱 심각하다. 골절이 전체 성장 부위와 골단을 관통하기 때문에 일반적으로 수술을 통해 적절한 위치를 맞춰주는 것이 필수적이다.

V형 부상(성장판 소실을 뜻하는 'erasure of the growth plate'와 응급실을 의미하는 'ER')은 상당한 높이에서 다리로 떨어지거나 팔을 뻗은 채로 벽이나 하키 보드에 부딪히는 등 과격한 압력에 의한 부상을 말한다. V형 부상의 경우 성장판이 눌리고 파괴되어 성장 정지와 뼈 변형의 위험이 높다.

유청소년 운동선수가 염좌를 호소할 때 부모와 코치는 성장판 부상, 심지어 골절이 발생할 수 있다는 점을 염두에 두어야 한다. 어린이의 성장판은 약한 고리이며, 성인에게 염좌를 유발하는 일반적인 발목 부상이 어린이에게는 골절로 이어지는 경우가 많다. 다양한 샐터-해리스 부상을 이해하기를 바라지만, 어린 선수의 경우 경미한 염좌로 보이는 부상이라도 의사의 진찰을 받는 것이 좋다. 특히 어린이 근골격계 부상을 전문으로 하고 문제를 더 정확하게 진단할 수 있는 소아 정형외과 전문의에게 진찰받을 것을 권한다. 저자의 아들이 2살 때 대퇴골이 부러졌을 때 즉시 소아 정형외과 전문의가 있는 어린이 전문 병원에서 치료를 받았고, 아들은 훌륭한 치료를 받고 건강히 회복하는 결과를 얻었다.

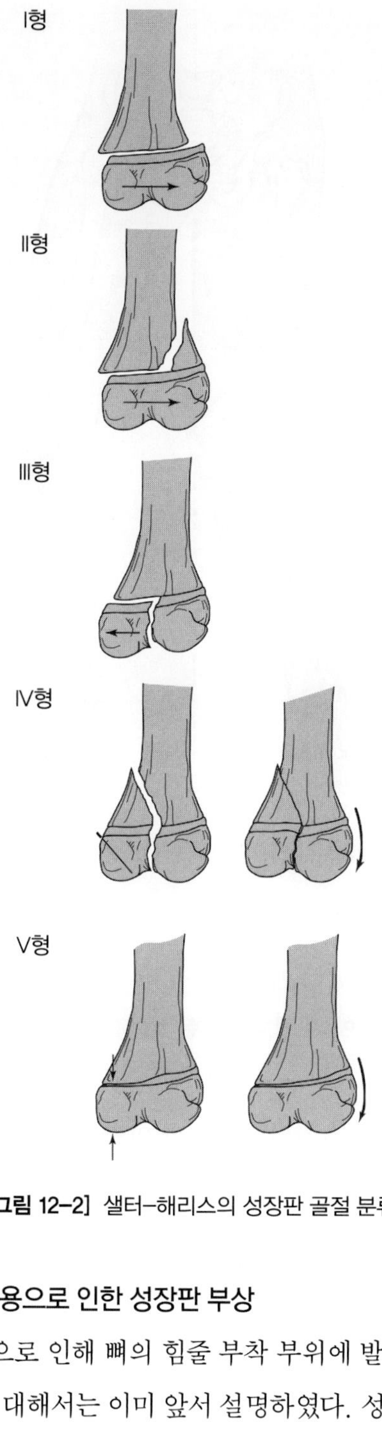

[그림 12-2] 샐터-해리스의 성장판 골절 분류

(2) 과사용으로 인한 성장판 부상

과사용으로 인해 뼈의 힘줄 부착 부위에 발생하는 골단 손상에 대해서는 이미 앞서 설명하였다. 성장판은 반복적으로 발생하는 만성적인 외상으로 인해 물리적으로 성장 세포가 손상되어 다칠 수도 있다. 과도한 사용으로 인해 손목의 성장판이 조기에 닫히거나 넓어지는 현상이 유청소년 체조 선수들에게서 관찰되었다.

성장판 부상은 스포츠 상황에서 실제로 발생하고 있고, 스포츠 종목에 따라 부상의 1%에서 12%까지 발생하기도 한다. 성장 장애는 드물지만 발생할 수 있으므로 성장기 어린이의 정형외과적 부상은 소아 부상 진료 및 치료 경험이 있는 의료 전문가의 특별한 치료가 필요하다. 골절이 발생하면, 특히 샐터-해리스 척도의 높은 수준에서 골절이 발생하면 뼈와 관절의 완전성을 유지하기 위해 세심한 해부학적 정렬(뼈 바로 맞히기)과 깁스가 필요하다.

5. 여성 운동선수의 전방십자인대 부상

마이클 소콜로브(Michael Sokolove)는 『워리어 걸스(Warrior Girls)』(2008)라는 책에서 지난 수십 년 동안 여성 운동선수에게 전방십자인대 부상이 증가해 온 과정을 설명한다. 그는 유청소년 스포츠 축구 선수로서 당대 최고의 축구 선수 중 한 명이자 미국 대표팀의 일원이 될 운명이었던 에이미 스테드먼의 커리어에 대해 소개한다. 미국 최고의 고교 수비수이자 미국 19세 이하 대표팀의 주장이었던 스테드먼은 반복적으로 무릎 부상을 당했다. 21세까지 오른쪽 무릎의 전방십자인대가 세 번이나 파열되었고 8번의 수술을 받았다. 그녀의 선수 생활은 끝나게 되었다. 그리고 그녀의 신체적 건강은 크게 달라졌다. 십자인대가 파열된 사람은 그렇지 않은 사람에 비해 조기 퇴행성 관절염에 걸릴 위험이 10배나 높다. 전방십자인대 부상을 입은 청소년은 20대 또는 30대에 무릎 골관절염으로 인한 만성 통증과 활동 제한을 겪을 가능성이 높다(Lohmander, Englund, Dahl, & Roos, 2007).

1) 전방십자인대의 역할과 구조

십자인대는 슬개골 아래에서 십자 모양을 이루는 두 개의 인대(따라서 십자인대라고 함) 중 하나다. 인대는 뼈와 뼈를 고정하고 관절을 안정시키는 결합 조직이다. 전방십자인대는 무릎의 앞쪽에 있다. 경골(다리 아래쪽 정강이 뼈)이 대퇴골(허벅지 뼈) 아래–앞으로 미끄러져 빠지는 것을 방지하여 무릎을 안정시키고 무릎의 회전 운동을 제한하여 돌아가는 것을 방지하는 것이 전방십자인대의 역할이다. 무릎 관절 안정성의 약 90%를 담당한다. 작은 신체 부위치고는 꽤 큰 역할을 하는 것이다. 전방십자인대는 직사각형 모양으로 새끼손가락보다 작고 고무줄의 매끄러운 부분과 비슷하게 생겼다. 전방십자인대가 파열되면 운동선수는 무릎에 통증과 불안정성을 느끼며, 예를 들어 무릎이 빠지는 듯한 느낌을 받게 된다. 전방십자인대가 찢어지면 다시 꿰맬 수 없다. 대신 신체의 다른 곳에서 힘줄과 같은 대체 이식 방법을 사용하여 새로운 전방십자인대를 구성한다.

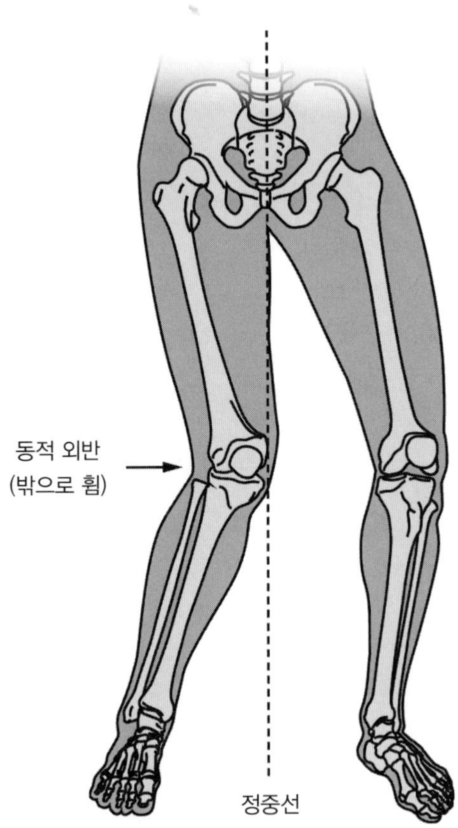

[그림 12–3] 전방십자인대에 대한 취약성을 증가시키는 무릎의 동적 외반

2) 전방십자인대 부상이 일어나는 이유

전방십자인대 부상은 접촉(예: 축구에서 선수가 태클을 당할 때 무릎이 과도하게 늘어나거나 꺾이는 경우)을 통해 발생할 수 있지만, 부상의 80%는 비접촉 상황에서 발생한다. 부상을 유발하는 대표적인 동작은 방향 전환을 위한 회전, 급격한 감속, 점프에서 착지하는 동작 등이다.

전방십자인대 부상이 나타나는 일반적인 신체 자세는 동적 무릎 외반이다. 이는 무릎을 굶은 자세로 움직이고 발이 약간 바깥쪽을 향하는 동작을 의미한다([그림 12–3]의 외반 위치 참조). 이러한 움직임은 부상이 발생할 확률이 높은 자세를 만드는 개인의 해부학적 습관으로도 나타나며 이는 전방십자인대 부상의 한 위험 요소다.

3) 누가 전방십자인대 부상을 입는가

누구나 전방십자인대 파열을 경험할 수 있지만 특정 사람들은 다른 사람들보다 부상에 더 취약하다. 물론 방금 설명한 부상의 메커니즘에 따라 이 부상을 유발하는 해부학적 요인이 있다(예: 큰 무릎 외반 또는 무릎 굶음). 전방십자인대 손상은 12세 미만의 어린이에게는 드물게 발생한다. 골격이 미성숙한 어린이는 인대가 성장하는 뼈보다 강하기 때문에 인대 염좌나 파열보다 골절이 발생할 가능성이 더 높다. 전방십자인대 부상률은 여아의 경우 12세, 남아의 경우 14세부터 증가한다. 전방십자인대 부상은 여성 운동선수에게 훨씬 더 흔하며, 여성 운동선수는 남성보다 전방십자인대가 파열될 가능성이 8배 더 높다. 여자 농구 및 축구 선수 10명 중 1명은 전방십자인대가 파열된다. 스포츠 의학 전문가들은 이러한 현상을 전염병으로 분류하고 여성에게 전방십자인대 부상의 위험이 높은 이유를 밝히기 위해 많은 연구를 진행했다.

4) 여성은 왜 전방십자인대 부상의 위험이 더 클까

여성 운동선수가 남성보다 전방십자인대 파열에 더 취약한 몇 가지 요인이 밝혀졌다.

(1) 해부학적 및 호르몬적 이유

무릎 관절에는 허벅지 뼈의 두 개의 둥근 끝 부분 사이에 공간이 있다. 전방십자인대는 이 홈 안에서 움직이며 허벅지 뼈와 정강이 뼈를 연결한다. 여성은 일반적으로 남성보다 공간이 좁기 때문에 전방십자인대가 들어갈 공간이 더 제한적이며 운동 중에 인대가 끼이는 경향이 더 큰 것이다. 여성은 또한 Q 각도가 더 넓은 경향이 있다. Q 각도는 무릎뼈인 슬개골 중앙에서 고관절 중앙까지의 무릎 정렬을 측정하는 척도다. 여성은 상대적으로 엉덩이가 넓고 대퇴골이 짧아 Q 각도가 커지는 경우가 많으며, 이는 무릎 문제와 관련이 있는 것으로 알려져 있다. 또한 Q 각이 넓을수록 무릎 외반(무릎이 안쪽을 향하거나 무릎을 꿇는 자세)이 더 심해지며, 이는 전방십자인대 부상과 관련이 있는 것으로 알려져 있다.

여성 선수들은 남성 선수들보다 전방십자인대 파열의 위험성이 8배 더 많다.

여성은 남성에 비해 무릎의 가동 범위가 더 넓고 '느슨한' 무릎을 가지고 있다. 연구에 따르면 전방십자인대의 이완은 여성의 호르몬 수치 변화와도 관련이 있는 것으로 나타났다. 예를 들어, 여성은 월경 주기의 배란기에 전방십자인대 부상을 입을 위험이 더 높다(Zazulak, Paterno, Myer, Romani, & Hewett, 2006).

(2) 신경 근육 및 생체역학적 원인

여성에게 전방십자인대 부상을 유발할 수 있는 해부학적 차이는 흥미롭기는 하지만 바꿀 수는 없다. 하지만 여성 운동선수의 전방십자인대 부상에 영향을 미치는 신경근육 및 생체역학적 요인은 훈련 중에 해결할 수 있다. 따라서 이러한 요인을 이해하고 젊은 여성 운동선수가 전방십자인대 파열을 포함한 무릎 부상을 예방하는 데 도움이 될 수 있는 방법을 고려해 보기 바란다. 여성은 남성에 비해 일반적으로 근력이 약하고, 안정성을 위해 허벅지 앞쪽 근육(대퇴사두근)을 더 많이 사용하며, 주어진 순간에 근력을 발달시키는 데 더 오랜 시간이 걸린다. 이러한 요인으로 인해 전방십자인대에 더 큰 하중과 부담이 가해진다.

부정확하거나 잘못된 운동 기술 습관은 전방십자인대 부상을 유발하는 것으로 나타났다. 숙련되지 않은 점프 패턴(점프에서 착지할 때 무릎을 덜 구부리고, 발가락이나 발바닥이 아닌 평발로 착지)은 무릎에 더 많은 압력과 무리를 가한다. 여자 농구 선수의 전방십자인대 부상의 60%는 점프에서 착지할 때 발생한다. 여자아이들은 점프에서 착지할 때 무릎을 덜 구부리고 무릎 외반을 더 많이 사용하는 경향이 있기 때문에 남자아이에 비해 점프에서 가장 완성된 단계에 도달하는 경우가 적다. 전방십자인대 파열과 관련된 또 다른 부상위험을 높이는 형태는 똑바로 선 자세에서 회전하거나 선회하는 것인데, 여자 선수들은 회전과 턴을 할 때 무릎 굽힘이 적고 무릎 외반이 더 많이 나타난다. 생체역학 전문가들은 많은 여자아이들이 무릎을 덜 구부리고 직립보행을 하는 등 남자아이들과 다르게 달리는 것을 발견했다. 점프할 때 더 세게 착지하고, 커팅(상대 공격을 차단)을 위해 속도를 늦출 때 안전하게 감속하지 못한다. 이러한 운동 기술은 가르치고, 연습하고, 배울 수 있다. 특히 농구나 축구와 같은 스포츠에서 유청소년 스포츠 전문가(코치, 운동 트레이너, 근력 및 컨디셔닝 전문가)는 전방십자인대 부상을 예방하기 위해 기본적인 운동 기술과 신경근 발달 훈련을 통합하는 데 중점을 두어야 한다.

5) 전방십자인대 부상 예방을 위한 전략들

여성 운동선수에게 전방십자인대 부상이 더 많이 발생하는 것은 해부학적 차이 때문이라고만 단정할 수는 없다. 과사용 부상과 마찬가지로 해부학적 특징과 위험성 높은 운동 패턴이 복합적으로 작용하는 경우가 많다. 여성 운동선수의 전방십자인대 부상을 예방하기 위해 고안된 신경근육 및 기본 운동 기술 훈련 프로그램은 매우 성공적이었다. 스키, 농구, 축구, 핸드볼의 예방 프로그램에서 전방십자인대 부상이 89%에서 60%까지 감소한 것으로 나타났다(Silvers & Mandelbaum, 2007). 유청소년 여성 운동선수의 경우, 예방 프로그램을 통해 전방십자인대 부상을 72%까지 줄였다(Dharamsi & LaBella, 2013). 이러한 프로그램에는 준비운동, 스트레칭, 근력 강화, 플라이오메트릭(반복적인 폭발적 점프), 스포츠별 민첩성, 쿨다운(정리운동) 등이 포함된다. 예를 들어 산타 모니카 PEP 전방십자인대 부상 예방 프로그램(http://smsmf.org/pep-program)이 있으며, 다른 프로그램과 샘플 훈련 연습은 인터넷에서 확인할 수 있다.

이러한 모든 훈련 프로그램에서 강조하는 것은 적절한 기술 수행이다. 조깅 준비 운동을 할 때는 무릎이 안으로 들어가거나(외반) 발이 옆으로 휘지 않도록 엉덩이, 무릎, 발목을 일직선으로 유지하도록 지도해야 한다. 근력 강화를 위한 워킹 런지에서는 앞무릎을 발목 위로 유지하고 앞무릎이 안쪽으로 함몰되지 않도록 지시한다. 반복적인 점프 활동(예: 좌우 라인 또는 원뿔-콘 넘기)에서는 부드럽게 발바닥의 볼록한 부분으로 착지하기 위해 골반 아래에 무릎을 부드럽게 하여 발을 위치하는 것에 중점을 둔다. 선수가 피곤해져서 거의 완벽한 기술로 운동을 수행할 수 없는 경우에는 운동을 중단해야 한다. 적절한 기술 수행이 목적이다.

12세 미만의 어린이는 얼마나 높이 점프하는가가 아닌 착지 기술을 강조하면서 코트 또는 평평한 콘의 선을 넘어 연속 점프를 해야 한다. 어린 아이들은 사춘기 이후에는 한 다리 점프를 추가하여 두 발로 착지해야 한다. 지도자는 '무릎을 발가락 위로' 또는 '깃털처럼 가볍게'(착지 시)와 같이 어린 선수들이 원하는 동작에 익숙해지도록 구체적인 언어 신호를 사용해야 한다. 선수들에게 피드백을 제공하여 생체역학적으로 효율적인 자세와 부상 위험을 초래하는 올바르지 않은 자세의 차이를 인식할 수 있도록 해야 한다.

어린 선수들에게 가르쳐야 할 좋은 기본자세는 다음의 자세다([그림 12-4])(Myer, Ford, & Hewett, 2004). 무릎을 굽히고 눈은 위를 보며 다리는 어깨너비로 넓혀 몸의 균형이 발바닥의 볼록한 부분 위에 있는 안정적이고 균형적인 자세다. 무릎은 발바닥의 볼록한 부분 위에 있어야 하며 가슴은 무릎 위에 있어야 한다. 훈련을 통해 선수들은 반복적으로 이러한 자세를 취하여 점차 습관이 되어야 한다. 코치는 선수들이 이 자세를 유지하며 커팅과 피보팅을 연습하여 서 있는 자세를 다양한 게임 장

① 정면 ② 측면

[그림 12-4] 전방십자인대 부상 방지를 위한 기본 신경근 훈련 자세(선수 기본 자세)

면으로 확대할 수 있다. 코치는 기본 훈련에 커팅, 점핑, 달리기, 피보팅이 필요한 스포츠에서 기본 신경근 훈련 방법을 매일 연습시켜야 한다.

6. 유청소년 스포츠에서의 뇌진탕

어린이의 과사용에 의한 부상, 성장판 부상 및 전방십자인대 부상 방지에는 성인의 관심과 주의가 필요하다. 하지만 이러한 부상은 어린 운동선수의 외상성 뇌 손상에 비하면 미미한 수준이다. 뇌는 우리 존재의 모든 측면을 관장하는 통제 센터이며, 무릎이나 팔꿈치 등 다른 신체 부위와 달리 뇌는 고칠 수 없다. 깁스를 하거나, 봉합하거나, 얼음찜질을 하거나, 테이프를 붙이거나, 힘줄로 대체할 수 없으며, 저절로 치유되기를 바라며 휴식을 취할 수밖에 없다. 그리고 때로는 그렇지 않을 수도 있다. 2013년에 8명의 고등학생 축구선수가 경기 중 외상성 뇌 손상으로 사망했다(Gregory, 2014).

1) 스포츠에서 뇌진탕은 어떻게 발생하나

뇌진탕(Concussion)이라는 용어는 라틴어 concussus(‘함께 부딪히다.’라는 뜻)에서 유래했다. 뇌진탕은 치거나, 태클을 당해 부딪히거나, 넘어짐(떨어짐)과 같은 충격으로 인해 뇌에 손상을 입어 신경학적 장애를 초래하는 것을 말한다(Moser, 2012). 지난 10년 동안 스포츠 관련 뇌진탕을 앓는 8~13세 아동의 수는 두 배로 증가했으며, 머리 부상으로 치료를 받는 14~19세 아동의 수는 200% 이상 증가했다. 고등학교에서 뇌진탕 위험이 가장 높은 스포츠는 축구다. 여학생 스포츠에서는 축구와 농구의 뇌진탕 발생률이 가장 높다. 럭비, 아이스하키, 라크로스도 다른 청소년 스포츠에 비해 뇌진탕 발생률이 높은 편이다.

스포츠 관련 뇌진탕은 일반적으로 가속과 감속으로 인해 발생한다. 미식축구 선수가 머리로 상대의 머리를 공격적으로 태클을 하여 심하게 부딪히는 경우가 가속에 의한 뇌진탕의 예다. 감속에 의한 뇌진탕의 예는, 농구에서 선수가 바닥에 부딪혀서 발생하거나 미식축구에서 헬멧으로 태클을 할 때, 축구에서 헤딩을 하려고 올라가는 상대 선수와 머리를 부딪힐 때처럼 운동선수가 상대적으로 정지된 물체에 머리를 부딪힐 때 발생한다. 뇌진탕은 또한 아이스하키에서 선수가 사각 지대에서 바디 체킹을 당할 때와 같이 타격에 대한 반응으로 머리가 격렬하게 회전함으로써 발생한다.

두개골 안쪽에는 뇌가 뇌척수액 쿠션에 떠 있다. 풋볼에서 헬멧과 충돌할 때와 같이 충격이나 강한 힘이 가해지면 머리는 순간적으로 감속(정지)하지만 뇌는 두개골 안쪽을 계속 이동하다가 두개골 측면에 부딪히게 된다. (이것이 바로 헬멧이 미식축구 선수의 뇌진탕을 예방하지 못하는 이유다. 헬멧은 두피 찢어짐이나 두개골 골절은 예방하지만 뇌진탕을 막지는 못한다.) 이러한 충격은 뇌에 타박상을 입히고 뇌진탕의 신경학적 손상을 유발한다. 뇌가 비틀리는 충격은 뇌의 신경 세포를 늘어나게 하고 긴장시켜 신체의 다른 부위와 메시지를 주고받는 능력을 손상시킨다.

충격은 뇌의 섬세한 전기 화학적 균형을 깨뜨려 뇌가 위기 모드로 전환되게 한다. 위기 모드는 매우 똑똑한 기관인 뇌가 즉시 모든 에너지(포도당)를 자신을 보호하고 부상을 치료하는 데 사용한다는 것을 의미한다. 이렇게 되면 다른 정상적인 뇌 기능(기억력, 집중력, 운동 조절)에 필요한 에너지를 사용할 수 없으므로 이러한 기능이 저하되게 된다. 며칠 또는 몇 주 또는 그 이상이 될 수 있는 회복 과정 내내 뇌는 부상으로 인해 뇌의 기능 능력이 소진되어 신진대사 기능이 저하된 상태로 유지되게 된다(Moser, 2012). 그렇기 때문에 뇌가 스스로 치유할 수 있도록 완전한 정신적 · 육체적 휴식이 중요하다. 이는 뇌진탕 후 뇌를 완전히 쉬게 하기 위해 문자 메시지, 비디오 게임, 컴퓨터 사용, 숙제, 독서, 심지어 잠시 텔레비전을 시청하는 것도 금지하는 것을 의미한다(Moser, 2012). 물론 의사는 뇌진탕을 겪은 청소년 운동선수에게 운동 제한과 충분한 휴식을 처방해야 한다.

2) 뇌진탕에 대한 취약성

어린이와 청소년의 뇌는 성인보다 뇌진탕에 더 취약하다. 유청소년 운동선수는 성인 운동선수에 비해 뇌의 신경과 신경을 연결되는 신경 섬유 끝 돌기인 축삭의 활성화가 불완전하고, 상대적으로 머리가 크고 목 근육이 작으며, 두개골 뼈가 얇고, 운동 능력과 신체 조절 능력이 낮기 때문이다. 고등학교 축구 선수는 대학 선수보다 치명적인 머리 부상을 당할 위험이 3배 더 높다. 어린이 뇌진탕 증상은 종종 증상이 지연되어 며칠이 지나야 부상의 심각성을 알 수 있다. 더 복잡한 문제는 어린이가 생명을 위협할 수 있는 부상의 증상을 인지하지 못할 수도 있고, 인지하더라도 경기에 결장하지 않기 위해 증상을 숨기는 경우가 많다는 점이다. 뇌진탕 증상을 신고하지 않은 이유를 묻는 질문에 고등학교 운동선수들은 증상이 심각하다고 생각하지 않았고(66%), 경기에 빠지고 싶지 않았으며(44%), 팀이 불리해지지 않기를 바랐기 때문(22%)이라고 답하였다(Gregory, 2010).

여성이 남성보다 뇌진탕에 더 취약하며, 남성과 비교할 때 여성이 더 심각하고 오래 지속되는 증상을 경험한다는 증거가 증가하고 있다(Moser, 2012). 축구 선수 중 여학생이 남학생보다 뇌진탕을 겪을 확률이 68% 더 높다. 뇌 해부학, 호르몬, 목 근육 구조의 차이, 증상 보고에 대한 솔직한 표현 등 다양한 이유가 제시되고 있지만 결정적인 설명은 아직 정립되지 않았다.

이미 뇌진탕을 경험한 유청소년은 그렇지 않은 유청소년보다 뇌진탕에 걸릴 확률이 4~6배 더 높다. 유청소년 운동선수는 특히 첫 번째 뇌진탕에서 완전히 회복되기 전에 두 번째 뇌진탕을 겪을 때 발생하는 치명적인 뇌 손상인 2차 충격 증후군에 아주 취약하다. 2차 충격 증후군은 심각하고 돌이킬 수 없는 뇌 손상을 유발하며 약 절반의 경우 사망에 이를 수 있다.

3) 유청소년 선수들의 뇌진탕 징후

부모와 코치는 운동선수가 뇌진탕을 일으켰다는 몇 가지 징후를 관찰할 수 있으며, 이는 신체, 인지, 정서, 수면의 네 가지 범주로 나누어 살펴 볼 수 있다. 두통이 가장 자주 보고되는 증상이지만, 위 네 가지 증상 중 어느 하나라도 뇌진탕의 지표가 될 수 있다. 의식을 잃는 것은 뇌진탕의 10% 미만에서 발생한다. 다른 신체적 증상으로는 메스꺼움, 구토, 어지러움 및 시각 문제, 피로, 빛에 대한 민감성, 멍하거나 기절할 듯한 느낌 등이 있다. 인지 증상으로는 정신이 멍해지거나 느려지는 느낌, 집중력 및 기억력 저하, 최근 사건에 대한 혼란, 질문에 천천히 대답하거나 반복하는 것 등이 있다. 정서적 증상으로는 짜증, 슬픔, 긴장, 감정 기복 등이 있다. 수면도 뇌진탕의 영향을 받을 수 있으며 졸음, 잠들기 어려움, 평소보다 잠을 더 많이 자거나 덜 자는 것이 증상일 수 있다(Halstead & Walter, 2010).

(1) 현장에서의 평가(판단)

어린 선수가 뇌진탕과 유사한 상황에 처한 경우, 책임감 있는 성인이 주변에서 즉각적인 증상을 파악해야 한다. 여기에는 선수의 방향 감각이 얼마나 좋은지, 현재 기분이 어떤지 확인하기 위한 질문이 포함된다. 가장 좋은 시나리오는 자격을 갖춘 운동 트레이너가 평가하는 것이다. 공인 의료 전문가는 선수의 방향 감각과 기억력을 평가하는 질문과 다양한 자세에서의 안정성을 평가하는 질문이 포함된 여러 가지 부수적인 평가도구를 사용하여 판단할 수 있다(Halstead & Walter, 2010).

대부분의 유청소년 스포츠 팀에는 운동 트레이너가 없기 때문에 코치, 부모 또는 둘 다 행동을 관찰하고 간단한 질문을 통해 대략적인 평가를 할 수 있어야 한다. 이 초기 평가는 뇌진탕 발생 여부를 확인하기 위한 것일 뿐 뇌진탕의 심각성을 판단할 수 없다는 점을 기억해야 한다. 뇌진탕이 의심되는 경우, 선수를 즉시 활동에서 제외하고 신속한 의료 조치(예: 병원 응급 치료)를 받도록 해야 한다.

(2) 경기 복귀에 대한 결정

증상은 몇 주 또는 몇 달 동안 지속될 수 있다. 어떤 선수도 증상이 나타나면 경기에 복귀하도록 허용해서는 안 된다. 증상이 얼마나 심한지는 중요하지 않으며, 증상이 있다는 것은 뇌가 아직 회복 중이라는 것을 의미한다. 뇌진탕 전문가들은 부상 후 24시간 또는 3일 후 복귀 허용과 같은 임의적인 규정은 위험하다고 경고한다. 뇌진탕은 사례별로 관리해야 하며, 경기 복귀 결정은 의사가 내려야 한다. 의심된다면 경기(훈련)를 중단해야 한다.

4) 뇌진탕의 장기적인 결과

두 번 이상의 뇌진탕 병력이 있는 고등학생 운동선수는 뇌진탕 병력이 없는 운동선수보다 인지(학업) 및 정서적 문제를 더 많이 경험한다(Moser, 2012). 이전에 훌륭한 학생이었던 뇌진탕 선수는 학업에 어려움을 겪을 수 있으며 두통, 어지럼증, 시야 흐림과 같은 신체적 증상이 오래 지속될 수도 있다. 또한 뇌진탕의 장기적인 영향에 대한 냉혹한 증거가 속속 드러나고 있다.

2011년에 75명의 전직 프로 풋볼 선수와 일부 전직 선수의 부인이 내셔널 전미국풋볼 리그를 상대로 소송을 제기했다. 소송에 따르면, 리그는 뇌진탕으로 인한 뇌 손상, 치매, 우울증 등 장기적인 영향에 대해 알고 있었지만 선수들에게 이 정보를 숨겼다는 것이다. 전직 미식축구 선수들의 사망 후 뇌를 검사한 결과 만성 외상성 뇌병증으로 알려진 퇴행성 뇌질환의 징후를 보이는 경우가 점점 더 많아지고 있다(40명 이상). 검사한 대부분의 뇌는 은퇴한 고령 선수의 것이었지만, 20대에 사망한 축구 선수의 뇌 부검에서도 외상성 뇌병증의 초기 단계가 나타났다. 30세에서 49세 사이의 일반적인 사람은 치매 또는 알츠하이머병에 걸릴 확률이 1,000분의 1이다. 같은 연령대의 은퇴한 전미국풋볼 리그 선수는 53분의 1의 확률로 같은 진단−치매나 알츠하이머와 같은 뇌 관련 질병−을 받을 수 있다(Gregory, 2010). 전직 전미국풋볼 리그 및 내셔널 하키 리그 선수의 우울증과 자살은 여러 번의 뇌진탕과 관련이 있다(Caron, Bloom, Johnston, & Sabiston, 2013).

유청소년 스포츠에 관한 책에서 이러한 통계를 제시하는 이유는 무엇일까? 이는 말 그대로 많은 스포츠 참가자의 삶을 파괴하는 전통적인 스포츠 활동 문화 관행에 저항하는 안목을 갖도록 하기 위함이다. 2013년 전국적인 여론조사에서 미국인의 3분의 1이 뇌진탕 위험 때문에 자녀에게 축구를 허용하는 것을 주저한다고 답했다. 스포츠, 특히 미식축구와 같은 충돌이 빈번한 스포츠에서 부상의 위험은 항상 존재하지만, 뇌 부상에 대한 우려가 커지면서 미국 내 스포츠 참여 양상이 달라질 조짐이 감지되고 있다. 2007년부터 2013년까지 미국 6~12세 어린이들의 미식축구 참여율은 26.5%에 달했다(Gregory, 2014). 2014년 9월 타임지 표지는 미주리주의 고등학교 경기에서 외상성 뇌 손상으로 사망한 16세 소년 채드 스토버의 사진과 함께 '풋볼은 그만한 가치가 있는가?'라는 질문을 제기했다. 저자 일동은 스토버의 가족에게 진심 어린 애도를 표한다.

5) 유청소년 스포츠에서 뇌진탕을 예방하고 효과적으로 대응하기 위한 전략들

① 부모, 코치 모두는 뇌진탕의 위험성과 증상에 대해 유청소년 운동 선수들에게 직접 이야기해야 한다. 부상을 보고하지 않을 경우 사망할 수도 있다는 사실을 포함하여 머리 부상의 위험성에 대해 솔직하게, 그것도 중히 다루어 알려야 한다. 뇌진탕의 증상을 살펴보고 선수들에게 증상에 대해 충분히 알리겠다고 약속하도록 요청 해야한다. 부상을 숨기거나 감추는 위험한 문화적 관행에 대해 언급하고, 잘 알려진 운동선수를 초청하여 선수들과 뇌진탕에 대해 이야기할 수도 있다. 2005년부터 2013~2014학년도까지 고등학교 축구 선수의 뇌진탕 발생률이 두 배로 증가했다고 보고되었다(Gregory, 2014). 이러한 증가는 선수, 부모, 코치들이 뇌진탕 증상에 대해 더 많이 인식하고 솔직하게 보고하고 있음을 시사한다.

② 가능하면 많은 프로 및 대학 운동 프로그램에서 사용하는 뇌진탕 직후 평가 및 인지 검사와 같은 신경−인지 기준 검사를 운동선수에게 실시해야 한다. 이러한 컴퓨터 프로그램은 주의력, 기억력, 처리 속도, 반응 시간 등 인지 기능의 다양한 측면에 대해 프리시즌(시즌 전)에 운동선수를 평가한다. 선수에게 뇌진탕이 발생하면 재검사를 받고 점수를 비교한다. 선수는 경기 복귀가 허용되기 전에 기준 수준 이상의 수행 능력을 보여야 한다.

③ 코치들이 뇌진탕에 대한 교육을 받고 부모가 유청소년 스포츠에서 뇌진탕에 대해 자체적으로 교육할 것을 요청한다. 전미 고등학교 체육협회연맹은 온라인 프로그램인 스포츠 뇌진탕(www.nfhslearn.

com/ courses/38000)을 제공하고 있다. 이 무료 온라인 과정에는 각 주에서 중학교와 고등학교에 요구하는 경기 복귀 지침이 포함되어 있다. 47개 주와 컬럼비아 특별 지역에서는 2009년부터 강력한 유청소년 스포츠 뇌진탕 안전법을 제정했다.

④ 학부모와 코치에게 뇌진탕에 관한 정보 자료(예: '경고: 고등학교 스포츠에서의 뇌진탕'[미국 질병통제예방센터(CDC) 또는 주별 프로그램 정보(www.healthyohioprogram.org/concussion)에서 제공]과 같은 뇌진탕 관련 자료집을 제공하라.

⑤ 유청소년 스포츠 지도자와 코치는 유청소년 운동선수를 머리 부상으로부터 보호하기 위해 규칙, 정책, 스포츠 기술의 중요한 변경 사항을 적극적으로 검토해야 한다. 예를 들어, 1976년 대학 및 고등학교 축구에서 스틱으로 상대를 찌르거나 고의적으로 헬멧을 상대방과 처음 접촉하는 지점으로 사용하는 것을 금지하는 규칙이 개정된 후 치명적인 경추 부상(사지 마비 유발)이 87% 감소하였다. 이러한 부상으로부터 선수들을 보호하기 위해 기존의 교육 기법인 '숫자 속 얼굴 보기'를 '무엇을 치는지 보기'로 대체하였다. USA 풋볼은 뇌진탕에 대한 인식 및 머리를 들고 태클하는 것과 관련된 정보를 포함하는 풋볼 교육 인증 프로그램을 제공하고 있다(usafootball.com).

팝 워너 유청소년 축구는 연습 중 신체 접촉을 제한함으로써 뇌진탕에 대한 우려가 커지는 현실에 대응했다. 선수들이 3야드(2.7m) 이상 떨어져 있을 때는 최고 속력 정면 블로킹이나 태클 훈련이 허용되지 않는다. 또한 각 연습에서 접촉하는 시간은 훈련이나 스크림을 포함하여 연습 시간의 최대 3분의 1로 줄였다. 미국 아이스하키는 아이스하키의 체킹 연령을 11세에서 13세로 높였다. 또한 미국 라크로스는 고등학교와 대학 수준에서 상대 선수의 머리에 접촉하는 것을 금지하는 규칙을 도입했으며, 선수의 발달 수준에 따라 저학년 수준에서 신체 접촉을 점진적으로 도입하는 방안을 마련하였다. 스포츠에서 모든 뇌진탕을 예방하는 것은 불가능하지만, 이러한 규칙 변경은 유청소년 선수들의 뇌진탕 위험을 줄이기 위한 중요한 조치가 될 것이다.

7. 법적 의무와 응급 상황 계획

유청소년 스포츠에서 부상을 관리하는 것은 훈련과 경기를 시작하기 이전에 종합적인 계획 수립과 정책 및 절차의 시행으로부터 시작된다. 유청소년 스포츠 지도자는 부상과 관련된 법적 의무와 심각한 부상에 대응하기 위한 실질적인 응급 조치 계획 마련의 중요성을 이해해야 한다.

1) 부상 예방 및 관리와 관련된 법적 의무

과실 책임을 피하기 위해 유청소년 스포츠 감독과 코치는 부상을 예방하고 관리하기 위한 몇 가지 법적 의무를 이행해야 한다. 과실은 부적절한 행위(덥고 습한 날에 충분한 휴식과 수분 보충 없이 풀패드를 착용한 채 축구 연습을 시키는 경우) 또는 반드시 가르쳐야 할 것을 가르치지 않을 경우(적합한 태클 기술을 가르치지 않은 경우)로 인해 발생할 수 있다. 코치의 법적 의무는 유청소년 코치의 관리 책임의 일부로 14장에 구체적으로 설명되어 있다(Martens, 2012 참조).

유청소년 스포츠 지도자는 특히 부상 예방 및 관리와 관련하여 의무를 잘 알고 있어야 한다. 적절한 응급 지원 제공, 선수의 부상 및 역량 평가, 적절한 지도 제공, 내재된 부상 위험 경고(예: 축구에서 고개를 숙이고 태클할 경우 발생할 수 있는 상황), 안전한 물리적 환경 및 장비 제공은 부상 예방 및 대응과 관련된 중요한 의무이다.

예를 들어, 축구에서 시대에 뒤떨어진 태클 기술(예: 헬멧을 쓰고 스틱 찌르기 또는 헬멧을 먼저 부딪히는 지점으로 활용하기)을 가르치는 것은 적절한 교육을 제공해야 하는 법적 의무를 이행하지 않는 것이므로 과실에 해당한다. 어린 야구 선수가 홈 플레이트에서 포수를 향해 정면으로 뛰어들어 외상성 뇌손상 또는 척수 손상을 입는 경우, 코치는 이러한 행동이 심각한 부상을 초래할 수 있음을 선수에게 경고하지 않은 과실이 될 수 있다. 따라서 코치는 올바른 기술 사용을 가르치고 강조할 뿐만 아니라 어린 선수들에게 심각한 부상을 초래할 수 있는 특정 행동의 위험성에 대해 반복적으로 경고해야 한다.

2) 응급조치 계획

부상당한 선수에게 적절한 의료 지원을 제공해야 할 의무가 있는 유청소년 스포츠 프로그램에서는 응급조치 계획(EAP)을 개발하고 훈련해야 한다. 응급조치 계획는 유청소년 스포츠 대회에서 발생하는 심각한 부상에 대처하기 위해 확립된 절차다. 응급조치 계획의 구체적인 예는 인터넷에서 많이 찾아볼 수 있으며, 응급 조치 계획 템플릿과 양식도 구할 수 있다(예: www.nays.org/resources/emergency-action-plan.cfm). 부록 K에 응급 조치 계획 템플릿 샘플이 제공된다. 다음은 응급조치 계획에 표기된 기본적으로 준비해야 하는 영역과 주요 정보다.

(1) 담당자

필수 응급조치 계획 업무를 위해 현장에 반드시 참석할 특정 성인(담당자)를 지정한다. 업무를 분담하는 방법에는 여러 가지가 있으며, 여기서는 한 가지 예를 소개한다. 이러한 임무를 수행할 사람을 미리 지정해야 한다는 점을 기억하라. 이것을 '비상 행동 계획'이라고 하는 이유다. 응급 상황이 발생하면 모든 사람이 해당 상황에서의 구체적인 임무를 숙지하고 규정된 책임을 수행하기 위해 즉시 행동해야 한다.

부상당한 선수를 돌보고 적절한 응급 처치와 치료를 제공하는 성인 한 명을 치료 담당자로 지정한다. 이 사람은 당연히 응급처치 및 심폐소생술 자격증을 소지해야 한다. 가장 좋은 경우는 전문 자격증을 소지한 운동 트레이너이지만, 다양한 유청소년 스포츠 상황을 고려했을 때 코치가 적절하다.

두 번째 지정인은 긴급 지원을 요청하는 전화를 걸고, 상황을 설명하고, 응급 의료 서비스 요원에게 현장으로 가는 길을 안내하며, 구급차 또는 의료 전문가를 시설 안팎으로 안내하고, 부모 또는 선수의 지정된 비상 연락망과 연락하고 지속적으로 소통하는 역할을 하는 통신 담당자이다.

세 번째 지정자는 책임자로, 구경꾼과 부상당한 선수에게 접근할 수 있는 사람들을 통제하여 차분하고 안전한 환경을 확보하고, 관계자, 코치, 선수와 협력하여 상황을 설명하고 경기 강행 여부를 결정한다. 또한 담당자는 감독관, 운동 감독 또는 상황을 인지해야 하는 프로그램 내 다른 사람들에게 연락하는 임무를 맡을 수도 있다. 이를 통해 연락 담당자는 부상 선수의 의료 지원과 선수 가족 지원에 특히 집중할 수 있다.

한 명이 팀 구급상자 및 현장의 기타 응급 장비(예: 얼음)를 책임져야 한다. 또한 한 명은 모든 경기마다 현장에 비치해야 하는 선수 의료 구급 양식(서류 · 문서)을 맡아야 한다.

(2) 참가자 정보

모든 대회에는 선수 의료 응급 카드 또는 명단을 현장에 비치해야 한다. 여기에는 비상 연락 담당자(일반적으로 부모)의 이름과 전화번호, 기저 질환(예: 간질, 당뇨병, 천식), 현재 복용 중인 처방약이 포함되어야 한다. 이 양식(서류 · 문서)의 사본은 간병 및 의사소통 담당자에게 제공되어야 하며, 필요한 경우 응급의료서비스 요원에게도 제공되어야 한다. 이 정보는 기밀로 유지되며 공개하거나 팀 내 다른 학부모 또는 선수와 공유해서는 안 된다.

(3) 전화번호 및 사이트 주소 및 위치

서비스가 제공되는 휴대전화가 현장에 있어야 하며 연락 담당자가 즉시 사용할 수 있어야 한다. 또한 응급조치 계획에는 응급구조대, 수석 및 보조 코치, 운동장 감독관, 운동 감독, 당직 의사, 가장 가까운 병원 응급실 등 중요한 전화번호 목록이 포함되어야 한다. 모든 시설 주소는 응급조치 계획에 기재해야 하며, 시즌 내내 여러 체육관에서 경기가 예정되어 있는 리그 농구의 경우 여러 주소가 필요할 수 있다.

모든 시설에 대한 길 찾기를 사전에 준비하여 응급조치 계획에 제공해야 한다. 이러한 위치는 응급의료서비스 담당자에게 전달하여 즉시 도착할 수 있도록 할 수 있다. 잠긴 출입문을 개방하고 기타 장애물을 제거하여 응급의료서비스 요원이 신속하게 접근하는 것도 응급조치 계획의 일부가 되어야 한다. 응급조치 계획 예시에서는 통신 담당자의 책임 업무다.

여기에 설명된 책임과 절차는 각 청소년 스포츠 상황에 맞게 조정해야 한다. 그러나 이러한 응급조치 계획의 기본 요소는 반드시 포함된 채로 수정되어야 한다. 부록 K는 응급조치 계획가 서면 형태로 어떻게 작성되는지 보여 준다.

8. 요약

부상은 유청소년 스포츠의 일부다. 발달단계에 적절한 훈련과 코칭에도 불구하고 심각한 부상이 발생하기 때문에 부상을 완전히 근절할 수는 없다. 효과적인 지도, 각 스포츠에서의 부상 예방 활동 및 훈련, 분명한 책임과 숙련된 응급조치 계획, 그리고 코치 교육 및 인증과 같은 '관리할 수 있는 것들'에 집중해야 한다. 또한 어린이를 장애와 심지어 생명을 위협하는 부상의 위험에 빠뜨리는 "그냥 넘어가자, 이겨내자." 하는 태도에서 벗어나기 위해 발달단계에 적합한 규칙 변경과 문화적 태도-관행 변화를 지속적으로 요청한다.

학습 초점

주요 용어

- **골돌기(apophysis)** 성장하는 뼈에 힘줄이 붙어 있는 부위.
- **골단염(apophysitis)** 힘줄이 붙어 있는 뼈 부위의 염증.
- **뇌진탕(concussion)** 타격, 태클, 낙상 또는 충격으로 인한 뇌 손상으로 나타나는 신경학적 부상.
- **타박상(contusion)** 외상에 의한 상해로 피부 속에 파랗게 맺힌 피.
- **골간(diaphysis)** 뼈의 길고 가운데 부분(뼈 몸통).
- **골단(epiphysis)** 뼈의 둥근 끝 부분(뼈 끝).
- **인대(ligament)** 뼈와 뼈를 고정하는 결합(연결) 조직.
- **리틀 리그 엘보우(Little League elbow)** 팔꿈치 내측(안쪽)의 골단염(염증).
- **골간단(metaphysis)** 뼈의 끝부분이 넓어지는 부위(뼈 몸통 끝).
- **오즈굿-슐라터 병(Osgood-Schlatter disease)** 청소년기 성장기에 있는 어린 운동선수에게 발생하는 무릎의 골단염.
- **과사용 부상(overuse injury)** 치유 또는 회복할 충분한 시간 없이 반복적인 스트레스를 받은 신체 부

위(예: 뼈, 근육, 힘줄)에 대한 미세 외상성 손상.

- **성장판(physis)** 성장하는 긴 뼈의 골단과 골간단 사이에 위치한 성장판.
- **2차 충격 증후군(second impact syndrome)** 어린 운동선수가 첫 번째 머리 부상에서 완전히 회복되기 전에 두 번째 머리 부상을 당했을 때 발생하는 치명적인 뇌 손상.
- **세버병(Sever's disease)** 아킬레스건에 반복적인 스트레스가 가해져 발생하는 발뒤꿈치 골단염.
- **염좌(sprain)** 인대에 과도한 스트레스가 가해짐.
- **근 긴장(strain)** 근육에 한계를 넘어서는 힘이 가해짐.
- **피로 골절(stress fractures)** 한 번의 타격이나 하중으로 뼈가 부러지는 데 필요한 것보다 낮은 하중이 반복적으로 가해져 발생하는 골격 결함(일반적으로 헤어라인 균열–미세골절).

핵심 요약

1. 유청소년과 성인 운동선수 사이의 몇 가지 신체적 차이로 인해 어린이는 부상에 더 취약하다.
2. 모든 유청소년 스포츠 부상의 약 절반은 과사용으로 인해 발생하며, 모든 유청소년 스포츠 부상의 절반 이상은 예방할 수 있다.
3. 과사용 부상은 환경적 요인과 운동선수 요인이 복합적으로 작용하여 발생한다.
4. 성장하는 뼈의 골단염에 영향을 미치는 세 가지 과사용 유형 부상은 오스굿–슐라터병, 세버병, 리틀리그 엘보다.
5. 어린 야구 투수의 과도한 사용으로 인해 척골 측부인대 파열을 포함한 팔꿈치 부상이 크게 증가하고 이는 토미 존 수술로 이어진다.
6. 성장판 부상은 가장 가벼운 부상부터 가장 심각한 부상까지 다섯 가지 유형으로 분류할 수 있다.
7. 들어가고 빠지는 동작을 강조하는 스포츠(축구, 농구)를 하는 여성 운동선수는 전방십자인대(전방십자인대) 파열을 포함한 무릎 부상에 다른 사람보다 더 취약하다.
8. 유청소년 코치와 근력 및 컨디셔닝 전문가는 신경근육 및 기본 운동 기술 훈련을 통해 여학생 스포츠에서 무릎 부상을 줄일 수 있다.
9. 스포츠 뇌진탕은 가속과 감속으로 인해 뇌가 두개골 측면에 부딪히면서 발생한다.
10. 신경 인지 테스트는 많은 대학과 일부 고등학교에서 운동선수의 활동 복귀 시기를 결정하기 위한 평가 방법으로 사용된다.

탐구 질문

1. 성인보다 부상에 더 취약한 유청소년 운동선수의 몇 가지 특징을 제시하라.
2. 청소년 운동선수에게 과사용 부상을 유발하는 여러 가지 환경적 및 개인적 요인을 나열하라.
3. 골단염이란 무엇이며, 왜 이것이 어린이에게 과사용 부상의 한 유형인가? 유청소년 운동선수에게 흔히 발생하는 부상의 세 부위를 예로 제시하라.
4. 해부학적으로 어떻게 어린이의 긴 뼈가 성장하는지 설명하고 몇 가지 예시를 활용하여 부상이 성장판 부위를 어떻게 손상시킬 수 있는지를 설명하라. 어떤 유형의 성장판 부상이 더 심각하며 그 이유는 무엇인가?
5. 농구와 축구에서 여성 선수들이 비슷한 종목의 남자 선수들보다 전방십자인대가 더 많이 파열되는 경향을 보이는 여러 이유를 설명하라.
6. 유청소년 스포츠 코치가 어린 여자아이들이 무릎 부상을 예방할 수 있도록 돕기 위해 할 수 있는 일–지도의 구체적인 예를 제시하라.
7. 미식축구나 (아이스) 하키 헬멧이 뇌진탕을 예방하

지 못하는 이유는 무엇인가? 뇌진탕이 어떻게 발생하고 뇌가 뇌진탕에 어떻게 반응하는지 해부학적, 생리학적으로 설명하라.

8. 유청소년 선수들이 성인 선수들보다 뇌진탕에 더 취약한 이유는 무엇인가?
9. 몇 가지 뇌진탕 증상을 밝히고, 뇌진탕이 의심될 때 코치나 부모가 증상을 즉시 평가할 수 있는 방법을 설명하라.
10. 유청소년 스포츠 코치로서 뇌진탕에 대처하기 위해 어떤 전략을 사용해야 하는가?

성찰용 학습활동

1. 특정 스포츠를 선택한다. 이 스포츠에서 유청소년들의 부상 병태를 조사하고, 그 스포츠에서 흔히 발생하는 부상의 유형에 대해 설명한다. 해당 스포츠의 부상 특성에 근거하여, 실행할 수 있는 부상 예방에 대한 몇 가지 방안을 찾아보자.
2. 여성 유청소년 축구선수들에게 시행할 수 있는 15~20분간의 사전 연습 프로그램을 설계하여 전방십자인대 부상을 예방해 보자. 이러한 유형의 프로그램의 예를 찾기 위해 독립적인 연구를 수행해야 한다. 매일 축구 연습이 시작될 때 여성 그룹이 이 프로그램을 할 수 있도록 운동장을 어떻게 설정할 것인지도 설명하라.
3. 뇌진탕이 유행하고 풋볼 선수의 장기적인 뇌 퇴화를 보여주는 새로운 데이터를 고려할 때 미식 축구의 미래에 대해 어떻게 예측하는가?

보조자료

Flegel, M. J. (2014). *Sport first aid* (5th ed.). Champaign, IL: Human Kinetics.

Moser, R. S. (2012). *Ahead of the game: The parents' guide to youth sports concussion*. Hanover, NH: Dartmouth College.

스포츠 뇌진탕(www.nfhslearn.com) NFHS 무료 온라인 강좌.

코치를 위한 응급처치, 건강 및 안전(www.nfhslearn.com) NFHS 인증 과정.

주의: 청소년 스포츠에서의 뇌진탕(www.cdc.gov/heads-up/training/youth-sports.html) 온라인 교육 과정 및 팩트 시트.

스포츠 응급처치(coacheducation.humankinetics.com) 휴먼 키네틱스사 코치 교육, 온라인 과정.

Part 04

유청소년 스포츠와 사회적 요인

제4부에서는 유청소년 스포츠에 영향을 미치는 사회적 요인을 살펴본다. 여기에서 다룰 내용은 다음과 같다.

- 성별 및 인종적 고정관념과 같은 경직된 고정관념이 유청소년 스포츠에 미치는 해로운 영향은 무엇인지.
- 유청소년 스포츠 지도자로서 문화적 역량을 강화하는 방법은 어떤 것인지.
- 스포츠가 유청소년의 인성을 키우지 못하는 이유와 함께 코치와 부모가 유청소년 선수의 생활 기술과 도덕적 추론 함양을 지원할 수 있는 방법은 무엇인지.
- 부모가 유청소년 운동선수에게 영향을 미치는 방법은 무엇인지.

제4부에서 다룰 4개의 장을 통해 유청소년 스포츠를 둘러싼 사회적 요인을 종합적으로 이해할 수 있다. 우리의 임무는 아이들이 스포츠를 즐기고 혜택을 누릴 수 있도록 정의롭고 지원적인 스포츠 환경을 조성하기 위해 사회적 요인을 적절하게 조절하는 것이다.

Chapter 13

유청소년 스포츠와 문화적 역량

제13장 개요

이 장에서 배울 내용은 다음과 같다.

- 남성과 여성이 다른 점보다 비슷한 점이 많다는 점
- 성별 및 인종에 대한 고정관념이 유청소년 스포츠 참여자에게 미치는 부정적인 영향
- 유청소년 스포츠 지도자로서 문화적 역량을 함양하는 방법

1. 개요

두 중학교 레슬링 선수가 같은 체급의 여학생 선수와 맞붙어야 할 것이라는 이유로 다가오는 대회 출전을 거부한다. 고등학생 여성 농구선수가 본인이 동성애자임을 밝히면서 자신의 성적 정체성에 대해 팀 동료들과 이야기할 때 당신의 지원과 지도를 받고 싶다고 한다. 7~8세 유청소년 여자 축구팀의 백인 선수들이 두 명의 흑인 동료를 '수세미 머리(nappy-heads)(심하게 짧은 곱슬머리를 놀리기 위해 사용하는 표현)'라고 놀린다. 그들은 어른들로부터 이 표현을 자주 들었기 때문에 친근한 장난으로 여긴다. 새롭게 테니스 팀에 합류한 이슬람 소녀에게 다른 멤버들이 왜 이 더운 날에 히잡을 쓰고 긴소매를 입고 있는지를 묻는 상황도 있다.

여러분은 위와 같은 상황에 잘 대처할 준비가 되어 있다고 생각하는가? 여러분의 대답이 아니라고 하더라도 걱정할 필요는 없다. 이런 상황은 모두에게 어려운 일이기 때문이다. 효과적으로 대응하려면 다양한 문화, 하위문화 및 배경을 가진 사람들과 효과적으로 상호작용할 수 있는 문화적 역량이 필요하다. 문화적 역량은 본인의 문화적 정체성과 다른 문화와의 차이를 인식하는 것을 포함한다. 유청소년 스포츠에 종사하는 우리 모두는 문화적 역량을 강화해야 한다. 우리의 문화는 점점 더 다양해지고 있다. 이는 우리에게 우리와 다른 하위문화 집단에 대한 이해의 폭을 넓혀야 한다는 점을 의미한다.

2. 문화적 역량의 수준

한 사람의 문화적 역량은 〈표 13-1〉과 같은 다섯 가지 수준(level)으로 설명할 수 있다(Cross, Bazron, Dennis, & Isaacs, 1999). 물론 우리의 목표는 높은 수준의 문화

표 13-1 문화적 역량의 수준

수준	설명	예시
문화적 유능감	차이에 대한 수용과 존중, 문화 이해에 대한 지속적인 자기성찰, 문화적 다양성에 대한 주의 깊은 관심	남자아이들의 성차별적 발언에 대한 불관용(부적절한 이유를 확실하게 지도), 청각장애 선수와 소통하기 위해 기본적인 수화 배우기
문화적 초기 유능감	문화적 유능감을 갖추려는 욕구는 있지만 분명한 계획이나 행동적 의도 부재, 형식주의(또는 토크니즘)	여성을 부코치로 초빙하지만 팀의 중요한 계획이나 의사결정에 포함시키지 않는 것
문화적 맹목	스스로를 편견 자체가 없으며 모든 사람은 똑같다고 인식, 문화적 동화를 권장, 문화적 다양성의 강점 및 장점을 무시	"저는 색깔을 보지 않아요. 모두를 똑같이 대해요." 등 모든 선수가 주류 문화에 해당하는 복장과 헤어스타일을 하기를 기대하는 것
문화적 무능	문화적 파괴를 의도하지 않지만 다양한 사람과 효과적으로 소통할 수 있는 능력 부재	여성 선수에 대한 상대적으로 낮은 노력 또는 성과 기준 설정, 흑인 선수들에게 특정 포지션을 부여하는 것이 좋다는 고정관념
문화 파괴	문화에 해를 끼치는 신념, 행동, 방침	여아를 스포츠 참여에서 제외하기, 게이와 레즈비언 선수 비하, 인종 및 성 차별적 또는 동성애 혐오적 발언

적 역량을 갖추는 것이지만, 많은 사람들은 문화적 초기 유능감(cultural precompetence), 문화적 맹목(cultural blindness), 또는 문화적 무능(cultural incapacity)의 범주에 속한다. 문화적 초기 유능감 수준에 있는 사람들은 더 유능해지고 싶은 특징을 가지고 있지만, 높은 문화적 소양을 갖추기 위한 필요한 교육활동과 자기반성에 참여하지 않는다. 이 수준에 있는 사람들은 종종 다른 집단의 구성원을 포용하는 '시늉만' 하는 경우가 많다. 일종의 형식주의(tokenism)에 빠져 있는 것이다. 〈표 13-1〉에서 제시한 형식주의의 사례는 여성코치가 있다는 이유로 여성을 보조코치로 초빙하지만 팀의 중요한 계획이나 의사결정에는 포함시키지 않는 것이다.

문화적 맹목은 "저는 색깔을 보지 않아요. 모두를 똑같이 대해요."와 같은 고전적인 관점을 드러내는 사람들에게서 확인된다. 유청소년 선수들은 모두 다르다. 제각각 다른 욕구, 성격, 동기, 신념, 배경을 가지고 있다. 모두를 똑같이 대한다는 것은 모두가 주류 문화에 속하는 것이 적절하다고 가정하는 것을 의미하기도 한다. 7~8세 유청소년 축구선수들에게 집에서 아빠와 연습하라는 말은, 모든 아이가 아버지와 함께 살고 있다고 가정하는 것이다(엄마는 연습 상대가 될 수 없다는 것까지 포함한다!). 고등학교 여성 수영선수에게 남자친구와 문자하면서 너무 많은 시간을 보내지 말라고 말하는 것은, 모두가 이성애자라는 것을 가정하는 것이다. 동일함(sameness)은 공평(fairness)과 같지 않다. 실제로 모두를 똑같이 대하는 것은 불공평한 것이다. 유대인에게 가장 성스러운 날인 속죄일에 연습에 참석하지 않은 유대인 하키 선수에게 불이익을 줄 수 있겠는가? 그러지 않기를 바란다. 문화적 다양성과 특수성을 포용하는 데는 많은 노력이 필요하다. 우리가 속한 문화적 안전구역(comfort zone)을 벗어나는 일이기 때문이다. 문화 포용을 통해 전달되는 수용과 지지의 메시지는 아이들의 웰빙뿐만 아니라 사회 전체에 지대한 영향을 미친다.

문화적 무능력은 의도는 없으나 미묘한 방식으로 문화를 파괴하는 태도와 행동을 포함한다. 일부 코치들은 여아들이 남아들만큼 진지하고, 의욕 있으며, 실력 있지 않다고 가정함으로써 여아들에게 필요한 도전과 기술 개발의 기회를 박탈한다. 골프코치가 흑인 아이에게 "골프를 치는 흑인은 흔하지 않고 프로 투어에서도 보기 드물다."라고 말했다고 가정해 보자. 이는 아이의 골프에 대한 열정과 훈련 과정에서 느끼는 안정감에 부정적인 영향을 미칠 것이다.

문화 파괴는 다른 문화권에 있는 사람들을 의도적으로 차별함으로써 우리 문화와 속한 사람 모두에게 피해를 입힌다. 이와 같은 사람들의 행동으로 인해 교육수정법 Title IX(제2장에서 언급)이 통과되었으며, 여성들에게 스포츠 참여의 기회를 열어 주기까지 수년간의 소송과 끈질긴 변론이 필요했다. 남성 중심적인 경쟁 스포츠 문화에서 여성은 물론 동성애자에 대한 비하는 흔한 일이다(Woods, 2011). 성차별적, 인종차별적, 동성애 혐오적 발언과 '농담'을 암묵적으로 허용(또는 무시)하는 것도 문화 파괴적인 행위다. 문화적 역량을 함양해야 한다는 책임을 결코 무시해서는 안 된다. 우리 모두는 문화적 역량을 향상시킴으로써 포용적이고 개방적인 유청소년 스포츠 환경을 조성할 수 있다.

유청소년 스포츠에서의 문화 이해는 매우 중요하다. 그러나 모든 내용을 살펴보는 것은 이 책의 범위를 벗어난다. 이 책에서는 유청소년 스포츠 전문가에게 요구되는 문화적 역량이 무엇인지를 중점적으로 살펴본다. 각자 문화적 유능감 수준을 향한 여정에 도움이 되는 추가적인 내용을 찾아보기를 바란다. 제1장에서는 성별, 인종, 민족, 사회경제적 지위, 장애 등 유청소년의 스포츠 참여를 가로막는 장벽에 대하여 살펴보았다. 제1장의 목적은 특정 유형의 참여 장벽을 포함하여 유청소년 스포츠의 '모습/실체(face)'을 소개하는 것이었다. 이 장에서는 모든 유청소년 스포츠 참여자들의 경험을 증진하

개인적 이야기

나의 문화적 역량 수준은 어느 정도인가

본인의 문화적 역량의 수준을 살펴보라. 이 장의 시작 부분에 제시된 갈등 상황과 관련하여 자신의 문화적 역량을 되돌아보라. 현재 여러분의 문화적 역량은 어느 수준에 해당되는가? 시간이 지남에 따라 변했는가? 변했다면, 그 변화에 영향을 미친 요인은 무엇인가? 모든 상황에서 문화적으로 유능하다고 느끼지 못하더라도 괜찮다. 가장 중요한 것은 문화적 역량에 대한 인식을 높이고 문화적 역량을 증진시키기 위해 노력하는 것이다.

기 위한 문화적 차이와 다양성에 대한 인식과 이해도를 높이는 데 초점을 맞춘다(전반적인 문화의 증진을 포함한다). 이 장에서 가장 강조하는 것은 성별인데, 이는 성별이 유청소년 스포츠에 결정적인 영향을 미치기 때문이다(예: 성평등, 스포츠에서의 성 고정관념).

3. 젠더와 유청소년 스포츠

우리가 속한 어떤 하위문화 집단 중 젠더보다 더 큰 영향을 미치는 것은 없다. 태어나는 순간부터(심지어 부모와 가족이 딸이나 아들을 낳을 준비를 하는 그 이전부터) 여아와 남아는 어른들에 의해 다르게 이야기되고, 양육되고, 보여지게 된다. 젠더(gender)는 사회가 여성과 남성에게 적합하다고 여기는 특징, 행동, 활동 등을 의미하며, 일반적으로 여성적이고 남성적인 것으로 분류된다. 반면 성(sex)이란 사람의 염색체, 호르몬, 내외부 생식기관에 기반한 생물학적 특성을 의미한다.

따라서 성은 생물학적으로 고정되어 있는 개념인 반면, 젠더는 문화적으로 구성되는 유동적인 개념이다. 예를 들어, 미국에서 고등학교 레슬링 선수 중 남자가 여자보다 많은 것은 젠더의 차이에서 기반한 것이다. 반면 성인 남성의 평균 키가 성인 여성의 평균 키보다 크다는 것은 성의 차이에서 비롯된 것이다. 이와 같은 구분은 매우 중요하다. 특정 현상이 성에 따른 차이에서 비롯되었다고 잘못 판단할 때가 있는데(실제로는 젠더의 차이에서 기반한), 이는 남성과 여성이 문화적으로 구성된 특성에 대해 생물학적으로 다르다고 가정하는 경향이 있기 때문이다. Title IX(제2장에서 설명함)의 통과 이후 성평등 정책 시행에 반대하는 일부 남성은 여성은 남성만큼 스포츠에 참여하는 것에 대한 관심이 없다고 주장한다. 이와 같은 주장에는 여성들은 그들이 참여하고자 하는 스포츠를 즐기는 데 충분한 생물학적 능력을 갖추지 않았다는 것을 가정하고 있다. 스포츠를 남성적인 활동으로 여겨온 문화적 역사는 여자아이들이 스포츠에 참여할 수 있는 기회 제공에 있어 큰 젠더 차이를 만들어낸 것이다.

1) 다르다기보다 비슷한 점: 성과 젠더의 겹치는 부분

여자아이가 남자아이보다 유연하다거나 남자아이가 여자아이보다 힘에 세다는 잡지 기사를 읽었다고 가정해 보자. 사람들은 모든 여자아이가 남자아이보다 유연하고 모든 남자아이가 여자아이보다 강하다고 생각하는 경우가 많다. 물론 이것은 사실이 아니다. 이 기사에서 언급한 차이는 특정 집단 또는 모집단의 평균적 차이(또는 평균 간의 통계적 차이)일 뿐이다. 문제는 우리가 이

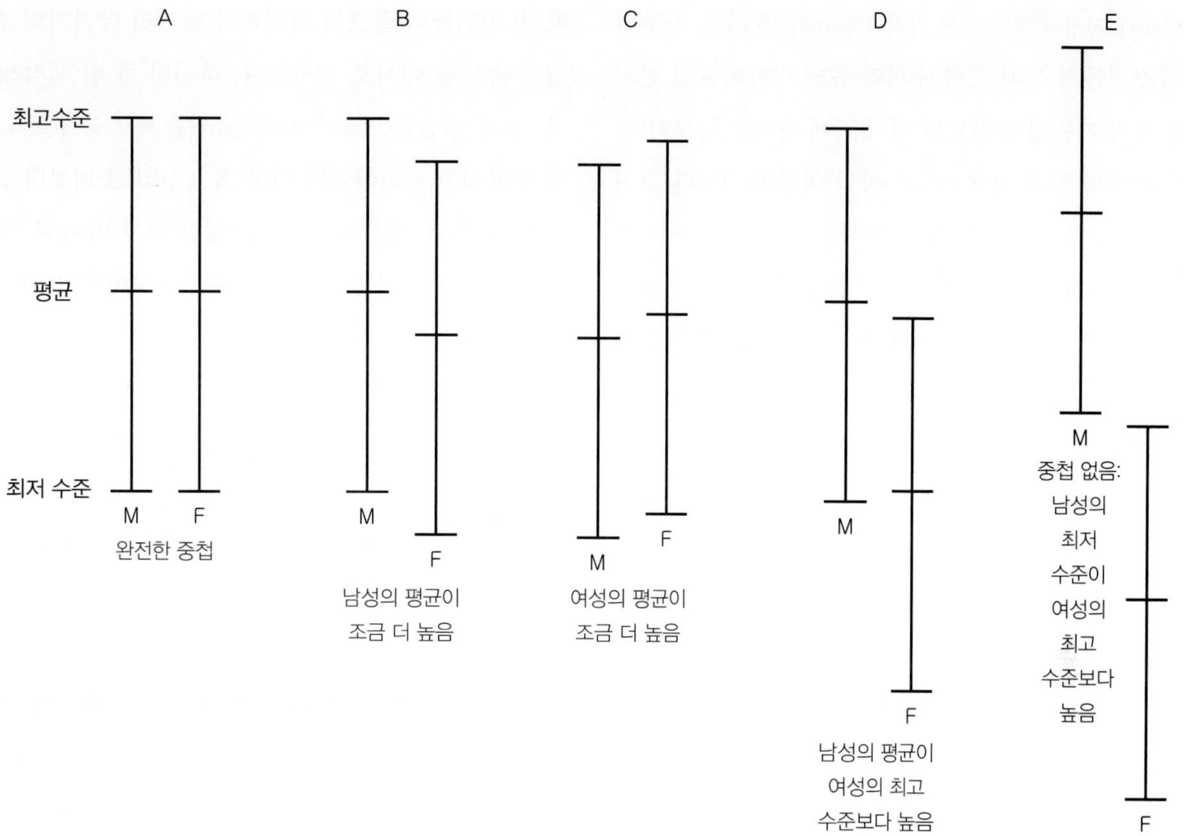

[그림 13-1] 젠더 또는 성에 따른 유사점과 차이점을 나타내는 중첩되는 선

러한 평균을 다룬 기사를 읽을 때 종종 이러한 차이가 모두에게 적용된다고 단순하게 추론하는 경우가 많다는 것이다. 사실은 그렇지 않다. 남성과 여성 간에는 차이점보다 유사한 점이 더 많다(Horn et al., 2015; Hyde, 2005).

성과 젠더 측면에서의 차이점과 공통점을 이해하기 위해서 남성과 여성 집단 전체에 퍼져있는 다양한 특성들을 시각화하는 것이 도움이 된다(Hyde, 2005; Ulrich, 1987). [그림 13-1]에서 보이는 다섯 쌍의 선은 성과 젠더의 공통점과 차이점을 나타낸다. 남성과 여성은 선의 배치에 따라 유사도가 결정된다. 각 세트에는 남성(M)과 여성(F) 선이 있고, 최고점, 평균점, 최저점이 표기되어 있다. 두 선이 중첩되는 부분에 대한 이해를 돕기 위해 먼저 각 선 세트의 신체적 또는 기능적 특성을 살펴보고자 한다.

(1) 완전한 중첩

A세트는 남성과 여성의 차이가 전혀 없는 완전 중첩(total overlap)을 의미한다. 유아기의 다양한 운동 기능(뒤집기, 고개 돌리기, 몸 일으키기, 기어 다니기, 걷기)이 발달되는 나이는 남아와 여아 모두 동일하다. 주목할 점은 신생아와 유아의 많은 특징들이 완전히 겹친다는 점이다. 남성과 여성이 공유하는 또 다른 특징 중의 하나는 유아기부터 사춘기까지 체중과 키가 증가한다는 것이다. 우리 사회에서 종종 유청소년 스포츠 프로그램에서 남학생과 여학생을 구분하는 경우가 많지만, 굳이 구분해야만 하는 특별한 신체 관련 이유는 없다.

(2) 남성의 평균이 조금 더 높은 경우

B세트는 여성보다 남성에서 더 많이 또는 높게 나타나는 특징을 보여 준다. 성인의 신장이 좋은 예시다(성

인 남성과 여성의 평균 키는 각각 175cm와 163cm). 사춘기 후 청소년들의 상체 근력 수치와 유년기 아이들의 던지기와 잡기 기능의 숙련도도 이 세트에 속하는 특징이다. 성인 남성의 키가 평균적으로 성인 여성의 키보다 크지만, 실제로 남성보다 키가 큰 여성은 많다[이는 B세트에서 여성을 나타내는 선(F)의 상위 부분을 의미한다]. 유년기 아이들의 상체 근력도 마찬가지다. 평균적으로 여성보다 남성의 상체 근력이 강하지만, 두 선이 겹치는 부분은 남성보다 상체 근력이 강한 여성이 있을 수 있음을 보여 준다. 즉, B 집단 특성의 평균은 남성이 더 높지만, 남성보다 더 높은 점수를 받는 여성이 많다는 것을 나타낸다. 두 선이 겹치는 부분은 젠더와 성의 차이는 평균을 기반으로 하며, 평균의 차이 이외에도 큰 변동성(및 유사성) 부분이 있음을 보여 준다.

(3) 여성이 평균이 조금 더 높은 경우

C세트는 여성이 남성보다 약간 높거나 앞서는 특성을 나타낸다. 유연성, 유년기 아동의 섬세함과 관련된 운동 기술, 사춘기 이후의 체지방량, 생물학적 성숙 시기(여자아이들이 더 이른 나이에 성숙해진다.) 등이 대표적이다. 그러나 다시 한 번 강조하지만, 두 선에서 겹치는 부분이 상당히 많다. 많은 남성이 여성보다 유연할 수 있으며, 유년기에 섬세한 운동 기술을 갖췄으며, 사춘기 이후에 체지방량이 많고, 보다 이른 나이에 성숙해질 수 있다. 두 선은 평균적으로 여성이 앞서고 있다는 점을 보여주지만, 모든 여성이 이러한 특성에서 더 높다고 가정하는 실수를 해서는 안 된다. 이와 같은 가정은 사실이 아니며, 두 선의 중첩되는 범위에서 명확하게 설명된다.

(4) 남성의 평균이 여성의 최고 수준보다 높은 경우

이제 보다 어려워진다. D세트는 남성 평균 점수가 여성의 최고 수준 점수보다 높은 특징을 나타낸다. 많은 학생(사람)들이 골프의 비거리나 단거리 달리기의 전력질주 속도를 예시로 제시한다. 하지만 한 번 생각해 보자. 전체 모집단(미국의 10대 청소년을 예로 들어 보자.)에서 일반적인 남자아이가 미국 최고 10대 소녀보다 골프공을 더 멀리 보낼 수 있을까? 일반 남자 아이의 100m 달리기 기록이 전국에서 가장 빠른 여자아이보다 더 빠를까? 물론 아닐 것이다.

D세트에 해당되는 특징을 알아보는 방법은 전체 모집단으로 설정하지 않고 표본의 범위를 좁혀야 한다. 예를 들어, 비거리를 조사하기 위해 상위 300명의 남녀 골프 프로선수를 대상으로 조사하는 경우를 가정해 보자. 남성 프로 골프선수의 평균 드라이브 비거리는 최고 수준의 여성 프로골프 선수의 비거리(약 275야드, 약 251m)와 같다. 하지만 두 선의 일부분이 겹치는 데서 알 수 있듯이, 여전히 일부 남성 프로보다 더 멀리 공을 치는 여성 프로들이 있다. D세트는 신체적으로 잘 훈련된 사춘기 이후의 운동선수의 작은 표본의 경우를 설명할 때 적절하다.

(5) 중첩 없음

E세트는 남성과 여성 사이에 중첩되는 부분이 전혀 없음을 나타내며, 남성의 최하 점수는 여성의 최고 점수보다 더 높다. 가장 쉬운 예는 정자 생산량이나 생식기관의 크기와 같은 생물학적 요소다. 그밖에도 올림픽 100m 단거리 선수나 엘리트 역도 선수와 같이 최고 수준의 엘리트 선수들이 해당될 수 있다.

(6) 겹치는 부분의 중요성

대부분의 사람이 유청소년 스포츠에서 선수의 능력, 훈련에 대한 지원, 성별에 따른 분리 및 혼합과 관련된 결정을 내릴 때 염두에 두는 부분은 무엇이라고 생각하는가? 유청소년 스포츠에서 남성과 여성의 경기력 및 신체적 특성 사이의 관계는 대부분 A, B, C세트에서 나타난다. 그러나 우리 문화는 아무런 의심 없이 D와 E세트에 묘사된 특징을 떠올린다. 청소년 스포츠 관련 정책 개발 역시 종종 이와 같은 생각을 기반으로 이루어진다. 문화적 역량을 기르기 위해서는 유청소년 스포츠에 참여하는 여자아이와 남자아이 사이의 중첩되는 부분을 이해해야 한다. 사춘기 이전의 유청소년을 위한 기술 지도와 경기력 향상을 이끌어 낼 때는 성별보다 기능 수준을 바탕으로 아이들을 나누는 것이 더 효과적일 수 있다.

2) 신체적 특성과 운동 능력 수준에서의 젠더적 차이

앞에서는 여성과 남성의 신체적 특징과 운동 능력(motor skills)에서 나타나는 몇 가지 평균적인 차이를 확인했다. 이와 같은 차이는 대체로 작게 시작하여 유년기를 거쳐 특히 청소년기에 집중적으로 증가하는 경향이 있다. 힘과 속도, 심폐지구력에서 12세 이전의 남성과 여성 사이에 약간의 차이가 있지만, 이 연령 이후로는 그 차이가 상당해진다. 남성이 더 강하고 빠르게 성장하며 지구력도 더 많이 발달하는 것이다. 여성은 모든 연령대에서 유연성이 더 뛰어나고 섬세한 운동 능력(fine motor skills)도 뛰어나지만, 연령대 간의 차이는 크지 않다. 기본 운동 능력(fundamental motor skills)에서도 젠더적 차이는 명확히 드러난다. 여성은 남성보다 한 발 뛰기(hopping), 줄넘기(skipping), 도약하기(leaping) 기능에 더 능숙한 반면, 남성은 던지기, 잡기, 차기 등의 조작 기술에 더 능숙하다(Barnett, van Beurden, Morgan, Brooks, & Beard, 2010). 어깨 위로 던지기(overarm)는 어린 나이에서도 성별에 따른 가장 큰 차이를 보이는 운동 기술이다(Hyde, 2005; Petranek & Barton, 2011).

4. 유청소년 스포츠에서 성별 차이가 나타나는 이유

스포츠 및 운동 능력의 평균적인 성별 차이는 신체생물학적(physical-biological) 차이뿐만 아니라 우리 사회의 남자아이와 여자아이에 대한 차별적 사회화(differential socialization)에 의해 나타난다.

1) 신체생물학적 차이

사춘기 이후 남성의 몇 가지 신체적 특징은 근력, 파워, 속도가 필요한 스포츠에서 여성보다 우월한 성적을 거둘 수 있도록 도와준다. 성인 남성은 키가 크고 팔다리가 긴 경향이 있다. 또한 어깨가 넓어 견갑골 위에 근육을 더 형성할 수 있는데, 이는 남성이 상체 근력에서 우위를 점할 수 있는 주요 원인이다. 훈련된 집단에서도 성인 남성은 여성보다 전체 근육량이 많고 체지방량이 적게 나타났다. 남성 선수는 평균 체지방이 4%에서 12%인데 비해 여성 선수는 12%에서 23%이다. 남성은 골격근이 더 크고 심장과 폐가 더 크며 더 많은 수의 적혈구를 가지고 있다(산소를 잘 운반해서 유산소 운동에서 유리하다). 스포츠 수행에 영향을 미치는 남성과 여성의 여러 가지 차이가 있다는 점은 의심할 여지가 없다. 하지만 남성과 여성 사이의 신체적 차이가 뚜렷하게 드러나지 않는 유청소년기의 성별 차이는 어떻게 나타날까?

2) 젠더 고정관념

그 해답은 우리 문화에서 여자아이와 남자아이가 성별에 따른 신념, 가치관, 관습을 배우고 내면화하는 방식에 있다. 이러한 일련의 과정을 사회화(socialization)라고 한다. 사회화는 우리가 누구인지, 그리고 어떻게 행동해야 하는지(또는 하지 말아야 하는지)에 대한 생각을 능동적으로 형성하는 과정이다. 남성과 여성은 문화마다 매우 다른 방식으로 사회화된다. 사회화의 결과로 고정관념이 형성되는 경우가 많다. 고정관념이란 특정 범주에 속하는 특정 유형의 개인에 대한 일반적인 믿음이다.

젠더 고정관념(gender stereotype)은 아이들의 생물학적 성별이 그들이 참여하는(또는 참여하지 않는) 활동 유형과 함께 해당 활동에서 대우받는 방식을 결정하게 하는 것이다. 스포츠는 일반적으로 남성적인 영역으로 간주되며, 이러한 고정관념으로 인해 남자아이들이 여자아이들보다 더 높은 수준의 능력을 가지고 있으며 스포츠에 더 많은 의미를 부여한다는 믿음을 만들어 낸다. 이는 스포츠에서 종종 발견되는 젠더 차이를 이끌어낸다. 다음은 젠더 고정관념의 몇 가지 구체적인 예시다.

1. 여성들은 부모로부터 신체활동 참여를 권장받지 못한다. 부모는 딸에게 신체활동 참여를 덜 장려하고, 아들과 비교했을 때 딸에게 스포츠 관련 기회를 덜 제공하고, 아들이 딸보다 더 높은 수준의 스포츠 능력을 가지고 있다고 인식하는 것으로 나타났다(Fredricks & Eccles, 2005).
2. 여성들은 민감한 시기에 기초 운동 기술(fundamental motor skills)을 배우고 익히려는 경향이 적다. 제5장에서 아이들이 기초 운동 기술을 배우는 데 가장 민감한 시기는 2~8세라는 것을 배웠다. 이 시기는 학습경험이 뇌에 미치는 영향이 특별히 강한 인간 발달의 한정된 시기다. 민감한 시기(sensitive periods)는 운동 기술을 배우기에 가장 좋은 시기다. 물론 나중에도 운동 기술을 배울 수 있지만 훨씬 어려울 뿐 아니라 일반적으로 민감한 시기에 해당 기술을 습득한 선수와 같은 수준의 숙련도에 도달하지 못한다. 평균적으로 남자아이가 여자아이보다 기초 운동 기술, 특히 물체 조작(던지기, 잡기, 차기)과 신체 조절(민첩성) 능력에서 우월하다.

   여자아이들이 어린 시절에 이와 같이 중요한 기초 운동 기술을 배우지 못한다면 나중에 스포츠에 참여하고자 할 때 불이익을 받게 된다. 여학생의 스포츠 참여를 가로막는 것은 기회의 결핍, 교육의 결핍, 또는 또래 사회화일 수 있다. 또래 사회화의 한 예로, 남학생이 여학생에게 스포츠 참여에 대해 비하하는 발언을 들 수 있다. 운동장에서 함께 스포츠를 즐기는 여자아이들에 대해 남자아이들이 자주 하는 말은 다음과 같다. "여자들은 너무 약하다." "그들은 너무 소녀소녀(girly-girls)하다." "이것은 남자들의 게임이다." "여자들은 너무 연약하고, 키가 작고, 손톱이 부러질지도 모른다."(Oliver & Hamzeh, 2011). 가까운 수영장, 공원, 놀이터에서 잠깐만 관찰해보면 아이들이 놀고 기본적인 운동 기술을 사용하는 방식에 차이가 있음을 알 수 있다. 남자아이들의 놀이는 더 활동적이고 스포츠와 관련된 경향이 있는 반면, 여학생들의 놀이는 상대적으로 더 수동적이고 조용하며 신체적으로 제한되어 있다.
3. 젠더 고정관념이 반영된 장난감이 유아 및 청소년기에 걸쳐 강조되어 왔다. 이 항목에 대한 자세한 내용은 '쉬어가기' 참조.
4. 청소년들은 종종 '성별에 적합한(gender-appropriate)' 스포츠에 참여하도록 강요받는다. 누군가 자녀 중 한 명은 아이스하키를 하고 다른 한 명은 피겨 스케이팅을 한다고 하면 일반적으로 이 아이들에 대해 어떤 가정을 할까? 젠더 추정(gender assumption)은 남자아이는 아이스하키를 하고 여자아이는 피겨 스케이팅을 한다고 가정하는 것이다. 아이들은 다음과 같이 성별에 따라 그

들에게 적절한 스포츠에 참여한다(여자는 유연하기 때문에 여학생에게는 체조가 적합하고, 거칠고 신체 접촉이 많은 축구는 남자에게 적합함) (Hannon, Soohoo, Reel, & Ratliffe, 2009).

5. 여성 운동선수들은 끊임없이 미디어에 성적 대상화된다. 성적 대상화(sexualization)는 사람들이 소녀나 여성을 주로 성적 매력으로 평가하고 성적 이용 대상으로 간주할 때 발생한다. 남자 운동선수들은 상품 광고나 잡지 표지에서 성적 대상으로 묘사되는 경우가 거의 없는 반면, 여자 운동선수들은 스포츠 포즈보다는 성적인 포즈를 취하는 경우가 많다. 여자아이의 성적 대상화는 사춘기부터 시작되며, 이 시기에 자존감이 떨어지는 가장 큰 이유다. 성적 대상화는 우울증, 신체적 수치심, 낮은 자존감, 그리고 섭식장애를 유발한다. 여고생과 여대생이 스포츠에 적극적으로 참여하는 여성 운동선수의 사진을 보았을 때 자신의 신체적 능력에 대한 인식이 증가했고 신체활동 참여에 대한 의욕이 더 강해졌다(Daniels, 2009). 반면 성적인 포즈를 취하고 있는 여성 선수들의 사진을 본 여학생들은 자신의 외모와 신체 이미지를 더 부정적으로 인식했다. 미디어에서 여성 운동선수를 성적 대상화하는 것은 스포츠가 여자아이들에게 제공할 수 있는 모든 긍정적인 혜택을 빼앗는 것이다.

6. 신체적 기능이 충분히 발달되지 않았거나 운동을 잘 못하는 남자아이는 힘, 근육질, 운동선수주의(athleticism), 다른 참가자에 대한 공감 능력 부족 등으로 대표되는 고정관념에 의해 조롱당하거나 수치심을 느끼는 경우가 많다(Tischler & McCaughtry, 2011). 스포츠를 잘하는 남학생들은 대체로 또래들 사이에서 인기가 많다. 그들은 높은 자존감, 긍정적인 자아상(self-image), 긍정적인 정체성을 가지고 있다. 문화적으로 규정된 성역할에 맞지 않는 남자아이들이 조롱을 경험하면서 자존감 형성과 사회적 관계 맺기에 어려움을 겪을 수 있다. 다음은 규정된 남성 운동선수의 고정관념의 기준을 충족하지 못한 학생들이 겪는 부정적인 경험이다(Tischler & McCaugtr 2011). "가끔은 [스포츠] 활동 때문에 너무 긴장해서 속이 울렁거려요. 한 번은 너무 긴장을 해서 토한 적이 있어요. …… 그리고 저는 못해요. 다른 아이들이 저의 이런 모습을 보는 게 싫어요"(p. 43). "사람들이 놀려요. …… 그리고 실수하면 소리 지르는 애들도 있고 놀리는 애들도 있어요"(p. 44).

쉬어가기

바비 인형과 장난감 오븐

아이들은 빠르면 생후 18개월부터 어떤 장난감이 여자에게 적합하고 남자에게 적합한지를 사회적으로 학습한다. 많은 아이들의 방은 '성별에 적합한(gender-appropriate)' 색상과 장난감으로 꾸며진다. 남자아이들은 스포츠 장비, 건축물, 또는 슈퍼히어로 모형과 같은 신체활동을 자극하는 활동적인 장난감을 많이 가지고 있다. 여자아이들에게는 주로 인형(바비), 작은 크기의 가정 용품(오븐), 동물 인형 등 제한적이고 조용한 놀이에 어울리는 장난감이 주어진다. 전 세계적으로 3초마다 바비 인형 1개가 팔리고 있다. 아들과 딸이 있는 부모로서, 맥도날드에서 키즈 세트를 주문할 때 "남아용인가요? 여아용인가요?"라는 질문을 받을 때마다 당황스럽다. 아이들이 각자의 취향에 따라 원하는 장난감을 선택할 수 없는 것인가?

남녀 모두 장난감과 활동에 대한 강한 성별 고정관념이 강한 메시지를 받지만, 연구에 따르면 남자아이가 여자아이보다 훨씬 더 좁은 젠더 고정관념을 가지고 있는 것으로 나타났다(Wood, 2002). 여자아이들은 남녀 모두에게 전형적인 다양한 장난감을 가지고 놀 수 있지만, 남자아이들은 반드시 '남성적인' 장난감만 가지고 놀아야 한다는 고정관념이 있는 것으로 나타났다. 특히 아들의 장난감을 구입하는 데 있어서 아버지들이 어머니보다 더 경직된 성역할 고정관념을 가지고 있는 것으로 나타났다.

비록 우리는 여전히 성별에 따라 구분되는(gender-typed) 세상에 살고 있지만, 성 중립성을 향한 움직임들도 끊임없이 진행되고 있다. 1990년대 바비 인형이 "수학시간이 힘들다." "파티드레스가 재미있다."라는 말하도록 제작된 것에 대한 반발이 있었다. 이러한 성 고정관념에 기반한 발언에 대한 분노는 개발자 마텔(Mattel)에게 프로그램을 삭제하도록 압력을 가했다. 2012년에 마텔은 메가 블록스 바비(Mega Bloks Barbie) 조립 세트를 선보였고, 해즈브로(Hasbro)는 여자아이들을 위한 너프 반란군(Nerf Rebelle) 석궁과 남자아이들을 위한 검은색과 파란색(더 남성적인) 장난감 오븐을 개발하였다. 레고(Lego)는 현재 가라데 유니폼을 입은 엠마를 포함하여 다섯 개의 여성 미니 인형을 선보이고 있다. 당신의 아이들은 어떤 장난감을 가지고 놀고 있는가? 그리고 이러한 장난감 선택이 아이들에게 어떤 영향을 미칠까? 아이들이 경직된 성별 정체성에 얽매이지 않고 개인의 관심사와 능력에 따라 장난감(그리고 포부)을 선택할 수 있기를 바란다.

(1) 왜 아이들에게 젠더 고정관념이 생기는가

많은 부모가 자신의 성역할 고정관념에 따른 전형적인 육아 방식에 대해 자녀가 해당 문화에 잘 적응하고 받아들여지기를 바라는 마음에서 비롯된 것이라고 말한다. 그러나 아이들과 청소년은 스포츠에서 여성과 남성을 제약하고 있는 젠더 고정관념의 부정적인 영향에 대한 교육받을 필요가 있다. 경멸적인 용어(tomboy, dyke, fag) 사용은 젠더 고정관념의 상당 부분이 동성애자, 레즈비언, 양성애자에 대한 비이성적인 두려움이나 편협함을 나타내는 동성애 혐오증(homophopia)의 결과라는 것을 보여 준다. 그러나 부모가 자녀에게 사주는 장난감이나 권유하는 활동은 아이의 성적 성향에 큰 차이를 만들어 내지는 않는다. 마지막으로, 젠더 고정관념은 스포츠에서 남성 지배적인 위치와 여성의 종속적인 위치를 고착화하는데, 이는 사회의 많은 사람들은 이러한 현상이 지속되기를 원하기 때문이다. 그러나 우리는 모든 유형의 스포츠에 여자를 위한 공간, 남자를 위한 공간, 그리고 남녀가 함께할 수 있는 공간이 존재한다는 것을 알고 있으며, 이러한 스포츠가 우리 문화를 보다 풍요롭게 만든다는 것을 믿는다.

(2) 젠더 고정관념 극복하기

그렇다면 당신은 여자 선수와의 레슬링 경기를 거부하는 남학생에게 어떻게 대응할 것인가(이 장의 서두에서 제시된 사례)? 여학생 레슬링은 미국에서 가장 빠르게 증가하고 있는 고교 스포츠 종목 중 하나이고 동시에 올림픽 정식 종목이라고 말해 줄 수 있다. 또는 남학생에게 현재 상황에 대한 감정과 설명을 말하도록 요청하고, 상대선수를 여성으로 바라보기보다는 단순하게 다른 경쟁선수로 바라볼 수 있도록 도울 수 있다.

성인 지도자들은 "여자처럼 던지네." "남자는 남성다워야 한다." "여자보다 남자가 먼저야(bros before hos)." 등과 같은 지겨운 성 차별적인 발언들을 더 이상 방관하지 않아야 한다. 이러한 발언들은 절대 용납될 수 없고 모두에게 해를 끼친다. 캘리포니아 샌타모니카에 위치한 뉴 로드 초등학교(New Roads School)의 사례다. 3학년 교사들은 학생들이 "너 여자처럼 던진다."라고 이야기하는 것을 듣고 수업 시간에 모네 데이비스(Mo'ne Davis)에 관한 짧은 다큐멘터리를 학생들에게 보여 주었다. 데이비스는 2014년 리틀리그 월드시리즈에서 시속 70마일(113kph) 직구와 커브로 타자들을 꼼짝할 수 없게 만들고 팀을 완봉승으로 이끈 최초의 여성 투수였다. 내슈빌(Nashville)을 상대로 4-0의 완승을 거둔 경기에서 그녀는 6이닝을 던지고, 8개의 삼진을 잡고, 2개의 내야 안타를 허용했다. 그녀는『스포츠 일러스트레이티드(Sport Iluustrated)』의 잡지 표지에 단독으로 실렸으며, 수많은 여학생에게 성별에 적합한 스포츠의 경계선을 뛰어넘을 수 있도록 영감을 주었다. 영상을 시청한 학생이 데이비스에게 쓴 편지에는 다음과 같은 내용이 적혀 있었다. "모네에게, 당신의 영상을 봤어요. 굉장히 멋지다고 생각했어요. 마음만 먹으면 무엇이든 할 수 있다는 느낌을 받았기 때문이에요"(Chen, 2014, p. 152).

유능한 여성 코치를 초빙해 놓고도 '팀 엄마'라는 고정된 역할만 제공해서는 안 된다. 엄마와 아빠가 모두 할 수 있는 역할로 확장해야 한다(명칭은 팀 매니저로 바꾸자). 여학생들이 모든 스포츠에 적극적으로 참여할 수 있도록 많은 기대와 기회를 제공하자(편안한 옷과 운동화를 입혀 적극적으로 뛰고 오르고 점프해서 기초 운동 기술을 습득할 수 있도록). 남성 운동선수에 대한 고정관념과 어울리지 않는 남자아이들에게도 충분한 지원과 조언을 제공하고, 그들이 계속해서 신체활동에 참여할 수 있도록 도와줘야 한다.

5. 유청소년 스포츠에서의 인종과 민족

모두가 알고 있듯이 전세계적으로 소수 인종 및 민족은 여러 가지 편견과 억압, 심지어 학살의 위험에 직면해있다. 스포츠에서 인종차별은 오랜 역사를 가지고 있다(제2장의 1955 Cannon Street All-Star Little League 사례는 유청소년 스포츠에서 벌어진 인종차별 사례다). 인종(race)은 유전적으로 계승되는 특성을 공유하는 사람들의 범주를 의미한다. 가장 대표적인 특성은 피부색이다. 하지만 특정 인종과 관련된 특성은 실제로 매우 광범위하거나 유동적일 수 있기 때문에 쉽게 헷갈릴 수 있는 개념이다. 아프리카계 미국인 운동선수들은 흔히 흑인 선수로 알려져 있지만, 아프리카 인종 집단 내에서도 다양한 색조의 피부색이 있다. 타이거 우즈는 아프리카계 미국인 유전자의 4분의 1만 가졌지만, 그는 흑인 골퍼로 널리 알려져 있다.

민족(ethnicity)은 특정한 집단의 문화적 유산을 의미한다. 민족의 예시는 미국인, 아시아계 미국인, 히스패닉계인, 아프리카계 미국인 등이 있다. 히스패닉은 미국에서 가장 큰 소수민족이며, 이 용어는 스페인어를 사용하는 나라들로부터 민족적 유산을 계승하고 있는 사람들을 의미한다. 아시아계 미국인 역시 미국에서 빠르게 성장하는 소수민족이다.

우리 사회에는 인종의 차이, 특히 흑인과 백인의 차이를 생물학적으로 설명하려는 경향이 있다. 이러한 경향을 구체적으로 다루는 것은 이 책의 범위를 벗어난다. 스포츠 사회학자들에 따르면, 인종 간에서 나타나는 스포츠 경기력에 대한 지나치게 단순화된 생물학적 설명이 오해를 불러일으킨다고 한다. 아직까지 그 누구도 캐나다인이 아이스하키에서 성공할 수 있었던 유전자나 노르웨이인이 크로스컨트리 스키를 지배할 수 있었던 이유를 그들의 선천적인 심폐지구력으로 밝혀내려고 하지 않았다(Coakley, 2009). 아이스하키는 캐나다가 강조하는 국민 스포츠이고 노르웨이에서는 아이들이 걷기 시작함과 동시에 스키를 배운다는 것은 모두가 알고 있는 사실이다. 그러나 동아프리카인의 장거리 달리기에서, 그리고 자메이카인들이 단거리 달리기에 생물학적으로 더 뛰어나다는 기사는 계속해서 나오고 있다.

1) 인종 고정관념

인종 고정관념은 스포츠에서 흔하게 나타나며 여러 가지 면에서 파괴적이다. 흑인 선수에 대한 전통적인 고정관념은 복잡한 전략 수행이나 의사결정 능력은 부족하지만 뛰어난 스피드와 도약 능력을 가진 '타고난' 운동선수라는 것이다. 이러한 고정관념은 코치와 선수들에게 인종에 따라 어떤 스포츠, 종목, 포지션이 '적절할 것'인지를 간주하는 데 영향을 미친다. 나(주저자)는 아직도 내셔널 풋볼 리그(National Football League)에 흑인 쿼터백 선수가 없었고 메이저리그 야구에 흑인 투수가 거의 없었던 시절을 분명히 기억한다. 이는 수십 년 간 지속되어 온 인종차별에 기반한 고정관념과 차별적인 관행이었다. 안타까운 점은 여전히 많은 코치가 비슷한 고정관념을 가지고 있다는 것이다. 모든 유청소년 선수는 인종에 대한 고정관념 없이 오로지 자신의 실력에 따라 평가되고 지도받아야 한다.

고정관념 위협(stereotype threat)이란 특정 집단에 대한 고정관념이 집단의 낮은 수행 능력으로 이어지게 되는 현상이다. 한 흑인 운동선수 집단은 골프 퍼팅이 '스포츠 지능(sport intelligence)'을 평가하는 시험으로 안내받았다. 다른 집단은 '타고난 운동 능력(natural athletic ability)'을 평가하는 시험으로 안내받았다. 결과는 첫 번째 집단이 두 번째 집단보다 낮은 성적을 냈다(Stone, Lynch, Sjomeling, & Darley, 1999). 즉, 고정관념은 자신이 속한 인종 또는 성별 범주에 따라 특정 기술을 수행할 수 있는 능력에 대한 믿음에 영향을 미친다.

2) 부정적인 인종 및 민족 고정관념 극복하기

인종과 민족의 차이를 통해 유청소년 스포츠 참여자들에게 다음과 같은 두 가지를 지도할 수 있다. 첫째, 다

쉬어가기

비비안 스트링거 코치의 문화적 역량

우리 모두는 럿거스 대학교(Rutgers University) 여자 농구팀의 코치 비비안 스트링거(Vivian Stringer)를 통해 문화적 역량에 대해 배울 수 있다. 2007년 팀이 전미 대학 선수 협회 결승전(National Collegiate Athletic Association National Championship game)에서 성공적인 시즌을 마친 후 전국 라디오 토크쇼 진행자 돈 이무스(Don Imus)는 방송에서 선수들을 "곱슬머리 검둥이(nappy-headed hos)"로 언급하며 조롱한 사건이 있었다. 사건 발생 후 관중과 기자들로 가득 찬 기자회견에서 스트링거와 선수들은 그 발전의 부적절함과 그 발언이 팀의 성취감과 기쁨을 훼손했다는 것을 강력하게 이야기하였고, 당사자로서 느꼈던 감정을 정확하게 전달하였다.

스트링거 코치는 다음과 같이 말했다. "우리 선수들은 수업 시간에도 열심히 했고 정말 많은 것을 이루어 냈습니다. 선수들은 자신의 재능을 발휘해서 이루어 낸 결과는 주의 수많은 사람들에게 웃음과 자부심을 가져다주었습니다. 그러나 우리는 인종차별적이고 성차별적인 발언을 겪어야 했습니다. 개탄스럽고, 비열하고, 가증스럽고, 비양심적인 그런 발언이죠. 정말 마음이 아픕니다. 그렇지만 인간적으로 대하겠습니다. 우리 어린 선수들은 졸업생 대표, 예비 의사, 음악 신동, 그리고 걸스카우트 단원이기도 합니다. 모두 품격 있는 인재들입니다." 인종차별과 성차별이 사회를 어떻게 해치는지에 대하여 스트링거는 다음과 같이 덧붙였다 "선수들의 피부색이나 머리 스타일에 대한 것이 아닙니다. 한 인격체로서의 우리에 대한 문제입니다. 한 사람에 대한 평등이 거부되면 모두의 평등함도 거부되는 것입니다"(Strauss, 2007).

비록 이 사례는 유청소년 스포츠에서 발생한 것은 아니지만 코치뿐만 아니라 어린 선수들이 문화적 역량에 대한 이해와 헌신을 내면화할 수 있는 교훈으로 삼을 수 있다. 스트링거 코치의 설득력 있는 대응은 우리 사회가 파괴적인 인종차별적 꼬리표를 넘어설 수 있는 데 크게 이바지하였다.

양한 인종과 민족의 사람들은 차이점보다 공통점이 더 많다는 것 (성별의 선 집단 개념과 유사함), 둘째, 다른 하위문화에 대한 올바른 이해와 인식은 세계를 이해하는 데 도움이 되며 우리의 삶을 더 풍요롭게 한다는 것이다. 이 장의 도입부에서 언급한 무슬림 테니스 팀원의 이야기에서 팀원들은 무슬림 여성들이 히잡을 쓰는 문화적 관행과 이슬람 문화에서 단정한 복장을 중요하게 여긴다는 것을 배울 수 있었을 것이다. 콜도라도주의 오버랜드 고등학교 여자 축구경기에서 심판이 히잡을 착용하였다는 이유로 한 선수의 출전을 금지하자, 팀원 모두가 다음 경기에서는 히잡을 쓰기로 결정하였다(Chiari, 2014). 동료에 대한 팀원들의 적극적인 지지에 경기 관계자들은 이를 받아들였고 선수들은 히잡을 쓴 채로 출전할 수 있게 되었다.

코치와 지도자들은 모든 사람이 성탄절과 부활절을 기념하지 않는다는 점과 여러 문화의 기념일을 이해하고 지지함으로써 문화적 역량을 키울 수 있다. 인종 차별적인 발언과 용어의 사용은 부적절한 것으로 간주하고 그 즉시 제지되어야 한다. 선수의 고정관념에 사로잡힌 발언 역시 올바르게 교육될 수 있는 상황(14장에서 자세히 논의)으로 전환한다면 아이들이 자신의 문화적 역량을 함양할 수 있다. 우리는 유청소년 스포츠 지도자들이 부정적 고정관념에 관하여 직접 어린 선수들과 논의하고 명시적으로 해결할 것을 권장한다. 인종, 민족적 배경, 또는 사회적 계급을 이유로 선수에 대한 낮은 기대치가 은근히 드러나지 않도록 유의해야 한다(Martens, 2012). 자신과 같은 문화적 배경을 가진 선수들에 대한 편애, 우대, 편향된 의사소통을 피해야 한다. 어린 선수들이 문화적 다양성에 이해하고 공감할 수 있도록 선수들 각자의 문화적 유산을 공유할 수 있는 기회를 제공해야 한다.

6. 성적 지향과 유청소년 스포츠

만약 당신이 2014년 러시아 동계 겨울올림픽에 나가 어떤 식으로든 동성애자 권리에 대한 실천이나 지지를 표명했다면 감옥에 갇힐 수도 있었을 것이다. 캘거리 플레임스의 총감독이자 미국 남자 하키 인사 책임자인 브라이언 버크(Brian Burke)는 이런 상황에 대해 다음과 같이 말했다. "동성애자의 권리에 대해 관심을 갖기 위해 동성애자가 될 필요는 없다. 소수 집단을 겨냥하고 파괴하려는 지역(county)의 조직적인 노력을 인식하기 위해 동성애자 아들이나 딸이 있을 필요는 없다. 역사는 이런 종류의 편견을 방치하면 더 커질 수밖에 없다는 것을 알려 준다. 전 세계가 침묵을 지킬 수는 없다."(Burke, 2013). 스포츠 일러스트레이티드지에 실린 버크(Burke)의 진술은 문화적 역량의 훌륭한 예이며, 우리 모두가 불의에 맞서 목소리를 낼 수 있다는 점을 알려 준 훌륭한 사례다.

성적 지향(sexual orientation)은 여성, 남성, 또는 양성에 대한 정서적, 낭만적, 성적 매력의 지속적인 경향성을 의미하며, 유청소년의 정체성 발달에 중요한 부분을 차지한다. 성적 지향은 보통 게이-레즈비언(동성 끌림), 이성애자(이성 끌림), 양성애자(동성 및 이성 간 끌림)의 세 가지 유형으로 분류된다. 게이, 레즈비언, 또는 양성애자라고 밝힌 중등학생들은 이성애자 유청소년에 비해 왕따와 폭행을 당할 가능성이 높고 자살을 시도했을 가능성이 2배 이상 높다(www.cdc.gov/lgbthealth/youth.html).

미국 사회는 다른 여러 국가와 마찬가지로 성적 지향의 차이를 지지하는 문화적 역량을 향상시켰지만, 여전히 더 많은 노력이 필요하다. 청소년들이 그들의 지역사회에서 잘 자라기 위해서는 사회적 · 정서적 · 신체적으로 안전하고 지지받는다고 느낄 수 있어야 한다. 코치와 교사들은 역사적으로 성적 지향 문제를 스포츠에서 피

쉬어가기

커밍아웃을 위한 발언

긍정적 코칭 연합(Positive Coaching Alliance)의 설립자인 짐 톰슨은 스포츠에서의 성적 차이에 대한 지원에 대해 다음과 같은 관점을 제시했다(www.positivecoach.org). "긍정적 코칭 연합은 '더 나은 운동선수, 더 나은 사람'에 관한 것이며, 만약 자신이 누구인지 받아들이지 못한다면, 그 누구도 최고가 될 수 없다. 최고의 운동선수들은 목표를 달성하는 데 많은 에너지를 효과적으로 투입한다. 만약 당신의 목표 중 하나가 자신의 진짜 모습을 숨기는 것이라면 우리가 정말로 필요로 하는 당신과 당신의 팀 그리고 우리가 사는 세상을 돕는 일에 투입할 수 있는 에너지가 줄어들 수밖에 없다."

해야 할 대상으로 여겨 왔다. 가정에서 다루어 할 사적인 문제로 간주했던 것이다. 그러나 성적 지향 문제를 피하기만 하는 것은 차별과 편견을 암묵적으로 묵인하는 것이다. 동성애 혐오 비속어(예: fag, dyke)는 성별 및 인종 비속어처럼 파괴적이며 의심의 여지없이 심각한 문제로 다루어져야 한다. 우리 아이들은 일부 청소년들이 부적절하거나 멍청한 행동을 묘사하기 위해 "그건 너무 게이같아."라는 표현을 사용하였다. 사람들이 그런 표현을 쓰면 이와 같은 질문을 던져야 한다. "'그건 너무 게이같다'는 무슨 뜻인가요?" "게이나 레즈비언이 그 말을 들으면 어떤 기분이 들까요?" "나와 다른 사람을 조롱하는 말을 하는 것이 옳다고 생각하나요?"

우리는 많은 사람이 스스로 어린 선수를 상대로 성적 지향에 대해 조언할 수 있는 충분한 문화적 역량을 갖추지 못했다는 것을 이해한다. 괜찮다. 우리가 유청소년 스포츠 지도자들에게 당부하는 것은 지역에 있는 적절한 교육자 또는 정신건강 전문가(예: 학교 상담사, 심리학자들, 지역사회의 상담 전문가들)를 선수, 학부모, 코치들이 활용할 수 있도록 연결해 주는 것이다. 코치들은 단순하게 선수 또는 학부모에게 전문가의 연락처만 전달해서는 안 된다. 선수와 전문가의 상담 과정에 지속적으로 관여해야 한다.

유청소년 스포츠 관리자(director)들은 프로그램의 강령(mission statement)에 다양한 성적 지향에 대한 수용과 지원을 추가할 수 있다. 유청소년 스포츠 코치들은 유청소년 선수의 비방이나 부정적인 고정관념을 확인하면 즉시 이의를 제기해야 한다. 코치와 선수들은 유 캔 플레이 웹사이트(youcanplayproject.org)를 방문할 수 있다. 이 웹사이트에는 게이와 레즈비언들을 스포츠에 포함시키는 것을 지지하는 많은 스포츠 팀의 영상을 제공한다. '플레이할 수 있다면, 플레이할 수 있다.'라는 슬로건은 모든 사람이 스포츠에서 환영받을 수 있다는 점을 의미하며, 경기 능력만이 유일한 자격이라는 점을 강조한다. 태그 라인은 '게이 운동선수. 이성애자 동맹. 존중을 위한 팀워크(Gay athletes. Straight allies. Teaming up for respect).'다. 고등학교 프로그램은 비디오 업로드를 통해 스포츠에서의 동성애 혐오 근절에 대한 그들의 노력을 보여 줄 수 있다. 또 다른 교육 웹사이트인 운동선수동맹(www.athleteally.org)은 동성애자의 권리를 옹호하는 동맹을 교육하고 권한을 부여하는 데 집중한다.

7. 장애와 유청소년 스포츠

특정 작업을 수행할 수 있는 능력을 제한하는 장애 또는 생리적(biomedical) 상태는 1장에서 유청소년 스포츠 참여의 잠재적 장벽으로 논의되었다. 그러나 연방 장애인 법과 정책의 공통적인 주제는 장애는 인간 경험의 자연스러운 부분이며, 개인이 독립적으로 생활하고 자기 결정권을 누리며 유청소년 스포츠를 포함하여 완전한 포용을 누릴 권리를 결코 약화시키지 않는다. 스포츠는 모두를 위한 것이기 때문에 유청소년 스포츠 지도자는 장애를 이해하는 문화적 역량을 키워야 한다.

1) 일반적 장애를 지닌 집단

장애가 있는 선수는 특수 장비나 규칙 변경(예: 농구 또는 육상 경기에서의 휠체어 사용)과 같은 편의가 없으면 대부분의 스포츠에 참여할 수 없다. 패럴림픽은 장애인 선수가 참가하는 최고 수준의 대회로, 올림픽 직후 같은 개최 도시에서 열린다. 장애인 선수들이 스포츠에 참여할 수 있도록 하는 다양한 분류 방식이 있으며, 이는 스포츠 유형에 따라 달라진다(예: www.disabledsportsusa.org, www.paralympic.org). 여기에는 감각적·신체적·정신적 장애의 광범위한 범주로 나눈 몇 가지 일반적인 장애 유형이 있다.

감각장애(Sensory impairments)

- 난청: 말을 알아들을 수 없는 청력 손실.
- 실명: 시각장애의 범위.

신체장애(Physical disabilities)

- 절단: 팔꿈치, 손목, 무릎 또는 발목 관절이 없거나 이러한 관절 중 하나에서 기능적 움직임이 불가함.
- 뇌성마비: 뇌 손상으로 인한 움직임 및 자세 장애.
- 척수 손상: 완전 또는 부분 사지 마비 또는 하반신 마비.
- 레 오뜨르(Les autres): 프랑스어로 '기타'를 의미하며, 움직임을 제한하는 기타 다른 조건.

정신장애(Mental disabilities)

- 지적장애: 일반적으로 지능 지수가 70 미만인 개인.
- 학습장애: 발달성 언어 장애, 학업 능력 장애(난독증) 및 운동 조정 장애.
- 주의장애: 예를 들어 주의력 결핍 및 과잉 행동 장애(ADHD).

Martens(2012)에서 발췌.

2) 장애 유청소년 선수들은 어디에 참가해야 하는가

결론은 장애 아동도 다른 아이들처럼 똑같이 스포츠에 참여할 수 있는 권리가 있다는 것이다. 법적으로 「미국 장애인법(Americans with Disabilities Act)」은 스포츠 프로그램을 제공하는 단체가 장애인에게 비장애인과 동등한 기회를 제공하도록 규정하고 있다. 유청소년 스포츠 프로그램은 장애를 가진 선수들이 참여할 수 있도록 적절한 편의를 제공해야 한다. 모든 개인은 단순하게 스포츠를 즐기는 수준에서부터 엘리트 수준의 스포츠 팀에서 뛸 수 있는 권리를 지닌다. 그러나 법은 모든 사람이 엘리트 스포츠 팀에서 뛸 권리가 있는 것은 아니라고 얘기한다(Martens, 2012). 장애가 있는 선수가 그렇지 않은 선수와 스포츠 팀에서 경쟁하는 것이 안전하지 않거나 적절하지 않은 경우, 유청소년 스포츠 지도자들은 부모와 협력하여 장애 선수를 위해 특별히 고안된 프로그램에서 기술을 배우고 경쟁할 수 있는 기회를 제공해야 한다.

물론 일부 장애는 어린이가 특정 스포츠에 참여하는 것을 제한할 수 있다. 그러나 특정 장애를 가진 선수가 유청소년 스포츠 팀에 참여하는 것은 매우 일반적이다. 유청소년 스포츠 프로그램 지도자는 학부모, 선수, 코치, 의료 컨설턴트와 함께 장애 아동이 특정 스포츠에 참가하는 것이 안전하며 적절한 것인지에 대해 논의할 수 있다. 케빈 로(Kevin Laue)는 팔꿈치 바로 아래에서 끝나는 왼팔을 타고 태어났음에도 불구하고 2009년 유청소년 농구에 완전한 상태로 참여하여 맨해튼 대학에 체육 장학생으로 입학했다. 케빈의 업적은 영화 〈Long Shot: Kevin Laue Story〉(2012)으로 이어졌다. 그의 이야기는 어린이들을 위해 제작된 장애인 운동선수들에 대한 감동적인 이야기 모음집『Opening the Gate: Stories & Activities About Athletes With Disabilities』(Floyd, 2013)에 실려 있다.

3) 유청소년 스포츠 지도자를 위한 제안

우리는 여러분이 다양한 유형의 장애에 대한 지식이 많지 않고 장애 선수들과 대화하거나 그들을 지도하는 적절한 방법이 부족하여 문화적 역량이 부족하다고 느낄 수 있다는 점을 이해한다. 그러나 우리 모두의 첫 번째 의무는 선수들의 다양한 장애에 대해서 더 많이 배우고 이해하고자 노력하는 것이다. 이러한 책임을 회피하지 말고 수용함으로써 문화적 역량을 키워나가길 바란다. 스포츠 참여와 관련된 장애에 대한 이해를 도울 수 있는 출판물(e. g. Davis, 2010; Winnick, 2011)과 온라인 자료가 많이 있다. 유청소년 스포츠 지도자들이 장애 선수를 위해 적절한 상황으로 변형하는 모든 방법을 알고 있을 필요는 없다. 그러나 "우리 프로그램에 오신 것을 환영합니다. 여러분이 즐겁게 참여할 수 있도록 최선을 다하겠습니다."라고 말함으로써 장애 선수들과 그들의 가족을 환영해 줄 수 있어야 한다(Balyi, Way, & Higgs, 2013).

가장 먼저 고려해야 할 점은 '사람 우선 언어(people-first language)'를 사용해야 한다는 것이다. 장애 선수에 대해 이야기할 때 선호되는 언어는 선수 개인을 먼저 말하고 그 다음으로 장애를 언급하는 것이다. '시각장애 육상선수' 또는 '자폐아'보다는 '선수인데 시각에 장애가 있는' 또는 '아이인데 행동이 조금 다른'이라고 표현하는 것이 문화적 유능함이다. 같은 의미에서, 지적 (또는 인지적) 장애(intellectual or cognitive disability)라는 용어가 정신 지체(mental retardation)보다 선호된다. '지체된(retarded)'이라는 용어는 상처를 주는 경멸적인 용어이기 때문에 사용하지 말아야 한다. 언어는 일반화, 가정, 고정관념을 없애려는 노력에 중요한 역할을 한다. 사람 우선 언어는 어떤 사람인지가 아니라 그 사람이 가지고 있거나 하는 일을 표현하는 방식이다.

장애 선수를 위해 다양하게 스포츠를 변형할 수 있는 방법을 찾아보자. 물론 부모 또는 장애 선수가 직접 변형 방법에 대해 제안할 수 있다. 장애인 선수들을 잘 파악하고 그들을 특별하게 대해야 한다. 그러나 이때 장애를 특별하게 대하는 것이 아니라 모든 선수를 특별하게 대하듯이 장애선수 역시 한 명의 특별한 선수로 대해야 한다(Martens, 2012). 장애 선수를 과잉보호해서는 안 된다. 그들이 위험, 성공, 실패를 모두 경험할 수 있도록 해야 한다.

유청소년 스포츠와 사회에 속한 우리 모두는 아이들에게 "네가 할 수 있는 최선을 위해 내가 어떻게 도와줄 수 있겠니?"라고 물어야 한다(Floyd, 2013). 신체장애가 있는 10~12세 아이들이 체육수업에서 경험했던 좋은 날과 나쁜 날을 설명했다(Goodwin, 2009). 좋은 날은 또래들과 활동에 함께 참여하며 지지를 받는 것 ("릴레이에서 저를 응원해 줬어요."), 몸으로 참여할 수 있는 것 ("강해지는 것 같은 느낌을 받아요."), 움직임의 느낌을 좋아하는 것 ("재미있어요."), 그리고 다른 사람들로부터 인정받는 것 ("제가 다른 애들과 같거나 더 높은 수준에서 수영하는 걸 보면 기분이 좋아요.") 등이 있었다. 나쁜 날은 소외 또는 거절당하는 느낌을 받거나 호기심의 대상이 된 느낌을 받을 때 ("항상 한두명씩 놀리는 아이들이 있어요."), 자신의 능력이 무시당하거나 의심받을 때("넌 이런 거 할 수 없어."), 또는 활동 참여를 제한받을 때("선생님은 아무것

유청소년 스포츠 프로그램은 장애를 가진 선수들이 참여할 수 있도록 합당한 편의를 제공해야 한다.

도 못하게 해요.")가 있었다. 이러한 내용은 장애 선수들에게 최고의 기량을 발휘할 수 있도록 스포츠 환경을 제공할 수 있는 여러 가지 방안을 고민하는 데 도움이 된다. 이러한 감수성과 문화적 역량은 유청소년 스포츠의 지속적인 발전에 중요한 부분이다.

8. 유청소년 스포츠에서의 성폭력

미식축구 코치이자 불우 청소년을 돕는 자선 단체의 설립자인 제리 샌더스키(Jerry Sandusky)는 2012년에 45건의 남자 아동 성추행 혐의로 유죄 판결을 받았다. 전 영국 올림픽 수영코치였던 폴 힉슨(Paul Hickson)은 1995년에 지도하던 여자아이들을 대상으로 강간 및 기타 15건의 성범죄를 저지른 혐의로 감옥형을 선고받았다. 캐나다의 유명한 아이스하키 코치 그레이엄 제임스(Graham James)는 1997년에 지도하던 선수를 14세 때부터 350회 이상 성적으로 학대한 혐의로 유죄판결을 받았다. 유청소년 선수들에 대한 성적 학대는 놀라울 정도로 빈번하게 발생하는 전 세계적인 문제다.

성폭력은 동의하지 않은 또는 동의가 주어질 수 없는 상황에서의 모든 성적 행위를 말하며, 일반적으로 강압적 신체적 학대와 감금을 수반한다(International Olympic Committee, 2008). 성폭력은 주로 성추행으로 시작한다. 성추행은 원치 않거나 강압적으로 가해지는 성적인 언어 또는 행동을 의미한다. 성폭력은 성인에게 주어진 권력과 신뢰를 잘못 사용하는 것으로서, 여성보다 남성 코치가 가해자로 보고되는 경우가 더 많다. 유청소년 선수들은 그들의 미성숙함과 코치들에 대한 전적인 믿음 때문에 빈번하게 성폭력의 표적이 되고 있다.

코치에 의한 성폭력의 일반적인 징후로는 개별 선수에게 사적인 선물을 주는 행위, 공식적인 훈련과 경기 외에 사적인 활동(전화통화, 이메일, 문자, 또는 대면 만남)을 보내는 행위, 선수와 나눴던 대화나 활동 내용을 비밀로 하고 단속하는 행위 등이 포함된다(www.positivecoach.org). 위험 상황은 주로 탈의실, 원정 경기, 코치의 차 또는 집, 그리고 술이 있는 친목 행사 등을 포함한다. 일반적으로 가해자가 집까지 차를 태워 주거나 개인적인 특권을 제공하는 것과 같이 악의 없어 보이는 행동에서 시작되어, 성추행(성적인 발언)과 신체적인 성폭력으로 이어진다. 어린 선수들은 자신에게 무슨 일이 일어나고 있는지 잘 인지하지 못하는 경우가 많고, 코치와의 잘못된 관계는 주로 선수들의 죄책감, 수치심, 코치에 대한 의존감에 의해 지속된다(Brackenridge, Bishopp, Moussalli, & Tapp, 2008). 성폭력의 피해자들은 외상 후 정신적 피해를 입을 가능성이 매우 높다.

성폭력은 유청소년 스포츠의 문화적 문제이며, 모두가 정확하게 인지하고 해결할 의지를 보여야 하는 문제다. 유청소년 스포츠는 코치에게 선수 지도와 관련해서 의심의 여지가 없는 절대적인 권한을 부여하며, 선수들은 코치에 대한 충성심과 복종을 당연한 것으로 여긴다. 아동 성폭력은 약자에 대한 권력과 지배력을 강조하는 남성 사회화(masculine socialization)에 대한 과도한 순응의 결과라고 할 수 있다(Burke, 2001). 따라서 성폭력으로부터 아이들을 보호하는 것은 개인이 아닌 기관 차원(organizational level)으로 접근해야 한다.

모든 유청소년 스포츠 기관은 성추행 및 성폭력 예방을 위해 코치에 대한 의무교육을 포함한 정책과 관련 절차를 개발해야 한다. 성폭력 예방은 지속적으로 실천해야 하는 과제로 바라보아야 한다. 20분짜리의 단발성 프레젠테이션으로는 턱없이 부족하다. 다양한 형태로 코치에게 성폭력 예방의 중요성 및 방안을 지속적으

참고하기

유청소년 선수들을 성폭력으로부터 보호하기

1. 유청소년 스포츠 지도자로서 무엇을 할 수 있을까?

① 모든 코치에게 성폭력으로부터 선수들을 보호하는 방법에 대한 영상을 시청하도록 한다.
② 아동을 보호하고 학대 의심 사례를 보면 즉시 신고할 수 있는 정책과 실천 방안을 수립한다.
③ 긴급한 상황 외에는 코치와 선수가 단둘이 있는 것을 금지한다(함께 차를 타는 것도 금지). 개별 지도는 부모 또는 다른 성인 훈련을 참관하는 공공장소에서 이루어져야 한다.
④ 예비 코치들의 신원조회를 시행한다.

2. 유청소년 선수의 학부모로서 무엇을 할 수 있을까?

① 소속 단체에 선수 보호 정책 제도에 대해 문의한다.
② 자녀 보호의 핵심은 "비밀은 없다."이다. 자녀에게 어떠한 문제, 혜택, 선물, 혹은 신체적인 접촉은 절대 비밀로 해서는 안 된다고 이야기한다.
③ 아이들이 불편함을 느낄 때 사용할 표현을 알려 준다. "제발 멈추세요! 지금 불편해요."라는 말을 할 수 있도록 가르친다.
④ 아이들에게 누군가의 행동이 자신을 불안하게 하거나 불편하게 할 때 언제든지 와서 이야기할 수 있도록 격려한다. 확실하지 않거나, 말하기 정말 불편하거나, 누군가 화를 낼 수 있는 상황이더라도 부모에게 말해야 하다고 알려 줘야 한다.
⑤ 불편한 점이 있다면 코치에게 차분하고 정중하게 이야기한다. 그래도 걱정이 된다면 조직의 책임자 또는 경찰과 이야기한다.
⑥ 자녀가 코치와 단둘이 훈련하는 것을 금지한다. 훈련 장소는 언제나 공공장소여야 하며, 적어도 한 명 이상의 다른 성인(또는 여러 명의 동료 선수들)이 함께 있어야 한다.

로 제공해야 한다. 성폭력 예방 교육의 목표는 유청소년 선수들에게 큰 피해를 끼치는 문화적 관행들에 대한 경각심의 수준을 높이고 유지하는 것이다. 일부 기관에서는 성적 학대로 인해 해고되더라도 기소되지 않으면 다른 프로그램에 등록하는 것이 가능하기 때문에 코치에 대한 신원조회를 요구하기도 한다. 긍정 코칭 연합(The Positive Coaching Alliance)(positivecoach.org)은 유청소년 스포츠 프로그램에 쉽게 적용할 수 있는 유청소년 성폭력 예방 정책 및 절차 자료를 제공한다.

학부모들도 성폭력에 대한 교육을 받아야 한다(클리닉 또는 브로셔 등을 통해). 교육에는 성폭력의 경고 징후를 확인하는 방법, 성폭력 관련 위반 행위 발생 시 대처 방안, 자녀와 성폭력에 대해 대화를 나누는 방법 등이 포함되어야 한다. 유청소년 선수들은 반드시 성희롱 및 성폭력에 대해 직접 교육을 받아야만 한다. 교육을 통해 선수들은 성적 학대의 과정이 겉으로 보기에 특별한 의도 없는 행동에서 시작하여 실제적인 학대로 이어진다는 것을 이해할 수 있게 된다. 예방 교육의 목적은 성폭력에 대한 모든 사람의 인식을 제고하여 유청소년 선수들을 안전하게 보호하는 것이다.

9. 요약

문화적 역량에 대한 우리의 감수성과 책무성을 필요로 하는 여러 곳이 있다. 만약 여러분이 청각장애인 선수의 코치라면 간단한 의사소통이 가능하도록 수화를 배울 수도 있다. 당신이 지도하는 스포츠 프로그램에 지체장애 선수를 포함시켜 팀의 일원이 되는 것을 즐길 수 있도록 할 수도 있다(단, 그를 들러리가 아닌 중요하고 소중한 구성원으로 대해야한다). 모든 상황에서 문화적으로 유능하지 못하다고 느껴지더라도 걱정할 필요는 없다. 모두가 그럴 수 있다. 그러나 우리 모두가 할 수 있는 일은 우리가 가진 선입견에 대해 반성하고 다른 하위문화 집단에 대해 더 많이 배우는 것에 대해 개방적이고 수용적인 태도를 취함으로써 문화적 역량을 함양하기 위해 노력하는 것이다.

차이에 대해 가르칠 때 많이 듣는 단어 중 하나는 '일반적(natural)'이라는 것이다. 많은 사람이 어떠한 특성이 일반적이라고 믿기 때문에 그 외의 특성이나 관행들을 '일반적이지 않은 것'으로 여기고 배제하는 경향이 있다. 일반적으로 남성이 여성보다 스포츠를 더 좋아하고 잘하며, 이성애는 일반적이고 동성애는 그렇지 않다는 말을 자주 듣게 된다. 만약 여러분이 그렇게 믿고 있다면, 우리는 여러분이 특정 집단 사람들을 다른 집단보다 가치 있게 평가하고 있지는 않은지에 대해 살펴보는 시간을 가져 보기를 권한다. '일반적인'이라는 개념에 대해 다시 한번 생각해 볼 필요가 있다. 일반적이지 않은 것이라고 여겼던 것들을 무시하고 지나치지 않고 여러분의 생각이 실제로 증거와 사실에 의해 뒷받침되는지 보다 자세히 알아보기를 바란다. 여러분의 과제는 스스로 문화적 역량과 유능함을 갖추기 위해 지속적으로 노력하는 것이다. 이러한 여러분과 우리의 노력을 통해 유청소년 스포츠와 우리 사회는 큰 혜택을 받을 수 있다.

학습 초점

주요 용어

- **문화적 역량(cultural competence)** 다양한 문화와 배경을 가진 사람들과 효과적으로 소통할 수 있는 능력, 그리고 자신의 문화적 정체성과 차이에 대한 개인적인 견해에 대한 인식.
- **장애(disability)** 특정 과제를 수행하는 데 있어 개인의 능력을 제한하는 생의학적 상태.
- **민족성(ethnicity)** 특정 집단의 문화적 유산.

- **젠더(gender)** 사회적으로 형성된 남성과 여성에게 적합한 특성, 행동, 활동.
- **젠더 고정관념(gender stereotyping)** 아이의 생물학적 성별에 따라 그들이 참여하는 활동(참여하지 않는 활동)과 이러한 활동에서 아동을 대하는 방식이 결정되는 과정.
- **동성애혐오증(homophobia)** 게이, 레즈비언, 양성애자 등 성소수자에 대한 비이성적인 두려움 또는 불관용.
- **인종(race)** 유전적으로 계승되는 특성을 공유하고 있는 집단.
- **성(sex)** 사람의 염색체, 호르몬, 내외부 생식 기관을 기반으로 하는 생물학적 특성.
- **성폭력(sexual abuse)** 동의하지 않은 또는 동의가 주어질 수 없는 모든 성적 행위를 말하며, 주로 강압적 신체적 학대와 감금을 수반함.
- **성추행(sexual harassment)** 원치 않은 또는 강압적으로 가해진 성적인 언어 또는 행위.
- **성적 대상화(sexualization)** 소녀 또는 여성을 성적으로 가치화하거나 성적인 도구로 바라보는 과정.
- **성적 지향(sexual orientation)** 여성, 남성, 또는 양성에 대한 반복적인 감정, 애정, 성적 끌림.
- **사회화(socialization)** 자신과 특정 문화에서의 행동 양식에 대한 신념을 형성하는 과정.
- **고정관념(stereotype)** 특정 분류의 사람들에 대한 일반적인 생각과 신념.
- **고정관념 위협(stereotype threat)** 특정 집단에 대한 부정적인 선입견이 집단의 낮은 수행 능력으로 이어지게 되는 현상.
- **형식주의(tokenism)** 다양한 사람들을 포함시키기 위한 표면적 또는 요식적 행위.

핵심 요약

1. 문화적 역량의 다섯 가지 수준은 유능감, 초기유능감, 맹목성, 무능력감, 파괴성이다.
2. '모두를 똑같이 대하는 것'은 단순히 모두가 지배적 문화적 관행에 부합한다고 가정하는 것이다.
3. 성(sex)은 생물학적으로 고정된 개념이지만, 젠더(gender)는 문화적으로 형성되는 유동적인 개념이다.
4. 중첩되는 선 개념은 남자와 여자 유청소년 선수 간에는 차이점보다 공통점이 더 많다는 것을 보여준다.
5. 스포츠와 운동 기능의 평균적인 젠더 차이는 신체적·생물학적 차이뿐만 아니라 우리 사회에 만연한 남학생과 여학생의 차별적인 사회화에서 비롯된 것일 수 있다.
6. 인종 고정관념으로 인해 유청소년 선수는 특정 과제에 대한 수행 능력이 떨어질 수 있다.
7. 중등학교 게이 및 레즈비언 학생선수들은 따돌림과 폭력을 당할 가능성이 높고, 이성애 청소년들보다 자살 시도 확률이 2배 이상 높다.
8. 성폭력은 성인 코치들이 자신의 권력을 오용하고 유청소년 선수들의 미성숙함과 신뢰를 역으로 이용할 때 발생한다.
9. 유청소년 스포츠 지도자들은 장애 선수를 위한 스포츠 프로그램 변형 방법과 사람 우선 언어(people-first language)의 활용법 등 장애에 대해 더 많이 배워야 할 의무가 있다.

탐구 질문

1. 문화적 역량의 다섯 가지 수준을 예를 들어서 설명해 보라.
2. 성(sex)과 젠더(gender)의 차이를 설명하고, 예시를 두 가지씩 들어 보라.

3. 중첩된 선(overlapping lines) 개념의 중요성을 설명하고, 2개 세트를 선택하여 각 집단에 해당하는 특성과 예시를 설명해 보라.
4. 스포츠 또는 운동 기능의 평균적인 젠더 차이가 발생하는 생물학적 원인과 사회적 원인에 어떤 것들이 있는지 설명해 보라.
5. 젠더, 인종, 민족, 성적 경향성에 따른 부정적인 고정관념을 없애기 위한 가이드라인을 제시해 보라.
6. 유청소년 스포츠에서의 성폭력이란 무엇이고, 성폭력이 발생하는 원인과 예방할 수 있는 방안은 무엇인가?
7. 장애를 가진 선수들이 스포츠에서 긍정적인 경험을 할 수 있도록 유청소년 스포츠 지도자들이 활용할 수 있는 방법에 대해 설명해 보라.

성찰용 학습활동

1. 지역 장난감 가게나 백화점 장난감 코너를 방문해 보자. 스무 가지 장난감을 선택하여 자세히 살펴보고 평가지를 작성해 보라. 평가지에는 다음의 내용을 포함한다. ① 장난감 이름, ② 장난감 유형(여기에 나열된 장난감 유형에서 선택), ③ 장난감에 기재된 설명 문구 또는 용어 ('터프한 남자 전용'), ④ 포장지에 남자 아이 또는 여자아이의 사진이 있는지 여부와 대략적 연령대 등이다. 장난감 유형은 다음과 같다.

    a. 건축
    b. 가상 가정용품(주방 세트, 인형)
    c. 가상 액션 (검, 액션 피규어)
    d. 스포츠(신체활동) 장비
    e. 교육용 컴퓨터

    수집된 자료를 분석하고 결론을 작성해보자. 여러분의 의견을 포함해도 되지만, 전반적으로 특정 유형의 장난감과 이러한 장난감의 마케팅에 특정 성별이 관련되는 일종의 경향성을 파악하는 데 중점을 두자. 여러분이 발견한 경향성이 사회화 과정의 일부라고 생각하는지, 장난감에 성별 고정관념이 있다고 생각하는지 토의해 보라. 이러한 점들이 아이들의 포부, 자아개념, 신체 능력 발달, 그리고 신체적 건강에 어떤 영향을 미칠 수 있을까?
2. 스포츠와 관련된 젠더, 인종과 민족성, 성적 지향, 장애에 대한 자신의 문화적 역량 수준을 평가해 보라([그림 13-1] 참조). 각 영역에 대한 여러분의 문화적 역량 수준과 그 이유를 설명해 보라. 그리고 각 영역에서 문화적 역량 수준을 향상하기 위해 활용할 수 있는 구체적인 전략을 나누어 보라.
3. 유청소년 스포츠 팀에 속한 선수들의 문화적 역량을 향상할 수 있는 활동 세 가지를 개발해 보라. 이와 같은 활동은 이번 장에서 논의된 모든 주제와 관련될 수 있다.

보조자료

성폭력으로부터 유청소년 선수 보호하기: 유·청소년 지도자를 위한 핵심 조치(YouTube) (www.youtube.com/watch?v=kn-z6Y_KHac).

성폭력으로부터 유청소년 선수 보호하기: 학부모와 코치를 위한 핵심 조치(YouTube)(www.youtube.com/watch?v=xR5Sk-_w6Rw).

유캔플레이 프로젝트(You Can Play Project) (youcanplayproject.org).

www.disabledsportsusa.org.

www.paralympic.org.

Chapter
14

코치와 유청소년 스포츠

제14장 개요

이 장에서 학습할 내용은 다음과 같다.

- 유청소년 스포츠 코칭 교육 프로그램
- 유청소년 코치의 모집과 평가
- 유청소년 코치에게 필요한 기술
- 코치의 기대가 아동의 학습과 성취에 미치는 영향

1. 개요

> 스포츠 이야기로서의 제 삶은 인생의 중요한 순간마다 함께했던 코치들과의 관계를 다룬 서사와도 같습니다. 저는 자신들의 사회적 인정과 지위, 정체성을 충족시키기 위해 선수들을 도구로 활용하는 코치들을 보았습니다. 그들은 자신들이 원하는 결과를 끌어내기 위해 저희를 압박했습니다. 저는 필요에 의해 그들에게 복종하기는 했지만, 결코 그들의 신념체계를 받아들이거나 프로그램에 동의하지 않았습니다. 코치가 최우선, 팀이 두 번째, 그리고 선수의 성장이 가장 후순위인 것이 진정한 그들의 운영 방식이었습니다(Ehrmann, 2011, p. 5).

이 문장은 과거 프로 미식축구선수이자 새로운 화두를 던진 책『거꾸로 코칭: 스포츠가 삶을 어떻게 바꾸는가』(InSide-Out Coaching: How Sport Can Transform Lives, 2011)의 저자인 조 에어만(Joe Ehrmann)의 인용문이다. '거꾸로 코칭'에 대해서는 이 장에서 다시 다루겠지만, 이 인용문은 어린 스포츠 선수들의 성장보다 코치의 요구나 승리를 우선에 두는 유청소년 코칭에서 흔히 발생하는 문제를 보여 준다. 간단히 말해, 코치는 운동선수를 위한 스포츠 경험의 질적 측면에서 유청소년 스포츠를 성장시키기도 하고 파괴하기도 한다. 개개인의 스포츠 경험을 돌이켜 보면 누군가를 한 인간으로 혹은 그리고 운동선수로서 긍정, 부정적 영향을 미친 코치를 떠올릴 수 있다. 코치가 다른 어떤 것보다 운동선수의 경험에 중대한 영향을 미친다는 것이 놀랍지 않은가? 챔피언이 되고, 훌륭한 시설에서 운동하는 것 이상으로 코치는 아이들의 스포츠 경험에서 크나큰 차이를 만들어 내는 데 있어 '중요한 그 무엇'이다.

유청소년 코치들은 청소년을 코칭한다는 점에서 특별한 어려움을 가지고 있다. 삶에서 가장 급격한 변화가 일어나는 시기의 선수를 코칭한다는 것은 대학 및 성인 선수를 지도하는 것과 큰 차이가 있다.

> 농구코트에 들어서서 "스크린 세워(Set a pick)."라고 말하면 당신은(아이들이 이 말을 이해할 것이라고 생각합니다. 그렇지만 그 아이들은 그 말이 무엇인지 모릅니다. 그들이 그것을 이해하지 못한다는 것을 깨닫는 데 시간이 걸린다면, 당신은 기본적인 것부터 다시 생각해야 합니다. 내가 "존(zone)"을 말하고 싶을 때는 "우리 구역을 막아라."라고 말합니다. 내가 "플레이를 크게 해(play big)."이라고 말하는 것은 바로 "손을 뻗어 수비해."라고 말하는 것입니다(Wiersma & Sherman, 2005, p. 329).

지금까지 계속 이야기해 왔듯이 유청소년 스포츠 코칭은 아동의 발달 단계에 적합하게 실시하는 것이 중요하다. 이 책의 모든 장들은 원리에 근거한 효과적인 유청소년 코칭과 관련된다. 전문 선수들에게 그들이 유년 시절 경험했던 효과적 코칭에 관해 물었을 때, 코치의 기술적 지식보다 아동들의 필요를 이해하는 것이 더 중요하다고 대답하였다(Monsaas, 1985). 유청소년 코치는 유청소년 선수와의 효과적인 상호교류를 위한 '대인 기술' 특히 그중에서도 '아동과 관련된 대인 기술'을 가질 필요가 있다.

유청소년 수준에서 대부분의 코칭은 부수적 또는 비정기적인 '임시' 직업이며, 일반적으로 자원봉사자에 의해 무보수로 이뤄져 학부모들이 종종 맡기도 한다. 중학교와 고등학교, 그리고 몇몇 클럽팀은 더 많은 스포츠 경험과 기술적 지식을 가진 사람이 소정의 보수를 받고 코치직을 맡는다. 전담 코치제는 대학이나 프로, 그리고 엘리트(올림픽이나 국가대표) 수준에서 운영된다. 유청소년 코칭 분야 중 테니스, 체조, 피겨 스케이팅, 골프와 같은 종목의 개인 클럽에서는 예외도 존재한다. 이 코치들은 정해진 한 시설이나 사설 스포츠 아카데미에서 많은 선수들을 대상으로 전일제로 지도한다.

2. 코치교육과 자격제도

미국 유청소년 코칭은 대개 규제가 약한 탓에, 대다수의 유청소년 코치들은 인증된 코치교육 프로그램도 이수하지 않은 채 유청소년을 지도한다. 이러한 현상은 코치가 선수들의 안전과 복지를 관리하는 중요한 역할을 할 뿐만 아니라 유청소년 선수에게 막강한 영향력을 행사할 수 있는 현재 상황에서 큰 문제가 될 수 있다. 우리 지역의 수영장에 인명구조 요원을 채용할 때는 수영 능력, 인명구조 기술, 응급처치 기술 등을 확인하고자 하면서 어째서 인증되지 않은 코치가 우리 아이들을 가르치는 것을 용인하는 것인가?

이에 대한 한 가지 답은 누군가 운동 참여 경험이 조금 있다는 사실만으로 아이들을 가르칠 자격이 있다는 관례와 믿음 때문이다. 하지만 모두가 진실을 알고 있다. 우리는 자전거를 탈 줄 알지만, 그것이 어떻게 가능한지를 안다는 것을 의미하지는 않는다. 유난히 스포츠 영역에서 사람들은 스포츠의 참여 경험을 통해 좋은 지도를 할 수 있다는 착각을 하는 것처럼 느껴진다.

인증되지 않은 유청소년 코치를 채용하는 또 다른 이유는 유청소년 스포츠 프로그램을 담당하는 자원봉사 코치를 지속적으로 찾아야하기 때문이다. 우리는 이러한 딜레마를 이해하며, 스포츠 프로그램을 자원봉사자로 채워야만 하는 유청소년 스포츠 운영자들에게 공감한다. 그러나 우리는 유청소년 코칭을 대하는 문화를 바꾸어야 할 때가 되었음을 알고 있다. 아동들을 지도하는 사람은 특정 연령대의 아동 지도를 위해 설계된 최소한의 교육 프로그램을 이수하도록 하는 것이 문화로 자리잡아야 한다. 또한 먼 곳에 가지 않고도 짧은 시간 안에 다양한 교육 프로그램을 온라인으로 접할 수 있도록 하여 유청소년 스포츠 코칭에 대한 이해를 하도록 돕는 것이 반드시 필요하다.

1) 캐나다 국가 코치 자격 프로그램

코칭 교육 프로그램의 우수 모델로 여겨지는 것은 캐나다의 국가 코치 자격 프로그램(National Coaching Certification Program: NCCP)이다. 1974년에 시작된 이 제도는 캐나다 정부, 스포츠연맹, 그리고 캐나다 코칭협회의 협력으로 만들어졌다. NCCP는 생애 최초 유청소년 스포츠 코치부터 국가대표팀 엘리트 감독까지 모든 종류의 코치에 대한 수요를 충족시킬 수 있도록 고안되었다.

[그림 14-1]에서 볼 수 있듯이 NCCP는 참가자들이 배우고자 하는 유형에 따라 세 가지의 갈래(지역사회 스포츠, 경쟁, 배움)로 나뉘어 있다. 각 갈래에서의 다양한 맥락은 참가자들의 아주 세부적인 상황에 맞는 지도를 위한 코치 훈련을 가능하게 해 준다. 예를 들어, 지역사회 스포츠(community sport) 갈래 중 진입 맥락에서는 갓 스포츠 활동에 입문한 아주 어린 학생들에 대한 코칭에 중점을 둔다. 이는 발달단계에 적절한 연습에 맞추어 재미, 안전, 기본 운동 및 기본 스포츠 기술 개발에 중점을 둔다. 경쟁(competition) 갈래는 경쟁적인 스포츠 코칭을, 그리고 배움(instruction) 갈래는 선수들에게 레슨과 기술 개발 지도를 하지만 공식적 경쟁을 맡지 않는 지도자를 위한 것이다.

[그림 14-1] 하단에 제시된 통합 핵심역량(가치 부여, 비판적 사고 등)은 프로그램 전반에 걸쳐 적용된다. 이것은 관리정보를 단순히 나열하여 제공하는 것과 반대로 NCCP가 코치를 위한 깊이 있는 자기 인식 및 개인 개발 활동을 통합한다는 것을 보여 주기 때문에 주목할 만하다. 이러한 핵심역량은 프로그램 내용을 구성하는 구체

나는 누구를 지도하는가?(참가자의 요구에 근거하여)

지역사회 스포츠	**경쟁**	**배움**
진입 맥락 보통 아주 어린 아동들 어린이들의 스포츠 첫 체험 재미, 안전 및 핵심/기본 기술의 발달	기초 맥락 어린이와 청소년들이 지역 대회 참여를 준비하기 위해 기본 스포츠 기술을 습득	초급자 맥락 스포츠 기술 배움의 경험이 없거나 아주 적은 사람
지속 맥락 유청소년 오락중심 프로그램 즐거움, 체력, 기술발달, 사회적 상호작용을 위한 지속적 참여 유지	발달적 맥락 기본기술의 세련화와 고급 수준의 기술과 전략을 개발하기 위해 코칭 함	중급자 맥락 약간의 경험을 갖춘 참여자가 기술을 세련화하고 보다 복잡한 테크닉을 배우게 됨
	고급 수행 맥락 뛰어난 기술과 전략으로 전국단위 혹은 국제 대회를 준비	상급자 맥락 경험이 많고, 유능한 수행자가 지속적으로 고급 수준으로 나아감

코치들은 무엇을 할 수 있게 되는가?(코칭 결과)

윤리적 의사결정	연습계획 수립	프로그램 관리	스포츠 프로그램 설계
운동선수 트레이닝 지원	수행능력 분석	대회에서 선수 지원	스포츠 종목별 성취 결과 설정

모든 코치에게 필요한 핵심 역량은 무엇인가?

가치 부여 상호작용 이끌기 문제해결 비판적 사고

[그림 14-1] 캐나다 국가 코치 자격 프로그램

적인 코칭 결과로 이어지며, 모든 코치가 성취해야 할 결과(윤리적 의사결정, 연습계획 수립, 수행 능력 분석 등)를 보여 준다.

NCCP 인증제도 자료는 온라인에서 관리되고 있으며, 코치들은 세 종류의 인증을 받는다. 훈련 중(In training) 상태는 코치가 이수 요구 과정 중 몇 개의 과정을 충족한 상태이며 훈련 완료(trained) 상태는 코치가 이수 요구 과정을 모두 이수한 상태이고, 자격을 갖춘(certified) 상태는 인증된 코치로 인정될 수 있을 만큼 충분히 높은 수준의 능력을 갖추었으며 공식 평가 과정을 이수하였음을 뜻한다. 자격을 획득하기 위해 평가가 요구되는 코칭 교육 프로그램은 코치가 지식을 내재화한 정도를 평가한다는 점 때문에 선호된다. 협회에서는 평생 전문성 학습을 강조하면서, NCCP 인증 코치들의 자격을 유지하기 위해서는 지속적 전문성 개발 활동에 참여하도록 요구한다.

2) 그 외의 국제 코칭 교육 프로그램

뉴질랜드, 영국, 호주는 국가 코칭 교육 프로그램을

시행하는 또 다른 영어권 국가들이다. 캐나다의 NCCP와 마찬가지로 뉴질랜드의 프로그램은 참가자들의 요구에 근거한 특정 상황에 맞는 코치 훈련에 중점을 둔다. 이러한 코칭 프로그램은 기본 코칭(초등학생 첫 체험자 대상), 발달 코칭(초등 고학년과 중학교 참가자 대상), 운동수행 코칭(지역 대회에서 경쟁하고자 하는 상당한 수준의 선수 대상), 그리고 우수수행 코칭(국가대표, 혹은 그에 준하는 선수 대상)이 포함된다. 우리는 코칭이 무엇보다도 코칭을 받는 선수의 필요를 우선시해야 한다는 뉴질랜드의 프로그램 지침서에 적극적으로 공감한다. 우리가 이미 알고 있듯이, 그 모든 것은 아이들을 위한 것이다.

영국 스포츠 코치(Sports Coach UK)는 영국의 다양한 유형과 수준의 코칭 교육을 추천하는 『어린이와 유청소년을 대상으로 활동 중인 코치를 위한 최소한의 기준』을 발간했다. 다양한 스포츠 관리 기관은 영국 스포츠 코치(Sports Coach UK)와 협력하여 다양한 수준의 코치에 대한 교육여건을 수립한다.

호주 스포츠 위원회는 다양한 수준의 코스를 제공하는 점진적인 교육 프로그램으로 국가 코칭 인증계획(National Coaching Accreditation Scheme: NCAS)을 개발했다. NCAS는 코치의 프로그램 각 구성요소의 이수 수준에 대한 평가가 포함되며, 코치가 최신 학습 상태를 유지할 수 있기 위해 재인증을 필요로 한다. 결과적으로 이러한 세계의 코칭 교육 프로그램들은 공통적으로 포괄적인 유청소년 코치교육을 제공하며, 어떠한 스포츠 수준의 아동이라도 수준에 맞는 코칭을 받도록 하겠다는 것이 중요한 목적이 된다는 점이 매우 인상적이다.

3) 미국의 코칭 교육

미국의 유청소년 스포츠 코칭 교육은 다른 나라들과 비교했을 때 더 분산되어 있고 기업 지향적이다. 국가 교육 인증 프로그램은 없지만 유청소년 스포츠 프로그램으로 선택할 수 있는 기관 후원 프로그램이 몇 가지 있다. 웹 사이트(www.usacoaching.org)에서는 코치를 위한 스포츠 과학 및 스포츠 테크닉 관련 콘텐츠 정보와 리소스를 제공하지만, 특정 교육 또는 인증 프로그램은 제공하지 않는다. 코칭 교육 인증 협회(National Council for Accreditation of Coaching Education: NCACE)는 '스포츠 코치 국가 표준'에 따라 코칭 교육 프로그램에 대한 인증을 제공한다[표준을 조회하는데 21달러(약 2만 9천 원)의 비용이 든다].

온라인으로 신청 가능한 몇몇 코칭 교육 프로그램이 있다. 미국 내 대부분의 중학교와 고등학교는 스포츠 과학, 스포츠 매니지먼트, 그리고 응급처치법에 대한 인증을 요구한다(본인이 원하는 주의 세부적 코치 교육 요건은 nfhslearn.com/statepricingregs.aspx 참조). 전미 고등학교 연맹(National Federation of High School Associations: NFHS)과 휴먼 키네틱스 코치 교육(Human Kinetics Coach Education)은 중학교 및 고등학교 선수 수준에서 코치할 수 있는 대표적인 자격 인증 프로그램이다.

두 프로그램 모두 코칭 기초 과정과 스포츠 응급처치 과정뿐만 아니라 스포츠 종목별 세부 과정을 포함한 다른 많은 교육 과정을 제공한다. NFHS와 휴먼 키네틱스 코치 교육(Human Kinetics Coach Education) 두 프로그램 모두 NCACE에서 인증하며, 프로그램의 인증을 위해 온라인 시험을 치러야 한다. NFHS는 코치에게 코칭의 기본, 스포츠 상황에서의 뇌진탕, 응급처치 및 스포츠종목별 코스의 네 가지 코스를 완료하도록 함으로써 인증된 학교 스포츠 코치로서 차별성을 갖게 하며, 휴먼 키네틱스 코치 교육도 여러 코스를 이수한 코치에게 유사한 인증을 제공한다.

학교가 아닌 사회 속에서 이루어지는 유청소년 스포츠를 대상으로 하여 휴먼 키네틱스 코치 교육은 13세 이하 유청소년을 지도하기 위한 코칭의 핵심(Coaching Essentials) 인증 프로그램을 제공한다. 휴먼 키네틱스 코치 교육 역시 다양한 세부 종목(테니스, 소프트볼 코치 등) 코스를 제공한다. 전미 유청소년 스포츠 코치 협회(National Youth Sports Coaches Association: NYSCA)는 현재는 온라인으로 진행되고 있는 코칭 인증 프로그램을 1981년도부터 제공하고 있다. NYSCA 프로그램은 상대적으로 종합적인 코칭 인증 프로그램과 비교했을 때 3시간의 클리닉 또는 온라인 코스만을 포함하기는 하지만, 일부 지역 사회에서 필수로 요구되고 있다. 긍정적 코칭 연합(Positive Coaching Alliance: PCA, positivecoach.org)에서는 PCA 교육 철학에 특화된 코치를 위해 세 가지 온라인 과정을 제공한다(Thompson, 2003, 2010b). PCA 프로그램은 코칭의 철학과 심리학에 초점을 맞추고 있으며, 훌륭하고 적용성이 뛰어나다.

개별적인 스포츠 조직은 자체 코칭 교육 인증 요건을 구현했으며, 종종 방금 논의한 일부 프로그램들에 통합했다. 예를 들어, 미국 육상협회(USA Track & Field)는 NFHS의 코치를 위한 코칭 기초 과정을 요구하고 세 가지 수준의 인증을 제공하며, 그중 하나가 유청소년 전문화 프로그램이다. 미국 테니스 협회(United States Tennis Association: USTA) 역시 다양한 발달에 적합한 유청소년 코치 온라인 코스를 제공한다. 또한 미국 청소년 축구 연맹(American Youth Soccer Organization)은 코치에게 안전한 성역(Safe Haven)이라는 온라인 교육 프로그램을 이수하고 선수 수준에 따른 연령별 교육을 요구한다.

4) 코칭 교육과 인증제도 요약

전반적으로 유청소년 코치에 대한 교육 및 인증이 진전되는 방향으로 발전되었다. 비록 미국은 다른 국가들과 달리 체계화된 국가 인증 프로그램을 갖추지 못하였지만, 채택할 수 있는 몇몇의 유청소년 스포츠 프로그램들이 준비되어 있다. 온라인 코칭 교육 인증 프로그램의 출현을 통해 코치가 더 쉽고 실용적인 방식으로 양질의 교육을 받을 수 있게 되었다. 우리는 학교스포츠 코치들이 더욱 인증받을 것을 요구하며, 이러한 요구가 자연스럽게 지역 사회 유청소년 스포츠 수준을 높여 줄 것이라는 기대감을 갖는다.

〈표 14-1〉에서 유청소년 스포츠 코칭 교육 프로그램에 포함되어야 할 여덟 가지 주제를 확인할 수 있다. 기본적으로, 우리는 코치들이 유청소년 스포츠 프로그램의 목적과 철학에 대해서 인지하고 배워야 한다는 것을 알 수 있다. 또한, 특정 종목에 대한 지도 기술과 전략, 그리고 안전과 부상 예방, 기본적인 응급처치 기술을 반드시 습득할 것을 요구한다. 이에 더 나아가 신체 관리, 동기부여와 의사소통, 성장 발달과 성숙, 그리고 준비도(readiness)에 대한 습득도 필요하다고 느낀다. 마지막

표 14-1 유청소년 스포츠 코칭 프로그램 주요 영역

최소	필요	완성
철학과 목표	철학과 목표	철학과 목표
스포츠 기술과 전략 지도	스포츠 기술과 전략 지도	스포츠 기술과 전략 지도
안전, 부상 예방, 기본 응급처치	안전, 부상 예방, 기본 응급처치	안전, 부상 예방, 기본 응급처치
	신체 훈련	신체 훈련
	동기부여와 의사소통	동기부여와 의사소통
	성장, 성숙과 준비도	성장, 성숙과 준비도
		조직과 관리
		문화적 역량

으로 완전한 코칭 교육 프로그램은 조직 및 관리는 물론 하위문화에 대한 이해도 포함되어야 한다.

코칭 교육 발전의 방향은 과거 특정 맥락에 대한 고려 없이 고안되는 프로그램과 달리, 다양한 코칭 맥락(예: 지역사회 여가 vs. 고등학교 코칭)에 맞는 세부적인 교육 방법을 만드는 것에 있다. 이는 내용 영역 (〈표 14-1〉 참조)을 상황에 맞게 조정하고 특정 유형의 코치를 위해 실용화할 수 있기 때문에 훌륭한 아이디어라 할 수 있다. 우리는 코치가 교육 인증 프로그램이 곧 전문가적 책임감이자 배우고 개선할 중요한 기회로 인식할 수 있도록 코칭 내 사회적 풍토 변화를 이끌어내야 함을 주장하는 바다.

3. 유청소년 스포츠 코치 모집

유청소년 스포츠 프로그램의 질은 코치에 따라 다르다. 이를 염두에 두고 유청소년 스포츠 디렉터는 코치 모집을 항상 체계적으로 해야 한다. 연중 다양한 종목의 스포츠 및 연령대의 코치가 필요함을 설계하고 홍보함으로써 지역 사회의 사람들은 코칭에 대한 관심을 갖고, 코칭 교육 과정 또는 스포츠 종목별 코치 훈련 프로그램을 완료하여 코칭 역할을 준비할 시간을 가진다.

코치를 모집하는 전략에는 지역 신문 기사, 포스터 및 전단지를 활용하는 방법이 있다. 지역 시민 클럽 또는 대학 코칭 수업에서 개인 프레젠테이션을 하는 방법도 있으며, 커뮤니티의 전직 코치 혹은 예비 코치에게 이메일을 발송하는 방법도 있다. 또한 유청소년 스포츠 코칭에 참여하도록 사람들에게 설명하고 초대하는 웹 사이트를 활용할 수도 있다. 인터넷과 인쇄된 스포츠 관리 가이드를 통해 코칭에 대한 샘플 직무 내용 설명서를 찾아 볼 수 있다(Martens, 2001). 주변의 인접한 대학과 인턴 협업을 맺는 것은 코치를 채용하는 아주 좋은 방법 중 하나다. 대학의 학부 및 대학원 코칭 학생들은 지역의 레크리에이션 및 학교스포츠 프로그램과 협력하여 인턴 코치 역할을 할 수 있다.

학교스포츠 및 지역 사회의 유청소년 스포츠 프로그램 모두 프로그램 코칭 관리자의 직책을 만드는 것을 고려해야 한다. 많은 프로그램이 재정적인 문제로 추가 인력을 고용하기가 어려운 상황이다. 그러나 이것은 코치를 선택, 준비 및 평가하는 데 중점을 두는 직원의 주요 업무가 될 수 있다. 그뿐만 아니라 이러한 직책에 관심이 있을 만한 은퇴한 코치들도 지역사회에 있다. 이는 양질의 코칭이 지속적이고 체계적으로 유지될 수 있도록 프로그램에 노력을 기울이게 만들어 준다.

4. 유청소년 스포츠 코치 평가

코치를 감독하고 평가하는 데는 "측정되는 것이 곧 실행된다."라는 격언이 적용된다. 다시 말하지만, 유청소년 스포츠 프로그램 관리자들은 해야 할 일들이 너무 빡빡해서 이런 일을 할 시간이 없다고 한다. 그러나 이 노력에 도움을 줄 수 있는 사람을 찾기 위해서 지역사회에서 사람들을 찾는 것과 같은 창의적인 방식으로 코치 관리자를 구할 수 있다. 은퇴한 교사와 코치는 코치를 관찰하고 피드백을 제공하는 데 관심이 있을 수 있다.

전반적으로 평가의 목적은 코치들에게 유용한 피드백을 제공하는 것이며, 이를 통해 코칭을 배우고 더 잘할 수 있다. 이것의 목적은 결점을 찾거나 약점과 실수를 찾는 것이 아니다. 가장 좋은 것은 모든 코치를 관찰하고 피드백을 제공하는 것이며, 이는 초보 코치를 위협하거나 스트레스를 주지 않도록 비공식적이고 편안한 방식으로 수행될 수 있다. 코칭 평가 양식 샘플(Martens, 2001)이 〈부록 L〉에 제공되어 있다. 우리 대부분은 평가를 받는다는 것에 대해 거부감을 가지기 마련

참고하기

유청소년 스포츠 코치를 위한 자기 평가 질문

1. 내가 지도하는 선수들은 흥미를 가지고 있으며 동기가 부여된 상태로 연습에 임하였나?
2. 내가 지도하는 선수와 팀은 발전이 있었나? 모든 선수들이 그러했나?
3. 내가 지도하는 팀은 하나의 유기체처럼 함께 활동하였나? 그들은 서로 좋은 관계 속에서 상호작용하였나?
4. 나는 연습과 시합시간에 내가 지도하는 선수들에게 열정과 믿음을 보여 주었나?
5. 선수들은 자신의 스포츠 경험을 즐겼나? 그리고 나는 그러했나?
6. 나는 연습상황에서 긍정적인 방향으로 모든 팀원과 대인관계를 맺고 있는가?
7. 나는 적절한 교육, 훈련 및 의사 소통을 통해 운동 선수의 발달 요구를 충족하고 있는가?

출처: Dicicco & Hacker (2002).

이기 때문에, 코치에게 이 과정을 아이들에 대한 헌신에 대해 인정받을 기회 그리고 다른 사람 (피드백의 신뢰성을 높이기 위해 마스터 코치가 바람직함)이 제공한 피드백을 통한 배움의 기회라고 설명하는 것이 가장 효과적이다. 또, 피드백은 적절하고 정직해야 하지만 긍정적이고 도움이 되는 방식으로 제공되어야 한다. 구체적인 의견은 항상 조직의 방향에 대한 코치의 시간과 노력에 대한 감사로 표현되어야 한다. 코치는 평가에 대한 자신이 생각을 프로그램 디렉터와 공유할 기회를 가져야 한다.

코칭 평가 양식을 사용하는 또 다른 방법은 시즌이 끝날 때 코치에게 스스로에 대한 자기 평가를 하도록 하는 것이다. 그들은 개선할 부분을 양식의 맨 아래에 요약할 수 있다. 또한 코치는 참고하기에 제시된 질문에 답하며 자신의 성과를 평가할 수도 있다. 이러한 질문은 코치가 유청소년 스포츠에서 자신의 역할을 상기시키기 위해 지속적으로 읽고 참고하는 데 유용할 것이다.

가장 의미 있는 평가는 코칭을 받은 선수들로부터 받는 것이다. 〈부록 M〉은 선수들이 코치에게 피드백을 제공할 수 있도록 연말 평가 양식 샘플이다. 코치를 평가하는 것은 선수의 권리일 뿐만 아니라 이러한 평가는 코치에게 새로운 관점을 제공한다. 유청소년 스포츠 관리자는 프로그램 관리자, 학생 인턴 또는 자원봉사자 부모가 선호하는 방식으로 이러한 평가 양식을 선수에게 제공할 적절한 방법을 결정해야 한다. 또한 선수들에게 그들의 답변은 익명이며(누가 무엇을 말했는지 아무도 알 수 없음) 코치에게 피드백을 제공할 때 정직하고 사려 깊게 대답해야 함을 강조해야 한다.

5. 유청소년 코치의 기술 세트 구축

우리가 인생에서 맡은 모든 역할(부모, 테니스 선수, 시장)과 마찬가지로 코칭에 성공하기 위해서는 기술세트(skill set)가 필요하다. **기술 세트**는 특정 위치에서 성공할 수 있는 능력의 조합을 뜻한다. 유청소년 스포츠 코치에게는 기능적 (technical), 관리적 (managerial), 개인적(personal)의 세 가지가 있다. 이러한 모든 전략은 개발 및 향상될 수 있으며 당연히 그래야만 한다.

1) 기능적 기술

기능적 기술(technical skills)은 훈련에서 테크닉과 전술을 가르치는 코치의 능력이며 경쟁에서 코칭 할 때 전술을 사용할 줄 아는 것이다. 자원봉사 코치는 종종 아동들에게 종목 특수적인 기술을 가르치는 초기에 어려움을 겪는다. 코치들은 아동들이 적절한 단계를 밟아 배우도록 하고 연습할 때 사용할 수 있는 기본 훈련법을 개발하도록 해야 한다(Wiersma & Sherman, 2005).

만약 코치가 자신이 코칭해야 하는 스포츠를 잘 수행할 수 없거나 높은 수준의 수행을 보일 수 없다면 이를 염려해야할까? 스포츠 참여 경험이 더 나은 코치를 만든다는 것은 진실인가? 물론, 스포츠 경험은 운동선수와의 초기 신뢰를 얻는 데 도움이 될 수 있다. 유청소년 운동선수들은 효과적인 교사이자 동시에 스포츠 기술을 수행할 수 있는 코치로부터 지도받기를 원했으며(Martin, Dale, & Jackson, 2001), 선수 경험과 코칭 경험을 통해 자원봉사 코치는 더 자신감을 가질 수 있었다(Feltz, Hepler, Roman, & Paiement, 2009). 하지만, 코치는 기술 수준이 높은 보조코치를 활용하여 기술 시범을 보다 쉽게 할 수도 있다.

코치가 얼마나 지도를 잘 하는지와 그 사람이 스포츠에서 얼마나 숙련되었는지 사이에 상관관계가 없다. 가장 중요한 것은 코치가 발달단계에 적절한 지도 기술을 가지고 있느냐이며, 이는 스포츠에 직접 참여한다고 하여 자동적으로 익혀지는 것이 아니다. 우리는 뛰어난 운동선수였지만 학습 진행을 계획하고 스포츠의 기술을 가르치는 것에는 효과적이지 않은 코치를 많이 보아왔다. 같은 맥락에서 우리는 스포츠에서 뛰어난 운동선수는 아니지만, 아이들이 기술을 개발하고 더 나아질 수 있도록 학습 환경을 구성할 수 있는 능력을 가진 코치들 또한 보아 왔다. 코칭 기술을 향상시키기 위해 사용할 수 있는 다양한 스포츠 종목별 교육 서적과 온라인 코스(www.HumanKineticsCoachEducationCenter.com)가 있다. 코칭 경험이 없는 사람들은 기능적 기술을 향상시키기 위해 인턴으로 시작하거나 더 경험이 풍부한 수석 코치와 함께 보조 코치로 시작할 수 있다.

2) 관리적 기술

관리적 기술(managerial skills)은 계획, 프로그램 구성 및 두려운 서류 작업을 포함하는 행정적 책임을 위해 필요하다. 관리 전략은 코치들이 계획, 실행 및 평가를 통해 코칭에 대한 체계적인 접근 방식을 개발할 수 있도록 한다. 훌륭한 기능적 기술(technical skills)을 보유한 코치라 할지라도 효율적인 프로그램을 수행하기 위한 효과적인 관리 기술이 없다면 기능지식은 낭비되고 말 것이다.

일반적이고 유용한 방식은 분업 전략을 사용하고 보조 코치 또는 부모를 초대하여 특정 작업을 관리하는 것이다. 자격 양식 초안 작성, 경기 후 간식 구입, 장비 준비, 유니폼 및 장비 주문은 여러 사람이 함께 할 수 있는 관리 작업의 예로서 코치가 교육 및 코칭 업무에 집중할 수 있도록 돕는다. NFHS의 코칭 인증 프로그램의 기초에서는 관리자로서의 코치라는 단원이 포함되어 있으며, 휴먼 키네틱스 코치 교육 프로그램의 코칭원리라는 단원에는 팀 운영, 관계 및 위험 관리에 대한 과정이 포함된다.

위험 관리는 코치가 법적 의무를 완수한다는 것을 의미하며, 그렇게 하지 못하는 것을 과실(negligence)이라고 한다. 과실 행위는 부적절한 행동(선수에게 적절한 수분 공급 없이 극도로 덥고 습한 날에 풀 패드 축구 연습을 시킴) 또는 행동 실패(적절한 축구 태클 기술을 가르치지 않는 것)로 인해 발생할 수 있다. 코치가 과실로 판단되려면 다음 네 가지 질문에 모두 '그렇다.'라고 답해야 한다.

1. 코치는 부상자에게 법적 의무가 있었나?

2. 코치가 이 의무를 제대로 이행하지 못하였는가?
3. 코치가 법적 의무를 지는 선수에게 상해가 있었는가?
4. 코치가 의무를 완수하지 못하여 선수가 부상을 입었는가?

유청소년 코치에게는 스포츠의 고유한 맥락에서 이해해야 하는 열 가지 법적 의무가 있다. 이러한 의무는 법정에서 제시되었으며, 시간이 지남에 따라 변경되며 주마다 다를 수 있다. 나열된 것은 유청소년 코치에게 가장 필요하며 기대되는 의무다(Martens, 2012).

코치가 자신의 위험을 관리하는 가장 좋은 방법은 자신이 맡은 스포츠의 성인 코칭에서 기대되는 의무들을 명확하게 이행하는 것이다. 이러한 의무는 이 책의 여러 장에 나와 있다. 예를 들어, 성희롱과 학대로부터 선수를 보호하고(제13장) 선수의 부상을 평가하고, 내재적 위험에 대한 경고를 하고, 적절한 긴급 지원을 제공해야 한다(제12장). 「자원봉사자 보호법」(선한 사마리아인 법으로 알려진)은 비영리 단체의 자원봉사 코치에게 불필요하고 경미한 소송은 걸지 않는다. 그러나 중과실의 경우 코치는 책임을 피할 수 없다. 모든 유청소년 코치는 코칭 교육 프로그램을 이수할 때 위험 관리 또는 스포츠 법률 부문을 함께 이수하는 것이 좋다. 그리고 위험 관리 교육 이수증은 프로그램 리더 또는 코치들을 관리 감독하는 사람에게 필수적으로 요구된다.

3) 개인적 기술

코치가 필요로 하는 개인적 기술(personal skills)은 개인 내면 및 개인 간 전략으로 나눌 수 있다. 우리는 이 전략이 선수들과의 관계를 구축하는 코치의 개인적인 능력에 초점을 맞추기 때문에 유청소년 선수들을 지도하는 데 가장 중요한 전략이라고 믿는다.

(1) 내면 기술

내면 기술(intrapersonal skills)은 코치가 자기를 잘 인식하며 정서적으로 유능하고 유청소년 스포츠의 철학과 목표에 부합할 수 있는 능력을 포함한다. 개인 내면 기술은 일반적으로 성공적인 코칭을 위한 필수 조건에서 간과되어 있지만, 스포츠 심리학과 비즈니스 문헌은 이 전략이 다른 사람들과 함께 일하는 코치와 같은 사람들에게 중요하다는 점을 강조한다(Collins, 2001; Covey, 2013; Vealey, 2005).

개인의 내면을 정확히 아는 것은 우리가 누구인지, 그리고 다른 사람들과 의사소통할 때 자신에 대해 정직해지는 것을 포함한다. 진정성은 운동선수들에 대한 신뢰, 존중 및 신념을 발전시킨다. 정서적 능력은 우리가 다른 사람들과 관계를 맺을 때 우리의 감정을 얼마나 잘 관리하는지에 관한 것이며, 이는 코치가 도피적이지 않고 공개적이고 합리적으로 대응할 수 있도록 한다. 이러한 개인 내면 기술은 코치가 다른 사람, 특히 운동선수와의 대인관계에 있어 보다 효과적일 수 있도록 한다. 내면 기술이 대인관계 기술 및 코칭의 성공으로 이어지는 방법의 예는 다음 페이지에서 보게 될 〈쉬어가기〉 부분에 설명된 '거꾸로 코칭' 접근 방식이다.

(2) 대인관계 기술

대인관계 기술(interpersonal skills)은 선수들에게 지도와 피드백을 제공하고 부모와 기관을 응대하는 것과 같이 관계를 구축하고 다른 사람들과 의사소통하는 코치의 능력이다(코치가 유청소년 스포츠 부모와 효과적으로 상호 작용할 수 있도록 돕는 몇 가지 지침은 제15장에 제공). 유청소년 스포츠 코칭 효과에 관한 대부분의 연구 및 실제 지침은 코치의 대인관계 기술에 중점을 둔다. 따라서 이 장의 나머지 부분은 이와 관련된 핵심적인 부분을 다룬다.

쉬어가기

거꾸로 코칭

조 에어(Joe Ehrmann)만은 찬사를 받은 그의 저서『거꾸로 코칭(InSideOut Coaching, 2011)』에서, 코치의 대인관계 기술은 코칭 효과성의 위한 근간을 형성한다고 강조한다. 거꾸로 코칭은 코치가 선수들의 삶을 변화시키기 전에(outside), 먼저 진솔한 자기반성과 자기이해(inside)를 시작하는 것을 의미한다. 저자는 양육에 관한 연구를 근거로 들면서 코치 자신이 스스로 중요한 라이프 스킬을 얻고 나서야 비로소 선수에게 그것을 가르칠 수 있다고 주장한다.

이러한 대인관계적 작업은 코치로 하여금 긍정적이고 부정적인 스포츠 및 삶의 경험을 반추할 것을 요구한다. 특히, 과거의 충족되지 않았던 욕구들을 이해하고, 그것들이 현재 어떻게 코치 또는 어른으로서 그들 자신을 동기부여 하는지를 심사숙고할 것을 요청한다. 거꾸로 코치는 반성적 작업을 위해 다음의 4가지 질문에 답해야 한다. 왜 나는 코치가 되었나? 나는 왜 이러한 방식으로 코칭을 하는가? 나에게 코치를 받으면 어떤 느낌일까? 나는 성공을 어떻게 정의하는가?

저자가 거꾸로 코칭을 발전시키게 된 까닭은 어린 남자아이들이 스포츠에 '남성적'(공감과 타인과의 감정적 유대감의 결핍)으로 사회화되는 방식에 대한 불만 때문이었다. 여기에 저자는 왜 그가 코칭을 하는지에 대한 답을 한다. "저는 남자아이들이 선함으로 세상을 이끌고, 세상에 책임을 다하고, 세상을 변화시키려는 공감과 정직을 지닌 사람으로 만드는 데 돕기 위해서 코칭에 임합니다."(p. 110). 그가 느끼기에 거꾸로 코칭 접근 없이 코치들이 과도하게 학생들의 욕구를 희생하면서 오로지 자신들만 생각한다고 말한다.

에어만의 프로그램은 선수들과 코치들에게 많은 '스포츠 밖 인생 수업(Outside Lessons)'의 사례들을 제공한다. 예를 들어, 선수들은 스스로와 팀원들이 일주일 동안 다른 사람에게 긍정적으로 영향을 끼친 것에 대해 묘사할 것을 요청받는 '위대함의 순간(Moments of Greatness)', 훈련 시작 전 짧은 훈화, 그리고 데이트 폭력과 성범죄와 같은 활동들을 포함한다. 거꾸로 코칭의 원칙은 보통의 단순한 코칭과는 달리 "사과하는 것을 두려워 말라! 우리 모두는 실수한다."와 같은 지침을 포함한다.

우리는 온 마음을 다해 새로운 선수 중심 접근으로서의 거꾸로 코칭을 지지한다. 쉽게 읽히는 월터 스파크(Walter Sparks)의 책『변화의 시즌(Seasons of Change)』(2012)는 어느 미식축구 팀의 한 코치와 관계자가 거꾸로 코칭을 어떻게 실행했는지에 대한 이야기를 담고 있다. 자신의 코칭을 변화시키고 싶은 유청소년 코치들에게 도움이 될 만한 또 다른 자료다.

6. 유청소년 스포츠 코치의 메타스킬: 의사소통

커뮤니케이션은 유청소년 스포츠 코치의 메타 스킬이며, 이는 코치가 이미징(imaging), 티칭(teaching), 리딩(leading)과 같은 모든 스킬에 효과적으로 참여할 수 있는 고차원의 스킬을 의미한다. 유청소년 스포츠코치의 대인관계기술(의사소통)은 일반적으로 코치효과성 훈련, 통제 대 자율성 지원 코칭, 혁신적 리더십, 코치 기대성 이론의 네 가지 분야에 중점을 두고 있다.

1) 코치 효과성 훈련

코치 효과성 훈련(Coach Effectiveness Training: CET) 프로그램은 코치들의 대인관계 기술 연구에 대한 지속적이고 체계적인 접근법을 제공하기 위해 1970년대 말에 워싱턴 대학교에서 시작되었다.

(1) 코칭 행동 평가 시스템 개발

CET 연구가들은 우선 유청소년 스포츠 코치들이 흔히 보여주는 대인관계 행동을 식별하는 시스템을 개발했다(Smith, Smith, Smoll, & Hunt, 1977). 이 시스템은 **코칭 행동 평가 시스템**(Coaching Behavior Assessment Sytem: CBAS, 씨이바스로 발음됨)으로 불렸다. 연구자들은 코치와 관련된 특정 대인관계 행동을 식별하도록 훈련받았으며, 이후 그들은 코치를 관찰하고 그들의 행동을 기록지에 코딩하여 그들이 얼마나 자주 다양한 대인관계 행동에 참여하는지를 평가했다. 저자 또한 대학원에서 리틀리그 야구 코치들과 어울리고 그들의 행동을 CBAS 양식에 코딩하는 데 시간을 보냈으며 그것은 훌륭한 배움의 과정이었다.

(2) 코치 행동은 선수의 성과와 어떤 관련이 있는가

선수들은 코치가 좋은 성과를 내거나 노력을 보였을 때 긍정적인 강화를 해 주고, 실수에 대해서는 격려와 함께 기술적인 지도를 해 주었을 때 가장 좋은 성과를 보였다(Smith, Smith, & Smoll, 2007). 아동들은 이러한 코치들을 더 좋아했고 더 즐겁게 경기했다. 반면 처벌을 더 중시하는 코치 행위는 선수들이 코치와 스포츠 경험을 덜 좋아하게 만들었다. 이러한 발견은 특히 낮은 자존감을 가진 유청소년 운동선수들에게 강했다. 그리고 이것은 코치의 대인관계 행동이 자존감이 부족한 아이들에게 얼마나 큰 영향을 미치는지를 나타낸다. 특히 팀의 승패 기록은 선수들이 얼마나 코치를 좋아하는지, 향후 얼마만큼 이 코치와 함께 하고 싶은 지와는 무관한 것으로 나타났다.

(3) 코치에 대한 CET 프로그램의 결과

연구자들은 이후 유청소년 코치들이 강화, 지도, 격려를 늘리고 처벌과 비강화 사용을 줄일 수 있도록 하는 코치들을 위한 훈련 프로그램인 코치효과성(CET) 프로그램을 개발했다. CET 프로그램은 또한 코치들에게 승리보다 선수와 기술 개발을 우선시하는 숙달 지향적인 풍토를 개발하는 방법을 강조하고 가르쳤다. 훈련된 코치와 훈련받지 않은 코치를 비교했을 때(Smith & Smoll, 2007), 그 결과는 인상적이었다.

CET 교육을 받은 코치

- 강화, 격려 및 지시의 사용 증가했다(처벌의 사용 감소).
- 선수들이 더 좋아하였고 더 훌륭한 교사로 평가받았다.

CET에서 훈련받은 유청소년 선수

- 스포츠를 더 즐기며 걱정을 덜 경험하였다.
- 작년보다 자아존중감이 크게 높아졌다.
- 훈련받지 않은 코치(26%)를 위해 뛴 선수에 비해, 스포츠 이탈율(5%)이 낮았다.

종합하자면, CET는 유청소년 스포츠 코치가 대인관계 행동을 강화시키기 위한 노력이 선수들에게 매우 긍정적인 영향을 미친다는 것을 보여 주었다. 이러한 발견은 CET 모델(Coatsworth & Conroy, 2006)을 사용하여 재확인되었으며, 숙달접근 코칭(Mastery Approach Coaching) 프로그램의 개발로까지 확장되었다. 숙달접근 코칭 프로그램의 참여는 시즌 내내 선수들에게서 불안감이 감소하는 것을 보여 준 반면, 프로그램 비참여자들에게서는 불안감이 높은 것으로 나타났다(Smith, Smith, Smoll, & Cumming, 2007). 또한, 코치의 대인관계 행동은 스포츠에서 발생하는 특정 상황과 관련하여 개별 코치가 소유하고 있는 독특한 **행동패턴**(behavioral signature)(Smith, Shoda, Cumming, & Smoll, 2009)을 식별하는 연구가 수행되었다. 소속 팀이 지고 있을 때, 일부 코치의 지시적 행동은 줄어들었고 처벌적 행동은 증가하였다. 예상하겠지만, 팀이 지고 있는 상황에서 처벌적 성향을 드러내는 코치는 선수들에게 호감을 받지 못하였다. 행동패턴을 관찰하는 것은 스포츠에서 지고 있는 상황과 같이 감정이 차오르는 상황에 대응하는 코치의 대인관계적 경향성을 가장 잘 파악할 수 있는 진정한 척도와도 같은 것이다.

2) 코치의 통제 행동 vs. 자율성 지지 행동

코치의 통제 행동 및 자율성 지지 행동은 코치의 대인관계 행동이 선수들에게 미치는 영향과 관련된 또 다른 연구 분야다. 이는 주로 동기부여와 관련하여 연구되며, 이것이 우리가 이 책의 6장에서 다루는 이유다. 이 장에서 정의된 바와 같이 자율성 지지 코칭(autonomy-supportive coaching)은 유청소년 스포츠 코치가 선수의 말을 경청하고 이해하려고 시도하며, 선수들에게 의견과 선택의 기회를 제공하면서 요구하거나 통제하는 행동을 최소화하는 것을 말한다. 코치가 자신의 자율성을 지지한다고 인식하는 유청소년 선수들은 더 유능하다고 느끼며, 팀 동료들과 좋은 관계를 유지하며, 또한 번아웃을 적게 그리고 웰빙을 훨씬 더 많이 경험한다(Adie, Duda, & Ntoumanis, 2012; Coatsworth & Conroy, 2009).

자율성을 지지하는 전략과 함께 선수들을 훈련시키는 대인관계 기술은 제6장에서 다루었다. 공포와 위협을 주로 사용하는 전통적인 독재적 코칭 스타일은 많은 유청소년 스포츠 코치들이 취하는 방식인데, 이는 그들이 코치로서 당연히 그러해야만 한다는 믿음에 기인한다. 지나치게 통제적인 대인관계 행동을 보이는 다음 유청소년 스포츠 코치의 예를 생각해 보자.

> 누군가 욕을 했고, 저는 그들에게 누가 욕을 했는지 물었습니다. 처음에는 그들이 알려 주지 않았기 때문에 그들에게 달리라고 시켰습니다. 그래서 그들은 달렸고, 그들이 돌아오자 저는 "이제 누가 했는지 말해 봐."라고 말했습니다. 그러나 그들은 여전히 말하지 않았고 저는 다시 달리라고 시켰습니다. 이번에 돌아왔을 땐, 그들은 "음, 마이크가 했어요."라고 말했습니다. 그래서 저는 그들을 다시 달리게 했습니다. 왜냐하면 팀원의 등을 돌리거나 고자질하면 안 되기 때문입니다(Flett, Gould, Griffes, & Lauer, 2013, p. 331).

이러한 통제 행동은 유청소년 스포츠에서 효과적이지 않으며 부적절하다. 코치는 과잉 통제의 필요로 인해 야기되는 자신의 부적절한 행동을 인지하는 데 도움을 받아야 할 필요가 있다(과잉 통제가 필요한 이유를 파악하기 위해서는 대인관계 기술 중 일부가 필요함). 다음은 코치들이 통제 행동에 관여하는 성향과 관련하여 자기 성찰에 사용할 수 있는 몇 가지 체크리스트 항목이다.

- 나를 불쾌하게 한 선수에게 관심을 덜 기울이는가?
- 나는 훈련 중 선수들을 통제하고 관리하기 위해 처벌하겠다고 위협하는가?
- 나는 선수가 더 열심히 훈련할 수 있도록 오직 보상과 칭찬만 사용하는가?
- 나는 선수들의 모든 삶이 스포츠 참여에 초점이 맞춰져야 한다고 기대하는가?
- 나는 선수가 내가 원하는 대로 하지 않으면 다른 선수들 앞에서 무안하게 만드는가?
- 나는 선수들이 훈련이나 경기를 잘하지 못할 때, 덜 지지하게 되는가?

3) 변혁적 리더십

유청소년 스포츠 코칭에서 대인관계 효과에 초점을 맞춘 세 번째 연구 분야는 변혁적 리더십(transformative leadership)이다. 이러한 리더십 스타일은 코치와 선수의 관계를 강조하며 코치는 선수들의 신념과 태도를 형성하는 데 도움을 준다. 조 에어만(2011)의 거꾸로 코칭은 변혁적 리더십의 완벽한 예다. 변혁적 코치는 다음의 네 가지 'I'에 참여한다(Bass, 1985). 동기부여(Inspirational motivation), 올바른 행동의 모델링을 통한 감화(Influence through modeling the right behaviors), 선수에 대한 개별화된 관심(Individualized attention to athletes), 선수가 스스로 창의적으로 배울 수 있도록 격려하는 지적 자극(Intellectual stimulation)의 네 가지다. 유청소년 스포츠 연구에 따르면, 혁신적인 코치 행동이 청소년 선수들의 자신감, 동기부여, 즐거움, 그리고 노력을 향상시키는 것으로 나타났다(Arthur, Woodman, Ong, Hardy, & Ntoumanis, 2011; Price & Weiss, 2013).

4) 코치 기대 이론

당신을 믿어 준 코치 때문에 스스로에 대한 믿음이 커지고 경기력이 치솟았던 적이 있는가? 반대로 당신의 능력을 존중하지 않고 자신감을 잃게 만든 코치 때문에 경기력이 떨어졌던 경험이 있는가? 코치가 선수들에게 미치는 이러한 심리적 영향은 **코치 기대 이론(coach expectancy theory)**에 근거하는데, 이는 코치가 개별 선수의 능력에 대해 형성한 기대가 각각의 운동선수가 도달할 수 있는 성취 수준을 결정할 수 있는 잠재력을 가지고 있음을 시사한다(Horn, Lox, & Labrador, 2015). 이것은 코치들의 기대 또는 예언이 선수들에게 실현되는 과정, 즉 자기충족적 예언(Self-Fulfilling Prophecy)이라고도 불린다.

(1) 코치 기대 과정의 4단계

코치 기대 과정의 4단계는 코치의 기대가 어떻게 자기충족적 예언을 만드는지 설명한다([그림 14-2] 참조). ① 코치는 개별 선수의 능력 수준과 예측된 성과와 관련된 기대를 형성한다. ② 대개 코치는 이를 깨닫지 못하지만, 자신의 선수에 대한 기대가 선수와의 상호작용에

코치들은 자신도 모르게 선수에 대한 기대에 따라 선수와 다르게 소통하는 경우가 많다.

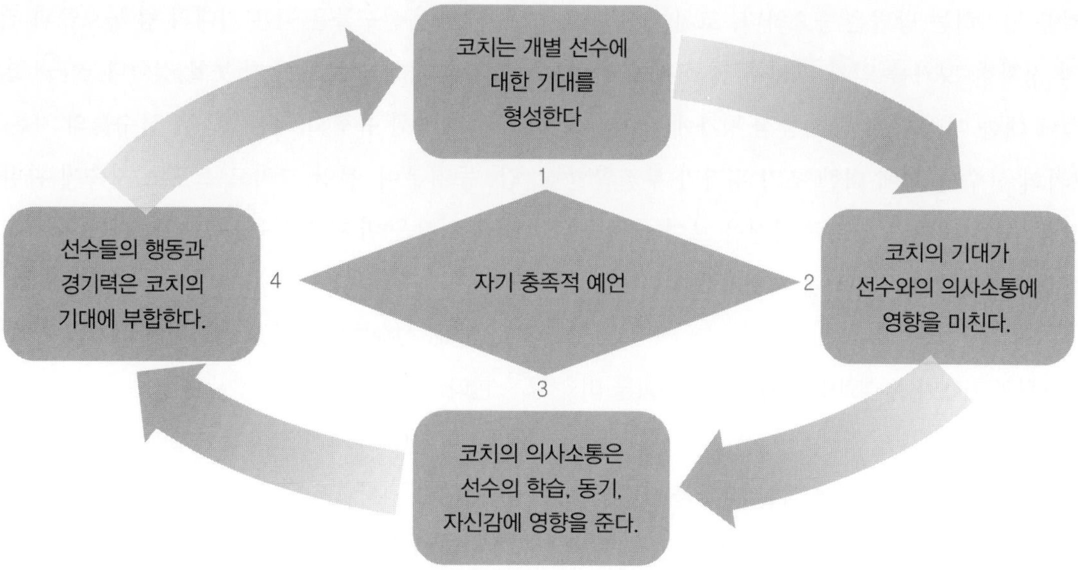

[그림 14-2] 코치의 기대가 선수에 대한 자기충족적 예언을 형성하는 과정

영향을 끼친다. ③ 코치가 선수를 대하는 대인관계 행동이 선수의 인지된 능력, 동기 및 전반적인 학습 능력에 영향을 끼친다. ④ 선수의 후속 행동과 성과는 코치의 원래 기대와 부합하게 된다. 얼마나 강력한 과정인가! 지금부터는 유청소년 코치들이 선수에게 끼치는 영향에 대한 거대한 잠재력을 더 잘 이해하기 위해서 각각의 단계들을 자세히 알아보도록 하자.

1단계: 코치는 개별 선수에 대한 기대를 형성한다

코치는 선수들의 능력에 대해 판단을 내리는 것이 일반적이지만, 중요한 것은 이러한 판단을 특정한 종류의 정보를 활용한 특정한 방식으로 하는 것이다. 코치가 선수들을 평가하는 데 사용하는 정보원은 개인 특성, 심리 특성, 그리고 경기력 특성의 세 가지 범주로 나눌 수 있다(Horn et al., 2015). 개인 특성으로는 성별, 인종, 신체 크기와 모양, 신체적 매력, 옷 입는 스타일, 그리고 가족 배경을 포함한다. 심리적인 특성은 선수들이 코칭을 받아들이는 태도, 정신적인 강인함, 정서적 성숙함 같은 것들에 대한 코치들의 인식과 관련이 있다. 경기력 특성에는 훈련과 시합에서 관찰된 선수의 성과, 개인 통계, 경기력 차트 및 과거의 성취를 포함한다.

코치들이 유청소년 선수들을 평가할 때 어떤 정보들을 사용하는 것이 더 좋다고 생각하는가? 분명히 개인 특성들은 종종 고정관념으로 보일 수 있기 때문에 나쁜 선택이다. 성숙이 늦은 남자 아동들은 실제로는 성숙과 신체 발달 단계의 임계점에 도달했음에도 불구하고 낮은 능력을 가진 선수로 분류될 수 있다. 이러한 고정관념적 코치 기대의 또 다른 예로는 여자 아이들은 낮은 운동능력을 갖고 있다는 것, 아프리카계 미국인은 운동 재능을 선천적으로 타고났으며 백인 선수들보다 게으르다는 것을 포함한다. 또, 모호크 헤어스타일과 문신 그리고 독특한 의상을 착용한 유청소년 선수들은 종종 부정적인 방식으로 인식되기도 한다.

심리 특성은 운동선수가 스포츠 상황에서 무엇을 하게 하는가에 있어 중요한 부분이다. 그러나 코치는 이러한 특성에 대한 자신의 인식이 단지 인식일 뿐이며 정확하지 않을 수 있음을 기억해야 한다. 경기력 특성은 젊은 선수들의 능력에 대한 최고의 정보원을 나타낸다. 그러나 성과를 평가하는 방법은 중요하다. 코치는 선수에 대한 가장 정확한 평가를 얻기 위해 시간 경과에 따라 선수 능력에 대한 여러 가지 성취 중심 평가에 참여해야 한다. 코치의 선수 능력에 대한 초기 평가가 부정확할 수 있으므로, 모든 선수가 경기력 향상을 보여 줄 수 있도록 지속적으로 선수의 경기력을 재평가해야 한다.

2단계: 코치의 기대가 선수와의 의사소통에 영향을 미친다

코치가 자신이 형성한 선수에 대한 기대를 바탕으로 선수와 다르게 의사소통하는 경우가 많다는 것을 뒷받침하는 연구 결과가 있다(Horn et al., 2015). 코치들은 기대치가 낮은 선수들에 비해 기대치가 높은 선수들과 더 많은 시간을 보내고 대인관계의 더 많은 따뜻함을 보여주는 경향이 있다. 기대치가 낮은 선수는 기술연습과 관련 없는 활동(공 모으기, 줄 서서 대기)에 더 많은 시간을 할애하고, 기대 수준이 높은 선수보다 낮은 경기력을 보여주는 경우가 많다. 예를 들어, 코치의 기대가 낮은 배구 선수는 단순히 스파이크를 쳐서 상대편 경기장에게 보내기만 해도 칭찬을 받을 수 있는 반면, 기대 수준이 높은 선수는 스파이크로 수비에 구멍을 더 정확하게 찾는 방법에 대해 코치로부터 즉각적인 피드백을 받을 수 있다. 기대 수준이 높은 선수가 받는 이러한 추가 교정 또는 처방적 피드백은 그들에게 강력한 학습 이점을 제공한다. 코치의 기대가 낮은 선수들에게 평범한 경기력에 대해 형식적인 칭찬을 보내는 것은 또 다른 부정적인 코치 기대 행동으로서, 그들이 좋은 선수가 아니며 코치가 그들에게 많은 것을 기대하지 않는다는 부정적인 메시지를 전달할 수 있다.

3단계: 코치의 선수와의 의사소통은 자신감, 동기, 학습 능력에 영향을 준다

코치로부터 효과적인 지도와 관심을 지속적으로 받지 못한 어린 선수들은 높은 기대의 팀 동료들과 같은 수준의 기술 향상을 보여 주지 못할 것이다. 연구 결과, 코치와의 다양한 유형의 의사소통은 선수들의 자존감, 자신감, 동기부여, 불안 그리고 스포츠 지속에 관한 의사결정에 영향을 미칠 수 있음을 보여 준다(Horn et al., 2015).

4단계: 선수들의 행동과 경기력은 코치의 기대에 부합한다

이 마지막 단계는 코치가 그들의 판단이나 선수에 대한 기대가 정확했음을 확인하는 것이다. 모든 선수가 코치 기대에 부응하는 것은 아니지만, 9세 이하 아동은 특히 코치를 포함한 중요 성인들의 피드백과 평가에 따라 영향을 받는다. 따라서 스포츠 상황에서 아동들은 운동선수로서의 능력에 대한 코치의 기대와 의사소통에 특히 민감할 수 있다. 어린 시절은 운동기술 발달에 매우 중요한 시기이기 때문에, 유청소년 스포츠 코치들은 아동들에게 부정적인 기대 메시지를 보내는 것을 막기 위해 매우 유념해야 하며 사려 깊은 조치를 취해야 한다.

(2) 코치를 위한 전략

우리도 사람이기에 코치의 기대라는 함정에 빠질 수 있지만, 모든 코치가 그런 것은 아니다. 유청소년 스포츠 코치들은 그들의 기대와 인상이 어린 선수들과의 의사소통에 매우 강력한 영향을 미친다는 것을 명심해야 한다. 코치가 부정적인 코치 기대라는 함정을 피하기 위해 사용하는 세 가지 전략은 다음과 같다.

1. 선수 개개인의 기량을 바탕으로 모든 선수에 대한 높은 기대치를 유지한다. 모든 선수들이 각자 개별적으로 기술을 배우고 향상시킬 수 있다. 기술 개발 및 향상에 대한 숙달에 초점을 맞추는 것이 도움이 된다.
2. 코치는 선수들의 발전 능력을 정확하게 평가하기

위해 매 훈련과 시합 전 '백지상태'를 만듦으로써, 선수에 대한 기대를 유연하고 지속적으로 변화시킬 수 있도록 해야 한다. 아동들은 끊임없이 성숙해지고 발전하는데, 그들은 종종 단순한 신체 발달 및 성숙의 결과만으로도 엄청난 수행 향상을 보여 우리를 놀라게 한다.

3. 코치는 모든 선수에게 구체적인 정보가 담긴 지도 및 피드백을 제공하는 대인관계 코칭 기술에 초점을 맞추어야 한다. 어린 선수들이 그날 경기에서 무엇을, 왜 잘했는지 이해할 수 없게 하는 일반적인 평가 발언은 피해야 한다. "오늘도 잘했어."와 같은 일반적인 발언보다는 "오늘 방어력이 대단했어. 네가 골대 근처에 매번 있었고 리바운드를 위한 박스 아웃을 매우 잘해 줬어."처럼 자세한 것이 더 낫다. 이는 선수가 그날 코치가 자신의 경기력과 팀에 대한 기여에 대해 특별한 관심을 가졌음을 알게끔 한다.

7. 요약

수업시간에 대학생들에게 영웅이 누구냐고 물어보면 눈에 띄게 언급되는 것이 코치다. 학생들의 삶에 그런 변화를 가져온 코칭 영웅들에 대한 이야기들을 듣는 것은 대단히 멋진 일이다. 유청소년 스포츠는 이기적인 욕구에 집중하는 '빵점 코치(zero coach)'가 아닌, 이 모든 것은 아이를 위한 것이라고 믿는 '영웅 코치(hero coach)'가 필요하다.

영웅 코치가 되기 위해서는 무엇이 필요할까? 2012년 오하이오주 샤든 고등학교 식당에서 학생들을 향해 총구를 겨눴을 때, 축구 감독이었던 프랭크 홀(Frank Hall)이 보여준 영웅적 행동이 필요한가? 홀 코치는 범인을 끝까지 추격해 쫓아내고는 치명상을 입은 학생들의 마지막 순간을 위로하고 함께 했다. 슬픔으로 가득 찬 홀 코치는 그가 보여준 행동은 영웅적 행위가 아니라고 말했다. 하지만 그가 가르치던 선수들은 그의 코칭 스타일 때문에 그를 영웅으로 불렀다. 그는 선수들이 단순히 미식축구 선수로서가 아닌, 어떻게 하면 더 좋은 사람으로 가르칠 것인가를 고민하는 거꾸로 코칭 전략을 실천하였기 때문이다.

모든 유청소년 스포츠 코치는 단순히 어린 선수들의 기술 습득, 즐거움, 자신감과 관계와 관련된 기술 개발에 대한 욕구를 이해하고 충족시켜 줌으로써 영웅이 될 수 있다. 모든 유청소년 스포츠 코치는 자신들이 아이들에게 미치는 강력한 영향에 대해 숙고해야 한다. 또한, 자신들이 가진 힘과 영향력을 발달 단계적으로 적절한 방법으로 사용하기 위해 사려 깊은 주의를 기울여야 한다.

학습 초점

주요 용어

- **자율성 지지 코칭(autonomy-supportive coaching)** 코치들이 선수들을 경청하고 이해하려고 하며, 참여와 선택의 기회를 제공하고, 강요 또는 통제적 행동을 최소화하는 행동 스타일.
- **행동 패턴(behavioral signature)** 감정이 동요되는 스포츠 상황에서, 특히 지고 있을 경우, 반응하는 코치의 전형적인 대인 관계적 성향.
- **코치 기대 이론(coach expectancy theory)** 개별 선수의 능력에 대한 코치의 기대가 선수가 최종적으로 달성하는 성취 수준을 결정할 수 있다는 이론.
- **코칭 행동 평가 체계(Coaching Behavior Assessment System: CBAS)** 주로 유청소년 코치가 보이는 대인관계 행동을 나타내는 분류 체계.
- **대인관계 기술(interpersonal skills)** 관계를 형성하

고 타인과 소통하는 코치의 능력.

- 내면 기술(intrapersonal skills) 스스로를 인식하고, 감정적으로 유능하며, 유청소년 스포츠의 철학과 목표에 적합한 코치의 능력.
- 관리적 기술(managerial skills) 프로그램을 계획 및 조직하고 모든 행정적 책임을 이행하는 능력.
- 과실(negligence) 부적절한 행위로 인한 법적 의무를 이행하지 못한 코치의 실패.
- 스킬셋(skill set) 사람들이 어떤 직위에 성공하게 만드는 능력들의 조합.
- 기능적 기술(technical skills) 훈련에서 기술이나 전략을 가르칠 수 있는 코치의 능력과 시합에서 전술을 사용하는 방법에 대한 코치의 지식.
- 변혁적 리더십(transformative leadership) 코치와 선수 간 관계를 강조하며 코치는 선수의 신념과 태도를 형성하는 데 도움을 주고자 하는 스타일의 리더십.

핵심 요약

1. 코치는 다른 어떤 요인보다 유청소년 스포츠 경험에 가장 큰 영향을 준다.
2. 학교 밖 유청소년 스포츠 코치들과 자원봉사자들의 대다수는 공식적인 코칭 자격이 없다.
3. 캐나다, 호주, 뉴질랜드, 그리고 영국은 국가적으로 자격 프로그램과 같은 코치 교육을 지원해 오고 있다. 반면, 미국의 경우, 코칭 자격제도는 분권화 및 상업화되어 있다.
4. 미국 대부분의 중학교, 고등학교에서는 NFHS와 휴먼 키네틱스 코치 교육 프로그램의 코칭 원리 과정과 같은 기본 코치 교육과 자격을 요구한다.
5. 유청소년 스포츠 코치를 채용하고 평가하는 것은 지역사회 내 대학생 및 은퇴한 코치와 교사들과 같은 다양한 자원을 활용한 체계적인 연간 과정이어야 한다.
6. 유청소년 스포츠 코치들은 기능적, 관리적, 개인적 기술과 같은 세 가지 주요 스킬셋이 필수적이다.
7. 코치는 과실을 피하고 소송 위험을 관리하기 위해 그들의 법적 책임을 충실히 이행해야 한다.
8. 코치효과성훈련(CET)에서 교육받은 코치로부터 지도받은 선수들은 교육받지 않은 코치들로부터 지도받은 선수들에 비해 스포츠를 더 즐겼고, 불안을 덜 경험했으며, 자존감은 높았고, 스포츠로부터의 중도탈락 비율 또한 낮았다.
9. 자율성지지 코칭스타일 및 변혁적 리더십을 가진 코치들은 유청소년 선수들의 자신감, 동기, 즐거움, 그리고 노력에 긍정적인 영향을 미친다.
10. 코치 기대 이론은 선수들의 능력에 대한 코치가 형성하는 기대가 선수가 궁극적으로 도달하는 성취 수준을 결정하는 데 영향을 끼치는 것과 관련된다.
11. 부정적인 코치 기대 효과를 피하기 위해 유청소년 코치들은 선수에 대해 다양한 방식으로 성과를 평가함은 물론, 모든 선수들에게 구체적인 정보가 담긴 피드백을 제공해야 하며, 선수들에 대해 갖는 기대를 유연하고 열린 마음으로 끊임없이 변하는 것으로 생각해야 한다.

탐구 질문

1. 유청소년 스포츠에서 코치 자격 요구에 대한 반대는 왜 나타나는가?
2. 캐나다와 뉴질랜드 정부가 후원하는 맥락별/상황별 코칭 교육 인증 프로그램을 설명하고, 이러한 유형의 프로그램의 장점을 설명하라.
3. 미국의 유청소년 코칭 교육은 다른 나라들과 어떻게 다른가?
4. 유청소년 관리자가 유청소년 스포츠 코치를 채용

하고 평가하는 데 필요한 전략들에는 어떤 것이 있는가?

5. 유청소년 코치에게 요구되는 세 가지 스킬셋은 무엇인가? 각각의 중요성을 설명하고 코치는 어떻게 이러한 기술들을 개발시킬 수 있는지 설명하라.
6. 과실은 무엇이고, 법정에서 어떻게 결정되며, 코치는 어떻게 과실 혐의에 대한 위험을 관리할 수 있는가?
7. 코치 효과성 훈련에 관한 연구 결과는 무엇이었고, 왜 그러한 결과들이 중요한가?
8. 코치 기대 이론에서 네 가지 과정에 대해 설명하라.
9. 코치들이 선수들의 능력을 평가하는 데 사용하는 가장 좋은 정보의 원천은 어디인가? 왜 이러한 정보원이 다른 것들보다 선호되는가?
10. 코치가 연습이나 시합에서 높은 기대를 받는 선수와 낮은 기대를 받는 선수를 어떻게 다르게 대하는지에 관한 세 가지 예시를 설명하라.

성찰용 학습활동

1. 당신이 면담할 수 있는 유청소년 스포츠 코치를 물색해 보라. 코치가 갖고 있는 스킬셋 발달과정과 그것을 어떻게 자신의 코칭에 활용했는지에 관한 질문을 담은 면담 가이드를 준비해라(이 책에서 설명된 스킬셋과 같을 수도 다를 수도 있다). 코치가 어떻게 이러한 기술들을 개발해 왔고, 코치가 느끼기에 어떤 기술들이 유청소년 스포츠를 코칭하는 데 필요한지, 그리고 코칭 교육 프로그램에 대한 경험과 생각을 이해하기 위해 면담하라.
2. CBAS를 활용하여, 훈련 세션에서 코치 한 명을 관찰하고 행동을 CBAS 분류에 따라 분석해보자. 당신의 관찰결과를 토대로 코치의 의사소통 패턴에 대한 요약을 작성해 보라.
3. 위의 2번에서처럼 CBAS 평가를 하되, 그 전에 코치에게 자신의 팀 선수들을 능력에 따라 서열을 매기도록 요청해 보라. 코치가 매긴 서열을 바탕으로, 기대가 높은 선수 그룹과 그렇지 않은 그룹으로 나누어 보라. 개개인의 선수들에 대한 코치의 반응을 분석하고 의사소통 형태가 그룹별로 차이가 있는지를 확인하면서 CBAS 평가를 실시해 보라(주의: 이러한 분석을 수행하기 위해서는 당신은 개별 선수들의 이름에 대해 학습하고 친숙해질 수 있어야 한다).
4. 코치의 의사소통 범주별로 CBAS 분류에 퍼센트로 기입하여 비율로 배정해 보라. 범주별로 나온 퍼센트의 총합이 100%가 되어야 한다. 이 아이디어는 코치가 선수들과 전반적으로 소통할 때 각 유형의 대인관계 소통의 이상적인 분량을 고려해 보도록 하는 것이다.

보조자료

Martens, R. (2012). *Successful coaching* (4th ed.). Champaign, IL: Human Kinetics.

Thompson, J. (2008). *Positive coaching in a nutshell*. Portola Valley, CA: Balance Sports.

Thompson, J. (2010). *The power of double-goal coaching*. Portola Vlley, CA: Balance Sports.

Chapter 15

부모와 유청소년 스포츠

제15장 개요

이 장에서 학습할 내용은 다음과 같다.

- 양육 방식의 유형
- 유청소년 스포츠에서 부모 역할을 보여 주는 3M
- 유청소년 스포츠에서 최적화된 부모의 지원
- 더 나은 유청소년 스포츠 양육을 위한 가이드라인

1. 개요

아빠께

아빠, 제가 축구할 때 응원해 주셔서 감사해요. 소리 지르거나 어떻게 하라고 말씀하지 않으신 것도요. 다른 팀의 부모님들이나 우리 팀의 다른 부모님들 중의 일부는 그렇게 하시는 걸 알아요. 하지만 경기 중에 제 스스로 결정을 내려야 한다는 걸 저도 잘 알고 있는데, 다른 사람들이 이래라 저래라 하면 집중이 잘 안 되더라고요. 아빠는 다른 부모님과 저한테 좋은 모습을 보여 주고 계세요. 제가 자라면 나중에 아빠가 가르쳐 준 모든 것들을 그대로 하려고 노력할 거예요. 비록 실수를 하더라도요. –스타사안 머리 말린

이 편지는 9세 축구선수가 이전에 우리의 학생이었던 아버지 케빈에게 쓴 것이다. 스타시안의 표현이 얼마나 통찰로 가득한지 알 수 있다. 응원은 통하지만, 소리치고 코치하는 것은 통하지 않는다. 스타시안은 어린 선수들이 경기 중에 스스로 플레이하고 의사결정해야 하며 실수까지도 감당해야 한다는 것을 상기시켜 준다. 그는 부모들이 선을 넘게 되면 아동들은 자신만의 플레이를 하고 배우는 데 있어 혼란을 느끼게 된다고 설명해 준다. 케빈이 딸에게 준 선물은 실수를 허용하고 그것을 삶과 배움의 일부로 받아들이도록 했다는 것이다. 그의 양육 방식은 딸에게 있어서 그리고 딸이 말한 것처럼 다른 부모들에게도 강한 본보기가 되었다.

어린 선수들은 미성년자이고 의존적이기 때문에 부모들이 유청소년 스포츠에서 중요한 부분이 된다. 사실 유청소년 스포츠는 부모의 협조와 지원, 그리고 리더십 없이는 지속될 수 없다. 부정적인 유청소년 스포츠 양육의 극단적인 예는 많은 언론의 관심을 받지만, 대다수의 부모들은 유청소년 스포츠의 성공과 어린 선수의 행복에 긍정적 기여를 한다. 부모들은 아이들이 유청소년 스포츠의 세계로 효과적으로 나아갈 수 있도록 돕는 데 매우 중요하다. 중요하면서도 종종 간과되는 점은, 유청소년 스포츠의 세계로 스스로 나아가게 하는 부모들의 능력이다. 부모들의 과거 스포츠 참여 경험은 자신이 스포츠를 어떤 관점에서 바라보고 있는지와 아이들의 스포츠 참여에 어떤 방식으로 반응할 것인지에 영향을 미친다. 따라서 이번 장의 목표는 부모가 스포츠에 참여하는 자녀들에게 어떠한 영향을 미치며, 유청소년들이 이에 어떠한 영향을 받는지를 설명하는 것이다.

2. 부모-자녀 관계의 기초

유청소년 스포츠 양육을 이해할 수 있는 기초로서 우선 부모-자녀 관계의 몇 가지 기본적인 측면을 살펴보자.

1) 애착

부모와 자녀를 잇는 깊은 정서적 유대를 **애착**(attachment)이라고 한다(Bowlby, 1988). 애착이 있는 부모-자녀 관계에서 부모는 자녀의 안전한 기반이 되며 자녀의 요구에 세심하게 반응하게 된다. 애착은 일반적으로 많은 시간을 함께 보내는 것이 아닌, 아동의 요구에 가장 정확하게 반응하는 사람에게 형성된다. 애착 형성의 결정적 시기는 출생부터 5세까지이며, 이러한 안전한 기반이 없는 아동에게는 돌이킬 수 없는 발달의 결과가 초래될 수 있다.

애착을 이해하면 유청소년 스포츠에서 때로 발생하는 비이성적인 부모 행동을 설명할 수 있게 된다. 부모와 자녀 사이의 감정적 유대는 종종 자녀가 학대당하거나 상처를 입거나, 고통을 겪을 때 부모로서 이성적으로

사고하는 것을 어렵게 만들기도 한다. 우리는 아이들의 스포츠 경기를 보면서 감정적으로 반응하기도 하지만, 결국은 그것이 부적절한 감정적 표현이었음을 깨닫게 된다. 부모들은 자녀에 대해 깊이 느끼고 자녀가 어떻게 느끼는지 그 감정까지 느끼는데, 이러한 느낌들은 유청소년 스포츠 부모로서 어떻게 행동하는지에 대하여 영향을 미치고 있음이 분명하다.

부모 입장에서 자신의 자녀가 다른 아이에 비해 대접을 못 받거나 다른 아이들과 동일한 기회를 부여 받지 못했다고 인식할 때 유청소년 스포츠에서 부적절한 행동을 할 가능성이 더 높았다(Wiersma & Fifer, 2008). 부모들은 경쟁 상황에서 아이들을 지켜보면서 자신들이 종종 이성적이고 선량한 어른에서 감정적으로 폭발하는 사람이 됨으로써 후회하게 됨을 인정하였다. 이러한 행동은 부모의 애착과 피해나 불공정한 대접에 대한 자녀 보호 본능으로 생겨나는 것 같았다(Wiersma & Fifer, 2008). 또한 애착은 부모들에게 아동들이 유청소년 스포츠에서 느끼는 즐거움, 향상, 성공을 목격할 때 큰 기쁨을 선사함으로써 긍정적인 간접체험으로 이끈다(Wiersma & Fifer, 2008).

2) 부모–자녀 관계의 발전

유청소년 스포츠에 영향을 미치는 또 다른 요인은 좋은 부모가 되는 것이 무엇을 의미하는지에 관한 이상적으로 여겨지는 문화적 규범이다. 부모와 자녀의 관계는 시간에 걸쳐 거듭 진보해 왔고, 이러한 대부분의 진보는 사회적으로 용인되어 왔다. 아이들(보통 가난한 아이들)은 노동법에 의하여 억압적인 노동으로부터 보호받기 전에는 1800년대 내내 노동시장에서 착취를 당했다. 또한 이 시기를 지배한 종교적인 믿음은 부모들로 하여금 엄격함과 채찍질로 자녀들이 부모에게 복종하도록 '만들어 나가도록' 하였다. 저명한 성직자 존 웨슬리(John Wesley)는 "아이들의 의지를 꺾어서 그들의 영혼이 구원받게 하라."라고 훈계하기도 했다.

20세기 후반이 되어서야 아이들은 부모의 소유물이 아닌, 특별한 보호를 필요로 하는 권리를 가진 인간으로 여겨지게 되었다(Rutherford, 2009). 1970년대에 이르러 피임과 가족 계획의 확산으로 인해 도래한 핵가족 사회에서 아이들은 '금쪽같이 귀한 자식'으로 인식되었다(Tofler & Di Geronimo, 2000). 이 금쪽같은 아이들은 부모들이 자신들의 필요를 희생해 가면서 쌓아 온 크나큰 경제적 특권을 누리게 되었다. 아이들은 부모의 돈, 시간, 그리고 관심에 대한 투자 담보로 여겨지게 되었으며 때때로 부모의 목표 달성을 위해 희생되기도 하였는데 이러한 현상은 유청소년 스포츠에서도 나타났다.

1980년대 미국에서 생겨나 지금까지도 이어지고 있는 '온실 양육(hothouse parenting)'(Marano, 2008) 방식은 유청소년 스포츠에 강한 영향을 미친 것으로 2장에서 이미 언급한 바 있다. 이러한 양육 스타일은 아이들의 어린 시절을 보호하여 정상적인 어린 시절을 보장했던 이전의 관행과는 달리, 아이들이 특별해질 수 있도록 준비하는 데 초점을 맞추고 있다(Farrey, 2008). '온실 양육'의 이상은 유청소년 스포츠에서 흔히 볼 수 있듯이, 아이들의 성취를 위한 과도한 일정, 엄격한 통제, 고도의 전문화, 경제적으로 부담스러운 활동의 열풍을 이끌어 내었다. 이러한 문제를 지적하는 것은 여러분이 양육의 이상에 대한 문화적 변화가 일어나고 있음을 민감하게 알아차려서 현재 우리 사회에서 규범적으로 인식되는 부모와 자녀의 관계를 무비판적으로 받아들이지 않도록 하기 위함이다. 자녀 양육과 아이들의 권리, 요구에 대한 생각은 문화적, 역사적으로 지속적으로 형성되어 왔고 앞으로도 그럴 것이다. 아동의 최적의 발달 및 부모를 포함한 모든 가족의 웰빙(well-being)을 염두에 두고 현재의 자녀 양육 관행의 효과를 지속적으로 고민하는 것이 중요하다.

쉬어가기

비즈니스적 유청소년 스포츠 양육?

프로골퍼 션 오헤어(Sean O'Hair)는 그를 골프 슈퍼스타로 키워 내기 위한 아버지 마크의 비즈니스 프로젝트를 감내하는 어린 시절을 보냈다. 션은 어릴 때부터 군대식 훈련을 강요받아서, 토너먼트에서 보기(bogyes) 플레이를 하거나 오버 파(par)로 경기를 끝내면 일정 거리를 강제로 달려야 하는 처벌을 받았다. 투자금을 서둘러 회수하기 위해 그의 아버지는 션이 17세 때 고등학교 2학년이 끝날 무렵 프로로 전향하도록 지시하였다. 그 당시, 그의 아버지는 션에게 평생 골프로 벌어들인 수입의 10%를 자신에게 지불하는 계약서에 서명하도록 하였다. 그의 아버지는 말하기를 "난 수익을 내는 방법을 압니다. 그것은 원자재, 노동력, 그리고 이와 관련된 경비에요. 션의 노동력은 꽤 값나가는 노동이에요. 그래서 저는 션에게 그런 값비싼 노동력을 활용하여 벌어들이는 것이 있다면 반드시 갚아야 한다고 말했어요"(Elling, 2005). 션은 다음과 같이 회상했다. "우리는 한 번도 아빠와 아들 관계인 적이 없었어요. 늘 투자자와 투자였을 뿐이에요."(Elling, 2005).

2005년, 아들의 경력 개발에 200만 달러를 썼다고 주장하던 그의 아버지는 션을 계약에서 풀어 주었다. 오헤어씨는 언론을 통해 "비록 션이 조만간 자신의 행동에 대한 책임을 스스로 지게 될 나이가 될 지라도 나는 지금 그를 계약에 관한 의무에서 해제하여 션이 또 다른 문제에서 벗어날 수 있도록 돕겠습니다." (Cybergolf, 2014). 션의 변호사는 그 계약서에 션이 서명했을 때가 18세 미만이었기 때문에 그 계약은 법정에서 효력이 없었을 것이라고 했다.

결혼해서 딸과 함께 행복하게 살고 있는 션은 PGA투어에서 비교적 성공적인 선수 생활을 하고 있다. 션의 말을 들어보면 성공적인 아버지처럼 들린다. "자식에 대한 지지와 억압 사이에는 미묘한 차이가 있습니다. 나는 내 딸에게 가장 좋은 것을 주고 싶습니다. 하지만 그러려면, 자녀들이 실수를 하도록 내버려두어야 하는 때와 그들이 스스로 배워야 하는 때가 있다는 것을 알아야 합니다." 하지만 션의 아버지 오헤어 씨는 "나는 정말 내가 바보처럼 느껴진다. 나는 모든 돈을 전부 다 돌려받을 수 있을 줄 알았다."라고 하면서 다른 견해를 유지하고 있다.

3) 양육 방식

여러분의 부모님에 대해 생각하고 그들이 여러분과 상호작용하는 방식에 대해 생각해 보라. 그들이 당신의 발전에 가장 큰 영향을 준 것(혹은 주지 않은 것)은 무엇이었는가? 여러분의 부모가 부모로서 효과적이거나 비효과적이도록 만든 것은 무엇인가? 여러분이 이제까지 대답한 것을 바탕으로 살펴본다면 여러분의 부모는 다음의 몇 가지 양육 방식의 범주 중 하나에 해당할 것이다. **양육 방식**(parenting style)은 부모와 자녀의 관계가 어떠해야 하는가에 관한 부모의 태도와 가치에 근거하여 부모가 자녀와 상호 작용하는 전반적인 방식이다(Darling & Steinberg, 1993).

간단하게 말해서 양육 방식은 반응성(responsiveness)과 강제성(demandingness)의 수준에 기초한다[1](Baumrind, 1989)([그림 15-1] 참고). 반응성은 부모가 자녀의 자율성을 지지하고 그들의 요구에 부응하는 수준이다. 강제성은 부모가 한계를 설정하고 규칙과 성숙한 행동에 대해 기대하는 정도이다. [그림 15-1]에서 보듯이, 네 가지 양육 방식은 반응성과 강제성의 조합으로 나타난다.

1) 다양한 유형의 양육 방식이 확인되었다(Horn & Horn, 2007 참조). 이 책에서 제시된 방식은 양육 효과에 대한 논의에서 가장 널리 사용된다.

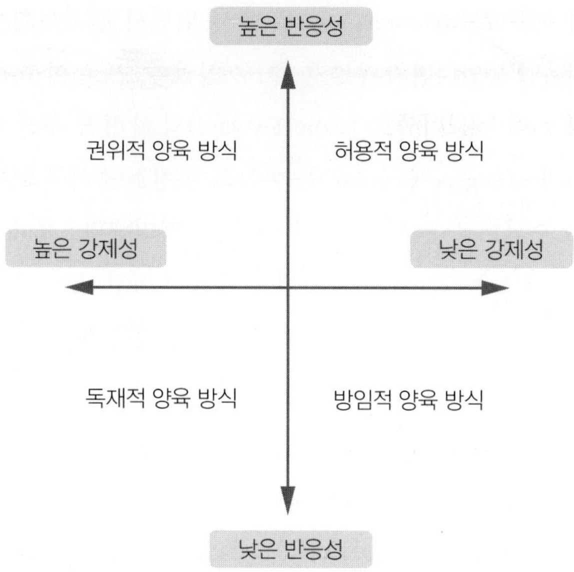

[그림 15-1] 반응성과 강세성의 조합으로서 양육 방식(Baumrind, 1989를 재구성)

권위적 양육 방식(authoritative parenting style)은 반응성과 강제성이 모두 높은 수준이다. 이 방식은 높은 기준과 한계를 설정하고, 아이들을 존중하고, 아이들과 함께 논리적 사고를 하며, 아이들의 정서적 요구에 부응한다. 이 방식의 부모들은 "나는 아이에게 자기가 어떻게 느끼는지를 이야기 하도록 격려한다." "나는 아이에게 내가 갖고 있는 기대와 그런 기대를 가진 이유를 함께 설명한다."와 같이 말할 것이다. **독재적 양육 방식**(authoritarian parenting style)은 강제성은 높지만 반응성이 떨어진다. 이 방식은 설명이나 이성적인 이해 없이 복종을 강요한다. **허용적 양육 방식**(permissive parenting style)은 반응성은 높지만 강제성은 낮다. 이 방식의 부모들은 규칙과 기준을 강요하는 것을 꺼려하기 때문에 특정한 시스템을 강요하지 않고, 자녀들이 스스로 자기를 규제하도록 한다. **방임적 양육 방식**(neglectful parenting style)은 반응성도 낮고 강제성도 낮다. 부모들은 자녀들을 내버려두고 비협조적이다.

당신의 부모님은 어떤 방식이었는가? 당신은 어떤 방식을 선호하는가? 권위적 방식은 삶의 만족도, 학업 능력, 자존감, 그리고 건강 행동의 측면에서 어린이와 청소년에게 긍정적인 결과를 이끌어 낸다(Horn & Horn, 2007). 권위적 방식은 유소년 아이스하키에서 운동선수 만족도, 규칙 준수, 팀 응집력, 동기부여가 높아질 것으로 예측되었고(Juntumaa, Keskivaara, & Punamaki, 2005), 유소년 축구 선수들의 건강한 완벽주의와도 관련이 있었다(Sapieja, Dunn, & Holt, 2011). 권위적(authoritative)이거나 자율성을 지지하는(autonomy-supportive) 양육은 유소년 스포츠 양육 전문성의 중요한 요소로 확인되었다(Harwood & Knight, 2015).

전반적으로 애착, 양육에 대한 이상적인 문화적 규범, 그리고 양육 방식에 대한 이해는 유청소년 스포츠에서 부모들의 다양한 행동을 설명하는 데 도움이 된다. 부모는 자녀와의 깊은 정서적 연계를 바탕으로 행동하는데, 이는 그들이 문화적으로 이미 규정된 '좋은' 부모가 되려하고, 그러한 가치와 믿음 속에서 양육 유형을 갖게 된다. 부모-자녀 관계의 이러한 기본들을 염두에 두는 것은 우리가 유청소년 스포츠에서 긍정적 · 부정적 행동 모두를 더 잘 이해할 수 있게 해 준다.

3. 유청소년 스포츠 부모의 세 가지 역할

양육은 도전이다. 매년 우리 가족이 가장 좋아하는 크리스마스 트리 장식에는 '모성은 강하다.'라는 글귀가 새겨져 있다. 이를 다양한 문화를 어우르는 방향으로 고쳐 쓴다면 이는 '부모는 강하다.'로 될 수 있겠다. 양육에는 많은 기술이 필요하다(Fredricks & Eccles, 2004; Harwood & Knight, 2015)는 것을 우리는 대부분 일하면서 배운다. 이 기술을 분류해 보면, 유소년 스포츠 부모들이 세 가지 중요한 역할[2](3M: 관리자, 본보기 및 의미 생성자)을 수행해야 한다고 제안할 수 있다([그림 15-2] 참조).

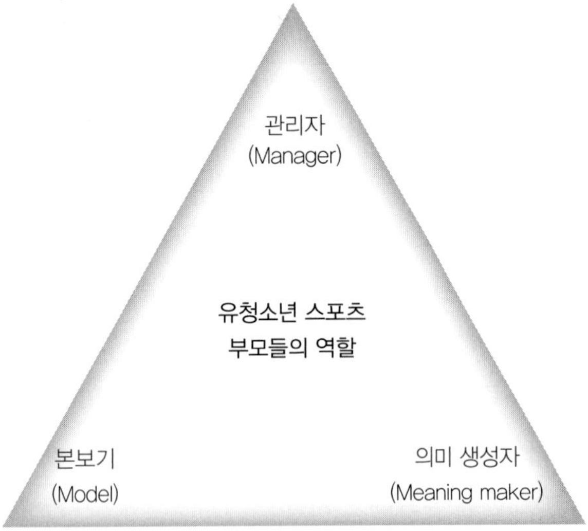

[그림 15-2] 유청소년 스포츠의 부모 역할을 보여 주는 3M

1) 관리자

유청소년 스포츠에 참여하는 자녀들을 데리고 있는 부모에게는 관리 기술이 필요하다. 유청소년 스포츠 참가자의 부모 관리자 역할에는 재정 지원, 차량 일정 조정, 유소년 선수들의 훈련 및 경기에 개인 시간 할애, 팀의 코치 또는 관리 자원 봉사, 회비 모금이나 연말 행사와 같은 팀 활동 지원 등이 포함된다. 유청소년 스포츠에 참여하는 자녀를 여럿 둔 부모는 광범위한 관리와 책임이 필요한 일들을 다루는 것이 쉽지 않음을 입증할 수 있다.

이러한 책임은 유청소년 스포츠의 전문화로 인해 커졌는데, 이는 유청소년 선수들이 일반적으로 더 오랜 시간 훈련을 하고 원정 경기를 다니기 때문에 그러하다. 올림픽과 프로 농구 스타 마야 무어(Maya Moore)가 12세일 때, 그녀의 어머니는 애틀랜타로 이사를 갔고, 그래서 무어는 상위 레벨 아마추어 연합의 농구팀인 조지아 메트로스(Georgia Metros)에서 뛰면서 전국대회에서 4년 동안 4번의 우승을 할 수 있었다. 프로 야구 스타 제이슨 헤이워드(Jason Heyward)의 아버지 유진 헤이워드(Eugene Heyward)는 아들의 유청소년 야구 일정을 중심으로 본인의 직업과 생활을 정리했다. 제이슨 헤이워드는 말한다. "부모님은 계획이 있었어요. 나는 부모님께서 나를 위해 할 수 있는 모든 것을 해 줘서 감사하게 생각해요. 아버지는 '네가 원한다고 말하지 않았다면, 그러지 않았을 거야.'라고 말씀하셨어요. 아버지는 매년 '아직 야구를 하고 싶은거지?'라고 물으셨어요."(Verducci, 2010, p. 64).

부모의 중요한 관리 역할은 아이들에게 다양한 스포츠와 신체 활동 경험을 소개하는 것이다. 제5장과 제10장에서 알아봤듯이, 어린 시절은 아이들이 자신에게 가장 적합한 것을 찾기 위해 많은 다양한 활동을 시도하는 시간이다. 부모는 아이들이 다양한 스포츠 활동을 기본 움직임 기술의 발전이 필요한 청소년기 이전에 경험할 수 있는 기회를 제공하는 데 매우 중요한 역할을 한다.

유청소년 스포츠에서 부모가 관리자 역할을 수행하는 것은 종종 어렵고, 껄끄러운 배우자 관계, 제한된 사회적 기회, 형제 간의 원망, 부모의 직업 갈등으로 이어지기도 했다 (Harwood & Knight, 2009). 많은 학부모들은 유청소년 스포츠의 금전적 비용에 부담을 갖고 있으며, 다른 일들(가족 식사, 숙제)과 함께 아이들의 훈련과 대회 일정을 관리하고 지속적인 교통수단을 제공하는 것이 매우 어렵다고 말한다. 하지만, 이러한 요구와 시간에 대한 부담에도 불구하고, 대부분의 부모들은 아이들을 위한 유청소년 스포츠의 혜택이 모든 것을 가치 있게 만든다고 말한다(Wiersma & Fifer, 2008).

---

2) 프레드릭스와 에클스(Fredrick & Ecles, 2004)는 부모의 역할을 경험의 해석자, 경험의 제공자, 그리고 본보기로 제시한다. 하워드와 나이트(Harwood & Knight, 2015)는 유청소년 스포츠 부모에게 요구되는 다양한 역량에 대해 논의하며, 이들은 이를 개인, 대인, 조직으로 분류한다. 우리는 이 저자들의 범주를 이 책에서 제시된 유청소년 스포츠 부모들의 세 가지 역할로 단순화하면서, 세 가지 유청소년 스포츠 양육 M(3M's)이라고 칭한다.

2) 본보기

유청소년 스포츠를 위한 두 번째 중요한 역할은 부모가 자녀를 위해 **본보기(model)**를 보여 준다는 것인데, 이것은 기준을 정하거나 모방이나 비교를 할 수 있는 예시를 제공한다는 것을 의미한다. 부모가 보여 주는 신체활동에 대한 본보기, 스포츠 참여, 도덕적 행동, 라이프스킬(예: 코치나 관계자들을 존중하기, 효과적으로 감정을 다스리기 등), 직업 윤리, 성 평등 활동 참여 등은 아이들의 인식과 행동에 영향을 미치는 것으로 나타났다(Wiersma & Fifer, 2008). 비록 활동적인 부모의 자녀들이 활동적인 경향이 있지만, 부모의 스포츠(또는 신체 활동) 참여가 부모의 지지, 격려, 피드백, 평가만큼 아이들에게 영향을 미치는 것은 아니다(Horn & Horn, 2007). 스포츠 참여의 가치와 유용성에 대한 부모의 믿음은 스포츠 역량에 대한 아이들의 감정, 스포츠 참여에 대한 가치, 그리고 그들의 실제 참여 수준과 관련이 있다(Clark, 2008; Fredricks & Ecc1es, 2005).

그래서 스포츠나 신체활동에 적극적으로 참여하는 부모가 있다면 아이들은 부모로부터 배울 수 있는 기회와 스포츠에 함께 하면서 배울 수 있는 기회를 갖게 된다. 만약 부모로서 스포츠에 참여 할 수 있는 기술 수준이나 시간적 여유를 갖추고 있지 못하다면, 자녀의 스포츠 참여에 대한 긍정적인 가치를 보여줌으로써 유청소년 선수들에게 긍정적인 본보기가 될 수 있다. 부모가 반드시 훌륭한 운동선수일 필요는 없다. 단지 격려하고 도움을 주는 부모가 된다면 그것으로 충분하다!

엘리트 선수 출신들의 자녀들은 부모가 엘리트 선수가 되도록 과도하게 강요하지 않았음에도 불구하고 부모처럼 뛰어난 선수가 되어야 한다는 압박감을 느꼈다고 인정했다 (Fraser-Thomas, Cote, & Deakin, 2008b). 나(제1저자)는 아버지가 유명한 내셔널 하키 리그 스타였던 대학 하키 선수에게 자문을 구했다. 그 대학 선수는 아버지로부터 얻은 기회에 감사를 표시했지만, 한편으로는 아버지처럼 훌륭하게 되어야 한다는 기대에 부응하기 위해 노력하는 운동선수로서 "정말 짜증 났다."라고 인정했다. 부모와 코치는 선수 출신 부모와의 비교와는 별개로 어린 선수들이 성취와 참여를 즐길 수 있도록 돕기 위해 운동선수 부모를 둔 아이들에게 상담을 할 수 있도록 고려해야 한다.

3) 의미 생성자

유청소년 스포츠를 위한 세 번째 중요한 역할은 의미 생성자(meaning maker)다. 유청소년 선수들은 자신의 스포츠 참여에 대하여 이해하고 생각하기 위하여 지속적인 안내가 필요하다. 즉, "오늘 내가 다른 사람들 앞에서 경기하는 것에 대해 어떻게 느껴야 하는가?" "내가 망치면 어쩌지?" "내가 어떻게 했지?" "내가 잘했나?" "난 어떤 스포츠를 잘하는가?" "나는 왜 경기를 하는가?" "내가 경기에 져도 괜찮은가?" "이기면 어떻게 행동해야 할까?" "다른 아이들이 나보다 잘하면 어쩌지?"와 같은 것을 생각하는 데 안내가 필요하다. 부모가 어린 운동선수들에게 이러한 질문에 대답하도록 하는 방법은 아이들의 즐거움, 스포츠 동기 지속, 자존감과 유능감에 강한 영향을 준다(Fredricks & Ecc1es, 2004)(〈표 15-1〉의 의미생성 예를 참조).

부모의 정서적 지지와 격려는 의미 생성자 역할의 결정적 측면이다. 그것은 유소년 선수들에게 지속적 동기부여, 즐거움, 자존감 등 스포츠 체험의 질과 연계되어 왔다(Lauer, Gould, Roman, & Pierce, 2010a, 2010b). 부모의 정서적 지지는 아이들이 실패와 스트레스에 대처할 수 있도록 돕는 완충제 역할을 한다(Cote, 1999). 테니스 챔피언 크리스 에버트(Chris Evert)는 아버지의 정서적 지지에 대해 다음과 같이 말한다. "아버지는 내가 힘들게 패배한 후에 듣고 싶은 말을 해 주셨다. 항상 나를 달

표 15-1 의미를 생성하는 양육의 예(Thompson, 2009를 재구성함)

상황	부모의 반응 예시
중요한 경기를 앞두고 걱정하고 있을 때	"대부분의 선수들이 큰 경기 전에 긴장을 한단다. 그것은 너의 몸이 준비를 하고 있다는 것을 의미하는데, 그건 좋은 거야. 오늘 하루를 즐기고, 열심히 하는 것, 그게 중요한 것이지."
경기에서 지거나 잘하지 못한 상태에서 돌아갈 때	토론이 필요하다고 생각할 필요 없다. 아이들은 성인들보다 종종 빠르게 패배를 극복한다. 아이들에게 "오늘 경기 어땠어?"라고 물어보라. 만약 아이가 부정적인 감정을 표현한다면, "네가 실망한 걸 알지만, 넌 이런 일로 축 처져 있을 사람이 아니야. 다시 일어설 수 있어."라고 하고 덧붙여, "코치님과 더 좋은 전략을 찾을 수 있을 거야."라고 한다.
경기 중에 실수를 하고 관중석에 있는 당신을 볼 경우	아이들이 당신의 자세와 표정을 쉽게 읽을 수 있기 때문에 비언어적인 반응에 주의해야 한다. 세상이 끝났다거나 당신이 화났다는 비언어적인 신호는 안된다. 웃으면서 괜찮다는 격려의 신호를 보내며, 훌훌 털어 버리고 넘어간다.
영웅이 되는 순간과 함께 팀이 승리할 경우	지는 것에 과민반응하지 않는 것처럼, 이기는 것도 마찬가지다. 영웅이 된 순간을 가능케 한 노력과 훈련에 대해 칭찬한다. "나는 네가 너무 자랑스러워."는 지양한다. 오히려 결실을 맺은 준비, 전념과 같은 통제 가능한 것들에 대해 자부심을 보여 준다.

래고 긍정적인 면을 짚어 주셨다."(Evert, 2010). 부모와의 애착으로부터 느끼는 안전한 기반과 관련해서 부모들이 아이들에게 줄 수 있는 가장 중요한 정서적 측면은 무조건적인 사랑과 수용이다. 이것은 경기를 잘하거나, 우승한다거나, 부모의 기대와 기준에 부응해야 한다는 조건과 관계없이 든든한 밑받침이 된다는 의미이다.

부모가 어린 선수에게 제공할 수 있는 다른 유형의 의미로는 운동 수행에 대한 결실, 실수를 허용하는 것, 결과가 아닌 노력과 숙달에 대한 칭찬, 자율성을 지지하는 행동(모두 6장에서 논의됨) 등이 있다. 타이거 우즈(Tiger Woods)의 아버지 얼(Earl)은 주니어 골퍼였던 타이거의 자율성과 책임감을 높이는 독특한 방법을 실천하였다. 일단 토너먼트에 도착하면, 역할을 바꾸어서 타이거가 호텔 체크인과 체크아웃을 담당하고, 아침에 몇 시에 일어나고, 몇 시에 먹을지, 그리고 언제 경기장으로 떠날지를 포함한 일정을 계획했다. 대회 일정이 끝나면 다시 역할을 바꿨다(Callahan, 2006).

유청소년 스포츠 선수들의 부모는 의미 생성자 역할을 효과적으로 수행하는 것이 어렵다는 것을 인정했다. 예를 들어, 경기 후 집으로 돌아가는 차 안에서 부모들은 자녀들이 경쟁의 경험을 올바로 받아들이도록 돕는 것이 중요하다는 것을 알지만, 무엇을 어떻게 말해서 아이들을 더 나은 방향으로 도와야 하는지에 대해 어려움을 겪었다(Wiersma & Fifer, 2008). 부모들은 또한 아이들이 팀의 다른 아이보다 뛰어나지 않다는 것을 인식하더라도 연습과 경쟁을 지속하도록 도움을 주는 데 어려움을 겪었다(Wiersma & Fifer, 2008). 우리는 엄청난 패배, 경기 시간 부족, 운동 의욕 감소와 관련하여 아이들에게 무슨 말을 해야 할지 알기 위해 고군분투해 왔기 때문에 부모들의 이러한 우려를 이해할 만하다. 유청소년 스포츠 부모에 관한 선행 연구는 시간이 흐르면서(특히 큰 아이가 있는 경우) 그들이 의미 생성자 역할에 필요한 관점과 노련함을 얻었다는 것을 보여 준다(Wiersma & Fifer, 2008).

부모가 선수를 돕는다는 것은 그들의 스포츠 참여 역시 선수들이 더 잘 수행하도록 돕는다는 것이다. 아이들이 긴장을 정상적인 경쟁의 부분으로 이해하고 받아들이도록 돕기 위해 대화하는 것은 도움이 된다. 패배한 후에 배운 교훈에 집중하는 것은 아이들이 경쟁의 본질을 이해하는 데 도움이 된다. 부모들은 아이들이 높

부모의 정서적 지지는 스포츠 체험의 질과 연계되어 유청소년 선수들에게 동기, 즐거움, 자존감을 지속시켜 왔다.

은 기준, 노력과 집중, 훈련에의 전념과 같은 성취에 대한 기대를 내면화하도록 돕는다(Pomerantz, Grolnick, & Price, 2005). 부모가 아이들의 수행에 대하여 정직하고 적절한 피드백을 제공함으로써, 아이들은 자신의 능력에 대한 정확한 인식을 형성하여 도전적인 목표를 추구하는 동기와 끈기를 향상시킨다.

쉬어가기

선택을 통한 의미 제공하기

그랜드슬램 단식 18회 우승자인 크리스 에버트(Chris Evert)는 자신의 아버지가 그녀의 인생에서 테니스의 중요성에 대해 자기 스스로 결정을 내릴 수 있게 해 준 방법을 다음과 같이 설명한다. "아버지는 내가 시합에서 졌을 때 결코 화낸 적이 없어요. 절대로 소리를 지르거나 나에게 압력을 가하지 않았고요. 내가 최선을 다하는 한, 아빠는 만족하셨지요. 그랜드슬램 챔피언을 기르려고 하지도, 저를 통해 자신의 꿈을 이루도록 하시지도 않았어요. 8학년 때, 저는 토너먼트에 출전해서 꽤 잘하고 있었지만, 동시에 학교에 있는 다른 친구들처럼 지내고 싶기도 했어요. 그래서 전 치어리딩 팀을 만들어 봤어요. 그것은 테니스를 방해할 만큼 시간을 많이 쏟아야 하는 일이었기 때문에 아빠는 결정을 내려야 한다고 말씀하셨어요. 만약 제가 응원단장이 되는 것을 원한다면 아빠는 저를 전적으로 지지해 주거나 저와 함께 코트에서 시간을 보내려고 하지 않았어요. 저는 그것에 대해 생각했고, 결국 꽤 분명한 선택을 내렸어요. 그 순간은 제게 결정적인 순간이었어요. 왜냐하면 저의 잠재력에 발휘하기 위해서는 희생이 필요하다는 것을 깨달았기 때문이에요"(Evert, 2010).

4. 유청소년 스포츠에서 긍정적인 부모 행동

대부분의 유청소년 스포츠 부모들은 많은 도움이 된다. 연구 결과에 따르면 유청소년 스포츠 대회에서 부모 행동의 약 3분의 2가 긍정적이고 적절하며, 3분의 1은 부정적이거나 부적절한 것으로 평가되었다(Bowker et al., 2009). 유청소년 스포츠 코치들은 학부모의 70%를 '황금'으로 평가했고, 나머지는 신경질적인 유형부터 열혈 마니아에 이르기까지 다양하게 평가했다(Gould, Lauer, Rolo, James, & Pennisi, 2008).

1) 아이들은 무엇을 원하는가

이번 장의 처음에 제시한 편지에서 알 수 있듯이, 아이들은 부모의 양육 행동이 본인에게 도움이 되는지 해가 되는지에 대해 꽤 잘 알고 있다. 요컨대 아이들은 강요가 아닌, 지지를 원한다. 구체적으로 아이들은 부모가 존중과 지지를 보이고 긍정적인 바디 랭귀지를 사용하며, 성과보다는 노력과 태도에 대해 말하는 것을 좋아한다(Knight, Boden, & Holt, 2010; Omli & Wiese-Bjornstal, 2011). 유청소년 선수들은 부모가 지나치게 시끄럽게 굴거나, 당황하게 하거나, 경기장 밖에서 코치하거나, 부정적으로 말하는 것을 원하지 않는다. 9세 어린 선수의 눈으로 보면 부모들은 "아무 말 하지 않고, 잘했을 때 박수를 쳐야 한다"(Omli & Wiese-Bjornstal, 2011, p. 708).

유청소년 운동선수들은 때에 따라 선호하는 부모의 양육 행동에 대해 언급했다(Knight, Neely, & Holt, 2011). 시합 전에 아이들은 신체적으로 준비할 수 있도록 잘 먹을 수 있게 해 줄때 감사하게 여겼다. 대부분의 선수는 경기 전에는 경기력이나 걱정에 대해 말하지 않기를 원했다. 경기를 하는 동안에는 팀 전체를 격려하고, 결과보다는 노력에 집중하며, 감정을 조절하고, 관심을 끌지 않으며, 코치하지 않고, 경기 요원과 논쟁하지 않기를 원했다. 경기가 끝난 뒤에는 긍정적이면서도 솔직한 경기에 대한 피드백을 선호했다. 또한 선수들의 부모가 물어본 것을 이야기하기 전에 좋지 않은 감정을 처리할 시간을 주었을 때 감사하게 여겼다.

2) 역효과를 내는 행동

아이들이 부모로부터 무엇을 원하는지 아는 것은 도움이 된다. 하지만 비록 좋은 의도를 가졌더라도 부모 자신도 모르는 사이에 유청소년 선수들에게 부담을 주는 경우가 많다. 이것은 '역효과'라고 볼 수 있다. 좋은 의도를 가졌지만 나쁘게 작용하기 때문이다.

(1) "네가 자랑스러워."

아이들이 잘했을 때, 부모들은 흔히 "네가 너무 자랑스러워."라고 말한다. 이 말은 지지하는 말처럼 보이지만, 아이들에게 많은 부담을 줄 수 있는 잠재성을 가지고 있다. 그것은 아이들의 성취를 그들 스스로 자랑스러워해야 할 것이 아니라 부모의 자부심을 이끌어 내기 위해 해낸 것으로 바꾼다. 부모들은 보통 아이들을 격려하고 그들의 성취에 대해 자부심을 심어주려고 한다. 다만 "자랑스럽다."라는 말은 부모의 자부심과 인정을 얻기 위해 압박이나 기대를 만들어 내는 판단적인 표현으로 보여지기도 한다(Elmore, 2014; Pickhardt, 2009). 미국의 아프리카계 미국인 운동가 샤를제타 워들스(Charleszetta Waddles)는 "당신이 사람들에게 자부심을 줄 수는 없지만, 자신의 내적 강점을 바라보게 하고 자신만의 자긍심을 찾게 해 줄 수는 있습니다."라고 하였다(AZ Quotes, 2015).

이러한 말들이 아이들의 유능감과 자아 존중감에 어떤 영향을 미칠 수 있는지 다음 예시를 통해 생각해 보자(Schafer, 2010를 재구성). 열네 살 엠마는 엄마에게 "엄마, 난 엄마가 '난 네가 자랑스러워.'라고 말하지 않아서 정말 기뻐요."라고 말한다. 엄마는 "정말이야? 왜 그럴까?"라고 대답한다. 엠마는 "'내가 어떻게 축구 선발 라인업에 들었는지 알아?'라고 친구 나탈리에게 말했더니 나탈리가 미소를 지으면서 '네가 정말 자랑스러워.'라고 말하니 기분이 끔찍했어요. 내가 잘한다고 나탈리가 생각하도록 선발로 뛰어야 할 것 같은 기분이 들었어요. 내가 선발로 뛰지 않는 한 나탈리는 내가 좋은 운동선수가 아니라고 생각할 거예요. 내가 선발이 아니었을 때도 열심히 했다는 것을 나탈리는 이해하지 못해요."라고 말했다. 엄마는 "그런데 라인업 이야기를 듣는 엄마 역시 흥분이 되었단다. 엄마가 너를 판단하는 거라고 생각하니?"라고 하였고, 엠마는 "아뇨, 엄마. 엄마가 한 말은 완전히 달랐어요. 제가 원하는 걸 얻어서 기쁘다고 하셨잖아요. 저를 믿고 지지한다는 말을 듣는 게 너무 좋았어요."

그래서 부모들은 뭐라고 말해야 할까? 더 나은 선택은 "너 자신을 정말 자랑스러워해야 한다."라고 말하는

참고하기

부모와 유청소년 선수 간의 대화 역량을 강화하기 위한 팁

다음은 부모들이 자녀들을 유청소년 스포츠에 관한 대화에 참여시킬 때 고려할 몇 가지 지침이다. 부모들은 종종 섣불리 '충고를 주는' 단계의 대화로 뛰어든다. 아이들의 요구를 들어주고 배려하려는 의지를 보여 주기 위해서 몇 가지 전략에 대해 생각해 보라.

1. 아이의 '울타리 밖에서' 머물러라. 대화에서 아이를 지지하고, 아이의 편에 있고 싶다고 스스로를 상기시켜라. 어떻게 하면 더 나은 운동선수가 될 수 있는지에 대해 조언하는 것이 부모의 목표가 되어서는 안 된다. 아이는 부모의 무조건적 지지를 느껴야 하며, 어떤 방식으로든 해야 하는 부담이나 의무가 없어야 한다.
2. 부모의 역할을 강의하는 사람이 아닌, 듣는 사람의 역할로 만들기 위해 "더 말해 달라."는 태도를 유지하라. "너의 기분이 어떤지 궁금해." "계속하렴." "더 말해 줄 수 있니?"와 같은 반응을 통해 아이는 말을 하고 부모는 듣도록 할 것이다.
3. 인내하고, 주의 깊고, 개방적이고, 판단하지 않고, 때로는 침묵하는 청취자가 되라. 경청은 양육에서 가장 중요한 기술 중 하나다. 경기에 대해 정확히 알아서 아이가 무엇을 개선해야 할지 안다고 하더라도, 아이에게 어떻게 생각하는지 물어보고 인내심을 갖고 들어주어라. "오늘 경기에 대해 어떻게 생각하니?" "무엇을 배웠니?"와 같이 어린 선수가 자신을 보다 자세하게 표현할 수 있는 개방형 질문을 하라. 눈을 마주치며 경청하고, 고개를 끄덕이고, "그래, 알았어." 등의 말을 하며, 편안하게 침묵하거나 개방적인 자세를 취하라. 조언을 하거나 문제를 해결하는 것은 듣는 것이 아니다.
4. 아이가 이야기할 준비가 되었을 때 대화를 이끌도록 하라. 대부분의 아이들이 원하지 않는 "이리와서 앉아 볼래."는 피하도록 하라. 함께 시간 보내기, 식사 준비하기, 낙엽 쓸기, 카드놀이 하기 등의 활동만 해도 대화를 순조롭게 할 수 있다.

시간이 지나면서 부모가 판단하거나 조언하지 않고 들어줄 것이라는 사실을 알게 되면, 아이들은 대화를 하려 하게 되고, 부모가 듣고 지지해 줄 것이라고 믿게 된다.

Thompson, 2003을 수정함.

것이다. 다른 대안으로 "잘됐다!"나 "네가 잘 되었다니 나도 기쁘다."가 있다. 부모가 (수행 결과가 아니라) 고생, 노력, 스포츠맨십 등 아이들이 개인적으로 통제할 수 있는 특성과 행동에 초점을 맞추는 것 또한 도움이 된다. 그 예로는 "네가 이것을 이루기 위해 그렇게 열심히 일했다는 것에 대해 매우 자랑스러워해야 한다."가 있다. 대학 운동선수들에게 그들의 부모님이 그들을 기분 좋게 하는 말을 물었을 때, 그들은 "나는 네가 경기하는 것을 보는 걸 사랑한다."는 강력한 표현을 언급하였다(Elmore, 2014). "오늘 네가 수영하는 모습을 보는 게 너무 재미있었어." 등의 변형을 더하여 아이들에게 사용할 수 있다. 이러한 표현의 핵심은 판단과 성취해야 한다는 압박에서 벗어나 아이들이 참여하고 성취하기 위해 노력하는 것을 지켜보는 여러분의 사랑에 초점을 맞추어야 한다는 것이다.

(2) "이겨야 한다."

두 번째로 선의지만 (경쟁 전) 부담스러운 발언은 "이겨야 한다."는 것이다. 부모들은 이를 어린 선수에 대한 자신감의 표현으로 보는 경우가 많지만, 이는 선수에게 매우 큰 부담을 갖게 한다. 성인 선수라 하더라도 경기를 앞두고 결과에 집중하는 것은 좋은 멘탈 전략이 아니다(Gould, 2015). '반드시' '해야만 한다'와 같은 단어들은 비현실적이고 불합리한 요구를 전달할 수 있고, 이는 결국 어린 선수들에게 압박과 불안감을 유발한다(Ellis & Dryden, 1987). 부모들은 어린 선수들이 경쟁의 흥분, 경기 과정, 그리고 그들이 준비되었다는 느낌에 집중할 수 있도록 도와야 한다. 실제로 부모의 설교, 분석, 결과 중심의 격려의 말보다 경쟁 전에 주의 분산과 다른 일을 하는 것이 더 바람직하다.

(3) 의도하지 않은 비언어적 의사소통

부모들은 유청소년 스포츠 경기 동안 비언어적 반응과 비교했을 때 언어적 의사소통을 훨씬 더 잘 조절한다. 제1저자인 나는 비언어적 소통에 매우 유의해야만 했다. 왜냐하면 내 딸이 배구 경기 동안 스탠드에서 있는 나를 보는 것만으로도 내 생각과 감정을 읽을 수 있기 때문이다. 어린 테니스 선수가 "가끔 아빠는 정말 심각한 얼굴을 하고 있어서 어떤 의미인지 잘 모를 때가 있어요. 그래서 아빠가 무슨 생각을 하는지 생각하게 되기 때문에 가끔 정말 산만해져요(Knight & Holt, 2014, p. 161)."라고 설명하듯이, 아이들은 부모를 쳐다보고 또 부모의 감정을 가끔 잘못 읽기도 한다. 부모들은 격려와 긍정적인 지원의 신체적인 징후를 보여 줌으로써 아이들의 운동수행에 대한 비언어적인 반응을 관리하려고 노력해야 한다.

3) 양육에 대한 발전적 욕구 충족시키기

성공적인 부모들은 발달하는 아이들의 변화하는 요구에 민감하다. 선수들이 다른 단계로 옮겨 가면서 유청소년 스포츠에서 부모의 역할도 변화한다. 약 12세까지 스포츠에 참여하는 샘플링(sampling) 기간 동안, 부모의 역할은 아이들에게 다양한 활동을 소개하고, 재미와 기술 발전에 초점을 맞추고, 많은 지원, 격려 및 안내를 제공하는 것을 포함한다(Cote, 1999).

13세에서 15세 사이의 전문화(specializing) 기간에는 종종 선수들이 자신의 훈련과 자기 관리에 대해 더 많은 개인적인 책임을 지면서 경쟁적인 요구에 기초한 더 큰 재정적, 정서적 지원을 필요로 한다. 부모는 부차적으로 무대 뒤에서 지원하는 역할이 되고, 코치가 선수 생활의 중심이 된다. 이 시기는 부모에 대한 과의존을 낳는, 너무 많은 결정 내리기와 선수를 위해 지나치게 많은 일하기를 피하고, 부모가 적절하게 놓아줄 때다(Lauer et al., 2010a). 엘리트 선수 또는 10대 후반 기간 동안, 부모의 관여는 전형적으로 덜 직접적인 것이 되어 격려와 지지가 필요하다. 이러한 심화된 스포츠 수준에서 부모들의 지나친 지시는 선수들에게 압박감과 산만함을 유발한다(Lauer et al., 2010a).

부모의 관여 정도가 시간이 지남에 따라 변화하지만, 어떤 양육 행동은 유청소년 스포츠의 모든 단계에 걸쳐 중요하다. 정서적 지원을 위한 부모의 안정적인 기반은 흔들리지 않고 지속되어야 한다. 근면, 스포츠맨십과 같은 핵심 가치는 계속적으로 강조되어야 한다. 정서적 통제와 실수와 패배에 대한 적절한 반응과 같은 적절한 부모 행동은 어린 선수들이 경쟁의 압박에 대처하는데 매우 중요하다(Lauer et al., 2010a, 2010b).

5. 부모의 함정 이해하기

부모와 자식 간의 정서적 투자와 애착은 이른바 부모의 함정(parent traps)으로 이어질 수 있다. 이러한 함정은 부모의 유소년 스포츠에 대한 투자가 너무 커져 주요 요점인 '내 아이에게 가장 좋은 것은 무엇인가?'가 잊혀질 때 발생한다.

1) 부모는 얼마나 밀어붙여야 할까

많은 부모가 고민하는 문제는 '어느 정도 아이를 밀어붙여야 할까?'이다. 우리는 운동선수들의 자율성을 지지하는 것이 중요한 양육 관행임을 강조해 왔고, 청소년 운동선수들은 과도한 간섭을 하는 부모들로 인해 그들이 스포츠에서 느끼는 즐거움이 압박 받고 줄어들 수 있음을 언급하였다. 수행에 대한 부모의 지나친 압박은 낮은 자존감, 불안, 번아웃(burnout), 그리고 부모가 "너한테 좋은 거야."라며 끊임없이 밀어붙이는 활동을 회피하게 만드는 부모의 함정이라 볼 수 있다(Fraser-Thomas, Cote, & Deakin, 2008a; Gould et al., 2008).

하지만 부모로부터 약간의 압박이 필요하다는 증거가 있다. 한 운동선수는 다음과 같이 설명한다.

> 가끔 연습하기 싫었던 적도 있었고, 부모님의 관점에서는 "아쉽지만 너는 연습을 해야 해."가 아니었어요. 그것은 "아들, 너 이것을 잘하고 싶어, 그렇지 않니?" 같았어요. 저는 "네. 그래요."라고 대답할 거예요. 부모님은 말하실 것입니다. "그럼, 내 생각에는 연습을 해야 할 것 같다." 그럼 저는 "맞아요, 좋아요."라고 말할 것입니다(Lauer et al., 2010b, p. 490).

부모는 어린 선수들을 가르치는 것에 대해 "할 거면 제대로 해." "약속을 끝까지 지켜라." 등의 말을 함으로써 비판적일 수 있다. 부모로서 우리 딸이 비록 배구를 할지는 불확실했지만, 우리는 딸이 초등학교 6학년 때 배구에 도전해야 한다고 하였다. 우리 딸이 그것을 시도하기 위해서는 부모로부터의 밀어붙이는 힘이 필요하다고 느꼈다. 딸은 배구를 좋아했고 고등학교와 클럽 배구를 즐겼다.

부모는 자녀들이 성취를 위해 노력하도록 도전하는 **최적의 압박**(optimal push), 즉 지시적 행동을 위해 노력해야 하며, 자녀들의 자율성을 지지하고 과도한 압박은 피해야 한다. 유청소년 수영선수 가족과의 연구 결과 부모의 압박 수준(자녀들에게 얼마나 지시하고 성과목표 달성을 강조했는가)이 아이들의 열정(노력, 경쟁력, 즐거움의 결합)과 곡선형으로 연관돼 있는 것으로 나타났다(Power & Woolger, 1994). 이 결과는 너무 밀어붙이는 것뿐만 아니라 너무 적게 밀어붙이는 것 또한 아이들이 운동에서 성취를 해 나가는 데 부모의 적당한 수준의 압박보다 효과적이지 않다는 것을 보여 주었다. 마찬가지로 다양한 스포츠의 유청소년 선수들을 대상으로 한 연구는 노력에 대한 칭찬과 정서적 지원과 함께 더 많은 양의 부모의 지시적 행동이 스포츠에 있어 자녀들의 더 큰 성공과 관련이 있다는 것을 보여 주었다(Wuerth, Lee, & Alfermann, 2004).

제11장에서 논의된 바와 같이, 부모의 압박은 부모가 상대방을 이기거나 이기는 것과 같은 결과에 초점을 맞출 때 유청소년 수영 선수들에게 불안감만 유발했다(O'Rourke, Smith, Smoll, & Cumming, 2011). 노력을 장려하고 실수로부터 배우며 자기개선에 중점을 둔 방식으로 관여한 부모들은 자녀들이 조절 가능한 목표에 집중할 수 있는 적응적인 방식으로 지도하였다. 이것은 부모에 의한 최적의 압박의 또 다른 예다.

정서적 뒷받침이 없는 아이들에게 과도한 성취 압박을 가하는 것은 피해야 하지만, 유청소년 선수들이 스포츠에서 노력하고 성공하기 위해 필요한 격려와 적극적인 참여, 지시적 행동 등의 충분한 압박을 제공하지 못하는 것 또한 경계해야 하는 일이다(Hellstedt, 1987). 지역 클럽의 수영 코치인 샤닌은 자녀에게 애정과 지지를 보이지만 관여가 적은 부모에 대한 자신의 경험을 다음과 같이 공유했다.

> 부모님께서 좀 더 푸쉬해 주셨으면 좋았을 거예요. 자라면서, 부모님은 저와 제 형제들에게 활동적이고 즐겁게 지내기 위해 스포츠에 참여하라고 하셨어요. 그렇지만 부모님은 우리가 성장해서 올림픽 선수 같은 것이 되는 꿈을 전혀 꾸지 않으셨고, 어떤 압박감도 없었기 때문에 그때는 그것도 완전히 괜찮았어요. 하지만 내가 11세였을 때, 1년 내내 수영하지 않고 클럽 배구를 해 보기로 결심했을 때 저는 부모님이 제가 더 신중하게 결정을 내리도록, 제가 배구를 좋아하지 않는다는 것을 알고 난 후 다시 수영 클럽으로 돌아오도록 도움을 주셨더라면 좋았을 거라고 생각합니다.
>
> 고등학교에 입학하면서, 저는 제가 꽤 괜찮은 수영선수라는 것을 깨닫기 시작했고, 제 성공을 바탕으로 대학에서 수영의 꿈을 키우기 시작했습니다. 저희 부모님께서 그것이 가능할 것이라는 행동을 보여 주지 않으셨기 때문에 저 또한 그런 꿈을 꾼 적이 없습니다. 승패가 갈리기 시작하면서 부모님께서 제 잠재력을 깨닫지 못하거나 제가 가지고 있다고 느끼는 재능을 이해하지 못하고 있다는 생각이 들었어요. 부모님이 제 능력을 시험하고 더 빨리 될 수 있는 기회를 쫓을 수 있도록 저를 몰아붙였으면 좋았을 텐데요.
>
> 고등학교 3학년 때, 저는 전국대회 출전 자격을 얻기 위해 클럽 수영팀에 합류하기로 결정했습니다. 저는 자격을 얻었지만, 부모님은 저를 자랑스러워하거나 신나 보이지 않는 것 같았어요. 그들은 텍사스로 여행을 가서 내 경기 하나를 위해 몇 시간 동안 수영을 해야 하는 것에 대해 짜증이 난 것 같았습니다. 그 자격을 얻기 위해 충분한 시간을 들여 열심히 노력했기 때문에 그건 제 기분을 상하게 했어요. 제가 어머니께 대학에서 수영을 할 수 있도록 선발되고 싶다고 말씀드렸을 때, 어머니는 "희망을 품지 마라."라고 말씀하셨어요. 이것 때문에, 저는 대학에서 수영하는 것이 제게 선택지가 될 거라고 결코 진정으로 믿지 않았습니다. 저와 함께 수영한 여자애들, 저와 비슷하거나 저보다 느린 기록을 가진 여자애들은 '다양한 대학'에서 수영을 계속했습니다. 부모님이 저의 재능과 자신감을 극대화하려고 더 많이 밀어붙였다면, 저는 과거에 수영 좀 했던 사람(swammer) 대신 대학 수영 선수(collegiate swimmer)가 될 수 있었을 것 같습니다.

최적의 압박은 부모가 자녀의 이야기에 귀 기울이고 무조건적으로 정서적으로 지지할 때, 동시에 적당한 수준의 밀어붙임과 압력을 사용할 때 일어난다. 정서적·자율적 지원 없이 부모의 압박만 있다면 이는 주는 것은 없이 모두 가져가려는 부모의 함정이다. 반대로 부모에 의한 충분하지 않은 압박은 어린 운동선수들이 스포츠에서 그들의 목표를 추구할 수 있는 능력을 방해할 수 있다. 유청소년 스포츠의 최적의 압박과 관련하여 가장 유리한 부모 행동의 비결을 더 잘 이해할 수 있도록 돕기 위한 추가 연구가 필요하다.

2) 대리성취에서 왜곡된 대리성취까지

두 번째 부모의 함정은 부모가 정상적이고 지지적인 양육에서 비정상적이고 왜곡된 양육으로 선을 넘었을 때 발생한다. 정서적 애착 때문에 부모들은 자녀들과 강하게 동일시한다. 그들은 자녀들의 성취에서 기쁨을 얻는데, 이를 대리 성취(Achievement By Proxy: ABP)라고 부른다(Tofler & DiGeronimo, 2000). 건강한 대리 경험(ABP)의 상태에서 부모들은 자녀의 성공과 실패를 대리로 체험하면서도 동시에 아이들은 자신만의 고유한 욕구와 목표를 가진 별개의 개인임을 깨닫는다. 10대의 타이거 우즈는 그의 아버지를 ABP 용어로 묘사했다. "우리 아빠는 나를 통해 살지 않아, 어떤 부모님들은 그렇게 하지"(Callahan, 2006).

부모의 함정은 ABP가 왜곡된 대리 성취(ABPD: achievement by proxy distortion)로 변할 때 발생한다. 왜곡된 대리 성취(ABPD)는 자녀의 성취를 통한 부모의 사회적 인식이나 경제적 이익에 대한 요구가 자녀의 요구와 목표보다 우선시되는 심리 상태다(Tofler & DiGeronimo, 2000). ABPD에서 부모의 이득에 대한 이러한 필요성은 의식적이거나 무의식적일 수 있으며, 그것은 부모들로 하여금 자녀의 신체적, 정서적 건강을 위태롭게 할 수 있다. ABPD는 종종 부모들이 과도한 시간과 돈을 희생하기 시작하거나, 더 유리한 훈련 지역으로 이동하거나, 아이들을 전문 트레이닝 학원에 보낼 때 시작된다. 이러한 희생 때문에, 선수들은 부모에게 보답하기 위해 그들 자신을 희생할 것으로 기대되기도 한다.

한 엘리트 체조 선수는 자신의 체중 증가에 대한 어머니의 반응과 엘리트 선수 참여를 중단하려는 열망을 회상한다. "안 돼! 너는 월요일에 체육관으로 돌아갈 거야. 못 먹게 할 거야! 찬장을 잠가야겠어! 우리가 이렇게 많은 시간과 돈을 썼는데, 넌 이걸 망치지는 않을 거야." (Sey, 2008, pp. 258-259). 젊은 운동선수는 욕구와 감정을 가진 사람보다는 개선되어야 할 상품으로 객관화된다. 그리고 부모들이 그들 자신의 요구와 목표를 그들의 자녀들의 요구와 완전히 구별하지 못 하게 되면 정서적 학대가 신체적 학대로 이어질 수 있다. 올림픽 체조 선수 도미니크 모세아누(Dominique Moceanu)가 몸무게를 조절해야 하는 엘리트 체조 세계에서 엄격히 금지된 사탕을 먹었다는 이유로 그녀의 아버지에게 얼굴을 맞은 것을 떠올렸다(Moceanu, 2012). 17세 때 모세아누는 아버지로부터 받은 학대로 인해 법적 성인 선고를 받을 권리를 신청했다.

피겨 스케이팅 선수의 부모가 ABPD의 함정을 다음과 같이 설명한다.

> 나는 처음으로 테스가 메달 단에 서 있는 모습을 보고 매혹되었어요. 이게 어떻게 나를 끌어당기게 하는지 저도 몰라요. 나는 더 많은 경기를 찾아 다녔어요. 언제나 더 좋은 경기들이 있었고, 더 어려운 상대와 마주했어요. 얼마 후 나는 테스의 말에 귀를 막았어요. 나는 딸이 이기길 원했어요. 그건 나를 위해서였어요. 그 애를 위해서가 아니고요. 마지막 몇 년은 꽤 힘들었어요. 내 딸은 내가 깨닫기 훨씬 전에 선수를 그만두고 싶어했어요. 내가 딸의 어린 시절을 낭비한 게 아니었으면 좋겠어요(Murphy, 1999, p. 84).

스포츠 참가를 중단한 어린 엘리트 선수들의 부모들은 아이들이 은퇴한 후 몇 년 동안 스스로 길을 잃은 것 같다고 묘사하며 정신적으로 어려움을 겪고 있다고 전했다(Lally & Kerr, 2008).

유청소년 스포츠 선수의 부모들은 ABPD의 함정에 대해 알아야 한다. 그들은 자녀의 스포츠 참여에 대한 동기와 감정을 지속적으로 점검해야 한다. 부모들은

〈부록 A〉에 제공된 100점짜리 연습(Thompson, 2009)을 완료하고, 각각이 자녀에게 얼마나 중요하다고 생각하는지에 따라 청소년 스포츠 프로그램의 수많은 목표를 평가하는 것이 유용하다는 것을 알아야 한다. 부모들은 그들의 100점 리스트를 눈에 띄는 곳에 보관해야 하는데, 이것은 발달단계에 적절하고 ABP와 같은 그들의 양육 우선순위를 상기시켜 줄 것이다. 또 다른 연습은 다음과 같은 질문에 답함으로써 가족 스포츠 강령을 개발하는 것이다(Ginsburg, Durant, & Baltzell, 2006, p. 11).

- 내 아이가 스물 한 살일 때, 어떤 사람이 되기를 바라며, 유청소년 스포츠는 부모로서 우리가 아이를 그곳에 데려다 주는 데 어떤 도움을 줄까?
- 유청소년 스포츠에 참여함으로써 아이가 배우길 바라는 가장 중요한 세 가지 교훈은 무엇인가?

우리 자신을 더 잘 이해하기 위해 자기 인식(self-awareness)에 힘쓰면, 우리는 무의식적으로 아이들이 부모로서 우리의 필요를 충족하도록 압력을 가하는 경향을 줄일 수 있다. 가능한 한, 부모들은 자신의 욕망을 접어두고 자녀들의 욕구와 목표에 집중해야 한다.

3) 부모들은 그들의 자녀를 코치해야 하는가

유청소년 스포츠에서 부모들이 자신의 자녀의 코치 역할을 할 때 잠재적인 부모의 함정에 빠질 수 있다. 유청소년 스포츠에서 자원봉사를 하는 학부모 코치는 많이 찾아볼 수 있으며, 이러한 부모들이 자발적으로 시간을 내는 큰 이유는 자신의 아이를 지도하기 위함(그리고 적절하게 행하는 것)이다. 지난 25년 동안 우리가 수업시간에 비공식적으로 실시한 설문조사에 따르면 부모로부터 지도를 받은 대부분의 선수는 긍정적인 경험을 한 것으로 나타났다. 남자 청소년 선수들은 아버지의 지도 아래 경기를 하는 것에 관련하여 많은 긍정적인 측면이 있음을 확인했는데, 추가적인 기술 교육, 최적의 압박과 동기부여, 아버지가 의사결정에 관여하는 것, 그들의 능력과 강점에 대한 아버지의 독특한 이해 등이 이에 해당한다(Weiss & Freetwell, 2005). 어렸을 때, 청소년 선수들은 또한 아버지의 지도 아래 경기하는 것은 그들이 연습에 결코 늦지 않았다는 것을 의미하며, "그들은 항상 트로피를 받고 그것을 집에 가져갈 수 있다."(p. 291)라고 언급했다.

물론 압박감과 기대감, 팀 내 다른 선수들보다 높은 기준에 집착하는 등 부모가 코치가 되었을 때의 부정적인 측면도 있다. 팀 내 다른 선수들보다 높은 기준을 세우는 까닭은 자기 자녀를 편애한다는 인상을 피하기 위해서다. 한 젊은 운동선수의 말처럼, "내가 무언가를 잘하고 다른 사람이 똑같이 잘한 일이 있다면 아버지는 잘했다는 말을 다른 사람에게 해 주지 내게 해 주지 않는다. 그는 내게 잘 대해 주는 것처럼 보이는 말을 하려 하지 않는다"(Weiss & Freetwell, 2005, p. 293). 이러한 상황에서 문제가 되는 것은 부모와 코치의 역할을 이중으로 수행하는 것이다. 어른이나 나이 든 선수들과 달리, 어린 아이들은 엄마로부터의 비판과 코치로부터의 비판을 구분하기 어려워한다. 아이들에게 비판은 항상 엄마로부터 오는 것이 된다(Murphy, 1999).

코치 역할을 하는 부모는 연습과 경기가 끝나면 그들의 이중 역할을 관리하도록 해야 하고 분명히 엄마 또는 아빠로 돌아와야 한다. 한 주니어 테니스 선수는 "아버지로서의 역할과 코치로서의 역할의 분리가 없었던 게 가장 큰 문제였다. 그래서 우리는 테니스 외에는 아무 이야기도 하지 않았다. ……그는 개인적인 감정 같은 것을 이야기할 여지가 없었다."고 설명했다(Gould, Tuffy, Udry, & Loehr, 1997, p. 265). 코치 역할을 경험했던 한 아버지는 부모 역할과 코치 역할을 구분하는 데 유용한 조언을 제공한다. "게임이 끝나면, 여러분은 재빨리 부모의 역할로 돌아가야 합니다. …… 아이가 경기에서 잘 뛰었든 못 뛰었든 간에, 여러분은 아이의 축구 기술이나 게임 습득 능력과는 상관없이 그의 감정을 다루는 것을 지지해야 합니다. 이제 여러분은 아이가 자신의 경기에서 어떤 감정을 느끼는지를 다루어야 합니다"(Weiss & Freetwell, 2005, p. 299).

우리는 부모들이 자녀들을 위한 코치로서 유능하게 봉사할 수 있다고 생각하며, 부모들이 자녀들에게 이중역할을 해야 하는 이러한 상황에 대해 잘 설명해 줄 것을 제안한다. 부모-코치로 이중역할을 맡는 코치들은 몇 가지 가이드라인이 필요하다. 예를 들어, 경기에서 부모-코치를 뭐라고 불러야 할지, 경기에서 코치로 행동하고 경기가 끝난 후에는 부모로서 행동할 의도와 같은 것들이다. 아이들에게 부모인 자신이 코치로 가르칠 때 어떻게 느끼는지를 물어보고, 코치를 맡을지 말지를 결정할 때 아이들이 가지고 있는 걱정거리를 함께 논의해야 한다. 일부 학교 프로그램과 클럽 스포츠는 부모가 자녀를 지도할 수 없다는 규칙을 제정했다. 이것은 경우에 따라서는 좋은 생각일 수도 있지만, 생활 체육 유청소년 스포츠 수준에서는 자원봉사 부모-코치가 여전히 대부분이다. 우리 지역사회에서는 대부분의 자원봉사 부모-코치들이 자신의 자녀를 포함한 유청소년 선수들에게 긍정적인 경험을 제공하는 훌륭한 일을 하고 있는 것을 목도해 왔다.

4) 형제자매 간의 문제

14세의 체조선수 크리스 세이(Chris Sey)의 첫 전국대회 때, 아나운서는 그를 이렇게 소개했다. "도마에 크리스 세이입니다. 누나가 이번에 새롭게 국가 챔피언이 된 제니퍼 세이지(Jennifer Sey)요. 지금 관중석에 앉아 있네요. 제니퍼, 한 번 일어서 주시겠습니까?"(Sey, 2008, p. 245). 제니퍼 세이는 그녀의 책에서 이 사건이 남동생에게 얼마나 충격적인 사건이었는지에 대해 이야기한다. 매우 성공한 유청소년 선수들의 형제자매들은 가족 내 스타 선수에게 제공되는 관심과 지원 때문에 소외감을 느끼는 경우가 많다(Blazo, Carson, Czech, & Dees, 2014; Cote, 1999; Harwood & Knight, 2009). 더 재능 있는 아이가 별도의 훈련으로 스포츠 전문역량을 쌓아 가는 동안 형제자매들이 매일 가사노동의 잡일을 처리하도록 요구받게 되면 상황은 어려워진다(Tofler & DiGeronimo, 2000). 형제자매들은 종종 숨겨진 분노 속에서 자신이 가족에게 덜 중요하다고 느끼기 시작한다. 한 젊은 운동선수는 다음과 같이 설명한다.

> 내가 오빠의 성공을 질투한 게 아니에요. 단지 일부 기회에 대해서는 그랬을 뿐이에요……. 아버지는 저를 지원해 주셨지만 …… 테니스에 대해서는 오빠가 더 중요했어요……. 테니스가 아닌 다른 스포츠를 선택해서라도 제게 도움을 주려는 대신 오빠의 테니스를 돕는 데 집중하고 있는 것 같이 느꼈어요(Blazo et al., 2014, p. 44).

부모는 모든 것이 가장 재능 있는 아이를 중심으로 돌아가는 선수 중심의 분위기와는 반대로 가족 중심의 분위기를 만들기 위해 할 수 있는 일을 시도해야 한다. 부모들은 모든 자녀들의 활동에 진지한 관심을 보이고 모든 자녀들과 함께 보낼 시간을 할당해야 한다. 자녀들은 부모가 자녀의 성취가 아니라 있는 그대로의 존재로서 사랑한다는 메시지를 받을 필요가 있다. 부모들은 모든 자녀들의 활동과 성취를 중요하게 여기는 있는 방법을 찾아야 한다. 가족들은 어떻게 하면 가정의 책임을 공평하게 분배할 수 있는지에 대해 토론할 수 있다. 자녀들이 주어진 책임을 누가 언제 할 것인지 의논할 때, 일반적으로 스포츠 훈련에 더 많은 시간을 보내는 형제자매에 대한 원망이 줄어들게 된다(Tofler & DiGeronimo, 2000).

부모가 가족 내 각각의 자녀들을 정서적으로 연결하

고 지지하기 위해 집중적인 노력을 할 때, 형제자매 간의 원망이라는 부모의 함정을 피할 수 있다. 그리고 많은 가정에서, 형제자매는 그들의 유청소년 스포츠 참여를 돕는 긍정적인 모델과 정서적인 지지자의 역할을 수행한다(Fraser-Thomas et al., 2008b).

6. 유청소년 스포츠에서의 부모 교육

많은 유청소년 스포츠 부모 교육 프로그램이 어린이와 유청소년 스포츠에 대한 실질적인 정보를 부모들에게 제공하기 위해 개발되었다. 긍정적 스포츠 부모 교육(Positive Sport Parenting) 코스는 nfslearn.com에서 온라인상으로 무료 제공된다. 휴먼키네틱스 코치 교육(HumanKineticsCoachEducationCenter.com)은 유청소년 스포츠 관리자가 지역사회에서 부모에게 전달할 수 있는 스포츠 부모 교육과정을 제공한다. 휴먼키네틱스 코치 교육은 모든 자료와 세부 스포츠 부모 촉진자 매뉴얼에 관리자나 코치가 따를 수 있는 핵심 사항을 제공한다. 미국 유청소년 스포츠 연합(The National Alliance for Youth Sports)은 교육 사명의 일환으로 학부모들을 위한 온라인 강좌(www.nays.org/parents)를 개설하고 있다. 부모 멘탈 트레이너(PMT: The Parent Mental Trainer) 프로그램은 Mental Training, Inc.와 미시간 주립대학교의 유청소년 스포츠 연구소(Institute for the Study of Youth Sports)에서 제공하는 자료로 온라인으로 제공된다. 다른 부모 교육 프로그램은 특정 유청소년 스포츠 협회(예: 미국 청소년 축구)에서 이용할 수 있다. 짧고 실용적이며 긍정적인 스포츠 육아 책도 이용할 수 있다(예: Thompson, 2009, 2010a).

최소한, 우리는 유청소년 스포츠 관리자나 코치(또는 양쪽 모두)가 경기 시즌 전에 간단한 부모 오리엔테이션 미팅을 실시해야 한다고 주장한다. 프로그램의 목적과 초점을 명확히 할 수 있고, 일정, 여행, 연습 기간, 팀 규칙과 지침 등에 대한 세부 사항이 제시될 수 있다. 우리는 코치들이 매우 비공식적인 방법으로 이 일을 하는 것을 보았다. 코치들은 부모들에게 이 모든 경험을 자기 자녀들을 위한 것으로 만들어 달라고 호소했다. 미팅 분위기가 코치와 부모 간의 동반자 관계 의식을 전달하고 부모들의 질문이 환영받고 공개적으로 논의될 경우 유용하다. 이러한 미팅의 대안책으로는 시즌에 따라 몇 번씩 제공되는 부모 정보소식지 또는 뉴스레터가 있다. 유청소년 스포츠 조직은 학생 인턴을 활용하여 부모 정보 가이드와 뉴스레터를 만들고 배포하는 대학 프로그램과 제휴하는 것을 고려할 수 있다.

1) 유청소년 스포츠 부모와 교류하는 코치의 전략

① 부모들을 당신의 프로그램의 동맹(allies)으로 만들

개인적 이야기

어떠한 부모의 함정이나 역효과를 경험하였는가

부모의 측면에서 선의의 행동들이 얼마나 역효과를 내거나 부모의 함정 역할을 할 수 있는지에 대한 몇 가지 예를 읽어 보았다. 여러분은 아들, 딸 또는 부모로서 이런 것들을 경험해 본 적이 있었나? 당신이 경험한 다른 부모의 함정이나 역효과가 있었나? 이러한 경험이 스포츠 참여와 자기 인식에 어떤 영향을 미쳤는가?

라. 부모 및 가족을 사회적 활동에 참여시키고 부모-선수(선수가 선수와 경기를 벌이거나 부모와 선수가 팀을 짜 경기를 하는 방식) 시합도 개최하라. 부모들에게 도움을 요청하고(예: 모금, 스낵바 스태프, 이동 수단 제공, 배구 라인 심판) 그들의 리더십과 서비스에 대한 감사를 표현하라.

② 코칭 철학, 목표, 지침 및 규칙에 대한 정보를 부모 오리엔테이션 미팅에서 제공하라. 부모들이 질문할 시간을 제공하라.

③ 모든 부모와 대화하고 연락하며 자녀에 대해 긍정적으로 생각하도록 만들라.

④ 경기 시간이나 포지션에 대해 이야기하려는 선수에게, 부모보다 먼저 코치와 대화하도록 요청하라.

⑤ 경기 당일에 경기 시간, 포지션 또는 전략에 대해 부모에게 말하지 않는 것을 규칙으로 정하라. 부모들은 이러한 문제들을 논의하기 위해 다른 시간에 코치와 미팅을 잡아야 한다.

⑥ 부모의 '관리자'로서의 의무를 인식하라. 앞에서 논의한 바와 같이, 많은 부모들은 청소년 스포츠의 일부인 시간, 여행, 교통수단을 관리하기 위해 고군분투한다. 이 모든 것을 가능한 한 쉽게 만들기 위해 노력하고, 부모들이 이 역할을 해 준 것에 대해 감사를 표하라.

⑦ 다음은 부모가 코치로서 당신에게 이의를 제기하거나 문제를 제기할 경우에 대한 몇 가지 제안이다(Haefner, 2015년 개정).

a. 전문가다운 얼굴을 하고 차분히 들어주라.

b. 방해하거나 감정적으로 굴지 마라.

c. 시간이 주어졌을 때, 당신의 관점을 천천히 그리고 명확하게 설명하라. 아이에게 초점 맞추고 다른 선수와 비교하지 마라.

d. 무슨 일이 있어도 냉정함을 잃지 마라. 평범한 대화 수준에서 차분한 목소리를 사용하라. 프로답게 굴라!

e. 부모가 우려의 목소리를 내 준 것에 대해 감사하며, 당신이 그들의 의견을 잘 들었고, 그들의 관점을 고려할 것이라는 것을 알려 주라.

2) 더 나은 유청소년 스포츠 부모가 되기 위한 제안

① 동의하지 않더라도, 코치의 결정을 지지하고 받아들여라. 코치의 시간과 에너지에 거듭 감사를 표하라.

② 코치에게 어떻게 도울 수 있는지 물어보라.

③ 직원, 상대편, 선수 또는 코치에 대해 무례하거나 부정적으로 말하지 않음으로써 경기를 존중하라(Thompson, 2010b).

④ 부모로서 당신의 역할은 코치의 역할과 다르다는 것을 기억하라. 여러분의 역할은 경기와 연습에서 지도, 전략 제공 또는 피드백을 제공하는 것이 아니다. 당신의 역할은 부모가 되어 자녀와 팀을 지원하는 것이다.

⑤ 자신이 어떻게 반응하는지 그 경향을 파악하고 침착성을 유지하기 위해 사용할 전략을 계획하고 연습하라[다시 집중하기, 산책하기, 관점 다시 세우기 등(이것은 월드컵이 아니라 U-9 축구 경기다.)](Wiersma & Fifer, 2008)

⑥ 유청소년 스포츠에서의 부모로서 세 가지 관계를 관리하라(Thompson, 2003). 당신의 주된 관계는 자녀와의 관계로서, 자녀에게 최적의 압박을 하기 위해 자녀를 지지하고 감정적으로 귀를 기울이는 부모가 되는 것이다. 두 번째 관계는 자녀의 코치와의 관계다. 코치가 자신의 일을 할 수 있도록 적극적이고 긍정적인 자세를 유지하라. 부모가 관리해야 할 마지막 관계는 자신과의 관계다. 이 모든

것이 자녀에 대한 것이지, 자녀에 대한 목표와 욕망에 대한 것이 아니라는 것을 기억하라. 이 세 가지 관계, 특히 세 번째 관계를 조절하는 것은 어려운 일이다. 단순히 이 세 관계의 중요성을 인식하는 것 또한 훌륭한 유청소년 스포츠 부모가 되기 위한 출발점이다.

7. 요약

유청소년 스포츠 양육 조언의 상당 부분은 어린 선수들의 요구를 충족시키는 데 초점을 맞추고 있다. 오늘날의 이상적인 양육 문화에 비추어 볼 때, 훌륭한 유청소년 스포츠 부모가 된다는 것은 자녀들로 하여금 유청소년 스포츠에서의 많은 책임을 이행할 수 있도록 녹초가 될 때 까지 달린다는 것과 비슷하다. 당신은 비행기로 여행을 할 때마다 훌륭한 양육 비결을 듣게 된다. 부모가 참고할 수 있는 조언은 바로, "비행기 기내의 압력이 떨어지면 먼저 자신의 산소 마스크를 착용한 후 자녀에게 신경 쓰세요."다.

우리는 이 조언을 따르는 부모가 많지 않다는 사실을 알고 있다. 부모로서의 본능은 우리보다 먼저 자녀의 요구를 우선적으로 생각하는 것이다. 하지만, 연구는 아이들이 부모의 스트레스에 의해 부정적인 영향을 받는다는 것을 분명히 보여 준다. 국가 스트레스 조사에서 86%의 아이들이 부모의 스트레스에 의해 부정적인 영향을 받는 것으로 나타났다(Novotny, 2012). 유청소년 스포츠에서 부모들은 그들의 개인적인 행복과 아이들의 복지를 위해 자신의 산소마스크에 다시 초점을 맞출 필요가 있다. 부모들이 자신의 산소마스크를 우선시하지 않으면 좋은 양육을 할 능력 또한 훨씬 떨어진다. 우리는 부모들이 자녀들을 위해 종종 흔쾌히 보여 주는 희생을 이해하고 존경한다. 우리는 부모들이 유청소년 스포츠의 문제에 대한 숙고와 가족의 전반적인 필요성을 신중하게 고려하여 오늘날의 유청소년 스포츠에서 숨겨진 부모 함정인 위험한 희생과 정신적으로 건강하지 않은 실천을 피할 수 있기를 바란다.

학습 초점

주요 용어

- **대리 성취(Achievement By Proxy: ABP)** 부모가 자녀들의 성공과 실패를 대리 체험하면서도 동시에 자녀들이 자신만의 고유한 욕구와 목표를 가진 분리된 개인임을 깨닫는 것.
- **왜곡된 대리 성취(Achievement By Proxy distortion: ABPD)** 자녀의 성취를 통한 부모의 사회적 인식이나 경제적 이익에 대한 요구가 자녀의 필요와 목표보다 우선시되는 심리상태.
- **애착(attachment)** 부모와 자녀를 이어 주는 깊은 정서적 유대감으로 부모가 자녀 요구에 민감하게 반응해 자녀의 든든한 밑거름이 된다.
- **독재적 양육 방식(authoritarian parenting style)** 강요는 하지만 자녀의 감정적인 요구에 덜 반응하는 스타일. 설명 없이 복종을 강조하거나 아이들과 함께 이치를 따지려 한다.
- **권위적 양육 방식(authoritative parenting style)** 반응성과 요구가 모두 높은 스타일. 높은 기준과 한계를 설정하고, 아이들에게 존경과 추론을 보여 주며, 그들의 정서적 요구에 부응하는 것을 포함한다.
- **본보기(models)** 부모가 모방 또는 비교에 대한 표준을 설정하거나 예시를 제공하는 방법.
- **방임형 양육 방식(neglectful parenting style)** 강요하지도 않고 반응적이지도 않은 스타일. 자녀와 분리되고 자녀를 지지하지 않는 스타일.

- **최적의 압박(optimal push)** 아이의 자율성을 지지하고 과도한 압력을 피하면서 성취를 위해 노력하고 도전하도록 하는 지시적 행동.
- **양육 방식(parenting style)** 부모와 자녀의 관계가 어떠해야 하는지에 대한 부모의 태도와 가치관을 바탕으로 부모가 자녀와 상호 작용하는 전반적인 방식.
- **허용적 양육 방식(permissive parenting style)** 반응성은 높지만 강요는 적은 스타일. 부모는 규칙과 기준을 강요하기를 꺼려하므로 아이들이 스스로 규제하는 것을 선호하여 구조를 거의 제공하지 않는다.

핵심 요약

1. 애착은 부모가 자녀의 요구에 민감하고 적절하게 반응하는 결과를 가져오며, 부모는 자녀의 안전한 기반이 된다.
2. 온실양육 스타일은 정상적인 유년기를 보장하기 위해 아이들의 어린 시절을 보호하려는 이전의 양육 관행과 달리, 아이들이 특별해지도록 준비하는 데 초점을 맞춘다.
3. 양육 스타일은 반응 정도와 강요성에 따라 다르며 권위적인(authoritative), 독재적인(authoritarian), 허용적인(permissive) 스타일을 포함한다.
4. 유청소년 스포츠 양육의 역할을 대표하는 세 가지 M은 매니저(manager), 모델(model), 의미생성자(meaning maker)다.
5. 활동적인 부모는 활동적인 아이를 키우는 경향이 있지만, 스포츠나 신체 활동에 대한 부모의 격려와 지원이 아이들의 스포츠 참여에 가장 큰 영향을 미친다.
6. 유청소년 선수들은 부모의 지원을 원하지만, 부모들이 코칭 조언이나 부정적인 발언을 하지 않는 것을 선호한다.
7. 유청소년 스포츠에서 부모의 역할은 운동선수들이 다른 수준의 스포츠를 통해 이동함에 따라 변화한다.
8. 부모가 자녀에 대한 무조건적인 정서적 지지를 듣고 보여 주면서 적절한 밀어붙임과 압력을 사용할 때 최적의 압박(optimal push)이 생긴다.
9. 왜곡된 대리 성취(ABPD)는 부모가 자녀의 성취를 통한 사회적 인식이나 금전적 이익을 원하는 경우에 자녀들의 요구와 목표보다 우선하여 이루어진다.
10. 부모들은 가족 내 각각의 자녀들과 정서적으로 연결되고 지지하기 위해 집중적인 노력을 함으로써 형제자매간의 원망이라는 부모 함정을 피할 수 있다.

탐구 질문

1. 부모–자녀 애착이 유청소년 스포츠에서 부모의 행동과 관련이 있는 이유를 설명하라.
2. 현대 사회에서 양육을 위한 이상적인 문화적 규범은 무엇인가? 그것이 어떻게 그리고 왜 변했는가? 여러분은 미래에 어떻게 변할지 예측할 수 있는가?
3. 반응 정도와 강요도의 연속체(continuum)을 사용하여 세 가지 양육 방식을 설명하라. 비록 한가지 스타일이 유청소년 스포츠 부모들에게 추천되지만, 특정 상황에 따라 다른 어떤 스타일이 유용할 수도 있는가?
4. 유청소년 스포츠에서 세 가지 M의 대표적인 부모 역할에 대해 설명하라. 각각의 M에 대한 예시를 제공하라.
5. 아이들이 유청소년 스포츠에서 부모의 행동에 대해 무엇을 원하는지 연구 결과를 설명하라.
6. 자녀들이 유청소년 스포츠 시스템을 통해 이동함에 따라 부모들의 역할은 어떻게 바뀌어야 하는가?

7. 최적의 압박 개념을 설명하고, 부모가 이를 달성하기 위한 지침을 제안하라.
8. ABP는 어떻게, 그리고 왜 ABPD로 변하는가? 각각에 대한 예를 제공하라.

성찰용 학습활동

1. 유청소년 스포츠 부모에게 질문하는 인터뷰 가이드를 디자인해 보라. 이 가이드는 부모와 유청소년 스포츠에 대해 관심이 있는 특정 영역 또는 여러 영역에 초점을 맞춰야 한다(예: 양육 스타일, 자신의 자녀 코칭, 본 장에서 논의했거나 논의하지 않았을 수 있는 유청소년 스포츠 양육의 다른 측면). 두 명의 유청소년 스포츠 부모에게 인터뷰를 하고, 사례 설명을 위해 익명의 인구 통계 정보를 포함시켜라. 면담 결과에 대한 분석, 여러분의 결과가 이 장의 아이디어에 어떻게 부합하는지, 그리고 여러분이 이 부모들로부터 배운 것을 작성하라.
2. 질문 1에 설명된 대로 인터뷰 과제를 수행하되, 스포츠 참여와 전반적인 발전에 관련된 다양한 양육 스타일과 행동에 대한 인식과 선호도에 대해 두 명의 유청소년 선수와의 인터뷰를 계획하고 진행하라. 미성년 자녀를 인터뷰하려면 부모의 허락을 받아야 하며, 부모에게 인터뷰 질문의 사본을 제공해야 한다.
3. 특정 유청소년 스포츠 상황(예: 9세 및 10세 소프트볼 선수)의 부모를 위한 교육 가이드 또는 뉴스레터를 작성해 보라. 여러분의 가이드나 뉴스레터가 부모들에게 일반적인 일정과 팀 규칙과 지침 이외의 몇 가지 교육을 제공하는지 확인하라. 부모가 이미 고려했을 수 있는 측면을 넘어 유청소년 스포츠 양육에 대한 통찰력을 제공하는 다채로운 방식으로 제시된 정보를 포함시켜라.

보조자료

Thompson, J. (2009). *Positive sports parenting*. Portola Valley, CA: Balance Sports.

Thompson, J. (2010). *The high school sport parent*. Portola Valley, CA: Balance Sports.

휴먼 키네틱스 코치 교육 스포츠부모 과정(HumanKineticsCoachEducationCenter.com).

부모와 효과적으로 소통하기(nfhslearn.com) NFHS 무료 온라인 강좌.

스포츠에서 부모의 역할(nfhslearn.com) NFHS 무료 온라인 강좌.

Parent Mental Trainer: PMT(https://mentaltraininginc.com/services/parent-mental-trainer-pmt). PMT는 유청소년 스포츠 연구 분야의 리더들이 설계한 학부모를 위한 온라인 인증 과정이다. 그것은 부모들이 그들 자신, 운동선수, 그리고 코치에게 가장 유익한 방법으로 아이들의 유청소년 스포츠 경험에 참여하도록 돕는다. 온라인 과정에서는 부모가 사이드 라인에서 어떻게 행동해야 하는지, 선수들을 어떻게 긍정적으로 응원하는지, 아이가 스포츠에 참여하는 것을 보면서 감정을 다스리는 방법을 다룬다.

Chapter
16

유청소년 스포츠를 통한 도덕성과 라이프 스킬 개발

제16장 개요

이 장에서 학습할 내용은 다음과 같다.

- 스포츠가 자동적으로 인성을 개발하는 것은 아니라는 것
- 도덕적 행동과 라이프 스킬이 어떻게 감지되고, 가르쳐지고, 그리고 마음에 스며드는지
- 유청소년 스포츠 참여자들에게 도덕적 행위와 라이프 스킬을 함양하기 위한 실제적 전략

1. 개요

유청소년 스포츠에 대하여 흔히 가지고 있는 믿음 중의 하나는, 유청소년들이 스포츠에 참여하게 되면 성인이 되었을 때 사회에서 성공적으로 살아갈 수 있는 중요한 기술을 배우게 될 것이라는 것이다. 즉, 많은 사람이 스포츠는 인성을 개발한다고 믿는 것이다. 여러분은 이것을 믿는가, 아니면 믿지 않는가? 그리고 그 이유는 무엇인가? 이 질문은 서론의 유청소년 스포츠 IQ 테스트에 이미 제기되었다.

스포츠가 인성을 개발하는 것이 아니라고 믿는다면 그것은 아마도 속임수, 상대와 심판에 대한 무례함, 스포츠에서 일어나는 폭력적인 행동을 떠올리기 때문일 것이다. 아마도 2013년 유타주의 축구 심판 리카르도 포틸리오(Ricardo Portillio)가 17세 선수에게 파울을 선언하고 옐로우 카드를 꺼냈다가 안면을 가격당해 사망한 사건을 떠올릴 수도 있다. 스포츠가 인성을 개발한다고 믿는다면, 스포츠 팀을 이끄는 지도자가 선수들에게 상대방을 존중하고, 감정을 통제하고, 페어플레이를 하라고 가르치는 것을 보았기 때문일 것이다. 메이저 리그 야구 투수인 아르만도 갈라라가(Armando Galarraga)가 심판인 짐 조이스의 오심에 의하여 2010년 퍼펙트게임의 기회를 망쳐버렸음에도 겸손과 성숙한 태도로 심판의 판정을 지지하는 성숙함을 보여 준 것이나 다음의 〈쉬어 가기〉에 인상적으로 묘사된 성숙한 인격이 좋은 예다. 허다한 부정적인 사례뿐만 아니라 우리를 고양시키는 오크 하버(Oak Harbor)와 메리스빌-필척(Marysville-Pilchuck) 축구팀의 행위와 같은 예도 존재한다는 것이 이번 장의 핵심 포인트이다. 인성, 라이프 스킬, 도덕적인 행위는 단지 스포츠에 참여하는 것만으로 자동적으로 개발되는 것이 아니다. 그보다는 이러한 긍정적인 산물은 지식을 갖춘 성인이 발달단계에 적절한

쉬어가기

인성 드러내기

메리스빌-필척과 오크 하버(워싱턴) 고등학교 축구팀은 2014년 10월 24일 밤에 리그 챔피언십을 위해 경기를 치를 예정이었다. 그러나 경기 당일 아침, 문제를 가진 10대가 메리스빌-필척 카페테리아에서 총으로 4명의 학생을 죽이고 스스로 목숨을 끊었다. 충격적인 뉴스에 대한 반응으로 오크 하버 팀은 메리스빌-필척에게 리그 타이틀을 내어주기로 결정하였다. 오크 하버의 선수들과 코치 제이 터너는 메리스빌에서 열린 추모 기도회에 참석하고 메리스빌-필척 선수들에게 조의를 표하였다. "우리 선수들에게 이게 얼마나 큰 의미가 있는지 말로 다 표현할 수 없어요."라고 메리스빌-필척 코치 브랜든 카슨(Brandon Carson)이 말하였다. "이건 단순히 게임의 문제를 넘어서, 선수가 무엇을 할 수 있는지를 보여 줍니다."(『진정한 챔피언』, 2014).

그러나 더 놀라운 것은 스포츠맨십이 도덕적 품성과 동정심을 보여 주도록 다른 이들에게 영감을 줄 수 있다는 것이다. 5일 후, 메리스빌-필척 선수들은 (오크 하버팀은 리그 타이틀을 내어주었음에도 불구하고 플레이오프에 진출한 상태였다.) 오크 하버 팀을 연습 중에 깜짝 방문하여 리그 챔피언십 트로피를 선물했다. 메리스빌-필척 주장인 코빈 페리는 챔피언십 트로피를 양보하는 것에 대해 "그들이 우리를 위해 한 것에 비하면 이것은 아무것도 아닙니다."라고 하며 모든 선수가 우승 트로피를 양보하는 것에 동의했다고 말했다.

활동을 구조화하고 적절한 행동의 시범을 보이고, 강화하고, 도덕적 이슈에 관하여 토론하여 유청소년 스포츠 참여자들이 추론하고 높은 수준의 도덕적 발달에 이르게 할 때 가능해진다. 스포츠 참여는 오직 사회적 · 도덕적 발달을 강조하는 방식으로 프로그램을 구조하고 그러한 방식으로 실행할 때만 선수들의 인성이나 중요한 라이프 스킬을 개발할 수 있다.

2. 스포츠에서 도덕적 행동과 관계된 용어의 이해

인성이라는 다소 모호한 용어를 명료화하지 않은 이상 스포츠 참여가 어떻게 인성에 영향을 주는지를 명확하게 이해하는 것은 불가능하다. 인성이라는 용어는 영국에서 19세기 중반 등장하게 되었는데, 당시 영국은 소년들에게 리더십, 정직, 자기통제, 용기, 끈기와 같은 중요한 덕목을 개발하는 수단으로 스포츠 참여를 독려하고 있었다. 비슷한 맥락으로, 스포츠 참여는 영적인 개발을 가져온다는 강건한 기독교주의(muscular christianity)가 미국의 청교도주의자들에게 지지받았는데, 이는 19세기 후반 미국에서 YMCA의 경쟁적인 스포츠 프로그램으로 발전하게 되었다. 따라서 '인성(character)'이라는 용어는 사회에서 높이 사는 긍정적인 도적적 또는 윤리적 자질의 군(群)이라고 할 수 있다. 문제는 이 용어가 매우 느슨하고 일관되게 사용되지 못하다 보니 연구자들이 스포츠가 인성을 개발하는가 하는 질문에 대한 답을 불가능하게 하였다는 점이다. 인성에 대한 이 같은 모호한 아이디어를 넘어서 이 장에서는 보다 구체적이고 현대적인 용어인 라이프 스킬, 스포츠맨십, 도덕적 행동, 공격, 공격성에 초점을 둘 것이다.

1) 라이프 스킬

라이프 스킬(life skills)은 우리가 살아가는 문화 속에서 성공하도록 도와주는 다양한 기술뿐만 아니라 도덕적 가치를 포함한다(Danish, Nellen, & Owens, 1996). 라이프 스킬은 일반적으로 스포츠를 할 수 있는 능력이나 신체적으로 활동적일 수 있는 것과 같은 신체적 능력, 협동, 효율적 공감 및 소통 능력, 다른 사람에 대한 존중과 같은 소위 친 사회적 행동과 같은 사회적 역량, 의사결정, 학습기술과 같은 인지적 역량, 감정 조절, 자신에 대한 책임감을 발휘하는 정서적 역량, 개인적 목표의 추구, 문제해결 전략이 개발, 자신의 공동체에 도움이 되는 기여와 같은 행동적 역량을 포함한다.

부모들은 유청소년들이 스포츠 참여를 통하여 어떻게 승리와 패배를 받아들이는지, 스포츠맨십을 개발하는지, 지시를 잘 따르고 효과적으로 의사소통을 하는지, 주의를 집중하는지, 일이 뜻대로 풀리지 않아도 자신의 관점을 유지하는지와 같은 중요한 라이프 스킬을 개발할 수 있다고 믿는다(Wiserma & Fifer, 2008, p. 515).

따라서 라이프 스킬은 인성과 같이 다방면의 질적인 측면을 포함하고 있지만, 라이프 스킬 개발은 사회에서의 효율적인 시민으로 살아가는 것을 가능케 하는 기능과 같은 인간적인 기술을 포함한다는 점에서 더욱 더 광범위하다고 할 수 있다. 이러한 기술들은 반드시 이것만은 아니지만, 도덕적 · 윤리적 행동을 포함하고 있다. 라이프 스킬 학습의 중요성이 우리가 흔히 가볍게 이야기하는 식의 스포츠는 인성을 개발한다는 식의 오래된 아이디어를 능가하는 것이기 때문이다. 제3장에서 논의하였듯이, 유청소년 스포츠의 중요한 목적은 신체적 · 사회적 · 인지적 · 감성적 · 행동적 라이프 스킬을 개발하는 것이다. 〈쉬어가기〉에 제시된 예를 읽어 보고 스포츠에서 라이프 스킬을 어떻게 가르칠 것인지, 특히 스포츠에서 다른 삶의 맥락으로 전이성을 가지기 위해

쉬어가기

퍼스트 티(First Tee) 라이프 스킬 교육 프로그램

퍼스트 티(First Tee, www.thefirstee.org) 프로그램은 골프를 통한 라이프 스킬 개발에 초점을 두고 있으며 아홉 가지 핵심 가치에 초점을 두고 있다. 이는 정직, 품격, 스포츠맨십, 존중, 자신감, 책임감, 인내, 정중함, 판단력이다. First Tee 프로그램에서, 삶의 교훈들은 재미를 주된 목적으로 하여 고안된 다양한 골프 관련 활동을 통해서 배우게 된다. 참가자들은 파(par: 대인간 소통과 자기 관리), 버디(birdie: 목표 설정), 이글(eagle: 저지하기, 갈등해결), 에이스(ace: 자신의 삶 계획)로의 수준에 따른 자격증을 받아 가면서 자기 자신에 대하여 배우게 된다. 예를 들어, 청소년 참가자들은 좌절과 분노에 직면했을 때 어떻게 스타(Stop: 멈추고, Think: 생각하고, Anticipate: 예측하고, Respond: 반응하고)가 되는지, 실수에 대해서 효율적으로 대응하기 위해서는 어떻게 4R(Replay: 되돌려보고, Relax: 흥분을 가라앉히고, Ready: 준비하고, Redo: 다시하기)을 실천하는지와 인내심을 가져라, 긍정적으로 바라보라, 도움을 요청하라와 같은 주문을 내면화하는 법을 배운다. 퍼스트 티(First Tee)의 코치들은 학습 과정이 활동 중심(행하기 대 말하기), 숙달중심(개인기술 개발 강조), 개인적으로 역량을 강화해 주기(능동적 의사결정), 지속적이고 생애에 걸친 배움에 초점을 두도록 구체적인 전략을 사용하도록 교육받는다. First Tee 프로그램은 지역 사회뿐만 아니라 학교체육에서도 제공된다.

독자적으로 수행한 연구에 따르면 73%의 참가자가 학업적으로 잘할 수 있을 것이라는 높은 자신감을 보였고, 82%는 동료들과의 사회적 기술에 있어서 자신감을, 57%는 First Tee 프로그램이 사람들을 만나고 대화하는 기술을 개발하는 데 도움을 주었다고 하였으며 모든 참가자들이 프로그램에서 배운 기술을 학교에서의 성취에 전이시켰다고 하였다(Weiss, Stuntz, Bhalla, Bolter, & Price, 2013; Impact Report, n.d.).

서 프로그램을 어떻게 구체화해야 하는지 주목해 보기를 바란다.

2) 스포츠맨십

스포츠맨십(Sportsmanship)은 종종 경쟁에서 상대방이 이런 행동으로 전략적 이득을 얻게 될지언정 공정함과 상호 존중을 보여주는 행동으로 정의된다. 좋은 스포츠맨십의 예에는 테니스 경기에서 라인 콜을 공정하게 하는 것, 경기에서 져서 화가 났을지라도 악수를 건네고 상대를 존중하는 것과 같은 것이다.

스포츠맨십이 무엇인지 알고 싶다면 유청소년 스포츠 참여자에게 물어보라. 〈표 16-1〉과 같이 어린 선수들은 어떻게 해야 공정한 경기를 하고, 좋은 스포츠인이 되는지를 알고 있다. 엔치온(Entzion, 1991)은 6학년 학생들에게 어떤 것이 공정한 경기인지를 묘사해 보라고 했는데 〈표 16-1〉의 왼쪽에 제시된 그들의 상위 10개 답변이야말로, 우리가 살아 내야 하는 규칙이다. 캐나다의 10세에서 18세에 이르는 1,000명 이상의 선수들이 스포츠맨십을 〈표 16-1〉의 오른쪽에 제시된 다섯 가지 주요 요인으로 정의하였다(Vallerand, Deshaies, Cuerrier, Briere, & Pelletier, 1996). 이 두 연구는 모두 각각, 유청소년 선수들이 스포츠맨십을 노력에 대한 헌신, 팀 동료, 경쟁자, 심판에 대한 존중, 감정의 조절, 다른 사람과의 협동으로 이해하고 있음을 보여 준다. 그들은 스포츠에서 일어나는 부정적 행동을 인지하고 있었으며, 이러한 행동을 피함으로써 좋은 스포츠인이 될 수 있다고 이해하고 있었다.

표 16-1 청소년 선수들이 정의한 스포츠에서의 스포츠맨십 또는 도덕적 행위

1. 어느 누구도 해치지 않는다. 2. 순서를 지킨다. 3. 동료가 실수했을 때 소리를 지르지 않는다. 4. 속이지 않는다. 5. 이기지 못했다고 울지 않는다. 6. 졌다고 핑계를 대지 않는다. 7. 1위를 노린다. 8. 사람들에게 그들이 잘하지 못한다고 말하지 않는다. 9. 자랑하지 않는다. 10. 누구라도 실망시키지 않는다.	1. 항상 출석해서 열심히 향상하기 위해 노력한다. 2. 규칙과 심판을 존중한다(동의하지 않을 때 조차도). 3. 사회적 관습(악수, 좋은 패자되기, 상대의 좋은 성적을 인정해 주기)을 존중한다. 4. 상대편에 대한 존중과 우려(기구 빌려주기, 부상 당한 상대편 이용하지 않기)를 보인다. 5. 스포츠에 대한 나쁜 태도 (화내기, 이기적 경기, 어쨌든 이겨 보겠다는 태도)를 피한다.

Entizion (1991); Vallerand et al. (1994)에서 수정

3) 도덕적 행동

도덕적 행동은 스포츠맨십과 비슷하지만 중요한 차이가 있다. 스포츠맨십은 올바른 행위를 하는 것에 관한 것이지만, **도덕적 행동**(moral behavior)은 올바른 행동을 올바른 이유에 의하여 하는 것이다(Shields & Bredemeier, 2007). 사람들은 자신들이 무엇이 공정하고 무엇이 동정심이 있는지에 대한 생각을 가지고 있고, 밑받침되는 도덕적 가치에 의하여 행동하기 때문에 도덕적으로 행동하게 된다. 선수는 경쟁에서 자신에게 호의를 얻어내기 위해 심판을 존중할 수도 있기도 하고, 그것이 올바른 일이라고 믿기 때문에 심판을 존중할 수도 있다. 어떠한 행위가 올바른 것이라고 믿기에 그렇게 행동하는 것이 바로 도덕적 행동이다. 도덕적 행위는 왜 그렇게 행동해야 하는가에 대한 밑받침이 되는 추론의 과정을 통하여 이루어진다. 〈배가밴스의 전설(The Legend of Bagger Vance)〉이라는 영화에서 골프 선수는 아무도 보는 사람이 없었지만, 무심코 움직인 공에 대하여 스스로 페널티를 불렀다. 캐디인 어린 소년이 “아무도 모를 거예요.”라고 하면서 페널티를 부르지 말 것을 애원한다. 골프 선수는 “내가 알잖아.”라고 답한다. 이 강력한 예는 어린 소년에게 이기기 위해서 속이는 것과 게임을 존중하지 않는 것이 얼마나 공허하고 의미 없는 승리인가를 보여 준다. 우리가 논의해 가겠지만, 선수들의 밑바탕이 되는 도덕적 추론은 스포츠에서의 행동을 예측하게 한다. 그렇기 때문에, 유청소년 스포츠의 중요한 목표는 어린이들이 성숙한 도덕적 가치를 개발하여 이를 통하여 스포츠와 삶에 내재된 도덕적 갈등을 추론해 나가도록 돕는 것이다.

4) 폭력, 공격 그리고 공격성의 이해

스포츠맨십과 도덕적 행동이 결핍된 최악의 예는 심판, 코치, 상대편에 대한 신체적인 폭행으로 이는 입원과 심지어 사망에 이르게 한다. 2006년 펜실베이니아의 청소년 농구코치가 미성년자 관련 비리와 폭행범죄 청탁 혐의로 유죄 판결을 받았다. 그는 그의 선수들 중 한 명하게 25달러를 주고 8세 자폐아 선수를 폭행하여 그가 출전하지 못하게 함으로써 자기 팀의 승리 가능성을 높이게 한 혐의를 받았다. 점점 더 프로화되어 감에 따라 어쨌든 이기고 보겠다는 정서와 승리에 따르는 어마어마한 재정적, 사회적 보상은 다른 사람에 대한 폭력과 위

해를 가하는 것을 '게임의 일부'로 받아들이게 하였다.

심리학 영역에서는 **공격(aggression)**에 대한 정의를 다른 사람에게 해(고통이나 상처)를 가할 목적으로 다른 사람의 권리를 위반하는 것이라고 한다. 이것은 거칠거나 해로운 물리적 힘을 의미하는 폭력(violence)과 유사하다. 물론 공격이 언어적일 수도 있지만 말이다. 그러나, 스포츠에서의 **공격성(aggressiveness)**은 엄청난 힘을 다하여 강력한 방식으로 경쟁하는 것을 의미한다. 어린 선수들은 코치들이 "나가서 공격적으로 임하라."라고 주문할 때 이 두 가지 용어를 혼동하게 될 수 있다. 공격 또는 폭력과 우리가 흔히 말하는 공격적 경기방식이라 하는 것의 차이를 명확히 하여 우리의 목표는 혼신의 힘을 다하여 열심히 경기하는 것이며 다른 사람을 해치는 것은 부적절하다는 것을 이해하는 것이 중요하다.

3. 스포츠맨십과 도덕적 행동을 배우는 법

아동들은 어떻게 바람직한 사회적 · 도덕적 행동을 배우는가? 그들은 어떻게 좋은 스포츠와 나쁜 스포츠를 경험하게 되는가? 유청소년 스포츠 참여자들에게 라이프 스킬, 스포츠맨십, 도덕적 행동을 향상 시키고자 한다면 아동들이 어떻게, 왜, 사회적 기술을 배우는지를 이해하는 것이 중요하다. 이 절에 제시된 내용과 같이 도덕적 행동에 이르는 사회적 가치들은 은연중에 감지되어야(caught) 하고, 의도적으로 가르쳐야(taught) 하고, 마음속 깊이 받아들여져야(bought) 한다.

1) 모델링

『스포츠 일러스트레이티드(Illustrated)』라는 스포츠 잡지에 2008~2009 내셔널 하키 리그 미리보기 기사에 "왜 좋은 팀이 싸우는가?"라는 제목을 붙였고, 9개의 프로 하키선수들이 주먹으로 상대편을 때리는 9개의 컬러 사진이 포함되었다(Farber, 2008). 특정한 어떤 선수들은 '전문 싸움꾼'으로 팀의 성공에 중요하다고 기사에서 눈에 띄게 제시되었다. 어린 하키선수들이 이러한 기사를 읽으면서 그리고 프로 하키 경기를 관찰하면서 무엇을 배운다고 생각하는가? 메시지는 분명하다. 어른들이 하는 하키 경기에서 상대편을 신체적으로 폭행하는 것은 용인되는 행위이고 가치롭다는 것을 배운다. 이와 같은 것을 **모델링(modelling)**, 또는 관찰 학습이라고 하며, 중요한 성인 타자(유명한 선수, 코치, 부모)의 행동을 모방하면서 배우는 방법이다. 모델링은 사회학습(Bandura, 1977)의 형식을 취한다. 사회학습이론은 아동들이 성인으로 발달해 감에 따라 문화적으로 가치 있는 행동이나 규범을 인식하고 배우게 된다고 제안하는 심리학의 이론이다. 아동들은 자신의 문화에서 무엇이 용인되고 가치 있게 여기는 행위인지를 관찰하고, 이러한 행동들을 적절한 행동이라고 내면화하게 된다. 한마디로 적절한 행동 패턴은 지속적인 관찰과 중요한 성인들과의 상호작용을 통하여 포착(caught)되어야 한다.

모델링이 공격에 미치는 영향은 그 유명한 보보인형 실험에서 밝혀졌다. 이 실험에서 3~6세 아동들은 성인들이 5피트(약 152cm)의 부풀린 인형과 어떻게 상호작용하는지를 관찰하였다(Bandura, Ross, & Ross,1961). 공격 조건하에서 성인들은 장난감 망치로 인형의 머리를 때리면서 "머리를 때려라."라고 외쳤다. 비공격 조건에서 성인들은 다른 인형을 가지고 놀면서 큰 인형을 못 본 체하였다. 그러고 나서 아동들이 자유 놀이를 하는 것을 관찰한 결과, 인형을 가지고 수동적으로 놀던 것을 관찰한 아동들보다 인형의 머리를 때리는 것을 목격한 아동들이 신체적, 언어적으로 더 공격 행동을 보이는 것으로 나타났다.

성인 스포츠 모델을 흉내내는 것은 많은 청소년 스포츠에서 보고되었다. 고등학교 하키 선수들 중 폭력적인 롤모델을 고른 선수들은 덜 폭력적인 롤모델을 고른 선수들보다 더욱더 심각한 수준의 반칙(싸움, 슬래싱–스틱을 휘둘러 상대를 치는 것, 하이스틱–스틱으로 상대의 어깨 위 부분을 치는 행위)을 하였다(Smith, 1974). 12세에서 21세에 이르는 하키 선수의 60%가 최소 1주일에 한 번 이상 텔레비전에서 방송되는 프로 하키 게임을 시청하면서 상대 선수를 어떻게 공격(스피어링–스틱으로 상대 선수를 찌르는 것, 엘보잉–팔꿈치로 상대를 가격하는 것, 트리핑–스틱 또는 팔, 다리를 이용하여 상대를 넘어뜨리기, 슬래싱, 하이스티킹)해야 하는지를 배웠다고 하였다. 예를 들어, 상대가 다가올 때, '몰래 얼굴을 가격하는 것'이다. 심판은 스틱의 끝이 어딘지 잘못 볼 수 있기 때문이다(Smith, 1982, p. 298). 청소년 미식축구선수를 대상으로 한 모델링의 효과에 관한 연구에서도 유사한 결과가 나왔다(Mugno & Feltz, 1985). 성인 미식축구를 관람한 중고등학생 선수 중 94%가 상대편을 향한 다양한 공격적 행동(찌르기, 상대편 페이스 마스크에 손 집어 넣기, 클리핑–허리 아래 부분을 향해 뒤에서 몸을 날려 블락하는 행위, 마스크 잡아당기기)을 배웠다고 보고하였다. 이들 중 82%의 선수들은 이러한 형태의 공격 행위 중 하나를 실제로 게임에서 사용하였다고 보고하였다. 9세에서 15세에 이르는 유청소년 선수들은 코치, 부모, 관중들이 행동하는 것을 보고 나쁜 스포츠맨십 행동에 가담하게 되었다고 보고하였다(Shields, LaVoi, Bredemeier, & Power, 2007).

하지만 좋은 소식도 있다. 아동들은 스포츠맨십과 도덕적 행동에 대한 긍정적인 가치를 은연중에 감지할 수도 있다는 점이다. 11~16세 청소년들에게 영웅적으로 보이는 행동을 정의하고, 이름을 대고, 특성을 열거해 보라고 했을 때, 이들은 스포츠 선수들을 제쳐 두고 부모들을 제1순위로 두어 대답하였고, 이들의 영웅적 특성을 다른 사람을 도와주는 일, 배려의 특성, 용기, 진실성이라고 답하였다(White & O'Brien, 1999). 비록 전직 프로 농구선수이자 저명한 싸움꾼인 찰스 바클리(Charles Barkley)가 유명하게도 "나는 롤모델이 아니에요."라고 말했지만, 아동들과 유청소년들은 부모, 코치, 성인 스포츠 선수들의 행동을 본받고 있는 것이 사실이다. 이에 따라 관행적으로 프로 스포츠 선수뿐만 아니라 유청소년 스포츠 코치, 부모들을 대상으로 한 윤리 강령을 개발하여 어린 선수들에게 스포츠맨십을 모델링하는 것이 중요함을 강조하고 있다.

우리는 유청소년 스포츠 프로그램에서 부모와 코치, 선수들 각자에게 적절한 행동 강령을 개발할 것을 강력하게 권고한다. 특히 스포츠맨십과 페어플레이의 정신을 진부한 설교처럼 들리지 않게 하면서 알아듣기 쉽고 다가가기 쉬운 주제를 포착하여 표현해 낼 수 있는 것이 필요하다. 이런 좋은 예가 '게임을 존중하라.'(Thompson, 2010b)인데, 이는 우리가 상대편, 심판, 경쟁의 규칙들을 존중하지 않는다면 게임을 할 수 없다는 것을 의미한다. 따라서 당신은 이를 바탕으로 게임 존중의 개념을 부모와 코치들에게 본보기가 되라고 요구할 수 있다. 그들뿐만 아니라 참여하는 선수들도 각각의 그룹은 게임을 존중하는 다양한 방식에 대한 서약서

개인적 이야기

스포츠에서 배운 당신의 인생 교훈은?

어린 시절 선수로서 스포츠맨십을 어떻게 배웠는가? 여러분은 어떤 메시지를 받았으며, 그 메시지는 어디로부터 왔는가? 청소년 스포츠 시스템 속에서 발전해 나가면서 스포츠맨십에 대한 여러분의 견해와 실천은 변화했나? 어떻게 변화했나?

에 사인할 수 있다. 축구에서 사용되는 예시적인 서약이 〈참고하기〉에 제시되어 있다('스포츠: 이길 때', Canadian Centres for Teaching Peace의 것을 수정한 것임). 이러한 예시를 특정 스포츠에 적용하기 위해 원하는 항목을 추가하거나 변경하여 사용할 수 있다. 또한, 맨 마지막 줄에는 자신의 서명과 날짜를 적는 칸을 만들어서, 각각의 사람들이 행동 강령을 준수하겠다는 서약을 의미하는 것으로 서명을 하게 하는 것을 추천한다.

2) 강화

유청소년 선수들에게 모범적 행위를 통하여 도덕적 가치를 가르치기도 하지만, 한편으로는 **강화(reinforcement)**, 보상과 벌칙을 사용하기도 한다. 모델링과 마찬가지로 강화는 어떻게 행동해야 할 것인가에 관한 사회적 학습의 일환이다. 좋은 도덕적 행위이건 나쁜 도덕적 행위이건 모두 칭찬이나 인정과 같은 보상에 의하여 긍정적으로 강화된다. 경우에 따라서 선수들은 자기 스스로 반칙을 부르거나, 신체적 충돌 이후 상대편 선수와 악수를 하는 행동에 대하여 칭찬을 받는다. 하지만, 다른 경우에는 선수들이 승리의 명목으로 공격적인 행위를 하는 것도록 요청받고 그러한 행위에 대해 칭찬을 받는다. 유명한 영화 〈가라테 키드(the Karate Kid)〉의 한 장면에는 코치가 어린 선수에게 상대편의 "다리를 쓸어버려라."라고 가르치거나, 또는 의도적으로 상대방의 불안정한 다리를 다치게 하여 경기를 유리하게 이끌어 승리하고자 한다.

(1) 코치, 부모, 팀원의 영향

스포츠와 팀의 **규범(norms)**이나 기대되고 수용되는 행위의 기준은 어린 선수들의 스포츠맨십과 공격 행동에 강한 영향력을 가진다. 팀 안에서, 그리고 스포츠 안에서 규범은 다양할 수 있으며, 어린 선수들은 주어진 스포츠 내에서 바람직하고 가치 있는 규범적 행위(예를 들면, 골프에서 퍼팅을 양보하는 것)가 무엇인지를 매우 빨리 배우게 된다. 예를 들어, 접촉이 심한 아이스 하키나 미식 축구와 같은 스포츠에서는 접촉이 적은 스포츠에서보다 공격 행동이나 좋지 못한 스포츠맨십을 더 많이 보게 되는데, 이것은 접촉 스포츠에서의 규범이 공격 행동을 수용 가능한 행동으로 지지하고 있음을 나타내는 것이다(Bredemeier, Weiss, Shields, & Cooper, 1986; Shields et al., 2007).

코치들과 아버지들은 유청소년 하키에서 싸움이나 다른 불법적인 행위를 포함한 공격 행동을 장려하는데, 이는 강인한 성격을 상징하고 팀의 승리를 돕기 때문이다(Smith, 1982). 아버지들이 불법적인 공격 행동을 용

참고하기

게임을 존중하라!

부모로서

1. 나는 내 자녀가 축구에 참여하도록 강요하지 않겠습니다.
2. 나는 나의 자녀가 자신의 즐거움을 위하여 축구에 참여하는 것이지, 나의 즐거움을 위하여 하는 것이 아니라는 사실을 기억하겠습니다.
3. 나는 나의 자녀가 규칙을 준수하면서 경기하도록 격려하고, 악의와 폭력을 사용하지 않고서도 갈등을 해결할 수 있도록 하겠습니다.
4. 나는 나의 자녀에게 최선을 다하는 것이 이기는 것만큼 중요한 것이라는 것을 가르쳐서 게임의 결과에 따라 패배감을 맛보지 않게 하겠습니다.
5. 나는 나의 자녀가 공정하게 경쟁하고 최선을 다해 노력하는 모습을 칭찬하여 매 경기마다 승자처럼 느낄 수 있도록 해 주겠습니다.
6. 나는 나의 자녀뿐만 아니라 다른 아이들이 실수를 하거나 게임에서 졌다고 해서 절대로 비웃거나 소리를 지르지 않겠습니다.
7. 나는 나의 자녀들이 좋은 본보기를 따라 배운다는 사실을 기억하고, 나의 자녀의 팀뿐만 아니라 상대편의 좋은 경기나 좋은 수행에 대해서도 칭찬을 아끼지 않겠습니다.
8. 나는 공공장소에서 절대로 심판의 판단이나 정직성에 대하여 의문을 제기하지 않겠습니다.
9. 나는 나의 자녀들을 코치하기 위해 시간을 할애하는 자원봉사 코치에게 존경과 감사를 보여 주겠습니다.

코치로서

1. 나는 어린 선수들이 다른 것에 대한 흥미도 있고, 해야 할 다른 일도 있다는 점을 고려하여 게임과 연습 일정을 합리적으로 잡도록 하겠습니다.
2. 나는 선수들이 공정하게 경기하고, 규칙, 심판, 상대편을 존중할 수 있도록 가르치겠습니다.
3. 나는 모든 선수가 평등하게 가르침, 피드백, 연습 시간을 할애받을 수 있도록 보장하겠습니다.
4. 나는 나의 선수들이 실수를 하거나 수행이 저조하더라도 비웃거나 소리를 지르지 않겠습니다.
5. 나는 선수들이 재미를 느끼고, 기술을 배우며, 축구의 게임에 대하여 배울 수 있도록 연습을 설계하겠습니다.
6. 나는 운동기구와 시설이 선수들의 연령과 능력에 부합할 수 있도록 확인하겠습니다.
7. 나는 심판의 판정에 동의하지 않을지라도 감정을 잘 조절하고, 침착하고 전문적인 행동을 보이고, 긍정적으로 행동하여 좋은 본보기가 되겠습니다.
8. 나는 게임을 존중하기 위하여 심판과 부모들과 협력하여 일하겠습니다.

선수로서

1. 나는 다른 사람이나 코치가 원해서가 아니라 나 자신이 원하기 때문에 축구에 참여할 것입니다.
2. 나는 게임을 존중하기 위하여 규칙에 따라 경기하겠습니다.
3. 나는 상대편을 존중하겠습니다.
4. 나는 나의 화를 조절하겠습니다. 싸움이나 '크게 소리 지르는 행위'는 모든 사람의 활동을 망칠 수 있기 때문입니다.
5. 나는 내가 원하는 방식으로 경기하지 않는다고 해서 팀원들에게 소리를 지르거나 화를 내지 않고 팀원들을 격려함으로써 진정한 팀플레이어가 될 수 있도록 최선을 다하겠습니다.
6. 나는 코치와 경기 관계자들이 나를 돕기 위해 있다는 사실을 기억하겠습니다. 나는 그들의 결정을 존중하고, 그들에게 존경을 표하겠습니다.
7. 나는 내 편이든 상대편이든 간에 좋은 플레이와 멋진 수행에 박수를 보내겠습니다.
8. 나는 이기는 것이 전부가 아니라 재미를 느끼고, 기술을 향상시키고, 친구를 사귀고, 최선을 다하는 것 또한 중요하다는 사실을 기억하겠습니다.

Reprinted by permisson, from Canadian Centres for Teaching Peace. Available: www.peace.ca/sports.htm.

인하는 것은 자녀들이 시즌 동안 경기에서 보이는 싸움의 숫자와 통계적으로 관련이 있다. 마찬가지로, 40%를 상회하는 중학교 미식축구 선수들이 팀 동료, 코치, 아버지들이 필드에서 불법적인 공격 행위에 가담하도록 영향을 주었음을 인정하였다(Mugno & Feltz, 1985). 유청소년 농구선수들이 공격적인 행위에 가담하는 경향성을 보이는 것은 코치들이 이러한 행동을 요구할 것이라는 것과 팀 동료들 또한 공격 행위에 가담할 것이라는 인식에 강하게 영향을 받았다(Stephens, 2001). 공격 행동을 지지하고 장려하는 팀의 규범 또한 청소년 축구 선수들(Guivernau & Duda, 2002)과 엘리트 청소년 선수(Long, Pantaleon, Bruant, & d'Arripe-Longueville, 2006)의 자기 보고적 공격 행동을 예측하게 하였다. 연구자들이 팀의 일원으로서 시즌 동안 선수 및 코치들과 장시간 시간을 보내면서 실시한 문화기술적 스포츠 연구들은 코치들이 가르치는 스포츠맨십은 '수사적인 입에 발린 말'(Fine, 1987)로 기술되거나 위선적으로 선수들을 스포츠맨십을 등지고 승리라는 모순된 목표를 저울질해야 하는 '골치 아픈 상황'에 처하게 하는 것으로 기술하였다(May, 2001). 파인(Fine, 1987)이 수행한 연구에 따르면, 리틀리그 야구 선수들은 코치들이 좋은 스포츠인이 되라고 가르치기는 하지만 결코 승리를 위험에 빠뜨리는 상황까지 가서는 안된다는 것을 알고 있다고 하였다.

하지만 규범은 양방향으로 작용할 수 있다. 코치들이 다른 사람과 비교하여 이기는 것에서 유능감을 느끼는 자아지향(ego climate)보다 개인적인 향상과 기술의 숙달(mastery climate)을 더 강조했을 때, 선수들은 스포츠맨십과 친사회적 행동이 더 높아졌고, 공격 행동이 더 낮아지는 것으로 나타났다(예: Kavussanu, 2006; Ommundsen, Roberts, Lemyre, & Treasure, 2003). 게다가, 스포츠맨십에 미치는 부모와 동료의 긍정적인 영향도 동일한 결과를 보이고 있다. 8세에서 13세, 13~15세 아동들이 지원적인 숙달 분위기(mastery climate)를 인식하였을 때, 상대편, 규칙, 게임관계자에 대하여 더 큰 존중을 보이는 것으로 나타났다(d'Arripe-Longueville, Pantaleon, & Smith, 2006). 명백하게도, 성인들이 유청소년 스포츠 프로그램을 구조화하는 방식은 아동들이 배우는 도덕적 행동과 가치에 직접적인 영향을 미친다.

(2) 미디어와 팬의 영향

유청소년 스포츠에서 도덕적 행동을 향상시키는 데 가장 큰 어려움 중의 하나는 미디어와 관중이 터무니없이 나쁜 스포츠맨십 행동을 보이는 행동을 미화시키는 것이다. 탁월한 스포츠맨십으로 널리 알려진 전직 농구선수인 조 듀마(Joe Dumars)는 스포츠 채널 ESPN에서 방송된 〈라인 밖에서(outside the lines)〉라는 프로그램에서 미디어에서 NBA의 스포츠맨답지 않은 비신사적 행위가 급증하는 것에 대하여 비난하였다. 듀마는 선수들이 스포츠센터(SportCenter)와 같은 텔레비전 뉴스쇼에서 관심을 끌기 위해 무엇이 필요한지를 정확히 알고 있다고 한다. 즉, 터무니없는 행동을 할수록 더 많은 관심을 받게 된다는 것을 재빨리 알아차리게 되는 것이다. 미식 축구에서 득점 후에 엔드 존에 있는 심판에게 공을 건네 주는 대신에 바지를 내리는 흉내를 내거나 양말 속에 꽂혀 있던 유성 매직으로 공에 사인을 하거나, 미드필드로 달려가서 상대편 로고에 공을 스파이크 하는 것 등은 왜 그런 것일까? 이 모든 예시는 실제로 프로 미식축구에서 일어난 일이고 저녁시간 스포츠 뉴스를 이끌었을 때 당연하게도 청소년 선수들의 주목을 받았다.

'2-4-6-증오'라는 제목의 기사는 고등학생 팬들이 상대 선수를 향해서 보이는 조직적으로 조율된 부적절하고 파괴적인 조롱행위를 묘사하고 있다(Owens, 2006). 용인될 수준에서 재미있게 시작된 하키의 골키퍼를 '체'라고 부르거나 상대방이 프리드로우를 할 때 소리를 지르던 행위가 악화되어 인종적 욕설이나 고정관념, 동성애에 대한 공포, 사회적 계층차이에 대하여 용인할 수 없고 부적절한 집단 구호를 퍼붓는 것으로 변질되었다. 중고등학교 행정가들은 경기 전에 게임 존중에 대한 예법을 학생 팬들과 함께 살펴보고, ① 적절과 부적절한 행동을 가르는 기준, ② 그러한 기준에 대하여 소통하고, ③ 그러한 기준을 집행할 수 있는 조처를 마련해야 한다(Owens, 2006).

3) 도덕적 추론

우리는 지금까지 선수들에게 스포츠맨십과 도덕적 행동이 모델링과 강화에 의하여 각각 어떻게 가르쳐지고 포착되어지는지를 논의하였다. 하지만 사회적, 도덕적 가치들은 선수들이 그것을 마음으로 받아들이고 설득되어졌을 때에만 비로소 가르칠 수 있거나 은연중에 그들에게 포착될 수 있다. 진정한 도덕적 행동은 개인들이 그것을 진심으로 받아들일 때 가능하다. 즉 기초가 되는 도덕적 가치에 근거하여 올바른 이유에 따라 행동할 것을 요구한다. 따라서 도덕적 가치의 모델링이나 강화가 중요하기는 하지만, 선수들이 진심으로 그 가치를 받아들이지 않는다면, 또는 성숙하고 도덕적인 추론 과정을 발달시키지 않는다면, 그들은 평생에 걸쳐 도덕적 딜레마 상황에서 추론할 수 있는 내면화된 도덕적 나침반의 결핍을 경험하게 될 것이다. 예를 들어, 선수들은 게임 존중 선서가 참여 요건이기 때문에 마지못해 사인

쉬어가기

공격 행동이 유용하다는 신화

급작스러운 공격 행동의 표출(예: 하키에서의 싸움)이 분노를 발산하거나 내면의 좌절감을 없애는 데 유용하다는 것은 사실이 아니지만 널리 퍼져 있는 믿음이다. 일반적으로 하는 주장은, 하키 경기에서 긴장감을 완화시키기 위해 싸움을 하지 않는다면, 선수들이 스틱을 가지고 더 위험하고 악한 공격 행위를 하게 될 수도 있다는 것이다. 이것은 카타르시스 효과라고 알려져 있는데, 선수들이 억눌렸던 좌절감을 공격 행위를 통해 완화시켜 기분이 나아지고 더더욱 공격적으로 나아가야 할 필요를 감소시켜 주는 역할을 한다는 것이다. 그러나 카타르시스 아이디어는 그릇된 믿음일 뿐이며, 연구에 의하여 지지된 바가 없다. 공격 행동은 카타르시스적이지도 않을뿐더러 결코 공격 욕구를 감소시키지도 않는다. 대신에, 화는 불같이 타오르고, 이러한 행동은 코치와 팬들에 의하여 사회적으로 보상을 받게 된다. 청소년 하키 문화에 대해 광범위한 연구를 수행한 마이클 스미스는 폭력과 싸움을 카타르시스로 보는 아이디어를 "하키에 관한 가장 질긴 통속 이론(folk theory)"(Smith, 1982, p. 294)이라고 부른다. 그는 폭력이 모든 팀이나 모든 수준을 통하여 일어나는 것이 아니기 때문에 피할 수 없는 게임의 부산물이라는 주장에 이의를 제기한다.

하키 선수들이 왜 싸우는지 분명히 해 보자. NHL 팀의 매니저는, "장담컨대, 충분한 수준의 치고 싸우는 일이 없었다면, 이 건물은 아마 텅 비었을 것입니다."(Farber, 2008, p. 62). 싸움은 문화 속에서 높이 평가되고, 보상받는 학습된 행동이다. 프로 하키의 오락적 가치가 얼음판 위에서 폭력과 공격으로 단정된다면, 스포츠 지도자들은 간단하게 그 사실을 인정할 것이다. 그러나, 싸움과 공격이 가치 있는 표출이라는 근거 없고 무의미한 주장은 하지 말아야 한다. 스미스(Smith, 1982)가 주장하듯이, 하키 폭력을 결정하는 것은 ① 하키 문화의 사회적 구성, ② 미디어가 프로 게임을 묘사해 내는 방식, ③ 선수들이 공격성에 대하여 부모, 코치, 팀원들로부터 받게 되는 강화다. 청소년 스포츠에서 늘어만 가는 폭력을 제어하기 위해서는 성인 지도자들이 이러한 잘못된 믿음에 대하여 잘 알고 있어서 부모, 코치 선수들이 왜 폭력과 공격 행동이 나타나는지를 교육할 수 있어야 한다.

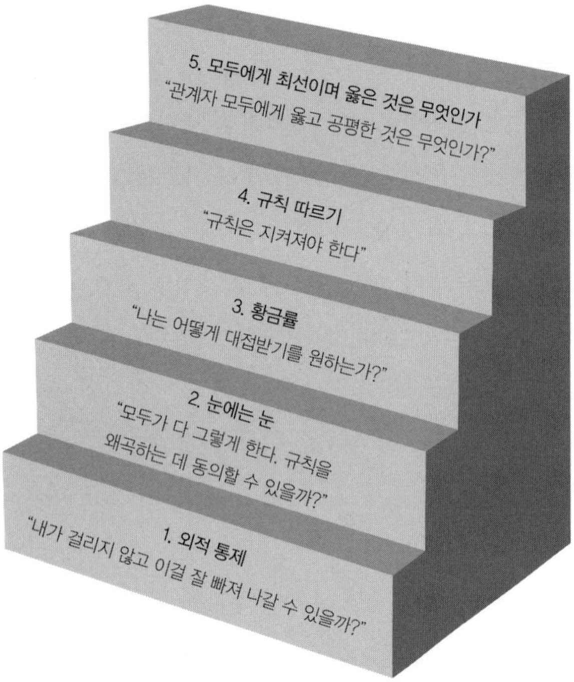

[그림 16-1] 도덕적 추론의 단계(자기이익부터 다른 사람에 대한 배려까지)(Kohlberg, 1984에 기초함).

을 할 수도 있고, 또는 게임 존중이 모든 사람의 이익을 보장하기 위해 해야 하는 올바른 일이라고 믿기 때문에 싸인할 수도 있다. 이 같이 다른 이유로 선서에 싸인하는 것은 각기 다른 도덕적 추론의 수준을 대변하는 것이고, 이러한 각기 다른 수준의 도덕적 추론은 결국 선수들이 스포츠에서 어떻게 행동하는가에 영향을 미친다.

(1) 도덕적 추론 기술의 개발

도덕적 추론(moral reasoning)은 사람들이 무엇이 옳은 일인지를 결정하는 데 사용하는 과정이다. 일반적으로, 아동들은 도덕적으로 추론하는 능력에 발달적인 변화를 겪게 되는데, 연령과 적절한 학습과 경험에 따라 더 높은 수준의 도덕적 추론에 도달하게 된다. 이 과정을 **도덕적 발달**(moral development)이라고 부른다. 아동들이 인지적 성숙도가 높아지면, 선택을 하는 기준이 구체적이고, 나-중심성 추론에서 세계에 대한 추상적 이해와 모든 사람을 위한 정의에 대한 헌신으로 옮겨 가게 된다.

[그림 16-1]은 도덕성 발달을 보여 주는데 이는 사람들이 어떻게 추론을 다르게 하고, 이것이 청소년 스포츠 행동에 어떠한 영향을 미치는지에 대한 이해를 돕는다.

[그림 16-1]에 제시된 도덕적 추론의 단계는 아동들이 어떻게 더 높은 수준의 도덕적 의사결정으로 성숙해 나가는지를 보여 주는 콜버그(Kohlberg, 1984)의 유명한 범주화를 변형한 것이다. 제1수준(외적 통제)과 제2수준(눈에는 눈)의 아동들은 자기이익을 중시하는 특징을 갖는다. 제1수준의 아동들은 단지 처벌을 피하기 위해 도덕적 행동이나 올바른 일을 한다. 만약 아동들이 다른 사람을 속여도 달아날 수 있고, 잡히지 않는다는 것을 안다면 그들은 그렇게 할 것이다. 제2수준의 아동들은 모든 사람이 조금이라도 속이거나 규칙을 어긴다고 믿기 때문에 '왜 안하지?'라고 생각한다. 그들은 규칙을 왜곡하도록 다른 사람들과 타협을 시도할 수도 있지만, 그들의 중심은 여전히 자기이익에 있다. 예를 들어, 결승전에서 두 골프 선수가 페어웨이에 떨어진 공의 위치를 치기 좋은 곳으로 불법적으로 움직이기 위해 윈터룰(Winter rules: 플레이가 곤란한 겨울철에 볼의 원만한 스윙을 위해 원래 라이의 6인치 이내의 거리까지 볼을 옮길 수 있게 허락하는 로컬 룰이며 홀 근처에서는 허용되지 않음.)에 합의할 수도 있다. 이 수준에서, 그들은 이 결정이 아무런 문제가 없다고 생각하는 데 그 이유는 "우리 둘이 모두 하는데 뭐가 잘못된 거야?"라고 한다.

제3수준에서 아동들은 다른 사람의 감정을 인식하기 시작하지만, 그들은 '좋은 사람이 되기 위해서'와 다른 사람들이 그들을 똑같이 대접해 주기를 바라는 마음(황금률: 대접받고 싶은 대로 다른 사람을 대하라.)에서 그렇게 한다. 제4수준(규칙 준수)에서 사람들은 규칙과 행동이 사회와 커뮤니티에 어떻게 영향을 미치는지를 이해하기 시작하며, 이러한 시스템이 자리잡도록 지원하기 위한 결정을 내린다. 가장 높은 도덕적 추론의 수준은 제5수준인데, 이 수준에서 사람들은 비록 현재의 시스템을 거스르는 것일지라도 관계자 모두에게 무엇이 최고로 좋으며, 옳은지에 대한 추론을 한다. 시민권리 운동가의 전설적 존재인 로자 파크스(Rosa Parks)는 1963년 알라바마주의 버밍엄이라는 도시에서 자신의 버스 좌석 자리를 백인에게 양보하길 거부함으로써 체포됨에 따라 제5수준을 보여 주었다. 파크스 여사는 인종주의적 차별법인 짐 크로(Jim Crow)법이 그 도시에 있음에도 불구하고, 아프리카계 미국인으로서 버스에서 앉을 충분한 권리가 있다는 믿음을 보여 주기 위해 자신의 도덕적 나침반을 따랐다. 그녀의 행동은 미국에서 시민권리 운동의 촉발제가 되었는데 이를 통해 모든 시민의 권리를 보호하기 위한 보다 공정한 법을 채택하게 되었다.

완벽한 세상에서 모든 사람들은 성인이 되면 점진적으로 제5수준에 다다르게 되고 자신의 공동체에 가장 도움이 되는 방향으로 의사결정을 내리고 도적적 행동을 하게 될 것이다. 그러나 세상은 그렇게 완벽하지 않다. 모든 사람이 항상 가장 높은 제5수준에 도달하는 것은 아니며, 인지적으로 가능한 수준만큼의 최고 수준의 도덕적 의사결정에 미치는 것도 아니다. 이 부분에서 특별히 이기적인 동료나 가족 구성원을 떠올려 보면 이해가 될 것이다.

(2) 운동선수의 도덕적 추론

불행하게도 경쟁 스포츠에서 높은 수준의 도덕적 추론을 관찰하기에는 척박하기 그지없다. 이어서 제시되는 연구 결과(Shields & Bredemeier, 2007; Weiss, Smith, & Stunz, 2008; Wolverton, 2006의 요약)를 참고하라.

- 운동선수들은 비선수들보다 도덕적 추론의 기술 수준이 더 낮았다.
- 팀 스포츠 선수들은 개인 종목 선수들 보다 더 낮은 도덕적 추론 기술을 보였다.
- 스포츠에서 접촉 수준이 높아질수록, 남학생과 여학생 모두 더 낮은 도덕적 추론의 수준을 보여 주었다.
- 남자 선수들은 여자 선수들과 비교하여 더 낮은 수준의 도덕적 추론 능력을 보여 주었다. 하지만, 남녀 모두 지난 20년간 그 수준은 모두 더 낮아졌다.
- 도덕적 추론의 수준이 낮을수록, 상대에게 상해를 초래할 수도 있는 행동에 가담하는 것이 괜찮다는 인식이 더 커졌다.
- 코치들이 도덕적 추론이 덜 성숙하다고 평가한 선수일수록 다른 선수들에게 상해를 더 많이 입히는 것으로 나타났다.

(3) 선수들이 도덕적 추론이 낮은 이유

운동선수들은 나쁜 사람이거나 이기적인 사람들인가? 선수들의 이러한 문제시할 만한 도덕성을 설명하기 위해 스포츠계에서는 도대체 무슨 일이 일어나고 있는가? 몇 가지 이유가 될 만한 것이 있다. 첫째, 선수들은 스포츠에서 도덕적 판단을 내릴 때 **게임 추론(game reasoning)**을 채택한다(Shields & Bredemeier, 2007 참조). 게임 추론은 일종의 추론 유보로서 승리가 다른 가치에 우선시 되는 스포츠 맥락에서는 더 낮은 수준의 도덕적 의사결정이 적절해 보이도록 하는 것이다. 게임 추론은 연구에 의해서도 지지되는데 운동선수들이 다른 삶의 맥락과 비교하여 스포츠에서 더 낮은 수준의 도덕적 추론을 사용하는 것으로 나타났다(Bredemeier & Shields, 1986). 따라서 선수들이 코트를 떠나서는 매우 좋은 사람일 수 있지만, 일단 공에 손을 대기만 해도 적용되는 규칙은 달라질 수 있음을 보여 준다.

둘째로, 아동들이 공격 행동(agression)을 공격적인 경기(agressive play)로 혼돈하기 때문이다. 아동들이 이 둘의 차이를 이해하지 못한다는 것을 알아차리지 못하는 어른들이 좋은 의도에서 공격적인 경기를 장려하게 되기 때문이다. 셋째로, 프로 스포츠 기술 시합에서 상대편을 존중해야 할 참가자라기보다는 정복해야 할 장애

쉬어가기

스포츠맨십 학습: 잭과 타이거

두 명의 최고의 골프 선수인 잭과 타이거가 어떻게 좋은 스포츠맨십을 배웠는지, 그래서 그것이 스포츠 경력을 통하여 경쟁자로서 서로 성공할 수 있도록 어떻게 도움을 주었는지 비교해 보자. 잭 니클라우스(Jack Nicklaus)는 그의 아버지가 스포츠맨십을 어떻게 강조했는지 회고한다. "아버지는 경기에서 지는 것은 여운이 오래 남는 교훈을 준다고 하셨어요. 11살이 되어 아버지랑 같이 골프를 쳤어요. 8번 아이언을 그린으로 가져가서 모래를 쳐서 벙커에 빠트린 후, 클럽을 같은 벙커 근처로 집어 던졌어요. 아버지는 말하길, "오케이, 클럽을 집어라. 우린 클럽 하우스로 돌아갈 거야. 내가 이런 일을 보는 건 이번이 마지막이고, 다시는 골프를 치지 못할 거야." 나는 어린 골프 선수로서 어떻게 행동해야 하는지, 감정을 잘 통제해야 하는지, 나쁜 샷이나 다른 선수들이 내 감정에 영향을 미치게 하지 못하게 할 것인지를 배워야 했다. 나의 집중력과 감정의 고삐를 단단히 쥐고 조절하는 능력은 내가 압박 속에서도 성과를 내고 주변의 방해에 벽을 쳐서 차단하는 법을 가르쳐 주었다."(Ginsburg, Durant, & Baltzell, 2006, p. 176에서 인용). 타이거 우즈(Tiger Woods)가 어릴 적 클럽을 땅에 내리쳤을 때 그의 아버지 얼(Earl)이 그에게 물었다. "그렇게 잘못된 샷의 책임이 누구에게 있는 거지? 백스윙할 때 소리를 낸 저 까마귀 잘못인가?" 너의 거짓말이 문제인가? 아니면 누군가 떨어뜨린 가방 때문인가? 누구 책임이었지?" "제 책임이요." 타이거 우즈가 대답하였다. 그리고나서 타이거 우즈가 클럽을 내리찍을 때마다 말하곤 했다. "아빠, 저는 이런 행동을 하지 않으려고 계속 노력하고 있어요." 그러면 그의 아버지는 "그래, 나는 네가 계속 노력하고 있다는 것을 잘 알고 있으니 계속 노력하렴. 그러다 보면 네가 더 자라서 성숙하게 되면 그 노력들이 너의 자산이 될 거야."

타이거 우즈는 그의 아버지에게 경과보고를 하였다. "아빠, 오늘도 저는 클럽을 내리치고 싶었지만 '안 돼.'라고 말하고 대신 다음 볼을 진짜로 잘 맞출 거예요."라고 말하였다. 그의 아버지는 타이거가 화가 났을 때도 효과적으로 게임을 할 수 있는 방법을 배울 수 있었던 것은 "'그에게 생각할 수 있는 기회를 주고 그리고 나서 자신의 행동에 대한 책임을 받아들일 수 있도록 하였기 때문'이라고 설명하였다. 이러한 것들이 골프를 통하여 삶에 대하여 배우게 된 것들이다"(McCormick & Begley, 1996, p. 55).

잭 니클라우스의 아버지는 그의 아들이 감정을 절제하고 적절한 행동을 보일 때만 경기를 하게 함으로써 강력한 보상체계를 활용하였다. 약간 다르지만, 타이거 우즈의 아버지는 약간의 도덕적 추론접근을 이용하여 그의 아들이 개인적 책임감을 받아들이게 하고 감정을 조절하기 위해 적절한 선택을 할 수 있도록 도와주었다. 분명하게도 두 골프 전설의 결합된 성공을 고려할 때 두 접근은 모두 성공적인 것이었다.

물로 여기는 본보기가 유청소년 스포츠로 스며들었기 때문이다. 나아가, 위상이 높은 스포츠에서 주어지는 사회적 · 재정적 보상은 중고등학생은 물론이고 대학에서까지 의심스러운 관행을 야기하였다. 즉, 선수들은 일반 학생보다 특별한 대우를 받고, 스스로 생각을 하도록 장려받지도 않으며, 무책임하게 행동한 결과를 직면하지 않아도 되게 된 것이다(Wolverton, 2006).

(4) 청소년 스포츠에서 도덕성 발달 다루기

선수들의 도덕성 추론 기술에 대한 정신이 들게 하는 보고서는 성인 지도자들이 아동의 도덕성 발달을 보다 직접적으로 언급해야 함을 지적하고 있다. 첫째로, 아동들은 위계적인 수준 변화를 거쳐야 하고, 그리고 그것은 발달적으로 어린 아동들이 높은 수준의 추론을 할 수 없다는 것을 이해하는 것이 중요하다. 만약 내가 5세 축구선수와 함께해야 한다면 제3수준을 지향하면서 선수들이 공정하게 경기할 수 있도록 생각해 보게 할 것이다. 왜냐하면 모든 사람이 공정하게 대해 주기를 바라기 때문이다. 운동기술이 낮은 동료를 깔보는 아이들에게 "내가 그런 말을 할 때 메간은 어떻게 느꼈을까?" "네가 그런 입장이었고, 누군가 너에게 그런 말을 했다면 어떤 기분이 들었을까?"와 같이 물을 것이다. 이 나이의 아동들에게 게임을 존중한다는 것은 동료에게 협력적이고, 공정하며, 지원적이 되는 것이다.

둘째로, 도덕성 발달이 선수들에 의하여 마음으로 받아들여지고 설득되어야 한다는 것을 기억해야 한다. 즉, 선수들이 추론할 수 있도록 모델링과 강화를 보여주는 것을 뛰어넘어 스포츠에서의 옳고 그름에 대하여 생각해볼 수 있는 새로운 방법을 고려해야 한다. 유청소년 스포츠 지도자들은 스포츠에서 발생하는 많은 도덕적 딜레마를 가르침의 순간들로 활용하여 유청소년 선수들과 올바른 행동에 대해 논의할 수 있다. 도덕적 딜레마는 매일 생긴다. 다음과 같은 것들이 예가 될 수 있다. "만약 네가 부정을 저질러서 이길 수 있다면 그건 괜찮은 걸까?" "왜 몇몇 애들이 더 잘하는데 모든 아이가 경쟁에 참여해야 하지요?" "다른 사람들이 부정을 저지르는데 왜 저는 안 돼요?" "왜 판정을 잘못해서 우리 팀이 패배를 당하게 만든 심판을 존중해야 하나요?" "저는 이미 다른 아이들보다 훨씬 나은데 왜 연습에 열심히 참여해야 하지요?" "상대편이 게임하는 동안 야비하게 굴었는데 왜 악수를 해야 하나요?"

중요한 것은 이러한 질문에 대하여 아동들에게 정답을 제공하는 것이 아니라 아동들이 각기 다른 대안을 선택하며 비롯되는 도덕적 결과를 생각해 보도록 하는 대화에 참여시키는 것이다. 성인으로서 우리의 역할은 아동들이 [그림 16-1]에 제시된 것과 같은 도덕적 계단을 올라가서 스포츠에서뿐만 아니라 장차 인생에서 마주하게 될 어려운 도덕적 결정을 안내할 수 있는 높은 수준의 도덕적 추론 기술을 개발하도록 돕는 것이다.

4. 유청소년 선수의 스포츠맨십, 도덕성, 라이프 스킬 함양

우리가 이제까지 살펴본 바와 같이, 도덕적 행동, 스포츠맨십, 라이프 스킬은 어린 선수들에게 은연중에 감지되어야 하고, 명시적으로 가르쳐야 하고, 마음으로 받아들여져야 한다. 어린 선수들에게는 효과적인 모델, 긍정적 행동에 대한 승인, 부정적 행동에 수반하는 명료한 페널티, 공정한 경기와 도덕적인 사람이 된다는 것이 무엇인지를 대화와 점진적 이해를 통하여 인생의 교훈을 가르칠 수 있는 사람이 필요하다. 이 절에서는 도덕적 기술과 라이프 스킬을 개발하기 위한 제언을 제공한다.

1) 개입 프로그램의 예

도덕성 발달과 라이프 스킬 개발은 전략은 효과가 있는가? 아동들은 스포츠맨십을 배우고, 자신들의 도덕적 추론 능력을 키우고, 이러한 기술들을 삶의 다른 영역으로 전이시킬 수 있는가? 대답은 "그렇다."이고 이 절에서 이러한 예를 보여 줄 것이다.

(1) 학교 기반 개입 프로그램

도덕성과 라이프 스킬 개발을 위한 학교 기반 프로그램으로 뛰어난 모형은 도날드 헬리슨(Don Hellison)의 신체활동을 통한 개인사회적 책임감 가르치기 모형(Teaching Personal and Social Responsibility: TPSR)이다. [그림 16-2]에서 볼 수 있듯이, 헬리슨은 도덕적 추론의 위계를 사용하여 학생들이 무책임한 행동(수준 0)에서부터 책임감 있고, 배려하며, 자기주도적인 사람(수준 4)으로 발전할 수 있는지를 학생들에게 생각해 보도록 하였다. 이러한 수준을 나타내는 그림은 체육관에 게시되고, 수업 계획 시에 학생들과의 관계 맺음 시간, 책임감을 인식시키는 대화, 그룹 미팅을 통하여 자신들의 의견을 표현하고, 그날 자신들이 개인적, 사회적으로 얼마나 책임감 있게 행동했는지를 평가해 보는 성찰의 시간을 사용하였다. 한 어린이가 말하였듯이, "이러한 수준들을 보여 주는 것이 좋았어요. 이 수준들은 바보처럼 행동하면 알아차릴 수 있도록 해 주었어요."(Hellison, 2011, p. 33).

헬리슨의 TPSR에 관한 연구들은(예: Martinek & Hellison, 2009) 라이프 스킬과 도덕적 행동이, 삶의 다른 영역으로의 전이를 포함하여 향상되고 있음을 보여 주었다. 아마도 최고의 평가에 관한 예는 프로그램에 참여한 아동의 언급에서 찾을 수 있다. "누군가 잘못해도 저는 지금 화내지 않아요. 그저 그 애들에게 더 잘할 수 있다고 말해 줘요."(Hellison, 2011, p. 93). 그리고 "제가 이 프로그램에 대하여 싫어하는 단 한 가지는 이런 프로그램이 아주 오래전에 우리에게 있었어야 했다는 것이에요."(Hellison, 2011, p. 153).

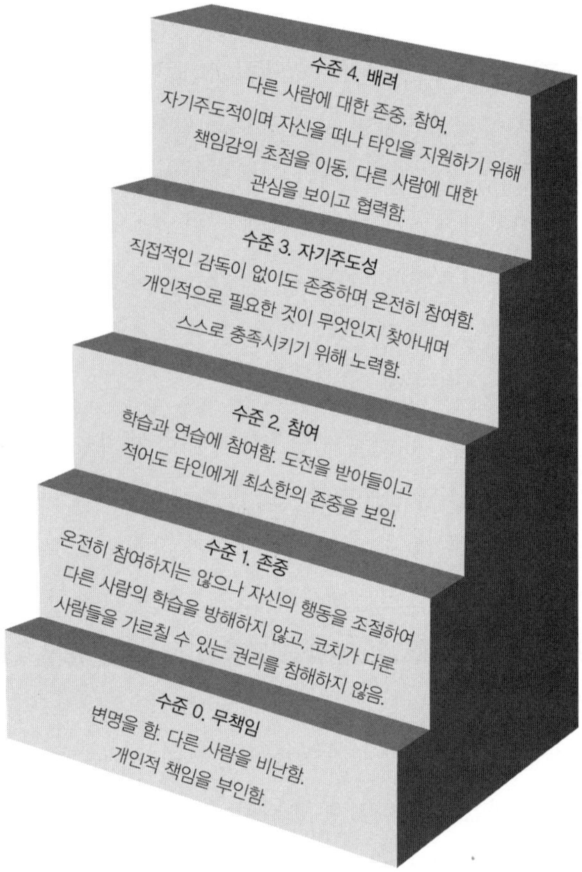

[그림 16-2] Hellison의 TPSR 모형에 따른 책임감 수준
Hellison (2011)을 수정

(2) 국가 수준의 개입 프로그램

이 장의 초반부에서, 우리는 퍼스트 티(First Tee) 프로그램(www.thefirstee.org)이 아동들의 라이프 스킬을 증진시키기 위한 국가 수준의 개입 프로그램임을 제시하였다. 또 다른 예는 〈슬기로운 경기(Play It Smart)〉라는 프로그램(www.playitsmart.org)으로 경제적으로 불우한 환경에서 가족과 지역사회의 지원이 부족한 고등학교 미식축구 선수들을 대상으로 하는 국가 수준의 프로그

참고하기 **유청소년 선수들의 라이프 스킬과 가치 교육을 위한 직접적 접근**

유청소년 선수들의 라이프 스킬과 도덕성 발달을 위해 코치가 직접적으로 할 수 있는 일에는 무엇이 있을까? 한 고등학교 아이스하키 프로그램이 라이프 스킬과 도덕성 발달에 성공적이었는데 이 프로그램은 몇 가지 전략을 사용하였다(Camire, Trudel, & Bernard, 2013). 모든 선수들은 맨 앞장에 프로그램의 철학이 적힌 핸드북을 소유하였다. '전인에 초점을 두고' '사람을 인간답게 가르치기 위해 아이스하키를 수단으로 사용한다.'라는 철학이 처음부터 강조되었다. 팀 구성원 간의 유대감 형성, 의사소통, 가치 명료화를 위한 수련회가 실시되었다. 선수들은 하키나 자신의 삶에 관련된 개인적 사건을 중심으로 저널을 작성하였고, 코치는 매주 이것을 수합하여 읽었다. 선수 개개인을 한 사람으로서, 그리고

한 명의 운동선수로서 발달시키기 위하여 시즌 내내 6번에 걸친 선수-부모-코치 미팅을 실시하였다. 선수들 또한 라이프 스킬 개발을 위한 목표설정과 같은 활동에 참여하였고, 지역사회 자원봉사 활동에 참여하였다.

또 다른 전략은 미시간 주립대학의 유청소년 스포츠 연구센터에서 제공한 주장 리더십 개발 프로그램이다(Gould & Voelker, 2010). 이 프로그램은 미시간의 고등학교 선수 연맹과 함께, 고등학교 선수로서 향후 주장이 될 만한 자질을 갖추고 있는 선수들을 대상으로 리더십 기술을 가르쳤다. 이 프로그램은 선수들이 스스로 학습할 수 있는 『효과적인 팀 주장이 되는 길: 학생 선수 길라잡이』라는 안내서에 따라 학습을 한 후, 클리닉에 참여하도록 하였다. 안내서에는 주장의 역할과 책임, 핵심 리더십 원리, 효과적인 의사소통, 동기의 이해, 팀 만들기와 팀 응집력, 어려운 팀 문제와 일반적 문제의 해결에 과한 내용이 포함되었다.

여기서 제시된 두 개의 프로그램에서 중요한 것은 어린 선수들의 리더십과 라이프 스킬을 개발하기 위한 적극적인 계획과 구체적인 전략의 실행이 있었다는 점이다. 우리는 팀의 주장으로 지목된 선수가 리더십을 어떻게 발휘해야 할지 이해하고 있다고 가정할 수도 없고, 아울러 라이프 스킬이 팀의 구성원이 되는 것만으로 자동적으로 개발되는 것이라고 가정할 수 없다. 연구에 따르면, 라이프 스킬 개발을 직접적으로 언급하는 코치가 선수들의 감정 조절, 친사회적 행동에의 참여, 지역사회와의 연계 능력에 강한 영향을 미치고 있음을 보여 준다(Gould & Carson, 2010).

램이다. 라이프 스킬 개발은 표준화된 학업 성취도 검사에서의 성적 향상, 졸업률 향상, 지역사회 봉사 향상, 가족 참여의 향상과 함께 성공을 가늠하는 여섯 가지 준거 중의 하나다. 이 프로그램은 1998년 4개의 학교를 대상으로 시작하여 160개 고등학교의 1만 명 이상의 선수들로 확대되었다. 〈슬기로운 경기〉 프로그램의 참여 효과 연구는 참여자들이 성공을 가늠하는 모든 지표에서 유의미한 향상이 있었음을 보여 주었다(Petipas,Van Raalte, Cornelius, & Presbrey, 2004).

〈강하고 공정한 하키(Playing Tough and Clean Hocky)〉 프로그램은 12세 이상의 청소년 하키선수들이 규칙을 준수하고 부정적 감정에 대하여 긍정적으로 반응할 수 있도록 하는 능력을 함양시키기 위한 것이다(Lauer & Paiement, 2004). 〈달리는/트랙 위의 소녀들(Girls on the Run/Girls on Track)〉 프로그램은 어린 여학생들에게 자아존중감을 향상시키고, 건강에 위험한 행동을 멀리하고 달리기를 통하여 건강한 생활양식을 장려하는 라이프 스킬을 개발하는 프로그램이다. 이 프로그램은 참여자들의 자아존중감, 지각된 능력, 대인관계 기술을 향상시킨 것으로 나타났다(Sifers & Shea, 2013; Waldron, 2007).

2) 유청소년 스포츠에서 도덕성과 라이프 스킬 개발을 위한 실제적 전략

연구에 따르면, 도덕성과 라이프 스킬 개발은 유청소년들에게 포착되어야 하고, 가르침을 주어야 하고, 마음속 깊이 설득되어야 한다. 그렇다면 학교와 지역사회의 유청소년 스포츠 지도자들과 코치는 도덕성과 라이프 스킬을 프로그램에 통합시키기 위해 무엇을 해야 하는가? 정답은 스포츠에서 신체적 기술과 더불어 사회적 기술과 도덕적 기술을 함께 개발할 수 있는 간단하고 혁신적인 방식을 생각하여 작은 규모로 시작하는 것이다. 이 절에서는 그것을 어떻게 해야 하는지 간단한 팁을 제시하면서 아울러 유청소년들에게 스포츠를 통하여 어떻게 삶의 교훈을 가르칠 것인지를 창의적으로 생각해 보기를 권고한다.

① 성인 지도자로서 유청소년 선수들에게 어떤 유형의 본보기가 되기를 원하는지 생각하고 준비하라. 선수들이 생산적으로 생각하고 행동할 수 있어야 함을 지속적으로 상기시키면서 도덕적 대화를 시도하라. 예를 들어, "가치 있는 곳으로 향하는 지름길은 없다." "우리는 결코 우리 자신이나, 우리 팀, 또는 우리 프로그램(학교)을 난처하게 만드는 일을 하지 않는다." "우리는 그들의 이름을 불러 주되, 절대로 욕하지 않는다."와 같은 말을 하라. 아울러 말로만 하지 말고 말한 바를 실천해야 한다. 또한 분노와 짜증을 다루는 방법, 역경에 대처하는 방법, 품위 있게 패배하고 심판의 불공정한 판정을 수용하는 법을 사려 깊게 준비하고 모범을 보여야 한다.

② 당신 지역(고등학교, 대학, 또는 프로선수)에서 잘 알려진 선수들을 초청하여 당신 팀에게 이야기를 하도록 한다. 이러한 초청 강연은 10~15분 정도로 간결해야 하며, 선수들이 질문할 수 있는 기회를 제공해야 한다. 자신들이 어떻게 역경을 극복했는지 이야기를 들려주는 것이나 자신들이 어떻게 잘못된 선택을 하였고, 그 결과로 어떤 강력한 삶의 교훈을 얻게 되었는지를 역할모델을 통하여 듣는 것은 강력한 효과가 있다. 초청된 선수와 사전에 간단히 이야기를 나눔으로써 선수들에게 공유되는 이야기가 일관성이 있게 해야 한다.

③ 적절한 행동을 독려하기 위하여 분명하고, 강하게, 그리고 감정적이지 않게 규칙을 적용해야 한다. 스포츠맨십에는 보상을 주고, 공격성, 속임수, 존중하지 않는 행동에는 처벌을 해야 한다. 선수들의 행동에 강화를 줄 때는 논리적으로 생각할 수 있는 결과를 사용하여 선수들이 결과에 대한 개인적 책임감을 지도록 해야 한다. 예를 들어, 주장으로 선출되지 못해 낙담한 선수에게 네가 연습에서 꾀를 부리면서 열심히 참여하지 않았고, 팀원들이 너의 직업윤리를 존중하지 않았기 때문에 주장으로 선출되지 못하였다고 설명해 주어야 한다. 게임 중에 선수가 분노를 참지 못하여 선수를 교체할 때도 네 선택으로 그렇게 행동하였고, 그 결과로 그렇게 되었음을 상기시켜 주어야 한다. 스타 선수를 위해 규칙을 철회하는 등 선수들이 자신의 부정적인 행위의 결과로부터 면책받게 하는 일이 있어서는 안 된다.

④ 한 시즌 동안이나 또는 시즌의 몇 주 동안 당신의 팀이 지켜야 할 덕목을 정한다. 당신 또는 당신의 선수들이 팀 안에서 강조하고 싶은 도덕적 가치(예: 인내, 책임, 자제, 배려, 존중)를 선정한다. 선수들은 그 덕목에 해당하는 명구나 예시를 매일 가져오도록 하고, 당신은 이러한 것들을 게시판에 게시함으로써 이러한 사회적, 또는 도덕적 덕목을 지키도록 할 수 있다. 또한 선수들이 지지하는 덕목을 시험해보고 그에 대해 논의해 볼 수 있는 팀 빌딩 활동을 실시할 수도 있다.

⑤ 이 장의 앞서 제시된 게임존중(Thompson, 2010b)과 같이 당신들의 팀에서 지켜야 할 스포츠맨십 주제 표어를 개발해 본다. 예를 들어, 팀으로 함께하면 모두가 더 잘 성취할 수 있어요(Together Everyone Achieves More), 명예로운 승리를(Winning with Honor), 경기는 열심히, 공정하게, 재미있게(Play Hard, Play Fair, Have Fun)와 같은 것이 있다. 이러한 주제 표어를 시즌 내내 언급하고, 선수들이 매일 어떻게 행동으로 옮기고 삶으로 살아 낼 수 있는지 상기시킨다.

⑥ 주제 표어를 활용하여 바람직하고 수용 가능한 행동이 무엇인지를 명시하는 다짐문(이 장의 초반에 제시된 코치, 부모, 선수들을 위한 다짐문 참조)을 만들어 모든 사람이 서명하도록 한다.

⑦ 만약 학교의 행정가라면 학교의 웹사이트에 공지할 수 있는 스포츠맨십 계획을 만들어서 무엇이 적절하고 무엇이 부적절한 행동인지를 밴드 구성원, 응원팀, 치어리더, 관중들과 같이 모든 사람들에게 명확히 알려 준다.

⑧ 당신 팀에서 본보기가 될 만한 스포츠 행동을 보인 선수에게 비공개 스포츠맨십 상을 수여한다. 선수들이 이러한 행동을 찾아내고, 팀 동료들을 자랑스러워할 수 있도록 격려한다. 작고, 심지어 좀 우스워 보일 수 있는 상을 주도록 선택하고, 매번 변화를 주어 바꾸도록 한다. 여기서 중요한 것은 커다란 상을 주는 것이 아니라 그들의 행동을 인정하고 존중해 주는 것이다.

⑨ 훈련과 경기 중에 일어나는 교육적, 도덕적 순간들을 인식하고 활용할 수 있는 능력을 기른다. 가능하다면 선수들을 모아서 무슨 일이 있었는지 논의한다. 만약 어떤 선수가 동료에게 농담을 하거나 욕을 하면, 훈련을 멈추고 논의를 이끌어 낸다. 선수에게 직접적으로 분노를 표출하거나 처벌하는 대신 오히려 다음과 같은 질문들을 던지며 대화를 시작한다. "남들이 나를 욕하면 어떨 것 같아?" "사라, 그게 너에게 어떤 기분일까?" "아만다, 네가 그 상황에 있었다면 어떤 느낌이 들까?" "스포츠에서 우리를 저런 식으로 행동하게 만드는 이유는 뭐가 있을까?"

⑩ 앞에서 언급된 교육적 순간들 외에도, 의도적으로 계획된 도덕적 상황에 대한 논의를 선수들과 해본다. 연습 이후 5분 동안 스포츠 불평등, 경쟁적인 환경 속에서 협력을 하는 방법, 거친 플레이에 대응하는 방법, 무엇이 거친 플레이인지 등과 같은 도덕적 상황에 대해 논의한다. 이를 효과적으로 하려면 선수들의 의견을 드러낼 수 있는 도발적인 질문들을 한다. 마이애미 대학교 유청소년 하키 학교에서는 모든 참가자가 굿 스포츠(Good Sports) 프로그램에 참석하며, 그 속에서 하키에 대한 사례들로 준비된 도덕적 딜레마 상황에 대해 논의한다. 그 예로는, 공정한 경기 시간, 문제가 되는 부모, 모욕적인 언행(trash talking), 금지약물 사용, 리더십 등과 같은 주제를 다룬다. 코치들은 유청소년 선수들이 소그룹 활동에 활발하게 참여할 수 있도록, 그리고 그들의 의견을 전체 그룹 앞에서 발표하고 논의를 끌어낼 수 있도록 역할을 한다.

⑪ 유청소년들이 관련된 다양한 스포츠 사건들의 긍정적인 면, 부정적인 면 모두에 대해 대화를 나눈다. 예를 들어, 챕터 초반에 언급된 메이빌-필척과 오크 하버(Marysville-Pilchuck와 Oak Harbor) 고등학교 축구팀의 이야기를 사용하여 도덕적 딜레마를 설정하고, 그 상황에 대해 선수들에게 어떻게 해야 할지 묻는다. 적당한 논의 이후에 선수들에게 실제로 일어난 관련 사건들에 대해 언급해 준다면 도움이 될 것이다. 양 팀 모두가 어떻게 스포츠를 존중하는 행동을 취했는지, 그리고 그 이유와 그 중요성에 대해 토론을 이끌어 낸다. 부정적인 사례에 대한 논의도 필요하다. 예를 들어, 선수들의 금지약물 사용과 같은 부정적인 사례에 대해서도 논의한다. 긍정적 코칭 연합(www.positivecoach.org)에서는 유청소년 스포츠 선수들에게 나쁜 스포츠맨십 예시들에 대해 반드시 짚고 넘어가라고 강조한다. 스포츠 영웅들의 비도덕적인 면모를 제대로 다루지 않는다면 유청소년 스포츠 선수들의 혼란을 가중시키거나 행동에 대한 묵시적인 동의로 해석될 수 있다. 스포츠 세계에서 무슨 일이 일어나고 있는지 이야기해 주고, 유청소년 선수들에게 어떻게 생각하는지 물어보는 과정이 특히 중요하다. 일방적으로 설명을 하기보

다는 그들이 어떻게 생각하는지에 대해 들어 보는 것이 중요하다는 것을 잊지 않아야 한다.

⑫ 팀 내의 여러 선수를 매주 보조 코치로 지정한다. 그들에게 책임감을 주고 리더십을 발휘할 기회를 제공한다. 미리 도착해서 연습 준비를 도와주고, 연습 세션에 대해 의논하고 피드백을 제공하며, 연습 방법을 스스로 선택하고 이끌기도 하는 것, 더 나아가서는 속한 팀의 스포츠맨십 테마나 덕목에 기초한 몇 가지 팀 빌딩 아이디어나 격언들을 제시할 수 있다.

⑬ 헬리슨(Hellison, 2011)의 개인적 사회적 책임감 수준([그림 16-2] 참조)을 단순화하고, 팀 내에서 매일 이 모형을 적용한다. 예를 들어, 새내기(Rookie), 팀원(Teammate), 그리고 리더(Leader)를 팀 내 개인적 사회적 책임의 세 가지 수준으로 사용할 수 있다. 새내기는 헬리슨의 수준 0에 해당하는 사람으로, 다른 사람들에게 방해를 주고 존중하지 않는 태도를 보인다. 팀원은 연습과 경기에 적극적인 참여를 하며 다른 사람들에 대해 적절한 존중을 보여 준다. 리더는 다른 사람들에 대한 지지와 관심을 지니고 있으며 팀 내에서 기대되는 수준을 뛰어넘어 개인적 책임을 가지고 열심히 노력하는 사람들을 말한다. 이 세 가지 수준을 선수들에게 설명하고 그들의 행동을 강화하는 데 사용한다. 예를 들어, "오늘 연습에서 리더로서 누가 눈에 띄었나요? 그리고 왜요?" 또는 "조쉬가 새치기를 했네요. 이런 선수는 어떤 수준인가요?"라고 말하면 다른 선수들은 "새내기!"라고 대답하게 되고, 이것은 조쉬가 자신의 문제 행동을 이해하는 데 도움이 될 것이다.

⑭ 유청소년 스포츠는 경쟁적인 환경에서 이루어지지만(제3장 참고), 유청소년 스포츠 지도자들은 협력 게임과 활동을 활용하여 선수들이 협력, 팀워크, 수용, 의사소통, 갈등 해결, 포용 등과 같은 라이프 스킬(Life skills)을 형성할 수 있도록 이끌 수 있다(Luvmour, 2007; Orlick, 2006). 이러한 활동들은 선수들이 결과에 연연하기보다는 스포츠 참여에서 오는 재미와 게임의 진행 과정에 초점을 맞출 수 있도록 유도한다. 선수들의 발달과정에 적합한 협력 게임 및 스포츠 활동에 관련된 많은 예시를 온라인에서 쉽게 찾아볼 수 있다.

5. 요약

가끔 사람들은 유청소년 스포츠에서 왜 인생의 교훈을 강조하는지 묻는다. 단순히 신체적 기술만 가르칠 수는 없을까? 그러나 사실 그것은 불가능하다. 두 가지 이유가 있다. 첫째, 어떠한 성취 영역(예: 음악 레슨, 학교)에서든 기술을 배우고 발전시키려면 사회적, 도덕적 측면의 배움도 필연적으로 수반된다. 유청소년들이 삶의 목표를 추구하는 과정에는 다른 사람들과 협력하고, 규칙을 존중하며, 효과적으로 의사소통하고, 부정적인 감정에 적절하게 대응하며, 장애물을 극복해 나가고, 자신의 감정을 조절하는 등 다양한 것을 반드시 배워야 하기 때문이다. 둘째, 스포츠 맥락은 도덕과 인생의 교육을 가르치기에 적합한 환경을 지니고 있다. 경쟁이란, 본질적으로 공공의 목표를 달성하기 위해 나아가는 과정에서 같은 목표를 향해 달려가는 상대방의 견제를 이겨내는 것이기 때문이다. 게다가 많은 유청소년이 스포츠에서 성공하길 간절히 원한다. 우리 사회에서 스포츠의 의미는 상당한 것이기 때문이다. 이런 상황은 스포츠에서의 도덕적 딜레마, 선택 가능한 행동, 그리고 그에 따른 결과를 더욱 풍부하게 만들어 낸다.

일부 사람들은 협력 게임을 선호하면서 유청소년들의 경쟁을 감소시켜야 한다는 주장을 하기도 한다. 이런 한 게임들이 유청소년들의 발달에 있어서 반드시 포함되어야 하는 것은 맞지만, 우리는 이것이 유청소년 경쟁 스포츠의 대체제로 취급되어서는 안 된다. 스포츠의 경쟁적인 본질은 항상 유청소년 선수들의 인성을 시험하도록 이끌고, 이러한 시험을 통해 도덕적 행동, 스포츠맨십 및 라이프 스킬을 배우고 향상시킬 수 있다. 그러나 유청소년들에게 적합한 도덕적 시험을 설계하고 유청소년 선수들이 이러한 시험을 통과할 수 있도록 철저한 준비를 하는 역할은 성인 리더들에게 달려 있다. 성인 유청소년 스포츠 리더로서, 우리는 유청소년들의 도덕적 성품과 라이프 스킬 발달이 우리 사회의 발전에 중요한 것이며, 그것이 우리의 직접적인 책임이라는 사실을 잊어서는 안 된다.

학습 초점

주요 용어

- **공격(aggression)** 해치려는 의도를 가지고 다른 개인들의 권리를 침해하는 것. 예를 들어, 고통이나 상처를 입히는 것.
- **공격성(aggressiveness)** 높은 강도의 노력을 들여 강력한 방식으로 경쟁하는 것.
- **인성(character)** 사회에서 숭배되는 긍정적인 도덕적 · 윤리적 품행들의 집합.
- **게임 추론(game reasoning)** 승리가 다른 가치보다 우선적인 스포츠의 맥락에서 낮은 수준의 도덕적 의사 결정이 적절하다고 여겨지는 도덕성 범주의 형태.
- **라이프 스킬(life skills)** 개인이 속한 문화 내에서 성공하고 효과적으로 기여하는 데 요구되는 신체적 · 사회적 · 인지적 · 정서적 및 행동 기술들.
- **모델링(modeling)** 어린이들이 핵심 어른들의 행동을 모방하는 관찰 학습의 형태.
- **도덕적 행동(moral behavior)** 근본적인 도덕적 가치에 기초하여 올바른 이유로 올바른 일을 하는 것.
- **도덕적 발달(moral development)** 개인이 학습과 경험을 통해 더 높은 수준의 도덕적 추론에 도달하는 과정.
- **도덕적 딜레마(moral dilemmas)** 옳고 그름에 대한 질문을 제기하는 일상생활 속 사건들과 이들을 어떻게 판단해야 하는지에 대한 문제.
- **도덕적 추론(moral reasoning)** 사람들이 해야 할 올바른 일을 결정하는 데 참여하는 과정.
- **규범(norms)** 수용되고 기대되는 행동의 표준.
- **친사회적 행동(prosocial behaviors)** 협력, 공유, 공감과 같이 다른 사람들에게 이익을 주는 행동.
- **강화(reinforcement)** 보상과 처벌을 사용하여 행동을 수정하는 것.
- **사회 학습(social learning)** 아동이 성인으로 사회화되면서 문화적으로 가치 있는 행동이나 사회적 규범을 인식하고 학습하는 심리학적 이론.
- **스포츠맨십(sportsmanship)** 상대방에게 전략적 이득이 될 수 있는 상황임에도 경쟁에서 공정성과 상호 존중을 촉진하는 방식으로 행동하는 것.
- **폭력(violence)** 거친 또는 상해를 입히는 신체적 힘.

핵심 요약

1. 스포츠맨십과 도덕적 행동은 유청소년 스포츠 참여로 자동적으로 개발되지 않는다.
2. 유청소년 스포츠는 운동선수들이 사회적 · 도덕적으로 성장하도록 돕는 잠재력을 가지고 있지만, 프로그램이 적절한 방식으로 구성되고 전달될 경우에만 그러하다.
3. '인성'이라는 용어는 모호하고 정의하기 어려우므로, 실천가들은 유청소년 스포츠 참가자들의 스포

츠맨십, 도덕적 행동, 그리고 라이프 스킬을 강화하는 데 초점을 맞추어야 한다.

4. 스포츠맨십과 도덕적 행동은 효과적인 모델링을 통해 아이들에게 이해되고, 명확한 강화를 통해 가르쳐지며, 성숙한 도덕적 추론 기술을 발전시킴으로써 습득된다.
5. 공격(aggression)이 내적 긴장을 해소하여 더욱 폭력적인 공격(aggression)을 막을 수 있다는 생각은 근거 없는 믿음이다.
6. 아이들은 인지적으로 더 성숙해짐에 따라 도덕적 추론의 더 높은 수준으로 발전할 수 있는 능력을 갖추게 된다.
7. 운동선수들이 비운동선수들보다 도덕적 추론 기술이 낮으며, 팀 스포츠 선수들, 남성 선수들, 그리고 고강도 신체접촉 스포츠 선수들의 도덕적 추론 수준이 가장 낮다.
8. 낮은 도덕적 추론 수준은 운동선수들의 공격(aggression)과 관련이 있다.
9. 중재 프로그램들은 청소년 운동선수들의 도덕적 추론과 라이프 스킬을 성공적으로 향상시킨 바 있다.
10. 유청소년 스포츠 리더들은 간단하고 실용적인 전략을 사용하여 유청소년 운동선수들의 스포츠맨십, 도덕적 행동, 그리고 라이프 스킬을 구축하고 강화할 수 있다.

탐구 질문

1. 라이프 스킬, 스포츠맨십, 도덕적 행동의 용어 간 차이점을 설명해보자.
2. "스포츠가 인성을 기르는가?"라는 질문에 대답하기 어려운 이유는 무엇일까?
3. 공격(aggression)은 무엇이며, 공격성(aggressiveness)과 혼동되는 이유는 무엇일까?
4. 사회에서 강력한 규범들이 어린이들의 스포츠 행동에 영향을 미치는 방식을 설명하고, 이러한 강화의 연구 예시를 제시해 보라.
5. 카리스마라는 용어의 의미는 무엇이며, 아이스하키, 미식축구, 라크로스와 같은 스포츠에서 카리스마의 개념이 오해를 사는 이유는 무엇인가?
6. 운동선수가 비운동선수에 비해 도덕적 추론 능력이 낮은 이유들에 대해 토의하라.
7. "스포츠맨십이나 도덕적 행동이 유청소년 운동선수들에게 감지되고(caught by) 가르쳐진다(taught to)."라는 말은 어떤 의미를 가지는가? 각 용어의 의미를 설명하고 유청소년 스포츠 코치가 이런 방식으로 선수에게 도덕적 기술을 가르칠 수 있는 방법의 예시를 제시하라.
8. "스포츠맨십이나 도덕적 행동이 유청소년 운동선수들에게 스며든다."라는 말은 어떤 의미를 가지는가? 이것이 이해되고 가르쳐지는 학습의 방식과 어떻게 다른가?
9. 유청소년 스포츠 코치가 스포츠에서 자연스럽게 발생하는 도덕적 딜레마를 활용하여 어린 선수들의 도덕적 추론 능력을 향상시키는 구체적인 예시를 제시하고, 코치가 선수들이 도덕적 딜레마를 해결하도록 돕는 방법을 설명하라.
10. 각 다섯 가지 도덕적 추론 단계에서 운동선수가 어떻게 생각할 수 있는지 설명하고, 스포츠 예시를 제공하라.

성찰용 학습활동

1. 유명한 스포츠 선수들의 스포츠맨십에 관한 명언을 인터넷에서 찾아보자. 이러한 명언들을 활용하여 유청소년 선수들에게 중요한 인생 교훈을 어떻게 가르칠 수 있을지 논의하라.
2. 다음 세 가지 시나리오를 읽고, 각각을 어떻게 다룰 것인지 생각해 보라. 특히 선수들과 도덕적 대화를

이어 나감에 있어 선수들이 딜레마를 이해하고 성숙한 도덕적 가치를 내재화 하도록 격려해 보라.

ⓐ 농구팀 회의에서 최고 실력이 좋은 9세, 10세의 선수 두 명이 모두가 게임에서 뛸 수 있는 시간을 할당받는 규칙에 동의하지 않는다고 말한다. 이들은 이 규칙이 약간 완화된다면 그들을 포함해 실력이 좋은 아이들이 더 오래 경기에 뛸 수 있고 팀이 더 많은 경기에서 승리할 수 있다고 주장한다.

ⓑ 당신은 중학교 테니스 팀의 코치이며 당신의 선수들이 경기 중 라인을 어떻게 부를지에 대해 물어본다. 선수들은 모두가 약간 속임수를 부리고 있다고 이야기하며, 상대 선수들도 중요한 시점에 라인을 자기 편에 유리하게 부르기 때문에 그들도 같은 방법을 사용해야 하지 않느냐고 말한다.

ⓒ 9세 하키 선수의 부모 중 한 명이 아이에게 "상대를 끄집어 내!"와 "수비를 쓰러뜨려!"와 같은 지시를 경기 중에 끊임없이 외친다. 이 부모는 선수들에게 강인함을 강조하지 않는 당신에게 답답함을 표현한다. 그리고 선수들 앞에서 다음 훈련 때 심판들이 알지 못하게 불법적인 동작으로 속임수를 쓸 수 있는 몇 가지 요령을 알려 주고 싶다고 당신에게 말한다.

3. 당신이 지도하는 스포츠에서 발생할 수 있는 다섯 가지 도덕적 딜레마를 개발하라. 선수들이 이를 읽고 소집단으로 논의할 수 있는 사례 연구를 설계하라.

4. 〈표 16-1〉의 다섯 가지 도덕적 추론 단계를 사용하여 다음 두 가지 시나리오를 읽고 ① 어떤 수준의 도덕적 추론이 사용되었는지, ② 상황에 동의하는지 또는 그렇지 않은지, 그리고 장단점에 대해 논의하라.

ⓐ 켄터키주의 고등학교 선수협회는 지난 3년간 경기 후 악수하는 의식이 스물 네 번 이상 싸움으로 번진 사실을 인용하며 2013년 시즌부터 팀들이 경기 후 악수하는 줄을 서지 않도록 지시했다.

ⓑ 텍사스주 럽박(Lubbock)의 켄브리얼 허른(Kenbriel Hearn)은 2013년 고등학교 미식축구 시즌(그의 졸업생 시즌)을 놓쳤으며, 뇌졸중 두 번과 뇌출혈로 인해 삼 주 동안 죽기 직전의 상태에서 생명 지원 장치에 연결되어 있었다. 그는 팀의 마지막 홈게임 때 뛰는 것이 가능한 정도로 회복되었다. 그의 코치는 그를 게임에 참가하도록 부르고, 마지막 1분이 남은 상황에서 팀이 35:0으로 지고 있을 때 허른을 투입했다. 두 팀은 경기 결과가 이미 결정된 경우 허른이 공을 들고 득점할 기회를 줄 것으로 합의했다. 허른은 공을 받아 득점하였고 팀 동료들이 그에게 몰려와서 포옹하고 상대 선수들도 그의 손을 흔들었다. 코치, 부모, 팀 동료들, 그리고 허른 자신 모두가 눈물을 흘리며 이 기념비적인 득점을 결코 잊지 않을 것이라고 결심했다.

보조자료

- **퍼스트 티 라이프 스킬 경험(The First Tee Life Skills Experience (YouTube)** (www.youtube.com/watch?v=FUesKzkkMZc). 이 5분 길이의 영상은 '퍼스트 티(First Tee)'가 골프를 통해 프로그램에 참여하는 학생들에게 라이프 스킬을 가르치는 방법에 대해 소개한다.
- **스포츠맨십** NFHS 무료 온라인 강의 (www.nfhslearn.com). 연습과 경기 중에 발생하는 도덕적 가르침의 순간을 포착하고 길러 낸다.

나가기

유청소년 스포츠에 대한 지식 여행 중 여러분에게 가장 큰 인상을 남긴 것은 무엇인가? 어떤 아이디어가 가장 많이 남아 있는가? 더 중요한 것은, 여러분이 얻은 지식을 어떻게 활용하고 싶은가?

이러한 질문에 어떻게 응답할 수 있는지 이제까지 배운 것을 통합하여 생각해 보라.

① 유청소년 스포츠는 어떻게 현재의 모습으로 발전했는가? 이러한 발전의 과정에서 생겨난 긍정적인 결과와 부정적인 결과는 무엇인가?

② 유청소년 선수들만이 지닌 독특한 특징은 무엇이며, 이로 인해 이들을 가르치고 코치하는 것은 성인을 가르치고 코치하는 것과 어떻게 다를까?

③ 어린이들이 유청소년 스포츠에 참여하게 하고, 스포츠를 사랑하게 하고, 평생 동안 신체적으로 활동적이게 만들기 위해 우리는 어떻게 해야 할까?

④ 재능 있고 열정적인 유청소년 선수의 부모들에게 그들의 스포츠 잠재력과 전반적인 웰빙을 촉진하는 가장 좋은 방법으로 무엇을 추천하겠는가?

⑤ 유청소년 스포츠가 잘되기 위해서 코치가 해야 할 가장 중요한 일은 무엇일까? 그리고 부모들, 청소년 스포츠 프로그램 관리자들은 무엇을 해야 할까?

많은 학생이 우리에게 자신이 배운 것 중에서 '모두가 아이들을 위한 것이다'라는 주제를 확실히 기억할 것이라고 말한다. 아마도 수업에서 그것을 많이 반복하기 때문일 것이다. 그러나 우리는 유청소년 스포츠에서 가르치거나 코치하거나 감독하거나 심판을 보거나 부모가 될 때 이를 마음에 두면 좋은 일이라고 생각한다.

우리는 여러분이 발달적으로 적절한 실천을 지지하기를 바란다. 여러분이 이 책을 읽은 후에도 DAP(발달단계적으로 적절한 신체활동)의 사도가 되지 않았다면, 우리는 저자로서 역할을 제대로 수행하지 못한 것이다. 여러분이 유청소년 스포츠 참여에 있어 프로그램을 계획하거나 연습을 설계하거나 기술을 가르치거나 피드백을 제공하거나 활동을 수정할 때, 발달 단계에 적절한 실천의 원칙을 적용하기를 바란다. 나아가 유청소년 스포츠 참여에 있어 언제, 얼마나 빨리, 많이, 오래, 강하게 이런 일을 해야 할지를 결정할 때 DAP 원칙을 사용하기를 바란다. 여러분의 큰 도전은 전통적인 사고방식이나 '늘 해 왔던 방식'에서 생겨나는 저항에도 불구하고 DAP 원칙을 고수해야 하는 것이다. 우리는 이것이 매우 어려운 도전이며 종종 많은 반대에 직면하게 될 것이라는 것을 안다. 하지만 발달적으로 적절한 실천에 관련된 결정을 내릴 때 우리는 여러분이 이 책에 나와 있는 증거에 대하여 확신을 가져도 된다고 말하고 싶다. 유청소년 스포츠에 대한 최상의 실천은 항상 발달적으로 적절한 실천임을 기억하기를 바란다.

우리는 유청소년 스포츠를 믿는다. 우리는 유청소년 스포츠가 종종 젊은이들에게 양질의 경험을 제공하고 있으며, 앞으로도 제공할 것이라고 믿는다. 하지만 우리는 언제나 더 나은 방법을 찾아낼 수 있다. 이 책의 목적은 여러분이 더 나은 방법을 찾기 위해 교육하고 영감을 불러 넣는 것이다. 이를 위해 우리는 여러분이 해결 방안 중심의 접근법(solution-focused approach)을 채택하기를 권한다. 흔히 유청소년 스포츠의 문제에 초점을 맞추고 일부 잘못된 성인들의 대담한 행동에 근심과 우려를 나타낸다. 그러나 해결 방안 중심의 접근법은 문제를 찾아내는 것뿐만 아니라, 해결책과 유청소년 스포츠가 더 잘 작동하고 발달적으로 더 적절해질 수 있도록 중요한 변화를 만들고, 우리의 에너지를 실행에 집중하는 것을 의미한다. 유청소년 스포츠는 항상 발전의 과정에 있을 것이고 그래야만 한다. 우리는 그 발전 과정에 함께하고 싶으며 여러분도 우리와 함께하기를 기대한다.

부록

부록 A

100점 테스트

다음은 유청소년 스포츠 프로그램이 추구할 수 있는 목표 리스트다. 독자에게 중요한 비중에 따라 각 목표들의 점수를 배분하여 총합이 100점이 되도록 해 보라. 리스트에 적힌 목표들 이외의 것들이 더 중요하다고 생각되면, 그것들을 기타 란에 적고 점수를 적어라. 마무리가 되면, 점수는 총 100점이 되어야 한다.

다음 유청소년 스포츠의 목표들 가운데 이 목표는 독자에게 얼마나 중요한가?

__________ 재미

__________ 체력 향상

__________ 친구와 함께하기 또는/그리고 친구 만들기

__________ 이기는 것

__________ 운동 기능 습득

__________ 삶에 대해 배우기

__________ 대학 장학금 확보

__________ 부모님 기쁘게 하기

__________ 우수 선수 양성

__________ 평생 참여 도움 주기

__________ 자신감과 만족감 갖기

__________ 경쟁하는 방법 배우기

__________ 기타(구체적으로 적기) ____

__________ 기타(구체적으로 적기) ____

__________ 기타(구체적으로 적기) ____

100 **총합**

Thompson, J. (2009). *Positive sports parenting*. Portola Valley, CA: Balance Sports Publishing, p. 56에서 허락받고 발췌하여 변형.

부록 B

원칙을 세울 때 고려해야 할 샘플 이슈들

다음은 유청소년 스포츠에서 보이는 일반적 이슈들이다. 이 이슈들에 대한 독자의 생각을 정리하면, 독자의 프로그램을 운영하는 데에 있어서 중요한 원칙들을 명확하게 만들 수 있다. 독자가 세우는 원칙은 독자의 철학과 목표(목적)로부터 논리적으로 따라 나오는 것임을 명심하라. 이 원칙들이 있어야 독자는 판단을 어떻게 내릴 것인지, 선수들과 어떻게 상호작용할 것인지, 그리고 본인의 철학을 어떻게 실현할 것인지에 대한 가이드라인을 만들 수 있게 된다.

1. 이기기 vs 참가하기
2. 이기기 vs 기술 향상 및 숙달
3. 모든 참여자의 재능 개발 vs 우수 기능자 중심의 재능 개발
4. 선수 중심 vs 어른 중심
5. 놀이 vs 일
6. 권위주의적 리더십 vs 참여 지향적(결정 권한의 공유) 리더십
7. 생활체육 지향 vs 전문체육 지향
8. 아동 위주 운영 vs 부모 관여 운영
9. 피라미드 모형 vs 야자수 가지 공동체 모형
10. 동기유발 요인으로 칭찬 활용 vs 동기유발 요인으로 벌칙 사용

부록 C

성장과 성숙에 관한 사례 연구들

사례 연구 1

애런은 13세의 8학년 소년이다. 키는 170cm이며 몸무게는 66kg이다. 지난 6개월 동안 신장은 큰 변화가 없었으나 체형과 체성분은 정말 많은 변화를 보였다. 어깨는 넓어지고, 작년보다 훨씬 근육량은 늘어났으며, 약간 살쪘던 몸통과 복부 지방도 일부 사라졌다. 목소리는 굵어지고, 팔다리에 있는 털의 양도 많아지고 색깔은 더 어두워졌다. 그는 또래들보다 훨씬 빠르고 강하기 때문에 중학교 축구 시즌에서 러닝백으로 두각을 나타냈다.

사례 연구 2

한나는 11세의 5학년 소녀다. 키는 155cm이며 몸무게는 57kg로 10.5세에 초경을 시작했다. 지난 2년 동안 15cm가 자라면서 몸무게도 9kg이나 늘었다. 같은 또래들에 비해 상체보다 허리와 엉덩이 부분이 더 크고 가슴과 엉덩이도 더 커져서, 자기 신체에 대한 타인의 시선을 의식한다. 8살 때부터 즐겨 왔던 수영 클럽을 그만두어야 할지 고민 중이다.

사례 연구 3

케이샤는 13세의 7학년 소녀다. 키는 158cm이고 몸무게는 48kg이다. 이 아이는 근육량이나 체지방이 거의 없는 선형 체구를 가지고 있는데, 2차 성징 발달의 명백한 징후를 보이지 않는다. 지난 4개월 동안 키는 크게 자라지 않았지만 팔다리는 점점 더 커졌다. 케이샤는 뛰어난 축구 선수이자 400미터 달리기 선수로 다른 스포츠도 즐기며 신체적으로 건강하다.

사례 연구 4

네이트는 14세의 8학년 소년이다. 키는 163cm이고 몸무게는 52kg이다. 극도의 마른 체형으로 큰 발을 가지고 있다. 몇 달 동안 눈에 띄게 성장하지는 않았고 지역사회 레크리에이션 농구팀의 친구들보다 키도 더 작다. 그는 힘, 순발력, 크기가 부족하여 8학년 학교 농구팀에는 들지 못했다. 사춘기의 징후(팔다리에 털이 생기고 목소리가 굵어짐)가 전혀 보이지 않고, 고등학교 농구를 간절히 원한만큼 실망도 크다. 아이의 어머니는 183cm이고 아버지는 193cm이다. 네이트는 그렇게 키가 큰 부모 밑에서 자신은 왜 그렇게 키가 작은 것인지 의아해 한다.

Vealey, R. S & Chase, M. A. (2016). *Best practice for youth sport*. IL: Human Kinetics.

부록 D

부모님께 보내는 샘플 편지(준비도 평가 세션 설명)

[날짜]

친애하는 농구부 유청소년 부모님 여러분,

올해 옥스퍼드 공원 및 레크리에이션 주관 유청소년 농구 시즌에 오신 것을 환영합니다! 여러분의 자녀에게 농구라는 멋진 경기를 통해 즐거운 학습 경험을 제공하게 되어 기쁘게 생각합니다. 이 편지의 목적은 리그의 선수 평가에 대해 더 상세한 정보를 제공하는 것입니다.

올해 농구 리그에 참가하려는 모든 선수는 연령 그룹에 해당하는 3개의 예정된 평가 세션(모두 그랜트 초등학교에서)중 한 개에 반드시 참가해야 합니다.

10월 22일, 23일, 24일(이 세션 중 하나에 참석하도록 계획하세요.)

여학생, 8~9세 — 오후 6시~7시

남학생, 8세 — 오후 7시~8시

남학생, 9세 — 오후 8시~9시

그랜트 초등학교 체육관 로비에 도착한 후 등록대에서 자녀를 체크인해 주십시오. 자녀에게 평가 번호를 부여하고 자녀의 신장과 몸무게를 측정합니다. 그 후 체육관으로 들어갈 수 있고, 직원이 귀하의 자녀를 해당 그룹으로 안내할 것입니다.

이것은 테스트가 아닌 평가입니다. 옥스퍼드 공원 및 레크리에이션 농구에 등록한 모든 어린이는 팀에 배치될 것입니다. 우리는 평가를 통해 선수들의 기술, 신장, 몸무게, 경험 측면에서 최대한 균등한 팀을 만듭니다. 프로그램에 참여하는 모든 코치는 평가 기간 동안 선수들을 관찰하고 평가할 것입니다. 코치들은 이 평가를 바탕으로 드래프트 제도를 통해 소속팀의 선수를 선발하게 됩니다. 이 평가 및 드래프트 시스템은 편향된 리그 순위와 '겹쳐진' 팀을 제거하는 데 성공했으며, 플레이어에게 가능한 가장 공평한 경험을 제공하는 것으로 나타났습니다.

이것이 테스트가 아니라는 점을 자녀에게 설명하기를 권합니다. 그들이 와서 경기하며 재미있어야 합니다. 스크리미지나 경기를 위한 약간의 시간이 있겠지만 드리블, 패스, 슈팅, 리바운드 및 수비 훈련도 거치게 될 것입니다. 농구 경험이 전혀 없거나 많지 않아도 괜찮습니다. 우리는 그들에게 이러한 기술을 가르칠 계획입니다. 이 프로그램의 최우선 순위는 즐거운 입문 경쟁의 형식으로 자녀에게 농구 기술을 가르치는 것입니다.

옥스퍼드 공원 및 레크리에이션 농구의 일원이 되어 주셔서 감사합니다!

조 그리피스, 스포츠 코디네이터 드림

Vealey, R. S & Chase, M. A. (2016). *Best practice for youth sport*. IL: Human Kinetics.

부록 E

스포츠를 하는 이유 설문조사

왜 스포츠를 하는가? 다음은 아이들이 스포츠를 하는 이유에 대한 목록이다. 각 이유를 살펴보고 스포츠를 하는 이유에 대해 당신은 얼마나 동의하는지 결정하시오. 동의하는지, 잘 모르겠는지, 동의하지 않는지에 따라서 각 이유에 대해 한 개에 표시해 보시오.

정답이나 오답은 없다. 우리는 당신이 스포츠를 하는 이유에 관심이 있다.

	매우 그렇다	그렇다	모르겠다	그렇지 않다	매우 그렇지 않다
1. 활동적이어서					
2. 새로운 기술을 배우기 위해					
3. 즐겁게 보내려고					
4. 부모님이 경기하기를 원해서					
5. 팀원이 되려고					
6. 타인과 경쟁하기 위해					
7. 잘해서					
8. 신나서					
9. 이기려고					
10. 친구를 만나려고					
11. 좋은 선수가 되려고					
12. 내가 특별하고 느끼고 싶어서					
13. 건강해지려고					
14. 대학에서 스포츠를 하려고					
15. 친구들과 함께 있으려고					
16. 자신감을 주니까					
17. 스포츠를 사랑하니까					
18. 기술 향상을 위해					
19. 내가 얼마나 멋진지 보여 주려고					
20. 자기 통제를 배우려고					
21. 코치가 좋아서					
22. 나를 멋져 보이게 하므로					
23. 부모님이 좋아하니까					

이제 이 목록과 답변을 살펴보고 스포츠를 하는 가장 중요한 **세 가지** 이유를 적어 보시오.

1. ______________________________

2. ______________________________

3. ______________________________

Vealey, R. S., & Chase, M. A. (2016). *Best practice for youth sport*. Champaign, IL: Human Kinetics에서 허락받고 발췌.

Murphy, S. (1999). *The cheers and the tears: A healthy alternative to the dark side of youth sport*. (San Francisco, CA: Jossey-Bass), 70-71.

부록 F

유청소년 스포츠용 동기 분위기 척도

다음의 각 진술을 읽고 **당신의 코치에 대해 얼마나 사실인지** 생각해 보고 **한 개의 숫자에 동그라미**를 치시오. 정답이나 오답은 없다. **당신의 이름을 쓸 필요는 없으며 아무도 당신의 답변인지 알 수 없다**. 정직하게 체크하시오. 당신의 코치가 최고의 코치가 되는 방법을 이해하도록 도우려면 **정직한 피드백**이 필요하다.

	매우 그렇다		보통이다		전혀 아니다
1. 코치는 선수들이 실력을 향상했을 때 선수들 기분을 좋게 해 주었다.	5	4	3	2	1
2. 코치는 기술 향상을 위해 팀원들이 서로 도와야 한다고 했다.	5	4	3	2	1
3. 코치에게는 경기에서 승리하는 것이 가장 중요했다.	5	4	3	2	1
4. 코치는 최고의 선수들에게 가장 많은 관심을 기울였다.	5	4	3	2	1
5. 코치는 새로운 기술을 배우도록 격려했다.	5	4	3	2	1
6. 코치는 잘하지 않는 선수들과 시간을 덜 보냈다.	5	4	3	2	1
7. 코치는 우리에게 팀원들보다 더 나아지려고 노력하라고 했다.	5	4	3	2	1
8. 코치는 최선을 다하는 것이 가장 중요하다고 말했다.	5	4	3	2	1
9. 선수가 실수하면 경기에서 제외되었다.	5	4	3	2	1
10. 코치는 우리 모두가 팀의 성공에 중요하다고 했다.	5	4	3	2	1
11. 코치는 팀에서 어느 선수가 가장 최고인지 말했다.	5	4	3	2	1
12. 코치는 선수들에게 서로 더 나아질 수 있도록 도우라고 했다.	5	4	3	2	1

유청소년 스포츠용 동기 분위기 척도(MCSYS)에 대한 채점 지침

1. MCSYS의 빈 복사본의 각 항목에 T(과제) 또는 E(자아) 라벨을 지정하여 붙이시오.
   과제 관련 풍토 항목: 1, 2, 5, 8, 10, 12
   자아 관련 풍토 항목: 3, 4, 6, 7, 9, 11

2. 각 설문지에서 과제 항목별 점수를 모두 합하고 6으로 나누어 평균 점수를 구하시오. 자아 항목별 점수에 대해서도 동일하게 수행하시오. 각 설문지에 과제 및 자아 평균을 쓰시오.

3. 모든 과제 점수(각 설문지별 하나씩)를 더한 다음, 이 숫자를 설문지 수로 나누라(과제 관련 풍토에 대한 전체 평균 점수). 동일하게 수행하여 전체 자아 관련 풍토 점수를 구하시오.

4. 두 가지 점수를 고려하라. 그 점수가 정확하다고 생각하는가? 그렇지 않다면, 코치로서 당신이 인지하고 있는 점수와 어떠한 차이가 있는가?

5. 더 많은 정보를 원한다면, 각 항목에 점수를 매긴 후 각 항목에 대한 평균을 만들어서 선수가 코칭 행동을 어떻게 보는지 이해하도록 도움을 주도록 하시오. 엑셀 스프레드시트에 숫자를 넣고 항목들의 다른 평균을 빠르게 계산해 보시오.

6. 선수들에게 점수에 관해 이야기할 때, 그들의 피드백에 고마워하고 어떠한 반응에도 분하게 생각하지 마시오. 코치와 운동선수 모두가 팀의 동기 부여를 위한 풍토를 강화하는 방법을 논의할 수 있을 것이다.

부록 G

동기부여 사례 연구

사례 연구 1

에단은 11세 때 지역사회 수영장 여름 수영 팀에 합류한다. 그는 자유형으로 수영할 수 있지만 배영, 평영, 접영에 대해 아직 배울 것이 많다. 수영장의 1레인과 2레인은 올바른 영법 기술의 학습에 중점을 두는 프로그램 초보자와 신입을 위해 예약되어 있다. 하지만 이 초보자 레인에 있는 대부분의 아이는 9세 미만이고 에단의 친구와 수영을 하는 그의 또래들은 3~6레인에 있다. 수영 프로그램에는 누구나 언제든지 참여할 수 있으며 초보자는 모두 1, 2레인에서 시작한다는 철학이 있다. 에단은 집에 와서 부모님께 자신이 친구들과 함께 있지 않고 '어린아이들 레인'에 있어서 더 이상 수영하고 싶지 않다고 말한다. 에단이 동기를 유지하여 수영 프로그램에 참여하도록 도우려면 부모가 어떤 조치를 취해야 하는가?

사례 연구 2

케이틀린은 중타자 포지션을 맡은 고등학교 1학년 배구선수다. 그녀는 신입생과 주니어 대표팀에서 풀타임으로 활약하며 탄탄한 한 해를 보냈다. 그녀의 기술은 크게 향상되었다. 경기에 대한 자신감과 애정은 성장하였고 이 팀들에서 우정과 동료애를 즐긴다. 프로그램에서 중간 타자들의 부상이 엄청나게 많아서 케이틀린은 남은 시즌 동안 대표팀에서 뛸 것이라고 들었다. 처음에는 신났지만 대표팀 경기를 앞두고는 너무 예민해지고 겁이 났고 몸도 아프다. 경기에 들어가면 적절한 기량을 보이지만 스파이크를 때리는 대신에 공을 살짝 치는 안전한 플레이를 반복한다. 그 경기가 끝나고 집에 와서 케이틀린은 흐느끼며 부모님에게 자신이 대표팀 여학생들(모든 후배와 선배들)과 맞지 않으며, 대표팀에서 뛰기에 충분치 않다고 느낀다고 말한다. 그녀의 부모는 아이가 대표팀 수준에서 뛰는 기회를 얻어 매우 기쁨에 넘쳐야 한다고 생각하므로 당황한다. 케이틀린의 근본적인 동기부여 성향을 바탕으로 한 반응들을 어떻게 설명할 수 있는가? 이런 상황에서 그녀의 부모님과 코치는 어떻게 그녀를 도울 수 있나?

사례 연구 3

중학교 체육 부서 부장인 제퍼슨 여사는 8학년 여자 농구팀을 코치하는 베이츠 코치에 대해 여러 가지 불만 사항을 접수했다. 베이츠 코치는 고등학교와 대학 수준에서 경기하고 코치한 경험이 있어 게임을 매우 잘 안다. 그녀는 강력한 프로그램을 구축하려고 노력 중이며 선수들이 학교가 시작하기 전인 7~8월에 매일 오전 6시에 참여하도록 요구하는 조건화 요법을 시행한다. 모든 선수가 팀에 출전하기 전에 통과해야 하는 체력 테스트(일정 시간 중장거리 달리기)를 시행하는데, 이로 인해 많은 소녀가 두려워서 출전을 꺼린다. 코치는 복잡한 세트 공격을 가르치고 선수들은 코트에서 무엇을 할 것인지 배우고 기억하는 데 고군분투한다. 경기할 때 로봇 같고 소심하며 주저한다. 베이츠 코치는 강력한 프로그램을 개발하고 싶은데 선수들이 농구를 좋아하지 않는 이유와 부모가 불평하는 이유가 혼란스럽다.

Vealey, R. S. & Chase, M. A. (2016). *Best practice for youth sport*. Champaign, IL: Human Kinetics.

부록 H

재능 개발 환경 설문지 스포츠용(일부 항목만 해당)

다음의 각 진술을 읽고 이 프로그램에서 자신의 스포츠 상황을 설명하는 데 얼마나 동의하는지 생각해 보시오. 각 진술에 대해 자신의 스포츠 프로그램과 관련하여 해당 진술에 얼마나 동의하는지 또는 동의하지 않는지를 나타내는 숫자를 체크하시오. 정답이나 오답은 없다. **당신의 이름을 쓸 필요는 없으며 아무도 당신의 답변인지 알 수 없다**. 정직하게 체크하시오.

	매우 동의	동의	조금 동의	조금 부동의	부동의	매우 부동의
1. 코치는 기본적이고 기초적인 기술에 대한 끊임없는 노력이 필요하다고 강조한다.	6	5	4	3	2	1
2. 코치는 경험이 쌓일수록 스스로의 개발과 학습에 책임감을 가지라고 독려한다.	6	5	4	3	2	1
3. 운동 계획에 체력, 유연성, 민첩성, 조정력, 균형감각, 근력 훈련 등 다양한 신체 회복 운동이 포함되어 있다.	6	5	4	3	2	1
4. 트레이닝 세션은 유익하고 도전적으로 구성되어 있다.	6	5	4	3	2	1
5. 코치는 기능, 신체적 능력, 전술적 기술, 정신적 기술, 의사 결정 등 다양한 유용한 기술과 특성을 통합하는 훈련을 계획한다.	6	5	4	3	2	1
6. 코치는 나의 강점과 약점을 파악할 수 있도록 도움을 준다.	6	5	4	3	2	1
7. 훈련은 장기적이고 효과적으로 성장할 수 있도록 특별히 설계되어 있다.	6	5	4	3	2	1
8. 코치는 훈련과 대회에서의 경험이 단순한 승리보다 훨씬 더 중요하다고 강조한다.	6	5	4	3	2	1
9. 코치는 실수를 통해 배울 수 있게 지도한다.	6	5	4	3	2	1
10. 코치는 내가 하고 있는 일과 그 이유를 이해하도록 도움을 준다.	6	5	4	3	2	1
11. 비록 경기력이 떨어지더라도 좋은 기회가 주어질 것이라 생각한다.	6	5	4	3	2	1
12. 나는 다른 스포츠, 트레이닝 또는 두 가지 모두에 참여하도록 안내받았다.	6	5	4	3	2	1
13. 코치는 부모님과 내가 달성하고자 하는 목표에 대해 이야기하는 시간을 가진다.	6	5	4	3	2	1
14. 부모님이 해 주시는 조언은 코치로부터 받는 조언과 유사하다.	6	5	4	3	2	1
15. 나의 운동 진행 상황과 성과는 정기적으로 개별적으로 확인된다.	6	5	4	3	2	1
16. 지금 당장의 승패가 미래의 성공 여부를 결정하지 않는다는 말을 자주 듣는다.	6	5	4	3	2	1
17. 나는 나의 스포츠 발전을 위해 다양한 유형의 전문가들과 교류할 수 있다.	6	5	4	3	2	1
18. 코치는 나의 안녕한 삶에 관심을 갖고 있다.	6	5	4	3	2	1
19. 나는 훈련, 경기, 회복의 균형을 맞추는 방법을 배웠다.	6	5	4	3	2	1
20. 나의 성장과 관련한 주요 의사결정에 참여한다.	6	5	4	3	2	1

스포츠 능력 개발 환경 설문지(약식) 채점 및 사용 지침(TDEQS)

1. 이 설문지에는 간단한 실무적 사용을 위해 TDEQS의 일부 항목만 포함되어 있으므로 계산할 특별한 하위 척도는 없다. 능력 개발 프로그램의 특정 측면에 대한 피드백을 얻으려면 개별 항목의 점수를 살펴보는 것이 좋다. 선수 그룹에 설문지를 배포한 경우 각 항목의 평균 점수를 계산하여 프로그램의 강점과 약점을 평가하는 방식으로 활용할 수 있다.

2. 모든 항목은 6이 최고 점수, 1이 최저 점수가 되도록 문항을 구성한다.

3. 선수들과 점수에 대해 이야기할 때, 선수들의 피드백에 고마운 마음을 가지고 어떤 응답에 대해서도 감정적으로 대하지 않는 것이 좋다. 코치와 선수가 함께 프로그램에 관하여 전문성 향상을 위한 환경을 개선할 수 있는 방법에 대해 토론하는 것이 좋다.

4. 이 설문지의 항목은 주로 장기적인 능력 개발 측면에 초점을 맞추고 있다. TDEQS 전체 버전의 다른 하위 척도에는 양질의 준비, 의사소통, 선수에 대한 이해, 지원 네트워크, 도전적이고 지원적인 환경이 포함되어 있다.

5. 연구 목적이나 종합적인 평가 프로젝트로 TDEQS를 사용하고자 하는 경우, 전체 버전을 사용하는 것이 좋다. TDEQS 전문은 연구 논문(본 부록 말미에 있는 참조)에서 찾을 수 있으며, 일반적으로 해당 논문의 제1저자로부터 받을 수 있다.

Vealey, R. S., & Chase, M. A. (2016). *Best practice for youth sport*. Champaign, 1L: Human Kinetics. R. J. J. Martindale et al. (2010). Development of the talent development environment questionnaire for sport: *Journal of Sport Sciences 28*(11): 1209-1221에서 허락받고 발췌하여 변형.

부록 I

스포츠 수행에 대한 반응

많은 운동선수가 경기, 대회 또는 시합 전이나 시합 중에 긴장하거나 초조해 한다. 이는 프로 운동선수들에게도 발생한다. 각 문항을 읽어 보라. 그런 다음 시합 전이나 시합 중에 평소 느끼는 기분을 나타내는 숫자에 체크하시오. 정답이나 오답은 없으니 최대한 솔직하게 답하시오.

	전혀 그렇지 않다	그렇지 않다	그렇다	매우 그렇다
스포츠 경기 전 또는 경기 중				
1. 몸이 긴장된 느낌이 든다.				
2. 나는 내가 잘하지 못할까 봐 걱정된다.				
3. 나는 다른 사람들을 실망시킬까 봐 걱정된다.				
4. 나는 뱃속에 긴장감을 느낀다.				
5. 최선을 다하지 못할까 봐 걱정된다.				
6. 근육이 떨린다.				
7. 경기 중에 실수할까 봐 걱정된다.				
8. 긴장해서 근육이 뭉치는 느낌이 든다.				
9. 경기 중 실수할까 봐 걱정된다.				
10. 속이 더부룩하다.				

스포츠 불안 척도-2(SAS-2)의 채점 지침

1. 운동선수에게 사용되는 척도의 제목이 스포츠에 대한 반응이라는 점에 유의하시오. 이는 운동선수들이 이 척도가 불안의 척도라는 것을 알아채지 못하도록 하기 위함이며, 이는 질문에 답하는 방식에 영향을 줄 수 있다.

2. SAS-2에서는 두 가지 측면의 특성 불안이 측정된다. 신체적 불안은 운동선수가 긴장, 초조, 떨림을 느끼는 정도이다. 걱정이란 운동선수가 경기를 잘하지 못하고 다른 사람들을 실망시킬까봐 걱정하는 정도를 말한다.

3. 신체적 불안 척도를 구성하는 항목은 1, 4, 6, 8, 10이다. 걱정 척도를 구성하는 항목은 2, 3, 5, 7, 9이다.

4. 각 척도에 대한 선수의 점수를 합산하여 신체적 불안 총점과 걱정 총점을 각각 계산한다. 이 두 점수의 범위는 5점에서 20점 사이여야 한다. 다음은 선수의 점수를 해석하는 대략적인 방법이다. 17~20: 매우 높음 · 매우 불안함, 13~16: 평균보다 높은 불안감, 9~12: 평균 범위의 불안, 5~8: 낮은 불안

5. 다양한 점수는 정신적 불안(또는 걱정)뿐만 아니라 긴장의 신체적 증상 측면에서 운동선수가 불안을 경험하는 정도를 알려준다.

6. SAS-2를 사용하여 검사를 받은 어린이는 신체적 불안에서 평균 약 8점, 걱정에서 약 9점 또는 10점을 받았다.

7. 연구 목적으로 SAS-2를 사용하려면 집중력 장애라는 하위 척도가 포함된 SAS-2의 전체 버전을 사용하는 것이 좋다. 전체 SAS-2는 이 부록 끝에 인용된 참고 문헌에서 확인할 수 있다.

부록 J

조절 가능한 것에 집중하기

1. 이것은 청소년 운동선수들을 위한 적극적인 대처 훈련이다. 이는 운동 능력에 영향을 미치는 요소들 중 자신이 '통제할 수 있는 것'과 '통제할 수 없는 것'을 식별하는 데 도움이 된다.

2. 선수들에게 다음 페이지에 제공된 양식을 안내한다. 다가오는 경기 종목에 대해 생각하고 경기력에 영향을 미칠 수 있지만 개인이 통제할 수 없는 요소를 파악하도록 한다. 선수들은 '내가 통제할 수 없는 것들'이라고 표시된 동그라미 안에 다음의 것들을 적도록 한다(무엇을 적으라고 지시하지 않는다. 일반적으로 상대, 날씨, 심판, 팀원, 승패 여부, 부모님의 승인 여부, 코치의 반응 등이 여기에 해당 된다).

3. 그런 다음 다가오는 대회에 대해 생각하고 자신의 경기력에 영향을 미칠 수 있고 자신이 통제할 수 있는 것들을 적도록 한다. '내가 통제할 수 있는 것'이라고 표시된 동그라미 안에 이런 것들을 적는다(다시 말하지만, 무엇을 적으라고 지시하지 않는다. 일반적으로 매우 스포츠 게임 상황에 해당하는 것들이다. 예를 들어 농구의 경우, 공격 시 적극적이고 수비를 열심히 하기, 자유투 시 내 루틴을 따르기, 포스트 수비 시 상대 센터를 적극적으로 막아내기, 슛을 던질 때마다 박스 아웃하기, 매 순간 내 임무에 집중하기, 실수 후 다음 플레이에 집중하기 등을 적을 수 있다).

5. 토론이 끝나면 연필을 가지고(반드시 연필을 사용해야 한다!) 나의 통제할 수 없는 것들 동그라미에 크게 ×표시를 하도록 한다. 경쟁 중에 이러한 통제할 수 없는 것에 대해 생각하거나 걱정하기 시작하면 마음속으로 ×표시를 해야 한다는 것을 상기시킨다.

6. 이제 선수들은 통제할 수 있는 것들, 특히 경기 직전에 이러한 것들에 집중하도록 한다. 스스로가 상기시키기 위해 자신의 통제 가능한 것들을 읽어 보도록 한다. 시합 중에 걱정이 들기 시작하면 '통제할 수 있는 것만 통제하자.'라고 생각하고 나머지는 ×표시를 하도록 스스로에게 상기시킨다.

부록 K

비상대처방법

팀 이름: ____________________

수석 코치: ________________ 전화: ________________

보조 코치: ________________ 전화: ________________

공원 감독자: ________________ 전화: ________________

운동 감독: ________________ 전화: ________________

응급 의료 서비스 전화 번호: ________________ (또는 119)

응급 의료 서비스에 전화할 때는 이름과 직책, 현재 주소, 전화번호, 부상의 상태와 발생 경위, 부상 당한 선수의 나이, 현장으로 가는 구체적인 경로를 알려주세요.

응급 의료 서비스 직원을 만나서 부상 당한 선수의 정확한 위치를 알려주세요.

응급 의료 서비스 시설 이름: ________________________________

응급 의료 서비스 시설 주소: ____

병원 관련 정보

병원명: ________________________________

전화번호: ______________________________

병원으로 가는 길 안내: ____

긴급 임무 할당 대상

치료 담당자(부상 당한 선수의 즉각적인 치료 담당자): ________________________________

연락 담당자(응급 의료 서비스에 전화 및 직접 연락하여 부모에게 알리는 업무 담당자): ________________________

책임자(통제 현장): ______________________________

현장 구급상자 위치: ______________________________

현장 아이싱 위치: ______________________________

현장 내 선수 응급 의료 양식 및 보안 유지 담당자: ________________________________

비상 연락처 및 선수 정보가 포함된 팀 명단

비상용으로만 사용하며, 이 정보를 게시하거나 배포하지 말것

선수	비상 연락처	응급 시 연락 대상	특수 질환 및 약물 복용

부록 L

코칭 평가 양식

이름		종목		날짜	
팀		평가자		관찰 시간(분)	

	부족	개선 가능	적절함	양호	우수
스포츠에 대한 지식(규칙, 기술, 전략)	1	2	3	4	5
기술 지도	1	2	3	4	5
오류 수정	1	2	3	4	5
시간 관리 및 사용	1	2	3	4	5
모든 선수 참여시키기	1	2	3	4	5
명확한 지침 제공하기	1	2	3	4	5
다른 사람의 말에 귀 기울이기	1	2	3	4	5
적절한 용어 및 표현 사용	1	2	3	4	5
안전한 환경 제공	1	2	3	4	5
유소년 요구에 적절하게 반응하기	1	2	3	4	5
외모	1	2	3	4	5
감정 조절	1	2	3	4	5
부모님과의 관계	1	2	3	4	5
심판과의 관계	1	2	3	4	5
선수와의 관계	1	2	3	4	5
코칭 열정 보여 주기	1	2	3	4	5
승리에 대한 바람직한 관점	1	2	3	4	5
적절한 코칭 스타일	1	2	3	4	5

코치를 위한 구체적인 피드백

Martens, R. (2001). *Directing youth sports programs*. Champaign, IL: Human Kinetics에서 허락받고 발췌하여 변형.

부록 M
선수의 코치에 대한 평가

코치 이름		팀		날짜	

A. 이번 시즌, 코치님으로부터 배우면서 나는

	전혀 아니다	아니다	보통이다	그렇다	매우 그렇다
재미있었다.	1	2	3	4	5
내 종목을 더 잘할 수 있는 방법을 배웠다.	1	2	3	4	5
체력을 키웠다.	1	2	3	4	5
팀원들과 협동하는 법을 배웠다.	1	2	3	4	5
이 스포츠에 대한 동기가 높아졌다.	1	2	3	4	5
스포츠맨십을 배웠다.	1	2	3	4	5
더 잘 경쟁하는 법을 배웠다.	1	2	3	4	5

B. 코치는 다음 항목에서 어떠했나?

	전혀 좋지 않았다	좋지 않았다	그저 그랬다	좋았다	매우 좋았다
나를 공정하게 대하였다.	1	2	3	4	5
스스로에 대해 긍정적인 느낌을 가지도록 도왔다.	1	2	3	4	5
나를 격려하고 인정해 주었다.	1	2	3	4	5
종목기술을 잘 가르쳐 주었다.	1	2	3	4	5
훈련을 잘 조직하였다.	1	2	3	4	5
경기에서 나와 팀원들을 코칭하였다.	1	2	3	4	5
승리를 적절한 관점에서 바라보았다.	1	2	3	4	5
적절한 안전 조치를 취하였다.	1	2	3	4	5
나에게 말을 걸어 주고, 나의 이야기를 들어주었다.	1	2	3	4	5
감정을 조절하고, 스스로를 조절하는 모습을 보여주었다.	1	2	3	4	5

C. 코치의 어떤 점이 가장 좋았나?

D. 더 좋은 코치가 되기 위해 개선해야 할 점은 무엇인가?

Martens, R. (2001). *Directing youth sports programs.* Champaign, IL: Human Kinetics에서 허락받고 발췌하여 변형.

참고문헌

Abbott, A., Button, C., Pepping, G., & Collins, D. (2005). Unnatural selection: Talent identification and development in sport. *Nonlinear Dynamics, Psychology and Life Sciences, 9,* 61-88.

Abbott, A., & Collins, D. (2002). A theoretical and empirical analysis of a "state of the art" talent identification model. *High Ability Studies, 13,* 157-178.

Abramson, L. Y., Seligman, M. E. P., & Teasdale, J. D. (1978). Learned helplessness in humans: Critique and reformulation. *Journal of Abnormal Psychology, 87,* 49-74.

Adie, J. W., Duda, J. L., & Ntoumanis, N. (2012). Perceived coach-autonomy support, basic need satisfaction and the well- and ill-being of elite youth soccer players: A longitudinal investigation. *Psychology of Sport and Exercise, 13,* 51-59.

Adirim, T. A., & Cheng, T. L. (2003). Overview of injuries in the young athlete. *Sports Medicine, 33,* 75-81.

Agassi, A. (2009). *Open.* New York: Knopf.

Alexander, B. (2014, May 11). Tommy John surgery doesn't boost performance: Study. Retrieved June 10, 2015 from www. nbcnews. com/tommy-johnsurgery-doesn't-boost-performance-study-n48771.

American Academy of Pediatrics. (2000). Intensive training and sports specialization in young athletes. *Pediatrics, 106,* 154-157.

American Academy of Pediatrics. (2011). Policy statement-climatic heat stress and exercising children and adolescents. *Pediatrics, 128,* 1-9.

American College of Sports Medicine. (2007). The female athlete triad. *Medicine and Science in Sports and Exercise, 39,* 1867-1882.

Amorose, A. J., & Horn, T. S. (2000). Intrinsic motivation: Relationships with collegiate athletes' gender, scholarship status, and perceptions of their coaches' behavior. *Journal of Sport & Exercise Psychology, 22,* 63-84.

Anderson, C., & Petrie, T. A. (2012). Prevalence of disordered eating and pathogenic weight control behaviors among NCAA Division I female collegiate gymnasts and swimmers. *Research Quarterly for Exercise and Sport, 83,* 120-124.

Anderson, K. (2013, July 22). Eat, play, dunk. *Sports Illustrated,* pp. 28-32.

Ankersen, R. (2012). *The gold mine effect.* London: Icon Books.

Araujo, D., Fonseca, C., Davids, K., Garganta, J., Volossovitch, A., Brandao, R., & Krebs, R. (2010). The role of ecological constraints on expertise development. *Talent Development and Excellence, 2,* 165-179.

Arias, J. L., Argudo, F. M., & Alonso, J. I. (2012). Effect of ball mass on dribble, pass, and pass reception in 9-11-year-old boys' basketball. *Research Quarterly for Exercise and Sport, 83,* 407-412.

Armstrong, N., & Barker, A. R. (2011). Endurance training and elite young athletes. In N. Armstrong & A. M. McManus (Eds.), *The elite young athlete* (pp. 59-83). New York: Karger.

Arthur, C. A., Woodman, T., Ong, C. W., Hardy, L., & Ntoumanis, N. (2011). The role of narcissism in moderating the relationship between coaches' transformational leader behaviors and athlete motivation. *Journal of Sport & Exercise Psychology, 33,* 3-19.

Arthur-Cameselle, J. N., & Quatromoni, P. A. (2011). Factors related to the onset of eating disorders reported by female collegiate athletes. *Sport Psychologist, 25,* 1-17.

Athletic Footwear Association. (2012, January 26). Youth sports statistics. Retrieved April 20, 2015, from www. statisticbrain. com/youth-sports/statistics.

Australia Bureau of Statistics. (2011). Australian social trends June 2011: Sport and physical recreation. Retrieved April 20, 2015, from www. ausstats. abs. gov. au/ausstats/ subscriber. nsf/LookupAttach/4102. 0Publication29. 06. 111/$File/41020_ASTJun2011. pdf.

AZ Quotes. (2015). Retrieved May 15, 2015, from www. azquotes. com/quote/741001.

Bailey, R., Collins, D., Ford, P., MacNamara, A., Toms, M., & Pearce, G. (2010). Participant development in sport: An academic review. Sports Coach UK and Sport Northern Ireland. Retrieved March 29, 2015, from www. academia. edu/3002845/Participant_Developmentin_Sport.

Baker, J. (2012). Do genes predict potential? Genetic factors and athletic success. In J. Baker, S. Cobley, & J. Schorer (Eds.), *Talent identification and development in sport: International perspectives* (pp. 13-24). New York: Routledge.

Baker, J., Cote, J., & Abernathy, B. (2003). Sport-specific practice and the development of expert decision-making in team ball sports. *Journal of Applied Sport Psychology, 15,* 12-25.

Baker, J., Cote, J., & Deakin, J. (2005). Expertise in ultra-endurance triathletes: Early sport involvement, training structure, and the theory of deliberate practice. *Journal of Applied Sport Psychology, 17,* 64-78.

Baker, J., & Schorer, J. (2010). Identification and development of talent in sport–introduction to the special issue. *Talent Development and Excellence, 2,* 119-121.

Baker, J., & Young, B. (2014). 20 years later: Deliberate practice and the development of expertise in sport. *International Review of Sport and Exercise Psychology, 7,* 135-157.

Balyi, I., & Way, R. (2011). The role of monitoring growth in LTAD. Canadian Sport for Life, Canadian Sport Centres, Vancouver. Retrieved March 29, 2015, from www. canadiansportforlife. ca/resources/role-monitoring-growth-ltad.

Balyi, I., Way, R., & Higgs, C. (2013). *Long-term athlete development.* Champaign, IL: Human Kinetics.

Bamman, M. M. (2010). Does your "genetic" alphabet soup spell "runner"? *Journal of Applied Physiology, 108,* 1452-1453.

Bandura, A. (1977). *Social learning theory.* Englewood Cliffs, NJ: Prentice-Hall.

Bandura, A., Ross, D., & Ross, S. A. (1961). Transmission of aggression through imitation of aggressive models. *Journal of Abnormal and Social Psychology, 63,* 575-582.

Barnett, L. M., van Beurden, E., Morgan, P. J., Brooks, L. O., & Beard, J. R. (2010). Gender differences in motor skill proficiency from childhood to adolescence: A longitudinal study. *Research Quarterly for Exercise and Sport, 81,* 162-170.

Barnsley, R. H., Thompson, A. H., & Barnsley, P. E. (1985). Hockey success and birthdate: The relative age effect. *Canadian Association for Health, Physical Education, and Recreation, 51,* 23-28.

Bartholomew, K. J., Ntoumanis, N., & Thogersen-Ntoumani, C. (2010). The controlling interpersonal style in a coaching context: Development and initial validation of a psychometric scale. *Journal of Sport & Exercise Psychology, 32,* 193-216.

Bass, B. M. (1985). *Leadership and performance beyond expectations.* New York: Free Press.

Baumeister, R. (1984). Choking under pressure: Self-consciousness and paradoxical effects of incentives on skillful performance. *Journal of Personality and Social Psychology, 16,* 610-620.

Baumeister, R., & Leary, M. R. (1995). The need to belong: Desire for interpersonal attachments as a fundamental human motive. *Psychological Bulletin, 117,* 497-529.

Baumrind, D. (1989). Rearing competent children. In W. Damon (Ed.), *Child development today and tomorrow* (pp. 349-378). San Francisco: Jossey-Bass.

Baxter-Jones, A. D. G., Mirwald, R. L., Faulkner, R. A.,

Kowalski, K. C., & Bailey, D. A. (2009). Does the positive effect of physical activity during childhood and adolescence on bone mass accrual persist into early adult life? In T. Jurimae, N. Armstrong, & J. Jurimae (Eds.), *Children and exercise XXIV: The proceedings of the 24th pediatric work physiology meeting* (pp. 47-50). New York: Routledge.

Bell, J. J., Hardy, L., & Beattie, S. (2013). Enhancing mental toughness and performance under pressure in elite young cricketers: A 2-year longitudinal intervention. *Sport, Exercise, and Performance Psychology, 2,* 281-297.

Bengoechea, E. G., Sabiston, C. M., Ahmed, R., & Farnoush, M. (2010). Exploring links to unorganized and organized physical activity during adolescence: The role of gender, socioeconomic status, weight status, and enjoyment of physical education. *Research Quarterly for Exercise and Sport, 81,* 7-16.

Bennett, T. (2011, August 20). Special report: The development of football in China. The Youth Radar. Retrieved March 29, 2015, from http://theyouthradar.com/2011/08/20/special-report-thedevelopment-of-football-in-china.

Berberoglu, M. (2009). Precocious puberty and normal variant puberty: Definition, etiology, diagnosis and current management. *Journal of Clinical Research in Pediatric Endocrinology, 1,* 164-174.

Berry, J., Abernathy, B., & Cote, J. (2008). The contribution of structured activity and deliberate play to the development of expert perceptual and decision-making skill. *Journal of Sport & Exercise Psychology, 30,* 685-708.

Berryman, J. W. (1996). The rise of boys' sports in the United States, 1900 to 1970. In F. L. Smoll & R. E. Smith (Eds.), *Children and youth in sport: A biopsychosocial perspective.* Madison, WI: Brown & Benchmark.

Beunen, G., Malina, R. M., Van't Hoff, M. A., Simons, J., Ostyn, M., Renson, R., & Van Gerven, D. (1988). *Adolescent growth and motor performance: A longitudinal study of Belgian boys.* Champaign, IL: Human Kinetics.

Beverly, J. (2011, June 26). Should kids run long? *Runner's World.* Retrieved March 29, 2015, from www.runnersworld.com/high-school-training/should-kids-run-long.

Bigelow, B., Moroney, T., & Hall, L. (2001). *Just let the kids play: How to stop older adults from ruining your child's fun and success in youth sports.* Deerfield Beach, FL: Health Communications.

Blanchard, K. (1995). *The anthropology of sport: An introduction.* Westport, CT: Bergin & Garvey.

Blazo, J. A., Carson, S., Czech, D. R., & Dees, W. (2014). A qualitative investigation of the sibling sport achievement experience. *Sport Psychologist, 28,* 36-47.

Bloom, B. S. (1985). *Developing talent in young people.* New York: Ballantine.

Bonci, C. M., Bonci, L. J., Granger, L. R., Johnson, C. L., Malina, R. M., Milne, L. W., Ryan, R. R., & Vanderbunt, E. M. (2008). National athletic trainers' association position statement: Preventing, detecting, and managing disordered eating in athletes. *Journal of Athletic Training, 43,* 80-108.

Bouchard, C., Sarzynski, M. A., Rice, T. K., Kraus, W. E., Church, T. S., Sung, Y. J., Rao, D. C., & Rankinen, T. (2010). Genomic predictors of the maximal O2 uptake response to standardized exercise training programs. *Journal of Applied Physiology, 110,* 1160-1170.

Bowker, A., Bocknoven, B., Nolan, A., Bauhaus, S., Glover, P., Powell, T., & Taylor, S. (2009). Naturalistic observations of spectator behavior at youth hockey games. *Sport Psychologist, 23,* 301-316.

Bowlby, J. (1988). *A secure base: Parent-child attachment and healthy human development.* New York: Basic Books.

Boyce, B. A., Gano-Overway, L. A., & Campbell, A. L. (2009). Perceived motivational climate's influence on goal orientations, perceived competence, and practice strategies across the athletic season. *Journal of Applied Sport Psychology, 21,* 381-394.

Brackenridge, C. H., Bishopp, D., Moussalli, S., & Tapp, J. (2008). The characteristics of sexual abuse in sport: A multidimensional scaling analysis of events described in media reports. *International Journal of Sport and Exercise Psychology, 6,* 385-406.

Bredemeier, B. J., & Shields, D. L. (1986). Game reasoning and interactional morality. *Journal of Genetic Psychology, 147,* 257-275.

Bredemeier, B. J., Weiss, M. R., Shields, D. L., & Cooper, B. A. B. (1986). The relationship of sport involvement with children's moral reasoning and aggression tendencies. *Journal of Sport Psychology, 8,* 304-318.

Brenner, J. S. (2007). Overuse injuries, overtraining, and burnout in child and adolescent athletes. *Pediatrics, 119,* 1242-1245.

Bruce, L., Farrow, D., & Raynor, A. (2013). Performance milestones in the development of expertise: Are they critical? *Journal of Applied Sport Psychology, 25,* 281-297.

Bukato, D., & Daehler, M. W. (2012). *Child development: A thematic approach* (6th ed.). Belmont, CA: Wadsworth.

Bullock, N., Gulbin, J. P., Martin, D. T., Ross, A., Holland, T., & Marino, F. (2009). Talent identification and deliberate programming in skeleton: Ice novice to winter Olympian in 14 months. *Journal of Sports Sciences, 27,* 397-404.

Burke, B. (2013, September 2). To Russia, with love. *Sports Illustrated,* p. 166.

Burke, M. (2001). Obeying until it hurts: Coach-athlete relationships. *Journal of the Philosophy of Sport, 28,* 227-240.

Burton, D., & Weiss, C. (2008). The fundamental goal concept: The path to process and performance success. In T. S. Horn (Ed.), *Advances in sport psychology* (3rd ed., pp. 339-376). Champaign, IL: Human Kinetics.

Buszard, T., Farrow, D., Reid, M., & Masters, R. S. W. (2014). Modifying equipment in early skill development: A tennis perspective. *Research Quarterly for Exercise and Sport, 85,* 218-225.

Callahan, T. (2006, June). Earl was right. *Golf Digest,* p. 100.

Camire, M. (2014). Youth development in North American high school sport: Review and recommendations. *Quest, 66,* 495-511.

Camire, M., Trude, P., & Bernard, D. (2013). A case study of a high school sport program designed to teach athletes life skills and values. *Sport Psychologist, 27,* 188-200.

Caron, J. G., Bloom, G. A., Johnston, K. M., & Sabiston, C. M. (2013). Effects of multiple concussions on retired National Hockey League players. *Journal of Sport & Exercise Psychology, 35,* 168-179.

Caspersen, C. J., Powell, K. E., & Christenson, G. M. (1985). Physical activity, exercise, and physical fitness: Definitions and distinctions for health-related research. *Public Health Reports, 100,* 126-131.

Ceci, S. J., Barnett, S. M., & Kanaya, T. (2003). Developing childhood proclivities into adult competencies: The overlooked multiplier effect. In R. J. Sternberg & E. L. Grigorenko (Eds.), *The psychology of abilities, competencies, and expertise* (pp. 70-92). New York: Cambridge University Press.

Centers for Disease Control and Prevention. (2015). Childhood obesity facts. Retrieved January 2015, from www. cdc. gov/healthyyouth/obesity/facts. htm.

Cervello, E. M., Escarti, A., & Guzman, J. F. (2007). Youth sport dropout from the achievement goal theory. *Psicothema, 19,* 65-71.

Chandler, J. B. (2011, March 1). Pitching in youth baseball: Is overuse leading to elbow injuries? Retrieved March 29, 2015, from www. leaguelineup. com/khobaseball/files/pitching. pdf.

Chase, M. A. (2001). Children's self-efficacy, motivational intentions, and attributions in physical education and sport. *Research Quarterly for Sport and Exercise, 72,* 47-54.

Chase, M. A., Ewing, M. E., Lirgg, C. D., & George, T. R. (1994). The effects of equipment modification on children's self-efficacy and basketball shooting performance. *Research Quarterly for Exercise and Sport, 65,* 159-168.

Chase, W. G., & Simon, H. A. (1973). The mind's eye in chess. In W. G. Chase (Ed.), *Visual information processing* (pp. 215-281). San Diego: Academic Press.

Chen, A. (2014, December 15). The Mo'ne effect. *Sports Illustrated,* pp. 151-154.

Cheon, S. H., Reeve, J., & Moon, I. S. (2012). Experimentally based, longitudinally designed, teacher-focused intervention to help physical education teachers be more autonomy-supportive toward their students. *Journal of Sport & Exercise Psychology, 34,* 365-396.

Chiari, M. (2014, March 19). Team wears hijab headscarves in support of Muslim teammate banned from match. Retrieved March 29, 2015, from bleacherreport. com/articles/1998766-team-wearshijab-headscarves-in-support.

Chugani, H. T. (1998). A critical period of brain development: Studies of cerebral glucose utilization with PET. *Preventive Medicine, 27,* 184-188.

Clark, J. E., & Metcalf, J. M. (2002). The mountain of motor development: A metaphor. In J. E. Clark & J. H. Humphrey (Eds.), *Motor development: Research and reviews* (Vol. 2, pp. 163-190). Reston, VA: National Association for Sport and Physical Education.

Clark, W. (2008). *Kids' sports.* Ottawa: Statistics Canada.

Coakley, J. (1992). Burnout among adolescent athletes: A personal failure or social problem? *Sociology of Sport Journal, 9,* 271-285.

Coakley, J. (2009). *Sports in society: Issues and controversies* (10th ed.). New York: McGraw-Hill.

Coatsworth, J. D., & Conroy, D. E. (2006). Enhancing the self-esteem of youth swimmers through coach training: Gender and age effects. *Psychology of Sport and Exercise, 7,* 173-192.

Coatsworth, J. D., & Conroy, D. E. (2009). The effects of autonomy-supportive coaching, need satisfaction, and self-perceptions on initiative and identity in youth swimmers. *Developmental Psychology, 45,* 320-328.

Cobley, S., Baker, J., Wattie, N., & McKenna, J. (2009). A meta-analytical review of relative age effect in sport: The emerging picture. *Sports Medicine, 39,* 235-256.

Cobley, S., Schorer, J., & Baker, J. (2012). Identification and development of sport talent. In J. Baker, S. Cobley, & J. Schorer (Eds.), *Talent identification and development in sport: International perspectives* (pp. 1-10). New York: Routledge.

Collins, J. (2001, January). Level 5 leadership. *Harvard Business Review,* pp. 115-136.

Colvin, G. (2008). *Talent is overrated.* New York: Portfolio.

Compas, B. E., Connor-Smith, J. K., Saltzman, H., Harding Thomsen, A., & Wadsworth, M. E. (2001). Coping with stress during childhood and adolescence: Problems, progress, and potential in theory and research. *Psychological Bulletin, 127,* 87-127.

Connaughton, D., Wadey, R., Hanton, S., & Jones, G. (2008). The development and maintenance of mental toughness: Perceptions of elite performers. *Journal of Sports Sciences, 26,* 83-95.

Conroy, D. E., Willow, J. P., & Metzler, J. N. (2002). Multidimensional fear of failure measurement: The Performance Failure Appraisal Inventory. *Journal of Applied Sport Psychology, 14,* 76-90.

Cooke, G. (2006). No shortcut to the top for naturally gifted. *Sports Coach, 29*(1). Retrieved February 10, 2014, from www. ausport. gov. au/sportscoachmag/coaching-processes.

Copple, C. (2010). *Developmentally appropriate practice in early childhood programs.* Washington, DC: National Association for Education of Young Children.

Cote, J. (1999). The influence of the family in the development of talent. *Sport Psychologist, 13,* 395-417.

Cote, J., Baker, J., & Abernathy, B. (2003). From play to practice: A developmental framework for the acquisition of expertise in team sports. In J. L. Starkes & K. A. Ericsson (Eds.), *Expert performance in sports: Advances in research on sport expertise* (pp. 89-113). Champaign, IL: Human Kinetics.

Cote, J., Baker, J., & Abernathy, B. (2007). Practice and play in the development of sport expertise. In G. Tenenbaum & R. C. Eklund (Eds.), *Handbook of sport psychology* (3rd ed., pp. 184-202). New York: Wiley.

Cote, J., Erickson, K., & Abernathy, B. (2013). Play and practice during childhood. In J. Cote & R. Lidor (Eds.), *Conditions of children's talent development in sport* (pp. 9-20). Morgantown, WV: Fitness Information Technology.

Cote, J., Strachan, L., & Frasier-Thomas, J. (2008). Participation, personal development, and performance through youth sport. In N. L. Holt (Ed.), *Positive youth development through sport* (pp. 34-45). New York: Routledge.

Covey, S. R. (2013). *The 7 habits of highly effective people: Powerful lessons in personal change.* New York: Simon & Schuster.

Coyle, D. (2007, March 4). How to grow a super-athlete. *New York Times.* Retrieved March 29, 2015, from www. nytimes. com/2007/03/04/sports/playmagazine/ 04play-talent. html.

Coyle, D. (2009). *The talent code.* New York: Bantam.

Coyle, D. (2012). *The little book of talent.* New York: Bantam.

Cross, T., Bazron, B., Dennis, K., & Isaacs, M. (1999). *Towards a culturally competent system of care.* Washington, DC: National Institute of Mental Health, Child and Adolescent Service System Program Technical Assistance Center, Georgetown University Child Development Center.

Csikszentmihalyi, M. (1990). *Flow: The psychology of optimal experience.* New York: Harper & Row.

Cybergol f. (2014, Apr i l 21). The cont inuing tale of Sean O'Hair. Retrieved March 29, 2015, from www. cybergolf. com/golf_news/the_continuing_tale_of_sean_ohair.

Daniels, E. A. (2009). Sex objects, athletes, and sexy athletes: How media representations of women athletes can impact adolescent girls and college women. *Journal of Adolescent Research, 24,* 399-422.

Danish, S., Nellen, V., & Owens, S. (1996). Community-based life skills programs: Using sports to teach life skills to adolescents. In J. Van Raalte & B. Brewer (Eds.), *Exploring sports and exercise psychology*(pp. 205-225). Washington, DC: APA Books.

Darling, N., & Steinberg, L. (1993). Parenting style in context: An integrative model. *Psychological Bulletin, 113,* 487-496.

d'Arripe-Longueville, F., Pantaleon, N., & Smith, A. L. (2006). Personal and situational predictors of sportspersonship in young athletes. *International Journal of Sport Psychology, 37,* 38-57.

Davids, K., & Baker, J. (2007). Genes, environment and sport performance: Why the nature-nurture dualism is no longer relevant. *Sports Medicine, 37,* 961-980.

Davies, P. L., & Rose, J. D. (2000). Motor skills of typically developing adolescents: Awkwardness or improvement? *Physical & Occupational Therapy in Pediatrics, 20,* 19-42.

Davis, R. (2010). *Teaching disability sport* (2nd ed.). Champaign, IL: Human Kinetics.

Deci, E. L., Koestner, R., & Ryan, R. M. (1999). A meta-analytic review of experiments examining the effects of extrinsic rewards on intrinsic motivation. *Psychological Bulletin, 125,* 627-668.

Deci, E. L., & Ryan, R. M. (1985). *Intrinsic motivation and self-determination in human behavior.* New York: Plenum.

Del Campo, D. G. D., Vicedo, J. C. P., Villora, S. G., & Jordan, O. R. C. (2010). The relative age effect in youth soccer players from Spain. *Journal of Sports Science and Medicine, 9,* 190-198.

Deutsch, M. (2000). Cooperation and competition. In M. Deutsch & P. Coleman (Eds.), *Handbook of conflict resolution: Theory and practice* (pp. 21-40). San Francisco: Jossey-Bass.

Dharamsi, A., & LaBella, C. (2013). Prevention of ACL injuries in adolescent female athletes. *Contemporary Pediatrics, 30,* 12-20.

Diaz, J. (2014, July). Rickie Inc. *Golf Digest,* pp. 102-128.

Dicicco, T., & Hacker, C. (2002). *Catch them being good.* New York: Penguin.

Dohrman, G. (2010). *Play their hearts out.* New York: Ballantine.

Donnelly, P. (1993). Problems associated with youth involvement in high-performance sport. In B. R. Cahill & A. J. Pearl (Eds.), *Intensive participation in children's sport* (pp. 95-126). Champaign, IL: Human Kinetics.

Dunton, G., McConnell, R., Jerrett, M., Wolch, J., Lam, C., Gilliland, F., & Berhane, K. (2012). Organized physical activity in young school children and subsequent 4-year change in body mass index. *Archives of Pediatric and Adolescent Medicine, 166,* 713-718.

Dweck, C. S. (2006). *Mindset: The new psychology of success.* New York: Ballantine.

Dyck, N. (2012). *Fields of play: An ethnography of children's sports.* Toronto: University of Toronto Press.

Eckert, H. M. (1987). *Motor development* (3rd ed.). Berkeley, CA: Benchmark.

Ehrmann, J. (2011). *InSideOut coaching.* New York: Simon & Schuster.

Elling, S. (2005, January 21). Price of success? *Golf Digest.* Retrieved March 29, 2015, from www. golfdigest. com/golf-tours-news/2006-01/gw20050121elling?printable=true.

Elliott, M. (2012, October 17). Legends at home: Se Ri Pak. Retrieved September 9, 2013, from www. lpga. com/news/pak-legends-feature.

Ellis, A., & Dryden, W. (1987). *The practice of rational emotive therapy.* New York: Springer.

Elmore, T. (2014). *12 huge mistakes parents can avoid: Leading your kids to succeed in life.* Eugene, OR: Harvest Home.

Engh, F. (2002). *Why Johnny hates sports.* Garden City Park, NY: Square One.

Entzion, B. J. (1991). A child's view of fair play. *Strategies, 4,* 16-19.

Epstein, D. (2013). *The sports gene: Inside the science of extraordinary athletic performance.* New York: Current.

Eradi, J. (1998, May 30). Want to be Griffey Jr. ? Start early. *Cincinnati Enquirer,* D6.

Ericsson, K. A., Krampe, R. T., & Tesch-Romer, C. (1993). The role of deliberate practice in the acquisition of expert performance. *Psychological Review, 100,* 363-406.

ESPN. (2012, March 28). It's been a confounding journey for Michelle Wie. Retrieved March 20, 2015, from Espn. go. com/espnw/news-commentary/article/7749190/elliott-confounding-journey-michelle-wie.

Evert, C. (2010). Evert: The family business. Retrieved March 29, 2015, from espn. go. com/sports/tennis/news/story?id=5276426.

Faigenbaum, A. D., Kraemer, W. J., Blimkie, C. J. R., Jeffreys, I., Micheli, L. J., Nitka, M., & Rowland, T. W. (2009). Youth resistance training: Updated position statement paper from the National Strength and Conditioning Association. *Journal of Strength and Conditioning Research, 23,* S60-S79.

Faigenbaum, A., & Westcott, W. (2009). *Youth strength training.* Champaign, IL: Human Kinetics.

Fairclough, S. J., & Ridgers, N. D. (2010). Relationships between maturity status, physical activity, and physical self-perceptions in primary school children. *Journal of Sports Sciences, 28,* 1-9.

Farber, M. (2008, October 13). Why good teams fight. *Sports Illustrated,* 56-62.

Farrey, T. (2008). *Game on: The All-American race to make champions of our children.* New York: ESPN Books.

Farrow, D. (2010). A multi-factorial examination of the development of skill expertise in high performance netball. *Talent Development and Excellence, 2,* 123-135.

Farrow, D., & Reid, M. (2010). The effect of equipment scaling on the skill acquisition of beginning tennis players. *Journal of Sports Sciences, 28,* 723-732.

Fedewa, A. L., & Ahn, S. (2011). The effects of physical activity and physical fitness on children's achievement and cognitive outcomes: A meta-analysis. *Research Quarterly for Exercise and Sport, 82,* 521-535.

Feltz, D. L., Hepler, T. J., Roman, N., & Paiement, C. (2009). Coaching efficacy and volunteer youth sport coaches. *Sport Psychologist, 23,* 24-41.

Fields, R. D. (2005). Myelination: An overlooked mechanism of synaptic plasticity? *Neuroscientist, 11,* 528-531.

Fine, G. (1987). *With the boys: Little League baseball and preadolescent culture.* Chicago: University of Chicago Press.

Fink, W. J., Costill, D. L., & Pollock, M. L. (1977). Submaximal and maximal working capacity of elite distance runners. Part II: Muscle fiber composition and enzyme activities. *Annals of the New York Academy of Sciences, 301,* 323-327.

Flett, M. R., Gould, D., Griffes, K. R., & Lauer, L. (2013). Tough love for underserved youth: A comparison of more or less effective coaching. *Sport Psychologist, 27,* 325-337.

Floyd, I. (2013). *Opening the gate: Stories & activities about athletes with disabilities.* Lexington, KY: CreateSpace Independent Publishing Platform.

Fraser-Thomas, J., Cote, J., & Deakin, J. (2008a). Examining adolescent sport dropout and prolonged engagement from a developmental perspective. *Journal of Applied Sport Psychology, 20,* 318-333.

Fraser-Thomas, J., Cote, J., & Deakin, J. (2008b). Understanding dropout and prolonged engagement in adolescent competitive sport. *Psychology of Sport and Exercise, 9,* 645-662.

Fredricks, J. A., & Eccles, J. S. (2004). Parental influences on youth involvement in sport. In M. R. Weiss (Ed.), *Developmental sport and exercise psychology: A lifespan perspective* (pp. 145-164). Morgantown, WV: Fitness Information Technology.

Fredricks, J. A., & Eccles, J. S. (2005). Family socialization, gender, and sport motivation and involvement. *Journal of Sport & Exercise Psychology, 27,* 3-31.

French, K. E., Spurgeon, J. J., & Nevett, M. E. (2007). Anthropometric characteristics of Columbia, South Carolina, youth baseball players and Dixie Youth World Series players. *Research Quarterly for Exercise and Sport, 78,* 179-188.

Fry, M. D., & Duda, J. L. (1997). A developmental examination of children's understanding of effort and ability in the physical and academic domains. *Research Quarterly for Exercise and Sport, 68,* 331-344.

Fuhrman, J. (2011, May 6). Girls' early puberty: What causes it, and how to avoid it. *Huffington Post.* Retrieved September 17, 2013, from www. huffingtonpost. com/joel-fuhrman-md/girls-early-puberty.

Gabbard, C. P., & Shea, C. H. (1980). Effects of varied goal height practice on basketball foul shooting performance. *Coach and Athlete, 42,* 10-11.

Gagne, F. (2009). Building gifts into talents: Detailed overview of the DMGT 2. 0. In B. MacFarlane & T. Stambaugh (Eds.), *Leading change in gifted education: The festschrift of Dr. Joyce Van Tassel-Baska* (pp. 61-80). Waco, TX: Prufrock.

Gallahue, D. L., Ozmun, J. C., & Goodway, J. (2012). *Understanding motor development: Infants, children, adolescents, adults.* New York: McGraw-Hill.

Garnier-Ombrelle and Canadian Soccer Association team up to protect and educate Canadian youth. (2013, May 27). Retrieved March 29, 2015, from www. newswire. ca/en/story/1172671/garnier-ombrelleand-canadian-soccer-association-team-up-toprotect-and-educate-canadian-youth.

Gems, G. R., Borish, L. J., & Pfister, G. (2008). *Sports in American history: From colonization to globalization.* Champaign, IL: Human Kinetics.

Gervis, M., & Dunn, N. (2004). The emotional abuse of elite child athletes by their coaches. *Child Abuse Review, 13,* 215-223.

Giedd, J. N., Blumenthal, J., Jeffries, N. O., Castellanos, F. X., Liu, H., Zijdenhos, A., Paus, T., Evans, A. C., & Rapoport, J. L. (1999). Brain development during childhood and adolescence: A longitudinal MRI study. *Nature Neuroscience, 2,* 861-863.

Gilman, R., & Ashby, J. S. (2006). Perfectionism. In G. G. Bear & K. M. Minke (Eds.), *Children's needs III: Development, prevention, and intervention* (pp. 303-312). Bethesda, MD: National Association of School Psychologists.

Ginsburg, K. R. (2007). The importance of play in promoting healthy child development and maintaining strong parent-child bonds. *Pediatrics, 119,* 182-191.

Ginsburg, R. D., Durant, S., & Baltzell, A. (2006). *Whose game is it, anyway?* Boston: Houghton Mifflin.

Ginsburg, R. D., Smith, S. R., Danforth, N., Ceranoglu, T. A., Durant, S. A., Kamin, H., Babcock, R., Robin, L., & Masek, B. (2014). Patterns of specialization in professional baseball players. *Journal of Clinical Sport Psychology, 8,* 261-275.

Glamser, F. D., & Vincent, J. (2004). The relative age effect among elite American youth soccer players. *Journal of Sport Behavior, 27,* 31-38.

Goleman, D. (2005). *Emotional intelligence.* New York: Bantam.

Goodwin, D. (2009). The voices of students with disabilities: Are they informing inclusive physical education practice? In

H. Fitzgerald (Ed.), *Disability and youth sport* (pp. 53-75). New York: Routledge.

Gould, D. (2015). Goal setting for peak performance. In J. M. Williams & V. Krane (Eds.), *Applied sport psychology: Personal growth to peak performance* (7th ed., pp. 188-206). New York: McGraw-Hill.

Gould, D., & Carson, S. (2010). The relationship between perceived coaching behaviors and developmental benefits of high school sports participation. *Hellenic Journal of Psychology, 7,* 298-314.

Gould, D., Lauer, L., Rolo, C., Jannes, C., & Pennisi, N. (2008). The role of parents in tennis success: Focus group interviews with junior coaches. *Sport Psychologist, 22,* 18-37.

Gould, D., Tuffey, S., Udry, E., & Loehr, J. (1996). Burnout in competitive junior tennis players: II. Qualitative analysis. *Sport Psychologist, 10,* 322-340.

Gould, D., Tuffey, S., Udry, E., & Loehr, J. (1997). Burnout in competitive junior tennis players: III. Individual differences in the burnout experience. *Sport Psychologist, 11,* 257-276.

Gould, D., & Voelker, D. K. (2010). Youth sport leadership development: Leveraging the sports captaincy experience. *Journal of Sport Psychology in Action, 1,* 1-14.

Green, K. (2010). *Key themes in youth sport.* London: Routledge.

Gregory, S. (2010, February 8). The problem with football. *Time,* 36-43.

Gregory, S. (2014, September 29). 'It didn't cross my mind that I wouldn't see him come off that field:' The tragic risks of an American obsession. *Time*, 32-39.

Griffin, L., Mitchell, S., & Oslin, J. (1997). *Teaching sport concepts and skills: A tactical games approach.* Champaign, IL: Human Kinetics.

Grohmann, K. (2013, March 28). Soccer-German youth work, a success story for club and country. Retrieved June 5, 2013, from articles. chicagotribune. com/2013-3-28/news/sns-rt-soccer-academiesgermany-pix-tvl3n-0ci2fj-20130328_1_youth-work-clubs-academies.

Guivernau, M., & Duda, J. L. (2002). Moral atmosphere and athletic aggression tendencies in young soccer players. *Journal of Moral Education, 31,* 67-85.

Gulbin, J. (2012). Applying talent identification programs at a system-wide level: The evolution of Australia's national program. In J. Baker, S. Cobley, & J. Schorer (Eds.), *Talent identification and development in sport: International perspectives* (pp. 147-165). New York: Routledge.

Gulbin, J. P., Oldenziel, K. E., Weissensteiner, J. R., & Gagne, F. (2010). A look through the rear mirror: Developmental experiences and insights of high performance athletes. *Talent Development and Excellence, 2,* 149-164.

Gustafsson, H., Kentta, G., Hassmen, P., & Lundqvist, C. (2007). Prevalence of burnout in competitive adolescent athletes. *Sport Psychologist, 21,* 21-37.

Hadhazy, A. (2008, August 18). What makes Michael Phelps so good? *Scientific American.* Retrieved August 21, 2013, from. www. scientificamerican. com/article/what-makes-michael-phelps-so-good.

Haefner, J. (2015). A basketball coaching guide-how to work with parents the "right way" and avoid unpleasant problems. Retrieved March 29, 2015, from www. breakthroughbasketball. com/coaching/dealing-with-parents. html.

Haibach, P. S., Reid, G., & Collier, D. H. (2011). *Motor learning and development.* Champaign, IL: Human Kinetics.

Hale, C. J. (1956). Physiological maturity of Little League baseball players. *Research Quarterly, 27,* 276-283.

Halstead, M. E., & Walter, K. D. (2010). American Academy of Pediatrics: Clinical report-sport-related concussion in children and adolescents. *Pediatrics, 126*, 597-615.

Hammond, J., & Smith, C. (2006). Low compression tennis balls and skill development. *Journal of Sports Science and Medicine, 5,* 575-581.

Hancock, D. J., Ste-Marie, D. M., & Young, B. W. (2013). Coach selections and the relative age effect in male youth ice hockey. *Research Quarterly for Exercise and Sport, 84,* 126-130.

Hannon, J., Soohoo, S., Reel, J., & Ratliffe, T. (2009). Gender stereotyping and the influence of race in sport among adolescents. *Research Quarterly for Exercise and Sport, 80,* 676-684.

Hanton, S., Cropley, B., Neil, R., Mellalieu, S. D., & Miles, A. (2007). Experience in sport and its relationship with competitive anxiety. *International Journal of Sport and Exercise Psychology, 5,* 28-53.

Harris, B. S., & Watson, J. C. (2014). Developmental considerations in youth athlete burnout: A model for youth sport participants. *Journal of Clinical Sport Psychology, 8,* 1-18.

Harter, S. (1978). Effectance motivation reconsidered. *Human Development, 21,* 34-64.

Harter, S. (1999). *The construction of the self: A developmental perspective.* New York: Guilford.

Harwood, C., & Biddle, S. (2002). The application of achievement goal theory in youth sport. In I. M. Cockerill (Ed.), *Solutions in sport psychology* (pp. 58-74). London: Thomson.

Harwood, C., & Knight, C. (2009). Understanding parental stressors: An investigation of British tennis parents. *Journal of Sports Sciences, 27,* 339-351.

Harwood, C. G., & Knight, C. J. (2015). Parenting in youth sport: A position paper on parenting expertise. *Psychology of Sport and Exercise, 16,* 24-35.

Harwood, C., Spray, C. M., & Keegan, R. (2008). Achievement goal theories in sport. In T. S. Horn (Ed.), *Advances in sport psychology* (3rd ed., pp. 157-186). Champaign, IL: Human Kinetics.

Haywood, K. M., & Getchell, N. (2001). *Learning activities for life span motor development* (3rd ed.). Champaign, IL: Human Kinetics.

Haywood, K. M., & Getchell, N. (2009). *Life span motor development* (5th ed.). Champaign, IL: Human Kinetics.

Hellison, D. (2011). *Teaching personal and social responsibility through physical activity* (3rd ed.). Champaign, IL: Human Kinetics.

Hellstedt, J. (1987). The coach/parent/athlete relationship. *Sport Psychologist, 1,* 151-160.

Helsen, W. F., Hodges, N. J., Van Winckel, J., & Starkes, J. L. (2000). The roles of talent, physical precocity and practice in the development of soccer expertise. *Journal of Sports Sciences, 18,* 727-736.

Helsen, W. F., & Starkes, J. L. (1999). A multidimensional approach to skilled perception and performance in sport. *Applied Cognitive Psychology, 13,* 1-27.

Helsen, W. F., Starkes, J. L., & Hodges, N. J. (1998). Team sports and the theory of deliberate practice. *Journal of Sport & Exercise Psychology, 20,* 13-35.

Henriksen, K., Larsen, C. H., & Christensen, M. K. (2014). Looking at success from its opposite pole: The case of a talent development golf environment in Denmark. *International Journal of Sport and Exercise Psychology, 12,* 134-149.

Henriksen, K., Stambulova, N., & Roessler, K. K. (2011). Riding the wave of an expert: A successful talent development environment in kayaking. *Sport Psychologist, 25,* 341-362.

Herman, K. N., Paukner, A., & Suomi, S. J. (2011). Gene X environment interactions in social play: Contributions from Rhesus Macaques. In A. D. Pellegrini (Ed.), *The Oxford handbook of the development of play* (pp. 58-69). Oxford, UK: Oxford University Press.

Hill, A. P. (2013). Perfectionism and burnout in junior soccer players: A test of the 2 X 2 model of dispositional perfectionism. *Journal of Sport & Exercise Psychology, 35,* 18-29.

Hodges, N. J., & Starkes, J. L. (1996). Wrestling with the nature of expertise: A sport specific test of Ericsson, Krampe and Tesch-Romer's (1993) theory of deliberate practice. *International Journal of Sport Psychology, 27,* 400-424.

Hofferth, S., & Sandberg, J. (2001). How American children spend their time. *Journal of Marriage and Family, 62,* 295-308.

Holt, N. L., Sehn, Z. L., Spence, J. C., Newton, A. S., & Ball, G. D. C. (2012). Physical education and sport programs at an inner city school: Exploring possibilities for positive youth development. *Physical Education and Sport Pedagogy, 17,* 97-113.

Hong, F. (2008). China. In B. Houlihan & M. Green (Eds.), *Comparative elite sport development: Systems, structures and public policy* (pp. 26-52). Boston: Elsevier.

Hong, F., & Zhouxiang, L. (2013). *The politicization of sport in modern China*. New York: Routledge.

Horn, T. S. (2004). Developmental perspectives on self-perceptions in children and adolescents. In M. R. Weiss (Ed.), *Developmental sport and exercise psychology: A lifespan perspective* (pp. 101-144). Morgantown, WV: Fitness Information Technology.

Horn, T. S., & Butt, J. (2014). Developmental perspectives on sport and physical activity participation. In A. Papaioannou & D. Hackfort (Eds.), *Fundamental concepts in sport and exercise psychology* (pp. 4-19). New York: Taylor & Francis.

Horn, T. S., & Horn, J. L. (2007). Family influences on children's sport and physical activity participation, behavior, and psychosocial responses. In G. Tenenbaum & R. C. Eklund (Eds.), *Handbook of sport psychology* (3rd ed., pp. 685-711). New York: Wiley.

Horn, T. S., Lox, C. L., & Labrador, F. (2015). The self-fulfilling prophecy theory: When coaches' expectations become reality. In J. M. Williams (Ed.), *Applied sport psychology: Personal growth to peak performance* (7th ed., pp. 78-100). New York: McGraw-Hill.

Horton, S. (2012). Environmental influences on early development in sports experts. In J. Baker, S. Cobley, & J. Schorer (Eds.), *Talent identification and development in sport: International perspectives* (pp. 39-50). New York: Routledge.

Howe, M. J. A., Davidson, J. W., & Sloboda, J. A. (1998). Innate talents: Reality or myth? *Behavioral and Brain Sciences, 21*, 339-442.

Howie, E. K., & Pate, R. R. (2012). Physical activity and academic achievement in children: A historical perspective. *Journal of Sport and Health Science, 1*, 160-169.

Huggan, J. (2013, September 9). The cat in the hat. *GolfWorld*, pp. 32-38.

Human Rights Watch. (2012). IOC/Saudi Arabia: End ban on women in sport. Retrieved April 20, 2015, from www. hrw. org/news/2012/02/15/locsaudi-arabia-end-ban-women-sport.

Hyde, J. S. (2005). The gender similarities hypothesis. *American Psychologist, 60*, 581-592.

Hyman, M. (2009). *Until it hurts: America's obsession with youth sports and how it harms our kids*. Boston: Beacon Press.

Impact report. Retrieved March 29, 2015, from www. thefirsttee. org/impact.

Imtiaz, F., Hancock, D. J., Vierimaa, M., & Cote, J. (2014). Place of development and dropout in youth ice hockey. *International Journal of Sport and Exercise Psychology, 12*, 234-244.

International Olympic Committee. (2008). Consensus statement: Sexual harassment and abuse in sport. *International Journal of Sport and Exercise Psychology, 6*, 444-446.

Issaacs, L. D., & Karpman, M. B. (1981). *Factors affecting children's basketball shooting performance: A log-linear analysis*. Carnegie Research Papers, pp. 29-32.

Janelle, C. M., & Hillman, C. H. (2003). Expert performance in sport: Current perspectives and critical issues. In J. L. Starkes & K. A. Ericsson (Eds.), *Expert performance in sports: Advances in research on sport expertise* (pp. 19-47). Champaign, IL: Human Kinetics.

Jansen, D. (1999). There's more to life than skating around in a circle. In J. Naber (Ed.), *Awaken the Olympian within* (pp. 3-14). Torrance, CA: Griffin.

Johnson, D. W., & Johnson, R. (2003). *Cooperative, competitive, and individualistic efforts: An update of the research*. Research Report, Cooperative Learning Center, University of Minnesota, Minneapolis.

Jones, G., & Hanton, S. (1996). Interpretations of competitive anxiety symptoms and goal attainment expectations. *Journal of Sport & Exercise Psychology, 18*, 144-157.

Junior player survey. (2010, December 16). *Sports Illustrated*, p. 42.

Juntumma, B., Keskivaara, P., & Punamaki, R. (2005). Parenting, achievement strategies and satisfaction in ice hockey. *Scandinavian Journal of Psychology, 46*, 411-420.

Kachel, K., Buszard, T., & Reid, M. (2015). The effect of ball compression on the match-play characteristics of elite junior tennis players. *Journal of Sports Sciences, 33*, 320-326.

Kalyvas, V., & Reid, G. (2005). Sport adaptation, participation, and enjoyment of students with and without physical disabilities. *Adapted Physical Activity Quarterly, 20*, 1-17.

Kavussanu, M. (2006). Motivational predictors of prosocial and antisocial behavior in football. *Journal of Sports Sciences, 24*, 575-588.

Kaye, M. P., Conroy, D. E., & Fifer, A. M. (2008). Individual differences in incompetence avoidance. *Journal of Sport & Exercise Psychology, 30*, 110-132.

Keegan, R., Spray, C., Harwood, C., & Lavallee, D. (2010). The motivating atmosphere in youth sport: Coach, parent, and peer influences on motivation in specializing sport participants. *Journal of Applied Sport Psychology, 22*, 87-105.

Kentta, G., & Hassmen, P. (1998). Overtraining and recovery: A conceptual model. *Sports Medicine, 26*, 1-16.

Kerr, G. A., & Stirling, A. E. (2012). Parents' reflections on their child's experiences of emotionally abusive coaching practices. *Journal of Applied Sport Psychology, 24*, 191-206.

Kirk, D., Macdonald, D., & O'Sullivan, M. (2006). *Handbook of physical education*. Thousand Oaks, CA: Sage.

Klakk, H., Chinapaw, M., Heidemann, M., Andersen, L. B., & Wedderkopp, N. (2013). Effect of four additional physical education lessons on body composition in children aged 8-13 years. *BMC Pediatrics, 13,* 170-178.

Klawans, H. L. (1996). *Why Michael couldn't hit: And other tales of the neurology of sports*. New York: Freeman.

Knight, C. J., Boden, C. M., & Holt, N. L. (2010). Junior tennis players' preferences for parental behaviors. *Journal of Applied Sport Psychology, 22*, 377-391.

Knight, C. J., & Holt, N. L. (2014). Parenting *in youth tennis: Understanding and enhancing children's experiences. Psychology of Sport and Exercise, 15*, 155-164.

Knight, C. J., Neely, K. C., & Holt, N. L. (2011). Parental behaviors in team sports: How do female athletes want parents to behave? *Journal of Applied Sport Psychology, 23*, 76-92.

Knudsen, E. (2004). Sensitive periods in the development of the brain and behavior. *Journal of Cognitive Neuroscience, 16*, 1412-1425.

Kohlberg, L. (1984). *Essays on moral development: Vol. 2. The psychology of moral behavior*. San Francisco: Harper & Row.

Krane, V., & Williams, J. M. (2010). Psychological characteristics of peak performance. In J. M. Williams (Ed.), *Applied sport psychology: Personal growth to peak performance* (6th ed., pp. 169-188). New York: McGraw-Hill.

Krogman, W. M. (1959). Maturation age of 55 boys in the Little League World Series, 1957. *Research Quarterly, 29*, 54-57.

Kucera, K. L., Klossner, D., Colgate, B., & Cantu, R. C. (2014). *Annual survey of football injury research*. Waco, TX: American Football Coaches Association.

Laby, D. M., Kirschen, D. G., & Pantall, P. (2011, May). The visual function of Olympic-level athletes-an initial report. *Eye and Contact Lens, 37*, 116-122.

Laby, D. M., Rosenbaum, A. L., Kirschen, D. G., Davidson, J. L., Rosenbaum, L. J., Strasser, C., & Mellman, M. F. (1996). The visual function of professional baseball players. *American Journal of Ophthalmology, 122*, 476-485.

LaCaze, J., & Dalrymple, D. (2011). *The athletic body puzzle*. Charlotte, NC: Vivify.

Lally, P., & Kerr, G. (2008). The effects of athlete retirement on parents. *Journal of Applied Sport Psychology, 20*, 42-56.

Lambert, B. G., Rothschild, B. F., Altland, R., & Green, L. B. (1972). *Adolescence: Transition from childhood to maturity* (2nd ed.). Monterey, CA: Brooks/Cole.

Lancaster, S., & Teodorescu, R. (2008). *Athletic fitness for kids*. Champaign, IL: Human Kinetics.

Landers, M. A., & Fine, G. A. (1998). Learning life's lessons in tee ball: The reinforcement of gender and status in kindergarten sport. *Sociology of Sport Journal, 13*, 87-93.

Larsen, C. H., Alfermann, D., Henriksen, K., & Christensen, M. K. (2013). Successful talent development in soccer: The characteristics of the environment. *Sport, Exercise, and*

Performance Psychology, 2, 190-206.

Larson, E. J., & Guggenheimer, J. D. (2013). The effects of scaling tennis equipment on the forehand groundstroke performance of children. *Journal of Sport Sciences and Medicine, 12*, 323-331.

Lauer, L., Gould, D., Roman, N., & Pierce, M. (2010a). How parents influence junior tennis players' development: Qualitative narratives. *Journal of Clinical Sport Psychology, 4*, 69-92.

Lauer, L., Gould, D., Roman, N., & Pierce, M. (2010b). Parental behaviors that affect junior tennis player development. *Psychology of Sport and Exercise, 11*, 487-496.

Lauer, L., & Paiement, C. (2004). The playing tough and clean hockey program. *Sport Psychologist, 23*, 543-561.

Law, M. P., Cote, J., & Ericsson, K. A. (2007). Characteristics of expert development in rhythmic gymnastics: A retrospective study. *International Journal of Exercise and Sport Psychology, 5*, 82-103.

Lefevre, J., Beunen, G., Steens, G., Claessens, A., & Renson, R. (1990). Motor performance during adolescence and age thirty as related to age at peak height velocity. *Annals of Human Biology, 17*, 423-435.

Lerner, R. M., Fisher, C. B., & Weinberg, R. A. (2000). Toward a science for and of the people: Promoting civil society through the application of developmental science. *Child Development, 71*, 11-20.

Li, C., Wang, C. K. J., & Pyun, D. Y. (2014). Talent development environmental factors in sport: A review and taxonomic classification. *Quest, 66*, 433-447.

Liang, G., Housner, L., Walls, R., & Yan, Z. (2013). Failure and revival: Physical education and youth sport in China. *Asia Pacific Journal of Sport and Social Science, 1*, 48-59.

Lidor, R., Cote, J., & Hackfort, D. (2009). ISSP position stand: To test or not to test? The use of physical skill tests in talent detection and in early phases of sport development. *International Journal of Sport and Exercise Psychology, 7*, 131-146.

Lidor, R., & Ziv, G. (2013). Physical and skill testing in early phases of talent development. In J. Cote & R. Lidor (Eds.), *Conditions of children's talent development in sport* (pp. 85-98). Morgantown, WV: Fitness Information Technology.

Light, R. (2011). Accessing youth sport in Australia: Schools and clubs. In S. Georgakis & K. Russell (Eds.), Youth sport in Australia (pp. 59-70). Sydney: Sydney University Press.

Loh, S. (2011, April 24). Club sports is king in Europe. *Patriot-News*, Pennsylvania. Retrieved June 3, 2013, from blog. pennlive. com/patriotnewssports/2011/04/club_sports_is_king_in_europe. html.

Lohmander, L. S., Englund, P. M., Dahl, L. L., & Roos, E. M. (2007). The long-term consequences of anterior cruciate ligament and meniscus injuries: Osteoarthritis. *American Journal of Sports Medicine, 35*, 1756-1769.

Long, T., Pantaleon, N., Bruant, G., & d'Arripe-Longueville, F. (2006). A qualitative study of moral reasoning of young elite athletes. *Sport Psychologist, 20*, 330-347.

Lonsdale, C., Hodge, K., & Rose, E. A. (2008). The Behavioral Regulation in Sport Questionnaire (BRSQ): Instrument development and initial validity evidence. *Journal of Sport & Exercise Psychology, 30*, 323-355.

Loud, K. J., Gordon, C. M., Micheli, L. J., & Field, A. E. (2005). Correlates of stress fractures among preadolescent and adolescent girls. *Pediatrics, 115*, e399-e406.

Loyola University Health System. (2013, April 19). Intense, specialized training in young athletes linked to serious overuse injuries. *ScienceDaily*. Retrieved February 16, 2014, from www. sciencedaily. com/releases/2013/04/130419132508. htm.

Lucia, D. (2009, October). It's time to go back to the future for skill development. *USA Hockey Magazine*, p. 40.

Luvmour, J. (2007). Everyone wins! Cooperative games and activities. *Gabriola Island*, Canada: New Society.

MacDonald, D., Cheung, M., Cote, J., & Abernathy, B. (2009). Place but not date of birth influences the development and emergence of athletic talent in American football. *Journal of Applied Sport Psychology, 21*, 80-90.

MacDonald, D., King, J., Cote, J., & Abernathy, B. (2009). Birthplace effects on the development of female athletic talent. *Journal of Science and Medicine in Sport, 12*, 234-237.

MacNamara, A., Button, A., & Collins, D. (2010a). The role of psychological characteristics in facilitating the pathway to elite performance: Part 1: Identifying mental skills and behaviors. *Sport Psychologist, 24*, 52-73.

MacNamara, A., Button, A., & Collins, D. (2010b). The role of psychological characteristics in facilitating the pathway to elite performance: Part 2: Examining environmental and stage-related differences in skills and behaviors. *Sport Psychologist, 24*, 74-96.

MacNamara, A., & Collins, D. (2012). Building talent development systems on mechanistic principles. In J. Baker, S. Cobley, & J. Schorer (Eds.), *Talent identification and development in sport: International perspectives* (pp. 25-38). New York: Routledge.

Mageau, G., & Vallerand, R. J. (2003). The coach-athlete relationship: A motivational model. *Journal of Sports Sciences, 21*, 883-904.

Magill, R. A., & Anderson, D. I. (1996). Critical periods as optimal readiness for learning sport skills. In F. L. Smoll & R. E. Smith (Eds.), *Children and youth in sport: A biopsychosocial perspective* (pp. 57-72). Indianapolis: Brown & Benchmark.

Magra, M., Caine, D., & Maffulli, N. (2007). A review of epidemiology of paediatric elbow injuries in sports. *Sports Medicine, 37*, 717-735.

Magra, M., & Maffulli, N. (2005). The epidemiology of injuries to the elbow in sport. *International Sports Medicine Journal, 6*, 25-33.

Malcom, N. L. (2006). "Shaking it off" and "toughing it out": Socialization to pain and injury in girls' softball. *Journal of Contemporary Ethnography, 35*, 495-525.

Malina, R. M. (2013). Motor development and performance. In J. Cote & R. Lidor (Eds.), *Conditions of children's talent development in sport* (pp. 61-83). Morgantown, WV: Fitness Information Technology.

Malina, R. M. (2014). Top 10 research questions related to growth and maturation of relevance to physical activity, performance, and fitness. *Research Quarterly for Exercise and Sport, 85*, 157-173.

Malina, R. M., Bouchard, C., & Bar-Or, O. (2004). *Growth, maturation, and physical activity* (2nd ed.). Champaign, IL: Human Kinetics.

Malina, R. M., Eisenmann, J. C., Cumming, S. P., Ribeiro, B., & Aroso, J. (2004). Maturity-associated variation in the growth and functional capacities of youth football (soccer) players 13-15 years. *European Journal of Applied Physiology, 91*, 555-562.

Malina, R., Morano, P. J., Barron, M., Miller, S. J., Cumming, S. P., Kontos, A. P., & Little, B. B. (2007). Overweight and obesity among youth participants in American football. *Journal of Pediatrics, 151*, 378-382.

Mamassis, G., & Doganis, G. (2004). The effects of a mental training program on juniors' precompetitive anxiety, self-confidence, and tennis performance. *Journal of Applied Sport Psychology, 16*, 118-137.

Manoyan, D. (2012, July 7). A 1998 victory in the U. S. that still resonates in South Korea. *New York Times*. Retrieved September 27, 2013, from www. nytimes. com/2012/07/8/sports/golf/south-korean-players-are-dominating-the-lpga-tour. html.

Marano, H. E. (2008). *A nation of wimps: The high cost of invasive parenting*. New York: Broadway Books.

Marshall, S. J., Biddle, S. J. H., Gorely, T., Cameron, N., & Murdey, I. (2004). Relationships between media use, body fatness and physical activity in children and youth: A meta-analysis. *International Review of Obesity, 28*, 1238-1246.

Martens, R. (1975). *Social psychology and physical activity*. New York: Harper-Collins.

Martens, R. (1978). *Joy and sadness in children's sports*. Champaign, IL: Human Kinetics.

Martens, R. (2001). *Directing youth sport programs*. Champaign, IL: Human Kinetics.

Martens, R. (2012). *Successful coaching* (4th ed.). Champaign, IL: Human Kinetics.

Martens, R., Rivkin, F., & Bump, L. (1984). A field study of traditional and nontraditional children's baseball. *Research Quarterly for Exercise and Sport, 55*, 351-355.

Martens, R., & Seefeldt, V. (1979). *Guidelines for children's sports*. Washington, DC: American Alliance for Health, Physical Education, Recreation and Dance.

Martens, R., Vealey, R. S., & Burton, D. (1990). *Competitive anxiety in sport*. Champaign, IL: Human Kinetics.

Martin, E. M., & Horn, T. S. (2013). The role of athletic identity and passion in predicting burnout in adolescent female athletes. *Sport Psychologist, 27*, 338-348.

Martin, S. B., Dale, G. A., & Jackson, A. W. (2001). Youth coaching preferences of adolescent athletes and their parents. *Journal of Sport Behavior, 24*, 197-212.

Martindale, R. J. J., Collins, D., Wang, J. C. K., McNeill, M., Lee, K. S., Sproule, J., & Westbury, T. (2010). Development of the Talent Development Environment Questionnaire for Sport. *Journal of Sports Sciences, 1-13*, iFirst article.

Martinek, T., & Hellison, D. (2009). *Youth leadership in sport and physical education*. New York: Palgrave Macmillan.

Matos, N., & Winsley, R. J. (2007). Trainability of young athletes and overtraining. *Journal of Sports Science and Medicine, 6*, 353-367.

Matosic, D., Cox, A. E., & Amorose, A. J. (2014). Scholarship status, controlling coach behavior, and intrinsic motivation in collegiate swimmers: A test of cognitive evaluation theory. *Sport, Exercise, and Performance Psychology, 3*, 1-12.

May, R. A. B. (2001). The sticky situation of sportsmanship: Contexts and contradictions in sportsmanship among high school boys basketball players. *Journal of Sport and Social Issues, 25*, 372-389.

McCollum, J. (2013, February 25). Laker chaos. *Sports Illustrated*, pp. 36-40.

McCormick, J., & Begley, S. (1996, December 9). How to raise a tiger. Time, pp. 52-59.

McDowell, M. A., Brody, D. J., & Hughes, J. P. (2007). Has age at menarche changed? Journal of Adolescent Health, 40, 227-231.

McGrath, J. E. (1970). Major methodological issues. In J. E. McGrath (Ed.), Social and psychological factors in stress (pp. 19-49). New York: Holt, Rinehart & Winston.

McGraw, P. B. (2013, May 17). Sky's Delle Donne relies on strong family ties. Daily Herald. Retrieved March 29, 2015, from www. dailyherald. com/article/20130517/sports/705179674/.

McLeod, B. D., Wood, J. J., & Weisz, J. R. (2007). Examining the association between parenting and childhood anxiety: A meta-analysis. *Clinical Psychology Review, 27*, 155-172.

Mikulic, P., & Ruzic, L. (2008). Predicting the 1000m rowing ergometer performance in 12-13-year-old rowers: The basis for selection process? *Journal of Science and Medicine in Sport, 11*, 218-226.

Miller, S. L. (2009). *Why teams win*. Toronto: Jossey-Bass.

Mirtle, J. (2012, October 3). Bauer takes on sagging minor hockey enrolment. The Globe and Mail. Retrieved May 15, 2013 from www. theglobeandmail. com/sports/hockey/bauer-takes-on-sagging-minor-hockey-enrolment/article45878997.

Miserandino, M. (1998). Attributional retraining as a method of improving athletic performance. *Journal of Sport Behavior, 21*, 286-297.

Moceanu, D. (2012). *Off balance*. New York: Touchstone.

Monsaas, J. A. (1985). Learning to be a world-class tennis player. In B. S. Bloom (Ed.), *Developing talent in young people* (p. 211-269). New York: Ballantine.

Monsma, E. V. (2008). Puberty and physical self-perceptions of competitive female figure skaters II: Maturational timing, skating context, and ability status. *Research Quarterly for Exercise and Sport, 79*, 411-416.

Mooney, A. (2012, August 3). The bodies of champion gymnasts. Retrieved February 10, 2014, from www. boston. com/sports/blogs/statsdriven/2012/08/the_bodies_of_champion_gymnast. html.

Morfit, C. (2012, December). That's my boy! *Golf Magazine*, pp. 64-65.

Morris, R. L., & Kavussanu, M. (2009). The role of approach-avoidance versus task and ego goals in enjoyment and cognitive anxiety in youth sport. *International Journal of Sport and Exercise Psychology, 7*, 185-202.

Moser, R. S. (2012). *Ahead of the game: The parents' guide to youth sports concussion*. Hanover, NH: Dartmouth College Press.

Mugno, D. A., & Feltz, D. L. (1985). The social learning of aggression in youth football in the United States. *Canadian Journal of Applied Sport Science, 10*, 26-35.

Murphy, S. (1999). *The cheers and the tears: A healthy alternative to the dark side of youth sport*. San Francisco: Jossey-Bass.

Myer, G. D., Ford, K. R., & Hewett, T. E. (2004). Rationale and clinical techniques for anterior cruciate ligament injury prevention among female athletes. *Journal of Athletic Training, 39*, 352-364.

NASPE Newsletter. (Fall, 1997). *Youth sports: What every parent should know*. *Reston*, VA: SHAPE America.

Nater, S. (2010). *You haven't taught until they have learned: John Wooden's teaching principles and practices*. Morgantown, WV: Fitness Information Technology.

National Association for Sport and Physical Education. (2010). *Guidelines for participation in youth sport programs: Specialization versus multiple-sport participation*. Reston, VA: American Alliance for Health, Physical Education, Recreation and Dance.

National Federation of State High School Associations. (2014). 2013-14 high school athletics participation survey. Retrieved July 13, 2013, from www. nfhs. org. participationstatistics/pdf/2013-14_Participation_Survey_pdf. pdf.

National Sporting Goods Association. (2012). *Sports participation 2011: Series I*. Mount Prospect, IL.

Negriff, S., & Susman, E. J. (2011). Pubertal timing, depression, and externalizing problems: A framework, review, and examination of gender differences. *Journal of Research on Adolescence, 21*, 717-746.

Nevett, M. E., & French, K. E. (1997). The development of sport-specific planning, rehearsal, and updating of plans during defensive youth baseball game performance. *Research Quarterly for Exercise and Sport, 68*, 203-214.

Nicholls, A. R., Perry, J. L., Jones, L., Morley, D., & Carson, F. (2013). Dispositional coping, coping effectiveness, and cognitive social maturity among adolescent athletes. *Journal of Sport & Exercise Psychology, 35*, 229-238.

Nicholls, J. G. (1989). *The competitive ethos and democratic education*. Cambridge, MA: Harvard University Press.

Nordstrom, A., Tervo, T., & Hostrom, M. (2011). The effect of physical activity on bone accrual, osteoporosis and fracture prevention. *Open Bone Journal, 3*, 11-21.

Novotney, A. (2012, October). *Parenting that works. Monitor on Psychology*, pp. 44-47.

O'Connor, D. (2011). Factors influencing talent identification and athlete development in youth sport. In S. Georgakis & K. Russell (Eds.), *Youth sport in Australia* (pp. 193-210). Sydney: Sydney University Press.

Okazaki, F. H. A., Keller, B., Fontana, F. E., & Gallagher, J. D. (2011). The relative age effect among female Brazilian youth volleyball players. *Research Quarterly for Exercise and Sport, 82*, 135-139.

Oliver, K. L., & Hamzeh, M. (2010). "The boys won't let us play": Fifth-grade mestizos challenge physical activity discourse at school. *Research Quarterly for Exercise and Sport, 81*, 38-51.

Omli, J., & Wiese-Bjornstal, D. M. (2011). Kids speak: Preferred parental behavior at youth sport events. *Research Quarterly for Exercise and Sport, 82*, 702-711.

Ommundsen, Y., Roberts, G. C., Lemyre, P. N., & Treasure, D. (2003). Perceived motivational climate in male youth soccer: Relations to social-moral functioning, sportspersonship and team norm perceptions. *Psychology of Sport and Exercise, 4*, 397-413.

Opening remarks at a meeting on developing children's physical education and youth sport. (2013, March 13). Retrieved May 6, 2014, from en. kremlin. ru/events/president/transcripts/17667.

Orlick, T. (2006). *Cooperative games and sports*. Champaign, IL: Human Kinetics.

O'Rourke, D. J., Smith, R. E., Smoll, F. L., & Cumming, S. P. (2011). Trait anxiety in young athletes as a function of parental pressure and motivational climate: Is parental pressure always harmful? *Journal of Applied Sport Psychology, 23*, 398-412.

Owens, T. (2006, Fall). 2-4-6-HATE. *Teaching Tolerance*, pp. 23-27.

Patterson, J. (2013, June). Four rules for teaching juniors. *Golf Digest*, p. 56.

Payne, U. G., & Isaacs, L. D. (2008). *Human motor development: A lifespan approach* (7th ed.). Boston:

McGraw-Hill.

Pelletier, L. G., Dion, S., Tuson, K., & Green-Demers, I. (1999). Why do people fail to adopt environmentally protective behaviors? Toward a taxonomy of environmental amotivation. *Journal of Applied Social Psychology, 29*, 2481-2504.

Penhune, V. B. (2011). Sensitive periods in human development: Evidence from musical training. *Cortex, 47*, 1126-1137.

Petitpas, A. J., Van Raalte, J. L., Cornelius, A. E., & Presbrey, J. (2004). A life skills development program for high school student-athletes. *Journal of Primary Prevention, 24*, 325-334.

Petranek, L. J., & Barton, G. V. (2011). The overarm-throwing pattern among U-14 ASA female softball players: A comparative study of gender, culture, and experience. *Research Quarterly for Exercise and Sport, 82*, 220-228.

Pickhardt, C. E. (2009). Parental pride and adolescence. *Psychology Today*. Retrieved May 20, 2014 from www. psychologytoday. com/blog/surviving-your-childs-adolescence/200910/parental-pride-and-adolescence.

Plunkett Research Ltd. (2013). Sports industry overview. Retrieved March 29, 2015, from www. plunkettresearch. com/sports-recreationleisure-market-research/industry-statistics.

Pomerantz, E. M., Grolnick, W. S., & Price, C. E. (2005). The role of parents in how children approach achievement: A dynamic process perspective. In A. J. Elliot & C. S. Dweck (Eds.), *Handbook of competence and motivation* (pp. 259-278). New York: Guilford Press.

Power, T. G., & Woolger, C. (1994). Parenting practices and age-group swimming: A correlational study. *Research Quarterly for Exercise and Sport, 65*, 59-66.

Price, M. S., & Weiss, M. R. (2013). Relationships among coach leadership, peer leadership, and adolescent athletes' psychosocial and team outcomes: A test of transformational theory. *Journal of Applied Sport Psychology, 25*, 265-279.

Quick, S., Simon, A., & Thornton, A. (2010). PE and sport survey 2009/10. U. K. Department for Education Research Report DFE-RR032. Retrieved May 2, 2014, from www. gov. uk/government/publications/pe-and-sport-survey-2009-to-2010.

Raedeke, T. D. (1997). Is athlete burnout more than just stress? A sport commitment perspective. *Journal of Sport & Exercise Psychology, 19*, 396-417.

Raedeke, T. D., & Smith, A. L. (2004). Coping resources and athlete burnout: An examination of stress mediated and moderation hypotheses. *Journal of Sport & Exercise Psychology, 26*, 525-541.

Raglin, J., Sawamura, S., Alexiou, S., Hassmen, P., & Kentta, G. (2000). Training practices and staleness in 13-18-year-old swimmers: A cross-cultural study. *Pediatric Exercise Science, 12*, 61-70.

Ratey, J. J. (2008). *Spark: The revolutionary new science of exercise and the brain*. New York: Little, Brown, and Company.

Rees, T., Ingedew, D. K., & Hardy, L. (2005). Attribution in sport psychology: Seeking congruence between theory, research, and practice. *Psychology of Sport and Exercise, 6*, 189-204.

Reeves, C. W., Nicholls, A. R., & McKenna, J. (2009). Stressors and coping strategies among early and middle adolescent premier league academy soccer players: Differences according to age. *Journal of Applied Sport Psychology, 21*, 31-48.

Reuters. (2013, March 30). Saudi Arabia to allow women's sports clubs. Retrieved May 10, 2014, from www. reuters. com/article/2013/03/30/us-saudi-women-sports.

Richardson, S., Andersen, M., & Morris, T. (2008). *Overtraining athletes*. Champaign, IL: Human Kinetics.

Rideout, V. J., Foehr, U. G., & Roberts, D. F. (2010). *Generation M2: Media in the lives of 8- to 19-year-olds*. Menlo Park, CA: Kaiser Family Foundation.

Riess, S. A. (1991). *City games: The evolution of American urban society and the rise of sports*. Urbana and Chicago: University of Illinois Press.

Rinehart, R. E. (2008). Exploiting a new generation: Corporate branding and the co-optation of action sport. In M. D. Giardina & M. K. Donnelly (Eds.), *Youth culture and sport: Identity, power, and politics* (pp. 71-90). New York:

Routledge.

Rink, J. E., & Hall, T. J. (2008). Research on effective teaching in elementary school physical education. *Elementary School Journal*, 108, 207-218.

Roberts, S. (2010, November 22). Learning by example. *Sports Illustrated*, p. 102.

Rolex Women's World Golf Rankings. Retrieved June 10, 2015 from www. rolexrankings. com.

Rowland, T. W. (2005). *Children's exercise physiology* (2nd ed.). Champaign, IL: Human Kinetics.

Russell, B., & Branch, T. (1979). *Second wind: The memoirs of an opinionated man*. New York: Random House.

Rutherford, M. B. (2009). Children's autonomy and responsibility: An analysis of childrearing advice. *Qualitative Sociology, 32*, 337-353.

Ryan, E. D. (1980). Attribution, intrinsic motivation, and athletes: A replication and extension. In C. H. Nadeau, W. R. Halliwell, K. M. Newell, & G. C. Roberts (Eds.), *Psychology of motor behavior and sport, 1979* (pp. 19-26). Champaign, IL: Human Kinetics.

Ryan, R. M., & Deci, E. L. (2002). Overview of self-determination theory: An organismic dialectical perspective. In E. L. Deci & R. Ryan (Eds.), *Handbook of self-determination research* (pp. 3-33). Rochester, NY: University of Rochester Press.

Sabo, D., & Veliz, P. (2008). *Go out and play: Youth sports in America*. East Meadow, NY: Women's Sports Foundation.

Sagar, M. (2009, May). Todd Marinovich: The man who never was. *Esquire*. Retrieved April 20, 2015, from www. esquire. com/features/the-game/tdd-marinovich-0509.

Sagar, S. S., Busch, B. K., & Jowett, S. (2010). Success and failure, fear of failure, and coping responses of adolescent academy football players. *Journal of Applied Sport Psychology, 22*, 213-230.

Sagar, S. S., Lavallee, D., & Spray, C. M. (2007). Why young elite athletes fear failure: Consequences of failure. *Journal of Sports Sciences, 25*, 1171-1184.

Sallis, J. F., Prochaska, J. J., & Taylor, W. C. (2000). A review of correlates of physical activity of children and adolescents. *Medicine and Science in Sports and Exercise, 32*, 963-975.

Salter, R. B., & Harris, W. R. (1963). Injuries involving the epiphyseal plate. *Journal of Bone and Joint Surgery, 45*, 587-622.

Sampras, P. (2008). *A champion's mind: Lessons from a life in tennis*. New York: Three Rivers Press.

Sampson, C. (2013, April 8). Life in the big pool. *GolfWorld*, pp. 48-56.

Sapakoff, G. (1995, October 30). Little league's civil war. *Sports Illustrated*. Retrieved July 27, 2015, from www. si. com/vault/1995/10/30/207729/little-leagues-civil-war.

Sapieja, K. M., Dunn, J. G. H., & Holt, N. L. (2011). Perfectionism and perceptions of parenting styles in male youth soccer. *Journal of Sport & Exercise Psychology, 33*, 20-39.

Satern, M. N., Messier, S. P., & Keller-McNulty, S. (1989). The effects of ball size and basket height on the mechanics of a basketball free throw. *Journal of Human Movement Studies, 16*, 123-137.

Scammon, R. E. (1930). The measurement of the body in childhood. In J. A. Harris, C. M. Jackson, D. G. Paterson, & R. E. Scammon (Eds.), *The measurement of man* (pp. 173-215). Minneapolis: University of Minnesota Press.

Scanlan, T. K., Carpenter, P. J., Schmidt, G. W., Simons, J. P., & Keeler, B. (1993). An introduction to the sport commitment model. *Journal of Sport & Exercise Psychology, 15*, 1-15.

Schaerlaeckens, L. (2012, January 19). How to improve U. S. soccer. Retrieved March 7, 2014, from espn. go. com/sports/soccer/news/_?id?7468594/promiment-us-coaches-discuss-problems-americansoccer.

Schafer, A. (2010, February 25). Why you shouldn't say "I'm so proud of you. " Retrieved March 29, 2015, from www. alysonschafer. com/why-you-shouldnt-say-im-so-proud-of-you.

Scituate "Green Death" soccer coach resigns. (2009, March 31). *Patriot Ledger*. Retrieved March 29, 2015, from www. patriotledger. com/archive/x575725578/-Green-Death-coach-resigns.

Seefeldt, V. (1980). Developmental motor patterns: Implications for elementary school physical education. In

C. Nadeau, W. Halliwell, K. Newell, & G. Roberts (Eds.), *Psychology of motor behavior and sport, 1979* (pp. 314-323). Champaign, IL: Human Kinetics.

Selby, C. L. B., & Reel, J. J. (2011). A coach's guide to identifying and helping athletes with eating disorders. *Journal of Sport Psychology in Action, 2*, 100-112.

Sey, J. (2008). *Chalked up*. New York: Morrow.

Shields, D. L. L., & Bredemeier, B. J. L. (1995). *Character development and physical activity*. Champaign, IL: Human Kinetics.

Shields, D. L., & Bredemeier, B. L. (2007). Advances in sport morality research. In G. Tenenbaum & R. C. Eklund (Eds.), *Handbook of sport psychology* (3rd ed., pp. 662-684). Hoboken, NJ: Wiley.

Shields, D. L., & Bredemeier, B. L. (2009). *True competition*. Champaign, IL: Human Kinetics.

Shields, D. L., LaVoi, N. M., Bredemeier, B. L., & Power, F. C. (2007). Predictors of poor sportpersonship in youth sports: Personal attitudes and social influences. *Journal of Sport & Exercise Psychology, 29*, 747-762.

Sifers, S. K., & Shea, D. N. (2013). Evaluations of girls on the run/girls on track to enhance self-esteem and well-being. *Journal of Clinical Sport Psychology, 7*, 77-85.

Silvers, H. J., & Mandelbaum, B. R. (2007). Prevention of anterior cruciate ligament injury in the female athlete. *British Journal of Sports Medicine, 41*, 52-59.

Simon, H. A., & Chase, W. G. (1973). Skill in chess. *American Scientist, 61*, 394-403.

Simon, J. A., & Martens, R. (1979). Children's anxiety in sport and nonsport evaluative activities. *Journal of Sport Psychology, 1*, 160-169.

Simonton, D. K. (1999). Talent and its development: An emergenic and epigenetic model. *Psychological Review, 106*, 435-457.

Singer, R. N., & Janelle, C. M. (1999). Determining sport expertise: From genes to supremes. *International Journal of Sport Psychology, 30*, 117-150.

Singh, A., Uijtdewilligen, L., Twisk, J. W. R., Van Mechelen, W., & Chinapaw, M. J. M. (2012). Physical activity and performance at school. *Archives of Pediatric Adolescent Medicine, 166*, 49-55.

Sinnott, K., & Biddle, S. (1998). Changes in attributions, perceptions of success and intrinsic motivation after attribution retraining in children's sport. *International Journal of Adolescence and Youth, 7*, 137-144.

Sit, C. H. P., & Lindner, K. J. (2006). Situational state balances and participation motivation in youth sport: A reversal theory perspective. *British Journal of Educational Psychology, 76*, 369-384.

Smith, A. L., Ullrich-French, S., Walker, E., & Hurley, K. S. (2006). Peer relationship profiles and motivation in youth sport. *Journal of Sport & Exercise Psychology, 28*, 362-382.

Smith, M. D. (1974). Significant others' influence on the assaultive behavior of young hockey players. *International Review of Sport Sociology, 3-4*, 45-46.

Smith, M. D. (1982). Social determinants of violence in hockey: A review. In R. A. Magill, M. J. Ash, & F. L. Smoll (Eds.), *Children in sport* (pp. 294-309). Champaign, IL: Human Kinetics.

Smith, R. E., & Christensen, D. L. (1995). Psychological skills as predictors of performance and survival in professional baseball. *Journal of Sport & Exercise Psychology, 17*, 399-415.

Smith, R. E., Cumming, S. P., & Smoll, F. L. (2008). Development and validation of the Motivational Climate Scale for Youth Sports. *Journal of Applied Sport Psychology, 20*, 116-136.

Smith, R. E., Schutz, R. W., Smoll, F. L., & Ptacek, J. T. (1995). Development and validation of the multidimensional measure of sport-specific psychological skills: The athletic coping skills inventory-28. *Journal of Sport & Exercise Psychology, 17*, 379-398.

Smith, R. E., Shoda, Y., Cumming, S. P., & Smoll, F. L. (2009). Behavioral signatures at the ballpark: Intraindividual consistency of adults' situation-behavior patterns and their interpersonal consequences. *Journal of Research in Personality, 43*, 187-195.

Smith, R. E., & Smoll, F. L. (2002). *Way to go, coach!* Portola Valley, CA: Warde.

Smith, R. E., & Smoll, F. L. (2007). Social-cognitive approach to coaching behaviors. In S. Jowett & D. Lavallee (Eds.), *Social psychology in sport* (pp. 75-90). Champaign, IL: Human Kinetics.

Smith, R. E., Smoll, F. L., & Cumming, S. P. (2007). Effects of a motivational climate intervention for coaches on young athletes' sport performance anxiety. *Journal of Sport & Exercise Psychology, 29,* 39-59.

Smith, R. E., Smoll, F. L., & Hunt, E. (1977). A system for the behavioral assessment of athletic coaches. *Research Quarterly, 48,* 401-407.

Soberlak, P., & Cote, J. (2003). The developmental activities of professional ice hockey players. *Journal of Applied Sport Psychology, 15,* 41-49.

Soccer Still Canada's Most-played Sport. Retrieved March 29, 2015, from www. theepochtimes. com/news/8-2-12/65884. html.

Sokolove, M. (2008). *Warrior girls*. New York: Simon & Schuster.

Sowell, E. R., Thompson, P. M., Tessner, K. D., & Toga, A. W. (2001). Mapping continued brain growth and gray matter density in dorsal frontal cortex: Inverse relationships during post adolescent brain maturation. *Journal of Neuroscience, 15,* 8819-8829.

Sparks, W. L. (2012). *Season of change*. Lexington, KY: In His Hands Press.

Sparvero, E., Chalip, L., & Green, B. C. (2008). United States. In B. Houlihan & M. Green (Eds.), *Comparative elite sport development: Systems, structures and public policy* (pp. 242-271). Amsterdam: Elsevier.

Spitznagel, E. (2011, July 14). Child bodybuilding: How jacked is your kid? *Businessweek*. Retrieved February 2, 2014, from www. bloombergcom/bw/magazine/child-bodybuilding-how-jacked-is-your-kid-07142011. html.

Sport New Zealand. (2012a). New Zealand community sport coaching plan 2012-2020. Retrieved April 10, 2013, from www. sportnz. org. nz/assets/uploads/attachments/managing-sport/coaching/New-Zealand-community-sport-coachingplan-20122020. pdf.

Sport New Zealand. (2012b). Young people's survey. Retrieved April 10, 2013, from www. sportnz. org. nz/managing-sport/research/young-peoples-survey-2011.

Sports and Fitness Industry Association. (2013). 2013 sports, fitness, and leisure activities topline participation report. Retrieved April 2, 2013, from espn. go. com/pdf/2013/1113/espn_otl_sportsreport. pdf.

Sports: When winning is the only thing, can violence be far away? Canadian Centres for Teaching Peace. Retrieved November 23, 2008, from www. peace. ca/sports. htm.

Starkes, J. L. (1993). Motor experts: Opening thoughts. In J. L. Starkes & F. Allard (Eds.), *Cognitive issues in motor expertise* (pp. 3-16). Amsterdam: Elsevier.

Stein, J. (2013, May 20). The new greatest generation. *Time*, pp. 26-34.

Stephens, D. W. (2001). Predictors of aggressive tendencies in girls' basketball: An examination of beginning and advanced participants in a summer skills camp. *Research Quarterly for Exercise and Sport, 72,* 257-266.

Stirling, A. E., & Kerr, G. A. (2007). Elite female swimmers' experiences of emotional abuse across time. *Journal of Emotional Abuse, 7,* 89-113.

Stodden, D. F., Goodway, J. D., Langendorfer, S. J., Roberton, M. A., Rudisill, M. E., Garcia, C., & Garcia, L. E. (2008). A developmental perspective on the role of motor skill competence in physical activity: An emergent relationship. *Quest, 60,* 290-306.

Stone, J., Lynch, C. I., Sjomeling, M., & Darley, J. M. (1999). Stereotype threat effects on black and white athletic performance. *Journal of Personality and Social Psychology, 77,* 1213-1227.

Strachan, L., Cote, J., & Deakin, J. (2009). "Specializers" versus "samplers" in youth sport: Comparing experiences and outcomes. *Sport Psychologist, 23,* 77-92.

Strauss, R. (2007, April 11). Rutgers women send Imus an angry message. New York Times. Retrieved March 29, 2015, from www. nytimes. com/2007/04/11/sports/ncaabasketball/11rutgers. html.

Summitt, P. (2013). *Sum it up*. New York: Random House.

Syed, M. (2010). *Bounce*. New York: Harper.

Takeuchi, T., & Inomata, K. (2009). Visual search strategies and decision making in baseball batting. *Perceptual and*

Motor Skills, 108, 971-980.

Tamminen, K. A., & Holt, N. L. (2010). A meta-study of qualitative research examining stressor appraisals and coping among adolescents in sport. *Journal of Sports Sciences, 28*, 1563-1580.

Telama, R., Yang, X., Hirvensalo, M., & Raitakari, O. (2006). Participation in organized youth sport as a predictor of adult physical activity: A 21-year longitudinal study. *Pediatric Exercise Science, 17*, 76-88.

Thomas, L. (2013, February 21). The Teammates. Retrieved April 20, 2015, from www. grantland. com/story/_/id/8959568/missy-franklin-olympic-champion-swims-high-school.

Thompson, J. (2003). *The double-goal coach*. New York: HarperCollins.

Thompson, J. (2009). *Positive sports parenting*. Portola Valley, CA: Balance Sports.

Thompson, J. (2010a). *The high school sports parent*. Portola Valley, CA: Balance Sports.

Thompson, J. (2010b). *The power of double-goal coaching*. Portola Valley, CA: Balance Sports.

Thompson, J. (2011). *Elevating your game: Becoming a triple-impact competitor*. Portola Valley, CA: Balance Sports.

Till, K., Cobley, S., O'Hara, J., Chapman, C., & Cooke, C. (2010). Anthropometric, physiological, and selection characteristics in high performance UK junior rugby league players. *Talent Development and Excellence, 2*, 193-207.

Timiras, P. S. (1972). *Developmental physiology and aging*. New York: Macmillan.

Tischler, A., & McCaughtry, N. (2011). PE is not for me: When boys' masculinities are threatened. *Research Quarterly for Exercise and Sport, 82*, 37-48.

Tofler, I., & DiGeronimo, T. F. (2000). *Keeping your kids out front without kicking them from behind*. San Francisco: Jossey-Bass.

True champions. (2014, December 15). *Sports Illustrated*, p. 102.

Ullrich-French, S., & McDonough, M. H. (2013). Correlates of long-term participation in a physical activity-based positive youth development program for low-income youth: Sustained involvement and psychosocial outcomes. *Journal of Adolescence, 36*, 279-288.

Ulrich, B. (1987). Developmental perspectives of motor skill performance in children. In D. Gould & M. R. Weiss (Eds.), *Advances in pediatric sport sciences: Behavioral issues* (Vol. 2, pp. 167-186). Champaign, IL: Human Kinetics.

Ulrich, D. (1985). *Test of gross motor development*. Austin, TX: Pro-Ed.

U. S. Department of Labor. (1972). Title IX, Education Amendments of 1972. Retrieved March 29, 2015, from www. dol. gov/oasam/regs/statutes/titleix. htm.

Vaeyens, R., Gullich, A., Warr, C. R., & Philippaerts, R. (2009). Talent identification and promotion programmes of Olympic athletes. *Journal of Sports Sciences, 27*, 1367-1380.

Vallerand, R. J., Deshaies, P., Cuerrier, J. P., Briere, N. M., & Pelletier, L. G. (1996). Toward a multidimensional definition of sportsmanship. *Journal of Applied Sport Psychology, 8*, 89-101.

Vallerand, R. J., Mageau, G. A., Elliot, A. J., Dumais, A., Demers, M., & Rousseau, F. (2008). Passion and performance attainment in sport. *Psychology of Sport and Exercise, 9*, 373-392.

Valovich McLeod, T. C., Decoster, L. C., Loud, K. J., Micheli, L. J., Parker, J. T., Sandrey, M. A., & White, C. (2011). National athletic trainers' association position statement: Prevention of pediatric overuse injuries. *Journal of Athletic Training, 46*, 206-220.

Vasagar, J. (2010, September 23). School sport is growing, but not fast enough, say ministers. Guardian. Retrieved March 19, 2015, from www. guardian. co. uk/education/2010/sep/23/school-sport-growing-but-slowly.

Vealey, R. S. (2005). *Coaching for the inner edge*. Morgantown, WV: Fitness Information Technology.

Vealey, R. S., & Forlenza, S. (2015). Understanding and using imagery in sport. In J. M. Williams & V. Krane (Eds.), *Applied sport psychology: Personal growth to peak performance* (7th ed., pp. 240-273). Boston: McGraw-Hill.

Verducci, T. (2010, April 19). Legend before his time. *Sports Illustrated*, pp. 62-68.

Verducci, T. (2010, June 14). A different kind of perfect. *Sports Illustrated*, pp. 44-48.

Veroff, J. (1969). Social comparison and the development of achievement motivation. In C. P. Smith (Ed.), *Achievement-related motives in children* (pp. 46-101). New York: Russell Sage Foundation.

Wagner, M., Jones, T., & Riepenhoff, J. (2010, August 29). Children may be vulnerable in $5 billion youth-sports industry. *Columbus Dispatch*, Columbus, Ohio. Retrieved March 29, 2015, from www. dispatch. com/content/stories/local/2010/08/29/children-may-be-vulnerable-in-5-billion-youth-sports-industry. html.

Waldron, J. J. (2007). Influence of involvement in the Girls on Track program on early adolescent girls' self-perceptions. *Research Quarterly for Exercise and Sport, 78*, 520-530.

Wall, M., & Cote, J. (2007). Developmental activities that lead to dropout and investment in sport. *Physical Education and Sport Pedagogy, 12*, 77-87.

Walvoord, E. C. (2010). The timing of puberty: Is it changing? Does it matter? *Journal of Adolescent Health, 46*, 1-7.

Ward, T., & Groppel, J. (1980). Sport implement selection: Can it be based upon anthropometric indicators? *Motor Skills: Theory to Practice, 2*, 103-110.

Weight loss in wrestlers [ACSM Current Comment]. (2013). Retrieved February 11, 2014, from www. acsm. org/docs/current-comments/weightlossinwrestlers. pdf.

Weiner, B. (1986). *An attributional theory of motivation and emotion*. New York: Springer-Verlag.

Weir, P. L., Smith, K. L., Paterson, C., & Horton, S. (2010). Canadian women's ice hockey-evidence of a relative age effect. *Talent Development and Excellence, 2*, 209-217.

Weiss, M. R., & Amorose, A. J. (2008). Motivational orientations and sport behavior. In T. S. Horn (Ed.), *Advances in sport psychology* (3rd ed., pp. 115-156). Champaign, IL Human Kinetics.

Weiss, M. R., & Fretwell, S. D. (2005). The parent-coach/child-athlete relationship in youth sport. *Research Quarterly for Exercise and Sport, 76*, 286-305.

Weiss, M. R., Smith, A. L., & Stuntz, C. P. (2008). Moral development in sport and physical activity. In T. S. Horn (Ed.), *Advances in sport psychology* (3rd ed., pp. 187-210). Champaign, IL: Human Kinetics.

Weiss, M. R., Stuntz, C. P., Bhalla, N. D., Bolter, N. D., & Price, M. S. (2013). "More than a game": Impact of The First Tee life skills program on positive youth development: Project introduction and year 1 findings. *Qualitative Research in Sport, Exercise, and Health, 5*, 214-244.

Weiss, M. R., & Williams, L. (2004). The why of youth sport involvement: A developmental perspective on motivational processes. In M. R. Weiss (Ed.), *Developmental sport and exercise psychology: A lifespan perspective* (pp. 223-268). Morgantown, WV: Fitness Information Technology.

Wertheim, L. J. (2012, January 23). Driving for home. Sports Illustrated Vault. Retrieved March 29, 2015, from www. si. com/vault/search?term=driving+for+home.

White, R. W. (1959). Motivation reconsidered: The concept of competence. *Psychological Review, 66*, 297-330.

White, S. H., & O'Brien, J. E. (1999). What is a hero? An exploratory study of students' conceptions of heroes. *Journal of Moral Education, 28*, 81-95.

Whitehead, J., Andree, K. V., & Lee, M. L. (2004). Achievement perspectives and perceived ability: How far do interactions generalize in youth sport? *Psychology of Sport and Exercise, 5*, 291-317.

Whitehead, M., & Murdoch, E. (2006). Physical literacy and physical education: Conceptual mapping. Retrieved August 12, 2014, from www. physical-literacy. org. uk/conceptualmapping2006. php.

Wiersma, L. D. (2000). Risks and benefits of youth sport specialization: Perspectives and recommendations. *Pediatric Exercise Science, 12*, 13-22.

Wiersma, L. D. (2005). Reformation or reclassification? A proposal of a rating system for youth sport programs. *Quest, 57*, 376-391.

Wiersma, L. D., & Fifer, A. M. (2008). "The schedule has been tough but we think it's worth it": The joys, challenges, and recommendations of youth sport parents. *Journal of Leisure Research, 40*, 505-530.

Wiersma, L. D., & Sherman, C. P. (2005). Volunteer youth sport coaches' perspectives of coaching education/

certification and parental codes of conduct. *Research Quarterly for Exercise and Sport, 76*, 324-338.

Wiggins, D. K. (2013). A worthwhile effort? History of organized youth sport in the United States. *Kinesiology Review, 2*, 65-75.

Williams, A. M., & Ward, P. (2003). Perceptual expertise: Development in sport. In J. L. Starkes & K. A. Ericsson (Eds.), *Expert performance in sports* (pp. 219-249). Champaign, IL: Human Kinetics.

Williams, N., Whipp, P. R., Jackson, B., & Dimmock, J. A. (2013). Relatedness support and the retention of young female golfers. *Journal of Applied Sport Psychology, 25*, 412-430.

Winner, E. (1996). The rage to master: The decisive case for talent in the visual arts. In K. A. Ericsson (Ed.), *The road to excellence: The acquisition of expert performance in the arts and sciences, sports, and games* (pp. 271-301). Hillsdale, NJ: Erlbaum.

Winnick, J. P. (2011). *Adapted physical education and sport* (5th ed.). Champaign, IL: Human Kinetics.

Woitalla, M. (2014). Coach Egidio's New York success story. Retrieved April 20, 2015, from www. usyouthsoccer. org/coach-egidio's-new-york-success-story.

Wolverton, B. (2006, August 4). Morality play. *Chronicle of Higher Education*, pp. A33-A35.

Women's Sports Foundation. (2011, November). *Progress without equity: The provision of high school athletic opportunity in the United States by gender 1993-94 through 2005-06*. East Meadow, NY: Women's Sports Foundation.

Women's Sports Foundation. (2013, March 18). *Title IX myths and facts*. East Meadow, NY: Women's Sports Foundation.

Wood, E. (2002). The impact of parenting experience on gender-typed toy play of children. *Sex Roles, 47*, 39-50.

Woods, C. B., Moyna, N., Quinlan, A., Tannehill, D., & Walsh, J. (2010). *The children's sport participation and physical activity study*. Research Report No. 1. Dublin City University and the Irish Sports Council, Dublin, Ireland.

Woods, E. (1997). *Training a tiger*. New York: HarperCollins.

Woods, R. B. (2011). *Social issues in sport* (2nd ed.). Champaign, IL: Human Kinetics.

Wrisberg, C. A. (2007). *Sport skill instruction for coaches*. Champaign, IL: Human Kinetics.

Wuerth, S., Lee, M. J., & Alfermann, D. (2004). Parental involvement and athletes' career in youth sport. *Psychology of Sport and Exercise, 5*, 21-33.

Young, B. W., & Salmela, J. H. (2010). Examination of practice activities related to the acquisition of elite performance in Canadian middle distance running. *International Journal of Sport Psychology, 41*, 73-90.

Zarrett, N., Fay, K., Li, Y., Carrano, J., Phelps, E., & Lerner, R. M. (2009). More than child's play: Variable- and pattern-centered approaches for examining effects of sports participation on youth development. *Developmental Psychology, 45*, 368-382.

Zazulak, B. T., Paterno, M., Myer, G. D., Romani, W. A., & Hewett, T. E. (2006). The effects of the menstrual cycle on anterior knee laxity. *Sports Medicine, 36*, 847-862.

찾아보기

인명

내용

저자 소개

Robin S. Vealey

Miami University 체육학과 교수로 재직하고 있으며, 30년 이상 유청소년 스포츠의 코치, 행정가, 교육자, 연구자, 컨설턴트로서 활약하였다. 응용스포츠심리학회와 미국체육학술원의 회원이며『The Sport Psychologist』의 편집위원장을 역임하였다. 특히 농구선수 경력을 지니고 대학여자 농구팀 코치로 유명하였으며, 운동부 행정보직을 여러 차례 맡았다.

Melissa A. Chase

Miami University 체육학과 교수로 재직하고 있으며, 그전에는 초중고등학교에서 체육교사와 농구·배구코치로 봉사하였다. 유청소년 스포츠 분야의 코칭 효율성과 자기효능감에 관한 연구 전문가이며, 동기유발과 코칭효과를 증진하는 것에 관심을 두고 있다. 응용스포츠심리학회와 미국체육학회의 회원이며『Journal of Sport Psychology in Action』의 창간편집위원장이다.

역자 소개

최의창(Euichang Choi)

서울대학교 사범대학 체육교육과 및 대학원

University of Georgia 스포츠교육학 박사

전) 서울대학교 사범대학 부학장

건국대학교 체육교육과 교수

한국체육과학연구원 정책연구실 실장

현) 서울대학교 사범대학 체육교육과 교수

〈주요 저서〉

『스포츠 리터러시 교육론』(레인보우북스, 2023)

『스포츠 페다고지』(2판, 레인보우북스, 2022)

『인문적 체육교육과 하나로 수업』(2판, 레인보우북스, 2021)

『스포츠 리터러시』(레인보우북스, 2018)

이옥선(Okseon Lee)

서울교육대학교 체육교육과, 서울대학교 체육교육과 대학원

University of North Carolina-Greensboro 스포츠교육학 박사

전) 웨스턴 일리노이 대학교 교수

한국스포츠교육학회 편집위원장

현) 서울대학교 사범대학 체육교육과 교수

〈주요 저 · 역서〉

『인공지능 시대, 교사가 만드는 미래학교』(공저, 교육과학사, 2022)

『초등체육의 이해』(공역, 레인보우북스, 2017)

『유청소년 스포츠 코칭론』(공역, 레인보우북스, 2016)

김원정(Wonjung Kim)

서울대학교 사범대학 체육교육과 및 대학원

서울대학교 스포츠교육학 박사

전) 공주대학교 탁구부 지도교수

공주대학교 스포츠과학연구소장

현) 공주대학교 사범대학 체육교육과 교수

〈주요 저 · 역서〉

『체육수업배우기』(공역, 레인보우북스, 2021)

『Title IX』(공역, 대한미디어, 2015)

『페다고지: 인간 움직임의 새로운 교육학 탐구』(공역, 교육과학사, 2012)

『교육과정: 이해와 개발』(교육과학사, 2010)

『체육수업모형』(공저, 대한미디어, 2007)

윤기준(Keejoon Yoon)
서울대학교 사범대학 체육교육과 및 대학원
University of Birmingham 스포츠교육학 박사
전) 인천대학교 성과관리인증센터장
한국교육과정평가원 부연구위원
현) 인천대학교 예술체육대학 부교수

〈주요 저 · 역서〉
『체육수업배우기』(공역, 레인보우북스, 2021)
『생활스포츠 지도를 위한 스포츠교육학』(공저, 대한미디어, 2021)

정현수(Hyunsoo Jung)
서울대학교 사범대학 체육교육과 및 대학원
서울대학교 스포츠교육학 박사
전) 청주교육대학교 스포츠교육전공 대학원 주임교수
청주교육대학교 교원전문성개발센터 위원
덕성여자중학교 체육교사
현) 청주교육대학교 체육교육과 부교수

〈주요 역서〉
『체육수업배우기』(공역, 레인보우북스, 2021)

유청소년 스포츠교육론

Best Practice for Youth Sport

2024년 9월 10일 1판 1쇄 인쇄
2024년 9월 20일 1판 1쇄 발행

지은이 • Robin S. Vealey · Melissa A. Chase
옮긴이 • 최의창 · 이옥선 · 김원정 · 윤기준 · 정현수

펴낸이 • 김진환
펴낸곳 • ㈜ 학지사
04031 서울특별시 마포구 양화로 15길 20 마인드월드빌딩
대표전화 • 02-330-5114 팩스 • 02-324-2345
등록번호 • 제313-2006-000265호

홈페이지 • http://www.hakjisa.co.kr
인스타그램 • https://www.instagram.com/hakjisabook

ISBN 978-89-997-3216-4 93370

정가 28,000원